PÉS DESCALÇOS

A LEI DE COTAS VEIO PARA FICAR
(VOLUME 1)

Editora Appris Ltda.
1.ª Edição - Copyright© 2024 do autor
Direitos de Edição Reservados à Editora Appris Ltda.

Catalogação na Fonte
Elaborado por: Dayanne Leal Souza
Bibliotecária CRB 9/2162

C987p 2024	Custódio, Sérgio José Pés descalços: a lei de cotas veio para ficar – volume 1 / Sérgio José Custódio. – 1. ed. – Curitiba: Appris, 2024. 447 p. : il. color. ; 27 cm. – (Coleção Ciências Sociais). Inclui referências. ISBN 978-65-250-6511-3 1. Lei de cotas para o ensino superior. 2. Prouni (programa). 3. Movimentos sociais. 4. Escolas Públicas. 5. Nação. 6. Universidade Pública - Ingresso. 7. Democratização da Educação. 8. Relações étnico-raciais. 9. Brasil. Congresso Nacional. I. Custódio, Sérgio José. II. Título. III. Série. CDD – 342.087

Livro de acordo com a normalização técnica da ABNT

Editora e Livraria Appris Ltda.
Av. Manoel Ribas, 2265 – Mercês
Curitiba/PR – CEP: 80810-002
Tel. (41) 3156 - 4731
www.editoraappris.com.br

Printed in Brazil
Impresso no Brasil

Sérgio José Custódio

PÉS DESCALÇOS
A LEI DE COTAS VEIO PARA FICAR
(VOLUME 1)

Appris editora

Curitiba, PR

2024

AGRADECIMENTOS

À minha orientadora de doutorado, professora doutora Gislene Aparecida dos Santos, de quem a seriedade acadêmica extrema e a singeleza foram motivações vitais para a jornada de construção desta obra. Ao GEPPIS.

Para a escola pública de primeiro e segundo ano do ensino primário do bairro rural Serra dos Paes, onde aprendi a ler e escrever com a Professora Edna, junto com o trabalho na roça.

Para o Grupo Escolar Público Rural de Barão de Antonina, onde aprendi a importância da curiosidade e da dedicação ao aprendizado; a professora Yvone e os colegas do terceiro ano, do quarto ano e da quinta série são inesquecíveis, como a Zuleide Ferreira e o Flávio.

Para a escola estadual de primeiro e segundo graus Epitácio Pessoa, de Itaporanga-SP, escola pública que todos do lugar frequentavam, onde aprendi mais a estudar e jogar futebol, e eu, ali, ia sempre alternando um turno de trabalho de domingo a domingo na Comercial Ferreira. Saudades dos colegas, do Marcos, da professora Judith, de Matemática, do professor João Castilho, de História, na sexta série, na sétima, na oitava e no primeiro colegial.

Para a escola estadual de primeiro e segundo graus "31 de Março", onde frequentei as aulas noturnas do segundo e do terceiro colegial no Conjunto Residencial 31 de Março, zona sul, na periferia de São José dos Campos. Como a primeira turma de formandos do segundo grau, substituímos o berro do sinal da ditadura por música e festivais de música. A todos que ali me acolhiam no ensino noturno, depois de um dia inteiro de trabalho, especialmente aos colegas todos, como a Joana, o Zé Carlos, a Lígia, o Gil, o Sílvio, saudoso Marcelo, o Robert, o Marcelo Chileno, Fábio, Geovani, a irmã da Claudete, a Paraense, os colegas dos outros anos da escola, o Reizinho tapeceiro, o Serginho do Vale do Sol, a Cláudia, a Dora, a Claudete, a Loirinha, a Maninha e tanta gente bacana de toda a escola, onde fazíamos o arromba no grupo Coração de Estudante e no grupo Sanatório Geral, com crítica social, protesto e muita cultura pela cidade de São José dos Campos, nas atividades da JISC (Jornadas de Integração Sociocultural) entre as escolas públicas e ginásios nos fins de semana. Agradeço e tenho muita saudade da convivência, do valor real da escola pública, do grande professor Alan Romero, da querida Marisa, de literatura, grande professora, do grande professor de História Augusto da Mata.

Aos colegas do chão de fábrica na linha de produção da Kodak do Brasil, em São José dos Campos. Para Érica Valéria Alves, Luciana Bombach e Síber Eduardo Cintra, do saudoso Cursinho Popular do DCE Unicamp, sonho, luta, dor e alegria do DCE Unicamp.

Para Maria José da Gama, educadora popular, elo histórico que liga a passagem do bastão da luta contra a analfabetização de jovens e adultos à luta pelo direito à universidade, no Parque Santo Antônio, Zona Sul de São Paulo. Junto com Vanda, Zuleide, Jeferson, fundadores do MSU no Jardim Ângela, junto com as periferias todas! Salve Zona Sul, Zona Leste, Norte, Oeste!

Para Flávio Jorge, da CONEN (Coordenação Nacional das Entidades Negras), amigo eterno na jornada violenta pela aprovação da Lei de Cotas e seu legado para todo o movimento negro brasileiro. Para Luiza Bairros, eterna Ministra da SEPPIR, e ao MNU.

Para a APIB – Articulação dos Povos Indígenas Brasileiros.

Para a escola pública brasileira, seus professores e professoras; para a CNTE; para a Campanha Nacional pelo Direito à Educação.

Para todos que habitam, habitaram, amam e teimam em serem felizes em Cidade Tiradentes, lugar dos fundadores do MSU.

Para Ruth Mantoan.

Para Renata de Melo Rosa.

Para Juçara Pedreira.

Para Thiago Thobias, da EDUCAFRO, amigo querido e valente, e, em seu nome, para todos da EDUCAFRO.

Para Laura Cavalcanti, leitora aguda e grande participante nos projetos de cursinhos populares.

Aos Sem Universidade e suas famílias Brasil afora. Para o eterno Dom Pedro Casaldáliga, que nomeou o Movimento dos Sem Universidade (MSU).

Para os que lutaram duramente pela Lei de Cotas no chão do Parlamento, com destemor e amor.

Para o inabalável da vida: a ancestralidade, o amor, as novas gerações, as pulguinhas de felicidade dos dias e os sonhos de um Brasil justo deixado para as herdeiras da vida.

Para Renato, da SEPPIR.

Para trabalhadores e trabalhadoras da Biblioteca Florestan Fernandes, dos prédios da FFLCH-USP.

Para a FFLCH-USP, lugar de encanto, curiosidade e aprendizado crítico ímpar no Brasil.

Para os professores e professora do doutorado na USP pelo aprendizado: Antônio Ribeiro de Almeida Júnior, Angela Alonso, Marília Librandi, Sérgio Bairon, Horácio Gutierrez, Glauco Perez, Jonathan Phillips, Guilherme Grande, Fernando Rugitsky, Marta Arretche, Lorena Barberia, Bernardo Ricupero, André Singer, Maria Homem, Sandra Nunes, Eduardo Marques, Romualdo Portela, Wagner Pralon Mancuso, Gislene Aparecida dos Santos, Paulo Endo. Para a Universidade de São Paulo, amada universidade com cotas.

Para o então Presidente da Câmara dos Deputados, Arlindo Chinaglia. Para o então Presidente do Senado Federal, Senador José Sarney. Para os líderes parlamentares: José Múcio Monteiro, Henrique Fontana e Renan Calheiros.

Para Nice Lobão e Carlos Abicalil. Para Paulo Paim, Serys Slhessarenko, Iara Bernardi, Iriny Lopes e Ana Rita.

Para Cristovam Buarque, Eunício Oliveira, Marta Suplicy, Marina Silva, Pedro Taques.

Para Matilde Ribeiro e Tarso Genro.

Para Vicentinho.

Ancestralidade, Serra dos Paes, Barão de Antonina, Brasil profundo.

Banca do doutorado, Universidade de São Paulo, USP.

Policy economists have to picture themselves as walking in the shoes of every person everywhere, not just their own.

(David Colander)

Ô
Liberdade, Senhor

Passava a noite, vinha dia
O sangue do negro corria dia a dia
De lamento em lamento
De agonia em agonia
Ele pedia o fim da tirania

Lá em Vila Rica
Junto ao Largo da Bica
Local da opressão
A fiel maçonaria, com sabedoria
Deu sua decisão lá, rá, rá

Com flores e alegria veio a abolição
A Independência laureando o seu brasão
Ao longe soldados e tambores
Alunos e professores
Acompanhados de clarim
Cantavam assim

Já raiou a liberdade
A liberdade já raiou
Esta brisa que a juventude afaga
Esta chama que o ódio não apaga
Pelo universo é a evolução
Em sua legítima razão

Samba, oh samba
Tem a sua primazia
De gozar da felicidade
Samba, meu samba
Presta esta homenagem
Aos heróis da liberdade

Composição: Mano Décio, Manoel Ferreira e Silas De Oliveira.
Samba-Enredo da Império Serrano, Carnaval de 1969.

Será que já raiou a liberdade
Ou se foi tudo ilusão
Será, oh, será
Que a Lei Áurea tão sonhada
Há tanto tempo assinada
Não foi o fim da escravidão

Hoje dentro da realidade
Onde está a liberdade
Onde está que ninguém viu

Moço
Não se esqueça que o negro também construiu
As riquezas do nosso Brasil

Pergunte ao Criador
Quem pintou esta aquarela
Livre do açoite da senzala
Preso na miséria da favela

Sonhei
Sonhei que Zumbi dos Palmares voltou
A tristeza do negro acabou
Foi uma nova redenção

Senhor! Ai, Senhor!
Eis a luta do bem contra o mal (contra o mal)
Que tanto sangue derramou
Contra o preconceito racial

O negro samba
O negro joga a capoeira
Ele é o rei na verde e rosa da Mangueira

Composição: Alvinho, Helio Turco e Jurandir.

Samba-Enredo da Mangueira, em 1988.

Não sou escravo de nenhum senhor
Meu Paraíso é meu bastião
Meu Tuiuti, o quilombo da favela
É sentinela na libertação

Irmão de olho claro ou da Guiné
Qual será o seu valor?
Pobre artigo de mercado
Senhor, eu não tenho a sua fé
E nem tenho a sua cor
Tenho sangue avermelhado
O mesmo que escorre da ferida
Mostra que a vida se lamenta por nós dois
Mas falta em seu peito um coração
Ao me dar a escravidão
E um prato de feijão com arroz

Eu fui mandiga, cambinda, haussá
Fui um Rei Egbá preso na corrente
Sofri nos braços de um capataz
Morri nos canaviais onde se plantava gente

Ê, Calunga, ê! Ê, Calunga!
Preto Velho me contou
Preto Velho me contou
Onde mora a Senhora Liberdade
Não tem ferro nem feitor

Amparo do Rosário ao negro Benedito
Um grito feito pele do tambor
Deu no noticiário, com lágrimas escrito
Um rito, uma luta, um homem de cor
E assim, quando a lei foi assinada
Uma Lua atordoada assistiu fogos no céu
Áurea feito o ouro da bandeira
Fui rezar na cachoeira contra a bondade cruel

Meu Deus! Meu Deus!
Se eu chorar, não leve a mal
Pela luz do candeeiro
Liberte o cativeiro social

Composição: Cláudio Russo, Anibal, Jurandir, Moacyr Luz e Zezé.
Samba-Enredo da Paraíso da Tuiti, em 2018.

LABERINTO

No habrá nunca una puerta. Estás adentro

Y el alcázar abarca el universo

Y no tiene ni anverso ni reverso

Ni externo muro ni secreto centro.

No esperes que el rigor de tu camino

Que tercamente se bifurca en otro,

Que tercamente se bifurca en otro,

Tendrá fin. Es de hierro tu destino

Como tu juez. No aguardes la embestida

Del toro que es un hombre y cuya extraña

Forma plural da horror a la maraña

De interminable piedra entretejida.

No existe. Nada esperes. Ni siquiera

En el negro crepúsculo la fiera.[1]

EL LABERINTO

Zeus no podría desatar las redes

de piedra que me cercan. He olvidado

los hombres que antes fui; sigo el odiado

camino de monótonas paredes

que es mi destino. Rectas galerías

que se curvan en círculos secretos

al cabo de los años. Parapetos

que ha agrietado la usura de los días.

En el pálido polvo he descifrado

rastros que temo. El aire me ha traído

en las cóncavas tardes un bramido

o el eco de un bramido desolado.

Sé que en la sombra hay Otro, cuya suerte

es fatigar las largas soledades

que tejen y destejen este Hades

y ansiar mi sangre y devorar mi muerte.

Nos buscamos los dos. Ojalá fuera

éste el último día de la espera.[2]

[1] *Cf.* BORGES, Jorge Luís. *Obras Completas.* 20. ed. Buenos Aires: Emecé Editores S.A., 1994, p. 364.

[2] *Ibidem*, p. 365.

LISTA DE ABREVIATURAS E SIGLAS

AAA	–	Classificação máxima das agências de *rating* da economia mundial
ABC	–	Santo André, São Bernardo do Campo e São Caetano do Sul, Região do ABC-SP, no geral, válido também para referir-se às sete cidades da região
ABE	–	Associação Brasileira de Educação
ABL	–	Academia Brasileira de Letras
ACB	–	Associação Comercial da Bahia
ACF	–	*Advocacy Coalition Framework* ou modelo da coalizão de defesa
ADIN	–	Ação Direta de Inconstitucionalidade de uma lei, pedida no STF
ANL	–	Aliança Nacional Libertadora
ANPOCS	–	Associação Nacional de Pós-Graduação em Ciências Sociais
APEOESP	–	Sindicato dos Professores do Estado de São Paulo
ARENA	–	Partido da Aliança Renovadora Nacional
CADARA	–	Comissão Técnica Nacional de Diversidade para Assuntos Relacionados à Educação dos Afro-brasileiros
CCJ	–	Comissão de Constituição e Justiça do Senado Federal
CCJC	–	Comissão de Constituição, Justiça e Cidadania da Câmara dos Deputados
CDH	–	Comissão de Direitos Humanos e Legislação Participativa do Senado Federal
CDHM	–	Comissão de Direitos Humanos e Minorias da Câmara dos Deputados
CEBRAP	–	Centro Brasileiro de Análises e Planejamento
CEC	–	Comissão de Educação e Cultura da Câmara dos Deputados
CEDC	–	Centro de Documentação da Câmara dos Deputados
CEDECA	–	Centro de Defesa da Criança e do Adolescente
CEDOC-IEUNICAMP	–	Centro de Documentação do Instituto de Economia da UNICAMP
CEERT	–	Centro de Estudos das Relações Raciais e de Trabalho
CEMPE	–	Cadastro Central de Empresas
CEPAL	–	Comissão Econômica da ONU para a América Latina e o Caribe
CPC	–	Centro Popular de Cultura
CF	–	Constituição Federal
CGTB	–	Confederação Geral dos Trabalhadores Brasileiros
CGU	–	Controladoria Geral da União
CLT	–	Consolidação das Leis do Trabalho
CNPIR	–	Conselho Nacional de Políticas de Igualdade Racial

CNRS	–	Centre National de la Recherche Scientifique de Paris
COIAB	–	Coordenação dos Povos Indígenas da Amazônia Brasileira
COL	–	Colegiado
COMVEST	–	Comissão do Vestibular da UNICAMP
CONEN	–	Coordenação Nacional das Entidades Negras
CONED	–	Congresso Nacional de Educação
CONLUTAS	–	Central Sindical
CPMF	–	Imposto sobre a Contribuição da Movimentação Financeira
CPTM	–	Companhia Paulista de Trens Metropolitanos
CNTE	–	Confederação Nacional dos Trabalhadores em Educação
CR	–	Coeficiente de Rendimento, indicador citado no PL 73/199
CSP	–	Central Sindical dos Profissionais
CTB	–	Central dos Trabalhadores e Trabalhadoras do Brasil
CUT	–	Central Única dos Trabalhadores
DCE UNICAMP	–	Diretório Central dos Estudantes da UNICAMP
DASP	–	Departamento Administrativo do Serviço Público
DEM	–	Partido dos Democratas
DF	–	Distrito Federal
DIAP	–	Departamento Intersindical de Estudos e Análises Parlamentares
DIP	–	Departamento de Imprensa e Propaganda
DOU	–	Diário Oficial da União
EDUCAFRO	–	Educação de Afrodescendentes
EDUSP	–	Editora da Universidade de São Paulo
ENADE	–	Exame Nacional de Desempenho do Ensino Superior
ENAP	–	Escola Nacional de Administração Pública
ENEM	–	Exame Nacional do Ensino Médio
ES	–	Espírito Santo
EUA	–	Estados Unidos da América do Norte
FAPESP	–	Fundação de Amparo a Pesquisa do Estado de São Paulo
FASFIL	–	Fundações Privadas e Associações Sem fins Lucrativos
FASUBRA	–	Federação das Associações e Sindicatos de Servidores das Universidades Brasileiras
FBI	–	*Federal Bureau of Investigation*
FEBRABAN	–	Federação Brasileira dos Bancos
FEUSP	–	Faculdade de Educação da Universidade de São Paulo

FGV	–	Fundação Getúlio Vargas
FIES	–	Programa Nacional de Financiamento Estudantil
FMSH	–	Fundação Maison dês Sciences de L'Homme de Paris
FUNAI	–	Fundação Nacional do Índio
FUNDEF	–	Fundo Nacional para o Desenvolvimento da Educação Fundamental
FUNDEB	–	Fundo Nacional para o Desenvolvimento da Educação Básica
FUVEST	–	Fundação do Vestibular da USP
GIFE	–	Grupo de Institutos, Fundações e Empresas
GO	–	Goiás
IBGE	–	Instituto Brasileiro de Geografia e Estatística
IES	–	Instituições de Ensino Superior
IFEs	–	Instituições Federais de Educação Superior
IHGB	–	Instituto Histórico e Geográfico Brasileiro
INEP	–	Instituto Nacional de Estudos e Pesquisas Educacionais Anísio Teixeira
IPEA	–	Instituto Nacional de Pesquisas Econômicas Aplicadas
LDB	–	Lei de Diretrizes e Bases da Educação Brasileira
LPP/UERJ	–	Laboratório de Políticas Públicas da Cor da Universidade do Estado do Rio de Janeiro
MA	–	Maranhão
MCP	–	Movimento de Cultura Popular
MEC*	–	Ministério da Educação e Cultura
MEC	–	Ministério da Educação
MES	–	Ministério da Educação e Saúde
MJ	–	Ministério da Justiça
MPV	–	Medida Provisória
MSU	–	Movimento dos Sem Universidade
MT	–	Mato Grosso
MTE	–	Ministério do Trabalho e Emprego
NCST	–	Nova Central Sindical dos Trabalhadores
NMS	–	Novos Movimentos Sociais
N*MS	–	Novíssimos Movimentos Sociais
OIT	–	Organização Internacional do Trabalho
ONG	–	Organizações Não Governamentais
ONU	–	Organização das Nações Unidas
PAG	–	Plano de Ação Governamental

PB	–	Paraíba
PCdoB	–	Partido Comunista do Brasil
PDT	–	Partido Democrático Trabalhista
PFL	–	Partido da Frente Liberal
PHS	–	Partido do Humanismo e da Solidariedade
PL	–	Projeto de Lei apresentado por parlamentar da Câmara dos Deputados
PLC	–	Projeto de Lei aprovado na Câmara dos Deputados
PLEN	–	Plenário
PLS	–	Projeto de Lei apresentado por parlamentar do Senado Federal
PMDB	–	Partido do Movimento Democrático Brasileiro
PMN	–	Partido da Mobilização Nacional
PNAD	–	Pesquisa Nacional por Amostra de Domicílios
PNDH	–	Plano Nacional de Direitos Humanos
PNE	–	Plano Nacional de Educação
PP	–	Partido Progressista
PPL	–	Partido da Pátria Livre
PPS	–	Partido Progressista Social
PR	–	Partido da República
PRONA	–	Partido da Renovação da Ordem Nacional
PRONATEC	–	Programa Nacional de Apoio ao Ensino Técnico
PROUNI	–	Programa Universidade Para Todos
PSC	–	Partido Social Cristão
PSDB	–	Partido da Social-Democracia Brasileira
PSL	–	Partido Social Liberal
PSOL	–	Partido do Socialismo e da Liberdade
PSTU	–	Partido Socialista dos Trabalhadores Unificado
PT	–	Partido dos Trabalhadores
PTB	–	Partido Trabalhista Brasileiro
PTC	–	Partido Trabalhista Cristão
PTdoB	–	Partido dos Trabalhadores do Brasil
PUC	–	Pontifícia Universidade Católica
PV	–	Partido Verde
REC	–	Regimento Geral da Câmara dos Deputados
RICD	–	Regimento Interno da Câmara dos Deputados

RJ	–	Rio de Janeiro
RO	–	Rondônia
RS	–	Rio Grande do Sul
SCD	–	Substituto da Câmara dos Deputados
SECADI	–	Secretaria para Assuntos de Diversidade e Inclusão
SENUN	–	Seminário Nacional de Universitários Negros
SEPPIR	–	Ministério da Secretaria Especial de Promoção da Igualdade Racial
SESCSP	–	Serviço Social do Comércio São Paulo
SESI	–	Serviço Social da Indústria
SPDL	–	Serviço de Processamento de Dados do Legislativo
SPI	–	Serviço de Proteção ao Índio
STF	–	Supremo Tribunal Federal
TSE	–	Tribunal Superior Eleitoral
TEN	–	Teatro Experimental do Negro
UEAM	–	Universidade Estadual do Amazonas
UEM	–	Universidade Estadual de Maringá
UEMA	–	Universidade Estadual do Maranhão
UEMS	–	Universidade Estadual do Mato Grosso do Sul
UENF	–	Universidade Estadual do Norte Fluminense Darcy Ribeiro
UEPG	–	Universidade Estadual de Ponta Grossa
UERGS	–	Universidade Estadual do Rio Grande do Sul
UERJ	–	Universidade Estadual do Rio de Janeiro
UERN	–	Universidade Estadual do rio Grande do Norte
UFPA	–	Universidade Federal da Paraíba
UFRJ	–	Universidade Federal do Rio de Janeiro
UGT	–	União Geral dos Trabalhadores
UnB	–	Universidade de Brasília
UNEB	–	Universidade Estadual da Bahia
UNESCO	–	Órgão da ONU Para a Educação
UNESP	–	Universidade Estadual Paulista
UNOESTE	–	Universidade Estadual do Oeste do Paraná
UNICAMP	–	Universidade Estadual de Campinas
UNIP	–	Universidade Paulista
USP	–	Universidade de São Paulo

PREFÁCIO

Quem luta é que sabe

Em "Lei de Cotas: mudança estrutural em política pública e vitória suprapartidária da coalizão dos pés descalços no parlamento do Brasil", incialmente sua tese, agora transformada em livro, o professor Sérgio José Custódio (doravante somente Prof. Custódio) nos narra a história de uma luta vitoriosa protagonizada pela juventude negra e periférica em nosso país: as ações afirmativas para ingresso nos cursos de graduação das Universidades públicas e privadas brasileiras. Certamente a maior conquista dos movimentos sociais brasileiros do século XXI, concordamos? Só por este motivo este trabalho deveria ser recebido com viva atenção pelo público leitor. Mas há outras razões também.

No livro ora prefaciado, o Prof. Custódio escreve com ricos detalhes os passos dados por um número indefinido – menos que milhares, mas muito além de "meia dúzia" – de jovens negros e periféricos organizados coletivamente através do Movimento dos Sem Universidade (MSU). Inspirado por um discurso do célebre bispo, companheiro Dom Pedro Casaldáliga ao receber o título de doutor honoris causa da Universidade Estadual de Campinas (UNICAMP) em 2000, o MSU nasceu com o objetivo de lutar pela democratização ao acesso às universidades brasileiras em prol dos – agora sim o número é preciso - os milhões de jovens alijados do ensino superior no Brasil.

Ora apolíneo, ora prometéico (dyonísiaco neste caso não seria aplicável), o prof. Custódio descreve em minúcias os processos que combinam a longa duração da história brasileira de escravidão, eugenia, racismo e covardia para com os "de baixo", com a singular trajetória de vida e de lutas dos tantos jovens que resolveram ser protagonistas de suas próprias vidas dizendo não a um dos termos fundantes das desigualdades de nossa sociedade que vem a ser as crônicas complicações de seu acesso aos bancos escolares universitários, um dos motores da infinita reprodução das injustiças sócio-raciais brasileiras.

O livro é escrito em primeira pessoa, fato que se costuma despertar certa resistência por parte de orientadores e membros de banca de dissertação, neste caso antes contribui para tornar o estudo ainda mais cativante. Na qualidade de presidente do MSU, o Prof. Custódio está especialmente capacitado para levantar a documentação das ações desta coalização junto ao Congresso Nacional em Brasília e pelas diferentes universidades brasileiras que iniciaram o debate ou implementaram alguma modalidade de ação afirmativa pelo país até entre 2003 e 2012. Com a decisiva ação do MSU, neste período foram aprovados o Programa Universidade Para Todos (PROUNI), em 2005, com critérios de cotas raciais em estabelecimentos particulares e a Lei de Cotas (nº Lei 12.711), em 2012, para acesso de discentes provenientes de escolas públicas às Universidades públicas federais com recorte racial baseado na composição de cor ou raça de cada estado. Contudo, não é somente o acesso à farta documentação que torna o estudo do Prof. Custódio uma contribuição particular. Sua memória de ativa liderança do MSU permite abordagens em primeira mão sobre as dificuldades e agruras vividas por aqueles tantas e tantos jovens nos corredores do parlamento e dos prédios das tantas universidades e outros espaços onde ousaram levantar suas vozes.

De qualquer sorte, o tom pessoal que marca este livro em seu conjunto não implica que seu leitor encontrará uma obra apenas empírica. Seguindo os termos do chamado rigor acadêmico, nosso autor tem em mãos três ferramentas teóricas que guiaram a sua reflexão. Primeiramente, o aporte da *Advocacy Coalition Framework* que serve de referencial para a leitura das ações do MSU no espaço público entre 2003 e 2012. Deste modo, orientados pelos princípios que norteou a sua constituição, a democratização do acesso dos jovens negros e periféricos às universidades, Prof. Custódio nos mostra iniciativas e táticas empreendidas por este movimento para a conquista de aliados para sua causa, seja no parlamento, seja junto aos demais atores dos movimentos sociais brasileiros. Em segundo lugar, perspicazmente, nosso autor recupera os estudos do célebre sociólogo brasileiro, infelizmente pouco citado atualmente, Alberto Guerreiro Ramos, especialmente o seu conceito de "redução sociológica", o que em palavras diretas significa a aplicação dos referenciais teóricos importados do estrangeiro de forma crítica e criativa e subordinada à necessidade de se pensar a sociedade brasileira baseada nas características de sua própria realidade. Em terceiro lugar, Prof. Custódio emprega os recursos analíticos de Chales Mills, Cida Bento e Sueli Carneiro centrados na problematização do contrato racial do branco brasileiro.

Originalmente publicado em 1997, em "The Racial Contract", Charles Mills redefine os termos do famoso termo da tradição contratualista. Em uma interpretação livre, a formação da sociedade civil e do Estado não somente como uma criação voluntária dos indivíduos pactuantes baseados em postulados racionais ou – à la Rousseau – sentimentais, mas o estabelecimento dos férreos termos da vontade comum suportados pelos laços de afinidade estabelecidos entre indivíduos sócio-racialmente auto-identificados como brancos. Em sua tese de doutorado defendida no começo da década de 2000, a psicóloga Cida Bento define as relações raciais brasileiras como orquestradas pelo "pacto da branquitude". E também em seu trabalho de doutoramento defendido em 2005, Sueli Carneiro foca no processo de desumanização dos afro-brasileiros pelo grupo hegemônico conceituando-o como "a construção do outro como não ser como fundamento do ser", tal como no título de seu trabalho.

Deixando de lado as mútuas vicissitudes de cada estudo, todos eles convergem para a proble-matização do pacto racial do branco brasileiro como um dos pilares constitutivos das sociedades ocidentais, e, naturalmente a brasileira tal como no caso da Cida e da Sueli, assim nos ajudando a entender as razões pelas quais diante do contexto de emergência das ações afirmativas, tenha emergido um fascinante (exdrúxulo seria um termo mais adequado?) coalisão entre diferentes alinhamentos ideológicos contra as demandas sociais dos descendentes dos antigos escravizados (em um estudo de menor fôlego, o autor destas linhas conceituaria este pacto como "santa aliança").

A bem da verdade, a controvérsia sobre as ações afirmativas dividiu a sociedade brasileira sem respeitar recortes ideológicos, sociais e mesmo raciais, posto que expressivos percentuais da população negra também se manifestou contra aquela proposta. Mas que esta realidade não esconda a particular resistência de amplos setores da esquerda, aqui com especial destaque para a universitária, contra uma mudança do perfil descaradamente branco do quadro discente e docente nas universidades brasileiras.

Foi diante de um imenso fogo cruzado marcado por incompreensões e arrogância que o MSU e suas lideranças e ativistas tiveram de temperar seus atos e estratégias potencializando (ou radicalizando) ao limite aquilo que em 1988 Ulysses Guimarães – entre o visionário e o quixotesco – chamaria de Constituição Cidadã. Se os afro-brasileiros são os que aparecem com mais frequência nas estatísticas das mazelas sociais brasileiras, se somos nós os indesejáveis destinados a desaparecer vitimados pela anti-utopia eugénica de um Brasil exclusivamente branco, por que diabo de motivos esses dramas jamais aparecem nas agendas de pesquisas ou de ação de partidos políticos e demais instituições? Por que na academia brasileira, historicamente, os afro-brasileiros ocupam o mesmo espaço de segunda ou terceira classe que exercem na sociedade como um todo? Obra do acaso? Assim, o livro do Prof. Custódio coloca o leitor diante de contradições mais amargas do que as tradicionalmente reportadas pelos estudos socio-lógicos e historiográficos brilhantemente capazes de identificar o "lado mau" da história (latifundiários, banqueiros, industriais, a grande mídia) mas desatentos (talvez por alguma ingenuidade, talvez por outros motivos) para deslindar as outras tantas dialéticas abrigadas pela sociedade e história do Brasil.

Sem meias palavras, o Prof. Custódio nos descreve o processo de amadurecimento pessoal e político de um incontável número jovens negros e periféricos no ato do contato com as caras sombrias de parcelas expressivas da comunidade acadêmica, de intelectuais e da mídia na maioria das vezes nada receptivos para ouvir suas mensagens e demandas.

Com isso, o livro segue nossos jovens em suas longas caminhadas em gabinetes parlamenta-res, nos seus enfrentamento em desgastantes seções de conselhos universitários, nos quilômetros empenhados em viagens desconfortáveis e cansativas, nas repetidas caminhadas debaixo de chuva e do sol escaldante, alvejados por editoriais da mídia e seus repetidos e cansativos brados de que "não somos racistas". A necessidade de manter a cabeça erguida e seguir lutando mesma diante da perda de companheiros de luta – tal como Egídio, o motoboy negro de 20 anos entregador de pizzas da periferia paulistana fuzilado (sim, mais um) de noite na porta de casa.

O mesmo movimento sindical docente, representado pela sempre ideologicamente radical Sindicato dos Docentes do Ensino Superior (a Andes), que por anos se posicionou contra as ações afir-mativas para os jovens negros e periféricos baseada nos mesmos princípios meritocráticos, princípios de resto sempre tão combatidos por essa mesma instituição sobre a pecha de serem "produtivistas". A melada recepção dos ativistas da MSU na Mackenzie de São Paulo, recebidos à chuva de ovos por terem ousado protestar que aquela universidade usava recursos públicos da filantropia para beneficiar os filhos dos apaniguados sem necessidade financeira para terem bolsas de estudo. A triste história do Centro Acadêmico (CA) da Faculdade de Direito da Universidade de São Paulo (USP), sim aquela mesma que tão bravamente resistiu contra a ditadura militar, editando um jornal exclamando que "os negros voltassem para a África". Indignados, no ano de 2003, os jovens do MSU realizaram um protesto de enterro da intolerância no vetusto prédio do Largo de São Francisco, e depois, em 2007, uma "ocupação cultural", posteriormente transformada em vigília. Aqui, fazendo-se justiça ao CA daquela faculdade, sua direção se posicionou a favor da ocupação. Mas mesmo este apoio não adiantou.

Mostrando que cada um tem a ditadura que merece, na noite da vigília "a tropa de choque chega". Aqui o relato de meu xará, Marcelo Barreto da Fonseca, então diretor do MSU, merece ser descrita textualmente:

> "O choque invadiu por cima. Eu dei de cara com o Choque bem quando eu tava indo usar o banheiro... ouvi a batida do cassetete na plica vinda na minha direção, aqui lembrou chinelada... a gente apanhou no frio, que a gente foi tudo para a delegacia, ficahdo. Botaram a gente sentado no chão na rua, na madrugada fria pra porra, botaram a gente dentro do busão da polícia e levaram todo mundo para delegacia. Tinha um contingente imenso de polícia, tinha tipo de polícia que eu nunca vi na vida. Tinha o Choque, tinha sei lá mais qual, tinha muita polícia e, se boabear, tinha um policial para cada manufestante, de tanta gente que tinha."

Unificando perspectivas téoricas com passagens (auto)biográfgicas, o Prof. Custódio nos conta a face concreta do pacto racial, do pacto da branquite, da negação do outro ser para sua própria afirmação como exclusivo ser portador de direitos. Por suas palavras vemos o racismo brasileiro mostrando seus dentes, sua cara feia, monstruosa, abobalhada, aliada dos piores lixos da história brasileira, co-responsável pelos "500 anos de solidão" de nossa sociedade cronicamente injusta, violenta e sócio-racialmente desigual.

De qualquer sorte, mesmo a imensa simpatia que um prefaciador de um livro possa ter com a obra em apreço e o seu autor não implicam que o estudo ora analisado esteja acima de críticas e observações. A mais óbvia, esta obra corresponde a um estudo de fôlego e, talvez, por isso seu grande número de páginas possa desencorajar seu potencial leitor, que terá de reservar um tempo generoso para atravessar suas páginas. Mas essa é uma crítica fácil e certamente menor, pois a travessia vale a pena e a presente edição em dois volumes facilita a jornada.

Talvez a maior lacuna tenha sido a ausência de uma reflexão mais acurada das razões do MSU ter pautado suas demandas por ações afirmativas para os estudantes das escolas públicas, com as cotas raciais entrando como uma política derivada, em detrimento de sua dimensão mais propriamente racial, tal como estabelecido pioneiramente pela Universidade de Brasília em 2003. Aqui não é o caso de cobrar do autor uma posição, mas considerando que os críticos das leis afirmativas em prol dos afro-brasileiros insistirem que o racismo existente no Brasil é social e não racial, tal questão assume uma dimensão mais controversa do que tratado em suas páginas e que poderia ter sido palco de maiores comentários.

Em já se sabendo que este comentário excede às intenções do Prof. Custódio, da leitura do seu livro também emerge uma curiosidade sobre como ele interpreta o que ocorreu depois de 2012, que poderia ter recebido ao menos algumas palavras ao menos na conclusão do livro. Assim, se é bem verdade que a conquista das ações afirmativas foi proveniente de lutas e não de benesses, já no ano seguinte novos fatos sociais, políticos e econômicos emergiram no Brasil com um viés não somente pronunciadamente conservador, mas expressamente de extrema direita de estilo facista até chegarmos aos lamentáveis anos de Jair Bolsonaro (2019-2022). Seguindo um recente veio da literatura – já sugerido nas páginas da minha "Lenda da Modernidade Encantada", capítulo seis e por acadêmicos como Patrícia Pinho e Mauro Porto - esta reação não se dissociou daquelas mesmas conquistas do movimento negro, especialmente as ações afirmativas, a lei do emprego doméstico, o Bolsa Família e a valorização do salário mínimo.

Seja como for, o fato é que a crise econômica que se prolongaria entre 2014-2016 se daria no instante imediatamente posterior à aprovação da 12.711 implicando que a chegada dos 1,1 milhão de benefiários das ações afirmativas nas universidades públicas viria a se dar dentro do contexto da lei da meta fiscal, e, portanto de forte redução de recursos aplicado na educação com naturais sequelas sobre o orçamento daquelas instituições e sua capacidade de manter e expandir os recursos necessários para a assistência estudantil aos provenientes das ações afirmativas, realidade que somente viria a agravar durante os anos da Covid-19. Mesmo hoje, quando o governo Lula III se mostra com mais boa vontade aos apelos das universidades públicas e dos cotistas, todo tipo de restrições políticas e econômicas ainda mantém distante de uma realidade menos hostil os beneficiários das ações afirmativas. Finalmente, na história que se segue à aprovação das "leis das cotas" de 2012 emerge um outro espinhoso tema que vem a ser o das tentativas de fraudes por parte de um público não elegível para ser beneficiário daquela medida legislativa e cuja complexidade não vem sendo ignorada por aqueles dedicados ao assunto. Em suma, se não cabe cobrar o Prof. Custódio sobre a ausência destas questões em seu trabalho, seus leitores, razoavelmente, esperarão que suas novas publicações possam cobrir esta lacuna.

Empregando a *Advocacy Coalition Framework*, o Prof. Custódio convincentemente mostra aos seus leitores que a causa das ações afirmativas foram resultante do protagonismo da juventude negra e periférica, mas em fundamental aliança estratégica com outros segmentos coirmãos dos demais movimentos sociais. O título deste prefácio, "quem luta é quem sabe", é associado à autoria de Margarida Alves, uma liderança histórica dos trabalhadores rurais de Alagoa Grande, Paraíba, assassinada aos 50 anos de idade plausivelmente à mando dos proprietários de fazenda de açúcar daquela região desconcentes com sua liderança pela reforma agrária e direitos dos trabalhadores da lavoura de cana-de-açúcar. Seja nos livros de história, seja nas dinâmicas sociais que se sucedem a cada instante, as injustiças seculares brasileiras colocam ombro a ombro pessoas dos mais diferentes quadrantes e origens e o livro do Prof. Custódio tão somente faz reafirmar a clássica expressão daquela que inspira a célebre Marcha das Margaridas das trabalhadoras rurais.

Por outro lado, a composição de João Bosco e Aldir Blanc em homenagem a João Cândido, o Almirante Negro, fala das "lutas inglórias" dos que se engajaram na causa da justiça social e sua correspondente memória forjada nas "pedras pisadas do cais". A coalização dos "pés descalços", brilhante e detalhadamente retratada pelo Prof. Custódio em seu livro, representa uma argamassa a mais naquele monumento nos mostrando que a longa duração da história brasileira também comporta a luta de seu povo pela liberdade.

Austin, Texas, Estados Unidos, 8 de junho de 2024.
Marcelo Paixão
Professor da Universidade do Texas

SUMÁRIO

INTRODUÇÃO

Oxalá, eis. Pede passagem uma obra cujos passos vêm de longe.

Esta é a exposição das investigações de Sérgio José Custódio de Itaporanga, Barão de Antonina, da Serra dos Paes, do Jardim Petrópolis, periferia de São José dos Campos, antiga rua Três, n. 101, depois rua Romeu de Oliveira Klaus, 101. É para que os feitos dos pés descalços não desvaneçam com o tempo.

Os passos dos pés descalços vêm de longe.

Da ancestralidade negra, da ancestralidade indígena, da ancestralidade de alguma fraternidade branca.

Da África, da caminhada Guarani Kaiowá por uma terra sem males.

Vêm de João Belarmino. Maria Isaura de Jesus. Zimiro Véio. Da Serra dos Paes.

Dos Kaingang. De milhões de corpos, almas, forças espirituais da natureza.

Da dor.

Dos mais de mil Sem Universidade que pisaram pela primeira vez numa universidade, naquele dia de dezembro de 1994, num ciclo básico da UNICAMP lotado de gente atrás da vaga rara da primeira experiência de ação afirmativa da história da UNICAMP e de Campinas: o Cursinho Popular do DCE UNICAMP, dia de elevada emoção, de choro intenso, de abraços e agradecimentos acalorados ao DCE pela oportunidade inédita de estar na UNICAMP, só isso, pois pôr os pés na UNICAMP pela primeira vez era motivo de grande orgulho para pais, parentes e amigos que acompanhavam os Sem Universidade. A universidade é proibida para parte da gente da mesma nação, do mesmo Brasil?

Da marcha dos Sem Universidade para que o Carandiru virasse universidade, em 2002.

Da marcha-enterro a pé da morte do Sem Universidade, levando o caixão, das escadarias da Igreja da Sé até o portão interno da Fuvest. em dezembro de 2003. Tantas marchas até ali em vários anos. Dos que se acorrentaram aos portões da Fuvest para escancarar ao país a exclusão do negro da universidade, homens e mulheres negras da Educafro.

São as pessoas simples do poeta Solano Trindade, do sociólogo José de Souza Martins, de Ailton Krenak, o intérprete do Brasil. As pessoas simples em ação, na proibida arte da política no Brasil. São calibans?

A marcha de 111 integrantes do Movimento dos Sem Universidade (MSU) vestidos de beca, da Igreja Nossa Senhora dos Homens Pretos, no Largo do Paiçandu, nome indígena no centro de São Paulo, até o presídio do Carandiru, na Zona Norte, no segundo semestre de 2002, a marcha de repúdio e memória dos 10 anos do massacre do Carandiru pela transformação do lugar numa universidade pública, que saiu de frente à estátua da Mãe Preta, depois da missa celebrada pelo padre Jairo da Mota Bastos às oito da manhã, um homem preto, que experimentou na pele o que era ser negro numa das duas universidades brancas existentes em Campinas, no fim do século XX, mostra de um tempo inercial longo da história do Brasil, em que só como exceção o negro, o pobre, a escola pública, indígenas entravam na universidade no Brasil. Ele concluiu Filosofia e Teologia na PUC de Campinas nos anos 1990 e chegou a coordenar o diretório central dos estudantes.

Marchou Roberta de Itaquera, marchou Goes, de Cidade Tiradentes. As crianças da periferia que também vieram das escolas públicas da Zona Leste e da Zona Sul para a frente do Carandiru naquele dia já cresceram. Da Zona Sul, crianças negras e brancas da região de Cidade Dutra chegaram em frente ao Carandiru naquela marcha, naquela manhã. Quarenta pessoas vieram de ônibus direto da escola pública da Vila Progresso EMEF Padre José de Anchieta, na Zona Leste, crianças da quinta a oitava série, brancas, negras, pardas; pais, professores, o coral da escola cantou na frente do Carandiru, na calçada, pro lugar virar uma universidade; a diretora da escola, Cida Mota, branca, estava junto. Tava também Zé Raimundo, pardo, coordenador do MSU e que participava do Espaço Casinha, uma biblioteca popular conquistada em 2000 em duas salas de aula que estavam desocupadas e que ficavam do lado de fora do prédio principal da escola Anchieta, na avenida Inajá-Guaçu, árvore grande no nome indígena. É a marcha da escola pública brasileira?

Estava Sabotage, que, após a exibição do filme *Cidade de Deus*, por dois reais no cine Olido, às 14 horas, parte da programação da luta do MSU pela universidade no Carandiru naquele dia longo, fez o show na praça da República, no grande encontro final do dia de luta do MSU, o grande encontro do hip-hop de São Paulo pro Carandiru virar uma universidade pública, que entrou pela noite na praça da República, onde tava todo mundo, dos Racionais MC's à Rapaziada da Zona Oeste, RZO, e Rappin' Hood, de Heliópolis, e o povo da Cidade Tiradentes: praça lotada de gente, desde as 17 horas. Na sua vez, Sabotage desceu do palco, levou o rap conversando com os meninos de rua da praça da República, um branco e um negro de camisetas brancas surradas, colocando-os depois no palco, falando da real da importância de o Carandiru virar universidade. Como Fran do DCE UNICAMP, como muitos negros mortos da periferia, Sabotage não viveria para ver a Lei de Cotas aprovada.

"We shall overcome someday", já cantaram Diana Ross, Louis Armstrong. "Felicidade, passei no vestibular?", cantava Martinho da Vila.

Eia, pois, dos 4,5 quilômetros a pé, dos passos de 111 simples de beca, sob o sol forte da manhã, da Igreja Nossa Senhora dos Homens Pretos até o Carandiru até os paços de Brasília?

Quem recebeu de sucessivos governos, em sucessivas gerações, a mensagem indecifrável cravada nos diplomas do segundo grau, do ensino médio, "aptos a cursar o ensino superior", mas sem o endereço à mão dizendo para qual universidade privada deveriam se dirigir para realizar tal direito, para qual universidade pública deveriam ir para realizar tal direito, qual era o endereço do direito. É Brasília?

Das periferias de São Paulo, onde "não existe amor, um labirinto místico, onde os grafites gritam, não dá pra descrever numa linda frase de um postal tão doce, cuidado com o doce, São Paulo é um buquê", canta Criolo[3]. São flores mortas?

Das periferias de São Paulo, de Belo Horizonte, do Recife, do Rio de Janeiro, de Curitiba, de Belém, de Salvador, de Curitiba, de Porto Alegre, de Fortaleza, de Vitória, de Palmas, das periferias do Brasil até o Planalto Central do país, lugar responsável pelo ensino superior no Brasil, para cobrar o direito escrito em papel, o papel timbrado pelo Estado do diploma, a cerca de 1.000 quilômetros da periferia de São Paulo, atrás da universidade pública, gratuita.

---

[3] Ver Milton Nascimento e Criolo *feat.* Amaro Freitas – Não Existe Amor em SP (Milton [...], 2020b) e Milton Nascimento e Criolo feat. Amaro Freitas – Cais (Milton [...], 2020a).

Marchar até Brasília?

Da marcha até Brasília pelo direito à universidade dos que marcharam pela transformação do Carandiru em Universidade? É disso que trata a obra? Sim.

Porém não é um caminhar numa linha imaginária espacial apenas, de um ponto A para um ponto B do mapa do Brasil. Melhor. É andar no espaço, no tempo, na hierarquia social, na hierarquia racial, nos graus e degraus do status no Brasil. Nessas dimensões todas juntas, necessárias. Essa é a viagem[4]. Rap é compromisso, diz Sabotage. Então é ir atrás, até o "purgatório", como avisava Carolina Maria de Jesus, sobre um Parlamento no Brasil:

> Mas eu já observei os nossos politicos. Para observá-los fui na Assembleia. A sucursal do Purgatorio, porque a matriz é a sede do Serviço Social, no palacio do Governo. Foi lá que eu vi ranger de dentes. Vi os pobres sair chorando. E as lagrimas dos pobres comove os poetas. Não comove os poetas de salão. Mas os poetas do lixo, os idealistas das favelas, um expectador que assiste e observa as trajedias que os politicos representam em relação ao povo. (Jesus, 1993, p. 47).

"Isso aqui é mesmo um labirinto", disse Gonzalo, em *A tempestade*[5].

Do labirinto da colonização que escravizou e dominou os povos indígenas, o povo negro, derivam terríveis labirintos vivos da história do Brasil. Brasil fazenda Santa Cruz, da metáfora de Maria Firmina dos Reis, em *Úrsula*.

No artigo "Um labirinto como o de Creta", Ricardo Hollanda assim descreveu o Congresso:

> As centenas de gabinetes, corredores, salas, ante-salas, salões, comissões, auditórios, galerias e plenários, que se espraiam pelos 222.466 metros quadrados do Congresso Nacional se assemelham ao visitante como o labirinto de Creso, em Creta, onde, segundo a lenda, teria sido aprisionado o Minotauro. Aos parlamentares mais antigos e experientes, todavia, os 10 prédios do conjunto arquitetônico ofereciam uma infinidade de locais onde se enclausurar para fugir ao burburinho e trabalhar em calma e paz. E para encontrar esses políticos, às vezes só mesmo recorrendo ao artifício empregado pelo herói tebano Teseu para entrar no labirinto, matar o Minotauro e escapar do local com vida sem se perder: enrolar a ponta do novelo de lã. Contudo, mesmo com o fio na mão só se acha quem se procura depois de dar muitas voltas pelos tortuosos caminhos do Congresso. (Hollanda, 1987)[6]

Ali chegam pessoas estranhas ao normal do ambiente, a gente simples do Brasil. Chegam carregando o ramo áureo da árvore da escravidão e seus estranhos frutos: racismo, sangue, dor, gargantas cortadas, mãos apartadas do corpo pelo facão, lugar dos enforcamentos.

---

[4] Lévi-Strauss (1957) comenta rapidamente sobre as variadas dimensões presentes numa viagem em seu livro clássico *Tristes Trópicos*.

[5] Na última peça de teatro de Shakespeare (Londres, 1611), aparece essa fala do personagem Gonzalo, deslumbrado com a ilha encontrada. "A tempestade" não pararia de inspirar variados escritos sobre os sentidos da América Latina, desde a segunda metade do século XIX. Para Northrop Frye ([1986] 2011), "A época em que A Tempestade foi composta, por volta de 1611, era um período em que a Grã-Bretanha, tendo perdido cinquenta anos antes seu último apoio no continente, estava começando – com a fundação da Companhia das Índias Orientais e as primeiras tentativas de ocupação da América – a pensar em termos de um império ultramarino". Gonzalo estaria no contexto da Grã-Bretanha fundada como terceira Tróia? "O sexto livro da Eneida conta que Enéias, depois do suicídio de Dido, parte para a última etapa da sua viagem de Cartago para a costa ocidental da Itália. No caminho, atingiu a passagem para o mundo inferior que era vigiada pela sibila Cumana, desceu àquele mundo e lá encontrou por fim, o fantasma do pai, que lhe profetizou a futura grandeza de Roma e o seu império mundial. A frase de Gonzalo 'here's a maze trod indeed' [isso aqui é mesmo um labirinto], e a procura de Ferdinando por seu pai parecem ecos virgilianos. Notamos que o grupo de cortesãos está seguindo uma rota bastante semelhante, de Túnis, no norte da África, perto de Cartago, até Nápoles, perto de onde se dizia que a caverna da Sibila poderia ser encontrada. Além disso, naquela conversa aparentemente gratuita entre Gonzalo, Antônio e Sebastião, Gonzalo insiste em associar Túnis com Cartago, e os outros dois ficam repetindo os nomes de Dido e Enéias. É claro que Antônio e Sebastião estão simplesmente tentando atormentar Gonzalo, que consideram um tolo, mas Gonzalo não é um tolo, e as conversas gratuitas em Shakespeare geralmente têm algum tipo de propósito" (Frye, [1986] 2011, p. 225).

[6] Na bela tese de doutorado "Os labirintos do minotauro: política, troca e linguagem", (Abreu, 1999) perscruta o Congresso Nacional como labirinto.

Retiraram da árvore do pau-brasil a lei áurea de 1888, o ramo áureo que mantém grudados aos dedos para a vista de tudo que é olho, de tudo que é tato. Valem-se disso para passar pelo vestíbulo e adentrar no subterrâneo do lugar, mantendo-a sempre à mostra, para que não duvidassem nunca do porquê estavam ali.

Nos olhos, brilhos não de resignação, mas da chama acesa do fogo que passava de mão em mão na Rua Tabatinguera, milhões de mãos, milhões de sonhos das famílias das periferias do Brasil pelo direito à universidade. Mãos de muitas gerações mortas e seus passos e memórias vivas, suas lutas vivas.

No silêncio dos passos para dentro do Congresso Nacional e dentro do pensamento profundo, enterravam em cerimônia de saudade com só gotas de lágrimas e a voz presa na garganta em lapso curto de tempo: os meninos da Candelária, a moça negra do cursinho popular morta num sábado na Maré, Galdino, as crianças e jovens do lugar chamado Canudos, os mortos jovens negros, indígenas anônimos da guerra no Brasil, o negro Fran, fundador do Cursinho Popular do DCE UNICAMP, o negro Sabotage da luta para o Carandiru virar universidade pública, o entregador de pizza do cursinho popular do MSU, no Campo Limpo, morto no maio trágico, todos ali presentes num adeus nunca dado, num adeus que viaja junto dentro da cabeça, para dentro do turbilhão do Congresso Nacional, sem se apartar, grudado na memória viva.

Hora de mostrar o quanto valem e o tamanho da responsabilidade histórica sobre seus ombros. Vergonha na cara como arma.

Naquele chão do Congresso Nacional: racismo, medo, fome, pobreza, mazelas, remorsos, fúrias, ódios, como fantasmas tentam paralisar-lhes os passos.

Dizem não silencioso e coletivo ao medo incrustado nas mentes pelos paços.

Passam em destemor para a guerra pela aprovação do sistema público de bolsas de estudos em instituições privadas (PROUNI) e da Lei de Cotas. É disso que trata a obra mesmo? Sim.

Respeito e dignidade com todo mundo ali, até com o mais arrogante. Não cair em provocação. Com os pés no chão, andam por ali sem medo de Cilas, Briareu, Centauros, Hidras de Lerna, Quimeras, Górgonas ou Geriões de plantão ali como sombras.

São fantasmas da Casa-Grande, de bandeirantes, feitores e urdiduras vis.

Sem medo, pois Deus está com eles, assim também as forças da natureza.

A alegria, o otimismo e a perseverança lhes saúdam na jornada difícil.

Sibila guiava Eneias. Dante pediu a Virgílio, o que conhecia bem o caminho, para deixar a esperança de fora, antes dos dois adentrarem o inferno.

Aqui é o contrário, a esperança deve seguir na mochila, nas andanças para dentro do labirinto do Congresso Nacional. Pode ser o purgatório, como falava Carolina Maria de Jesus? Virgílio, cheio de *iustitia* e *pietas*, ainda será o guia[7]? Já pode ser a floresta do céu, no cume do purgatório?

Aí a guia será Matelda, a mulher, musa da cor e mãe da memória, a musa das águas[8], logo do movimento das águas que acham por onde andar em meio a dificuldades de terreno. Iemanjá? As águas de João Batista?

Qual é o cheiro da água de Brasília, um lugar seco? Como tocar, naquele labirinto, como tocar os dedos e fazer crescer para o país as águas raras de um sistema público de bolsas de estudos

---

[7] Ver Auerbach ([1944] 1997, p. 58).

[8] Ver tese de Alexsandra Loiola Sarmento (2015, p. 83), "O Purgatório da Divina Comédia Vertido em Leite Derramado".

em instituições privadas (PROUNI), a Lei de Cotas para as universidades públicas? Será preciso assoprar, criar uma ventania ali onde venta pouco, trazer as nuvens carregadas de longe?[9]

Tem mina d'água escondida dentro do Congresso Nacional? É possível enxergar gotas d'água ali, fontes? Da água do direito à universidade?

Para Aristóteles, que estudou a política e a poética, a imaginação deriva de luz, porque não se vê sem luz, diz ele no "De anima".

Para os povos indígenas, como os Guarani, é justamente o contrário: a imaginação vem do escuro, pois é no escuro que se sonha quando se dorme, é no escuro que se escondem as sementes e é do escuro do útero que brota a vida, como falam Carlos Papá Mirim Poty e Cristine Takuá. Mesmo no escuro do sonho, era preciso acreditar na luz da vaga na universidade.

Se, do lado de fora, a temperatura anda sempre na casa dos 30 graus célsius, com umidade na casa dos 20%, se tanto, do lado de dentro a temperatura administrada por ar-condicionado fica entre 20 e 25 graus Celsius. O labirinto é paradoxal, a temperatura política pode subir de repente.

O labirinto é vivo, pode devorar pessoas e o sonho do direito à universidade, como aquele labirinto vivo dos jogos de bruxaria de Harry Potter. Um labirinto — feito aquele do hotel Overlook do filme *O Iluminado* — embaralha muitos caminhos possíveis e pode deixar uma pessoa atordoada, perdida. Um projeto de lei pelo direito à universidade perdido no tempo grande da história? Dois?

Perdido nas 700 portas fechadas, entreabertas, abertas do Leite Derramado na história do Brasil representadas na arquitetura do Congresso Nacional?

Como num jogo de esconde-esconde, para se pegar o fio da meada da história da disputa em torno da Lei de Cotas e andar no labirinto, é preciso entrar e sair de muitos lugares em Brasília, dentro do Congresso Nacional e fora dele.

O fio de linha do direito à universidade vem da periferia, são os novíssimos movimentos sociais que trançam com seus pés descalços, com suas mãos calejadas, com suas costas salgadas, as linhas para ganhar o jogo, para saírem vivos do lugar com o sistema público de bolsas de estudos em instituições privadas (PROUNI) e a Lei de Cotas no labirinto do Congresso Nacional.

Entrar é fácil, como Eneias entrou no inferno, sair com as leis aprovadas ali é que é difícil?

As leis são o minotauro devorador de sonhos?

O objetivo desta obra é achar uma resposta para a pergunta do porquê demorou tanto tempo para aprovar a Lei de Cotas?

Uma resposta na relação entre duas políticas públicas: a Lei de Cotas e o sistema público de bolsas de estudos em instituições privadas (PROUNI).

A obra acompanha o jogo de vida ou morte dessas políticas públicas no chão do Congresso Nacional, da relação entre elas.

---

[9] Talvez dissesse "Coragem!" Alexandre Abdala Araújo, um sujeito de São José do Rio Preto, o filho da professora da rede pública; "a água acha o caminho", talvez dissesse Osmar Coelho Filho; mais arisco, Fran, descendente de escravizados na terra do Rio Piracicaba, talvez indagasse: "a água vai correr pro nosso lado no Congresso Nacional ou vamos ficar na seca mais uma vez?" Cética, a piracicabana Luciane Bombach talvez achasse que sim e que não, mas que era preciso pagar para ver. Érica Valéria Alves, de Americana, amante da matemática, e Siber Eduardo Cintra, de Limeira, que gosta de computação, talvez de olhos atentos fizessem imensa torcida. O interiorano Roniclever Rosa Ribeiro, corintiano roxo, talvez dissesse: "Vai, Timão". Marcela Souza talvez falasse da importância da casa para as pessoas estudarem. Maurício, da economia, em puro êxtase, talvez assobiasse chamando mais gente para a luta. Adriana Camargo talvez pedisse fé, samba e jazz, porque ia "dar pé". "Salto alto, por favor!", talvez gritasse o negro Elias, da química. "Flores, muitas flores, é preciso magia", talvez dissesse a estudante de Odontologia Tatiana Adamov Semeghini. "Pé na estrada, gente!", talvez implorasse Marta. Talvez os fundadores do Cursinho Popular do DCE Unicamp estivessem sempre presentes como coro invisível em todos os lances do jogo violento no Congresso Nacional. Talvez.

Brasília, pois.

Mangas, vê-se de dentro do ônibus que chega. Muitas mangueiras como em Belém, jabuti-cabeiras que não são só a cor de jabuticabas.

Brasília, terra do Câmbio Negro, da Ceilândia, grupo de rap, da histórica apresentação no festival II Juntatribo do DCE UNICAMP, em 1994, "Sub-raça? É a puta que o pariu!".

Índio Galdino morto no ponto de ônibus do Plano Piloto de Brasília! Com o corpo encharcado de fogo atirado por cinco brancos da capital. A morte é a regra? A morte de políticas públicas para o direito à universidade?

No canteiro quando se para no ponto de ônibus da Câmara, depois do Itamaraty, tem o carrinho de comidas, duas escadas, um corrimão de ferro, a calçada de acesso ao Anexo III da Câmara, dos dois lados um canteiro de flores, bem tratado.

À direita, surge uma minhoca na terra, dá pra ver. Êpa, uma coruja-buraqueira, de olhos muito grandes pelo tamanho pequeno, comia um pequeno escorpião, no cantinho, lado esquerdo. Apertar o passo. A coruja voou.

Dentro do Congresso, tem um cheiro de terno usado que vem e que passa sem nunca parar, ali não é a democracia representativa da praia, não tem mar por perto. Ouve-se a música concreta: pratos quebrados de restaurantes ao fundo, o tilintar das xícaras de café que se tocam nas cozinhas espalhadas pelo lugar, o aroma do cafezinho que inebria o ambiente vindo de muitas partes e andando como nuvens pelo ar. Como apito de locomotivas, de sinal de escola em ditaduras latino-americanas, uma campainha toca, é o emudecer dos microfones das reuniões das comissões permanentes e ocasionais pelo chamado da reunião geral do plenário que dá o tom do poder no lugar: a mesa diretora da Câmara manda de fato e de direito. Há o acesso de tosse, no corredor, do prefeito gordo com cara de ressaca que veio cabular recursos para o seu município, em tese ao menos. A palavra ao pé do ouvido, como cochicho, é moda no lugar, o celular falante ainda é coberto por mãos de segredos, o trombar dos corpos, o salto que quebra do sapato da moça elegante, um falatório geral em variados tons. O volume dos sons cresce com o número grande de pessoas circulando, desde que os primeiros trabalhadores e as primeiras trabalhadoras iniciam a jornada, alguns antes das 7 da manhã: parecem as ruas de uma cidade enorme, muita gente, um entra-e-sai sem parar. A agitação tem hora e dia marcado para crescer e para murchar. Todo dia depois das 9 da manhã cresce, depois das 6 da tarde, murcha; de terça-feira a quinta-feira, cresce mais, de quinta-feira a segunda-feira, murcha mais. É a presença dos parlamentares o coração que faz pulsar de gente as artérias do labirinto do Congresso Nacional.

Seres muito andam ali, feito urubus, onças, tatu, arara, anta, percevejos, cupins, as formigas do Lima Barreto, escorpiões, cobras, galinhas. É gente-bicho-gente.

O fotógrafo alto, viçoso, branco, de bochechas vermelhas, terno aberto, gravata vermelha, crachá do *Jornal O Globo*, uma bolsa preta com alça longa até as pernas cheia de pequenos equipamentos, as mãos carregadas pela câmera fotográfica de última geração, anda olhando pro alto, olhando para cima, sonha acordado a todo instante em ver sua foto na primeira página do jornal na edição do dia seguinte, passos rápidos, largos, foi embora para dentro como um raio.

No balcão de acesso ao anexo III, está o senhor negro, magro, estatura mediana, uns 60 anos, terno simples fechado, gravata, sapato preto vulcabrás, credencial de fotógrafo, uma máquina das antigas para foto das boas, trabalha ali, vive de fazer fotos para visitantes, vai para mais um dia de trabalho atrás da foto que lhe dá o de comer.

Passa garboso, elegante, o senhor alto, negro, forte, sorridente sempre, mechas de cabelo branco no cabelo curto, testa larga, terno preto, crachá funcional, é o segurança da Presidência da Câmara dos Deputados.

Uma moça branca de uns 30 anos, maquiagem perfeita, saia bege, casaco, joias, passa irritadíssima com um Luiz XV na mão, o salto quebra logo ali na entrada, ia pé-ante-pé, agora, virava à direita, para trabalhar como assessora no gabinete parlamentar do anexo III.

O deputado branco com terno, com celular, rodeado de três assessores com celulares, passa em bando, à esquerda, rumo à avenida das comissões, numa dança de bando, feito Fred Astaire e sequazes, com passos marcados; na lapela do paletó, seu Pin de deputado brilha e rebrilha, quase refletor; os assessores sorriem cabisbaixos de boca fechada, o deputado olha para trás sem ver a moça do salto quebrado, vira a cabeça, anda, falando alto com o celular, gesto simples de olhar sem ver para a segurança negra, passa reto, apressado tentando comer o tempo que está dentro do Congresso Nacional. Outro tempo? Outro relógio? Qual é a música da dança do deputado federal de sapato de couro italiano?

Vocês ouviram o som serial da Lei de Cotas no ar do Congresso Nacional? O compasso da criação do sistema público de bolsas de estudos em instituições privadas (PROUNI)? Não é ruído. É preciso colocar os ouvidos no chão, apurar os sentidos. Como dançar sem música de fundo?

Nesta obra, entra o barulho de Chiquinha Gonzaga e a música negra e a música indígena e a mitologia negra e a mitologia indígena. É a coalizão corta-jaca que entra na cena grande da história do Brasil? História com H. São pés descalços que pisam o chão do Congresso.

É pau na jaca? No Congresso Nacional? É o escândalo escondido da República Brasileira no XXI?

É a dança buliçosa, o requebro das quebradas, a dança dos cursinhos populares, seu feitiço no chão do Congresso Nacional. São os ouriços das periferias, seus passos no chão do Congresso Nacional?

É o hino nacional nos violinos afiados na manifestação dos de beca, proibidos de entrar no Congresso Nacional, em 2004? É a música do direito à universidade deixada no ar, na alma, perdida no labirinto do Congresso, mas sempre ressoando seu protagonismo.

Dia e noite no Congresso. Madrugada e noite infinita. Hino brasileiro do direito à universidade que se perdeu em meio a tantas sombras? Que ecoa na nação?

Em Brasília, enxerga-se o horizonte.

Como um nome do pai cristão, uma cruz, seus dois eixos originais foram acomodados no chão do planalto central do Brasil, em 1956: o eixo monumental reto e o eixo curvo do plano piloto que o corta, pela forma do terreno, do projeto de Lúcio Costa e Oscar Niemeyer, inspirado na arquitetura do suíço-francês Le Corbusier.

Do alto, parece um avião capaz de extasiar o olhar. A propaganda da época falava em unir o Brasil, ocupar o interior, modernizar o país subdesenvolvido com uma capital em seu centro geométrico, planejada para 500 mil habitantes. Brasília não tem som de fábricas e não haveria ali o assalto revolucionário ao poder, pois fica muito distante das grandes massas.

Brasília existe porque, na história longa da exclusão da universidade do Brasil, em suas raras carreiras e cursos mais cobiçados, foi uma gripe, a gripe espanhola de 1918 e suas consequências, foi a pandemia que possibilitou que um pobre trabalhador dos Correios e telégrafos ingressasse no curso de Medicina na principal universidade de Minas Gerais, pois a concorrência abaixara pelo temor do vírus. E que virasse, tempos depois, presidente da República nas eleições diretas de 1956, em um só turno, após o suicídio de Getúlio Vargas, em 1954, que dividira o país. O homem que confundira a Volkswagen *no* Brasil com a Volkswagen *do* Brasil fez a promessa e o parto da nova capital, um sonho antigo que estava na Constituição da República de 1891.

Ou o parto foi de proveta, do sêmen artificial da civilização do automóvel de combustível fóssil e das autoestradas, semeados pelo mundo no século XX, e seus interesses verticais mundo afora, que fez a fama e a fortuna do modelo de urbanização de Robert Moses e outros barões Haussmann's modernos?

A Guerra Fria paralisaria o debate público do destino do projeto de Brasília por conta de uma ditadura instalada quatro anos após sua inauguração, que duraria 21 anos. Ditadura que seria a tristeza não *nonsense* de seu fundador, Juscelino Kubitscheck, seu ostracismo, seu fim trágico em acidente nebuloso nos anos 1970, num automóvel, numa autoestrada.

Brasília foi em direção à eternidade. Seu saldo no segundo milênio é ser praticamente a terceira região metropolitana do Brasil, com mais de dois milhões de habitantes, ter seu centro histórico tombado como Patrimônio da Humanidade pela Unesco e abrigar terríveis desigualdades sociais na gangorra entre o plano piloto e as cidades satélites.

Brasília irradia a aura da civilização do automóvel individual movido a combustível fóssil, que tomou conta do mundo no século XX e lhe marcou o sentido e a náusea do planeta.

Mesmo controversa, continua a inspirar carreiras políticas, loucos e sãos de toda ordem, os críticos contumazes e os admiradores do experimento das formas e funções, dos setores, do plano piloto, da praça dos Três Poderes, das vias expressas para carros, do sumiço das esquinas, dos grandes espaços, das grandes avenidas, das não tão integradas cidades-satélite.

Do milagre da arquitetura moderna nos trópicos e seu sabor doce de sentir, mas também amargo, de amargurar o coração do candango que lhe construiu, devotou-lhe calos, suor, amor, sonhos de retirante nordestino e ficou sem ter onde morar.

Brasília parece guardar em si um Palácio de Versalhes com sua nobreza de Estado, uma corte ilustrada, requintadas burocracias que fazem política 24 horas por dia. Brasília da especulação política, da especulação imobiliária, da tristeza e da aventura, dos inebriantes fumos do poder e seus séquitos.

No eixo monumental, mora a Esplanada dos Ministérios. No ponto mais alto do eixo, o Palácio do Congresso Nacional, ou seja, em tese, o povo manda. O ponto mais alto dos três poderes.

Brasília: lugar onde a conversa faz curva, ainda que exista o papo reto. Brasília: lugar de bichos peçonhentos: cobras, escorpiões amarelos que comem baratas, ratos. Brasília: um quase clichê, mas que tem muitos avessos, como o beija-flor, as sabiás, o pica-pau-de-banda-branca nos ipês nos dois lados da Esplanada dos Ministérios, onde cantam que só. Até lobo-guará e seriemas já foram vistos na madrugada, espantados com os alarmes das cigarras nas árvores feitos postes na frente dos ministérios, nos estacionamentos. Contra a fábula, cigarras que ensinam aos novíssimos movimentos sociais a importância do canto cri-cri pelo direito à universidade. Pés descalços e o canto cri-cri do direito à universidade dentro do Congresso Nacional? É a ideia da tese? Gente simples, formiga-cigarra-abelha-peixe dentro do Congresso, brigando pelo direito à universidade?

Brasília: sem esquinas, mas com muitas esquinas fortuitas de negociação e olheiros nelas. Brasília: parece uma maquete no plano piloto. Brasília: um avião que voa sobre o Brasil sem sair do chão. Brasília: onde sonhos vagam na esplanada dos ministérios, tipo assombrações à procura de morada. Brasília: o Congresso, a Praça dos Três Poderes, lugar onde não se está no olho do furacão, mas na cabeça do avião em turbulência sem sair do chão. Brasília: nave espacial que pousou no cerrado do Brasil nos anos 1950, nave espacial de concreto armado como arte em forma erguida por mãos negras, indígenas, populares, por mãos candangas, simples.

Brasília: é um avião que ali pousou, mas que tem uma rodoviária urbana dentro que puxa e estica gente da periferia para dentro e para fora do avião, gente da invasão, gente jogada para os satélites da nave; também vem gente de longe, doutros estados, chegam na rodoferroviária, cujo trem sumiu deixando só os trilhos.

Brasília são planos ideais.

Uns pisam o plano do chão apenas e já é paradoxal: o chão da rodoviária é conhecido como buraco do tatu, ao passo que o chão onde estacionam e entram as autoridades que chegam de carro no Congresso vindo do aeroporto é conhecido como chapelaria.

O buraco do tatu está para o subsolo, para o porão, ao passo que a chapelaria está mais para o alto, para a cabeça. Uns nascem para mandar, outros para obedecer?

Assim, alguns, em fins dos anos 1990 e começo do novo milênio, porque a passagem de avião é o olho da cara, pisam o ar. Esses chegam e partem no avião caro nos 10 saguões e nas menos de 5 empresas aéreas, nos jatinhos, nos jatos oficiais. São as forças econômicas, as forças legais, as forças políticas, as forças sociais, as forças culturais, suas cúpulas de mando, suas elites de mando, auxiliares e algumas exceções talvez. São parlamentares, empresários nacionais e estrangeiros, membros do judiciário, membros do executivo, assessores de toda ordem, lobistas, burocratas, militares, pouca gente que se encontra no aeroporto de Brasília, conformam uma elite política de mando no Brasil, com pedigree, com sobrenome. Uma minoria branca ou branqueada.

Brasília: tem um calor seco, do céu, do chão e alguns bolsos mais cheios que a média nacional, os cerca de 500 representantes honestos do povo brasileiro no Congresso podem ganhar mais de 100 vezes o salário médio de seus representados. O Congresso é filtro e não espelho do povo brasileiro.

Os espelhos[10] mais visíveis são os de água: embaixo da rampa do Congresso, na entrada do anexo 1, no pé do prédio do Palácio do Planalto, são águas turvas no mais do tempo, que separam o povo comum dos seus representantes, como as águas separavam os castelos dos poderosos na Idade Média. Em 1999, ano crucial para o entendimento da Lei de Cotas e do sistema público de bolsas de estudos, os espelhos d'água foram instalados pelo presidente do Congresso Nacional. O povo aprendeu o caminho? Chegam cerca de 100 mil pessoas ali para protestar em 1999, véspera de novo milênio, ano importante para entender a Lei de Cotas.

Em frente ao espelho, um poeta popular com terno xadrez, gravata amarela, chapéu de feltro preto de aba curta, amassados demais, sujos demais, prega sob o sol incremente o sermão de Vieira,

[10] "Niemeyer propõe mais um espelho d'água no congresso / O presidente do Senado, Antonio Carlos Magalhães, recebeu nesta quinta-feira (4) a visita do arquiteto Oscar Niemeyer, que aprovou o espelho d'água construído defronte ao Congresso Nacional, e apresentou proposta de construção de um outro, na parte do prédio que dá para a Praça dos Três Poderes.- Estou satisfeito. A obra ficou muito bonita, tanto que gostaria de repetir do outro lado - disse Niemeyer. Depois de conversar com o visitante sobre o novo projeto, o senador desceu com ele a rampa do Congresso, para observar o espelho d'água, obra realizada a partir de idéia do presidente do Senado. - Gostei do lago porque enriqueceu o prédio - afirmou o arquiteto. Antonio Carlos elogiou o projeto apresentado por Niemeyer, que inclui a ampliação do lago existente do lado do prédio do Congresso voltado para a Praça dos Três Poderes, criação de espaço de garagem subterrâneo, e a construção de uma rampa, ligando um ponto ao lado do gabinete do presidente do Senado à fachada do Museu Histórico de Brasília.- O esboço apresentado é maravilhoso. Vamos fazer um orçamento e depois detalhar o projeto, e realizá-lo, Câmara e Senado. Mais uma vez, Niemeyer vai servir ao Congresso e ao país, com uma obra bem ao seu jeito - afirmou o senador. O arquiteto disse que está aproveitando esta passagem por Brasília para estudar problemas da cidade e manterá contatos com o governador. Ele enfatizou sua preocupação com o aumento da população:- A cidade está crescendo, e tem problemas. O problema principal é grave: o aumento da densidade demográfica. Há gente demais. É preciso conter, e conter o lucro imobiliário. A cidade chegou a um ponto grave de decisão, porque se a densidade demográfica continua aumentando, terá repercussões no tráfego e outros setores. Já temos problemas assim no Rio e em São Paulo, que não podemos esquecer - salientou." (Niemeyer [...], 1999, s/p).

de Santo Antônio aos peixes vivos do espelho do Congresso Nacional. A música da campanha eleitoral, o "peixe vivo", que levou JK à presidência da República ganha a voz do poeta recheada com trechos da *Bíblia*.

Os Sem Universidade assuntam aquilo: o vozerio solo para o vento, seguranças de butuca, a *Bíblia* na mão do poeta alucinado que parecia lúcido falando com os peixes dourados no espelho d'água do Congresso Nacional, na frente da chapelaria.

Os Sem Universidade são os peixes no Congresso Nacional?

Brasília é laica pela Constituição, mas Deus está ali, no ar. Como o olvido do não uso do seu nome em vão?

São muitas igrejas, sendo a Catedral branca no começo da Esplanada dos Ministérios a mais visitada por turistas. Ao lado da catedral, ponto de reunião para os movimentos sociais que ali chegam.

Brasília de Renato Russo; Adirley de Queirós; Deborah Dornellas de "Por cima do mar"; de Cássia Eller; mas também de Osmar de Araújo Coelho, pai e filho; de Cleber Vieira.

"Não tínhamos medo de nada!"

As becas pretas brilhavam em contraste com o branco da catedral, o canto das comunidades em frente ao mármore branco era nosso *we shall overcome*? Noves fora com a colonização, não com a sensibilidade comum da dor mundo afora, da arte.

Brasília está para Jerusalém — "Oh, Brasília!", no sentido de que se matam profetisas, poetas e profetas se apedrejam, alguns do povo que ali pisam[11]. Mas é o porto seco das esperanças.

Tolos[12], tolas, toles, da maioria nacional, vindos das periferias do Brasil, chegam ali no começo do século XXI, com a solidão, a pulga atrás da orelha: "o que somos e como realizaremos isto que somos?"[13] e a propensão ao extraordinário. É o MSU, é a EDUCAFRO.

Dão de cara com o labirinto.

> Quem já viu a esperança não se esquece dela. Procura-a sob todos os céus e entre todos os homens. E sonha que um dia vai encontrá-la de novo, não sabe onde, talvez entre os seus. Em cada homem lateja a possibilidade de ser ou, mais exatamente, de tornar a ser, outro homem. (Paz, [1950] 1984, p. 29)

Este estudo trata desse labirinto. Seu fio condutor é a Lei 12.711, de 2012, a "Lei de Cotas", "um objeto de investigação publicamente reconhecível"[14], numa abordagem contingente, de cara mais distante da noção tacanha que o número um, por exemplo, pode levar a crer mecanicamente; ao passo que mais próxima da noção de complexidade, onde o todo é mais que o somatório das partes e abriga a interdisciplinaridade.

Sim, o todo aqui é uma lei, o número um, só aprovada 10 anos após a marcha de 111 integrantes do MSU vestidos de beca até o Carandiru. Em relação com outra lei, o sistema público de bolsas de estudos em instituições privadas (PROUNI). Um que é dois.

---

[11] "Oh, Jerusalém", ver Evangelho de Lucas, 13-34.

[12] Não apenas em Shakespeare, mas ao menos um conselheiro da Comissão Nacional de Acompanhamento e Controle Social (Conap) do PROUNI do Ministério da Educação, proposta pelo MSU, em 2004, ao Sr. ministro da Educação Tarso Genro, representando o grande lobby nacional do ensino superior privado no MEC, numa reunião em Brasília, na sede do Ministério da Educação, nos anos 2010, assim se referia aos Sem Universidade no processo histórico de criação de um sistema público de bolsas de estudos em instituições privadas, o vulgo PROUNI: "Eles?! Imagina,..., uns coitadinhos, pobrezinhos, sem capacidade...". Logo, tolos. Tá bom...

[13] Ver *El laberinto de la soledad* (Paz, 1950).

[14] Ver *Como se faz uma tese* (Eco, 2007).

No Brasil, uma estrada é uma fonte de poder. Um viaduto é uma fonte de poder. Fonte de poder político. Muito se disse sobre isso. Mas pouco se disse sobre outra fonte de poder no Brasil: a universidade. Em cada ângulo, em cada lado, nos seus detalhes, em cada pedaço, cada aresta, a universidade é uma fonte de poder no Brasil.

A análise atravessa as fundações, as paredes do Congresso Nacional, seus tetos de vidros, no que alcança, e suas perturbações, no jogo do poder entre diferentes atores e ideias[15] inscritos na história étnico-racial do direito à universidade no Brasil. Para a busca dessa compreensão, quase que outro labirinto[16] interdisciplinar precisou ser construído, guiado pela dimensão da contenda entre atores e ideias na ciência política, em políticas públicas. Sim, o texto é um labirinto, não cabem sustos. Um trançado, um labirinto[17], como a rede nordestina, feita de muitas mãos, como o jacá indígena, como a capoeira de muitos movimentos de corpos e muitas vozes ladeadas.

O tema desta obra se apresenta como uma busca de melhor entendimento do processo político complexo e longo em torno da Lei n.º 12.711/2012, doravante referida como Lei de Cotas[18], que reserva, no mínimo, 50% (cinquenta por cento) das vagas do ensino técnico federal e das universidades federais brasileiras, por turno e por curso, para estudantes oriundos da escola pública, respeitando-se a proporção de pretos, pardos e indígenas presentes na população de cada unidade federativa, de acordo com dados do censo demográfico do Instituto Brasileiro de Geografia e Estatística (IBGE), além do critério de renda. A análise é feita em relação com a criação do sistema público de bolsas de estudos em instituições privadas (PROUNI).

A tarefa é feita em 10 capítulos. Um primeiro capítulo que é a introdução, ora em curso. Um segundo que apresenta o problema de pesquisa, as hipóteses, os objetivos e a metodologia. Um terceiro que fornece as balizas teóricas da tese. O quarto que analisa a formação histórica do subsistema de educação no Brasil. O quinto que discute as crenças, os valores e a conformação das coalizões de defesa relativas à Lei de Cotas no Brasil. O sexto capítulo apresenta os atores empíricos presentes nas coalizões. O sétimo capítulo trata do poder legislativo, do chão da Câmara dos Deputados e a disputa das coalizões. O oitavo enxerga a disputa entre as coalizões no chão do Senado Federal. O nono capítulo explora a judicialização da questão das cotas. Por fim, o décimo capítulo, que apresenta as considerações finais. Pode ser lido avulsamente.

O Congresso Nacional é o epicentro dos acontecimentos. Esta obra caminha sobre o silêncio, atrás dos passos daqueles que lutaram naquele território de poder.

> Quando fomos até os testamentos, inicialmente nos espantamos com a falta de pistas deixadas pelos africanos quanto à sua própria cultura, até que nos apercebemos que o maior vestígio era o silêncio. (Oliveira, 1979, p. 134).

---

[15] "No idioma do monasticismo, as pessoas não 'têm' ideias, elas as constroem. A obra (e ao usar essa palavra incluo tanto o processo como o produto) não é melhor que a mão hábil, ou, nesse caso a mente, daquele que a executa" (Carruthers, [1998] 2011, p. 28). Domingo Faustino Sarmiento, em "Facundo ou civilização e barbárie", de 1845, abre o livro com a frase "On ne tue poin les idées" ("Não se matam ideias"), atribuída pelo autor a Fourtoul. A frase do livro aparece em Piglia também como "Degolam-se homens, não ideias", "Bárbaros, não se matam as ideias", mas a fonte teria se metamorfoseado pelas mãos de Sarmiento, uma vez que "On ne tire pas de coup de fusil aux idées" apareceu na Revue Encyclopédique, como frase de Diderot. A enxurrada de ideias da Europa do século XVIII abastecia o jogo de imitação dos processos de independência latino-americanos liderados por criollos (cf. Piglia, 2010, p. 30).

[16] No ensaio "As raízes e o labirinto da América Latina", Silviano Santiago (2006) indicia algumas pistas do debate das ideias na América Latina por meio da comparação da obra *Raízes do Brasil*, de Sérgio Buarque de Holanda, e *El laberinto de la soledad*, de Octávio Paz, livros escritos em 1936 e 1950, respectivamente. Ver Santiago (2006).

[17] "Este texto – construção de um labirinto barato como o trançado das bolsas de fios plásticos feitas pelos presidiários". Waly Salomão ([1972] 2016), em "Apontamentos do Pav Dois", escrito em sua prisão no Carandiru, em 1970, no livro *Me segura que eu vou dar um troço*.

[18] Lei n.º 12.711, de 29 de agosto de 2012.

As políticas públicas são alvos permanentes de disputas que se definem nas arenas institucionais por meio da ação de atores, individuais ou coletivos, postos sob os ventos mansos ou turbulentos da cena política.

Ao tempo do tiroteio violento na Câmara dos Deputados por conta da disputa da Lei de Cotas, em 2006, Paulo Gabriel Hilu da Rocha identificava que no Brasil havia "[...] *relativa ausência de pesquisas empíricas sobre políticas de ação afirmativa*" (Rocha, 2006, p. 147, grifo nosso), evidenciando lacunas no entendimento geral do quadro político brasileiro.

Jensen (2010) assim define ação afirmativa[19]:

> Reputa-se, aqui, ação afirmativa toda distinção instaurada com vistas a minimizar ou eliminar uma situação de vulnerabilidade decorrente de um quadro de desigualdade ou discriminação odiosa, por qualquer meio, desde que implique uma promoção ou favorecimento – tratamento seletivo ou diferenciado -, visando os atingidos pela situação desfavorável em apreço.
>
> É, em outras palavras, a instauração de uma seletividade com vistas a compensar ou corrigir uma situação de vulnerabilidade de origem discriminatória ou de desigualdade, socioeconômica ou de outra natureza.
>
> Assim, em tal sentido amplo, constituem ações afirmativas todos os tratamentos preferenciais outorgados pela Constituição Federal, legislação, administração pública ou mesmo entes particulares, a determinados indivíduos, grupos e mesmo territórios, em virtude de sua condição peculiar de vulnerabilidade, oriunda de discriminação, desigualdade ou outros fatores, sociais ou naturais.
>
> Nesta perspectiva amplíssima, tanto as disposições que outorgam tratamento prioritário e preferencial a idosos, crianças, portadores de necessidades especiais e afrodescendentes, quanto as disposições que estabelecem o combate às desigualdades regionais, sejam estas últimas resultado da realidade socioeconômica ou mesmo de fatores alheios à vontade humana ou ao agir social, como, por exemplo, regiões suscetíveis a prolongados períodos de estiagem, são reputadas ações afirmativas.
>
> Ademais, estão compreendidas sob a denominação de ações afirmativas ou discriminações positivas as disposições orçamentárias favorecidas, os tratamentos tributários privilegiados, as imunidades e isenções fiscais. A adoção de uma perspectiva ampla lança luz sobre o instituto que ora se analisa, devolvendo-lhe sua devida dimensão e auxiliando na compreensão do mesmo e das suas diversas modalidades, notadamente a política de cotas. (Jensen, 2010, p. 137-138).

Passado o tempo, aos poucos fermentou a produção acadêmica que engloba o assunto, caso do livro *Uma década de políticas afirmativas: panorama e resultados* (Costa; Pinhel; Silveira, 2012), que deixa ver, sem aprofundar, o legislativo nacional como o palco da disputa pela Lei de Cotas. Há mais exemplos[20].

Um voo rasante pela ciência social entre os anos de 1994 e 2013, sobre os artigos acadêmicos produzidos no Brasil que tratam das relações raciais no Brasil contemporâneo (Campos; Gomes, 2016), mostra que o tema das ações afirmativas raciais foi discutido em 8% dos textos do *corpus*, mas, ainda assim, aparece como o décimo quinto subtema mais discutido.

---

[19] Ver nota 1, sobre a importância de relativizar qualquer adesão simplista, automática ou absolutizada a uma ideia abstrata de "affirmative action" ou "ação afirmativa", comum na literatura estadunidense, por exemplo.

[20] Moehlecke (2000, 2004, 2009), Fry *et al.* (2007), Santos e Lobato (2003), Maggie e Rezende (2002), Bowen e Bok (1998), Faceira (2009), Steil (2006), Saraiva, Silva e Souza (2011), dentre outros.

Os temas mais discutidos foram os que conectavam raça e expressões culturais (31,2%), raça com questões de gênero e/ou sexualidade (24,1%) e os estudos de classe, estratificação e desigualdade (22,9%). Ou seja, "embora a proporção de textos sobre a questão racial tenha crescido no período coetâneo à controvérsia das cotas, isso não pode ser atribuído unicamente à multiplicação de textos especificamente sobre ações afirmativas." (Campos; Gomes, 2016, p. 98). No conjunto dos 266 artigos publicados analisados pelos autores, o peso da pesquisa empírica fica em 45,1%, ou seja, 120 artigos.

O baixo peso relativo dos artigos sobre ações afirmativas em revistas de elevada reputação acadêmica pode levantar algumas hipóteses, ao tempo em que nos levam a inferir a importância e relevância de pesquisas empíricas sobre a temática. E mais, ao concluir seu estudo, os autores também indicam demanda por inovações da pesquisa social sobre relações raciais no Brasil: "Apesar de ser um dos campos mais longevos de nossas ciências sociais, os estudos sobre relações raciais demandam hoje, e mais do que nunca, abordagens criativas e heterodoxas do tema" (Campos; Gomes, 2016, p. 111-112).

Ainda que um radar equivalente possa rastrear em cada área do conhecimento a produção acadêmica sobre a temática, julgamos que do campo de políticas públicas ao campo interdisciplinar, a realidade possa guardar surpresas diferentes do que indiciam esses estudos sobre publicações em revistas das ciências sociais. É o que demonstra de forma inequívoca o levantamento bibliográfico preliminar feito por Lúcia Gaspar e Virgínia Barbosa (Gaspar; Barbosa, 2013), bibliotecárias da Biblioteca Central Blanche Knopf da Fundação Joaquim Nabuco, no Recife, que, em 2013, encontraram mais de quatrocentas referências bibliográficas entre livros, dissertações, teses e artigos de periódicos sobre ações afirmativas e políticas de cotas no Brasil, publicados entre 1999 e 2012. Isso indica uma base ampla de referência para uma reflexão que não para de fermentar, pelo visto. É preciso dialogar com essa produção científica.

Tosold (2006) faz inovador, rico e importante estudo interdisciplinar bilíngue, português e alemão, na Universidade de Viena, na Áustria, em torno das disputas retóricas por conta das cotas no Brasil no começo dos anos 2000, com densas entrevistas e compilação de reportagens, mas não desce ao chão da periferia, ao chão do Congresso Nacional, no entanto.

Almeida (2014)[21], ainda que se debruce sobre uma política pública federal que não caiu do céu, deixa à margem da história o tema da subalternidade, o tema das ações afirmativas, das cotas, do sistema público de bolsas a favor do uso de poucas fontes, de roteiro normativo de tom discursivo ensimesmado informado por um encontro oficial artificial na UNIP da Vergueiro, mais ao gosto do discurso oficial, ao redor da palavra "PROUNI" e de análises recorrentes na literatura em torno do conflito distributivo entre o público e o privado na educação superior brasileira. É um estudo laudatório onde a crítica perde para o excesso de luz de uma ocasião artificial que turva o olhar em favor da propaganda vertical e sua *hybris*. A ocasião serviu como cortina de fumaça para remeter ao lixo da história o protagonismo dos novíssimos movimentos sociais em favor de santos e milagres da propaganda de Estado e sua *hybris*. A obra fala do lixo da história do Brasil, então? Sim.

Já o estudo de Guerra (2016), apesar de utilizar o modelo ACF para analisar a política pública do sistema público de bolsas de estudos em instituições privadas (PROUNI), enfatiza a malha burocrática e os raios verticais do discurso oficial da propaganda sem dar chances para a base da sociedade civil, triste para a democracia.

---

[21] Ver "Prouni e o ensino superior lucrativo de São Paulo", de Wilson Mesquita de Almeida (2014).

Vanessa Silva (2017) faz brilhante estudo, em que busca amarrar processos político-sociais exógenos ao Congresso Nacional, análise de documentação de audiências públicas e a abordagem do ciclo de políticas públicas para apreender a Lei de Cotas no Brasil. Silva (2017) pontua a presença do racismo institucional na questão. Entretanto, a abordagem utilizada de ciclos de políticas públicas privilegia uma apreensão vertical de fenômenos políticos em políticas públicas, prejudicando uma visada "bottom-up", de baixo para cima, além de essencializar fatos carregados de intensa disputa política, como as próprias audiências públicas, como se normativos fossem quando vistos ao revés. No ciclo de políticas públicas, os movimentos sociais têm protagonismo limitado no chão do Parlamento em detrimento de outros atores institucionais. Mas é impossível entender a Lei de Cotas sem entender o dia 19 de novembro de 2008 no chão do Parlamento. Como é diferente uma percepção exógena da questão racial da dinâmica objetiva endógena da disputa no chão do Parlamento, o que afasta da Lei de Cotas a visão prematura sobre virtual não cumprimento do quesito racial na Lei de Cotas, o que foi negociado naquele dia fatídico de 19 de novembro de 2008 pelos movimentos sociais para levar ao plenário a votação final do PL 73/1999 na Câmara dos Deputados do Brasil.

Anhaia (2019), em entusiasmado e relevante estudo, também avança no campo da análise do discurso em sua tese de doutorado em Sociologia, que abrange, ademais, estudos de políticas públicas. Contudo, no estudo, há excesso de luz sobre agentes burocráticos e seus discursos em documentos formais, tanto no campo político como no campo universitário, o que obnubila, deixa à margem da história a ação política da sociedade civil, dos movimentos sociais no chão do Congresso Nacional, deixando vazios para o entendimento de razões objetivas para a adoção de cotas na UFRGS tanto quanto na UFC, em função de grande ênfase no discurso burocrático e suas conveniências, que flertam muitas vezes com a propaganda como um sabonete na prateleira do supermercado, sem revelar demais nós da trama, como a vitalidade necessária da democracia brasileira e seus limites na hora das disputas decisivas em políticas públicas.

Esses estudos vistos anteriormente não estabelecem relação detida entre as duas políticas públicas aprovadas no Parlamento: o sistema público de bolsas de estudos em instituições privadas (PROUNI) e a Lei de Cotas em suas respectivas dinâmicas no chão do Parlamento. Muitos outros estudos importantes sobre a temática das cotas se sucederam e a literatura que era pouca cresceu em tamanho. Não é o caso de esgotar essa vasta literatura aqui, no entanto.

São os processos de manifestações massivas de 2013[22] e suas várias camadas de sentido, como frisa sempre o professor Jean Tible. Que não se olvide, entre elas, o fascismo[23]. Mas não só. Camadas que desnaturalizam e relativizam análises grandiloquentes sobre o período histórico até 2012 e alarmam seu caráter laudatório do poder, sua dimensão pobre de análises verticais que compram nos shoppings do poder os discursos dominantes, feito doxa, análises feitas quase ao estilo dos arautos dos feitos dos imperadores romanos, dessa feita sobre um pretenso normal social atordoante, num Estado onde reina algum ponto brilhoso entre ilusória satisfação precoce sustentada pelos jorros de propaganda e esquecimento de antigos ideais de igualdade social, no país campeão das desigualdades. Um banquete para poucos, com os lazarentos fazendo filas na disputa fratricida entre si pelos restos, as migalhas do poder.

Em variados tons, muitos estudos do período guardam uma dimensão de teses portáteis e laudatórias ao poder estabelecido, no sentido que se encaixam como luva na litania do poder de

---

[22] Ver *JUNHO: potência das ruas e das redes* (Moraes *et al.*, 2014) e *Choque de democracia: razões da revolta* (Nobre, 2013).

[23] Ver Custódio (2013).

plantão na hora do filtro republicano no Brasil e sua propaganda pública mais acerba, sem adentrar na violência que é o Congresso Nacional, sem expor essa violência e suas múltiplas facetas para o público, como se a violência no Brasil fosse patrimônio da periferia, falam muito pouco sobre como violenta é a sede de um latifúndio no país, tampouco enxergam as relações necessárias entre a Lei de Cotas e o sistema público de bolsas de estudos em instituições privadas (PROUNI), caindo no velho chavão da política no Brasil: o povo é um mero detalhe, um desdenhoso detalhe na arena do Congresso Nacional. Será?

"Quantos negros existem nesta sala a não ser o senhor que nos serve café?"[24] (Nunes, 2012), disse o Senador Pedro Taques, do Mato Grosso, na sessão da Comissão de Constituição e Justiça do Senado Federal, a primeira sala à direita da ala principal das comissões permanentes do Senado Federal, na votação do Projeto de Lei de Cotas, na manhã de 7 de junho de 2012. Ele se referia àqueles que estavam dentro do "cercadinho" da CCJ, a área restrita aos senadores, onde apenas um negro circulava entre eles, o que servia o café.

Essa é uma referência para o pensamento reflexivo: em que medida os estudos feitos até agora sobre a Lei de Cotas, sobre o sistema público de bolsas de estudo em instituições privadas (PROUNI), como esses vistos anteriormente, privilegiam as elites políticas brancas dos partidos políticos e seus altos salários, a elite burocrática branca do poder executivo e seus altos salários e jetons, a elite política branca dos sindicatos e seus altos salários, a elite política branca do terceiro setor e seus altos salários, a elite acadêmica branca das citações e seus altos salários, a elite econômica branca e seus altos salários, as conexões amistosas ou inamistosas entre essas elites que aprisionam as narrativas históricas em políticas públicas em jogos narcísicos de louvação dos que ficam do lado de dentro do balcão, postos em xeque por um 2013 de muitos sentidos?

Nesses estudos, não é pouca a presença da narrativa pobre em torno dos feitos heroicos dessas elites e seus menestréis eleitos, como o presente na trindade da propaganda nacional: a propaganda estatal, a propaganda partidária, a propaganda da grande mídia, com seus santos brancos de ocasião e seus milagres, apresentados nos altares de luzes artificiais para a bestialização do povo e da história em pleno segundo milênio. Novos Napoleões? "Ai, ai, quedê?"[25]. Oya, quedê o sorriso negro?![26]

Mesmo em estudos que ultrapassam a vitrine no olhar sobre o tema, há uma dimensão exógena da atuação dos agentes, dos movimentos sociais, exógena em relação à atuação endógena dentro do Congresso Nacional, "onde o bicho pega" no dia e noite do lugar e suas ciladas, no período longo de tramitação da Lei de Cotas, exógeno também no sentido de que qualquer pista de protagonismo popular no Congresso Nacional é colocada como mero detalhe, mero complemento, nota de rodapé, "vaquinhas de presépio".

"Pobrezinhos", "coitadinhos", "os carentes", "os beneficiários", "os das comunidades" são outros nomes medonhos, de tom normativo, usados para deixar o povo no "seu devido lugar", logo fora da política real, talvez dentro de uma cidadania de conveniência, violenta, aprisionada por raça, classe, gênero no interior da reprodução histórica da longa permanência das estruturas do cotidiano no Brasil, herdeiras legítimas da escravização negra e indígena.

Os estudos vistos, no geral, colocam os movimentos sociais como mero enfeite, os pasmados no jogo da invisibilidade da dominação social no Brasil, como notas de rodapé da história da Lei de

---

[24]   Ver "CCJ do Senado Aprova Cotas", de Poliana Nunes, *Correio Braziliense*, 8 de junho de 2012.

[25]   Ver "Napoleão", de Ney Matogrosso e Pedro Luis e a Parede.

[26]   Ver "Sorriso Negro", de Quintal dos Pretos e Emicida.

Cotas dentro do Congresso Nacional, vaquinhas de presépio e, apesar dos poderosos, não viverem sem o sagrado café servido pelo preto, um fato social e cultural que atravessa mesmo o leque dos poderosos, tais estudos teimam em escalar os movimentos sociais na posição importante de quem serve o café, importante, mas invisível, "sem importância alguma", paradoxalmente.

Os movimentos sociais servem para servir o café, mas não servem para fazer a política com "p" maiúsculo dentro do Congresso Nacional em favor de seus interesses pelo direito à universidade? Servem para carregar o piano, mas não sabem do teclado e das notas musicais, da partitura da política dentro do Congresso Nacional como ela é, violenta como ela é? Não é possível um Amaro Freitas disputando o poder político, um projeto de lei no Congresso Nacional?

Ora, é preciso ir além dessa cilada graúda. Nesse sentido, o objetivo desta obra é contribuir com a compreensão aprofundada da Lei de Cotas no chão do Congresso Nacional, em relação com a criação do sistema público de bolsas de estudos em instituições privadas (PROUNI), que não caiu do céu.

A Câmara dos Deputados aprovou no plenário, em 20 de novembro de 2008, o substitutivo C ao Projeto de Lei (PL) 73/1999[27], que passou a se tornar o Projeto de Lei aprovado pela Câmara (PLC) 180/08, projeto que dispunha "sobre o ingresso nas universidades federais e nas instituições federais de ensino técnico de nível médio e dá outras providências".

Dentro do impasse em torno da tramitação da Lei de Cotas na Câmara dos Deputados, nos anos de 2006 e 2007, um projeto de lei foi apresentado no Senado, o PLS 546/2007, de autoria da então Senadora Ideli Salvatti, que instituía "o sistema de reserva de vagas para estudantes egressos de escolas públicas nas instituições federais de educação profissional e tecnológica". Aprovado em caráter terminativo na Comissão de Educação do Senado Federal, presidida pelo Senador Cristovam Buarque, que pautou a matéria em 01/07/2008, passando a ser denominado PL 3913/2008, fora encaminhado para análise da Câmara dos Deputados, mas, por tratar do mesmo assunto e necessitar passar ainda pelas comissões da Câmara, foi considerado "prejudicado" e arquivado pela mesa da Câmara em 20/11/2008 (na prática, porém, isso equivale a uma fusão tácita), o que deu prioridade ao PL 73/1999, conforme o regimento da Câmara dos Deputados. O PLC 180/2008[28], nesse sentido, aglutinou e sintetizou o debate acumulado no Congresso Nacional sobre a matéria, vencendo diversos projetos de lei correlatos, lei que, para alguns, era considerada "polêmica".

Um olhar simples sobre o tempo de tramitação da Lei de Cotas já indica os embates políticos que se deram em torno dela, como evidencia seu processo legislativo que perpassou quatro governos federais: Fernando Henrique Cardoso (2º mandato), Luiz Inácio Lula da Silva (1º e 2º mandatos) e Dilma Rousseff. Nesse período, o Brasil viu saltar de zero para mais de 100 o número de experiências de políticas públicas de ação afirmativa para o acesso ao ensino superior. Contra elas, passaram a surgir pedidos de liminares isolados na justiça em primeira instância, ações contra as cotas da Universidade de Brasília (UnB) e da Universidade Estadual do Rio Grande do Sul (UERGS) e contra o sistema público de bolsas de estudos em instituições privadas (PROUNI). Tais ações chegaram ao Supremo Tribunal Federal (STF) que, em 2012, afirmou a constitucionalidade das cotas raciais para negros e indígenas nas universidades; das cotas para egressos de escola pública e de baixa renda, como nos casos julgados em litígio.

---

[27] O PL 73/99 A, de autoria da deputada Federal Nice Lobão, é coetâneo de projetos assemelhados com origem no Senado Federal, um do senador José Sarney e outro do senador Antero Paes de Barros. O substitutivo B ao PL 73/99, com relatoria do deputado Federal Carlos Abicalil, foi o projeto carro-chefe no processo legislativo, item que será abordado com maior detalhamento no curso da obra.

[28] Ver a íntegra do PLC 180/08.

Universidades, como a UnB, em 2003, governos estaduais, como o do Rio de Janeiro, em 2001, da Bahia, em 2002, do Mato Grosso do Sul, em 2002/2003, são exemplos da semeadura de diversas políticas públicas de ações afirmativas por diferentes mãos no chão brasileiro. Nos estados, o poder legislativo não raro esteve adiante das burocracias universitárias, pois, fechados os muros das universidades, os movimentos sociais foram bater às portas do Parlamento, a casa das leis.

> A implantação das cotas para acesso às universidades públicas do Estado do Rio de Janeiro iniciou-se por meio das Leis Estaduais n. 3.524/2000 e n. 3.708/2001 e n. 4.061/2003, às quais estabeleceram regime de cotas para ingresso nas Universidades Fluminenses para alunos oriundos das escolas públicas, população afro-descendentes (auto-identificada como preta e parda) e deficientes físicos. (Silva, 2008, p. 142).

Há aqui quase que invisível uma senda analítica: a presença de movimentos sociais às portas do Parlamento, nessa arena institucional. São as pegadas da história.

Desse modo, a tramitação do PL de cotas passou por algum grau de interação com esse quadro geral dinâmico de projetos esparsos que estavam surgindo no país.

A história do Brasil registra o PL apresentado por Abdias do Nascimento, como precursor das iniciativas legislativas nesta direção, no ano de 1983[29].

> Somente nos anos de 1980 haverá a primeira formulação de um projeto de lei nesse sentido. O então deputado Abdias do Nascimento, em seu projeto de Lei n. 1332, de 1983, propõe uma "ação compensatória", que estabeleceria mecanismos de compensação para o afro-brasileiro após séculos de discriminação. Entre as ações figuram: reserva de 20% de vagas para mulheres negras e 20% para homens negros na seleção de candidatos ao serviço público; bolsas de estudos; incentivos às empresas do setor privado para a eliminação da prática da discriminação racial; incorporação da imagem positiva da família afro-brasileira ao sistema de ensino e à literatura didática e paradidática, bem como introdução da história das civilizações africanas e do africano no Brasil. O projeto não é aprovado pelo Congresso Nacional, mas as reivindicações continuam. (Moehlecke, 2002, p. 204).

Assim como essa primeira, outras iniciativas legislativas surgiram, mas também foram arquivadas. E isso não é um mero ponto morto na história longa da luta pela Lei de Cotas no Brasil. Para Bertúlio (1989), a largada legislativa na busca de construção de políticas públicas para superar os efeitos históricos da discriminação racial não ultrapassava as comissões de constitucionalidade do legislativo, onde se vetava a legislação proposta, pois os legisladores alegavam que eram contrárias à Constituição. Tais negativas eram traduzidas em refinados argumentos técnicos, "onde a retórica esmagava o direito antes dele nascer".

Há que se destacar que o enfrentamento pela via de projetos de lei continuou no legislativo nacional. Seus primeiros proponentes foram lideranças negras que conformavam, na ocasião, a expressiva minoria dos políticos eleitos ao Parlamento brasileiro. Nessa luta, além dessas lideranças, surgiram outras, como o sociólogo Florestan Fernandes, filho de empregada doméstica e que também chegaria ao Parlamento brasileiro:

> Na esfera do poder legislativo nacional, encontramos propostas de ações afirmativas, especialmente no que diz respeito ao acesso ao ensino superior. Em 1993, encontramos a proposta de Emenda Constitucional do então deputado federal Florestan Fernandes (PT/

---

[29] Projeto de Lei da Câmara 1332/1983, "dispõe sobre ação compensatória visando à implementação do princípio da isonomia social do negro em relação aos demais segmentos étnicos da população brasileira, conforme direito assegurado pelo artigo 153 parágrafo primeiro da Constituição da República". O projeto foi arquivado. A ação política de Abdias do Nascimento nessa questão, já é percebida em 1946, conforme (Câmara dos Deputados, 2004, p. 17-18).

SP); em 1995, a então senadora Benedita da Silva (PT/RJ) apresenta os projetos de Lei n. 13 e 14; no mesmo ano, é encaminhado o projeto de Lei n. 1239, pelo então deputado federal Paulo Paim (PT/RS); em 1988, o deputado federal Luiz Alberto (PT/BA) apresenta os projetos de Lei n. 4567 e 4568... (Moehlecke, 2002, p. 207).

Também tiveram importância fundamental para o avanço do debate das ações afirmativas no Parlamento brasileiro, o projeto de lei do senador José Sarney, PLS 650/99, que buscava instituir "quotas de ação afirmativa para a população negra no acesso aos cargos e empregos públicos, à educação superior e aos contratos de fundo de financiamento ao estudante do ensino superior (FIES)", e o do senador Antero Paes de Barros (PSDB/MT), PLS 1643/99, que queria reservar "50% das vagas em universidades públicas para alunos provenientes de escola pública". Entretanto, ambos os projetos, acabaram por serem arquivados.

Sabrina Moehlecke analisou as propositutas legislativas sobre a temática das cotas e suas respectivas justificativas, expondo as razões dessas iniciativas de modo condensado, conforme se depreende da leitura apresentada a seguir:

Analisando o conjunto dos projetos, observamos que são apresentadas diferentes propostas: a concessão de bolsas de estudo; uma política de reparação que, além de pagar uma indenização aos descendentes de escravos, propõe que o governo assegure a presença proporcional destes nas escolas públicas em todos os níveis; o estabelecimento de um Fundo Nacional para o Desenvolvimento de Ações Afirmativas; a alteração do ingresso nas instituições do ensino superior, estabelecendo cotas mínimas por grupos.

Na definição dos grupos beneficiados, os projetos estabelecem critérios exclusivamente raciais/étnicos ou sociais ou procuram utilizar ambos os critérios. Naqueles que estabelecem grupos raciais, temos como público-alvo os "negros", "afro-brasileiros", "descendentes de africanos", ou setores "etno-raciais socialmente discriminados", em que estaria incluída a população indígena. Há projetos específicos para a população denominada "carente" ou para os alunos oriundos da escola pública.

Sobre a proporção daqueles atingidos pelas leis propostas, não há um padrão nesse dimensionamento; alguns projetos definem todo o grupo especificado, racial ou social, como beneficiário, outros estabelecem porcentual, como 20% das vagas para alunos carentes, 10% das vagas para "setores etno-raciais discriminados", 45% dos recursos para "afrodescendentes"; 50% das vagas para alunos oriundos das escolas públicas; ou ainda uma percentagem proporcional à representação do grupo em cada região. A definição dos grupos e de sua abrangência são aspectos importantes na formulação de leis e políticas e dependendo do nível de aplicação – se nacional, estadual ou municipal -, necessitam incorporar diferenças regionais.

Dentre as justificativas que legitimam os projetos, encontramos referência à importância atribuída à educação, vista como um instrumento de ascensão social e de desenvolvimento do país; a exposição de dados estatísticos que mostram o insignificante acesso da população pobre e negra ao ensino superior brasileiro e a incompatibilidade dessa situação com a ideia de igualdade, justiça e democracia; o resgate de razões históricas, como a escravidão ou o massacre indígena, que contribuíram para a situação de exclusão dos negros e índios e implicam uma dívida do poder público com esses setores. (Moehlecke, 2002, p. 208-209).

Importa registrar que, durante a ditadura militar, em 1968, o governo federal aprovou a Lei n.º 5.465, apelidada de "Lei do Boi", que reservou vagas em universidades federais para pessoas do meio rural, lei revogada apenas em 17/12/1985, mas que durante esse período beneficiou muitos filhos brancos de fazendeiros em cursos de Agronomia, Zootecnia, dentre outros:

Lei n. 5465, de 3 de julho de 1968. Dispõe sobre o preenchimento de vagas nos estabelecimentos de ensino agrícola. O PRESIDENTE DA REPÚBLICA. Faço saber que o CONGRESSO NACIONAL decreta e eu sanciono a seguinte Lei. Artigo 1 Os estabelecimentos de ensino médio agrícola e as escolas superiores de Agricultura e Veterinária, mantidos pela União, reservarão, anualmente, de preferência, de 50% (cinqüenta por cento) de suas vagas a candidatos agricultores ou filhos destes, proprietários ou não de terras, que residam com suas famílias na zona rural e 30% (trinta por cento) a agricultores ou filhos destes, proprietários ou não de terras, que residam em cidades, ou vilas que não possuam estabelecimentos de ensino médio. Parágrafo Primeiro. A preferência de que trata êste artigo se estenderá aos portadores de certificado de conclusão do segundo ciclo dos estabelecimentos de ensino agrícola, candidatos à matrícula nas escolas superiores de Agricultura e Veterinária, matriculados pela União. Parágrafo Segundo. Em qualquer caso, os candidatos atenderão às exigências da legislação vigente, inclusive as relativas aos exames de admissão ou habilitação. Artigo 2. O Poder Executivo regulamentará a presente Lei no prazo de 90 (noventa) dias. Artigo 3. Esta Lei entra em vigor na data de sua publicação. Artigo 4. Revogam-se as disposições em contrário. Brasília, 3 de julho de 1968, 147 da Independência e 80 da República. A. Costa e Silva. Tarso Dutra. (PRESIDÊNCIA DA REPÚBLICA, 2012).

Em 13/01/2005 foi sancionada pelo presidente da República Luiz Inácio Lula da Silva a Lei n.º 11.096 (Programa Universidade para Todos – PROUNI). Nascia assim o sistema nacional de bolsas de estudos que daria acesso dos pretos, pardos, índios e egressos da escola pública de baixa renda às universidades particulares. Institui-se, com o sistema público de bolsas de estudos em instituições privadas (PROUNI), uma política pública de ação afirmativa no universo do ensino superior privado, tal política pública foi proposta pelos novíssimos movimentos sociais (N*MS).

A questão que a obra coloca para a pesquisa é com relação ao mesmo tipo de acesso nas universidades públicas do Brasil.

Nesse sentido, o principal órgão de pesquisa educacional do país (o Instituto Nacional de Estudos e Pesquisas Educacionais Anísio Teixeira – INEP) promoveu na cidade de Brasília, no mesmo ano de 2005, o seminário Democratização do Campus, visando à discussão do problema, com a presença democrática dos movimentos sociais.

No evento, o então presidente do INEP, Dilvo Ristoff apresentou dados irrefutáveis, de caráter técnico, com relação ao acesso de pretos, pardos, índios e egressos da escola pública de baixa renda, nas instituições de ensino de nível superior, fornecendo argumentos para os N*MS que passaram a se organizar em torno da meta de aprovação da Lei de Cotas. Dentre as várias informações que ele disponibilizou, destacamos duas. A primeira delas, fornecida pelas Tabelas 1 e 2, refere-se à porcentagem de alunos brancos presentes em alguns cursos universitários.

Tabela 1 – Porcentagem de alunos brancos por curso, considerando-se os cursos de todas as Universidades públicas e privadas do Brasil – cursos mais brancos

CURSO	PERCENTUAL DE BRANCOS
Arquitetura	84,5%
Odontologia	81,1%
Medicina Veterinária	80,9%
Engenharia Mecânica	80,6%

CURSO	PERCENTUAL DE BRANCOS
Farmácia	79,9%
Direito	79,4%
Jornalismo	78,4%
Administração	78,4%
Psicologia	78,1%
Medicina	77,7%

Fonte: dados de INEP/MEC (2005)

Tabela 2 – Porcentagem de alunos brancos por curso, considerando-se os cursos de todas as Universidades públicas e privadas do Brasil – cursos menos brancos

CURSO	PERCENTUAL DE BRANCOS
História	54,9%
Geografia	56,0%
Letras	61,8%
Matemática	62,0%
Física	64,0%
Pedagogia	65,0%
Enfermagem	67,2%
Biologia	69,1%
Química	71,0%
Ciências Contábeis	72,0%

Fonte: dados de INEP/MEC (2005)

Entre os cinco cursos com a maior representação percentual de brancos, a presença só dos pretos (não computando, portanto, pardos, índios e egressos da escola pública) é a seguinte: Arquitetura (1,0%), Odontologia (0,8%), Medicina Veterinária (1,1%), Engenharia Mecânica (2,3%) e Farmácia (1,2%). Convém lembrar que a representação percentual de pretos na sociedade, segundo o IBGE, era de 5,9%.

Esses dados revelam um abismo entre a taxa de matrículas nos cursos de nível superior das pessoas declaradas brancas e amarelas, por um lado, e pretos, pardos e indígenas, de outro. Ao se considerar apenas as informações disponíveis e com declaração por cor ou raça, percebe-se que o primeiro grupo (brancos e amarelos) representa cerca de 65% das matrículas nacionais, ou seja, para cada dois universitários brancos ou amarelos, há apenas um estudante do outro grupo, tanto em universidades públicas, quanto em universidades particulares. Apesar do crescimento observado nos últimos dez anos, o Brasil chega a apenas 16,7% de jovens de 18 a 24 anos no ensino superior em 2013, conforme dados do INEP.

A Tabela 1 soa o alarme: presença branca acima de 70%, nas principais carreiras e cursos no ensino superior brasileiro, em pleno 2005. O que isso indicia? A construção institucional histórica do ensino superior brasileiro em torno da cota do privilégio branco: a mais antiga, a mais duradoura lei de cotas, quase naturalizada nos tempos como o sol, a chuva, o vento, as nuvens, quase como uma lei informal da natureza. O raciocínio da cota do privilégio branco é simples e hierarquizou toda a ordem social brasileira construída institucionalmente para uma minoria da nação.

No meio urbano, por meio dos escravizados de ganho, João José Reis expôs um exemplo da lógica da cota do privilégio branco no cotidiano social.

> "Na cidade", escreveram Spix e Martius, que visitaram Salvador em 1818, "é tristíssima a condição dos que são obrigados a ganhar diariamente uma certa quantia (uns 240 réis) para os seus senhores; são considerados como capital vivo em ação e, como os seus senhores querem recuperar dentro de certo prazo o capital a juros empregados, não o poupam." A cota variava de uma ocupação para outra, e dependia também da idade, saúde e outras características individuais dos escravos. O elemento principal nos cálculos dessa cota era provavelmente a produtividade média de cada de ocupação no mercado. A historiadora Maria José Andrade oferece alguns exemplos para o ano de 1847: um carregador de cadeira entregava ao senhor quatrocentos réis por dia, o mesmo que um sapateiro; um ganhador de cesto, 320 réis; uma lavadeira, 240 réis. Em 1872, as diárias variavam de 428 réis e 571 réis. Esse cálculo se fez baseado em três escravos cujas idades variavam entre dezessete e cinquenta anos. (Reis, 2019, p. 42).

UMA LEI DE COTAS

Os registros sobre as cotas encontram-se na própria história do Brasil, como revelado por Hédio Silva durante uma audiência pública sobre cotas, na Câmara dos Deputados, conforme segue:

> Em 1929 surgiu a Justiça do Trabalho no Brasil, que até hoje qualifica juridicamente o empregado como hipossuficiente, de maneira que facilita, do ponto de vista processual, a defesa de certas categorias de direitos do empregado em relação ao empregador, e depois a CLT, que inaugurou com a Lei de Nacionalização do Trabalho, de 1931, depois incorporada à CLT, a política de cotas, ao determinar que qualquer empresa brasileira tem que ter entre seus empregados 2/3 de nacionais. [...] Alguns desavisados ou detratores das ações afirmativas no Brasil querem fazer-nos crer, entorpecidos pelos filmes de Spike Lee sobre a realidade do negro norteamericano, que fazem muito sucesso no Brasil, que iríamos transportar para cá uma coisa que é criação nossa. Com um pouco menos de baixa auto-estima, diríamos que os Estados Unidos nos imitaram. Foram uma espécie de quintal do Brasil na adoção, em 1965, de ações afirmativas que já existiam aqui desde 1931. (Silva Júnior *apud* Câmara dos Deputados, 2004, p. 89).

Isso é crucial para esta investigação social, ao revelar, de modo inequívoco, a iniciativa brasileira na questão, inserida no quadro histórico da crise econômica de 1929 e seu corolário mais imediato, o desemprego em massa; no solo fértil crescente do nacionalismo, da expansão fascista no mundo, do racismo, da eugenia, na ascensão do poder da União Soviética e do movimento comunista internacional; da ascensão dos Estados Unidos como potência mundial. Nesse passo, história, atores, ideias, interesses diversos e circunstâncias interagem em conflito dinamicamente para parir uma política pública, como se verificou no âmbito da Assembleia Constituinte de 1934 que revelaram a presença das ideias eugênicas dos discursos médicos nos debates políticos em torno da política migratória, como a questão da restrição da imigração para "não brancos europeus", como amarelos, negros e judeus, por questões raciais e políticas. Endrica Geraldo, que estudou o período, anotou o surgimento da dessa lei de cotas:

Em dezembro de 1930, passados apenas dois meses de ascensão de Getúlio Vargas ao poder, seu governo promoveu a primeira medida de caráter restritivo em relação à entrada de estrangeiros no território nacional. Com o decreto n. 19.482, o ingresso no país ficou restrito ao estrangeiro já domiciliado no Brasil e que viajavam ao exterior, aos solicitados por meio do Ministério do Trabalho para os serviços agrícolas, aos portadores de "bilhetes de chamada", e a estrangeiros agricultores agrupados em famílias. O decreto incluía ainda o que ficou conhecida como a "Lei dos 2/3", segundo a qual empresas, associações, companhias e firmas comerciais deveriam apresentar, entre seus empregados, pelo menos dois terços de brasileiros natos. Na falta destes, a prioridade seria para os naturalizados e, por último, para os estrangeiros. (Geraldo, 2009, p. 178).

Era evidente que a Revolução de 1930 levaria outra coalizão política ao poder no Brasil e o tema da construção do Estado Nacional emergia na cena política. Os atos da Junta Governativa seriam ratificados em 1931 e, depois, até 1945.

Só nos anos 1930, o Brasil passará a ter um Ministério da Educação. Uma leitura aligeirada do Decreto Presidencial n.º 20.291, de 12 de agosto de 1931, que ficou conhecido como a Lei dos 2/3, ao tornar obrigatório que as empresas com três ou mais empregados mantivessem brasileiros natos entre pelo menos 2/3 dos empregados, talvez não dê conta de sua dimensão histórica. Mas um pequeno aprofundamento é auxiliar de proa,

> Meu avô, Antônio Pereira, falava: "Você vai ser presidente da República, mas da revolução. Vocês vão fazer a revolução, a juventude tem que ser revolucionária." Ele era um bom profissional, o mestre-de-obras, então tinha uma liderança grande no sindicato. Ele que me ensinou sobre a Lei dos 2/3 do tempo do Getúlio, que obrigava toda empresa a contratar 2/3 de brasileiros, e que eu tenho usado muito, porque essa foi a primeira lei de cotas no Brasil: 2/3 dos postos de trabalho para brasileiros, que, na época, ele dizia, eram pretos. Preto que não tinha direito ao trabalho. Os trabalhos estavam nas mãos dos portugueses, espanhóis, italianos. No Rio de Janeiro, eram os portugueses, e ele dizia: "Quando veio a Lei dos 2/3, o Batista Luzardo (João Batista Luzardo, 1892-1982, participou da Revolução de 30 e foi chefe de polícia do Distrito Federal de 1930 a 1932) chamava a gente, estavam construindo a Rua Larga, e dizia: 'Vai, Pereira, pega sua turma e vai trabalhar. Entra na obra, trabalha na força, pega e vai fazendo o que você achar que tem que fazer. No final do dia, o cara tem que te pagar. Se o português não te pagar, você pega ele e traz para cá. Traz até amarrado, mas não bate, não. O cara tem que pagar'". Para fazer vingar a lei. O Batista Luzardo ficava ali onde hoje é a central do Brasil, ali era a chefatura de polícia. Ele era o chefe de polícia. Em 1931, 32, meu avô já estava no Rio, já tinha sido um dos fundadores do sindicato da construção civil. Como garantir a implementação da lei? Tinha que ter trabalhadores que obrigassem os camaradas a pagar. Criar o hábito, a cultura de se pagar o trabalho não só de portugueses. Porque eles se aliciavam entre si, cada um pegou o seu feudo. Os italianos são os donos até hoje da distribuição de jornais, os portugueses eram da Light, os empregos públicos eram todos deles. Eram redes de compadrio. E os negros, não. A maioria negra nas cidades sofria uma pressão enorme, mas não tinha efetivamente ninguém que puxasse para as oportunidades de emprego. E o Getúlio viu isso... Bom, aí já é análise, eu interpreto assim: o Getúlio precisava de apoio popular para se sustentar. A Revolução de 1930, então, ele quebra o poder oligárquico momentaneamente, mas ele tinha que ter outra base social: eram as massas das grandes cidades. E aí ele tem que fazer concessões, tem que negociar. Uma das coisas era o emprego. Com a Lei dos 2/3, ele era o "pai dos pobres", porque ele escureceu o mercado de trabalho. Isso meu avô não dizia assim, mas em alguns momentos ele chegava a dizer "empreteceu". Ele dizia: "A gente teve oportunidade de trabalhar" (Alberti; Pereira, 2007, p. 38-39).

Não podem restar dúvidas: ainda que originária do Executivo, a Lei dos 2/3 é em algum grau predecessora histórica da Lei de Cotas, à medida que ela atuou sobre parcela da vacância, do vazio legal deixado pela Abolição inconclusa de 1888 em termos de política públicas para a população negra ex-escravizada e seus descendentes. A diferença é que, naquela lei dos anos 1930, a garantia do direito aos negros é real, mas implícita, ao passo que, nesta do século XXI, a garantia do direito da escola pública, dos negros e dos indígenas para o acesso às universidades federais é explícita. Silva e Paixão (2014) não passaram batido pela questão.

> Ao mesmo tempo, como parte de seu projeto autoritário para modernizar o país, Vargas fortaleceu a participação da força de trabalho nacional nas indústrias modernas. A constituição autoritária de 1937 criou cotas para a contratação de funcionários estrangeiros (insistindo que não deveriam ser mais de um terço de qualquer empresa brasileira), o que indiretamente beneficiou os afro-brasileiros urbanos. Embora essas mudanças não tenham afetado o grande número de negros e pardos vivendo em áreas rurais e trabalhando em ocupações não regulamentadas, como os trabalhadores domésticos, beneficiaram muitos brasileiros de baixa renda, negros, pardos e brancos. Muitos negros e pardos migraram das áreas rurais e do Nordeste e começaram a trabalhar nas indústrias e em outros empregos públicos, como gás, eletricidade e transporte. Além disso, o salário mínimo, adotado em 1940, teve um efeito indireto como valor de referência para o mercado informal de trabalho, onde se concentravam negros e pardos porque a maior parte da população estava no setor informal, não sujeita à mesma regulação. (Silva; Paixão, 2014, p. 90)[30]

Porém, que não se passem panos quentes na história do Brasil. O mesmo inspetor de polícia da capital federal do governo provisório do começo dos anos 1930 e que logo abandonaria o barco do primeiro governo de Getúlio Vargas expõe, feito política pública também, as primeiras baterias reais das disputas em torno de ideias e de valores que emergirão noutros termos no embate em torno da Lei de Cotas no Congresso Nacional nos anos 1990 e 2000, no Brasil, como se percebe a seguir:

> Lusardo deixava como principal espólio à frente da chefia de Polícia a fundação do Laboratório de Antropologia Criminal, um centro de pesquisas que, entre outros assuntos, se encarregava de estudar as supostas relações entre o crime e o biótipo de negros e homossexuais. Dirigido pelo médico Leonídio Ribeiro, o laboratório tentava pôr em prática no Rio de Janeiro as ideias do cirurgião e cientista italiano Cesare Lombroso, autor de O homem delinquente, obra na qual se defendia a tese de que assassinos, malfeitores e facínoras em geral podiam ser identificados a partir de suas características físicas exteriores, como o formato do crânio, o tamanho das orelhas, o contorno do nariz e a espessura dos lábios.
>
> Em vários países a teoria lombrosiana derivou para práticas políticas de eugenia – o "aperfeiçoamento" da raça, por meio da tentativa de branqueamento da população. O instituto fundado por Batista Lusardo ainda viria a receber, na Itália, o Prêmio Lombroso de 1933, mas seu idealizador, ao pedir demissão do Governo Provisório, não estaria mais no cargo para comemorar o feito. Possivelmente, o próprio Lusardo não se deixaria submeter a uma análise frenológica por parte dos especialistas da instituição que criou. (Neto, 2013, p. 31).

---

[30] No original: "At the same time, as part of his authoritarian project to modernize the country, Vargas strengthened the national labor force's participation in the modern industries. The 1937 authoritarian constitution created quotas for hiring foreign employees (insisting that they should not be more than one-third of any Brazilian firm), which indirectly benefited urban Afro-Brazilians. Even though these changes did not affect the large number of blacks and browns living in rural areas and working in nonregulated occupations, like domestic workers, it benefited many low-income Brazilians, black, brown, and white. Many blacks and browns migrated from rural areas and the Northeast and started working in the industries and other public jobs like gas, electricity, and transportation. Furthermore, the minimum wage, which was adopted in 1940, had an indirect effect as a reference value for the informal labor market where blacks and browns were concentrated because most of the population was in the informal sector, not subjected to the same regulation." (Silva; Paixão, 2014, p. 90).

A lei citada abriga historicamente, de modo inédito, outras contradições de um país de industrialização tardia. Ao angariar, ao seu modo, o apoio dos trabalhadores urbanos para o enfrentamento do poder de parcela das oligarquias estaduais, Getúlio Vargas expõe seu nacionalismo e gera uma política pública de monta para a questão social:

> Muito ainda iria se discutir sobre as consequências de uma legislação de forte acento nacionalista – que criava um antídoto contra os estrangeiros considerados "indesejáveis" (comunistas e anarquistas, em especial) – e que subordinava os sindicatos à tutela do governo, obedecendo à máxima positivista de que caberia ao Estado, de cima para baixo, "incorporar o proletariado à sociedade", sempre em nome da "ordem e progresso". Mas, naquele momento, as primeiras manifestações do chamado trabalhismo varguista demonstravam o interesse efetivo do novo governo pela questão social[31], uma novidade na história republicana brasileira, recém-saída do escravismo. (Neto, 2013, p. 32-33).

O positivismo, a "ordem e o progresso", a igualdade, a diferença, a desigualdade social, os contorcionismos da prática republicana liberal no Brasil são elementos teóricos e empíricos das pegadas históricas dos debates do Parlamento brasileiro em função da Constituinte de 1933, que, com muitos silêncios sobre o direito à educação para negros(as) e indígenas, teve a questão social e racial como palco para propostas racistas na Carta de 1934. Ficariam como registros históricos e uma espécie de herança a assombrar o Parlamento brasileiro no século XX e que retornarão, noutra roupagem, noutro tempo, na disputa em torno da Lei de Cotas no Congresso Nacional brasileiro.

> Entre as propostas apresentadas, havia algumas matérias polêmicas, como a indicada pelo deputado paulista Teotônio Monteiro de Barros, que queria barrar a imigração japonesa no Brasil, sob o argumento de que era necessário combater "quistos amarelos" no país. Monteiro de Barros propunha a criação de um órgão técnico de "controle eugênico da população". Enquanto isso, os deputados Miguel Couto, médico eleito pelo Distrito Federal; Xavier de Oliveira, psiquiatra da bancada cearense e Artur Neiva, sanitarista filiado ao Partido Social Democrático da Bahia, pretendiam proibir a imigração indiscriminada de asiáticos e africanos, dada a sua "comprovada inferioridade racial". (Neto, 2013, p. 179-180).

Como uma luva de ocasião, o projeto de nação getulista procurava pelos dedos harmoniosos da pena de Gilberto Freyre, no sentido da união, da mistura, da coesão social e racial do Brasil, algo que o intelectual ideólogo emanava de seu livro *Casa-Grande & Senzala*. Era quase que uma necessidade "fatalista" dos tempos. É grande, contudo, a probabilidade que Getúlio não tivesse *Casa-Grande* dentre suas leituras. Mesmo assim, nas circunstâncias e pela estreita viela do poder, essa interpretação, à esquerda e à direita, entrará triunfante nos anos 1930, permanecerá no período nacional-desenvolvimentista e atravessará a ditadura de 21 anos de 1964.

Depois de reprimir a ANL em meados dos anos 1930, Getúlio falaria à imprensa, era a senha dos tempos presentes e vindouros, a unidade da nação se impõe como necessidade na fala presidencial:

> "Com o mesmo espírito com que aplaudi e me esforcei por ver aprovados os dispositivos asseguradores do prestígio da família e da educação religiosa, alicerces da nossa vida nacional e dos elos poderosos da unidade racial e da pátria, continuarei a defendê-los contra

---

[31] No entanto, numa visita de Getúlio Vargas ao nordeste brasileiro, o mesmo autor deixa ver os limites desse social e suas contradições: "No Ceará – onde além de Fortaleza visitou Icó, Orós, Choro e Quixadá –, a caravana passou ao largo dos abomináveis 'campos de concentração', zonas rurais cercadas, isoladas à margem das cidades e nas quais, na grande seca de 1932, foram confinados em condições subumanas cerca de 70 mil flagelados, entre homens, mulheres e crianças, impedidos de sair do local por soldados da polícia e por ninhos de arame farpado. Adotada uma ação de governo contra os efeitos da estiagem, a instalação desses verdadeiros currais humanos mantinha os retirantes longe das áreas urbanas, numa assumida política de higienização social" (Neto, 2013, p. 148).

o exotismo destruidor dos aventureiros filosofantes". "As explorações que se tentaram fazer contra o meu decreto fechando a Aliança Nacional Libertadora ficaram reduzidos ao que realmente eram; pretexto para explosões de ódios pessoais." (Neto, 2013, p. 241).

Já, possivelmente em função do novo momento político, da derrota consolidada do eixo na guerra, o complexo Getúlio, pessoalmente, abrirá as portas do Teatro Municipal do Rio de Janeiro para o Teatro Experimental do Negro.

> Sob intensa expectativa, a oito de maio de 1945, uma noite histórica para o teatro brasileiro, o TEN apresentou seu espetáculo fundador. O estreante ator Aguinaldo Camargo entrou no palco do Teatro Municipal do Rio de Janeiro, onde antes nunca pisara um negro como intérprete ou como público, e, numa interpretação inesquecível, viveu o trágico Brutus Jones, de O'Neill. [...] Infelizmente, as circunstâncias não permitiram a repetição daquele espetáculo, pois o palco do Teatro Municipal havia sido concedido ao TEN por uma única noite, e assim mesmo por intervenção direta do Presidente Getúlio Vargas, num gesto no mínimo insólito para os meios culturais da sociedade carioca. (Nascimento, 2004, p. 213-214).

Antes da Constituição da Índia em 1948, antes do movimento dos direitos civis nos EUA, Abdias do Nascimento, o Teatro Experimental do Negro, defenderão as cotas via lei para superar desigualdades históricas, conforme ensina Elisa Nascimento.

A QUESTÃO DO BRASIL COMO "LABORATÓRIO DA CIVILIZAÇÃO"

É incrivelmente surpreendente — para além da importância de per si de autores como Max Weber, seja por sua abordagem interdisciplinar, seja por suas formulações teóricas sobre o Estado, o poder e a burocracia — o papel e a influência central que autores alemães contemporâneos a Weber têm sobre a questão da interpretação da sociedade brasileira no geral e, em particular, sobre as relações raciais no Brasil. Isso ocorre graças à história da Alemanha, uma nação com formação tardia na Europa, dos anos 1840 até a Primeira Guerra Mundial, e cujos meios intelectuais se discutem muito os propósitos da unificação alemã. As formulações teóricas diversas sobre o social que naquele país têm curso — das quais o esforço teórico de Weber é parte — inserem-se num ambiente de intenso debate sobre a formação da nação alemã no período, como fica patente a seguir:

> De qualquer forma, a universalidade do pensamento weberiano comporta restrição importante. É que ele absorveu as mais variadas tendências da cultura alemã da sua época. [...] Sua universalidade, assim como muito de sua reflexão política está sob o signo da nação.
>
> Uma nação bem singular, por sinal. Retardatária no cenário europeu, unificada por Bismarck à custa de numerosos compromissos, industrializada, mas sem uma burguesia capaz de disputar a hegemonia com os grandes senhores rurais, dotada, ao mesmo tempo do mais poderoso e bem organizado (em termos de ação rotineira) movimento operário da Europa. Uma nação cuja visão política se lançava para o leste e a cultural para Oeste, como aponta o autor da caracterização da Alemanha como "nação retardatária" e que, citando Nietzsche, vê os alemães como sendo "de anteontem e de depois de amanhã, mas não de hoje" (Plessner, 1974: 54). Enfim uma nação dividida e defasada, cujo peso na reflexão weberiana só pode ter contribuído para acentuar o caráter de sua trajetória, marcada por dilemas insolúveis. (Cohn, 1979, p. 7-8).

Na reflexão teórica de autores alemães do período, é grande o peso dado a três pontos analíticos: à história, à razão e à cultura. Não à toa, muitos deles se consideram imbuídos de uma missão intelectual de "retorno a Kant", caso de Weber, por exemplo, sem simplificações e achatamentos. Longe, porém, dos intelectuais alemães da época não terem suas divisas, como se vê:

> O engajamento, no entanto, não era só do lado conservador. Sobretudo após 1840, quando a divisão entre campo conservador e campo liberal passa a ganhar contornos mais nítidos, numerosos intelectuais e cientistas assumem a causa liberal e a reivindicação burguesa da unificação alemã. Agora, não se tratava só de literatos e historiadores (como o historiador Theodor Mommsen, que sonhava ter em Weber o seu sucessor), mas o recrutamento se dava em todas as áreas do saber. Um veículo para essas ideias era dado pelos congressos científicos, que reuniam representantes das várias regiões. (Cohn, 1979, p. 10-11).

Um primeiro esboço interpretativo da leitura alemã sobre o Brasil surge em Von Martius, um naturalista alemão presente no Brasil com uma enormidade de trabalhos empíricos e que escreveria uma formulação seminal em 1844, no equivalente ao principal periódico científico nacional de então, a revista do Instituto Histórico e Geográfico Brasileiro, ao responder a pergunta sobre como se deve inscrever a história do Brasil, disse que com a presença indígena, negra e europeia. Já o alemão Fritz, na segunda metade do século XIX, outro naturalista, membro do grupo de pesquisadores de Charles Darwin, atuará em Santa Catarina, onde terá como um de seus mais destacados pesquisadores, um estudante negro. Rugendas já capturara a condição cruel dos escravizados negros em seus desenhos e crônicas.

Próximo e distante da Alemanha o Brasil fica independente em 1822 e em 1891 apenas terá sua primeira Constituição dita Republicana em terras sem escravidão, mas a lei é vazia em relação aos direitos dos ex-escravizados negros e negras. Assim como a Alemanha, em termos sociais e no tocante à industrialização, o Brasil também é um país retardatário no capitalismo industrial no século XIX, com um agravante drástico: fora da segunda revolução industrial como da primeira, mais atrasado que aquela, sem universidades e com a abolição da escravização negra só em 1888 e sem nunca ter sido membro do Congresso de Berlim que fatiou a África para os apetites europeus.

Celso Furtado (2009, p. 195) vai identificar na tentativa do senador escravocrata Vergueiro, político todo-poderoso proprietário de grandes fazendas de café na região de Limeira em São Paulo no Império, em meados dos anos 1850, as primeiras tentativas de superação da escravização negra com a importação de colonos alemães, brancos. Os alemães reagiriam duramente às condições de trabalho semiescravo ou equivalentes, e a imagem do Brasil ficaria ruim na Europa, em particular em regiões da futura Alemanha, graças às denúncias da imprensa de lá.

O segundo esforço interpretativo alemão fala do Brasil como laboratório de civilização, com base na tradição alemã de ênfase histórica. Formado na escola burguesa secundária da pequena Eschweiler, na região do Reno, no começo do século XX, Rüdiger Bilden (Pallares-Burke, 2012) levará consigo para os EUA, em 1914, pouco antes da Primeira Guerra Mundial, mais precisamente para a Columbia University — onde com quase 24 anos de idade ele se matricula, em 1917[32] —, esse "espírito" cultural de parte da Alemanha intelectualizada, oriundo de seu processo tardio de

---

[32] "Desde 1902, a Columbia era dirigida por um grande admirador da Alemanha, Nicholas Murray Butler (1862-1947), também conhecido por ter cunhado o termo 'internacionalismo' e por ser um dos principais fundadores, em 1910, da Carnegie Endowment for International Peace, instituição devotada à causa da paz, confiante no papel que a educação poderia nela desempenhar. Sob a presidência de Butler – indivíduo que seria reconhecido com o Prêmio Nobel da Paz de 1931 por sua dedicação ao entendimento internacional e à defesa do que chamava de 'mente internacional' – a universidade se expandia substancialmente em tamanho e importância. Durante sua administração (1902-1945), o número de alunos, por exemplo, teve um crescimento fenomenal, passando de 4 mil para 34 mil, e foi também durante os anos iniciais de sua gestão que a política imperial de estreitar os laços entre a Alemanha e os Estados Unidos com a criação de intercâmbios culturais se mostrou eficaz" (Pallares-Burke, 2012, p. 59)

unificação. Em Columbia, Bilden formulará seus estudos seminais para a resolução do problema da condição do negro nos EUA, numa junção com as necessidades objetivas e práticas da diplomacia estadunidense de alterar sua política do "Big Stick" ou "A América para os americanos", em termos de política externa para a América Latina, após a vitória dos aliados sobre a Alemanha na primeira guerra — e o crescimento visível do peso político e econômico dos EUA no mundo, e a necessidade de impor porteiras para a revolução russa comunista de 1917. As formulações seguiam as iniciativas na área daquele que motivaria Bilden a eleger o Brasil como seu objeto de pesquisa, o professor William Shepherd[33], pois "[...] o que levou Bilden a se aproximar dele foi uma feliz 'inspiração' - uma inspiração decorrente das notícias de ser Shepherd um intelectual que 'simpatizava com a cultura alemã'" (Pallares-Burke, 2012, p. 66). O pesquisador encontra assim seu objeto de estudo de doutorado e um guia ilustre que ademais valorizava a "mistura de elementos europeus com não europeus na formação da vida e do pensamento de hoje" (p. 100), um porto seguro intelectual muito necessário em tempos duros:

> Assim, quando em 1922 Bilden optou pelo estudo da América Latina ao ingressar no curso de pós-graduação em Columbia, essa foi uma escolha refletida. Concluíra o bacharelado em 1920 e tivera, desde então, a oportunidade de, como diz, 'filtrar e assentar' o que aprendera no seu 'período mais formativo'. Para Bilden, trabalhar sobre a 'influência da escravidão' no desenvolvimento do Brasil sob a orientação, agora oficial, do renomado Shepherd, significava, de certo modo, fazer de cabeça erguida a ligação entre o seu passado e o seu futuro. (Pallares-Burke, 2012, p. 82).

Manoel de Oliveira Lima e o cônsul-geral do Brasil, em Nova York, Hélio Lobo, dentre outros, ajudaram-lhe na empreitada que seria inconclusa. Concluiria os créditos, faria uma sustentação oral, um gigantesco levantamento bibliográfico, visitaria várias vezes o Brasil, mas não terminaria a tese, por um emaranhado de restrições pessoais, que aqui não cabe expor. A desenvoltura das ideias de Shepherd entre a diplomacia estadunidense, os homens de negócios americanos em Washington e as visitas de Bilden ao Brasil nos anos 1920 reforçariam esse compromisso acadêmico e de interesse nacional dos EUA; por hipótese, uma "nova política de boa vizinhança estaria em curso"[34].

O Brasil seria tomado por Bilden, à moda de Weber e não só (com grande referência na cultura acadêmica alemã que lhe era cara), em termos teóricos, como grupo de controle, prova de controle/contraste, modelo ideal, um exemplo de convivência entre as raças, um exemplo de mistura, harmonia entre negros, brancos e índios. Elegendo e entendendo cientificamente o Brasil, com os instrumentos da história, da razão e da cultura, numa abordagem interdisciplinar, de acordo com a força das formulações teóricas alemãs afins, os EUA superariam seus impasses (a segregação racial)

---

[33] "William Shepperd foi um dos poucos historiadores estadunidenses que no início do século XX se interessavam pela América Latina, mas o que levou Bilden a se aproximar dele foi uma feliz 'inspiração' – uma inspiração decorrente das notícias de ser Shepherd um intelecutual que 'simpatizava com a cultura alemã'. Indivíduo de interesses culturais amplos, Shepperd não confinava seus estudos e atividades didáticas a assuntos latino-americanos, apesar de a maioria de suas publicações terem sido nessa área. Homem de grande curiosidade e interesse, como atestam muitos que o conheceram, Shepperd dedicara sua vida a 'compreender e apreciar a civilizações e culturas tão diversas como as latinas, a teutônica e a oriental'. Fluente em alemão, visitava frequentemente a Alemanha e estudara em Berlim logo após terminar seu doutorado na Columbia em 1896, num período em que o número de estudantes estadunidenses atingira seu ápice: quinhentos jovens matriculados em suas universidades no ano acadêmico de 1895-1896. Essa ligação iria se estreitar quando, em 1907, Shepherd casou-se com uma jovem norte-norte americana de origem alemã que estudara em Hanover e cultivava as relações de parentesco e de amizade que tinha na Alemanha, inclusive com a família real de Hanover." (Pallares-Burke, 2012, p. 66-67).

[34] "Em sua fala, Roosevelt louvou as belezas naturais do Rio de Janeiro, destacou a relação de amizade entre os dois países e **fez referências explícitas à política de boa vizinhança (good neighbor) – a estratégia norte-norte americana de aproximar a América Latina dos Estados Unidos pelas vias política, econômica e cultural.** 'Depois da franca conversa que mantive com o presidente Vargas, sei que iremos à Conferência Internorte americana profundamente compenetrados das nossas responsabilidades e da necessidade de trabalharmos no mais perfeito entendimento com todas as repúblicas deste hemisfério', discursou Roosevelt." (Neto, 2013, p. 269). Franklin Delano Roosevelt, cadeirante aos 39 anos de idade, em função de consequências de uma poliomelite tardia e presidente dos Estados Unidos da América do Norte em visita ao Brasil, no dia 27 de novembro de 1936.

nessa seara e teriam um bom modelo para guiar suas relações exteriores no trato com diferentes povos em diferentes lugares do mundo, lustrando os requisitos para entrar no campo em substituição ao império britânico decadente no mundo.

"Brazil, Laboratory of Civilization" foi escrito por Bilden e publicado no jornal *The Nation*, em janeiro de 1929 (era para ser publicado em dezembro de 1928, por ocasião da visita do presidente estadunidense Herbert Hoover ao Brasil), "tinha um objetivo muito claro: apresentar a um público de uma sociedade violenta e segregadora uma visão alternativa, mais humana e salutar" (Pallares-Burke, 2012, p. 189).

> O artigo inicia lembrando o difundido estigma do Brasil como país fadado a ser inferior devido à sua composição racial, estigmatização feita insistentemente, como aponta o autor, não só por leigos como também por cientistas que se esmeravam em cometer 'atrocidades intelectuais contra a América Latina e o Brasil em particular'. Contrapondo-se à forte corrente que dentro e fora do Brasil via o destino do país 'raça mangrel[35]' dirigido por um 'governo mulato', afirmava o estereótipo -, Bilden alegava que a alegada inferioridade do país tinha uma explicação histórica e não biológica, cultural e não racial. (Pallares-Burke, 2012, p. 190).

Eis, para a época, a força inovadora da abordagem de Bilden sobre o Brasil expressa no jornal *The Nation*, com o testemunho de Roquette-Pinto, um dos signatários do "Manifesto dos Pioneiros da Educação", marco histórico da coalizão social em defesa da escola pública no Brasil. Bilden enxerga no Brasil um modelo alternativo de civilização, como aparece bem resumido a seguir, suficiente para esta introdução:

> E, no caso do Brasil, dizia, a ignorância de um aspecto básico de sua história tinha de ser primeiramente sanada. Tratava-se, pois, de tornar público o fato de esse país latino-americano ser de origem portuguesa e, diferentemente da América espanhola, não ter sido colonizado por um povo "em busca de ouro, aventura e prosélitos", como fora o espanhol. Ignorando-se isso, qualquer compreensão da cultura e do problema da raça no Brasil torna-se impossível, "pois ambos são fundamentalmente determinados pelo desenvolvimento e caráter da colonização portuguesa". Fora um sistema de colonização caracterizado por três aspectos – monocultura latifundiária, escravidão e miscigenação – que dera no país condições para se desenvolver de modo *sui generis* e **impor-se como modelo alternativo de civilização**. (Pallares-Burke, 2012, p. 191).

Mas será seu amigo íntimo, um brasileiro da burguesia canavieira do Recife e colega de estudos de pós-graduação em Columbia, chamado Gilberto Freyre, que ficará com a fama e levará ao mundo aquelas ideias, num tom mais literário e doce ("toneladas de açúcar"[36]), lastreado numa peculiar visão no campo dos costumes do nordeste canavieiro, consoante em parte àquele almejado mergulho no Brasil econômico, histórico e cultural esboçado na proposição da tese de doutorado de Bilden e os estágios de pesquisa que ela atingira. Com dificuldades em função da vida de imigrante alemão nos EUA decorrentes da guerra[37], pesadas restrições na vida pessoal, o falecimento do professor que

---

[35] "As palavras mangrel ou mangrelisation não podem ser traduzidas por 'mestiço' ou 'mestiçagem' sem que se perca a conotação pejorativa que sempre implica. Cunhada originalmente para referir-se ao cachorro 'vira-lata', ou seja, o cachorro que é fruto de raças diferentes, passou a ser usada para se referir, sempre pejorativamente, à pessoa de raça mestiça" (Idem, 190).

[36] Por ocasião da visita ao IHGB, no centro do Rio de Janeiro, à procura do texto seminal de Von Martius, editado pelo IHGB, em 1844, com certeza, fonte da qual beberia Bilden, o bibliotecário responsável disse que conhecia profundamente o autor, sobre quem Freyre despejará "toneladas de açúcar", melando (nos seus vários sentidos) no imaginário nacional as relações raciais, sociais e históricas entre os povos no Brasil.

[37] "O ingresso de Bilden na Columbia em fevereiro de 1917 praticamente coincidiu com a entrada dos Estados Unidos na guerra, quando 'uma histeria antialemã varreu' o país. Paradoxalmente, como apontou Bernard Shaw, foi no país mais distante dos horrores da guerra que a 'febre de guerra

seria seu orientador em Columbia e a tristeza por apropriações de suas ideias basilares por outrem, nunca concluirá seu doutorado. Ao concluir seus estudos de doutorado em Columbia, com Franz Boas, antropólogo, amigo de Shepherd, que comungava aquele conjunto de ideias de parte da elite intelectual alemã pró-unificação da Alemanha, na qual Weber se alinhava, Gilberto Freyre publicará *Casa-Grande & Senzala*, em 1933, para o espanto de Bilden.

O impacto da obra de Freyre na elite intelectual brasileira, livro tomado como metáfora do Brasil, incensaria o autor de forma quase divina, para o bem e para o mal. Bilden não conseguiria nem concluir seu doutorado, nem realizar seu sonho de virar professor na universidade de Columbia para substituir a cadeira de Shepherd: continuaria um estrangeiro na academia estadunidense, morreria desconhecido, mas pisaria o Harlem, somaria forças ao movimento negro, onde daria aulas em cursos populares e numa universidade negra, a City University of New York.

INCHOAMENTUM[38]

O que se depreende, em termos analíticos, da Lei dos 2/3? O jogo político pesado entre variados atores, o relativo entrelaçamento de escalas influenciando o desenho da política pública naquele momento histórico: a escala local pode ser vista na capital mesma, a cidade do Rio de Janeiro, urbano, antigo porto de escravizados negros trazidos da África; a escala regional, onde o movimento político originário do Rio Grande do Sul fratura o arranjo institucional e desafia a posição oligárquica dominante na primeira república; a escala nacional, onde o golpe de estado a Revolução de 1930, aglutina forças políticas de variadas regiões e classes da federação e desafia o status quo liderado por São Paulo; a escala internacional, onde a crise de 1929 (e seu corolário, o desemprego, repercute no Brasil), o fascismo, o racismo, a ascensão dos EUA como potência mundial, o pan-americanismo, o comunismo, o nacionalismo, a guerra mundial, informam o debate das ideias, dos interesses, da ação política na nação. A mudança em política pública está sintonizada com a mudança política, do poder, do Estado, num quadro de oscilação democrática dentro de uma democracia limitada pelo não voto da maioria, desigualdades de várias ordens e o processo de transição de uma economia rural para uma economia industrial urbana incipiente.

O Parlamento é palco de debates em torno da lei na constituinte para a Constituição promulgada de 1934. Porém, são os anos de 1930 e 1940, tempo de Getúlio Vargas, de centralização, como na Constituição outorgada de 1937. Por isso, há a dimensão bismarckiana[39], vertical, na lei, presente desde a junta governativa de 1930: dividir para governar, angariar o apoio dos trabalha-

---

foi muito além do bom-senso e da razão'. [...] Estadunidenses de origem alemã eram facilmente tidos como inimigos e submetidos a investigações 'extralegais' pelo *Bureau of Investigation* (predecessor do FBI). [...] Apoiando-se no precedente de 1798, o *Alien Enemy Stature,* que dava ao presidente estadunidense poder para 'controlar as vidas e os bens da população estrangeira inimiga', Woodrow Wilson passou regulamentações em abril e novembro de 1917 determinando uma série de restrições aos residentes alemães do sexo masculino acima de 14 anos. Proibidos de possuir rádios, armas ou explosivos e obrigados a se registrar e a comunicar qualquer mudança de residência ou emprego, também não podiam residir na proximidade de fábricas de munição, fortes e outros locais foram considerados estratégicos. Sob a direção de um jovem de 23 anos, J. Edgar Hoover (que iria ser o primeiro diretor do futuro FBI), a quem foi dado o cargo de diretor do Enemy Aliens Registration Section e direitos extraconstitucionais de ação, milhares de alemães foram interrogados, investigados e encarcerados em campos de concentração em Utah e na Geórgia – de onde os últimos duzentos 'inimigos' só iriam ser soltos em abril de 1920, quase um ano após a assinatura do Tratado de Versalhes. [...] Dias após ir a público para denunciar antropólogos que durante a guerra – e a serviço do governo – haviam 'prostituído a ciência usando-a como disfarce para suas atividades de espiões' na América Central, o grande antropólogo alemão da *Columbia University* Franz Boas (1858-1942) foi expulso do conselho diretor da *American Anthtopological Association* e forçado a se demitir da *National Research Council.*" (idem, p. 61-61).

[38] Do latim, que indica rudimentos, ponto de partida, elementos iniciais.

[39] Otto Von Bismarck (01/04/1815 – 30/07/1898). Foi o primeiro chanceler da Alemanha unificada (1871) e, ao criar o Sistema de Previdência Social, uma política pública inovadora, buscou se aproximar do operariado alemão e ao mesmo tempo combater o partido social-democrata alemão, o movimento sindical.

dores, do braço forte negro, dos nacionais, da maioria. A lei dos 2/3 preencheria parte do grande vazio legislativo da abolição de 1888, de modo indireto, limitado.

Esta introdução indiciou alguns referenciais analíticos, de modo a deixar ver que, assim como existe na teoria da relatividade a importância dos referenciais, para os bons préstimos desta obra, a conjuntura política, ou seja, o alto e o chão, os movimentos sociais próximos da dor, importam em política pública. Desse modo, a tese afasta-se do que é aparentemente lógico como pedra pesada sobre a curiosidade acadêmica, ou seja, que a política pública de cotas tenha um curto enredo e seja tratada simplesmente como uma política de "foco". Este estudo se utiliza de outras lentes, portanto, e enfrenta os riscos inerentes a essa opção para correr atrás de suas descobertas científicas.

PROBLEMA, HIPÓTESES, OBJETIVOS, METODOLOGIA

2.1 PROBLEMA

Ao concluir o ensino médio público, desde os anos 1970, o Estado escreve no diploma do estudante: "[...] concluiu o 2º grau, no ano letivo de ___ estando apto ao prosseguimento de estudos em nível superior"[40].

O que está em jogo? Para quem está no ensino médio público, para quem está em vias de conclusão e para quem faz parte do estoque histórico e não teve a sua vez no ensino superior, o que está em jogo é o direito à universidade.

A questão é que para diversas gerações, de diversas idades, há aqueles que exercem a cidadania desse direito e aqueles que não têm a oportunidade cidadã. Não é só isso que está em jogo: o aumento da chance de ocupar posições em variadas carreiras que exigem o curso superior, como professores universitários, carreiras públicas, corporativas e científicas, está em jogo também.

Está em jogo a reconfiguração da universidade pública do Brasil e sua relação com a escola pública. O que está em jogo é a negação do racismo estrutural no Brasil e a probabilidade de outro devir histórico que altere o padrão anterior das relações raciais no país; está em jogo uma mudança estrutural de longa duração.

Com menos de 10% da população com o ensino superior concluído até 2005, os dados do Instituto Nacional de Pesquisas Educacionais Anísio Teixeira, o INEP, apontavam o retrato branco da universidade brasileira em seus cursos superiores.

Tabela 3 – Porcentagem de alunos brancos por curso, considerando-se os cursos de todas as universidades públicas e privadas do Brasil – cursos mais brancos

CURSO	PERCENTUAL DE BRANCOS
Arquitetura	84,5%
Odontologia	81,1%
Medicina Veterinária	80,9%
Engenharia Mecânica	80,6%
Farmácia	79,9%
Direito	79,4%
Jornalismo	78,4%
Administração	78,4%

---

[40] Reconhecido pelo Decreto Federal n.º 72487, de 18/07/1973, ratificado pela Portaria MEC n.º 1790, de 22/12/1993.

CURSO	PERCENTUAL DE BRANCOS
Psicologia	78,1%
Medicina	77,7%

Fonte: INEP/MEC (2005)

Tabela 4 – Porcentagem de alunos brancos por curso, considerando-se os cursos de todas as Universidades públicas e privadas do Brasil – cursos menos brancos

CURSO	PERCENTUAL DE BRANCOS
História	54,9%
Geografia	56,0%
Letras	61,8%
Matemática	62,0%
Física	64,0%
Pedagogia	65,0%
Enfermagem	67,2%
Biologia	69,1%
Química	71,0%
Ciências Contábeis	72,0%

Fonte: INEP/MEC (2005)

Isoladamente, a universidade pública era branca ao fim de 2004, num tom muito maior de branquitude do que as tabelas anteriores indicam, em alguns cursos com zero de estudantes negros e indígenas, com baixíssimo número de estudantes oriundos da escola pública, que representava 88% das matrículas no ensino médio. Juliana Estevão de Oliveira, formada em 2010 em Medicina pela Universidade Federal de Minas Gerais (UFMG), conta a sua história. "Meu pai foi um dos únicos pretos na escola de Medicina. Era ele, um homem e uma mulher numa classe de 80 pessoas. Na minha formatura, 32 anos depois, éramos 160 alunos e o cenário era igual." (Senra, 2020, s/p).

Para pessoas como Juliana, os anos de 2004 e de 2005 não ofereciam uma política pública nacional para o acesso à universidade. As cotas existiam com muita força, mas eram outras?

2.2 CONTORNO DO PROBLEMA

Diante desse quadro, perguntamos como pôde ser criada uma via de acesso de negras, negros, indígenas, pessoas oriundas da escola pública, pessoas de baixa renda, para o ensino superior privado, por intermédio de uma política pública aprovada no Parlamento brasileiro — um sistema público de bolsas de estudos em instituições privadas (o PROUNI) — e, simultaneamente, manter-se interditado para essas pessoas o acesso ao ensino superior público via uma Lei de Cotas?

2.3 HIPÓTESES E SUAS JUSTIFICATIVAS

Para responder a essa pergunta, esta obra se propõe a investigar a questão da aprovação da Lei de Cotas (Lei 12.711/2012) por meio da análise do curso próprio da lei no Parlamento brasileiro.

Em países de elevada desigualdade social histórica, como o Brasil, as políticas públicas de educação têm caráter redistributivo no curto e no longo prazo. Redistributivo quer dizer "quem fica com o quê". Uma política pública de educação pode ser redistributiva se efetiva um jogo de mudança social de posições sociais menos desiguais em relação ao *status quo* anterior àquela política pública. De fato, "se o Brasil vai continuar na sua trajetória rumo à igualdade", diz Sergei Suarez Dillon Soares (Soares, 2010, p. 377), então "há que se pensar em outras políticas que ainda não levaram à redução da desigualdade", como a política tributária, de redução de desigualdades raciais e regionais.

Esping-Andersen, um estudioso da desigualdade, pede que se olhe para os serviços, no geral, e para a Educação, em particular, para entender a desigualdade, pois o fato de ter escola pública, universidade pública, isso pode mudar completamente a renda de uma pessoa, de uma família. Num rigor bem abstrato, teria redistribuição, caso se tivesse tirado dos ricos e transferido para os pobres. Contudo, uma política pública de educação pode ser redistributiva, efetiva-se um jogo de cadeiras, um jogo de posições relativas na sociedade em questão desde um dado retrato feito no tempo.

Considerando que decisões políticas no Parlamento podem ou não favorecer a desigualdade, elencamos as hipóteses adiante, sem olvidar que a noção de desigualdade envolve posição e relação num espaço-tempo, a distância entre duas pessoas situadas num dado mapa social, por exemplo, o que pode expressar diferença de: oportunidades, renda, riqueza (propriedades, bens), poder, direitos, capital social, capital cultural ou também diferença epistemológica, ecológica, racial, territorial, de gênero, dentre outras possíveis. A desigualdade pode abarcar a posição relativa entre distintos grupos sociais, não apenas entre indivíduos.

As políticas públicas redistributivas podem ser aprovadas no Parlamento em função da/do:

> Guerra[41] social sanguinária permanente da minoria numérica contra a maioria numérica no Brasil, *dos de cima contra os de baixo*, o que implica em dificuldades políticas da maioria em estabelecer sua agenda no Congresso Nacional.

Essa hipótese tem lastro na história do Brasil, conforme Abdias do Nascimento (1978), Ailton Krenak (2014), Euclides da Cunha ([1902] 2001), Azola (2020) e Silva (2014).

Em Carta Régia, de 13 de maio de 1808, Dom João VI declara "guerra justa ofensiva" contra os povos indígenas.

> [...] tendo-se verificado na minha real presença a inutilidade de todos os meios humanos, pelos quaes tenho mandado que se tente a sua civilisação e o reduzil-os a aldear-se e a gozarem dos bens permanentes de uma sociedade pacifica e doce, debaixo das justas e humanas Leis que regem os meus povos; e até havendo-se demonstrado, quão pouco util era o systema de guerra defensivo que contra elles tenho mandado seguir, visto que os pontos de defeza em uma tão grande e extensa linha não podiam bastar a cobrir o paiz: sou servido por estes e outros justos motivos que ora fazem suspender os effeitos de humanidade que com elles tinha mandado praticar, ordenar-vos, em primeiro logar: Que desde o momento, em que receberdes esta minha Carta Regia, deveis considerar como

---

[41] "Clausewitz ensinou aos alemães a doutrina de que a guerra é parte da política. E ensinou que a política é um sistema de negociações respaldado pelas armas" (Angell, [1910] 2002, p. 152).

principiada contra estes Indios antropophagos **uma guerra offensiva que continuareis sempre em todos os annos nas estações seccas e que não terá fim**, senão quando tiverdes a felicidade de vos senhorear de suas habitações e de os capacitar da superioridade das minhas reaes armas de maneira tal que movidos do justo terror das mesmas, peçam a paz e sujeitando-se ao doce jugo das leis. (Dom João VI, 1808).

Em 5 de novembro de 1808, outra Carta Régia reforçava essa primeira e na terceira Carta Régia, de 2 de dezembro de 1808, "Sobre os índios Botocudos, cultura e povoação dos Campos Geraes de Coritiba o Guarapuava", Dom João VI instrui a conquista do território, tanto das almas, como dos sertões. Essa nomeação, "Botocudos", faz parte da "guerra justa", para o exercício do poder, o termo adotado pelo império português vem da história de Roma, do direito romano e alimenta a divisão entre os povos indígenas, como parte da estratégia da guerra da minoria branca contra os povos da maioria, dos territórios vermelhos. Os Botocudos da região das Minas Gerais eram os Krenaks do Vale do Rio Doce, os Botocudos da então região da Província de São Paulo, em Curitiba, eram os Kaingang, que a regência "uniu". A guerra justa autorizava a escravização indígena, a posse das terras, das riquezas, aguçando o apetite dos milicianos. A Constituição de 1824 não considerou cidadãos nem indígenas, nem negros, a ampla maioria.

Isso nos informa, para essa hipótese, um ponto importante da história do Brasil, em vez de associar Canudos a Vedeia, na França, melhor associar Canudos a Botocudos; é da guerra real contínua aos Botocudos que se trata Canudos e não da guerra imaginada a Vedeia. Melhor associar Canudos ao Quilombo dos Palmares. O tratamento colonial anterior de guerra aos sertões pretos e vermelhos é o mesmo nos sertões de Canudos. Os sertões da maioria migram para os territórios negros, para as grandes periferias urbanas. A própria planta dos sertões da Bahia, a favela, dá nome aos lugares onde a guerra declarada aos sertões nunca acabou. É a permanência da guerra dita justa (Azola, 2020) contra os povos da maioria.

Abdias Nascimento e Ailton Krenak[42] denunciam no século XX e no século XXI a continuidade da guerra, a guerra permanente, a guerra sem fim no Brasil. A expressão da violência política da guerra aos povos indígenas aparece na Carta Guarani-Kaiowá de Pyelito de 50 homens, 50 mulheres e 70 crianças indígenas, que juntos decidem morrer, em que a ação da justiça é a expressão política da guerra no território vermelho.

> Recebemos esta informação de que nós comunidades, logo seremos atacada, violentada e expulsa da margem do rio pela própria Justiça Federal de Navirai-MS. Assim, fica evidente para nós, que a própria ação da Justiça Federal gera e aumenta as violências contra as nossas vidas, ignorando os nossos direitos de sobreviver na margem de um rio e próximo de nosso território tradicional Pyelito Kue/Mbarakay.
>
> Assim, entendemos claramente que esta decisão da Justiça Federal de Navirai-MS é parte da ação de genocídio/extermínio histórico de povo indígena/nativo/autóctone do MS/Brasil, isto é, a própria ação da Justiça Federal está violentando e exterminado as nossas vidas. Queremos deixar evidente ao Governo e Justiça Federal que por fim, **já perdemos a esperança de sobreviver dignamente e sem violência em nosso território antigo, não acreditamos mais na Justiça Brasileira**. (Carta [...], 2012, s/p).

O Estado, entendido como poder judiciário, executivo e legislativo, está imbricado na guerra. Não só o Estado. No novo Estado Nacional, o Brasil, pelo decreto de 11 de abril de 1829, do impera-

---

[42] Relatório da Comissão Nacional da Verdade (2016); Relatório da Comissão da Verdade de Minas Gerais (2017), Relatório da Comissão da Verdade do Paraná (2017). Ver Guerra... (2019), Povos... (2015) e Ditadura... (2014).

dor, garante-se que "todas as sentenças proferidas contra escravos, por morte feita a seus senhores, sejam logo executadas independente de subirem a minha imperial presença" (Senado Federal, [1988] 2012, v. 1, p. 59). Dissemina-se a guerra mortal contra o negro, é a primeira pena de morte. Após o passamento de D. Pedro I, em 1835, na regência sob D. Pedro II, a Lei Número 4, de 10 de junho de 1835, a Lei da Pena de Morte aos negros no Brasil, determina em seu artigo primeiro:

> Serão punidos com a pena de morte os escravos ou escravas que matarem, por qualquer maneira que seja, propinarem veneno, ferirem gravemente ou fizerem qualquer outra grave ofensa física a seu senhor, a sua mulher, a descendentes ou ascendentes, que em sua companhia morarem, a administrador, feitor e as suas mulheres, que com eles viverem.

> Se o ferimento ou ofensa física forem leves, a pena será de açoites à proporção das circunstâncias mais ou menos agravantes. (Senado Federal, [1988] 2012, v. 1, p. 93).

Dissemina-se a guerra contra as negras e os negros, escravizados, pela letra da lei, pelo poder institucional legal, pela instituição formal, pelas autoridades formais. O repique na cultura da violência nos territórios do Brasil é maior. A relação germinal entre violência, guerra e escravização negra e indígena resta evidente. Isso funda as estruturas institucionais legais e as estruturas institucionais ilegais do Brasil feito plantação eterna em solo pátrio, feito plasticidade institucional não rompida.

O documentário *O Caso do Homem Errado*, de Camila de Moraes, mostra o assassinato de Júlio Cezar, um rosto negro, pelo Estado, em Porto Alegre, em 1987, uma morte da guerra. Era para ser ocultada, como de praxe branco, mas ficou evidente, perto do centenário da abolição inconclusa. Oracy Nogueira (1947) nomeou-o como preconceito de marca, pela cor da pele. A cor da pele de Júlio Cezar o condenaria à morte? Na América Latina, a "portación de cara", como dizem os argentinos, é suficiente para acionar o gatilho do rito mortal?

O cacique da tribo Pataxó Hã-hã-Hãe Galdino Jesus dos Santos, 44 anos, foi queimado vivo por cinco brancos no dia 20 de abril de 1997, em Brasília, na quadra 703 sul. A guerra tem muitos agentes e os alvos são bem definidos.

A guerra é permanente e "faca só lâmina" que penetra o corpo negro, o corpo indígena, tiro só canhão que atravessa o corpo indígena, que atravessa o corpo negro, fogo só labareda, que queima o corpo negro, o corpo indígena. A guerra é a ideia fixa branca no Brasil. É a ideia política fixa da branquitude. É o mundo do ser despedaçado pelo tiro branco nos territórios vermelhos, nos territórios negros. O nível de encarceramento de hoje é o açoite de ontem.

A guerra revela a tibieza dos brancos, da minoria, sua covardia no exercício do poder e do mando no Brasil. Não há educação, não há respeito na relação com a maioria. O tempo todo há a necessidade do terror branco de minoria para limitar o movimento da maioria. Isso vai das pandemias mortíferas espalhadas até as cercas nas aldeias, as zonas de distinção dos territórios da maioria, as cercas nos condomínios, nas universidades. Não raro, como feitores, a divisão artificial da maioria é sempre forjada artificialmente para alimentar a guerra, o genocídio.

Há uma relação entre guerra e política. A política é a continuidade da guerra por outros meios, afirmava Clausewitz (2007[1832]), pois a guerra, o confronto armado, tem racionalidade e determinações políticas. A relação entre política e guerra também aparece em vários autores, como Michel Dobry (2009), ao analisar crises políticas, em que sustenta que elas são a continuidade da guerra por outros meios. Esse autor é referência para o estudo de Basílio Sallum Jr. (2015) sobre a crise política de 1992, no Brasil, que tem epicentro no Parlamento. A guerra revela a situação política complexa.

A hipótese desloca o argumento da crise política no território branco da minoria para a crise política no território negro, vermelho, das maiorias, do tempo discreto para o tempo contínuo. Nesses territórios, nas n-periferias do Brasil, a crise política é permanente no tempo infinito, por isso a guerra é permanente, pois os passos da cidadania civil, social e política definitivos não são dados, restando ao *status quo* do poder político sustentar verticalmente a guerra para sustentar-se, ou seja, a guerra sustenta a reprodução da desigualdade no tempo infinito.

A consagração para a morte dos corpos negros e dos corpos indígenas é seu não batismo na vida política oficial do país, em que, no máximo, votam e compõem mercados eleitorais baratos, ainda que seja os decisivos, capitais para a reprodução do poder político da branquitude, o que é parte da ética da guerra que é política, que é guerra por outros meios no tempo longo da história do Brasil.

A hipótese diz que "o sujeito racial subalterno, como uma mente que não tem lugar à mesa de tomada de decisão" (Silva, 2014, p. 82) tem, na Lei de Cotas, um convite, ainda que não automático, para ocupar o centro da tomada de decisão política. Tal miragem, apenas a miragem, é suficiente, já mobiliza as forças do *status quo*, da branquitude, por meio da guerra, que é extensão da política, a se posicionar contra a Lei de Cotas. É o que diz a indígena Alessandra Korap, do povo indígena Munduruku.

> Eu estou estudando direito. Quando entrei na universidade, eu fiquei pensando: "O que eu estou fazendo aqui?". Parecia perda de tempo. Mas logo recebi um áudio, dizendo: "Aquela índia que mora em Itaituba está estudando direito. Se ela já é um problema para a gente imagina quando ela se formar?". Ficou claro: é importante sim, eu estudar direito. E hoje eu falo pros meninos: estudem! Quem olha indígena achando que somos coisa do passado, que moramos em caverna, não! Nós estamos avançando cada vez mais! (Maisonnave; Mena, 2021).

Contra a ânsia individual e coletiva do direito à universidade, negado historicamente, contra o direito de "ser alguém na vida", instala-se a guerra sem fim pelo achatamento, desaparecimento, enterro do ser periférico como "ninguém", morto, morta.

Essa é uma condição política suficiente para a não aprovação da Lei de Cotas no Parlamento, à medida que ela sinaliza um vetor de cidadania e de alteração do poder político. Na constelação de sentidos da crise brasileira vista desde os territórios da maioria, a guerra dá o sentido da reprodução do poder da branquitude, da minoria. Como a guerra é necessária, ela é justa, não alarma, nem assusta o *status quo*, pois os corpos que morrem não são corpos-parte do corpo político da branquitude, no sentido dos corpos que formam o Estado como no manto do frontispício do Leviatã, de Thomas Hobbes, ainda que o sangue e os votos dos que morrem sem epifania política, jovens, sejam sempre contados como cota importante do poder político originário da branquitude que advém do sistema eleitoral. Ironicamente, ao comemorarem as repetidas eleições ganhas pela branquitude no Brasil, talvez digam: mas o voto não tem cor. O logro, como ensina Sun Tzu, é parte da arte da guerra.

A Lei de Cotas age no sentido contrário ao da guerra política, ao menos sob dois argumentos, isto é, as guerras sustentam a morte e não há legislação que respalde os que vão morrer, a não ser a ordem de matar/morrer. A minoria reivindica o direito de matar, como o sentido da guerra definido pelos romanos, como narrou Tito Lívio: *Justa bella quibus necessaria* (Uma guerra é justa e correta quando se nos impõe), a maioria precisa ser sempre dividida, sempre retalhada, para imperar o poder da minoria, a guerra é o instrumento simples, eficiente e lucrativo para tanto, como negócio de poucos senhores brancos. Como tática de recrutamento e divisão da maioria, a estratégia da guerra sempre lançará mão de jogar irmãos contra irmãos, irmãs contra irmãs. Não é incomum, com a mesma origem social, a troco de soldo, uma pessoa ocupar lado distinto na guerra, pingando o fogo da morte, às vezes, sobre antigos colegas de escola no morro.

Já a Lei de Cotas impulsiona à vida, procura dar lugar justamente àqueles que na guerra serão os primeiros (e muitas vezes os únicos) a morrer. O outro argumento versa sobre o legado deixado por cada uma delas: na guerra transmite-se o terror, o medo, o retrocesso, o massacre e as ausências; na Lei de Cotas, o bastão da vida (e não da morte) se transmite de geração em geração, de mãos em mãos, sob a ética do respeito ao ser humano.

O argumento da hipótese seria o reverso do argumento da guerra em Piketty (Piketty, 2014): a guerra serviria como o combustível real da desigualdade e da manutenção do *status quo* no Brasil e não como o elemento que geraria mais igualdade, como na Europa da Segunda Guerra que tirou mais dinheiro do bolso dos ricos, da riqueza, e fez relativa distribuição.

Diz Soares (2010, p. 377): "Na ausência de guerras ou revoluções, mudanças no padrão distributivo de uma sociedade não ocorrem da noite para o dia"; porém, não poderia um quadro de guerra social permanente ser instrumento a favor justamente da perenidade da desigualdade, da reprodução da estrutura social no tempo?

Uma situação de longa permanência da desigualdade não "oferece uma indicação muito aproximada da transformação política associada à expansão do estado de bem-estar" (Pierson, 2009, p. 412), mas, talvez, uma brusca e sólida indicação da longa ausência de um Estado de Bem-Estar Social no Brasil, a reprodução dessa desigualdade informaria interesses, no limite, dispostos a guerra, em guerra permanente.

O coronelismo de Victor Nunes Leal expõe o violento controle do poder sobre os eleitores na Primeira República e essa dimensão do poder está no âmago da articulação da guerra em Canudos, na teia argumentativa de Euclides da Cunha, na qual negros, indígenas, camponeses, mulheres e crianças são dizimados, sem respeito algum, sem negociação de seus direitos sociais, como a terra, a moradia, a educação, o dinheiro, a liberdade de crença.

A guerra é a intensidade da força política do *status quo* e a intensidade da concentração do poder, simultaneamente, numa democracia limitada e de posições sociais bem distintas para a luta política.

De um lado, a vantagem dos interesses concentrados brancos da minoria, do *status quo*, do outro, a desvantagem dos interesses da maioria, dos interesses difusos de negros, indígenas, mulheres, pobres. Um dos poucos axiomas da ciência política, conforme Pierson.

Ora, a brutalidade política do quadro de guerra social, percebido pelas aterradoras estatísticas permanentes (ano a ano) de homicídios no Brasil, leva a pesquisa às origens desse movimento inercial da desigualdade e seus mecanismos causais que perturbam a noção ideal de democracia, como aquela típica de países ricos da Europa no século XX em sua relação com os "constituences" nos territórios eleitorais.

E no Congresso, nada manso[43], cujas marcas de pólvora estão em suas digitais brancas. Essa espécie de "*path dependence*", de dependência da trajetória histórica, da inércia da desigualdade, abrigaria uma

---

[43] José Gomes Pinheiro Machado, senador eleito, em 1889, pelo Partido Republicano do Rio Grande do Sul, foi escolhido, em 1905, vice-presidente do Senado, onde "cabia-lhe o controle da decisiva Comissão de Verificação de Poderes, responsável pela definição de quais os (parlamentares) eleitos teriam o direito de tomar posse. Usou com mão de ferro esse instrumento poderoso, para impedir o acesso ao Parlamento de adversários políticos, e com isso angariou ainda maior número de inimigos. [...] Em julho de 1915 tentaram linchá-lo quando deixava o Palácio Monroe. [...] Na tarde do dia 8 de setembro de 1915, deixa o Senado na companhia de políticos de sua intimidade para encontrar o líder republicano paulista Rubião Junior. Entra no Hotel dos Estrangeiros vestindo fraque com cravo vermelho na lapela, calças escuras e colete, chapéu e bengala. Francisco Manso de Paiva, um homem

dimensão informal e formal, de caráter institucional na história do Brasil. Ocorre que "Uma grande reforma política é um processo político, dependente da mobilização de recursos políticos suficientes para superar o adversário organizado e outras barreiras à mudança" (Pierson, 2009, p. 411)[44].

Assim, nesse quadro, é plausível pensar em termos de longo prazo, no sentido de que no Brasil operaria uma lógica de sustentação do *status quo* por interesses que inverteriam a funcionalidade da alavanca pivotal eleitoral de Pierson, quando ele argumenta que:

> As fontes da força política do estado de bem-estar são diversas, mas são de dois tipos básicos: os incentivos eleitorais associados a programas que retêm amplo e profundo apoio popular e a "rigidez" institucional que restringe ainda mais as possibilidades de reforma política (Pierson, 2009, p. 411)[45]

Uma inversão na direção de interesses organizados, de forma a garantir uma sustentação tácita da desigualdade estrutural e sua perenidade histórica a ferro e fogo, com as armas de uma guerra real. É a força bruta da dimensão invisível bem visível do poder em Lukes (1974, 2005), cujo corolário é o impedimento de mudanças em políticas públicas que alterem o *status quo*.

De Abdias do Nascimento (1978) emerge a necessária ênfase na noção de genocídio do negro. De Euclides da Cunha (1902) emerge a Guerra Social como método de governo de longa duração no Brasil contra as maiorias, como indicia o Atlas da Violência 2018 (IPEA, Fórum Brasileiro de Segurança Pública, 05 de junho de 2018), que identificou 62.517 assassinatos em 2016, no Brasil, o que corresponde a 30,3 homicídios a cada 100 mil habitantes. O Brasil perdeu 298.478 jovens de 15 a 29 anos vítimas de homicídios entre os anos de 2007 a 2016 (evidente quadro de guerra permanente), com crescimento relativo de 23% na população negra (de cor preta ou parda) na década, em que dois terços dos mortos são negros. A taxa de homicídio em 2016 de mulheres negras é 71% superior à de mulheres não negras.

---

do povo, também gaúcho, ferrenho adversário das ideias de Pinheiro Machado, sabe dessa visita. E fica de tocaia na entrada do hotel. Deixa-o passar. E logo o apunhala pelas costas. – Ah! Canalha! – diz Pinheiro Machado. [...] Manso de Paiva afirma que agiu por conta própria." (Grandi; Machado, 2012). Tiros e morte de senador dentro do Congresso Nacional, em 1963: "Ao contrário do que disse o deputado Raul Jungmann, nos seus 186 anos o parlamento brasileiro já foi palco de violência. Em 4 de dezembro de 1963, o senador Arnon de Mello (PDC-AL), pai do atual senador Fernando Collor (PTB-AL), atirou contra Silvestre Péricles (PTB-AL). O segundo disparo acertou o abdome do senador José Kairala (PSD-AC), um comerciante de Brasiléia, que morreria horas depois no Hospital Distrital de Brasília com os intestinos e a veia ilíaca trespassados. Tudo foi causado por uma acirrada rixa regional. Péricles, que andava armado, prometeu matar Arnon, que pôs um Smith Wesson 38 na cintura e marcou discurso para desafiá-lo. Péricles conversava com o senador Arthur Virgílio Filho (PTB-AM), pai do atual líder do PSDB, Arthur Virgílio Neto. Arnon provocou e Péricles partiu para cima, gritando 'crápula!'. Arnon não deixou o rival se aproximar: sacou o revólver, mas antes que atirasse, Péricles, mais rápido, apesar dos 67 anos, jogou-se ao chão, enquanto sacava sua arma. O senador João Agripino (UDN-PB), tio do atual líder do DEM no Senado, José Agripino (RN), atracou-se com Péricles para tirar-lhe a arma. Kairala tentou ajudar, mas foi atingido pelo segundo disparo de Arnon. Os dois contendores foram presos; em dias, o Senado deu licença para que fossem processados. Ambos acabaram absolvidos. Kairala, de 39 anos, tinha três filhos, entre 2 e 6 anos, e deixou a mulher grávida. Era um suplente, assumira seis meses antes e devolveria o mandato ao titular, José Guiomard, no dia seguinte. No Senado, teve tempo de fazer 13 discursos e apresentar só dois projetos. Levava a mesma inicial carismática - JK - consagrada por seu colega de bancada Juscelino Kubitschek. Em 8 de junho de 1967, houve outro tiroteio, só que na Câmara. Dias antes, os deputados Nelson Carneiro (MDB-RJ) e Estácio Souto Maior (MDB-PE), pai do piloto Nelson Piquet, discutiram asperamente na disputa pela presidência da União Interparlamentar. Souto Maior então deu um tapa em Nelson. Às 12h30 daquele dia, este encontrou Souto Maior conversando com o deputado Milton Reis (MDB-MG), em frente à agência do Banco do Brasil, no hall inferior. Bateu-lhe no ombro e gritou: 'Agora você vai me pagar aquele bofetão.' Souto Maior devolveu: 'Sai pra lá, seu negro.' Nelson, que não era afeito a armas, tinha na mão o revólver calibre 38 que comprara dias antes e acertou o rival no primeiro tiro. Souto Maior, com o revólver já à mão, caiu. Do chão, disparou cinco vezes e errou todas, até porque Nelson - numa cena de saloon - abrigou-se atrás de uma pilastra. No processo, ambos foram absolvidos. Outro episódio de faroeste ocorreu no dia 26 de dezembro de 1929. Na chegada à Câmara, no Rio de Janeiro, o deputado gaúcho Simões Lopes encontrou o desafeto Souza Filho (PE), que lhe deu uma bengalada. Simões sacou o revólver e deu dois tiros em Souza, que morreu. No processo, alegou ter pensado que Souza mataria seu filho, que o acompanhava. Foi absolvido." (Jornal O Estado de S. Paulo, 7 set. 2013).

[44] No original: "Major policy reform is a political process, dependent on the mobilization of political resources sufficient to overcome organized opponent and other barriers to change" (Pierson, 2009, p. 411).

[45] No original: "The sources of the welfare state's political strength are diverse, but are of two basic types: the electoral incentives associated with programmes which retain broad and deep popular support ant the institutional 'stickness' which further constrains the possibilities for policy reform" (Pierson, 2009, p. 411).

Ocorre que não apenas "A desigualdade, em particular a desigualdade de renda, é tão parte da história brasileira, que adquire fórum de coisa natural" (Barros; Henriques; Mendonça, 2000, p. 131).

> Desigualdade que surpreende tanto por sua intensidade como, sobretudo, por sua estabilidade. Desigualdade extrema que se mantém inerte, resistindo às mudanças estruturais e conjunturais das últimas décadas. Desigualdade que atravessou impassível o regime militar, governos democraticamente eleitos e incontáveis laboratórios de política econômica, além de diversas crises políticas, econômicas e internacionais. (Barros; Henriques; Mendonça, 2000, p. 141).

É preciso supor que a guerra social também é parte da arte do governo das minorias articuladas sobre as grandes massas desarticuladas, vendida como algo natural, do estado de natureza brasileiro de há muito.

Para a desigualdade,[46] em suas variadas dimensões e sua permanência histórica uma guerra permanente de suporte com idêntica permanência histórica, armadilha que prende mudanças em políticas públicas com potenciais de alteração do *status quo* advindo da estrutura social historicamente desigual, como a aprovação de uma Lei de Cotas no Parlamento brasileiro.

Força do contrato étnico-racial que originou a nação

No Brasil, não é raro se culpar o contrato social da Constituição de 1988 pelas mazelas nacionais. Mas o que ficou de fora do Contrato Social desde que a nação se originou?

O tema do Contrato Social, um clássico no pensamento político no geral e na ciência política em particular, ocupa o debate público todo dia, como apareceu no questionamento do Estado de Bem-Estar Social nos países ricos europeus:

> Aqueles que defendem a reestruturação incluem muitos que desejam preservar e modernizar elementos-chave do contrato social, mas procuram fazê-lo de uma maneira que não crie cargas orçamentárias insustentáveis, contribua para o desempenho econômico e dê às demandas sociais emergentes alguma chance de competir pelo público atenção e recursos com os bem estabelecidos. (Pierson, 2009, p. 417)[47].

Em sua crítica à Revolução Francesa, Edmund Burke, em novembro de 1790, fala da importância do contrato entre os mortos, os vivos e os que vão nascer, opondo o inglês em condições históricas particulares, concretas ao indivíduo abstrato, opondo o contrato da tradição inglesa ao contrato da Revolução Francesa, questionando o contratualismo do homem universal com base em Rousseau, por exemplo. Rousseau não faz referência à "raça", mas ao homem universal, portanto o contrato social se pretende universal, mas na realidade é exclusivo dos brancos homens europeus.

---

[46] "O Brasil, por sua vez, é o país com o maior grau de desigualdade dentre os que dispomos de informações, com a renda média dos 10% mais ricos representando 28 vezes a renda média dos 40% mais pobres. Um valor que coloca o Brasil como um país distante de qualquer padrão reconhecível, no cenário internacional, como razoável em termos de justiça distributiva. O Gráfico 6 apresenta a razão entre a renda média dos 20% mais ricos e os 20% mais pobres para cerca de 45 países, confirmando o diagnóstico do indicador anterior. Na grande maioria dos países essa razão é inferior a 10 e em apenas cinco países essa razão é superior a 20. O Brasil, novamente, é o país com o maior grau de desigualdade segundo as informações presentes no *Relatório de desenvolvimento humano* de 1999, o único dos países analisados em que a razão entre a renda média dos 20% mais ricos da população e a renda média dos 20% mais pobres supera o dilatado valor de 30" (Barros; Henriques; Mendonça, 2000, p. 137). "Resumindo, vivemos uma perversa simetria social, em que os 1% mais ricos se apropriam de 50% do total da renda das famílias e, como por espelhamento, os 50% mais pobres possuem cerca de 10% da renda. Além disso, 1% da população, o 1% mais rico, detém uma parcela da renda superior à apropriada por metade de toda a população brasileira" (Barros; Henriques; Mendonça, 2000, p. 141).

[47] No original: "Those advocating restructuring include many who wish to preserve and modernize **key elements of the social contract,** but seek to do so in a manner which does not create unsustainable budgetary burdens, contributes to economic performance, and gives emerging social demands some chance of competing for public attention and resources with well-established ones" (Pierson, 2009, p. 417).

Defende Burke o contrato tradicional inglês[48] frente à impetuosidade da tempestade da Revolução Francesa de 1789, de apelo universal, para que não se espalhe por aí. Então, para Burke ([1790] 1982), o contrato é outro. Para a revolução haitiana, o contrato também é outro, diferentemente da França, da Revolução Francesa, diferentemente da Inglaterra de Burke. O medo do contrato de novo tipo, como da Revolução Haitiana (1791-1804), que, de acordo com um de seus intelectuais, o africano Jean Louis Vatey[49], de fato, propunha uma universalização dos direitos, o que alarmou o Brasil escravocrata.

O contrato funda o pensamento conservador, tanto no caso inglês de Edmund Burke, que nega a Revolução Francesa, como no caso francês, que nega a Revolução Haitiana, a favor da colonização, como no caso da Constituição originária do Brasil, de 1824, que não considera cidadãos os indígenas, os negros, a favor da escravidão. Burke argumenta contra a Revolução Francesa:

> Um Estado sem meios para mudar, não tem meios para conservar. Sem esses meios, corre até mesmo o risco de perder aquela parte da Constituição que com mais devoção desejaria conservar. Os dois princípios da conservação e da correção agiram fortemente nos dois períodos críticos da Restauração e da Revolução, quando a Inglaterra viu-se sem um rei. Em cada um destes dois períodos, a nação perdera o fator de união de seu antigo edifício; nem por isso dissolveu-se todo o edifício. Ao contrário, em ambos os casos, fez-se uso da antiga Constituição que nada tinha sofrido para regenerar a parte afetada. Conservou-se as antigas partes exatamente como eram, a fim de que aquela que se reconstituía pudesse ser adaptadas a elas. Agiu-se por meio dos antigos estados constituídos na forma tradicional de sua organização e não por moléculas orgânicas de um povo desagregado. Talvez em momento algum, o Parlamento soberano manifestou mais respeito a esse princípio fundamental da Constituição britânica do que na época da Revolução, quando se desviou da linha direta da sucessão hereditária. A coroa foi afastada ligeiramente da linha até então seguida, mas a nova dinastia derivada do mesmo tronco. Continuava sendo uma linha de sucessão hereditária; uma descendência hereditária pelo mesmo sangue, mas com a condição de ser de religião protestante. Quando o Parlamento alterou a direção, mas manteve o princípio, demonstrou que o considerava inviolável. (Burke, [1790] 2016, p. 44)

Com base em Virgílio, em seu Geórgicas IV, 8-9, que diz que *Multosque per anos stat fortuna domus et arvi numerantur avorum* (através dos anos a fortuna dos antepassados se mantém e os antepassados dos antepassados são contados), Burke (1790) nega o contrato como aquele de compra e venda de mercadorias e expressa a compreensão do contrato, da reforma do contrato e da apreensão do tempo infinito como conservação do poder. Conservação do poder branco?

A noção de contrato, vista nas constituições, nas reformas constitucionais, no tempo infinito, pode ter a dimensão de afirmação de posições raciais, de um contrato de dominação racial, é o que argumenta Charles Mills (1997). O autor faz a crítica do contrato civil original, do Leviatã artificial de direitos e deveres, presente de diferentes modos em Thomas Hobbes, John Locke, Jean-Jacques Rousseau e Immanuel Kant. O faz de forma descritiva, explorando a gênese da sociedade e do Estado, a forma como a sociedade é estruturada, como o governo funciona e a psicologia moral do povo.

No seu "Discurso sobre a origem e os fundamentos das desigualdades entre os homens", de 1855, o próprio Rousseau já contrapunha o contrato real, no qual paira a desigualdade entre ricos e pobres, a exploração, governos opressores, fraco código moral versus o contrato ideal do estado da natureza onde os homens seriam iguais. Olympe de Gauges, guilhotinada pela Revolução Francesa, pelo terror, perguntava pelas mulheres no contrato de Rousseau, pela declaração dos direitos das mulheres.

---

[48] Carta Magna, de 1215; Petição de Direitos, de 1628; Bill of Rights, de 1689.

[49] Ver Vatey (2017).

O ponto de Mills (1997), ele mesmo alega, não é a justificação do contrato real, mas, por meio de sua análise, mostrar as inequidades da estrutura política real, da "*polity*", da ossatura, da espinha dorsal do sistema político, e como teorias e justificativas morais buscam defendê-la. É uma tentativa de apreensão de lógicas internas do sistema sociopolítico dominante, sua história, a maneira como foi racionalizada a opressão, bem como possibilidades de reforma que alterem o status quo.

Entender a relação entre a lógica interna da dominação racial e como isso estrutura a arquitetura política, o arcabouço, o ordenamento político constitucional. Para tanto, "a supremacia branca deve ser pensada como um sistema político" e "pode ser teorizada como um 'contrato' entre brancos, um contrato racial" (Mills, 1997, p. 7). Um contrato racial que é político, moral e epistemológico, no sentido de prescrever normas cognitivas, que define quem fica com o que, que é real, é econômico, que é um contrato de exploração, em síntese.

À medida que o Contrato Racial que funda o Brasil como Estado-Nação e suas reformas no tempo infinito mantém privilégios aos brancos como grupo em relação aos não brancos como grupo e a negação de oportunidades socioeconômicas iguais aos não brancos em relação aos brancos, a possibilidade de aprovação da Lei de Cotas no Parlamento, por hipótese, leva a uma reação dos defensores do Contrato Racial, uma reação contra a Lei de Cotas, impedindo sua aprovação.

Para Sueli Carneiro (2020), Mills (1997) busca demonstrar que existe no mundo um contrato racial em vigência, empírico e não abstrato, que emerge com o colonialismo, no qual dominam os brancos europeus como donos do mundo, instituindo sub-humanidades. O contrato racial define o status de brancos e de não brancos. É a branquitude que ordena o mundo, que hierarquiza. Saberes e poderes são criados para justificar a supremacia da branquitude como um sistema de reprodução de privilégios. Todas as pessoas brancas são beneficiárias, diretas ou indiretas, desse contrato racial, desse sistema de exclusão do outro. Porém, nem todas as pessoas brancas são signatárias ou assinam embaixo desse contrato racial ou mesmo se sentem confortáveis com ele. Aí reside a possibilidade de negociação. Esses sujeitos ocultos brancos se revelam em momentos de tensão na história.

A dimensão epistemológica do contrato racial está sobremaneira em jogo com a possibilidade de aprovação da Lei de Cotas. Por hipótese, ela será negada no Parlamento, sem negociação, por conta da necessidade de continuidade da vigência do contrato racial, da necessidade branca de continuidade do epistemicídio,

> Para nós, porém, o epistemicídio é para além da anulação e desqualificação do conhecimento dos povos subjugados, um processo persistente de produção da indigência cultural: pela negação ao acesso a educação, sobretudo de qualidade; pela produção da inferiorização intelectual; pelos diferentes mecanismos de deslegitimização do negro como portador e produtor de conhecimento e de rebaixamento da capacidade cognitiva pela carência material e/ou pelo comprometimento da auto-estima pelos processos de discriminação correntes no processo educativo. Isso porque não é possível desqualificar as formas de conhecimento dos povos dominados sem desqualifica-los também, individual e coletivamente, como sujeitos cognoscentes. E, ao fazê-lo destitui-lhe a razão, a condição para alcançar o conhecimento "legítimo" ou legitimado. Por isso o epistemicídio fere de morte a racionalidade do subjugado ou a sequestra, mutila a capacidade de aprender etc. (Carneiro, 2005, p. 97).

Democracia, competição eleitoral gerada pela democracia, qualidade da democracia

Essa hipótese explora a conexão entre o tipo de regime político e sua importância para a aprovação de políticas públicas redistributivas no Parlamento. Em tese, há uma relação inversamente proporcional entre democracia e desigualdade, quanto mais democracia, menos desigualdade. Pode-se postular que a extensão da experiência democrática de um país está associada com menor desigualdade (Rueschemmeyer *et al.*, 1992). O perfil do regime político importa para a existência ou não de políticas públicas redistributivas, como é o caso da América Latina e não só.

Autores da Universidade da Carolina do Norte, ao analisarem a distribuição de renda em 18 países da América Latina e do Caribe, entre 1970 e 2000, chegaram à conclusão de que, em contraste com os países da OCDE, onde a seguridade social e os gastos com o estado de bem-estar social reduzem consistentemente a desigualdade, os mesmos gastos só reduzem a desigualdade na América Latina e no Caribe se em contextos democráticos (Hubber *et al,* 2006).

A América Latina foi perturbada ao longo de sua história por regimes políticos ditatoriais. No caso brasileiro, como fala o professor André Singer em suas aulas[50], "o Brasil não é mesmo para principiantes", pois, mesmo com escravidão e com ditaduras, sempre houve eleições em algum nível. No entanto, a desigualdade persistiu em suas várias dimensões, pois a existência dessas eleições não significava exatamente democracia, em muitas situações, de 1824 até 1988, o voto não era universal no Brasil. O período democrático é favorável ao combate às desigualdades? Podem ocorrer vales e picos de desigualdade dentro de períodos democráticos?

Às vezes, na história, um regime político conservador pode entregar uma política pública redistributiva. Foi o caso do regime de Bismarck, na Alemanha.

> O primeiro sistema de seguro social foi criado por Bismarck na Alemanha, compondo-se de três seguros compulsórios: o seguro saúde (1883), o seguro de acidentes (1884) e o seguro de velhice e invalidez (1889). Diversos autores têm procurado explicar o surgimento de um sistema de proteção social tão avançado num dos países que mais tardiamente deu início ao processo de industrialização e transição do feudalismo ao capitalismo, quando outros países europeus que lideravam o desenvolvimento industrial sequer pensavam em um projeto equivalente. Estes estudos têm convergido para encontrar no próprio atraso da Alemanha o fundamento de sua iniciativa pioneira, e mesmo as características centrais do seguro social ali implantado. Isto porque a transição retardatária realizada pela Alemanha não se fez sob a hegemonia de uma burguesia liberal revolucionária, mas sim através de uma coalização entre as classes dominantes do velho e do novo modo de produção, construída a partir de uma decisiva intervenção do Estado na sociedade. Assim, ao invés de uma revolução burguesa, houve mais bem uma modernização conservadora, que não rompeu com o padrão de relações de autoridade tradicional. Neste sentido, a concepção feudal na qual prepondera o binômio que troca proteção por dependência foi de certa forma preservado, só que agora a proteção social passava a ser fornecida pelo Estado. Fica assim explicado por que o projeto do seguro social não se originou no seio da classe operária alemã, altamente politizada, mas sim na burocracia estatal, recebendo a oposição veemente do movimento operário e o apoio dos partidos conservadores. O seguro social foi assim criado como um instrumento de cooptação de setores da classe operária, de forma a diminuir o seu potencial revolucionário. (Teixeira, 1985, p. 404-405).

---

[50] Sala 135, FFLCH, USP, disciplina Partidos Políticos no Brasil, segundo semestre de 2018.

Na leitura da autora, percebe-se que há competição política implícita e explícita em jogo, apesar do regime, o que favoreceu a política social de combate à desigualdade. Estaria também implícita a noção de que regime algum se sustenta sem apoio popular ou, como formulado por Nicolau Maquiavel, o príncipe precisa ser temido, mas precisa ser amado, senão não sobrevive no poder, seja o príncipe o homem, o partido, como na leitura que Gramsci faz de Maquiavel, ou o regime político.

Schumpeter, cuja obra vasta buscou o tempo todo uma apropriação particular do modelo da luta, adaptação e seleção natural da biologia de Darwin para tentar explicar o funcionamento da economia capitalista e da sociedade, julgava que a democracia se sustentava pela competição entre elites políticas. Essa competição, simples assim, como na livre concorrência de mercado ideal, entregaria as melhores políticas públicas. As melhores para a elite política ou para os eleitores?

Em seu estudo sobre o capitalismo e a social-democracia, Przeworski (1989) diz que, ao lado da burocracia, do exército permanente, surge o Parlamento popularmente eleito como uma instituição importante no capitalismo. Com o advento do sufrágio universal, em alguns países da Europa, os partidos da social-democracia tiveram que escolher entre a ação direta revolucionária e a ação política ou o confronto direto entre trabalho e capital ou uma luta via instituições políticas. Se a política eleitoral é o mecanismo de reivindicação de direitos, bens, serviços e políticas públicas para a cidadania, a participação parlamentar é o recurso necessário para os partidos sociais-democratas conquistarem o poder político. Surgem novos paradoxos políticos: o interesse do operário como indivíduo nem sempre corresponde ao interesse da classe como imaginado.

A grande depressão oriunda da crise de 1929 e as políticas keynesianas consolidaram a opção de participação eleitoral dos partidos social-democratas de alguns países europeus, pois dessa forma se garantia a maximização dos benefícios aos trabalhadores, como as políticas públicas redistributivas, que podiam ser aprovadas no Parlamento caso o partido social-democrata tivesse maioria parlamentar. Disso decorre a importância da democracia, a importância das eleições para a mudança em políticas públicas; a abstenção eleitoral tem um preço: o partido social-democrata fica fora do jogo e políticas públicas redistributivas podem não acontecer. Mas, para ganhar a eleição, o partido social-democrata, necessariamente, irá perder sua homogeneidade enquanto partido operário, em favor de uma heterogeneidade maior, configurando-se num partido popular, o que pode colocar em risco a possibilidade de políticas públicas redistributivas. Por exemplo, conforme as equações macroeconômicas de Kalecki e Keynes, no capitalismo, o investimento dos capitalistas é uma variável central. Se a política do partido social-democrata entra em choque com o investimento capitalista, pode sofrer um veto estrutural do capital. Kalecki frisou muito esse ponto em suas reflexões teóricas, ou seja, o capitalista não carrega apenas o *animal spirit*, mas faz política 24 horas por dia, para palmilhar o caminho para seus investimentos e para o retorno de seus investimentos. Assim, a democracia pode não contemplar as políticas públicas redistributivas, em função desse risco.

No período de 1930 a 1988, para Marta Arretche, há uma grande divisão entre *insiders* e *outsiders* nas políticas sociais brasileiras paridas por diferentes regimes políticos. A desigualdade social ficava localizada entre os que estavam do lado de fora das políticas sociais. Em que medida esses *outsiders* participaram da representação política no Parlamento? Podiam votar no voto universal?

O grande hiato entre *insiders* e *outsiders* levou Edmar Bacha a cunhar o termo Belíndia como metáfora para o Brasil, um país parecido em parte com a Bélgica, em parte com a Índia. A redução da desigualdade é um subproduto do mecanismo da inclusão de *outsiders*, da inclusão de quem está fora? Foi esse o modelo de política social que prevaleceu no Brasil dos anos 1930 até 1988? Qual a relação que ele guarda com as eleições? O processo de democratização, com a saída do Brasil da ditadura, com voto obrigatório e alto nível de participação eleitoral teria criado incentivos para todos os partidos favorecerem as políticas públicas redistributivas, que diminuem a desigualdade, de olho no voto dos *outsiders*? *Outsiders* só participam da democracia como eleitores, não se elegem como representantes?

A política social foi o centro do governo Vargas? Onde fica a democracia no longo e variável período Vargas? Os ricos não são atores centrais no conflito distributivo? Há conflitos entre pobres e classe média? E entre ricos que pagam impostos e ricos que não pagam impostos?

A competição política numa democracia pode se dar entre diversos atores distintos: entre partidos, entre forças sociais, entre candidatos, entre políticos eleitos, entre organizações. No Congresso, no governo, de posse de algum tipo de recurso, disputa-se o bem público. Há um trilema entre forças sociais, instituições eleitorais e partidos políticos na disputa por bens públicos, pela qualidade da democracia, num quadro de institucionalidade democrática (Clark; Golder, 2006). Por exemplo, força social pode ser traduzida por elite partidária, tradução que pode carregar perdas do que é força social e prejuízos para a possibilidade de aprovação de políticas públicas redistributivas no Parlamento.

O caso do México é importante comparativo para a compreensão das tensões entre regime político e políticas públicas redistributivas. Magaloni (2006) pergunta se apenas as eleições, sua institucionalidade, são suficientes para explicar a força do regime político no tempo. A conservação da desigualdade pode informar que a conservação do regime camufla uma fachada de competição, inclusive problemas na qualidade da democracia. Um partido, o PRI, vale-se das eleições para permanecer no poder, independentemente do questionamento do perfil da democracia.

Como fica a qualidade das eleições: até onde vão as regras que garantem a qualidade das eleições? O que a qualidade das eleições quer dizer? Enquanto instituição, o sistema eleitoral do México funcionou por um bom tempo com base em três partidos: PRD, PRI, PAN (esquerda, centro, direita, respectivamente). No entanto, tanto a esquerda quanto a direita não conseguiam ganhar eleições do PRI. Como foi produzido esse sistema multipartidário? Foi delineado pelo próprio PRI, tem elementos como a não reeleição para presidente. De tal modo que a disputa central pelo poder era dentro do PRI. O elemento proporcional é essencial para que a oposição ganhe cadeiras no Parlamento, mas apenas isso, enquanto minoria.

Esse caso evidencia a importância do contexto histórico para a apreensão do funcionamento das instituições eleitorais, do regime e da relação com as políticas públicas de combate à desigualdade. O sistema eleitoral pode servir ao regime político que serve ao *status quo* e apenas reproduzir a desigualdade, com baixa probabilidade de aprovação de leis no Parlamento que alterem o *status quo*, com baixa probabilidade para aprovação de políticas públicas redistributivas?

Se o caso do PRI mostra uma contradição nas relações fundamentais que sustentam a hipótese em formulação, o caso do comportamento dos parlamentares como representantes de interesses próprios em relação aos interesses dos eleitores traz outro complicador. Há um problema do eleitorado, do engajamento eleitoral, se, no Parlamento brasileiro, 90% dos representantes são homens brancos? Se o representante refletir o eleitor isso reflete na política pública? Talvez.

A opção por construir uma democracia de filtro e não de espelho como critério de representação política de uma sociedade remonta aos textos dos federalistas publicados nos jornais de Nova

York, em 1787. Em grande medida, as democracias modernas na América Latina e não só mimetizam uma institucionalidade com o critério de filtro proposto pelos artigos federalistas. Na origem, há dois problemas, ao menos: os indígenas, os povos originários do continente americano, ficam de fora. Os negros, escravizados no continente americano, também ficam de fora da representação política, de fora da representação e de fora dos textos de ciência política no geral, que abordam a democracia e as revoluções no Atlântico. Isso informa não a incapacidade desses agentes históricos excluídos de fazer e pensar a política, a democracia, mas a qualidade limitada da democracia e da arquitetura institucional erigida desde os federalistas. Isso acarretaria reflexos nas políticas públicas aprovadas pelos representantes?

A hipótese argumenta que a permanência da democracia como regime político é suficiente para a aprovação da Lei de Cotas no Parlamento, uma vez que as políticas públicas redistributivas têm maior probabilidade de serem aprovadas no Parlamento em função da estabilidade democrática, conforme aponta o debate teórico visto. Porém, essa suficiência depende do contexto histórico e da qualidade da democracia, o que informa riscos para a velocidade de aprovação de uma política pública como a Lei de Cotas no Parlamento, devido à possibilidade de vetos institucionais.

Preferência do eleitor mediano

Essa hipótese alicerça-se na chamada "teoria do eleitor mediano", de caráter abstrato, que sustenta que o eleitor mediano afetaria a decisão política. A argumentação teórica é articulada dedutivamente, com base num conjunto de premissas, de axiomas, que se pretendem consistentes, articulando meios e fins, sustentadas pela ideia da racionalidade do comportamento dos indivíduos, que seriam maximizadores de utilidade, de preferências no mercado eleitoral, como na economia neoclássica (Jevons, 1871; Walras, 1874; Marshall, 1890) e na síntese neoclássica (Samuelson, 1947). Assim, do lado da oferta de políticas públicas, um partido seria um grupo de indivíduos cujo objetivo seria ganhar eleições para maximizar suas situações respectivas de prestígio, poder e renda. Como uma empresa faz com o lucro, um partido seria maximizador de poder, via votos, do que derivaria que os partidos fariam políticas públicas para ganhar as eleições e seriam indiferentes à substância mesma das políticas. Nesse quadro de referência dedutiva, do lado da procura, o eleitor está interessado em maximizar suas preferências, seus benefícios individuais e seria indiferente ao conteúdo substantivo das políticas, mas interessado apenas nos benefícios individuais delas decorrentes. O voto que escolhe um governante acaba por agregar as preferências individuais dos eleitores, que decidem num quadro de mesmas informações disponíveis igualmente ou de incerteza de informação, em tese. Na hora do jogo eleitoral, o eleitor compararia a utilidade esperada de cada partido com base no diferencial partidário esperado, ou seja, o que individualmente já recebeu de benefício do governo e o que poderia ter recebido se a oposição estivesse no governo. Desse modo, na arena eleitoral os partidos buscariam compatibilizar suas preferências e posições políticas com aquelas da maioria do eleitorado, pelo princípio majoritário (50% + 1), jogo no qual eles passariam ao eleitorado certas imagens em relação às políticas públicas, apenas para ganhar a eleição, não importando se coerentes o tempo todo, pois racionalmente buscariam aderência às preferências variáveis dos eleitores. Para tanto, os partidos observariam a distribuição de preferências dos eleitores e, de olho na maioria, mirariam o eleitor mediano, aquele eleitor que tem suas preferências exatamente no meio da distribuição de preferências, pois é ele quem permitiria vencer as eleições. Quem seria esse eleitor mediano? Isso dependeria das regras eleitorais, do perfil da disputa eleitoral particular, em síntese. Por isso, o eleitor mediano abstrato seria o objeto do cálculo político racional para ganhar as eleições, desse cálculo derivariam as políticas públicas, conforme a sustentação teórica de Downs ([1957] 2013). Para Meltzer e Richard (1981), o eleitor mediano buscaria benefícios de curto prazo, devido à incerteza no longo prazo. Esses autores juntam a uma formulação abstrata da teoria do eleitor mediano (Down, 1957) a renda, numa combinação de sufrágio universal e desigualdade de renda. Assim, a própria distribuição de renda, a parada de Pen, indicaria o eleitor mediano, no ponto estatístico da mediana. Em países onde a distribuição de renda por indivíduo é viciada para a direita na curva de distribuição normal, o eleitor mediano fica abaixo da média da renda per capita e tenderia a apoiar as políticas públicas redistributivas, o que implicaria em futuro aumento de gastos governamentais para sustentar essas políticas, como desenvolvido nos raciocínios que seguem.

> Nossa hipótese implica que o tamanho do governo depende da relação da renda média com o eleitor decisivo. Com o sufrágio universal e as regras da maioria, o eleitor mediano é o eleitor decisivo, como mostra Roberts (1977) em uma extensão da conhecida obra de Hotelling (1929) e Downs (1957). Estudos de distribuição de renda mostram que a distribuição está inclinada para a direita, de modo que a renda média fica acima da renda da mídia. Qualquer regra de votação que concentre votos abaixo da média fornece um incentivo para a redistribuição da renda financiada por impostos (líquidos) sobre a renda que são (relativamente) altos. A extensão da franquia para incluir mais eleitores abaixo da média aumenta os votos para redistribuição e, assim, aumenta essa medida do tamanho do governo. (Meltzer; Richard, 1981, p. 916).[51]

> Romer (1975)[52] e Meltzer e Richard (1981) argumentaram que uma maior desigualdade nos rendimentos antes dos impostos e transferências aumenta o apoio à redistribuição. Se a distribuição de renda for inclinada para a extremidade superior, como em todas as sociedades capitalistas, então a média estará acima da renda mediana e o eleitor mediano terá interesse na redistribuição. Quanto maior a diferença entre a mediana e a renda média, maior o nível de gasto redistributivo preferido pelo eleitor mediano. (Bradley *et al.*, 2003, p. 201).[53]

Analisando as eleições no Brasil, Mauro Paulino, diretor-geral do Instituto Datafolha, empresa do Grupo Folha de São Paulo e um dos líderes no segmento de pesquisas eleitorais no Brasil, afirma que:

> Quase 70% dos eleitores no Brasil [população acima de 16 anos] têm renda familiar mensal de até três salários-mínimos: 48% recebem até dois salários-mínimos [renda familiar] e 20% recebem entre dois e três salários. Então são 68% dos eleitores. Sem convencer esse estrato, nenhum candidato se elege no Brasil[54].

Deriva desses estudos e da análise anterior a hipótese de que a preferência do eleitor mediano é condição suficiente para a aprovação da Lei de Cotas no Parlamento brasileiro.

---

[51] No original: "Our hypothesis implies that the size of government depends on the relation of mean income to the decisive voter. With universal suffrage and majority rules the median voter is the decisive voter as shown by Roberts (1977) in an extension of the well-known work of Hotelling (1929) and Downs (1957). Studies of the distribution of income show that the distribution is skewed to the right, so the mean income lies above the media income. Any voting rule that concentrates votes below the mean provides an incentive for redistribution of income financed by (net) taxes on income that are (relatively) high. Extension of the franchise to include more voters below mean income increase votes for redistribution and, thus, increase this measure of the size of government." (Meltzer; Richard, 1981, p. 916).

[52] Referência a Romer (1975) presente na lista final.

[53] No original: "Romer (1975) and Meltzer and Richard (1981) have argued that greater inequality in pre-tax and transfer earnings increases support for redistribution. If income distribution is skewed toward the high end, as it is in all capitalist societies, then the mean will be above the median income and the median voter will have an interest in redistribution. The greater the difference between median and mean income, the greater the level of redistributive spending preferred by the median voter." (Bradley *et al.*, 2003, p. 201).

[54] Ver *Jornal Valor Econômico*, Caderno EU &Fim de Semana, sexta-feira, 4 maio 2018, p. 4.

Presença das forças de esquerda no governo;

A professora Marta Arretche[55], em suas muitas reflexões sobre a desigualdade no Brasil, considera importante a compreensão da relação entre partidos políticos e políticas públicas redistributivas.

Em relação à presença das forças de esquerda no governo, o centro da hipótese aqui diz que é suficiente ter um governo duradouro liderado pela esquerda no Parlamento para garantir a aprovação de políticas públicas redistributivas (Esping-Andersen, 1985, 1991).

Assim, a Lei de Cotas seria aprovada no Parlamento, se governos de esquerda estivessem no poder ou coalizões lideradas por partidos de esquerda estivessem no governo, por hipótese. Por quê? Porque governos de esquerda, em tese, têm maior compromisso com políticas públicas redistributivas, com a mudança do status quo.

Isso faz sentido, pois as orientações dos partidos políticos, no geral, indicam as preferências de suas bases sociais. Como organizações com múltiplos objetivos, dois são principais: conquistar o executivo e implementar políticas públicas. Uma vez no poder, os partidos escolhem as políticas públicas que são compatíveis com as propostas que os conduziram ao poder. Em tese, é o mecanismo da conexão eleitoral em ação, isto é, o voto no partido indica a política do partido e, em tese também, os governos são capazes de implementar as políticas públicas escolhidas pelos partidos quando estiverem no poder. As variações nas políticas públicas entre países e intrapaíses, assim, seriam associadas de modo significativo com a composição partidária dos governos.

Uma mudança na composição partidária do governo causaria mudança nas políticas públicas que, por sua vez, alteraria o resultado redistributivo. Sustentam a hipótese dos partidos de esquerda no governo como causa necessária e suficiente para a mudança na política pública redistributiva: Bradley *et al.* (2003), Esping-Andersen (1985, 1991) e Huber e Stephens (2013).

A distribuição de recursos de poder na sociedade (Korpi) ou a distribuição de poder na sociedade civil (Stephens) determina os resultados distributivos diretamente no mercado e indiretamente por meio do Estado. Como Giddens e ao contrário da maioria dos marxistas, ambos conceituam capital, habilidades e força de trabalho como recursos de poder de mercado e determinantes da posição de classe. Ambos também seguem a posição marxista tradicional de ver o capital como um recurso de poder único porque está concentrado nas mãos de poucos, e argumentam que, na hipotética organização de classes subordinadas, a distribuição assimétrica dos recursos de poder na sociedade capitalista resulta no poder do Estado estando quase exclusivamente nas mãos dos proprietários do capital, mesmo nas democracias. No entanto, a democracia garante a liberdade de associação, o que permite que as classes subordinadas se organizem, como o fazem em todas as sociedades capitalistas democráticas; crítico para a teoria, no entanto, o grau de organização varia muito entre as sociedades e ao longo do tempo dentro das sociedades. Supõe-se que essas variações nos recursos de poder resultem em variação nos resultados distributivos por meio de dois canais: o mercado e o estado. A organização em sindicatos resulta em uma transferência de poder no mercado para os membros dos sindicatos. A organização em partidos social-democratas, muitas vezes com o apoio de sindicatos e partidos aliados da esquerda, resulta em uma mudança no poder político que direciona a política estatal para mais redistribuição. Nenhum dos autores afirma que os partidos de esquerda são a única força por trás do desenvolvimento do estado de bem-estar. Eles argumentam, no entanto, que o longo período de governo da esquerda estará associado a maiores gastos sociais *ceteris paribus* e que o perfil distributivo do estado de bem-estar será mais favorável aos

---

[55] Marta Arretche, em aula de 2 de maio de 2018, na sala 145 da FFLCH-USP.

grupos de baixa renda. Os impostos são mais progressivos e os serviços de transferência e os prestados publicamente são distribuídos de forma mais equitativa nos estados de bem-estar desenvolvidos sob governos social-democratas. (Bradley *et al.*, 2003, p. 196-197).[56]

A relevância da ação dos movimentos sociais no interior do Parlamento

Essa hipótese divisa a ação dos grupos de interesse, em sua atuação no congresso nacional, como suficientes para a aprovação de políticas públicas redistributivas.

Grupos de interesses direcionam a pressão política para a arena de veto, que pode variar, dentro do Parlamento, de acordo com Immergut ([1992] 1996). No caso brasileiro, entre o Senado Federal e a Câmara dos Deputados, entre as diversas comissões e dentro do plenário da Câmara dos Deputados, entre as diversas comissões e dentro do plenário do Senado Federal. Essas arenas de veto também podem ocorrer simultaneamente dentro e fora do Parlamento, pois muitas vezes é preciso considerar a dispersão da autoridade em regimes políticos com base no presidencialismo, no federalismo e no voto proporcional ou mais detidamente no poder autônomo ou no poder compartilhado de decisão institucional. As instituições, as arenas de veto, oferecem oportunidades aos interesses organizados que atuam na defesa de uma política pública redistributiva no Parlamento. No contexto de maiorias parlamentares instáveis, o Parlamento é por excelência a principal arena de veto num regime democrático como o brasileiro. Muitas vezes as arenas são também atores que podem bloquear ou facilitar o fluxo de um projeto de lei.

As instituições políticas no Parlamento, no entanto, operam como filtros que favorecem de forma seletiva e desigualmente interesses organizados e estruturam a atuação dos atores políticos. Se as eleições são importantes como o principal mecanismo da redistribuição por conta dos partidos mirarem a maioria, algumas reflexões teóricas em torno da persistência da desigualdade no mundo chegam a categorizar democracias como a dos EUA como uma democracia próxima à democracia de espetáculo ou um modelo de democracia de espetáculo (Hacker; Pierson, 2010).

Isso se enraíza nas mudanças estruturais da economia, como nos mercados financeiros, grandes financiadores de campanhas eleitorais nos EUA, um tipo de interesse muito organizado. Para ganhar as eleições, os partidos políticos precisam de recursos que os interesses organizados oferecem.

Tem momentos no processo de produção de política pública que ela vai para a arena eleitoral. Mas, quando a eleição sai da cena, sai da televisão, sai da imprensa, ocupam o campo os interesses organizados, que ficam no jogo, com recursos, lobby, capacidade de pressão no Parlamento, no executivo, no judiciário. A isso se sujeita o curso de um projeto de lei no Parlamento.

---

[56] No original: "The distribution of power resources in society (Korpi) or the distribution of power in civil society (Stephens), determines distributive outcomes directly in the market and indirectly through the state. Like Giddens and unlike most Marxists, both conceptualize capital, skills, and labor power as market power resources and determinants of class position. Both also follow the traditional Marxist position of seeing capital as a unique power resource because it is concentrated in the hands of the few, and they argue that in the hypothetical subordinate class organization, the asymmetric distribution of power resources in capitalist society results in state power being almost exclusively in the hands of capital owners, even in democracies. Nonetheless, democracy assures freedom of association, which allows subordinate classes to organize, as they do in all democratic capitalist societies; critical for the theory, however, the degree of organization varies greatly across societies and through time within societies. These variations in power resources are hypothesized to result in variation in distributive outcomes through two channels: the market and the state. Organization in unions results in a shift of power in the market toward the unions members. Organization in social democratic parties, often with the support of unions and allied parties of the left, results in shift in political power that direct state policy toward more redistribution. Neither author claims that leftist parties are the sole force behind the development of welfare state. They do argue, however, that long period of rule by the left will be associated with greater social spending *ceteris paribus* and that the distributive profile of the welfare state will be more favorable to lower income groups. Taxes are more progressive and transfer and publicly provided services are more equally distributed in welfare states developed under social democratic governments." (Bradley *et al.*, 2003, p. 196-197).

Muitas vezes, ele perderia em atenção pública em função das pessoas terem contas para pagar, suas próprias vidas para zelar, seus desafios privados. Assim, a formulação de políticas não seria assunto de eleitores, mas matéria para interesses organizados, uma vez que os eleitores estariam diariamente lutando pela sobrevivência e não teriam tempo para investir nos detalhes das disputas nas políticas públicas. "Os fundamentos políticos da crescente desigualdade econômica dependem do papel dos interesses organizados na definição de políticas públicas de grande escala que medeiam resultados distributivos" (Hacker; Pierson, 2010, p. 154)[57].

Na arena parlamentar, os partidos responderiam ao equilíbrio de poder dos interesses organizados ou ao desequilíbrio de poder entre variados perfis de interesses organizados. Mesmo partidos de esquerda poderiam incentivar boas relações com poderosos interesses organizados, de olho no financiamento de campanha.

Os partidos não se importariam apenas com o eleitor mediano, em vez disso, eles minimizariam os *trade-offs,* quando as preferências do eleitor mediano colidirem com aquelas dos interesses organizados. Hack e Pierson (2010) dizem que é preciso olhar para as políticas e não para as preferências dos eleitores. Muitas vezes, os eleitores mais pobres podem ser traídos pela pressão política dos interesses organizados.

O mecanismo decorrente é o risco democrático, pois a promessa das eleições fica para depois ou para nunca, desacreditando a democracia. Ainda que "Os modelos de políticas distributivas frequentemente presumem que os eleitores recompensam os políticos por direcionar recursos para seu grupo (Cox; McCubbins, 1986; Dexit; Londegran, 1996)" (Holland, 2015, p. 359)[58]. Em termos objetivos, grosso modo, os interesses organizados podem ser separados entre: a) os que financiam campanhas eleitorais; b) os que não financiam campanhas eleitorais. No período de tramitação da Lei de Cotas, *mutatis mutandis*, em termos teóricos, essa situação se verifica no Brasil, que estava sob o manto do financiamento privado de campanhas eleitorais.

Conforme o apetite dos grupos de interesse, de seu poder relativo, uma política pública, um projeto de lei, pode tramitar de modo mais veloz ou mais lento no Parlamento. Contudo, a interação entre os atores ao longo da história importa nas arenas de decisão. O interesse organizado é um fenômeno político. Os interesses organizados de baixa renda podem ter mais dificuldade de atuar no Parlamento, de chegar onde se decide e em quem tem capacidade de influenciar, mas chegariam lá. Como a funda de Davi? Como a palmeira plantada por Toussant L'Overture? Como o cocar do cacique Raoni? Como a pertinácia de Rosa Parks?

No Brasil, há uma longa tradição de interesses organizados dos de baixo em interação com o Parlamento, em particular, na história dos novos movimentos sociais, com forte papel no processo constituinte de 1987-1988. Evelina Dagnino, Gabriel Feltran, Luciana Tatagiba, Rebecca Abers, dentre muitas autorias, estudaram os novos movimentos sociais, seus desdobramentos históricos, suas fronteiras e inovações, sua importância para a democracia, para o combate às desigualdades.

Desse modo, a política seria um combate organizado, como dizem Hacker e Pierson (2010), pois interesses organizados influenciariam arenas decisórias que influenciariam novas políticas públicas

---

[57] No original: "The political foundations of rising economic inequality relies upon the role of organized interests in shaping large-scale public policies that mediate distributional outcomes" (Hacker; Pierson, 2010, p. 154).

[58] No original: "Models of distributive politics often assume that voters reward politicians for targeting resources at their group (Cox and McCubbins 1986, Dexit and Londegran 1996)" (Holland, 2015, p. 359).

que implicariam em resultados distributivos ou não. Por meio de dois mecanismos, o bloqueio ou a aprovação da política pública na arena decisória, percebe-se a ação dos interesses organizados, que mobilizam recursos, informações, estratégias, inclusive eleitores.

Quando se tem redução da desigualdade é porque prevaleceu o combate dos de baixo?

Nem sempre. Pode ocorrer um acordo sobre uma política pública para que ela atenda a diferentes interesses organizados, que não chegam a um acordo sobre preferências, mas sobre políticas. É exemplo o SUS, no Brasil. O que se destaca? Mesmo com diferentes interesses organizados em conflito, pode ocorrer negociação entre eles e dessa negociação derivar a aprovação de uma política pública redistributiva.

Assim, interesses organizados, norteados pelo dinheiro ou não seriam atores fundamentais na aprovação de políticas públicas no Parlamento, onde a lógica das instituições, ou seja, as regras formais e informais que estruturam as interações entre os atores nas arenas decisórias e suas respectivas incertezas indicariam de que modo e por que as instituições importariam, afinal. No limite, a própria luz das instituições poderia também se manter acesa ou ser apagada conforme conjunturas históricas particulares. Por exemplo, alguns autores destacam que "Um framework satisfatório para a análise da desigualdade deve levar em conta tanto o efeito dos diferentes tipos de instituições sobre a distribuição de recursos quanto a evolução endógena das instituições" (Acemoglu; Robinson, 2015, p. 20)[59].

Com isso, pode-se formular a hipótese de que, num quadro de embate, de conflito, a ação no interior do Parlamento de grupos de interesses organizados, como movimentos sociais, especificamente "[d]aqueles que não se faziam ainda nem ouvir nem ver", seriam relevantes para a aprovação de uma política pública como a Lei de Cotas no Parlamento, uma vez que outros interesses organizados em ação no Parlamento tenderiam a priorizar suas próprias pautas, parcela dos políticos tenderiam a não priorizar temas considerados polêmicos para a opinião pública por conta de riscos para suas próprias reeleições parlamentares, bem como parcela dos políticos tenderiam a não priorizar temas que afetem suas relações com interesses organizados que financiem campanhas eleitorais. O grau de proximidade, prioridade e afinidade com essa pauta específica do direito à universidade, à qualidade e à intensidade da atuação desses movimentos sociais no Parlamento, dos de baixo, em cada arena institucional do Parlamento, nesse caso, seriam suficientes para a aprovação de uma política pública redistributiva no Parlamento, como a Lei de Cotas, condicionados pela capacidade de recursos políticos desses movimentos, de sua capacidade de negociação com distintos atores em cada arena institucional importante no curso da tramitação do Projeto de Lei.

Razão econômica pelo peso econômico relativo da maioria negra, indígena e popular, seus direitos sobre o passado, o presente e o futuro na economia brasileira

A economia trabalha com séries temporais, uma sequência de números, no geral, infinita. Isso vale tanto para o futuro quanto para o passado, no sentido de que a série pode abarcar um limite inferior infinito e um limite superior infinito. O tempo passado e o aprendizado sobre ele, sua dimensão de estoque, importa. O tempo presente e futuro, sua dimensão de fluxo, suas possibilidades de informar o cálculo para o ganho dos agentes econômicos, como grandes empresas globais, investidores institucionais, importam numa tentativa de orientar a ação econômica de curto prazo frente à incerteza.

---

[59] No original: "A satisfactory framework for the analysis of inequality should take into account both the effect of different types of institutions on the distributions of resources and the endogenous evolution of the institutions." (Acemoglu; Robinson, 2015, p. 20).

Pode-se falar de uma série temporal histórica para as vidas das pessoas e seu valor econômico? Há pessoas que valem muito e outras que não valem nada? Quanto vale a vida que foi impedida de viver plenamente pela escravização negra, pela escravização indígena? Onde foi parar o dinheiro dos que ganharam privadamente com a instituição da escravização negra e indígena no Brasil? Onde foi parar o dinheiro público dos impostos cobrados da escravização pelos agentes públicos no século XIX, como o imposto da meia sisa (Colistete, 2016), sobre o comércio ilegal de escraviza- dos, usado para, em tese, financiar a educação nas províncias? Colistete (2016) mostra a existência desses impostos recolhidos pelo Estado. Qual o volume financeiro privado e público abocanhado do negócio da escravização negra e indígena no Brasil?

O Brasil vive uma estagnação da produtividade da economia desde os anos 1980. O Brasil é o país do futuro? O que essa estagnação da produtividade tem a ver com as vidas negras, as vidas indígenas? Com as vidas negras e com as vidas indígenas perdidas para a morte, por exemplo? Qual o preço dessas vidas para a economia? À medida que vidas negras formam estruturalmente a maior parte do mercado de trabalho, por esse lado da oferta da economia, qual é o preço para o Brasil de não incentivar o aumento da produtividade para essa parcela da população? Haveria alguma chance de crescimento da produtividade no Brasil sem a participação nesse crescimento da população negra? Poder-se-ia acreditar em aumento da produtividade sem elevação do nível educacional do povo brasileiro até o ensino superior e os pícaros da pesquisa científica? Haveria possibilidade de aumento de produtividade sem considerar as vidas indígenas, a terra indígena e a floresta? Por que os indígenas são fundamentais para o aumento da produtividade da economia brasileira, à medida que o planeta está em risco e o padrão de acumulação, o padrão tecnológico precisam de urgente revisão?

Pelo lado da procura, da demanda, a questão econômica estrutural no Brasil é mais agravante. Qual o valor consumido pela população negra, pela população indígena no Brasil? Qual o volume de lucro advindo desse enorme mercado consumidor? O mercado consumidor é divorciado da cidadania?

Essa hipótese busca afastar a hipocrisia econômica do debate da Lei de Cotas, que muitas vezes fica refém de leituras dogmáticas das próprias ideias liberais e não enxerga a extensão da liberdade requerida para a própria sobrevivência dos mercados e do aumento da produtividade no Brasil. É uma questão de justiça econômica. Se, na série temporal histórica de contribuição das vidas negras e indígenas para a economia, para a renda, para a riqueza no Brasil, essa contribuição foi retumbante, no entanto, isso não foi remunerado para os agentes, para o fator de produção. O que tem uma dimensão explícita de injustiça, de roubo, mas também de incentivo para a continuidade infinita dessa expropriação, acomodando baixas produtividades pela exploração eterna do trabalho desqualificado. Ou seja, não resolver o problema da reparação histórica da escravidão serve para a estagnação econômica, pois dá o horizonte prático aos agentes econômicos sobre a regra institucio- nal informal do funcionamento das coisas no Brasil, além do incentivo e exploração da ignorância como regra de reprodução social do *status quo* e da desigualdade. Mesmo em 2021 há variedade de denúncias de casos de trabalho escravizado em todos os setores da economia brasileira.

Em síntese, a hipótese é que o valor econômico passado, presente e futuro das vidas negras, indígenas, populares importa para a aprovação da Lei de Cotas no Parlamento. O valor da vida da própria escola pública e sua história no Brasil importa. Isso se sustentaria num tripé: o Estado brasileiro não resolveu o problema da reparação da escravização negra e indígena; no presente e no futuro, a não qualificação dessa força de trabalho tem elevados custos para a economia brasileira, para a coesão social do país e é um elemento central retardador da superação da estagnação da produtividade no Brasil; seu enorme peso econômico no mercado consumidor brasileiro exige respeito de marcas, empresas, de todo tipo de agentes econômicos e governos.

Efeito da pressão de um grande número de concluintes do ensino médio, pela continuidade dos estudos nos níveis seguintes

Essa hipótese se sustenta na noção de fluxo da desigualdade educacional no Brasil. Historicamente, a universidade foi negada para amplas camadas de negros, indígenas e oriundos das escolas públicas, mas, à medida que as taxas de concluintes do ensino médio aumentaram significativamente, especialmente a partir da CF-88 e da LDB-96 que obrigaram crianças e jovens à escolarização básica, automaticamente houve um inédito elemento de pressão para a abertura das portas das universidades.

Segundo Romualdo Portela de Oliveira, "O acesso igualitário a serviços educacionais é um princípio desrespeitado no Brasil, o que gera diversos efeitos perversos, principalmente para a população que é excluída do direito à educação de qualidade" (Oliveira; Sampaio, 2016, p. 3), isso é percebido no fluxo.

A hipótese diz que, à medida que o fluxo entre os diferentes níveis educacionais se mantém relativamente constante, aumenta a pressão social por políticas públicas que garantam a democratização do acesso à universidade. O aumento do fluxo é condição necessária e suficiente para a aprovação de políticas públicas de acesso à universidade pública no Brasil, como a Lei de Cotas no Parlamento. Essa é a hipótese.

Razões específicas para mudança substancial de política pública

Uma perturbação externa significante ao subsistema de educação, uma perturbação interna expressiva do subsistema de educação, o aprendizado orientado por política pública de educação, acordos negociados no subsistema de educação e com outros subsistemas externos ou uma combinação desses fatores é uma condição necessária, mas não suficiente como fonte de mudança no núcleo dos atributos da política pública de acesso à universidade no Brasil, no sentido da aprovação da Lei de Cotas no Parlamento do Brasil.

Essa hipótese é formulada com base nos estudos de Jenkins-Smith *et al.* (2018), sobre razões para a mudança relevante em política pública.

No conjunto, as hipóteses somadas podem também ser percebidas como uma hipótese só, como aquele elefante que desafiou os pequenos sábios.

2.4 OBJETIVOS

O objetivo geral desta obra é desenvolver um estudo empírico sobre a disputa em torno da criação de uma política pública redistributiva, no Congresso Nacional do Brasil, para o acesso ao ensino superior público, de modo a compreender esse processo político particular como resultado da interação entre diferentes atores e instituições.

Desse ângulo, descobrir os mecanismos causais presentes e apreender esse fenômeno social em sua relação com as desigualdades étnico-raciais, de renda, de origem escolar, ou seja, multidimensionais, em jogo no curso político de criação da Lei 12.711/12, a Lei de Cotas.

São objetivos específicos:

- identificar e descrever os principais agentes/atores que se fizeram presentes na cena pública brasileira no processo político em torno da Lei de Cotas; o contexto histórico e a forma de ação política;
- compreender o curso histórico e a conformação do subsistema de educação no Brasil, pois o estado do subsistema de educação informa a estrutura da desigualdade de distribuição de renda, conforme postula Thomas Pikettty:

> Quando se analisa a desigualdade da distribuição de renda, é indispensável separar com cuidado as diferentes dimensões e os diversos componentes, por razões normativas e morais (a questão da justificativa da desigualdade é sempre colocada de forma diferente para a renda do trabalho, as heranças e o rendimento do capital), uma vez que os mecanismos econômicos, sociais e políticos que podem explicar as evoluções observadas são totalmente distintos. No que concerne à desigualdade da renda do trabalho, os mecanismos incluem a oferta e a demanda por qualificações, **o estado do sistema educacional**, bem como as diferentes regras e instituições que afetam o funcionamento do mercado de trabalho e o processo de formação dos salários. (Piketty, 2014, p. 239).

- estabelecer intersecções entre o subsistema de educação e o quadro geral histórico das ações de Estado dirigidas aos afrodescendentes e indígenas no Brasil;
- analisar a dinâmica da disputa política em torno da Lei de Cotas na Câmara dos Deputados;
- analisar a dinâmica da disputa política em torno da Lei de Cotas no Senado Federal.

2.5 METODOLOGIA

2.5.1 Procedimentos

A investigação ora em curso valer-se-á da ideia de reflexividade, reiterando e questionando suas próprias opções sempre, no intento de melhor fundamentá-las. Para tanto, fará as imersões teóricas necessárias e trabalhará as evidências empíricas de maneira processual, interessada nos bastidores, nos roteiros, na construção do cenário e não num virtual mimetismo das atuações dos atores apenas enquanto representações ideais. A metodologia é o tempo todo perturbada pela interdisciplinaridade e pelo empírico, enquanto totalidades em interação permanente. Ela valorizará, portanto, a inter-disciplinaridade mesma, a abordagem analítica de política pública, o contexto histórico brasileiro. A pesquisa tem uma pergunta central, constrói hipóteses e oferece uma necessária exposição de motivos metodológicos. Depois, faz busca teórica para apreensão melhor do fenômeno empírico da Lei de Cotas no Brasil. Uma vez de posse da teoria, parte para a empreitada analítica empírica, a análise da disputa em torno da Lei de Cotas no Congresso Nacional e o desenrolar dessa peleja, do conflito, ali e no seio da sociedade brasileira, sob o prisma da experiência democrática em curso no Brasil. Por fim, isso resulta numa interpretação do fenômeno estudado.

2.5.2 Métodos

Em artigo publicado na revista do Instituto de Administração da Faculdade de Ciências Econômicas e Administração da USP, em 1951, marco clássico dos estudos das relações raciais no

Brasil, Roger Bastide e Florestan Fernandes postulam três critérios principais para uma pesquisa empírica: o informativo, o descritivo e o interpretativo (Bastide; Fernandes, 1951, p. 267). Para um trabalho acadêmico empírico de curtíssima duração, pela pressão por resultados de pesquisa da UNESCO, os pesquisadores Bastide e Florestan enfatizaram o caráter empírico da investigação social, valorizando o problema:

> Ainda que não seja universalmente aceito por todos os sociólogos, o método que oferece maiores garantias de exatidão à sociologia empírica é aquele que considera os fenômenos particulares investigados em seu modo de integração ao contexto social. Durkheim formulou muito bem o princípio implícito nessa maneira de encarar os fatos sociais ao escrever que "a origem de todo processo social de alguma importância deve ser procurada na constituição do meio social interno". Esse é um princípio heurístico básico para todos os sociólogos que concebem a sociedade e os fenômenos de interação humana que nela se desenrolam, como uma realidade social (Bastide; Fernandes, 1951, p. 268).

Florestan e Bastide, nesse marco clássico da sociologia brasileira, deixam um bom referencial para a maneira de encarar a Lei de Cotas, razão desta investigação. Esta pesquisa empírica que trata do processo político da Lei de Cotas no Congresso Nacional valer-se-á dos diários da Câmara dos Deputados e do Senado Federal, do *Jornal da Câmara* e do *Jornal do Senado*, de transcrições de audiências públicas ocorridas sobre a temática na Câmara dos Deputados e no Senado Federal. Portanto, serão utilizadas fontes documentais públicas escritas, passíveis de verificação e de replicabilidade, como registros de movimentos sociais.

A temática da opinião pública, do fluxo de ideias e interesses que informam o apetite dos atores, deve ser considerada, o que é um clássico da ciência política.

> [...] Tocqueville procurou descobrir evidências na opinião pública pré-revolucionária da influência, variável durante períodos bastante diferentes, de seus três "atores" principais do Antigo Regime: os filósofos e suas "ideias" de curto prazo, o governo real e seus "costumes" de longo prazo, o estado social "democrático" e seus "traços" ou "tendências" ou "paixões", ainda de maior longo prazo, para a busca da igualdade de condições na sociedade como um todo. (Gannet, 2006, p. 198).[60]

Constituem relevante aporte metodológico complementar à documentação entrevistas semiestruturadas com relatores do projeto da Lei de Cotas nas diferentes comissões do Congresso Nacional, bem como entrevistas de testemunho, com protagonistas desta peleia, nesse caso específico, busca-se apreender, via oralidade (Gattaz; Meihy; Seawrigth, 2019), registros de participação social na disputa por uma política pública que, em muitos casos, passam em branco na história.

A análise de documentos foi um método utilizado em pesquisas no mundo que se valeram de análise de política pública (Chen, 2003; Zafonte; Sabatier, 2004; Larsen; Vrangbaeck; Traulsen, 2006), do mesmo modo que a análise de documentos somada com entrevistas também foi utilizada para tanto, de acordo com as publicações de 2018 (Jenkins-Smith *et al.,* 2018) e de 2020 (Ma; Lemos; Vieira, 2020).

As imagens, como fotografias e vídeos, serão outras relevantes fontes documentais auxiliares, pois fotografia é documento histórico, é evidência histórica, de acordo com o historiador Peter Burke (2017) e o sociólogo José de Souza Martins (2008).

---

[60] No original: "Tocqueville sought to discover evidence in pre-Revolutionary public opinion of the varying influence during quite different periods of his three principal Old Regime 'actors': the philosophers and their shorter-term 'ideas', the royal government and its longer-term 'mores', and the 'democratic' social state and its still longer-term 'traits' or 'tendencies' or 'passions' towards equality of conditions in society as a whole." (Gannet, 2006, p. 198).

Desde sua invenção no século XIX, a fotografia, assim como o cinema, está presente na produção científica em humanidades, seja como demonstração científica, evidência, testemunho virtual, como em estudos clássicos dos antropólogos Franz Boas, Haddon e Malinowsky (Edwards, 2016) ou o caso de Euclides da Cunha, em Canudos. Mas, como "as imagens necessitam, pois, de mediações, de aportes, de contextos para serem compreendidas" (Gonçalves, 2016, p. 21), logo, as imagens neste estudo são selecionadas conforme a qualidade da observação e aderência ao contexto das disputas em torno da Lei de Cotas no Congresso Nacional, numa dimensão etnográfico-documental, como documentação-ativa, como narração, como indícios de voz, de protagonismo, de potenciais de evidências, de "soberania fotográfica" (Edwards, 2016, p. 175) ou soberania imagética, vista como a capacidade dos atores produzirem autonomamente imagens, imagens com múltiplas camadas de significados vistos como história, memória, identidade, achados de pesquisa empírica, tesouros ético-culturais, em que a imagem, a fotografia, é "vista enquanto ferramenta para comunicar reivindicações culturais sobre determinados assuntos, tais como os direitos à terra, à habitação e à educação" (Stanton *apud* Edwards, 2016, p. 179), como índice de experiência. Imagem também como virtual índice argumentativo, uma vez que

> Foi a própria natureza da fotografia, enquanto traço mecânico e químico do corpo do sujeito, que a tornou tão poderosa, ao mesmo tempo uma metáfora e uma força retórica. A objetificação foi entendida, neste sentido, como algo inerente à própria imobilidade e fragmentação do meio fotográfico, permitindo que o olhar relaxe, deseje e aproprie-se do sujeito, construindo categorias como raça, classe e gênero, que foram normalizadas por intermédio da transparência e das práticas discursivas da própria fotografia e legitimados através dos conceitos antropológicos de raça e hierarquia (Green, 1984; Alloula, 1986; Corbey, 1988; Lalvani, 1996). (Edwards, 2016, p. 166-167).

A fotografia grita e esse grito precisa ser enxergado, em particular nas disputas em políticas públicas em que os recursos desiguais entre os atores refletem a desigualdade racial histórica do Brasil. "Às potências de "fazer falar" e "provocar" das fotografias, poderíamos acrescentar mais uma, o "fazer enxergar". Enxergar é um olhar, digamos, mais denso, que mobiliza a troca de olhares." (Gonçalves, 2016, p. 197). A fotografia também tem potencial para democratizar o próprio conhecimento em políticas públicas.

> O olhar, o imaginar, o enquadrar uma foto, atos culturalmente localizados, fazem "as imagens falar", nos dando a ver a potência da produção de conhecimentos através de imagens. Neste sentido, a ideia de narrativa-imagética-experienciada ganha pleno sentido através da imagem fotográfica. (Gonçalves, 2016, p. 24).

A metodologia também fará uso de artigos e posicionamentos sobre a temática publicados em jornais, impressos e revistas de grande circulação nacional no período de tramitação do projeto, de aprovação e sanção presidencial até a repercussão pública do decreto presidencial de regulamentação da Lei de Cotas, de 15 de outubro de 2012. Outros documentos pertinentes, eventualmente, também poderão ser utilizados na pesquisa. Immergut destaca que:

> A pesquisa histórica precisa de provas (por meio da citação de fontes primárias) de que os atores em questão viam o mundo da forma proposta pelo analista. Consequentemente, a representação de interesses é importante para a corrente institucionalista histórica em seu duplo sentido. Primeiro, as demandas políticas e os resultados políticos são vistos não como resultado das preferências, mas como consequências das diferentes representações de interesses. Os interesses manifestados nas políticas estão bastante distantes das pre-

ferências dos cidadãos, e mesmo essas preferências iniciais podem ser recorrentemente formadas pela política e, assim, pelos muitos efeitos institucionais da esfera política. Segundo, como pesquisadores, os historiadores estão sempre cientes de que seus dados são representações, não apenas porque examinam fragmentos deixados para trás pelos indivíduos subjetivos, mas também porque eles mesmos questionam esses artefatos. Como Collingwood escreveu, "[...] a história segue pela interpretação de provas, em que prova é um nome coletivo para coisas que sozinhas são chamadas de documentos, e um documento é algo que existe aqui e agora, de um tipo específico que o historiador, ao se debruçar sobre ele, pode obter respostas para suas perguntas sobre eventos passados". (Immergut, 2007, p. 185).

Desse modo, busca-se também apreender o objeto, o fenômeno social por vários lados, na intenção de verificar proposições de caráter geral com base no levantamento empírico aprofundado, numa linha argumentativa da parte para o todo. Carlos Hasenbalg (1997) expõe razões metodológicas para o entendimento das desigualdades raciais no Brasil, úteis para a investigação:

> Parece conveniente lembrar que o procedimento-padrão nos estudos quantitativos sobre desigualdades raciais consiste em decompor as diferenças de renda, salário ou *status* ocupacional entre os grupos de cor em partes. O primeiro componente reflete a desigual dotação de educação formal e experiência dos grupos, que os economistas chamam de capital humano. O segundo é um termo estatístico de interação. A terceira parte ou componente está constituída por um resíduo não explicado que é normalmente atribuído à discriminação no mercado de trabalho. Este é o método usado, por exemplo, nas pesquisas de Silva, Lovell e Barros e Mendonça. Ao se tentar isolar os pesos das barreiras discriminatórias na desigualdade de resultados, dá-se como suposto que as desigualdades raciais estão imbricadas com as grandes desigualdades sociais e econômicas vigentes no Brasil. É esta imbricação que constitui o contexto mais amplo das desigualdades raciais no Brasil. (Hasenbalg, 1997, p. 63).

Ora, o quantitativo conta na pesquisa, como visto anteriormente e, ainda que não seja o centro analítico, os dados quantitativos, em muitas ocasiões da pesquisa, juntar-se-ão na análise, o que configura a pesquisa como qualitativa e quantitativa. Já a propósito da questão da neutralidade da investigação científica e do *status* do investigador, em termos estritamente epistemológicos, esta investigação participa do ponto de vista assumido pelo pensamento de Manuela Carneiro da Cunha:

> As coisas brasileiras, entendidas de modo lato no tempo e no espaço, são meu campo de estudo e intervenção política. Sobre este ponto, cabe uma advertência: a relação entre minha atividade de militante e meus ensaios de ambição mais teórica não é simples e não deve ser pensada de forma simplista. Há uma autonomia entre as duas atividades, por mais que vários assuntos tenham surgido de pesquisas suscitadas por urgências políticas. (Carneiro da Cunha, 2009, p. 10).

A pesquisa científica, segundo Sérgio Costa (2020), aprende com seus erros e seus passos valorizando desenhos metodológicos que colocam no horizonte unidades de análises dinâmicas e relacionais — inclusive a interação entre humanos e não humanos, que valorizam as perspectivas diacrônicas e sincrônicas, a interdisciplinaridade, a transdisciplinaridade, os saberes acadêmicos e também os não acadêmicos. No caminho dos fatos, anda o método desta pesquisa, sejam fatos maiores ou fatos menores. Mas fatos objetivos, separáveis, verificáveis, contáveis. Os fatos acumulados, por meio de entrevistas ou documentos, dão as razões desta pesquisa.

Ademais, o investigador não é um juiz fora da contenda da política pública e que olha a sociedade de fora, como se existisse um poleiro ideal alto e externo para esses pretensos juízes, espécie de deuses, que não conseguem responder à pergunta: quem julga o juiz? Por isso, o modelo teórico é um guia analítico, não uma cartilha descontextualizada. Não é, ainda, no limite, uma abstração letal sobre a realidade, como diz Denise Ferreira da Silva (2019).

O investigador é também o economista em ação, com a mão na massa, como se diz, com sua arte, seu ofício, seus artefatos argumentativos para o debate público, como indica o professor David Colander em suas reflexões.

> De dentro, os economistas não podem dizer, com base no que é natural (ou eficiente) e o que não é, "O governo deve, ou não, intervir", "Esta política pública deve ser introduzida.", "Esta política pública não deveria". Ao fazer julgamentos de uma perspectiva interna, esses critérios não mais são pertinentes; pois não há critérios externos pelos quais julgar. A eficiência não é mais um fim em si mesma; é simplesmente um atributo de uma política que os economistas podem usar para convencer os formuladores de políticas de sua conveniência. Em vez de começar afirmando que "esta política é melhor porque é mais eficiente", os seus argumentos para uma política pública seriam mais parecidos com: "Esta política vai mudar a sociedade desta forma". "É assim que a sociedade vai ficar com essa política". "Assim será a sociedade sem essa política". Seu argumento incluirá todos os aspectos de uma política pública, incluindo efeitos de distribuição de renda, custos administrativos e viabilidade política. (Colander; Su, 2018, p. 17).[61]

Outrossim, é requisito de partida para esta investigação desfazer-se de confusões capciosas,

> [...] confundir o fato biológico da mestiçagem brasileira (a miscigenação) e o fato trans-cultural dos povos envolvidos nessa miscigenação com o processo de identificação e de identidade cuja essência é fundamentalmente político-ideológica é cometer um erro epistemológico notável. (Munanga, 1999, p. 108 *apud* Jensen, 2010, p. 239).

Por isso, o pensamento decolonial, o estudo crítico das relações raciais no Brasil e o perspectivismo dos povos indígenas são guias desta caminhada acadêmica.

---

[61] No original: "From within, economists cannot say, on the basis of what is natural (or efficient) and what is not, 'The government should, or should not, intervene.' 'This policy should be introduced.' 'This policy should not.' In making judgments from an inside perspective, these criteria no long pertain; there are no outside criteria to judge by. Efficiency is no longer an end in itself; it is simply one attribute of a policy that economists can use to convince policymakers of its desirability. Instead of stating that "this policy is best because it is more efficient", their arguments for a policy will be more like: "This policy will change society in this way". "Here is what society will be like with this policy". "Here is what society will be like without this policy". Their argument will include all aspects of a policy, including income distribution effects, administrative costs, and political feasibility." (Colander; Su, 2018, p. 17).

BALIZAS TEÓRICAS

3.1 ESTADO E TEORIAS DE POLÍTICAS PÚBLICAS

É um escorço[62] teórico em ciência política o que segue, no sentido de perscrutar como diferentes literaturas que tratam do Estado, das políticas públicas, teorizam sobre o papel dos atores (agentes, sujeitos)[63]. O objetivo é identificar a importância das abordagens teóricas em políticas públicas para verificar a aderência dessas teorias, vistas em relação com teorias sobre o Estado, para possibilitar a análise empírica. Os centros teóricos aqui explorados num primeiro momento, no entanto, têm indelével localização: Europa e Estados Unidos.

Para adentrar no campo teórico entre Estado e Políticas Públicas de olho nos atores, algumas metáforas, como a da cartógrafa que faz os mapas; a da aviadora, que tem uma visão panorâmica do terreno quando em voo ou do mergulhador[64] que se aprofunda para poder descobrir o que há abaixo da superfície, talvez possam ser úteis para se perceber a dimensão e os limites de uma dada formulação teórica, tendo em vista o alcance pretendido, o objeto da análise e os pesos relativos e importância das abordagens teóricas em políticas públicas, em particular e, da política, da sociedade, do poder, do Estado e das instituições, no geral. O diálogo interdisciplinar é a bússola-guia, num exercício como "o engenho de artesão caprichoso, que compõe as partes com rigor e as articula com precisão" (Mello e Souza, 2007, p. 16), para que se possa ter "uma análise política para a compreensão das políticas" (Marques, 2013, p. 44).

3.1.1 O Estado

Weber ([1922] 2009) indica no Estado o exercício do monopólio legítimo da violência. Mann (1984) irá sustentar a importância do poder infraestrutural, autônomo, do Estado. Weber fará densa

---

[62] Desenho ou pintura que representa objeto de três dimensões em forma reduzida ou encurtada, segundo as regras da perspectiva, 1813. Do it. Scórcio (Antônio Geraldo da Cunha, dicionário etimológico nova fronteira da língua portuguesa, Rio de Janeiro, segunda edição, 1986, p. 316). 4. Fig. Resumo, síntese (Dicionário Aurélio. Rio de Janeiro: Editora Nova Fronteira, 1999. p. 799). Sm 1. Resumo; síntese (Dicionário Unesp de Português Contemporâneo. São Paulo: Editora Unesp, 2004).

[63] Na literatura amplíssima sobre os estudos de política, esses termos aparecem muitas vezes com variada ênfase. Importa aqui estabelecer um critério para a ideia de ator: não se trata de um teatro de ventríloquos, mas de agentes, individuais ou coletivos da história, da política. Não necessariamente portadores de teleologias automáticas imanentes. Atores são também as instituições, que podem variar ou não sua posição política no tempo, numa dada circunstância histórica. A miséria da noção de ator diz respeito à possibilidade de uma leitura linear e absoluta que remeteria o termo a um universo exclusivamente masculino. E as atrizes na história? Young (2010) destaca o caráter estrutural da questão de gênero, desde uma perspectiva posicional e relacional: "To be an agent means that you can take the constraints and possibilities that condition your life and make something of them in your own way. Some women, for example, affirm norms of femininity and internalize them; others resist evaluations of their actions and dispositions in such terms." (Young, 2010, p. 101).

[64] A visão do mergulhador e do aviador, por exemplo, faz parte da maneira de formular em ciências sociais do Norbert Elias, que frequentou o ambiente alemão dos saraus na casa da esposa de Weber nos anos 1920, estudou em Frankfurt, migrou para a Inglaterra fugindo do Nazismo, onde nos anos 1930 teceu uma obra pioneira com base em pesquisas documentais na biblioteca de Londres sobre a sociedade de corte francesa e alemã, comparando os manuais de etiquetas, a ascensão da burguesia e as respectivas diferenças culturais na formação alemã versus a francesa. Bourdieu, dentre outros pesquisadores, valorizara muito o trabalho de Elias, base para a noção de **distinção**, categoria relevante para os estudos sobre educação e universidade, além do grande peso dado à cultura na investigação do social feita por Elias.

análise de comparação histórica (vai à África, até o Egito, berço da universidade e da burocracia) e compreensão relativa do papel da burocracia, atores de peso no jogo político; a dominação aparece como um processo. O poder de agência, o protagonismo, inclusive dos indivíduos, tem consideração no esforço teórico weberiano.

No Dezoito Brumário, de Karl Marx, de 1851, a tensão entre o executivo e o legislativo é explorada num esforço de entendimento de uma matriz originária do poder de Estado. A tradução dessa obra pela Editora Paz e Terra (terceira edição, 1977) traz no apêndice nomes em ordem alfabética, de "Alais" até "Yon". Por meio desses personagens históricos, pode-se falar em atores e, mais adstrito à leitura do autor, divisa-se a noção empírica de classe burguesa e sua presença efetiva no Parlamento francês e nos contornos descritivos do processo político mais amplo do golpe de Estado de 1851, na França, como o caso de Achille Fould (1800-1867), descrito como "financista e político, diretor do banco parisiense Fould-Oppenheim, deputado à Assembléia Constituinte em 1848 e ministro das finanças do príncipe-presidente Luiz Napoleão Bonaparte, retornou a pasta das Finanças após o golpe de Estado [...]" (Mark, 1977, p. 133). No curso do golpe de Estado e ao cabo, o Estado é dominado pela burguesia.

De modo frenético, Marx sustenta sua visão do Estado como espécie de "comitê da burguesia" ou "gerente exclusivo dos assuntos" da alta burguesia. Em que pese ser necessário relativizar isso, três temas importantes aparecem: posição social, classe e relações entre as classes. A estrutura econômica da sociedade informaria a importância dos atores. Se o Parlamento não é o comitê da burguesia apenas, ela tem morada ali, diretamente, como o caso do financista visto, ou indiretamente, em função da concentração da riqueza numa dada sociedade e da guarda política dessa posição de privilégio econômico e peso numérico não desprezível[65].

> Apenas para destacar uma primeira ordem de grandeza, a participação dos 10% dos indivíduos que recebem as rendas do trabalho mais elevadas costuma ser de 25-30% do total das rendas do trabalho, enquanto a participação dos 10% dos indivíduos que detêm o patrimônio mais alto é sempre superior a 50% do total da riqueza, chegando às vezes a 90% em algumas sociedades. (Piketty, 2014, p. 239).

Um aspecto indica a dinâmica da disputa política entre os atores no "Dezoito Brumário": "Contra a burguesia coligada fora formada uma coalizão de pequenos burgueses e operários o chamado partido social-democrata" (Marx, 1977, p. 47). A ênfase aqui recai sobre a palavra coalizão. Coalizão de atores? A coalizão pode indiciar uma forma de ação política? Uma forma de Estado? A política de onde derivariam as políticas públicas?

Em que pese, nesse caso, Marx explorar a história da França, sua obra mais ampla se concentraria no caso inglês. Poulantzas (1986) traduz o pensamento marxista sobre o Estado como sendo o epicentro, a condensação material das relações sociais de força, onde entraria no jogo do poder agências, políticas, a burocracia e a própria estrutura estatal.

---

[65] "Em um país de cerca de 65 milhões de habitantes como a França de 2013, ou de cinquenta milhões de adultos, o centésimo superior agrupa quinhentos mil indivíduos adultos. Em um país de 320 milhões de habitantes como os Estados Unidos, ou de 260 milhões de adultos, o centésimo superior engloba 2,6 milhões de indivíduos em idade adulta. Trata-se, portanto, de grupos sociais bastante importantes numericamente, impossível de ignorar em qualquer país, sobretudo porque tendem a morar nas mesmas cidades, e até nos mesmos bairros. Em todos os países, o centésimo superior tem um lugar proeminente na paisagem social, não só na distribuição de renda. Em todas as sociedades, seja a França de 1789 (onde a aristocracia representava entre 1% e 2% da população) ou os Estados Unidos do início dos anos 2010 (onde o movimento Occupy Wall Street tomou como alvo de sua campanha o grupo dos 1% mais ricos), o centésimo superior representa uma posição significativa o suficiente para ter grande influência na estruturação da paisagem social e da ordem econômica e política do país." (Piketty, 2014, p. 248-249). E, ainda: "Ao que eu saiba, não existe nenhuma sociedade, em nenhuma época, em que observemos uma distribuição da propriedade do capital que possa ser razoavelmente qualificada de 'muito pouco' desigual, isto é, onde a metade mais pobre da população possua parte significativa – digamos, um quinto ou um quarto – do patrimônio total." (Piketty, 2014, p. 252).

A ideia de coalizão se presta como um fio condutor analítico. Outras duas teorias na ciência política debruçam-se sobre isso ao discutirem o Estado (ambas situadas nos EUA). Uma estreita, outra alarga seu horizonte. No caso da primeira teoria, conhecida como teoria da elite, "o drama está centralizado nos postos de comando das principais hierarquias institucionais" (Mills, [1956] 1968, p. 12). A partir da ideia de que "elite" diz respeito a "dinheiro, poder e prestígio" (Mills, [1956] 1968, p. 17), o autor busca desenvolver uma sociologia compreensiva das instituições, centrada em seus líderes ou chefes principais e suas coalizões.

A teoria faz uma junção entre instituições capitais e elites políticas. Enfatiza também as relações entre as posições ocupadas pelos atores da elite do poder. No debate teórico dos atores, entram as instituições, ainda que, segundo o autor, nem todo poder emane dessas, entretanto "somente dentro delas e através delas o poder será mais ou menos contínuo e importante" (MILLS, [1956] 1968, p. 18). Entre as instituições constam o exército, as empresas principais, os dois partidos, o Congresso.

O poder foi ampliado e centralizado no correr do século XX. O pessimismo de Mills é evidente com o pós-Segunda Guerra e a democracia "formal" estadunidense. Na evolução do poder nos EUA, ele aponta o New Deal "como sistema de poder [que] era essencialmente um equilíbrio de grupos de pressão e blocos de interesse" (*Idem*, p. 324) e que o Estado "de bem-estar social", no pós-Segunda Guerra, tentaria manter com um frágil equilíbrio.

Mas quem são os atores da elite do poder em Mills? "A elite do poder compreende, a coincidência, por vezes difícil, do poder econômico, militar e político" (Mills, [1956] 1968, p. 329). Com certeza, dentre eles estariam os membros das 60 famílias de barões estadunidenses, como descrito em "Americas's 60 families", por Ferdinand Lundberg, em 1937[66].

É o clube de uma elite de poder onde, de modo complementar, entra, do lado de fora — uma nota crítica é necessária aqui — "o resto da população" que é "a massa", que, "segundo este conceito, apaticamente mergulha numa mediocridade desconfortável" (Mills, [1956] 1968, p. 23) subtraída pelos meios de comunicação verticais. Ou seja, para uma superelite ativa uma massa passiva complementar. Atores ativos minoritários e atores passivos majoritários?

A política pública de educação das massas se presta para a reprodução das elites do poder, é orientada por essa chave política? Chave e fechadura da história dos EUA? Mosca, Pareto e Robert Mitchels já haviam estudado as elites políticas. Mitchels ([1915] 2001) já percebera a cristalização de posições burocráticas no interior dos partidos de massa e registrara essa oligarquia como uma lei de ferro.

Porém, o centro da crítica de Mills são os estudos de comunidade nos EUA, que só analisam a elite local. A pescaria teórica de Mills busca o peixe graúdo da elite do poder como um todo, nos EUA. Ela o encontra de forma potencial nas posições ocupadas nas instituições dominantes, como o Congresso, as empresas, o exército. A dinâmica desses atores de elite na sociedade e seus mecanismos de atuação são pouco esmiuçados. O tamanho da elite de Mills (proporcional às instituições, no caso estadunidense) é maior que o de Marx (uma só: a burguesia, no caso empírico francês) e menor que o que se verá em Robert Dahl (plural, no estudo empírico do poder na cidade de New Haven).

---

[66] Talvez, nesses termos, no Brasil, poder-se-ia pensar numa juntada virtual de sobrenomes: os moraes, os digênios, os frias, os maggis, os odebrechts, os corrêas, os marinhos, os feffers, os setubals, os macedos, os gerdaus, os civitas, o ramo brandão, os mesquitas, os saads, os do clube pinheiros, os do clube paulistano, os do jóckey club do Rio, os de peso da bolsa de valores, os lugares-tenentes dos clubes estrangeiros que dão as cartas no Brasil, como chefias locais de países ricos, chefias locais de empresas com sedes nesses países, chefias locais dos gigantes do mundo dos fundos de investimentos, esse "métier" que requer volume de dinheiro, status, senha de acesso e é restrito por *pedigree*, como ser membro do "rotary club", ter estudado no colégio Bandeirantes e assim por diante.

No caso pluralista — a segunda teoria —, o Estado quase desaparece, assim como a burocracia, isso em favor de um espaço do embate de diferentes forças sociais plurais que efetivamente participam das decisões de políticas, de modo permanente. Em uma hipotética situação ideal, cada grupo de atores teria equivalente peso político num espaço "livre" para o exercício do poder dos particulares, mesmo que sejam coalizões de atores ocultas por interesses. Fala-se pouco do Estado em si e seus mecanismos.

Dois ingredientes analíticos têm expressão: as decisões de políticas públicas tomadas e seus participantes, ambos visíveis. Na história dessa literatura, os atores relacionados como grupos de interesses tem relevância central. Há uma diferença objetiva no método analítico em relação ao estudo feito por Mills (1956). Se esse autor criticara a extrapolação do caso local para o caso geral, da cidade para o país, o estudo pluralista central de Dahl (1961) "Who Governs?" ocorre justamente sobre o caso empírico da cidade de New Haven e suas políticas de urbanização, educação etc.

Na origem, esse modelo partilha certa visão pluralista da sociedade americana (Dahl, 1961). Isso é capcioso, pois, ao analisar o poder na cidade de New Haven (EUA), basicamente do New-Deal aos anos 1950, antes das leis civis que garantiram alguns direitos aos negros (*black people*) nos Estados Unidos, Dahl é ambicioso, parte para o exercício metonímico, do estudo do poder na cidade, para o poder no país.

O que surge de traço/detalhe no seu estudo? Um debate ascendente sobre a lógica das vantagens comparativas políticas em contrapor categorias de classe àquelas de raça. Um estratagema que funcionaria em New Haven numa formulação em ciência política, dado o quadro miserável da divisão racial naquele país contra as pessoas negras.

Do local derivaria uma teoria do geral. Para Dahl (1961), os grupos de interesse produzidos pela pluralização são a unidade básica da política. Eles são visíveis nas decisões efetivadas de políticas e não se restringem a uma elite do poder ao modo de Mills. Para Dahl, a democracia estadunidense não é meramente formal, ao contrário da visada de Mills.

Dahl se embrenhará no refinamento do seu pensamento sobre a democracia e o pluralismo nos EUA em obras posteriores e em vastíssima produção intelectual.

3.1.2 Sinal amarelo na estrada das políticas públicas: a crítica cortante de Bachrach & Baratz, e a de Lukes

Bachrach e Baratz (1962) e Lukes (1974) não farão o debate teórico do Estado em si, nas alturas atingidas por Weber, Mann, Marx, Poulantzas, Mills, Dahl. Contudo, entram de modo incisivo no jogo teórico para o entendimento do poder, da política.

Dahl (1961) recebeu duras críticas por sua visão unidimensional do poder. Ou seja, ao tentar ultrapassar a teoria elitista com a teoria pluralista, o autor "esqueceu" interesses, ideias e a não tomada de decisão (por exemplo, não se toma inciativa de política pública sobre um tema "porque o problema não existe") como estratégias fundantes da luta política.

A crítica de Bachrach e Baratz (1962) a Dahl (1961) é uma crítica aberta ao pluralismo estadunidense e aponta para a importância das decisões não tomadas, para duas dimensões do poder.

> Nosso argumento é lançado dentro da estrutura de nossa tese central: que existem duas faces do poder, nenhuma das quais os sociólogos vêem e apenas uma das quais os cientistas políticos vêem. Como a citação anterior deixa claro, os pluralistas concentram sua atenção

> não nas fontes de poder, mas em seu exercício. Poder para eles significa "participação na tomada de decisões" e só pode ser analisado após "exame cuidadoso de uma série de decisões concretas". (Bachrach; Baratz, 1962, p. 948).[67]

Por que algumas questões não entram na pauta do legislativo? Por que o colégio de líderes partidários não quer? Por que há poucos estudos sobre a questão? Por que o assunto não tá maduro? Quais são as questões que não são votadas?

Há variadas manobras políticas para não votar o que não se quer votar. Não votar é uma decisão. Uma segunda dimensão do poder. Para Bachrach e Baratz (1962), os mecanismos políticos da não decisão podem envolver valores, força bruta, uso das instituições. Por exemplo, o pedido de vistas no Parlamento gera uma não decisão, assim como o que se chama de "*gate keeping power*" ou "o dono da chave", o controle do fluxo do trabalho legislativo, também pode gerar uma não decisão. Do mesmo modo, o pedido de contagem do quórum e a obstrução no Parlamento são mecanismos causais de não decisão.

No caso dos valores, pode ocorrer a mobilização do preconceito. Assim, se um país é racista, o racismo em si é um forte ativo político que pode ser mobilizado para uma não decisão, para atender interesses racistas, muitas vezes sem falar no racismo diretamente, mas mobilizando seus valores, o que se traduz simplesmente no bloqueio de legislação antirracista.

Lukes (1974) vai nessa esteira e enxerga o poder em três dimensões. Ele faz a crítica a Bachrach e Baratz (1962), que ficariam à espera de um comportamento visível, presos ao behaviorismo, ao comportamento dos atores que é passível de observação, que é intencional, quando, na verdade, há o poder invisível, não observável, não intencional, uma terceira dimensão do poder. O inglês Lukes, na segunda edição de seu clássico de 1974 (Lukes, 2005), orquestra a crítica e advoga três dimensões para o poder,

> Visão Tridimensional do Poder é a crítica do enfoque comportamental em (a) tomada de decisão e controle sobre a agenda política (não necessariamente por meio de decisões); (b) problemas e possíveis problemas; (c) conflito observável (aberto ou encoberto) e latente; (d) interesses subjetivos e reais. (Lukes, 2005, p. 29).[68]

Para Lukes (1974), o poder envolve inação. Um poderoso muito seguro de si fica parado, como é o caso de uma empresa grande numa cidade, em que ela sabe que aquela cidade tem uma dependência estrutural da empresa. Se a empresa polui, como reagir contra ela, dona dos empregos da cidade? Poderia existir um consenso na cidade a favor da empresa, um consenso que se traduziria no silêncio, por exemplo. O que implicaria que a cidade toleraria a poluição, sem a empresa fazer nenhuma ação intencional para tanto.

O silêncio em política, em política pública, como na hipótese anterior, pode ser fruto da coerção, da desolação, ser voluntária ou involuntária. Assim, os fortes podem dissimular interesse, ponto em que Lukes (1974) questiona as bases do pluralismo estadunidense. Muitas vezes na história, paradoxalmente, os fracos podem demonstrar grande poder.

A existência da falsa consciência sobre interesses, da ideologia, a existência de muitos interesses difusos que simplesmente não são articulados, as diversas situações em que não se enxerga o exercício do poder são exemplos da terceira dimensão do poder.

---

[67] No original: "Our argument is cast within the frame of our central thesis: that there are two faces of power, neither of which the sociologists see and only one of which the political scientists see. As the foregoing quotation make clear, the pluralists concentrate their attention not upon the sources of power, but its exercise. Power to them, means 'participation in decision-making' and can be analyzed only after 'careful examination of a series of concrete decisions." (Bachrach; Baratz, 1962, p. 948).

[68] No original: "Three-Dimensional View of Power Critique of behavioral focus on (a) decision-making and control over political agenda (not necessarily through decisions); (b) issues and potential issues; (c) observable (overt or covert), and latent conflict; (d) subjective and real interests." (Lukes, 2005, p. 29).

Podem ser também exemplos de poderes invisíveis em dadas situações, o poder do capital financeiro e a dependência estrutural do Estado em relação ao capital. Uma ameaça velada de saída de capitais, de bloqueio de investimentos ou simplesmente o não investimento, já demonstra poder, influência, pode gerar pânico nos mercados, isso pode ser calculado, pode ser especulativo, não é trivial de ser enxergado, pode ter grandes consequências políticas.

O próprio consenso, num quadro de comunicação de massa, pode ser forjado, manipulado, pelo poder desproporcional de um ator em moldar o desejo do outro.

3.1.3 Dois caminhos analíticos que ligam teorias do Estado a políticas públicas: um sistema fechado e outro caminho com encruzilhada trifurcada, ao menos

Em tempos de redes sociais, inteligência artificial e formação instantânea de grupos artificiais com *"contention power"* (Tarrow, 2015), melhor precaver-se teoricamente. Há duas visões teóricas destoantes em termos de produção de políticas, de largada. Uma, de caráter sistêmico, que enxerga o sistema político como uma caixa fechada, onde entra (*input*) demandas políticas e sai (*output*) políticas públicas. Esse caminho teórico sistêmico é destrinchado por Easton (1957).

Outro é o apontado por Lowi (1964), que sustenta que a forma tomada pelas políticas públicas importa para a definição do jogo político real entre os atores. Ou seja, ante a ideia da caixa fechada da política capaz de parir políticas públicas, uma tipificação, onde a *policy* inventa a *politics*, a política pública inventa a política, a política pública é protagonista política.

Daí a encruzilhada e as três opções (ao menos) que informam o comportamento dos atores: política distributiva, política regulatória e política redistributiva, como se segue na citação a seguir.

> O esquema é baseado no seguinte argumento: (1) Os tipos de relacionamentos que podem ser encontrados por entre pessoas são determinados por suas expectativas – pelo que esperam alcançar ou adquirir conforme relacionam-se. (2) Na Política, expectativas são determinadas pela produção governamental, ou políticas públicas. (3) Para tanto, um relacionamento político é determinado pela natureza da pauta política em disputa, de modo que para cada tipo de política será provável um tipo distinto de relacionamento. Definindo-se o poder como uma parcela participativa na produção de políticas, ou alocações autoritativas, será então a relação política em questão uma relação de poder, ou ao longo do tempo, uma estrutura de poder. (Lowi, 1964, p. 688)[69].

Expectativas, forma da política e estrutura do poder informam a agência dos atores, o protagonismo dos atores, as relações. Uma política de educação no Congresso, no geral, é regulatória, podendo ser redistributiva ou não. Assim, essas tipologias das políticas públicas podem não ser exclusivas num dado caso empírico. Lowi (1964) inaugura longa tradição de pesquisa em ciência política, que coloca a política pública no centro do debate político, como as pesquisas de Paul Pierson. Hora então de passar para algumas formulações teóricas de políticas públicas em si.

---

[69] No original: "The scheme is based upon the following argument: (1) The types of relationships to be found among people are determined by their expectations – by what they hope to achieve or get from relating to others. (2) In politics, expectations are determined by governmental output or policies. (3) Therefore a political relationship is determined by the type of policy at stake, so that for every type of policy there is likely to be a distinctive type of political relationship. If power is defined as a share in the making of policy, or authoritative allocations, then the political relationship in question is a power relationship or, over time, a power structure." (Lowi, 1964, p. 688).

3.1.4 Um mapa teórico para explorar um caminho analítico

Thomas R. Dye (2010) enumera alguns modelos teóricos para o estudo de políticas públicas: institucional, de processo, de grupo, de elite, racional, incremental, teoria dos jogos, opção pública e o modelo sistêmico. Já Paul A. Sabatier (2007) elenca outros, como estágios heurísticos, da escolha racional institucional, fluxos variados, equilíbrio pontual, da coalizão de defesa, rede de difusão política, funil de causalidade e outras relações em grandes números de estudos comparativos, de construção social e desenho político.

Outros modelos analíticos são também referência na literatura de matriz estadunidense sobre políticas públicas: arenas de poder (Lowi, 1972), arenas de poder revistas (Spitzer, 1987), lata do lixo ou *garbage can model* (Cohen; March; Olsen, 1972), sondagem mista (Etzioni, 1967), subsistemas (Heclo, 1978), participação social (Milani, 2008), agenda (Kingdon, 1995), perspectivas de implementação (Winter, 2002), por exemplo.

Uma maneira clássica de tratar uma política pública, o modelo de processo ou dos estágios heurísticos, opera com uma divisão em etapas ou ciclos, conforme corte cronológico, tais como o surgimento dos problemas, a inclusão na agenda, a formulação de soluções, a implementação de uma política pública e a avaliação dos efeitos e possível retroalimentação do ciclo.

Ripley (1995) percebe que a realidade é confusa, ou seja, tem nuances e é complexa. Essa confusão pode diminuir ao se considerar a distinção dos diferentes estágios interligados entre si, pois cada estágio pode não ser, necessariamente, explicado por um modelo. Entretanto, o conjunto deles aponta para um caminho cujas causas e consequências são passíveis de explicação teórica. Mas não se deve forçar uma realidade social dentro de um modelo, uma construção artificial e abstrata, fazer um encaixe da realidade numa moldura:

> Resumidamente, a realidade é confusa. Modelos teóricos, em particular uma agradável listagem de etapas com a ordenada cronologia ali implícita, não são confusos. Em uma colisão entre ordenações e desordem, o analista não deve se deixar tomar por valores de ordem ao ponto de que a realidade seja forçada em um modelo que não a comporta. Essas são, porém, apenas ressalvas. É grande a utilidade de organizar dados e raciocínios sobre uma realidade complexa desta forma. Ela permite ao analista buscar por regularidades e ainda mais importante, explicar causas de distintos padrões. (Ripley, 1995, p. 162).[70]

Em cada momento ou estágio, ocorrem determinadas atividades ou funções que geram ou não produtos que alimentam ou não a continuidade do processo de política pública, numa lógica cíclica. As atividades funcionais que ocorrem dentro de uma dada etapa são sub-rotinas de ações e interações entre os atores ali envolvidos. Os produtos respectivos são o resultado de cada estágio, capaz de manter o mesmo nível de retroalimentação ou de romper o equilíbrio, movendo o conjunto de atores da política pública a um novo estágio.

Ripley (1995) chama a atenção para a utilidade desse mapa teórico que agrupa atividades. Entretanto, alerta sobre os riscos de generalização, pois nem sempre os referidos estágios estão presentes num dado espaço de política pública, numa dada realidade particular. Subirats, Knoepfel, Larrue e Varone afirmam que:

---

[70] No original: "In short, reality is messy. Models, particularly a nice listing of stages with an implied tidy chronology, are not messy. In a collision between tidiness and untidiness the analyst must not be so struck by the values of order as to force reality into a model in which it not fit. These are only caveats, however. The utility of organizing data and thoughts about complicated reality in this way is great. It allows the analyst to look for patterns and, more important, to explain the causes of different patterns." (Ripley, 1995, p. 162).

> Essa perspectiva cíclica de políticas públicas deve ser vista como um quadro de referência e não como um esquema rígido. O esquema proposto deve, portanto, ser visto mais como um suporte a essa busca de sentido nas decisões tomadas no âmbito de uma política pública do que como algo real e rastreável. (Subirats *et al.*, 2008, p. 44)[71]

Dentre as vantagens para a utilização da perspectiva cíclica ou dos estágios para Subirats, Knoepfel, Larrue e Varrone (2008), consta a própria ideia do fluxo circular, como a oposição pública radical presente no momento da implementação de uma usina nuclear, de um presídio ou de um aeroporto, num dado lugar. A previsibilidade de tal postura contrária pode obrigar o governo a redefinir, em algum grau, sua política energética, sua política de segurança pública ou sua política de transportes, respectivamente.

Outra vantagem é a identificação de metas simples e dos atores envolvidos (públicos ou privados) em cada etapa, o que diminui a complexidade analítica de uma política pública, além das facilidades operacionais para a organização da análise de uma política pública, em termos de conceituação e uso de variáveis analíticas.

No entanto, Sabatier e Jenkins-Smith (1994) apontam limites ao modelo cíclico de políticas públicas, visto tratar-se de uma perspectiva descritiva que pode, portanto, induzir ao erro, já que uma política pública não necessariamente segue a ordem cronológica das diferentes etapas propugnadas, nem sempre estabelece relações de causalidade entre ela e os possíveis nexos lógicos com as diferentes etapas; limita a análise sob a ótica de uma visão legalista e *top-down* (de cima para baixo, centralizada na ação do Estado) e não *bottom-up* (de baixo para cima, decorrente das ações oriundas da sociedade).

Dificulta a percepção de ciclos simultâneos, incompletos ou abertos e exclui a possibilidade de soluções procurarem problemas, o que é visto, por exemplo, no caso de alguns fundos criados por Estados, como o fundo das telecomunicações no Brasil, criado no processo das privatizações do setor nos anos 1990 ou, no caso dos países europeus, os muitos fundos criados no processo de unificação europeia, questões também tratadas por Subirats, Knoepfel, Larrue e Varone (2008).

Fluxos e agenda na análise de políticas públicas

Outra abordagem em teoria de política pública parte de situações do cotidiano, em espaços privados, como empresas e públicos, como ministérios, parlamentos e diferentes níveis de governo, onde é comum a preocupação em torno da agenda pautada naquele dia ou naquela de médio prazo ou de longo prazo e como isso afeta os tomadores de decisão. Tome-se o caso do Parlamento: um parlamentar pode falar, com base na pauta da Câmara dos Deputados do Brasil, que um determinado assunto "está na agenda" e outro assunto "está fora da agenda" ou "aguarda o resultado da reunião dos líderes partidários com o presidente da câmara" ou um possível "acordo de líderes para entrar na pauta".

Por conta de sua relevância empírica, essa espécie de desmembramento da ideia de ciclos de políticas públicas ou o reconhecimento de nuances na forma em que ocorre os processos de política pública ou a necessidade de um recorte transversal nos limites de um ponto (um estágio) do desenvolvimento de uma política pública, concentração nesse ponto e reflexão sobre sua importância relativa, surge, por exemplo, com a busca da resposta a uma pergunta simples: como um dado assunto/tema/problema/ideia torna-se dominante na agenda, na pauta política?

---

[71] No original: "Esta perspectiva cíclica de la política pública debe verse como un marco de referencia y no como un esquema rígido. El esquema propuesto debe verse pues más como un soporte a esa búsqueda de sentido en las decisiones tomadas en el marco de una política pública, que como algo real y rastreable." (Subirats *et al.*, 2008, p. 44).

A literatura que se debruça sobre isso traz notáveis contribuições para o entendimento de uma política pública. Ela apresenta diferença de perspectiva em comparação com os ciclos de política pública. Inspirado na biologia e esmiuçando o momento pré-decisório de uma política pública, a teoria da *agenda setting* ou definição da agenda ou simplesmente agenda trata da "lista de temas que são objeto de séria atenção por parte das autoridades governamentais num dado momento".

Michael Cohen, James March e Joham Olsen causaram um susto ao nomearem um modelo teórico de política pública como "modelo da lata do lixo", em 1972. Eles inovaram a teoria de política pública, ao valorizarem os fluxos múltiplos, o caos, que pode ser rearranjado quando se pega papéis, planilhas, relatórios no lixo, e que faz organizações, como universidades, que tem preferências problemáticas entre os diversos participantes, tecnologias variadas, participação fluida com entre e sai de estudantes, mas isso tudo tem um sentido, há aleatoriedade, mas que se consolidou num ordenamento, numa gestão administrativa que funciona.

Para as palavras indelicadas "lata do lixo" dos autores anteriores, para o caos, a aleatoriedade, a busca amistosa por um ordenamento de fluxos, esse é o passo de Kingdon (1995). O filtro feito sobre a agenda puxa as alternativas para o centro da cena pública. Para Kingdon (1995), a formulação de uma política pública envolve:

> [...] o estabelecimento de uma agenda, a especificação das alternativas a partir das quais as escolhas são feitas; uma escolha final entre essas alternativas específicas, por meio de votação no legislativo ou decisão presidencial; e a implementação dessa decisão (Kingdon, 1995, p. 221).

O autor sustenta a coexistência de processos, pois "As pessoas reconhecem os problemas, geram propostas de mudanças por meio de políticas públicas e se envolvem em atividades políticas" (Kingdon, 1995, p. 221). São três fluxos independentes, simultâneos ou não, que podem ter conexão ou não: os problemas, as políticas públicas e a política. Ao contrário de um único caminho linear, regido pela variável tempo, como deixaria ver uma leitura puramente abstrata dos modelos de ciclos de políticas públicas.

Essa visão dos três fluxos também diverge do incrementalismo (Lindblom, 1959), baseado na perenidade e na ideia de um processo lento de construção de alternativas, que se sobrepõem, por sobrevida e descarte, cuja metáfora explicativa seria a poda dos galhos de uma árvore — como ocorreria na discussão de projetos de orçamento no Congresso Nacional, que são emendados marginalmente a partir de uma peça orçamentária encaminhada pelo executivo —, deslocando alternativas que envolvam quaisquer riscos de mudança brusca nas políticas públicas.

Entretanto, isso mostra como principal limitação sua insuficiência para explicar mudanças na agenda, pois "Em vez da mudança incremental de agenda, um tópico subitamente se explicita, torna-se popular ou ascende" (Kingdon, 1995, p. 80).[72] Apesar disso, muitas políticas públicas abastecem-se permanentemente de mudanças incrementais e, muitas vezes também, o incrementalismo é uma refinada estratégia política para suavizar a tramitação de um projeto de lei no Parlamento.

Mas a mudança de "agenda" é descontinua e não é incremental, ao passo que o incrementalismo caracteriza, para Kingdon (1995, p. 82), a geração de alternativas e propostas "familiares", ou seja, sem sustos. Kingdon (1995) também rejeita abordagens que enfatizam a origem das iniciativas em políticas públicas por alegar que "as ideias podem vir de qualquer lugar", a noção de origens "pode

---

[72] No original: "Instead of incremental agenda change, a subject rather suddenly 'hits,' 'catches on,' or 'takes off'." (Kingdon, 1995, p. 80).

levar a uma regressão infinita" e, por fim, como um dito popular, "ninguém carrega ninguém" (Kingdon, 1995, p. 71), dito típico dos rumores nos corredores congressuais, o que revela, nesse autor, relativo desprezo pela história e seus conflitos.

Revela também o quanto esse dito pode cair como uma luva branca de ocasião e ser aproveitado pelo apetite de poder nas mãos dos atores da burocracia, dos políticos de plantão e dos mentores do marketing eleitoral dominante no jogo político brasileiro, por exemplo, numa produção perversa de ilusão política, ilusão da política pública, da política geral e da democracia, que esse autor, ao assumir como verdade rumores políticos rasteiros em corredores congressuais, o que, no entanto, não esgota o universo político.

Ao negar a reflexão empírica das origens históricas e suas tensões, o que é de extrema relevância em sociedades desiguais como a brasileira, independentemente da força ou fraqueza da abordagem das origens em política pública, o autor cai numa cilada normativa e política: deixa livre o espaço político para "qualquer um" reivindicar as origens, terreno ideal para o marketing político agressivo parir suas narrativas ilusórias para as massas[73]. Não à toa, a palavra "agenda", espécie de futuro contínuo em abstrato, é uma das mais repetidas no mundo político e na mídia.

Já para os povos indígenas, os quilombolas, as tribos tradicionais africanas e para a agricultura sustentável, a semente, a origem, é muito bem zelada e preservada de geração a geração. Porém, avancemos na rede da formulação lançada ao mundo pelo autor.

Kingdon (1995) sublinha conceitualmente o papel dos atores, ao distinguir "participantes" de "processos":

> Cada um dos participantes e dos processos pode atuar como um incentivo ou um obstáculo. Um participante ou um processo funciona como um incentivo quando trazem um tema para o topo da agenda ou pressionam para que determinada alternativa seja considerada como mais adequada. Um presidente ou um líder de um comitê do Congresso, por exemplo, decide enfatizar um tema. Ou um problema pode tornar-se relevante devido a um desastre ou à mudança de um indicador conhecido. Um participante ou um processo funciona como obstáculo quando são reduzidas as chances de certa questão ou alternativas serem levadas em consideração. (Kingdon, 1995, p. 226).

Assim, a denominada *agenda setting* responde à questão de como os governos definem suas agendas com a análise de "problemas", "política" e "participantes visíveis". Quanto aos problemas, a força com que cada um deles tensionaria para ganhar a agenda seria variável, numa conta probabilística, conforme seja, respectivamente, o peso de indicadores, eventos-foco ou o retorno/*feedback* de programas já existentes. Diz Kingdon que:

> Alguns problemas são vistos como tão prementes que estabelecem agendas por si próprios. Uma vez que um problema seja definido como urgente, certos tipos de abordagens são favorecidos e algumas alternativas são enfatizadas enquanto outras desaparecem. Assim, os **policy entrepreneurs** –aqueles que "investem" nas políticas públicas – alocam recursos consideráveis para convencer as autoridades sobre as suas concepções dos problemas

---

[73] "Uma ideia não se inicia com origens imediatas. Ela possui uma história. Quando alguém começa a traçar a história de uma proposta ou preocupação em reminiscência ao longo do tempo, não há uma localidade lógica onde se possa encerrar o processo. Conforme um entrevistado sabiamente apontou: 'Isto não é como um rio, não há ponto de origem'" (Kingdon, 1995, p. 73). A a-historicidade e a metáfora conformam essa base argumentativa, como em "O porquê de germinarem, crescerem e florescer é em si muito mais interessante do que suas origens" (Kingdon, 1995, p. 77). Do inglês: "An idea doesn't start with the proximate source. It has a history. When one starts to trace the history of a proposal or concern back through time, there is no logical place to stop the process. As one respondent sagely pointed out, 'This is not like a river. There is no point of origin'." "Why they germinate, grow, and flourish is much more interesting than their origins."

tentando fazer com que essas autoridades vejam esses problemas da mesma forma que eles. O reconhecimento e a definição dos problemas afetam significativamente os resultados. (Kingdon, 1995, p. 228).

No que diz respeito ao segundo fluxo, da política, Kingdon (1995) expõe uma argumentação no sentido de reforçar a independência dos eventos políticos, como eleições para o executivo ou legislativo e posicionamento de grupos de interesse diante de tais eventos.

Os participantes percebem essas alterações substanciais na esfera política quando um partido ganha ou perde uma dada eleição e quando grupos de interesse pressionam ou não conseguem pressionar o governo com suas demandas. Essas situações consolidam ou não agendas.

Os participantes perceberiam essas alterações substanciais na esfera política, quando um partido ganha ou perde uma eleição para o executivo ou legislativo e quando grupos de interesse conseguissem ou não pressionar o governo com suas demandas, consolidando ou não suas agendas. Ou seja, os participantes buscariam, na dinâmica do quadro eleitoral, a construção de apoios e consensos para a implementação de uma agenda negociada.

Poder-se-ia considerar que no processo ocorre uma hierarquização de agendas, guiadas pelo resultado eleitoral, onde o político eleito negociaria sua agenda vencedora das eleições com prioridade. Conflitos podem surgir entre a "vontade nacional" expressa nas eleições e os grupos de interesse organizados.

Expressa isso um caso estadunidense. Com a primeira vitória eleitoral de Barack Obama para a presidência, em 2008, o tema da reforma da saúde ganhou proeminência na agenda de governo, pois esse foi um assunto e uma proposta prioritária de sua campanha eleitoral. No entanto, a ação dos grupos de interesse, capitaneados pelos representantes de planos de saúde privada, e sua forte interação com o mundo financeiro reagiram diante das propostas de reforma da saúde defendidas pelo candidato nas eleições, o que nos levaria ao terceiro fluxo, o das políticas públicas.

No caso, o desenho final da nova política pública para implementação e solução do problema da saúde nos EUA, sofreria modificações em relação àquela do evento eleição presidencial, ou seja, a proposta do candidato findaria mais acanhada no governo.

Em Kingdon (1995), há uma centralidade do papel dos atores envolvidos numa política pública, enquanto *policy entrepreneurs*, ou seja, pessoas, indivíduos que fariam a diferença, pois seriam capazes de juntar pontas aparentemente desconexas diante de uma janela política de oportunidades para uma política pública. Os *entrepreneurs*, valendo-se de seu *timing*, fariam as conexões necessárias entre o problema e a política, no sentido de fazer subir à cena um dado tema na agenda, torná-lo prioritário, fazê-lo ganhar a agenda, o que redundaria na implementação de uma política pública como resposta. Como se percebe, trata-se de uma extrapolação do papel, em tese desempenhado por um empreendedor, no mundo dos negócios privados e do mercado, para o mundo da política e das políticas públicas.

Importa ver que, nesse modelo, os participantes poderiam ser visíveis ou invisíveis. A distinção remete ao papel do espaço público e da imprensa na interlocução ou na construção de uma opção de agenda. Assim, o presidente da República, os ministros, o alto escalão do governo, importantes membros do Congresso e a própria mídia conformam os atores visíveis. Por outro lado, haveria um grupo relativamente invisível, que incluiria alguns acadêmicos, pesquisadores, burocratas de carreira, funcionários do Congresso e especialistas que trabalham para grupos de interesses específicos. Enquanto os visíveis influenciariam de forma determinante a definição da agenda, os invisíveis, para Kingdon (1995), influenciariam de modo mais intenso a discussão das alternativas de políticas públicas que deveriam ser implementadas.

Para Rebecca Abers, da UnB, a noção de empreendedores em políticas públicas remeteria a papéis de heróis ou super-heróis[74]. É que, de fato, como fôlego teórico, a metáfora pode empobrecer a realidade da complexidade da política, privilegiando narrativas de heróis, típicas de um universo de sucesso egoísta, comuns em discursos no mundo dos negócios.

Pode-se pensar em dois riscos, ao menos, nessa questão: o excesso de luz sobre um ponto e o automático sombreamento de outros pontos, num estudo da dinâmica de interação entre atores em políticas públicas; ou sua contrapartida, a noção *naif* de que uma disputa por política pública numa situação política como a do Congresso Nacional ocorreria num universo de anjos, entre coros de anjos, onde santos comandariam anjos e fariam milagres, justificando seus halos. Santos, super-heróis, empresários de políticas públicas podem não ser um bom negócio para a democracia, ademais.

Kingdon (1995) também faz uma crítica lateral aos modelos que analisam os grupos de pressão ou grupos de interesse, por conta de sua incompletude, pois "só em parte a consideração de propostas se dá em função de apoio ou oposição política", mas se baseiam, muitas vezes, em critérios de viabilidade técnica, restrições orçamentárias e padrões lógicos e analíticos.

Por outro lado, a lógica de freios e contrapesos da democracia estadunidense, para muitos autores, como Bentley e seu clássico de 1908 *Groups are the raw material of politics*, reserva aos chamados grupos de interesse um papel de âncora, o que manteria o chamado pluralismo estadunidense[75] em permanente equilíbrio. Para os modelos que enfatizam o papel dos grupos de pressão ou grupos de interesse, como é visto em Lathan:

> O que se pode chamar de política pública é, na realidade, o equilíbrio alcançado na luta entre os grupos, em qualquer momento dado, e representa uma balança que as facções ou grupos contendores procuram constantemente fazer pender a seu favor [...] Os legisladores julgam a luta dos grupos, ratificam as conquistas da coalizão vencedora e registram as condições dos perdedores, os acordos e as conquistas, sob a forma de estatutos. (Latham *apud* Dye, 2010, p. 107).

Contudo, Kingdon (1995, p. 231) aponta uma incompletude em análises assemelhadas, pois "só em parte a consideração de propostas se dá em função de apoio ou oposição política". Para ele, a priorização na pauta política baseia-se, muitas vezes, em critérios de viabilidade técnica, estudos de especialistas, restrições orçamentárias e padrões lógicos e analíticos.

Os subsistemas e o subnacional na análise de políticas públicas

Ao falar do papel de especialistas ou da comunidade de especialistas, Kingdon (1995) nos remete à discussão, presente na literatura estadunidense de políticas públicas, sobre os subsistemas de políticas públicas nucleados por assuntos ou temas, como em *Issue Networks and The Executive Establishment*, de Hugh Heclo, publicado em 1978 pelo American Enterprise Institute.

Heclo ([1978] 1995) tece sua análise observando o epicentro federativo da política, Washington, a capital dos EUA, e de uma avaliação sobre o tamanho do governo estadunidense, que seria medido em termos do volume da regulação, do orçamento e da quantidade de funcionários, no período de 1949 a 1977, baseado em dados da divisão de agências do executivo federal dos EUA. Por esses

---

[74] Palestra proferida pela professora Rebecca Abers, no seminário "Ativismo Institucional", do Programa de Pós-Graduação do Departamento de Ciência Política da Universidade de São Paulo, dia 14 de junho de 2018, FFLCH-USP, São Paulo.

[75] Bentley, Truman e Dahl são considerados a santíssima trindade do pluralismo estadunidense.

critérios, o crescimento dos gastos do governo foi de 11 vezes, oito vezes em termos de regulação e menos de meia vez em termos de pessoal. Como analisar essas informações? Qual seria a conexão entre a política e a administração nos EUA no período analisado? Como operaria a administração, a burocracia americana em Washington para que se chegasse a esses resultados? Como funciona o tempo de *big governments* nos EUA?

O autor faz uma crítica à aparentemente sólida e convencional metáfora dos *iron triangles* ou triângulos de ferro, como explicação para a dinâmica do processo político estadunidense, que teria em um vértice a burocracia do executivo, no outro os comitês do legislativo e no terceiro os grupos de interesse, como sustenta J. Leiper Freeman, em *The Political Process.*

Para Heclo ([1978] 1995), a metáfora é incompleta — *disastrously incomplete* — e não reflete a realidade estadunidense, quando se observam dados concretos. A imagem metafórica reduz drasticamente o número de atores, ao passo em que esquece uma crescente rede quase aberta, formada por pessoas que interagem com o governo.

Ao analisar a comunidade de Washington, Heclo ([1978] 1995) percebeu o crescimento da massa de atividades do governo, as expectativas em torno disso e o jogo de influência que acompanhou esse crescimento ao longo do século vinte, o que levou a uma especialização que tomou conta da força de trabalho governamental, tornando mais complexo o papel do chefe do poder executivo em controlar suas ações e gerenciar a burocracia. O autor também identificou o problema de conexão entre políticos, burocratas, grupos de interesse e seus seguidores espalhados na federação, que poderia ser visto tanto como uma situação positiva, no caso de haver apoio às suas decisões, quanto negativa.

Diversas iniciativas federais estadunidenses, iniciadas a partir do segundo governo do presidente Eisenhower, em saúde, direitos civis, educação, habitação, direito e regulação do trabalho, seguridade social, transportes, urbanização, proteção ao consumidor, meio ambiente, prevenção ao câncer, energia, defesa, dentre outros itens, deram a dimensão da grandeza do governo federal estadunidense.

Isso representou uma espécie de *new and expensive activism in public policy*, conformaram a dimensão atual do governo estadunidense. Porém, esse processo ocorreu sem o aumento do número de funcionários públicos do governo federal, que permaneceu praticamente no mesmo patamar, em termos quantitativos. Com crescimento próximo do zero, a burocracia federal foi obrigada a pedir ajuda.

Há duas possíveis explicações para um aumento tão significativo no volume de atividades sem o devido reflexo na quantidade de servidores: uma seria em termos orçamentários, haveria uma restrição a novas contratações devido ao crescimento dos gastos dos programas federais, principalmente na área de seguridade social, e a segunda, a de que Washington não administra diretamente essas políticas para a população, mas atuaria apenas indiretamente, por meio de organizações intermediárias, como governos estaduais, cidades, contratos, consultores, terceirizações etc.

Para o autor, o cidadão comum estadunidense, no geral, não vê o burocrata federal — é o que se chamaria "governo por controle remoto". Assim,

> A administração política em Washington é profundamente condicionada por um acúmulo de métodos para pagamento de contas e regulamentação da conduta de organizações intermediárias. Este padrão é consistente com uma antiga tradição de administração fragmentária e descentralizada. Além disso, oferece importantes vantagens políticas

e burocráticas. [...] Em detrimento de se dedicar a constituir e policiar seus próprios mecanismos de provisão, a burocracia de Washington pode se valer de regulamentos e assim dar-se por satisfeita em comunicar as demais burocracias, públicas e privadas, o que há de ser feito. Isso dispõe da vantagem adicional de permitir que políticos federais distribuam não apenas fundos, mas também muitas das acusações de culpa quando algo vai mal. (Heclo, [1978] 1995, p. 267).[76]

Como consequência, se isso serviu para livrar o governo federal estadunidense de um "gigantismo burocrático" — o que seria uma contravenção liberal —, por seu turno, também empurrou as preocupações com políticas públicas para fora da estrutura própria do governo federal, indo na direção da massa de intermediários agrupados por assuntos ou redes temáticas, com a concomitante despolitização das lideranças democráticas e politização das organizações. Houve uma proliferação de grupos e coalizões disputando um naco de poder, tornando mais difuso o papel da liderança política e administrativa.

Entre 1955 e 1977, o nível subnacional nos EUA registrou crescimento em duas vezes e meia na sua burocracia, conformando cerca de 12 milhões de pessoas. Cresceu a interdependência entre a burocracia nacional e a subnacional, estimulando o surgimento, em Washington, de *lobbies* de governos estaduais, regiões e cidades, além das já existentes organizações do tipo guarda-chuva, como a liga nacional das cidades.

Do mesmo modo, um número maior ainda de organizações privadas e semiprivadas surgiram, como uma espécie de extensão das políticas públicas federais. Então, ao mesmo tempo em que Washington é a arena decisiva, o local onde são tomadas as decisões, a descentralização/fragmentação das políticas públicas incentivaria a formação de grupos de interesse específicos ao redor delas.

Mesmo desconsiderando os efeitos potenciais da comunicação, como os tempos hodiernos de domínio da internet e redes sociais, quanto à proliferação de grupos de interesse, Heclo ([1978] 1995) já assinalava:

> De abolicionistas a abortistas, nunca houve escassez de organizações conscientes sobre pautas de discussão; nos anos de 1830, Tocqueville descreveu como a questão tarifária gerou uma versão incipiente de grupos de consumidores locais e uma associação de lobby nacional. Porém, se a situação atual é mero desabrochar de antigas tendências, é assim no mesmo sentido em que os retornos de uma malha rodoviária intrincada são simplesmente a elaboração de encruzilhadas nacionais. Nas políticas públicas mais amplas, grupos adicionais são mobilizados e há relacionamentos de maior complexidade entre eles. Uma vez que poucas políticas parecem se destrinchar da agenda pública enquanto outras são já adicionadas, incrementa-se o congestionamento entre os interessados por múltiplos tópicos de discussão, a chance de colisões acidentais aumenta e a as interações tendem a assumir uma vida social própria na comunidade de Washington. (Heclo, [1978] 1995, p. 271).[77]

---

[76] No original: "Political administration in Washington is heavily conditioned by an accumulation of methods for paying the bills and regulating the conduct of intermediary organizations. This pattern is consistent with a long tradition of fragmented and decentralized administration. Moreover, it offers important political and bureaucratic advantages. [...] Rather than having to work at building and policing its own delivery mechanisms, the Washington bureaucracy can use regulations and then rest content with telling other public and private bureaucracies what should be done. This has the added advantage of allowing federal policy makers to distribute not only funds but also much of the blame when things go wrong." (Heclo, [1978] 1995, p. 267).

[77] No original: "From abolitionists to abortionists there has never been a lack of issue-conscious organizations; in the 1830s, Tocqueville described how the tariff question generated an early version of local consumer groups and a national lobbying association. Yet if the current situation Is a mere out-growth of old tendencies, it is so in the same sense that a 16-lane spaghetti interchange is the mere elaboration of a country crossroads. With more public policies, more groups are being mobilized and there are more complex relationship among them. Since very feel policies ever seem to drop off the public agenda as more are added, congestion among those interested in various issue grows, the chances for accidental collisions increase, and the interaction tends to take on a distinctive group-life of its own in the Washington community." (Heclo, [1978] 1995, p. 271).

O autor nomeia as políticas que levaram a essa situação de "políticas públicas do bem-estar", possivelmente referenciando-se nas clássicas políticas do chamado Estado de Bem-Estar Social de parte da Europa depois da Segunda Guerra Mundial, tachando-as de intervencionistas e compensatórias, capazes de estimular a incorporação, na atuação de velhas e novas organizações da sociedade estadunidense, de uma dimensão de políticas públicas específicas, conforme o perfil da organização.

Para o autor, o posicionamento de Washington ao se apoiar na administração indireta para a execução das políticas públicas favoreceu o desenvolvimento de subculturas especializadas, compostas de analistas altamente especializados, com entendimento detalhado de assuntos especializados, de redes temáticas, o que adveio da atenção ao debate em torno de uma política pública.

O crescimento do coro de especialistas deve-se também ao aumento do número de "cientistas" ou gerentes de ciência, que supervisionam o trabalho de outras pessoas dentro e fora do governo, encarregadas de outras funções rotineiras a serviço das políticas públicas. Ou seja, cresceu a complexidade e a especialização do papel da burocracia também, seja no governo, seja no congresso.

Do mesmo modo, o mundo privado buscou mobilizar esses especialistas, ampliando seus escritórios em Washington e lapidando suas equipes, com vistas a disputar e influenciar nos complexos jogos de poder em torno da definição das políticas públicas em disputa no Congresso Nacional e no governo. A tradição do *lobby* legalizado nos EUA facilitaria esses movimentos.

Na prática, segundo o autor, instalou-se um novo patamar de negociação na relação de parte da sociedade com o Estado. Como demandante de soluções para seus problemas de políticas públicas, o Estado passaria a contratar serviços privados para dar conta de sua agenda fragmentada e especializada.

Por seu turno, estaria se consolidando um quadro de disputa privada por contratos de prestação de serviços ao Estado, um grande comprador, onde novos ofertantes de serviços especializados disputariam esse enorme poder federal de compra. Do mesmo modo, políticos buscariam se especializar, indicando uma alteração do perfil político, como legítimos representantes desses segmentos.

Assim, Heclo ([1978] 1995) desenha novos papéis para os atores em políticas públicas e torna bastante robusta sua crítica ao modelo do triângulo de ferro:

> A noção de triângulos de ferro e sub-governos presume pequenos círculos de participantes bem sucedidos em tornarem-se amplamente autônomos. Redes de debate e contato, por outro lado, compreendem amplo número de participantes com níveis bastante variados de compromisso mútuo ou de dependência para com os demais e seus respectivos ambientes, de fato, é quase impossível dizer onde uma rede termina e seu ambiente contextual se inicia. Triângulos de ferro e subgovernos sugerem um conjunto estável de participantes coalescidos ao controle de programas públicos razoavelmente estreitos, os quais dizem respeito ao interesse econômico de cada parte em aliança. Redes de debate são quase a imagem reversa. Participantes entram e saem das redes constantemente. Em vez de grupos unidos em supremacia sobre um dado programa, ninguém, até onde se sabe, está no controle das políticas e pautas. Cada interesse material imediato é frequentemente secundário face aos compromissos intelectuais ou materiais. Membros destas redes reforçam mutuamente o senso de debate conforme seus interesses, e não (como disposto em um modelo econômico ou político padrão) por interesses que definem posicionamentos. (Heclo, [1978] 1995, p. 275).[78]

---

78 No original: "The notion of iron triangles and subgovernments presumes small circles of participants who have succeeded in becoming largely autonomous. Issue networks, on the other hand, comprise a large number of participants with quite variables degrees of mutual commitment or of dependence on others in their environment; in fact it is almost impossible to say where a network leaves off and its environment begins. Iron

Seguindo com Heclo, as funções, os níveis e os graus de atuação numa rede temática ou subsistema de política pública (e a própria porosidade entre subsistemas, ao contrário do intransponível "ferro") abrigam o ator individual, o ator coletivo ou o grupo de interesse em qualquer escala, em nível local — por exemplo, como porta-voz de uma minoria, num comitê local de política pública de meio ambiente, que trata da poluição da bacia hidrográfica por uma indústria da cidade, que por sua vez é fruto da política pública nacional de bacias — ou como grupo de interesse ambientalista que atua no congresso nacional sobre os rumos da política federal para as bacias hidrográficas.

Ou como um renomado especialista no subsistema, um ator individual, *scholar* ou professor, no geral, com no mínimo doutorado sobre o assunto, publicação e reputação públicas na questão, além de referência no debate das bacias hidrográficas em curso no país. Pois bem, esse especialista, integrado no debate, no assunto, no subsistema, pode receber um telefonema direto da assessoria presidencial que lhe solicita a opinião sobre o assunto "bacias hidrográficas", no intento de definir a posição do governo sobre a temática.

Porém, os subsistemas não geram meros *experts* ou técnicos exímios em alguns assuntos, mas verdadeiros ativistas em políticas públicas, que circulam no subsistema, conhecem suas entranhas internas, suas ramificações externas e teriam inclusive forte atuação política. Isso poderia acabar por formatar nova safra de políticos, que emergiriam dessas posições de lideranças ungidas nos subsistemas, ou seja, políticos frutos das políticas públicas, das suas redes temáticas.

Para Heclo ([1978] 1995), os administradores, os executivos, nesse quadro, não decidiriam na solidão entre quatro paredes, mas mobilizariam os intermediários das políticas públicas, para lhes oferecerem uma cesta de decisões, da qual fariam a seleção correta, minimizando erros.

Na mesma direção, operariam os grupos de interesse, pressão ou os *lobbys* centrados em Washington "Não viemos aqui para mudar o mundo; viemos para minimizar nossas surpresas." (Heclo, [1978] 1995, p. 276)[79], assim as mudanças nas políticas públicas ocorreriam sem grandes surpresas, posto que ninguém gosta de incertezas, ainda mais aqueles que têm muito a perder com alterações nas regras do jogo e dos contratos ou das políticas públicas.

O subsistema como rede temática situar-se-ia em algum plano entre a linha tênue que separa as dinâmicas de uma estreita especialização tecnocrática em política pública, por um lado, e de uma participação muito ampla, espalhada e sem contornos no debate de uma política pública, por outro. Assim, ele não seria confundido com um público-alvo ou grupo de atenção, de ação ou de crença. Para o autor, é provável que seus participantes tenham uma base comum de informação e saibam o quanto alguém conhece sobre a política pública e consegue identificar seus problemas, mesmo que não entrem em acordo entre si, poderiam ou não estar mobilizados, poderiam ou não criar uma coalizão, poderiam ou não se tornar uma organização de interesses do tipo convencional na cena estadunidense.

Uma rede temática ou um subsistema seria um grupo que compartilharia um conhecimento sobre algum aspecto ou problema de uma política pública (Heclo, [1978] 1995, p. 276). Que forma

---

triangles and subgovernments suggest a stable set of participants coalesced to control fairly narrow public programs which are in the direct economic interest of each party to the alliance. Issue networks are almost the reverse image in each respect. Participants move in and out of the networks constantly. Rather than groups united in dominance over a program, no one, as far as one can tell, is in control of the policies and issues. Any direct material interest is often secondary to intellectual or emotional commitment. Network members reinforce each other's sense of issues as their interests, rather than (as standard political or economic model would have it) interests defining positions on issues." (Heclo, [1978] 1995, p. 275).

[79] No original: "We didn't come here to change the world; we came to minimize our surprises." (Heclo, [1978] 1995, p. 276).

teria isso? Com o que se pareceria? Para o autor, aparentemente, sua conformação dependerá da ascensão do assunto à cena pública, da temática, quando as conexões latentes se intensificam entre os intermediários de uma dada política pública e os burocratas do legislativo e do executivo.

Em sua análise sobre a saúde nos Estados Unidos, aponta não para a existência de uma única rede de política pública de saúde, mas para um conjunto de pessoas que se ocupariam, respectivamente, da questão de mecanismos de controle de custo, técnicas de seguro, programas nutricionais, planos pré-pagos etc. Contudo, quando esses diferentes atores se aperceberem da existência de uma proposta de reforma do sistema federal de saúde, o que influenciaria diretamente em suas ações, os problemas seriam discutidos, debatidos, de modo que as pontes entre as partes se fizessem presentes e necessárias, gerando apoio, restrição ou inovação à proposta de reforma da saúde.

Da abordagem do autor, depreende-se que subsistemas ou redes temáticas seriam como nuvens que acompanham cada política pública, estando sujeitas às alterações de vento, temperatura e pressão. Logo, os subsistemas seriam novas forças sociais que mexeriam com as referências estáveis, complicariam os cálculos políticos, fariam declinar a previsibilidade e imporiam novas restrições aos encarregados da liderança governamental.

Uma nova e difícil dinâmica tomaria curso, entraria em jogo, em que os atores especialistas das políticas públicas, que dominam com profundidade um conjunto de assuntos, influenciariam na produção de políticas públicas, passando a ocupar posições importantes no cenário político. Heclo ([1978] 1995) assinala que essa nova forma de se implementar políticas públicas poderia enfraquecer a democracia estadunidense, pois ocorreria uma espécie de apropriação não legítima de poder. Haveria enfraquecimento do programa de governo que recebeu apoio pelo voto popular nas eleições, além de tornar mais difícil a política democrática, por conta da complexidade dos assuntos, de difícil tradução para o homem ou a mulher comum, incentivando o dissenso, a perda de confiança nos políticos e a despolitização das lideranças governamentais, como o próprio presidente da república. Modelos de análise de política pública como "equilíbrio pontuado", "construção social" utilizam a noção se subsistema de Heclo ([1978] 1995) e debatem mudança em política pública.

No caso do modelo do equilíbrio interrompido ou equilíbrio pontuado[80], com base na noção de alteração de equilíbrio em especiação na biologia, teoria de Stephen Jay Gould, o modelo apregoa a mudança da política pública pela mudança no equilíbrio, que é interrompido, com grande peso para a imagem da política pública, onde a política pública sai do subsistema e ganha o cenário geral da política. O que faz uma política pública sair da fila e ganhar o topo? Às vezes, são eventos aleatórios, incontroláveis e que alteram o equilíbrio no subsistema, algo não incremental, algo pontual. No caso do modelo da construção social, a imagem do público-alvo, como construção, tem grande peso na mudança da política pública. Não nos deteremos nesses dois modelos.

Coalizões na análise de políticas públicas

Outra visada teórica emerge com o *Advocacy Coalition Framework*[81] (ACF) ou modelo da coalizão de defesa, desenvolvido por Sabatier e Jenkins-Smith (1988, 1993), em que ocorreria algo equivalente a um mergulho nos subsistemas, apontado com primazia por Heclo (1995[1978]), em sua busca de compreensão da dinâmica das políticas públicas e sua transformação nos Estados Uni-

---

[80] Ver True, Jones e Baumgartner (2007).

[81] Numa tradução livre poderia ser escrito como "modelo da coalizão de defesa".

dos da América do Norte, nos anos 1970. *Advocacy* ou advogar é defender uma posição, isso parece consensual tanto em política pública como no senso comum, mas pode confundir.

> Advocacy, por sua vez, é outro termo do idioma inglês, frequentemente apropriado por ONG's e movimentos sociais, para designar um estilo próprio de defesa de interesses, que está voltado para a promoção do bem público e de grandes causas sociais (direitos humanos, meio ambiente, erradicação do trabalho escravo e infantil etc.), distinguindo-se da defesa de interesses particularistas. (Mancuso; Gozzeto, 2018, p. 9).

É importante sublinhar essa distinção dos autores entre causas e interesses particularistas. *Advocacy* diz respeito a causas públicas, prioritariamente. E quanto a "*framework*" ou "*frames and framing*", o que exatamente significam esses conceitos? Enquadramento da questão? Como ela é vista? Paciência.

Eles remetem a Kant e à discussão da forma, no sentido em que "Em sua filosofia crítica, Kant propôs que para experimentarmos objetos como parte de um mundo coerente, nos valemos de um enquadramento universal ou lentes (as categorias do entendimento) para sintetizar as impressões brutas" (Dodd, 2014, p. 41).[82] Borang *et al.* (2014) aprofundam esses temas na ciência política,

> As teorias sobre o enquadramento sugerem que, uma vez que cada política dispõe de múltiplas dimensões potenciais, o ato de enquadrar – tido como seleção e ênfase de aspectos particulares de uma dada questão - é ferramenta de importância para atores políticos. (Entman, 1993); Baumgartner and Mahoney, 2008; Daviter, 2009). Para o individuo, enquadramentos podem ser abstraídos como "esquematizações interpretativas" que auxiliam as pessoas a organizar suas percepções (Goffman, 1974). Conforme Entman (1993), esses quadros destacam parcelas de informação sobre um item que é tópico de comunicação, para tanto, salientando-o (Entman, 1993, p. 53), eles comumente definem problemas - determinam o que um agente causal está fazendo com quais custos ou benefícios, usualmente medidos por valores culturais comuns; diagnosticam causas - identificam as forças gerando o problema; exercem julgamentos morais - avaliam agentes causais e seus efeitos e sugerem soluções remediais.(Entman, 1993, p. 52). Consequentemente, definimos o enquadramento como a seleção e ênfase de alguns aspectos da realidade enquanto outros são omitidos. (Entman, 1993, p. 53). De acordo com Daviter, enquadramentos dizem respeito ao que se encontra em disputa: "O que atores percebem como estando em disputa sobre uma dada questão depende, para tanto, de qual faceta ou dimensão domina a percepção do ator naquele momento" (Daviter, 2009, p. 1118), já enquadramentos de políticas identificam o que está em disputa em uma dada pauta de discussão (Daviter, 2012, p. 1). <u>O que se percebe como estando em disputa é provavelmente algo de larga importância para com o escopo de um conflito político – e o escopo de um conflito repercutirá em amplo impacto sobre seu desfecho (Schattschneider, 1960).</u> Enquadramentos podem para tal ser utilizados na manipulação de um conflito, ao beneficio do posicionamento de dado ator.

> Há razões para se esperar que quadros e enquadramentos não sejam iguais em todas as circunstâncias, ou entre todos os tipos de atores. Baumgartner e Mahoney (2008) discutem o que chamam de "duas faces do enquadramento". A primeira diz respeito

---

[82] "In his critical philosophy, Kant proposed that, to experience objects as part of a coherent world, we use a universal framework or lens (the categories of understanding) to synthesize raw sense impressions" (Dodd, 2014, p. 41). David Hume (1711-1776) também é referência nesse debate da forma e do entendimento. Ele diz que "Fomar monstros e juntar as mais incongruentes formas e aparências não custa à imaginação mais esforço do que conceber os objetos mais naturais e familiares" (Hume, 2003 – livro que junta uma parte originalmente publicada em 1748 e outra em 1751 –, p. 35). Ambos compartilham a noção iluminista de "homem universal", que, no geral, serve apenas para homem, branco, europeu e cristão. Fora desse marco do pensamento estariam os animais. Mais próximos dos animais ou mesmo sendo tratados como tais, os outros históricos: negros, indígenas, os colonizados, os africanos escravizados. A mulher também tem status intelectual inferior para esses autores. Nietzsche resumiria o enredo do homem universal abstrato sensível europeu ao situá-lo entre os animais e o divino, como um ser estendido, de acordo com o pensador brasileiro Jessé de Souza. Ora, se são os autoeleitos para tocarem o divino, atingirem os deuses, a imaginação, a criação intelectual, os enquadramentos do mundo, por que não a dominação do mundo e a subordinação eterna dos outros históricos?

aos esforços de atores individuais, como lobistas, para emoldurar seus argumentos com o objetivo de ganhar suporte para seu posicionamento político. <u>Uma vez que o enquadramento pode ter efeito substancial no posicionamento de certo alvo quanto a uma questão em debate, defensores de uma dada política tentarão se concentrar em seus aspectos preferenciais sobre o tópico de modo ainda a alinhá-lo com o legislador. Porém, embora um proponente individual possa ser bem sucedido na formação de um entendimento coletivo sobre dada questão, tal entendimento coletivo será sempre conformado pelos demais atores políticos e o a própria história da questão em debate.</u> Essas complicações demonstram como a definição coletiva da questão em pauta - ou a segunda face do enquadramento - é algo distinto das tentativas individuais de influenciar um legislador específico. A segunda face diz mais a respeito do aglomerado geral de enquadramentos utilizados nos debates de uma dada questão, ou o entendimento mais prevalecente sobre a mesmo (Baumgartner and Mahoney, 2008; veja também Baumgartner at al, 2009). (Borang, 2014, p. 190-191, grifo nosso).[83]

Schumpeter, em seu clássico "História da Análise Econômica", de 1954, ajuda-nos a destrinchar o que seja mesmo um "*framework*". Nos estudos aplicados, de corte interdisciplinar, como na economia e aqui o caso do estudo de políticas públicas, fatos acumulados por pesquisadores num campo geram reflexão e "conceptual schemata"[84], que podem ser tomados como contribuição, como ferramentas teóricas para uma análise, uma forma tomada como referência.

Assim, "*framework*" é uma ordenação abstrata da realidade, um modelo, em função de um problema analítico, uma estrutura analítica. Para um dado problema ou fenômeno, pode-se analisá-lo a partir de um "*framework*" adequado. Por exemplo, Arthur Lewis não encontrava um "*framework*" adequado para analisar as economias dos países subdesenvolvidos, nem na teoria de Keynes, nem entre os neoclássicos: "O estudante de tais economias tem, portanto, de voltar aos economistas clássicos antes de encontrar um 'framework' no qual possa ajustar seus problemas de maneira relevante" (Lewis, 1954, p. 9)[85].

---

[83] No original: "Framing theory suggests that since every policy issue has multiple potential dimensions, framing – selecting and emphasizing particular aspects of an issue – is an important tool for policy actors (Entman, 1993; Baumgartner and Mahoney, 2008; Daviter, 2009). For the individual, frames can be thought of as *'schemata of interpretation'* which help people organize what they perceive (Goffman, 1974). According to Entman (1993), frames 'highlight some bits of information about an item that is the subject of communication, thereby elevating them in salience' (Entman, 1993, p. 53) and they commonly 'define problems – determine what a causal agent is doing with what costs and benefits, usually measured in terms of common cultural values; diagnose causes – identify the forces creating the problem; make moral judgments – evaluate causal agents and their effects; and suggest remedies' (Entman, 1993, p. 52). We consequently define framing as selecting and highlighting some features of reality while omitting others' (Entman, 1993, p. 53). According to Daviter, frames are about what is at stake: 'What actors perceive to be at stake in an issue thus depends on what facet or dimension dominates the actor's perception at a given time' (Daviter, 2009, p. 1118), and policy frames identify what is at stake in an issue' (Daviter, 2012, p. 1). <u>What is perceived to be at stake is likely to matter greatly for the scope of a political conflict – and the scope of a conflict will have a large impact on its outcome</u> (Schattschneider, 1960). Frames can thus be used to try to manipulate the scope of an conflict, to the benefit of an actor's position. There are reasons to expect that frames and framing will not look the same in all circumstances, or among all types of actors. Baumgartner and Mahoney (2008) discuss what they call the "two faces of framing". The first face concerns the efforts of individual actors, such as lobbyists, to frame their arguments in order to gain support for their policy position. Since the framing of an issue can have a substantial effect on a specific target's position on an issue, policy advocates will try to focus attention to their preferred aspects of a policy issue and in a way that aligns with the policy maker. <u>However, while an individual policy advocate may succeed in shaping the collective understanding of the issue. The collective understanding of an issue is always constrained by other policy actors and the history of the issue.</u> These complications point to how collective issue definition – or the second face of the framing – is something different than individual actor's attempts to influence a specific policy maker. This second faced is more about the overall mix of frames used in an issue debate, or the dominant understanding of an issue (Baumgartner and Mahoney, 2008; see also Baumgartner *et al.*, 2009)." (Borang, 2014, p. 190-191, grifo nosso).

[84] "But, third, such divorce is also impossible because the applied fields not only apply a stock of facts and techniques that lies ready for their use in general economics but also add to it. These fields may accumulate `private´ stocks of facts and methods that are of little or no use outside their boundaries. Beyond this, however, they have repeatedly developed accumulations of facts and **conceptual schemata** that should be recorded as contributions to general economic analysis, even though the appointed wardens of the latter have sometimes been slow to welcome them."

[85] No original: "The student of such economies has therefore to work right back to the classical economists before he finds an analytical framework into which he can relevantly fit his problems." (Lewis, 1954, p. 9).

Paul A. Sabatier, da universidade da Califórnia (em Davis, EUA), e Hank C. Jenkins-Smith, da universidade do Novo México (EUA), são os proponentes dessa abordagem em 1993, com base em estudos anteriores. Desde então, ela tem sido usada nos EUA, na Europa, na Oceania e no Brasil, para estudos de políticas públicas em vários níveis de governo.

> O modelo de coalizão de defesa (*advocacy coalition framework*), de Sabatier e Jenkins--Smith (1993), discorda da visão da política pública trazida pelo ciclo da política e pelo *garbage can* pela sua escassa capacidade explicativa sobre porque mudanças ocorrem nas políticas públicas. Segundo esses autores, a política pública deveria ser concebida como um conjunto de subsistemas relativamente estáveis, que se articulam com os acontecimentos externos, os quais dão os parâmetros para os constrangimentos e os recursos de cada política pública. Contrariando o modelo de garbage can, Sabatier e Jenkins-Smith defendem que crenças, valores e idéias são importantes dimensões do processo de formulação de políticas públicas, em geral ignorados nos modelos anteriores. Assim, cada subsistema que integra uma política pública é composto por um número de coalizões de defesa que se distinguem pelos seus valores, crenças e ideias e pelos recursos de que dispõem. (Souza, 2007, p. 75-76).

Sucintamente, pode-se afirmar que o modelo ACF baseia-se em algumas premissas, das quais uma pode ser destacada: "Uma política pública ou programa pode ser concebido do mesmo modo que sistemas de crença, isto é como conjuntos de valores e ideias prioritários, associando-se hipóteses de como atingi-los." (Sabatier; Jenkins-Smith, 1994, p. 47).

Dentro de um subsistema, o ACF assume que os atores podem ser agregados num número de coalizões de defesa compostas por pessoas de várias organizações privadas e governamentais que compartilham um conjunto de crenças e atuam em concerto. O modelo ACF tem sido usado para o entendimento de mudanças em políticas públicas em diversas áreas, como a educação. Eis suas bases:

> São três suas pedras fundamentais:
>
> 1) A hipótese de que num nível macro o processo de construção de políticas públicas ocorre dentro de um subsistema influenciado de fora pelo sistema político e sócio-econômico;
>
> 2) Um nível micro de modelo individual derivado da psicologia social;
>
> 3) A convicção de que a melhor maneira de lidar com a multiplicidade de atores num subsistema é agregá-los em coalizões de defesa.
>
> Essas fundações afetam as variáveis dependentes, crença e mudança da política pública, através de dois caminhos críticos: aprendizado orientado em políticas públicas e perturbações externas. (Sabatier; Weible, 2007, p. 191-192).

O modelo ACF caracteriza um subsistema como tendo uma dimensão substantiva/funcional e espacial, os participantes se especializam dentro de um subsistema para poder influenciar numa política pública. O conjunto dos participantes não se reduziria a legisladores, burocratas de agências governamentais e líderes de grupos de interesse, como apregoado, por exemplo, na clássica metáfora do triângulo de ferro do pluralismo estadunidense. Pesquisadores e jornalistas especializados numa dada área e integrantes do judiciário também contariam.

O modelo supõe que os participantes teriam fortes crenças e seriam motivados por transformá-las em políticas públicas de fato. Informações técnicas e científicas influenciariam as crenças dos participantes e por isso pesquisadores (cientistas, analistas de políticas públicas, consultores etc.) estariam entre os atores centrais no processo de política pública. Dado a relevância da experiência de uma política pública em um nível subnacional para o modelo, o ACF se interessa por mudança em política pública por um período de uma década ou mais, para tanto distingue subsistemas maduros ou nascentes. São considerados maduros os subsistemas de políticas públicas que possuem:

> [...] dado conjunto de participantes que se consideram uma comunidade semiautônoma, compartilhando de conhecimento especializado em um domínio político ou que almejam influenciar políticas públicas neste mesmo domínio por um extenso período; agências, grupos de interesse e instituições de pesquisa que já detiveram subunidades especializadas naquele tópico por tempo prolongado. (Sabatier; Jenkins-Smith, 1993, p. 135-136).[86]

Para os revisores do modelo ACF em 2007, delimitar o escopo apropriado de um subsistema "é o aspecto mais importante de um projeto de pesquisa que se valerá do ACF", e a regra fundamental é que são "a substância e presença geográfica das instituições que estruturam as interações no subsistema" (Sabatier; Weible, 2007, p. 193). Para o modelo ACF, a maioria dos processos de construção de políticas públicas ocorre dentro de subsistemas de políticas públicas e envolveria negociação entre especialistas.

O comportamento dos participantes da política pública dentro de um subsistema, porém, seria afetado por dois conjuntos de fatores, um estável e outro dinâmico. Os parâmetros relativamente estáveis incluem atributos básicos do problema, a distribuição de recursos naturais, valores e estrutura sociocultural fundamental e estrutura constitucional básica. Eles significam as restrições e os recursos com que os atores poderiam contar no subsistema. Já os fatores dinâmicos externos incluem mudanças nas condições socioeconômicas, mudanças na coalizão governante e decisões de políticas públicas de outros subsistemas. O ACF considera que mudanças em um desses fatores dinâmicos seria uma condição necessária para a mudança na política pública.

No que se refere às crenças e ao seu papel para a convergência dos atores individuais em uma coalizão, o ACF difere da escola da escolha racional e seu postulado da ação racional plena do individualismo metodológico.

O modelo ACF considera que a importância das crenças normativas numa coalizão seriam passíveis de verificações empíricas, baseadas em duas lógicas: "a lógica da apropriação", na qual o comportamento correto significaria seguir regras e a "lógica das consequências", na qual o comportamento correto envolveria a busca de boas consequências, conforme formuladas por March e Olsen (1996).

Outro fator relevante para o aumento do compromisso entre os indivíduos numa coalizão seria a dificuldade de alterações em suas crenças normativas, pois cada ator tenderia a se relacionar com o mundo a partir de suas crenças preestabelecidas, como se fossem filtros. Isso levaria à probabilidade de atores de diferentes coalizões perceberem de modos diferentes um mesmo conjunto de informações.

Outro aspecto da psicologia individual com implicações coletivas, segundo o ACF, é que os indivíduos tenderiam a se lembrar mais dos valores perdidos do que dos ganhos, mais das falhas do que das vitórias. Essas interações fariam com que os atores de uma coalizão tendessem a superestimar e mesmo demonizar as coalizões oponentes, ao passo em que aumentam os laços entre os membros de uma mesma coalizão, em um cenário de potencial conflito que, contudo, não descartaria a hipótese de acordos.

---

[86] No original: "A set of participants who regard themselves as a semi-autonomous community who share an expertise in a policy domain and who have sought to influence public policy in that domain for an extended period; agencies, interest groups, and research institutions that have had sub-units specializing in that topic for an extended period." (Sabatier; Jenkins-Smith, 1993, p. 135-136).

A lógica das crenças de uma coalizão no modelo ACF se traduz em uma estrutura hierárquica em três níveis: um núcleo profundo de crenças, que envolve valores normativos gerais, fundamentais, ontológicos, como aqueles que caracterizam a esquerda e a direita, como em Norberto Bobbio (1995); um segundo nível relacionado às crenças em políticas públicas, como a seriedade e a causa dos problemas da política pública ou aquilo que indica as preferências de política pública que unem a coalizão; e um terceiro nível complementar de crenças secundárias relacionadas com a política pública. Eis:

> O "ACF" argumenta que participantes políticos buscarão se aliar com pessoas que mantém crenças de núcleo político similares, entre legisladores, burocratas, grupos de interesses, líderes, juízes, pesquisadores e intelectuais de múltiplos níveis do aparato governamental. Se eles também se engajarem em níveis de coordenação nada triviais, terão formado uma coalizão de defesa. A coordenação envolve algum grau de trabalho conjunto para realizar objetivos políticos similares. O "ACF" argumenta que as coalizões de defesa proporcionam a ferramenta mais útil para agregar o comportamento de centenas de organizações e indivíduos envolvidos em um subsistema político, onde serão geralmente, de duas a cinco, as coalizões de defesa. (Sabatier; Weible, 2007, p. 196).[87]

É importante conceituar os dois conjuntos de variáveis dependentes relevantes no modelo ACF: o primeiro que seria o "aprendizado orientado por política pública" (1) e o segundo sobre as "influências externas ao subsistema" (2).

O aprendizado (1) adviria de alterações de pensamento ou comportamento resultado da experiência e/ou de novas informações que levariam à revisão dos objetivos de política pública. O peso da experiência no aprendizado em política pública aparece em estudo histórico-comparativo entre a Suécia e a Inglaterra com relação às políticas de seguro-desemprego e de assistência aos idosos, onde os autores apontam "[...] a constante conscientização por administradores de precedentes estrangeiros e modelos de política pública social" (Heclo *apud* Skocpol, 1992, p. 12)[88].

O primeiro e segundo níveis de crença, de dimensão mais normativa, tenderiam a ser muito resistentes às mudanças eventuais, por isso o modelo ACF menciona o requisito de tempo de dez anos ou mais para a identificação dessas alterações nas preferências de políticas públicas, no geral, fruto das experiências de políticas públicas efetivadas.

Já as influências externas (2) incluiriam mudanças nas condições socioeconômicas, mudanças de regime político, da coalizão governante, resultados de outros subsistemas, ou acontecimentos naturais. Esses eventos externos ao subsistema podem alterar a agenda ou despertar a atenção pública, com possíveis efeitos na redistribuição de recursos, na abertura e fechamento de lugares de decisão, no reposicionamento das coalizões no cenário político, ou seja, mudanças nas composições das crenças em políticas públicas das coalizões.

Da crítica acadêmica aos limites do modelo ACF, Sabatier e Weible, na revisão do modelo ACF de 2007, acrescentaram uma nova categoria de variáveis dependentes chamadas de "oportunidades estruturais da coalizão", que são intermediárias entre os parâmetros estáveis e dinâmicos, com base nos estudos de Lijphart (2011). Nela, haveria fatores que influenciariam fortemente os recursos e

---

[87] No original: "The ACF argues that policy participants will seek allies with people who hold similar policy core beliefs among legislators, agency officials, interest group leaders, judges, researchers, and intellectuals from multiple levels of government. If they also engage in a nontrivial degree of coordination, they form an advocacy coalition. Coordination involves some degree of working together to achieve similar policy objectives. The ACF argues that advocacy coalitions provide the most useful tool for aggregating the behavior of the hundreds of organizations and individuals involved in a policy subsystem, there will generally be two to five advocacy coalitions." (Sabatier; Weible, 2007, p. 196).

[88] No original: "The constant awareness by administrators of foreign precedents and models of social policy" (Heclo *apud* Skocpol, 1992, p. 12).

o comportamento das coalizões de defesa, como dois conjuntos novos, o primeiro das variáveis que refletiriam o "grau de consenso no sistema político necessário para mudanças substanciais nas políticas públicas" (3) e o segundo das que tratariam da "abertura do sistema político" (4).

Os revisores do modelo ACF de 2007 também incluíram a possibilidade de "choques internos" ao subsistema como importante para explicar alterações nas políticas públicas, pois redistribuiriam recursos políticos críticos e poderiam alterar a correlação de forças entre as coalizões.

Além disso, a possibilidade de acordos negociados entre as coalizões, como explicação para mudanças capitais em políticas públicas, também foi incluída na revisão de 2007, o que tornou mais robusto o modelo ACF. Os recursos políticos das coalizões envolveriam a presença de autoridades legais relacionadas às políticas públicas nas coalizões, a opinião pública, a informação, a mobilização, o estilo das lideranças, dentre outros.

A revisão do modelo analítico de políticas públicas ACF

Em 2018, foi publicada uma revisão geral do estado da arte da utilização desse conceitual analítico de políticas públicas, do modelo ACF, efetivada em texto por Hank C. Jenkins-Smith, Daniel Nohrstedt, Christopher M. Weible e Karin Ingold, publicada na quarta edição da coletânea *Theories of The Policy Process*, editada por Christopher M. Weible e Paul A. Sabatier, uma homenagem a Paul A. Sabatier.

Os autores visitam uma série de revisões feitas: Sabatier (1988, 1991), Weible, Sabatier e MacQueen (2009), Weible *et al.* (2011), Scott (2012), Sotirov e Memmler (2012), Henry *et al.* (2014), Jang *et al.* (2016), Nohrstedt e Olofsson (2016), Weible *et al.* (2016), Pierce *et al.* (2016) e Pierce *et al.* (2017). Há uma maioria das aplicações do modelo ACF na América do Norte e na Europa Ocidental, mas um espalhamento de seu uso pelo mundo, em menor escala, da Coréia do Sul a América Latina.

A educação é uma das áreas de ocorrência de uso do modelo ACF, com 14 estudos feitos, conforme a revisão de Pierce *et al.* (2016), que abrange o período 2007 a 2014. São duas as conclusões sobre as revisões: 1) o modelo ACF se mostra com portabilidade para várias áreas de políticas públicas e diferentes sistemas de governo, mas as revisões mostram também áreas onde as hipóteses e os conceitos são menos aplicáveis e problemáticos; 2) O modelo ACF se mostra bem fundamentado para análises de casos e para estudos comparativos em variadas áreas de políticas públicas e diferentes sistemas de governo.

Os autores exploram as pedras fundamentais do modelo ACF e finalmente avançam numa distinção entre *framework* e teoria. Isso fica mais evidente se formularmos uma pergunta geral aqui: como a noção de "*framework*" se relaciona com teorias, hipóteses e pesquisas?

Easton (1965), Laudan (1977), Lakatos (1970) e Ostrom (2005) são apresentados no texto como as pedras fundamentais visíveis da formulação. A noção de que há um núcleo duro que é osso duro de roer e a noção de anéis concêntricos em torno do núcleo duro, como a protegê-lo, remete a Imre Lakatos e à noção de mudança retificadora do conhecimento científico, fruto do debate intenso e não consensual da filosofia da ciência, que envolveu, entre outros, Thomas Kuhn, Karl Popper e o próprio Lakatos, nos anos 1970 e 1980.

Esse ponto é fundamental, pois dá a fundamentação principal para o modelo ACF: a mudança em política pública é gradual, não abrupta, é progressiva, não intempestiva.

Em parte, em resposta à noção de Thomas Kuhn (1962) de revoluções científicas e mudanças de paradigma, Imré Lakatos desenvolveu sua concepção da evolução dos "programas" de pesquisa científica em um esforço para resgatar a concepção de ciência cumulativa e falsificável e o crescimento do conhecimento (Lakatos, 1970). Uma contribuição fundamental de Lakatos foi a noção de que as teorias científicas podem ser descritas como consistindo em um "núcleo duro" de proposições imutáveis e amplamente axiomáticas cercadas por um "cinturão de proteção" de hipóteses auxiliares que podem ser ajustadas (ou rejeitadas) em resposta a falsificáveis evidências. Este conceito é um ancestral reconhecível da estrutura dos sistemas de crenças no ACF, que são caracterizados como hierarquicamente estruturados com um núcleo profundo de crenças ontológicas e normativas que são extraordinariamente difíceis de mudar e "aspectos secundários" de proposições mais específicas sobre como efetivamente traduz as crenças centrais em política (O modelo ACF adiciona uma terceira camada de crenças, com base em política pública, que inclui crenças que são gerais e altamente salientes para o subsistema de política pública). (Jenkins-Smith *et al.*, 2018, p. 136).[89]

A grande potência da natureza, para quem os africanos e os indígenas faziam as perguntas que interessavam para a comunidade, assim como os egípcios e os gregos faziam suas perguntas de posse de seus pergaminhos, essa potência, que para os povos indígenas são vários mundos, várias naturezas, não uma só, parece dar o tom do argumento de Lakatos, base da construção do ACF, sobre a mudança do conhecimento no tempo, em oposição à noção de mudança de paradigma, de Kuhn.

Em que sentido? No sentido da tese presente mais universalmente no mundo científico, em amplo leque de disciplinas, a noção de evolução lenta, por adaptação e seleção, conforme formulada por Charles Darwin e Alfred Russel Wallace, que formularam suas teorias fazendo perguntas para a natureza, empiricamente, inclusive para a natureza no Brasil, onde um jovem pesquisador negro fez parte da equipe de pesquisa de Darwin, em Santa Catarina, em plena escravidão.

Não é essa perspectiva, da mudança gradual, apenas a pedra fundamental de maior peso do modelo ACF, ela é o próprio espírito dessa teoria de política pública.

Uma segunda contribuição importante foi extraída da proposição relacionada de Lakato de que - dado que o ideal de teorias falsificáveis de Popper ([1935] 2002) se provou implausível - o progresso teórico foi mais facilmente evidente na "mudança progressiva do problema". Conforme observado por Kuhn (1962), as contra-evidências não precisam deslocar uma teoria; anomalias empíricas podem persistir por centenas de anos enquanto uma teoria persiste porque (1) a defesa ad hoc de uma teoria era muito eficaz para deslocar uma teoria vital e (2) uma teoria de pronta substituição não estava disponível. Lakatos argumentou que a defesa ad hoc de uma teoria falha se for persistentemente regressiva - o que significa que "ajustes" ad hoc de teorias para acomodar contra-evidências não adicionam novo conteúdo teórico que pode ser (e eventualmente é) empiricamente verificado. Lakatos também argumentou que as teorias saudáveis experimentam uma mudança progressiva de problemas, em que o ajuste teórico (ou seja, novos conceitos e hipóteses adicionados à teoria) não apenas aborda contra-evidências, mas também adiciona novo conteúdo empírico que estende o alcance explicativo da teoria. Conseqüentemente, a defesa (ou

---

[89] No original: "Parttly in response to Thomas Kuhn's (1962) notion of scientific revolutions and paradigm shifts, Imré Lakatos developed his conception of the evolution of scientific research "programmes" in an effort to rescue the conception of cumulative, falsifiable science and the grow of knowledge (Lakatos, 1970). A key contribution from Lakatos was the notion that scientific theories can be described as consisting of a "hard core" of unchanging and largely axiomatic propositions surrounded by a "protective belt" of auxiliary hypotheses that can be adjusted (or rejected) in response to falsifiable evidence. This concept is a recognizable ancestor of the structure of belief systems in the ACF, which are characterized as hierarchically structured with a deep core of ontological and normative beliefs that are extraordinarily difficult to change, and "secondary aspects" of more specific propositions about how to effectively translate core beliefs into policy. (The ACF adds a third layer, the policy core, which includes beliefs that are general to, and highly salient for, the concrete policy subsystem)." (Jenkins-Smith *et al.*, 2018, p. 136).

expansão) de uma teoria precisa ser progressiva para ser cientificamente legítima. Para Sabatier e Jenkins-Smith, essa concepção de progresso científico caracterizou o espírito de crescimento teórico da ACF. A estrutura básica do ACF (por exemplo, os pressupostos e a dinâmica geral do subsistema) caracterizou o núcleo duro, enquanto novas proposições e lógica teórica e teórica (por exemplo, a adição dos conceitos de estruturas de oportunidade de coalizão e caminhos endógenos para mudança de política) ocupam o auxiliar cinto. Assim, as revisões da correia auxiliar eram aceitáveis, desde que acrescentassem um novo conteúdo teórico substantivo ao ACF. De fato, os muitos acréscimos e revisões das principais hipóteses da ACF são reflexos dessa visão da mudança teórica e do crescimento do conhecimento. Naturalmente, a avaliação se essas mudanças cumulativas são verdadeiramente progressivas permanece uma questão em aberto e importante. (Jenkins-Smith *et al,* 2018, p. 136-137).[90]

Os formuladores do modelo ACF e seus herdeiros, em 2018 avaliam que, apesar de diferentes interpretações e usos no passado, a distinção entre teoria e *framework* é necessária. Assim, o *framework* é a parte mais estável do modelo ACF, ao passo que as teorias dependem mais das possibilidades empíricas e das escolhas de pesquisa, pois o *framework* pode suportar múltiplas teorias. "Em vez disso, um framework, uma estrutura analítica básica, suporta várias teorias, que são mais restritas em escopo e enfatizam um conjunto menor de questões, variáveis e relacionamentos" (Jenkins-Smith *et al,* 2018, p. 138)[91].

Para os autores, "As teorias são, portanto, semelhantes ao cinturão protetor de Lakatos, que pode (e deve) estar sujeito à experimentação, ajuste e modificação ao longo do tempo" (Jenkins-Smith *et al,* 2018, p. 138)[92]. Portanto, teorias e hipóteses importam para o modelo ACF. Isso é um jeito de valorizar as perguntas simples em políticas públicas: o quê? Onde? Como? Quem? Por quê? Quando?

É um modo de investigar razões explicativas por meio de relações empíricas plausíveis, pois as hipóteses, de modo ideal, servem para afirmar ou negar a evidência de relações causais teóricas. Depois de idas e vindas, a nova revisão do modelo ACF traz uma síntese quase cirúrgica do que é afinal *framework*: "Um framework, uma estrutura analítica básica é melhor descrita por seus pressupostos, seu escopo (tipo de perguntas) e suas categorias básicas de conceitos e relações gerais para responder a perguntas de pesquisa." (Jenkins-Smith *et al,* 2018, p. 138)[93].

---

[90] No original: "A second important contribution was drawn from Lakato's related proposition that – given that Popper's ([1935]2002) ideal of falsifiable theories had proven implausible – theoretical progress was most readily evident in 'progressive problem-shift.' As noted by Kuhn (1962), counterevidence need not displace a theory; empirical anomalies can persist for hundreds of years while a theory hangs on because (1) ad hoc defense of a theory was too effective to displace a vital theory and (2) a ready replacement theory was not available. Lakatos argued that ad hoc defense of a theory fails if it is persistently regressive – meaning ad hoc 'adjustments' of theories to accommodate counterevidence do not add new theoretical content that can be (and eventually is) empirically verified. Lakatos also argued that healthy theories experience progressive problem-shift, wherein theoretical adjustment (i.e., new concepts and hypotheses added to the theory) not only address counterevidence but also add new empirical content that extends the explanatory reach of the theory. Hence, defense (or expansion) of a theory needs to be progressive to be scientifically legitimate. For Sabatier and Jenkins-Smith, this conception of scientific progress characterized the spirit of the theoretical growth of the ACF. The basic framework of the ACF (e.g., the assumptions and general subsystem dynamics) characterized the hard core while new propositions and theoretical and theoretical logic (e.g., the addition of the concepts of coalition opportunity structures and endogenous pathways to policy change) occupy the auxiliary belt. Thus, revisions to the auxiliary belt were acceptable as long as they added new substantive theoretical content to the ACF. Indeed, the many additions to, and revisions of, key ACF hypotheses are reflections of this view of theory change and the growth of knowledge. Naturally, the assessment of whether these cumulative changes are truly progressive remains an open and important question." (Jenkins-Smith *et al,* 2018, p. 136-137).

[91] No original: "Rather, a framework supports multiple theories, which are narrower in scope and emphasize a smaller set of questions, variables and relationships." (Jenkins-Smith *et al,* 2018, p. 138

[92] No original: "Theories are, hence, akin to Lakatos's protective belt that can (and should) be subject to experimentation, adjustment, and modification over time." (Jenkins-Smith *et al,* 2018, p. 138).

[93] No original: "A framework is best described by its assumptions, scope (type of questions), and basic categories of concepts and general relations for answering research questions." (Jenkins-Smith *et al,* 2018, p. 138).

Alguns postulados importam para o modelo ACF: o subsistema, os atores no subsistema, o indivíduo, o sistema de crenças dos atores em política pública como uma estrutura em três níveis concêntricos. Ratifica-se, como postulado, o subsistema como unidade básica analítica de política pública, com possibilidade de interações com outros subsistemas e sujeito a equilíbrios, alterações, mudanças no tempo.

Outro postulado importante é a presença de atores relevantes no subsistema, onde se inclui qualquer pessoa que regularmente busque influenciar o tema no subsistema[94]. Isso pode incluir membros da burocracia em qualquer nível de governo, representantes do setor privado, de organizações sem fins lucrativos, consultores privados, membros da mídia, cientistas e acadêmicos, lobistas, "*think tanks*" e até membros do judiciário etc. A extensão, a consistência do envolvimento e o grau de influência desses atores variam, o que deve ser percebido na pesquisa empírica[95].O postulado teórico sobre o indivíduo se assenta em sua racionalidade circunscrita, sua orientação conforme sistemas de crenças e na noção teórica de que as mudanças em políticas públicas são conduzidas, primeiro por pessoas, não por organizações. Isso requer uma reflexão aguda.

A ideia de uma racionalidade limitada, segundo os revisores do modelo ACF, vem dos estudos de economia política de Herbert Alexander Simon, o que lhe rendeu o prêmio Nobel de economia. A busca por entender o comportamento dos agentes econômicos por esse autor, na verdade, é interdisciplinar, pois envolve a psicologia cognitiva, a ciência da informação, a sociologia, a filosofia, a administração. Para o bem ou para o mal, essa noção de racionalidade limitada, seus desdobramentos e desenvolvimentos ulteriores são onipresentes na inteligência artificial.

Haveria uma relação quase objetiva entre racionalidade e informação, uma correlação, onde o grau de informação indicaria o limite da racionalidade do indivíduo. Ou, de outro modo, nem todas as pessoas teriam acesso a todas as informações, nesse sentido, no mundo real operaria uma racionalidade limitada dos agentes, pois eles raciocinariam com o *quantum* de informações que possuem. Outro aspecto, a relação entre indivíduos e organizações, não é trivial, muito menos trivial para a pesquisa empírica em política pública. O que a teoria que embasa o modelo ACF quer dizer quando reforça o papel do indivíduo na teoria?

Num primeiro plano, trata-se de crítica a uma visão de cima para baixo das políticas públicas, centrada em órgãos do governo, muito comum na literatura que trata da implementação de políticas públicas. Num segundo plano, indivíduos dão sentido teórico para a noção de atores variados que se juntam em coalizões num subsistema, abrigando uma visão de baixo para cima da implementação de políticas públicas.

Mas a própria noção de coalizões busca simplificar esse conjunto de atores individuais, o que não é contraditório. Nos estudos atuais que utilizam o modelo ACF, os analistas de política pública concentram-se mais nas organizações do que nos indivíduos, por razões de confidencialidade, de preservação dos indivíduos e porque as organizações fornecem os recursos, sendo frequentemente as unidades que os indivíduos representam num subsistema de política pública. Assim, para os revi-

---

[94] "The set of relevant subsystem actors include any person regularly attempting to influence subsystem affairs."

[95] "Subsystems are affected by any actor directly or indirectly influencing subsystem affairs and may include officials from any level of government, representatives of private sector, members from non-profit organizations, members of the news media, academic scientists and researchers, private consultants, lobbyists, think tanks, and even members of the courts (Hjer and Porter 1981). The extent and consistency of involvement and influence of these actors, of course, varies." (Jenkins-Smith *et al*, 2018, p. 139).

sores, a própria literatura do modelo ACF dá mostras empíricas robustas da superação do dilema indivíduos versus organização[96].

No entanto, a relação entre indivíduos, contexto e instituições influencia o comportamento de indivíduos e coalizões. A teoria, dentro do modelo ACF, espera que o comportamento das pessoas sejam moldados por uma série de fatores contextuais, onde se destaca a natureza das instituições relevantes, intensidade do conflito entre as coalizões e a percepção da severidade dos desafios colocados pelos oponentes[97]. Logo, as instituições importam para o modelo ACF.

O último postulado trata das crenças. Ratifica-se, na revisão do modelo ACF, os três níveis ou camadas ou anéis de crenças: um núcleo central de crenças profundas no indivíduo, um intermediário de crenças em termos da política pública em disputa e um nível externo de crenças secundárias[98]. "O modelo ACF assume que os atores em política pública têm uma estrutura de sistema de crenças em três camadas." (Jenkins-Smith *et al,* 2018, p. 140)[99].

O núcleo duro das crenças profundas se fundamenta em valores normativos ou axiomas ontológicos que podem extrapolar um subsistema. Não são especificamente da política pública em questão. É difícil de medir diretamente. Os revisores oferecem uma referência de medição com base na teoria cultural, mas deixam para as pesquisas a escolha das opções analíticas nesse ponto. Não custa frisar o caráter normativo dessas crenças.

O segundo nível de crenças envolve as crenças em políticas públicas delimitadas no subsistema. São aderentes ao tema em questão na política pública específica. Os revisores indicam a possibilidade de uma combinação de valores de dimensão normativa e valores empíricos que revelam a adesão a determinadas visões da política pública em disputa, as preferências em políticas públicas[100].

O terceiro nível de crenças ou externo ou as crenças secundárias envolve crenças complementares que auxiliam a atingir as metas, os resultados delineados nas crenças em políticas públicas, geralmente presentes no subsistema. Como uma sombra que paira no mundo real sobre o sistema de crenças, os revisores reforçam a importância do que chamam de "*devil shift*", aqui traduzida por satanização, demonização, o que ocorre quando oponentes em disputa por uma política pública exageram ao pintar seus oponentes, de forma a influenciar os destinos da política pública. Quando isso ocorre, a expectativa é de postergação de decisão e permanência do problema.

O passo seguinte são as coalizões em si. Os revisores atestam que as coalizões são a forma analítica de juntar atores numa coalizão. Como se faz isso? Com dois passos. Primeiro, por meio da convergência dos sistemas de crenças dos atores no subsistema, depois da busca por uma coordenação não trivial[101].

---

[96] Conforme "In current ACF studies, analysts often focus their attention on organizations rather than on individuals. This is done for a range of reasons, including to maintain confidentiality of the identity of the research subject and because organizations supply the resources and are often the unit that individuals represent in policy subsystem politics (Fischer, 2015; Ingold, 2011; Knobe et al. 1996)" (Jenkins-Smith *et al,* 2018, p. 161).

[97] Conforme "Furthermore, the modified version of methodological individualism in the ACF does not suggest that people's behavior is independent of context. Indeed, the theory within the ACF would expect that people's behavior is shaped by various contextual factors, particularly, **the nature of relevant institutions,** the intensity of conflict, and the perceived severity of threats posed by opponents" (Jenkins-Smith *et al,* p. 140, grifo nosso).

[98] Conforme "The ACF assumes that policy actors have a three-tiered belief system structure." (*Idem, ibidem*).

[99] No original: "The ACF assumes that policy actors have a three-tiered belief system structure." (Jenkins-Smith *et al,* 2018, p. 140).

[100] Conforme a citação: "Policy core beliefs can be normative and empirical. Normatively, policy core beliefs may reflect basic orientation and values priorities for the policy subsystem and may identify whose welfare in the policy subsystem is of greatest concern. Empirically, policy core beliefs include overall assessments of the seriousness of the problem, basic causes of the problem, and preferred solutions for addressing the problem (called policy core policy preferences)." (*Idem*, p. 140-141).

[101] Conforme a citação: "Aggregating actors into coalitions can follow the rule of first identifying actors sharing similar belief systems, and subsequently searching for a non-trivial degree of coordination among those actors" (Jenkins-Smith *et al,* 2018, p. 141). Ver Henry (2011).

Coalizões fortes, fracas ou mais ou menos? Todos jogam para o time ou tem gente que não veste a camisa do time? Todos suam pela camisa do time depois que vestem ou nem tanto? É consenso ou é conflito dentro da coalizão. A relação entre as coalizões é amistosa ou desamistosa? O tempo todo ou de vez em quando? Essas perguntas são necessárias para o entendimento das coalizões[102]. Esse é um problema empírico.[103]

Como os revisores fazem a conexão entre as coalizões e as políticas públicas? Não é automático, como pode parecer numa leitura rápida. Antecede uma pergunta ainda não feita: do que falamos quando falamos em política pública? A própria definição de política pública é necessária para que seja estabelecida essa relação, segundo os revisores do modelo ACF de 2018.

Esse tema em si é controverso, pois há muitas concepções de política pública. Não cobriremos esse debate. Importa sublinhar que os revisores optam por uma definição precípua de política pública. Frente a uma definição generalista de política pública como qualquer ação ou inação dos governos, os revisores propõem ênfase numa definição nuançada, como um programa projetado que persegue valores e práticas, conforme os autores Lasswell e Kaplan (1950, p. 71)[104]. Deriva que política pública passa a ser então a tradução do sistema de crenças dos construtores da política pública, daqueles que a desenham. Fica assim estabelecida a conexão entre coalizões e políticas públicas.

Com isso, surge uma interpretação na qual a política pública representa a habilidade política não apenas para negociações entre coalizões, mas também entre teorias causais (Pressman; Wildavsky, 1973, p. XV; Mazmanian; Sabatier, 1983, p. 5).[105] Essa aparição da palavra negociação, no entanto, é bem fugaz na revisão. Mas, desde essa conceituação do que seja política pública, os revisores indicam uma forte recomendação aos analistas que utilizam o modelo ACF,

> Os analistas que aplicam o modelo ACF devem, portanto, interpretar as políticas públicas não apenas como ações ou omissões do governo, mas também como as traduções dos sistemas de crenças que se manifestam em metas, regras, incentivos, sanções, subsídios, impostos e outros instrumentos que regulam qualquer questão (Jenkins-Smith et al. 2014, 486). Esta interpretação da política pública fornece uma visão sobre por que os atores da coalizão defendem tão intensamente ao longo do tempo e como eles interpretam as políticas públicas como reforçadoras ou antitéticas de seus sistemas de crenças. (Jenkins-Smith et al, 2018, p. 141).[106]

Agora, de posse de uma definição de política pública, os revisores do modelo ACF elaboram um pouco mais sobre o sistema de crenças. Se o sistema de crenças é um mecanismo para simplificar o mundo, isso não é mera representação abstrata de valores e prioridades, mas envolve a percepção dos atores sobre padrões causais e relações que dão forma ao mundo empírico como ele é. Assim, a informação técnica e científica pode apontar para algumas relações causais possíveis, para os atributos do problema e para o peso de cada alternativa de política pública.

---

[102] Conforme a citação: "It then also raises original questions such as the degree of cross-coalition interactions, intracoalition cohesiveness, and factors contributing to coalition defection." (Jenkins-Smith et al., 2018, p. 141).

[103] Ver Jenkins-Smith et al. (1991).

[104] Ver Harold e Kaplan (1950).

[105] Ver Pressman e Wildavsky (1973) e Mazmanian e Sabatier (1983).

[106] No original: "Analysts applying the ACF should, therefore, interpret policies not just as the actions or inactions of government but also as the translations of belief systems as manifested in goals, rules, incentives, sanctions, subsidies, taxes, and other instruments regulating any given issue (Jenkins-Smith et al. 2014, 486). This interpretation of policy provides insight into why coalition actors advocate so intently over time and how they interpret public policies as bolstering or as being antithetical to their belief systems." (Jenkins-Smith et al, 2018, p. 141).

Desse modo, entender os processos de mudança em política pública por meio do modelo ACF é, para os revisores, compreender como as explicações científicas estão integradas nos sistemas de crenças das coalizões, compreender como elas são utilizadas pelas coalizões nos debates políticos e nas negociações políticas e de que forma se integram com outras formas de conhecimento. Não que o conhecimento científico seja o único vértice para a compreensão do debate em torno de políticas públicas, mas, sim, que ele é criticamente importante para o debate de políticas públicas, mesmo que sejam considerados como importantes outros conhecimentos. Além de uma leve menção à dimensão local, no entanto, os revisores não exploram outras dimensões do conhecimento.

Outro tópico destacado na revisão é a importância do longo prazo na análise de política pública via modelo ACF. Os revisores deixam margem para a possibilidade de mudança em política pública no curto prazo, mas a perspectiva de longo prazo merece destaque, porque ela permite melhor entendimento de uma política pública.

> Os pesquisadores devem adotar uma perspectiva de tempo de longo prazo (por exemplo, dez anos ou mais) para compreender os processos de política e mudanças. Os processos políticos estão em andamento sem começo ou fim (Lindblom 1968, p. 4) e, assim, o comportamento estratégico e o aprendizado dos atores da coalizão, o raciocínio e os padrões de mudança política e as avaliações do sucesso ou fracasso das políticas públicas devem ser entendidos a partir de uma perspectiva de longo prazo. (Jenkins-Smith *et al.*, 2018, p. 142)[107]

Não há um roteiro explícito de como tratar o longo prazo, o que fica para o grau de liberdade da pesquisa. Qual o escopo, o que cobre, o que abrange o modelo ACF? Os revisores responderam a essa pergunta reafirmando que o escopo do modelo ACF envolve coalizões, aprendizado e mudança em política pública, numa situação de conflito num dado subsistema. Os revisores do modelo ACF de 2018 fornecem uma atualização do ACF.

A estrutura analítica básica das coalizões de defesa em política pública, uma tradução possível para "*Advocacy Coalition Framework*", o *framework* conceitual, é atualizada pelos revisores, conforme a figura a seguir. Observa-se que desaparece a figura do "*broker*", presente anteriormente[108].

---

[107] No original: "Researchers should adopt a long-term time perspective (e.g., ten years or more) to understand policy processes and change. Policy processes are ongoing without beginning or end (Lindblom 1968, p. 4) and, thus, strategic behavior and learning of coalition actors, the reasoning and patterns of policy change, and assessments of the success or failure of public policy should be understood from a long-term perspective." (Jenkins-Smith *et al.*, 2018, p. 142).

[108] Conforme a citação: "Careful observers of the ACF have noted that brokers are no longer listed in the current figure 4.1, as was also the case in Jenkins-Smith et al. (2014: 'Belief System Continuity and Change in Policy Advocacy Coalitions: Using Cultural Theory to Specify Belief Systems, Coalitions, and Sources of Changes'). The reason is not to discount the importance of the concept but to recognize that not all policy subsystems have policy brokers and that other types of exceptional actors might also be present, such as policy entrepreneurs" (Jenkins-Smith *et al.*, 2018, p. 161).

Imagem 1 – Diagrama de fluxo da Estrutura Analítica da Coalizão de Defesa

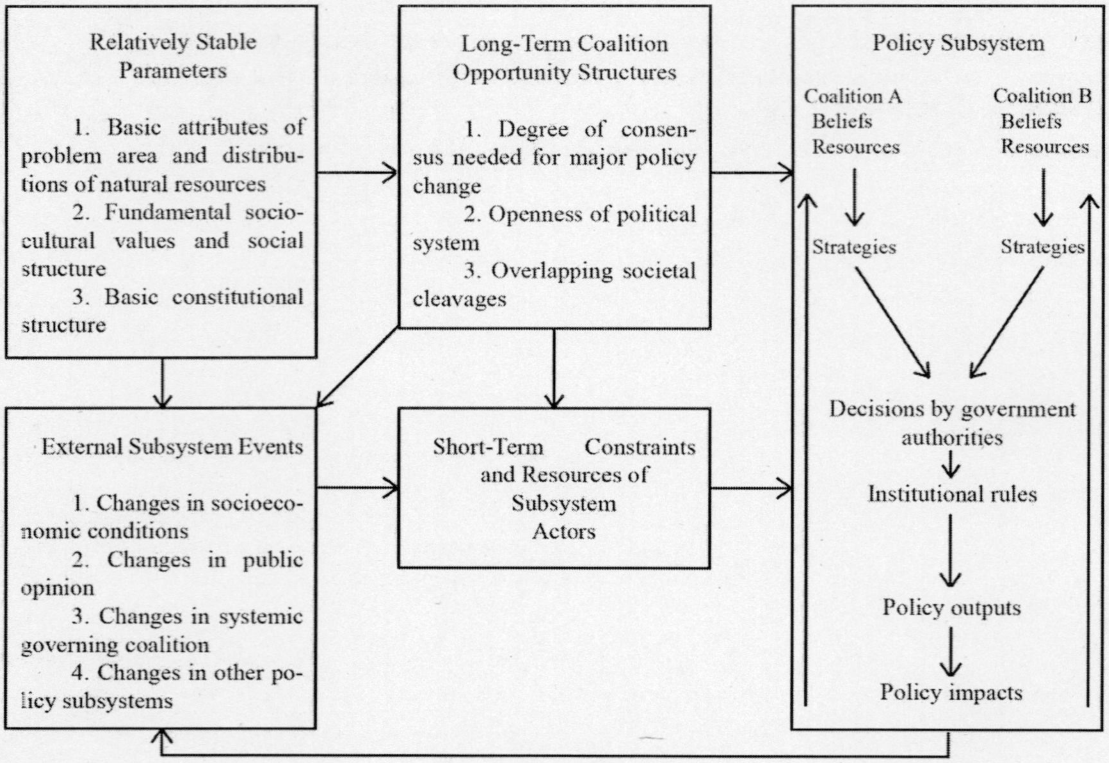

Relatively Stable Parameters	Long-Term Coalition Opportunity Structures	Policy Subsystem

(Diagram)

Relatively Stable Parameters

1. Basic attributes of problem area and distributions of natural resources
2. Fundamental sociocultural values and social structure
3. Basic constitutional structure

Long-Term Coalition Opportunity Structures

1. Degree of consensus needed for major policy change
2. Openness of political system
3. Overlapping societal cleavages

Policy Subsystem

Coalition A Beliefs Resources → Strategies
Coalition B Beliefs Resources → Strategies

Decisions by government authorities
Institutional rules
Policy outputs
Policy impacts

External Subsystem Events

1. Changes in socioeconomic conditions
2. Changes in public opinion
3. Changes in systemic governing coalition
4. Changes in other policy subsystems

Short-Term Constraints and Resources of Subsystem Actors

Fonte: Jenkins-Smith; Nohrstedt; Weible; Ingold (2018, p. 143)

O subsistema de políticas públicas é representado pelo retângulo à direita, que ilustra duas coalizões em competição, com seus atores, suas crenças e recursos. As duas coalizões valem-se de várias estratégias para influenciar as decisões governamentais que implicam as regras institucionais, a produção de políticas públicas e o próprio resultado da política pública em disputa. Há uma retroalimentação, na qual as decisões institucionais de política pública rebatem no subsistema de política pública em questão e mesmo em outros subsistemas, de forma contínua.

Na estrutura analítica básica das coalizões de defesa em política pública, nesse *framework* conceitual, no modelo ACF, observa-se que os parâmetros relativamente estáveis agem como uma categoria de variáveis que condiciona um subsistema particular e, por tabela, a disputa por uma política pública particular dentro desse subsistema. O que são esses parâmetros relativamente estáveis? São as estruturas institucionais, culturais, sociais, econômicas, físicas, que enraízam um subsistema de política pública numa dada sociedade[109]. Alguns são externos ao subsistema, como a estrutura constitucional básica do sistema político. Outros são internos, como a estrutura física de escolas e universidades, no caso do subsistema de educação que se estuda.

---

[109] Conforme a citação: "One category of variables that condition subsystem affairs includes relatively stable parameters, which are the basic social, cultural, economic, physical, and institutional structures that embed a policy subsystem (Hofferbert 1974: The Study of Public Policy. Indianapolis, IN Bobbs-Merrill; Heclo, Hugh. Social Policy in Britain and Sweden. New Haven, CT: Yale University Press)" (Jenkins-Smith *et al.*, 2018, p. 144).

Os parâmetros relativamente dinâmicos agem como uma categoria de variáveis que incluem eventos relevantes externos ao subsistema e que mudam no tempo, como as condições socioeconômicas, o estado da tecnologia dentro do subsistema, a opinião pública, a composição da coalizão de governo no poder e alterações em outros subsistemas que podem respingar no subsistema particular em estudo[110]. A lista pode ser exaustiva, mas é extremamente importante incluir a possibilidade de crises de variadas ordens, desastres naturais e pandemias.

Entre os parâmetros relativamente estáveis e o subsistema particular, observa-se no modelo ACF, uma categoria conceitual em torno de estruturas de oportunidades das coalizões no longo prazo, que é alimentada pela caixa dos parâmetros relativamente estáveis e por seu turno alimenta a caixa do subsistema de política pública.

Esse ponto tem centralidade analítica para esta obra. Por quê? Porque essas categorias intermediárias, que têm dimensão estrutural, acabam por estabelecer o grau de consenso necessário para uma mudança capital em política pública, o grau de abertura do sistema político para tanto e a necessária superação de virtuais clivagens presentes na sociedade que retardam o processo de mudança em política pública. Decorre que há uma forte interação com a institucionalidade no processo de mudança de política pública, com as instituições.

Entre a caixa analítica de eventos externos dinâmicos e o subsistema de políticas públicas, observa-se uma caixa intermediária, a importante caixa de restrições e dos recursos de curto prazo dos atores, que dão o tom das reais possibilidades, por parte das coalizões em disputa por uma política pública, de explorarem a seu favor eventos externos ao subsistema. Desse modo, obteve-se uma visão geral do modelo ACF a partir do diagrama analítico destacado pelos revisores.

Então, quais são os aspectos teóricos mais enfatizados pelos revisores de 2018? É central a busca teórica pela compreensão da mudança em política pública, suas causas, sua natureza, tanto dentro do subsistema, como fora dele. Assim como algumas outras perspectivas teóricas que estudam mudança em política pública, o modelo ACF se concentra na direção da evolução da política pública e faz uma clara distinção entre mudanças principais em política pública e mudanças menores[111].

O nível de mudança em política pública é definido pela comparação com a situação imediatamente anterior. As crenças das coalizões informam o perfil da mudança em política pública. Assim, os três anéis de crenças diferem, no geral, entre coalizões, conforme a respectiva susceptibilidade para a mudança em política pública. Pequenas mudanças em políticas públicas, como em regras administrativas, baixas alocações orçamentárias, interpretações de estatutos e normas, são frequentes e, em geral, não envolvem tensão entre atores no subsistema ou redistribuição de recursos, dizem os revisores. O contrário ocorre quando se tenta mexer no centro de crenças em política pública dominante numa dada política pública.

São apresentados quatro caminhos para a mudança em política pública: o que vem de fora do subsistema, como mudança de regime político, mudança socioeconômica, eventos extremos, que podem desencadear, como efeito dominó, mudança em política pública no subsistema, mas isso não

---

[110] Conforme a citação: "Examples include socioeconomic conditions, the state of subsystem relevant technology, public opinion, the composition of governing coalitions (Burnham 1970: Burnham, Walter Dean. Critical Elections and the Mainsprings of American Politics. New York. W. W. Norton.), and spillover effects from other policy subsystems." (Jenkins-Smith *et al.*, 2018, p. 144).

[111] Conforme a citação: "Similarly to other theoretical perspectives on policy change (Baybrook and Lindblon 1963; Hall 1993; Rose 1993), the ACF focuses on the directionality of policy evolution and makes a clear distinction between minor and major policy change (Capano 2009: Understanding Policy Change as an Epistemological and Theoretical Problem.", Journal of Comparative Policy Analysis 11 (1): 7 - 31; Howlett, Michael and Benjamin Cashore, 2009: "The Dependent Variable Problem in the Study of Policy Change: Understanding Policy Change as a Methodological Problem." Journal of Comparative Policy Analysis 11(1): 33-46." (Jenkins-Smith *et al.*, 2018, p. 145).

é automático, pois, se alguns eventos externos aumentam a probabilidade de mudanças importantes em política pública, isso pode requerer um ou mais fatores para a consolidação da mudança, que são os efetivos mecanismos causais necessários para a mudança, como o elevado apelo do tema na opinião pública, a alteração da agenda política, a redistribuição de recursos entre as coalizões e as janelas de oportunidade em política pública que se abrem e fecham.

Um fator-chave destacado pelos revisores bastante importante para esta obra é a mobilização, a mobilização que uma coalizão faz em função do fato externo e como isso pode repercutir na mudança de política pública. Nesse primeiro caminho de mudança em política pública, importa concluir que, mesmo que um evento externo ao subsistema possa alimentar uma ideia de mudança em política pública, essa condição pode não ser suficiente para a mudança, ainda que necessária.

Um segundo caminho para mudanças importantes em política pública ocorre em função de eventos internos ao subsistema da política pública em questão, como crises, fiascos de políticas públicas, escândalos. Pode ocorrer dentro do território do subsistema, na área temática ou com atores das coalizões. As coalizões podem explorar os fatos e suas consequências. Por exemplo, uma coalizão minoritária pode valer-se da situação para expor a fragilidade da política pública como defendida pela coalizão dominante e alterar a política pública, pelo enfraquecimento das crenças em política pública presentes na coalizão dominante. Novamente, não é automática a mudança da política pública somente em função do evento interno em si. São necessários os mecanismos causais mediadores, como visto anteriormente.

O terceiro caminho possível para uma mudança relevante em política pública ocorre por meio do aprendizado orientado por política pública, o que é mais provável que ocorra de forma incremental, aos poucos, no longo prazo. Ou seja, as políticas públicas ensinam. Tanto governantes, quanto atores em coalizões sociais. Ensinam, à medida que podem alterar gradualmente as concepções dos participantes do subsistema sobre um tema de política pública. Esse aprendizado pode se combinar com eventos internos ou externos e facilitar mudanças importantes em política pública. Os autores chegam a falar numa função de aprendizado, porém o tema do aprendizado com a história das políticas públicas não foi aprofundado, no geral.

O quarto caminho é por meio da negociação, do acordo entre atores envolvidos na disputa pela mudança numa política pública, o que envolve as instituições. Nove tipos de negociação aparecem na literatura: situação de impasse ou beco-sem-saída, caso de grande representatividade, quando envolve as lideranças, em contexto de regras de consenso, em função do financiamento, pelo compromisso entre os atores, por questões práticas, por confiança, por conta da abertura de janelas de oportunidade. Quando o status quo é inaceitável e não tem outro jeito de alterá-lo, a negociação se impõe[112]. Negociação e crise são importantes dimensões da tramitação da Lei de Cotas dentro do Congresso Nacional do Brasil

Com base na revisão de Pierce *et al.* (2017), os revisores dão um placar do peso relativo dos caminhos alternativos para uma mudança relevante em política pública, de acordo com estudos empíricos feitos com o modelo ACF: aprendizado em política pública (29%), eventos externos (28%), negociação (14%), eventos internos (6%). Dos caminhos vistos para a mudança relevante em política pública se chega até às hipóteses abrigadas pelo modelo ACF.

---

[112] Conforme a citação: "The most important condition instigating negotiation is a "hurting stalemate", which occurs when warring coalitions perceive the status quo as unacceptable and do not have access to alternative venues for achieving their objectives (Weible and Norrstedt 2012, 132)." (Jenkins-Smith *et al*, 2018, p. 146).

Se na versão original, o modelo ACF indicava duas hipóteses centrais para a mudança em política pública, a perturbação externa ao subsistema e a alteração das coalizões no poder, os revisores fazem uma combinação dos quatro caminhos de mudança esmiuçados anteriormente numa única hipótese, formulada como hipótese 1 de mudança em política pública:

> Perturbações externas significativas ao subsistema, uma perturbação interna significativa para o subsistema, aprendizado orientado por política pública, acordo negociado ou uma combinação disso, é uma fonte necessária, mas não suficiente, para mudança no núcleo de atributos de uma política pública de um programa governamental. (Jenkins-Smith *et al.*, 2018, p. 147).

Os revisores sustentam a existência de forte suporte para essa hipótese.

Outra hipótese surge para mudança importante em política pública e é nomeada hipótese 2:

> Os atributos centrais de uma política pública em um programa de governo numa jurisdição específica não sofrerão revisões significativas no subsistema enquanto a coalizão que instalou o programa permanecer no poder naquela jurisdição, exceto quando a mudança é imposta por uma jurisdição superior. (Jenkins-Smith *et al.*, 2018, p. 147).

Apesar de apresentar suporte entre forte e parcial, essa segunda hipótese é menos testada que a primeira, segundo os revisores.

Das duas hipóteses gerais, os revisores descem ao detalhe de hipóteses específicas para as coalizões. Surgem novos refinamentos para o modelo ACF. As hipóteses tradicionais do modelo ACF sobre coalizões falam da estabilidade por uma década ou mais da linha divisória entre aliados e oponentes em controvérsias sobre o núcleo de crenças em política pública, sobre o maior consenso em torno do núcleo de crenças em política pública entre atores numa coalizão do que em torno de aspectos secundários, que atores numa coalizão priorizarão antes os aspectos secundários de crença do que a admissão da fraqueza do núcleo central de suas crenças, que dentro de uma coalizão os agentes do governo brigarão por posições mais moderadas do que seus aliados em grupos de interesse, que os atores de grupos propositivos têm mais restrições ao expressar suas crenças e posições em política pública do que atores ligados a grupos de interesse materiais.

Para confirmar essas hipóteses sobre coalizões, os revisores apontam como metodologia de pesquisa a utilização dos registros escritos do legislativo, a realização de entrevistas, de *surveys*, a análise de discurso e o levantamento de documentação complementar. Há grande razoabilidade no uso dessas hipóteses tradicionais relativas às coalizões no modelo ACF.

No entanto, novos achados, com base na hipótese não tradicional do modelo ACF sobre a homofilia das crenças nas coalizões, trazem duas implicações para o estudo das coalizões no modelo ACF: a presença de outros fatores, fora das crenças, que afetam a formação e a estabilidade das coalizões, dentre os quais estão os interesses e a confiança; a percepção, em alguns estudos de ACF, que as coalizões, às vezes, formam-se mais por seus atores compartilharem os mesmos inimigos do que as mesmas crenças (Jenkins-Smith *et al.*, 2018, p. 149). Essa situação explicita a necessidade de mais refinamento teórico nesse ponto.

Simmel estudou especificamente grupos e a unidade de grupos quando se dedicou a associação entre indivíduos, as formas de interação entre indivíduos. É possível um grupo absolutamente centrípeto e harmonioso? Sim, "uma pura unificação ('Vereinigung') não é irreal empiricamente, mas mostraria um processo que não é a vida real" (Simmel, 1955, p. 15). Como assim? Ele dá dois exemplos comparativos: a sociedade de santos que Dante vê no Paraíso é um tipo de grupo com unificação pura, mas sem qualquer mudança e desenvolvimento; outro tipo, o que aparece no quadro "Disputa", de Rafael[113], a assembleia dos sacerdotes da Igreja, que se de fato não mostra o conflito, ao menos mostra uma considerável diferenciação de humores e direções de pensamentos, de onde fluem toda a vitalidade e a estrutura realmente orgânica daquele grupo (Simmel, 1955, p. 15). Há abrigo para tendências diferentes dentro de uma estrutura de grupo?

Para Simmel, assim como o universo precisa de "amor e ódio", isto é, forças atrativas e repulsivas para ganhar uma forma, no geral, também a sociedade, para obter uma determinada forma, necessita de uma razão quantitativa, uma proporção entre harmonia e desarmonia, entre associação e competição, entre tendências favoráveis e contrárias (Simmel, 1955, p. 15). Mas o que é a unidade de um grupo? De uma coalizão, para esse autor, se a coalizão for tomada como um grupo?

Ele designa como "unidade" o consenso e a concórdia de indivíduos em interação, mesmo contra suas discórdias, separações e desarmonias. Além disso, para compreender o fenômeno do grupo, para a sua apreensão, é preciso considerar como sendo "unidade" a síntese total do grupo de pessoas, o somatório das energias e formas que dão conta do todo daquele grupo, o que envolve as relações unitárias e as relações dualísticas (Simmel, 1955, p. 17).

No limite analítico, estudos sobre grupos de interesse nos EUA e a relação com as políticas públicas identificaram a presença de grupos sem membros, com o domínio de grandes corporações dentro desses grupos, que conformariam a ampla maioria dos grupos que atuam por políticas públicas na política dos EUA, em Washington, entre 1981 e 2012 (Scholozman *et al.*, 2015).

Há uma literatura por demais atinente ao escopo da análise que aborda os grupos de interesse no Brasil e suas relações com o Congresso Nacional, incluindo Santos (1991), Schimitter (1971), Guerros (1979), Dreifuss (1987), Minella (1988), Yamil e Souza Dutra (1990), Aragão (1994) e Whitaker *et al.* (1989), para ficarmos em torno do marco da Constituição de 1988, no centenário da abolição inconclusa.

Segundo Aragão (1994), os registros escritos envolvendo a interação entre grupos sociais de pressão e o legislativo nacional na disputa pela formulação de políticas públicas já surgem no caso da atuação da associação comercial da Bahia durante a Primeira República, no caso das associações de advogados, nos anos 1950, e na mobilização da sociedade civil, no processo de golpe de Estado no Brasil, no começo dos anos 1960, a favor e contra o golpe.

Aqui, há que considerar critérios de distinção para os períodos de relativa democracia no Brasil e períodos de interdição democrática, de ditaduras, de modo a privilegiar aqueles períodos em detrimento dos últimos, único modo de perscrutar caminhos ou *path dependence* do *modus operandi* da relação da sociedade como o Congresso Nacional, com o Parlamento brasileiro. Desse modo, pode-se falar em relativa estabilidade democrática no Brasil no período que vai de 1946 a 1964, no período Constituinte de 1988 e após. Então, nesse tempo, as realidades das disputas congressuais por projetos de lei e outras proposições que envolveram *lobbies*, grupos de interesse, grupos de pressão no Parlamento brasileiro, tornam-se relevantes, em particular, aquelas situações que marcaram a história do Brasil de modo indelével.

É sintomático, nesse sentido, por um lado, a interação do Parlamento com os movimentos sociais brasileiros no período de 1961 a 1964, em função da forte ação dos movimentos sociais na defesa das chamadas "Reformas de Base", como a Reforma Agrária e a Reforma Universitária, dentre outras.

---

[113] Rafael Sanzio (Rafaello), pintura realizada entre 1510 e 1511, no Vaticano.

Por outro lado, uma Comissão Parlamentar de Inquérito (CPI), criada no Parlamento brasileiro e presidida pelo então deputado Rubens Paiva (que será um desparecido político da ditadura brasileira) irá investigar a ação do IPES, do IBADE, da CONSULTEC, dentre outras instituições presentes na sociedade civil brasileira que faziam *lobby* no Congresso Nacional, inclusive financiando eleições de parlamentares escolhidos a dedo. Centremo-nos, no IBADE e no IPES. Conforme Dreifuss (1987):

> Os interesses multinacionais e associados consideraram outras formas de representação de interesses além do controle da administração paralela ou do uso do *lobbying* sobre o Executivo. Eles desejavam compartilhar do governo político e moldar a opinião pública, assim o fazendo através da criação de grupos de ação política e ideológica. O primeiro desses grupos a ter notoriedade nacional em fins da década de cinqüenta foi o IBAD – Instituto Brasileiro de Ação Democrática[114]. (Dreifuss, 1987, p. 101-102).

Com a ajuda financeira direta dos EUA, a ação do IBAD e do IPES, entre fins dos anos 1950 até o golpe militar, pode ser considerado um caso extremo da ação de grupos de interesse no Parlamento brasileiro, pois, nesses casos, eles têm seu poder elevado à enésima potência, ao máximo, num quadro de restrição do sistema político mundial dominado pela Guerra Fria. Aproxima o autor seu olhar sobre o IPES:

> O IPES passou a existir. Os fundadores do IPES do Rio e de São Paulo, o núcleo do que se tornaria uma rede nacional de militantes e grupos de ação vieram de diferentes *backgrounds* ideológicos. O que os unificava, no entanto, eram suas relações econômicas multinacionais e associadas, o seu posicionamento anticomunista e a sua ambição de readequar e reformular o Estado. Esses empresários visavam a uma liderança política compatível com sua supremacia econômica e ascendência tecnoburocrática, pois, como foi observado, " a direção do país não podia mais ser deixada só na mão dos políticos". O IPES passou a existir, oficialmente, no dia 29 de novembro de 1961. Seu lançamento foi recebido favoravelmente pelos diversos órgãos da imprensa, tais como o Jornal do Brasil, O Globo, o Correio da Manhã e a Última Hora. Contou também com o beneplácito do conservador Arcebispo do Rio Dom Jayme de Barros Câmara, enquanto outras figuras políticas, eclesiásticas e intelectuais aplaudiram da mesma forma o seu aparecimento. Rapidamente o IPES se expandiu até Porto Alegre, Santos, Belo Horizonte, Curitiba e outros centros menores[115]. (Dreifuss, 1987, p. 163).

O denso estudo citado é revelador: na prática, a ação de atores, num dado cenário político, com o fito de influenciar no rumo das políticas públicas e, no limite, do próprio Estado — como os dois casos vistos; tal ação nunca é isolada, mas converge com a ação de um conjunto heterogêneo de atores. De algum modo, isso tangencia a noção de coalizão presente no modelo ACF.

[114] O IBAD, descrito pelo embaixador estadunidense Lincoln Gordon como um "grupo industrial de moderados e conservadores" foi criado em fins da década de cinquenta paralelamente à projeção política do CONCLAP-Rio. O IBAD foi instituído com o alegado e ambíguo propósito de "defender a democracia", sendo seus fundadores ostensivos Lauro Beer, Barthelemy Beer, Lauro Barros, Odemir Faria Barros e Aloísio Hanner. Havia, porém, outra versão da fundação do IBAD. Ao apoiar publicamente o IBAD, Carlos Lacerda, então governador da Guanabara, lembrou que, logo após João Goulart haver assumido o governo, ele foi procurado no Palácio das Laranjeiras por um grupo de representantes das classes conservadoras. Eles eram Rui Gomes de Almeida, da Associação Comercial do Rio de Janeiro e da American Chamber of Commerce, Zulfo de Freitas Malman, da Federação das Indústrias do Estado da Guanabara e Jorge Behring de Mattos, do CONCLAP e da ADESG. Esses representantes comunicaram a Carlos Lacerda que as forças econômicas brasileiras se organizaram imediatamente para "defender a democracia, as instituições efetivas e o regime". Assim nasceu o IBADE, conforme declarou o governador da Guanabara (Dreifuss, 1987, p. 102). Sobre a atuação do IBAD, do IPES no processo de derrubado do governo democrático brasileiro de João Goulart, ver também o filme *Jango*, de Sílvio Tendler, no qual aparece, inclusive, a "operação Brother Sam".

[115] O lado encoberto coordenava uma sofisticada e multifacética campanha política, ideológica e militar. Os fundadores do IPES, avidamente dedicados à "manipulação de opiniões e guerra psicológica, organizavam e recrutavam um núcleo de cinquenta membros, cada um era encarregado de trazer cinco outros, e eles, por sua vez, outros cinco. Eles concordavam em conduzir tanto as operações públicas, quanto as encobertas". Algumas pessoas do grupo de fundadores consideravam que o IPES deveria ser uma organização inteiramente clandestina, mas foi argumentado que, em função da natureza das tarefas por vir, seria mais sensato operar também com o conhecimento do público. As operações secretas e discretas da burguesia insurrecional eram executadas por forças-tarefa especializadas, unidades de ação, grupos com codinomes e subsidiários (Dreifuss, 1987, p. 164).

A lei de informação dos Estados Unidos, recentemente, acabou por liberar o acesso para pesquisadores a telegramas entre a embaixada estadunidense no Brasil e a sede do governo estadunidense, em Washington. Uma equipe brasileira perscrutou essas comunicações, ratificando o estudo de Dreifuss (1987) com vasto material documental comprobatório. Parte desse acervo aparece no filme *O dia que durou vinte e um anos*, de Flávio Tavares, lançado em 2012.

Já no seu estudo, Aragão (1994) também identificou a atuação de mais de 383 grupos de pressão durante o processo constituinte ocorrido entre 1987 e 1988, no Brasil. A presença dos grupos de pressão ao Congresso Nacional se insere no contexto da abertura política no Brasil, no final da década de 1970, e eles crescem à medida que há uma perspectiva dos grupos de oposição ao regime militar assumirem o poder político no Brasil. Mas, segundo o autor, outras motivações estariam presentes, em função de heranças históricas e estruturais da organização social, como a "vertente social", que mesclaria tanto grupos com motivação política (redemocratização) quanto pequenas associações, mobilizadas por temas específicos ou na defesa de interesses comunitários:

> Vertente social: a luta pela redemocratização do país e a sofisticação das relações de consumo, fruto do desenvolvimento econômico nos anos 70 e do aperfeiçoamento das comunicações; o início de um surto "associativista" em torno de causas comunitárias, de minorias e de interesse geral, tais como: grupos e associações de bairro, grupos de defesa do consumidor, grupos ambientalistas, grupos feministas, grupos pró-índios, grupos em defesa dos direitos dos negros, grupos de mutuários do SFH, grupos de aposentados e pensionistas da Previdência Social, entre outros. (Aragão, 1994, p. 23).

Esses grupos, para o autor, articulariam interesses e apresentariam demandas aos legisladores e aos tomadores de decisões políticas. Os grupos poderiam ter natureza permanente ou transitória e variada motivação: econômica, classista, religiosa, ideológica, profissional, ambiental, geográfica, dentre outras. O autor também sugere uma tipologia para classificar os grupos: empresariais, profissionais, trabalhadores, de natureza diversa (ambientalistas, religiosos, minorias, comunitários), poderes públicos e suas dependências (Aragão, 1994, p. 48).

Ele sustenta que a atuação dos grupos de natureza diversa no congresso nacional seria "bastante limitada" e se daria em função de temas específicos e no geral, finda a questão, cessaria a motivação para o grupo continuar mantendo contatos e monitorar a atividade legislativa, visto que essa atuação, no geral, seria de elevados custos. Quanto aos procedimentos desses grupos, o autor lista as seguintes atividades, percebidas em sua pesquisa empírica: monitoramento de projetos, elaboração de documentos, definição de estratégia de ação, serviços de relações públicas, contato direto com os parlamentares, participação em audiências públicas, realização de viagens de estudo e aprofundamento em questões, edição de publicações, uso de propaganda, construção de visibilidade pública para suas demandas, construção de imagem pública e domínio de regimentos, legislação, regras constitucionais e legais.

Whitaker *et al.* (1989), em *Cidadão Constituinte*, contam a saga das emendas populares no processo constituinte brasileiro que desaguou na aprovação da Constituição de 1988, marco histórico dos direitos sociais no Brasil. Muitos elementos analíticos sobre a interação de diversos atores com o Congresso Constituinte surgem no livro como uma grande lição da história do país e sua fértil crença na democracia. Logo, não seria incongruente com a utilização do modelo ACF, uma pesquisa sobre política pública que considerasse esses outros fatores, como os interesses, o próprio conflito de interesses dentro de coalizões, entre coalizões e o conflito no espaço de poder amplo do Estado nacional.

A ostensiva hostilidade, valor típico de sociedades racistas, como no regime do apartheid, na história da África do Sul, as castas na Índia, a longa duração da colonização, e não só nesses casos, cria fronteiras políticas artificiais entre grupos humanos, fronteiras que são alimentadas pelos grupos que desfrutam de privilégios, fronteiras sem porosidade e vigiadas no tempo infinito com arame farpado, cerca elétrica, muros, radares e demais mecanismos de fronteirização permanente sobre o movimento dos corpos humanos.

Uma conformação de fronteiras artificiais entre grupos pode ocorrer em qualquer escala, do local, passando pelo nacional, ao global. Norbert Elias, no livro *Estabelecidos e Outsiders* (Elias; Scotson, 2000), estudou um exemplo de constituição de fronteira local, no que nomeou divisão entre *insiders* e *outsiders*, os que chegaram antes no lugar e os que chegaram depois.

Pandemias podem criar cordões sanitários entre contagiados e sãos em qualquer escala. O isolamento dos leprosos e dos alienados em sanatórios são exemplos violentos de conformação de grupos. Em casos extremos, mas não raro na história, a unidade de grupos de privilégio se cria pelo poder massivo do coro da hostilidade, que pode vir de fora para dentro do indivíduo, apesar do indivíduo, à revelia do indivíduo.

A metáfora do fogo que queima tudo, que devora tudo, que tudo contagia; a metáfora da floresta de coníferas, formada por indivíduos isolados tão fortes que podem alcançar alturas infinitas, mas que juntos desaparecem frente à imensidão da floresta como corpo-forma. Elias Canetti explorou a conformação desses grupos de hostilidade e essas duas metáforas no seu clássico Massa e Poder. São grupos e coalizões importantes na história. Não nos deteremos nisso por hora.

Para a cientista política Iris Marion Young (2010), as políticas públicas ganham em qualidade e as instituições ganham com a presença de mais grupos na política, pelo aumento da qualidade da democracia e do apelo a aspectos negligenciados da justiça. Porém, se, em termos matemáticos abstratos, é possível pensar que as possibilidades de conformação de grupos variam de acordo com a probabilidade de combinação do número n de indivíduos, conforme o tamanho do grupo, no mundo real, nem sempre os indivíduos são universais ou suas posições móveis numa sociedade, seja para a soma, seja para o produto.

A universalidade do indivíduo, sua condição necessária para a soma, sua unidade que informa sua humanidade, em muitos casos, é negada por razões históricas, políticas e raciais, no limite, nesse caso, o um da humanidade de cada ser humano é trocado por menos que um, pelo não ser, como percebeu Gislene Aparecida dos Santos (2020). Assim, nem sempre o indivíduo tem poder de escolha ou variados indivíduos nem sempre têm igual poder de escolha, mas são condicionados pela posição que ocupam tanto na hierarquia social, como na estrutura social, na estrutura racial, na estrutura sexual. Young (2010) considera esses grupos estruturais fundamentais para a democracia.

> Os críticos de tais afirmações reduzem erroneamente essa política de diferença à "política de identidade". Embora este rótulo seja apropriado para descrever certos aspectos dos movimentos sociais baseados em grupos, ou certas questões importantes para eles, em geral o rótulo "política de identidade" é enganoso. A teoria política faria bem em separar a diferença do grupo social de uma lógica de identidade de duas maneiras. Em primeiro lugar, devemos conceituar grupos sociais de acordo com uma lógica relacional em vez de substanstialista. Em segundo lugar, devemos afirmar que os grupos não têm identidades como tais, mas sim que os indivíduos constroem suas próprias identidades a partir do posicionamento dos grupos sociais. (Young, 2010, p. 82).[116]

---

[116] No original: "Critics of such claims wrongly reduce this politics of difference to "identity politics". While this label is appropriate to describe certain aspects of group-based social movements, or certain issues important to them, on the whole the label 'identity politics' is misleading. Poli-

O paradoxo político nas políticas públicas entre interesses específicos e interesses gerais se mantém ativo no Brasil, desde o começo dos anos 1990, o que pode ser traduzido como o encontro perverso da história, a confluência perversa (Dagnino, 2004), entre uma democracia que ganhava asas dentro do país, saindo de uma ditadura civil e militar, nos anos 1980, com a presença ascendente importante de novos movimentos sociais e um vendaval de fora para dentro do país, de destruição dos padrões políticos e materiais do estado de bem-estar social, onde ele teve êxito em suas políticas universais, como saúde, educação e garantias do trabalho, como em alguns países da Europa. Paradoxo que não camufla paradoxos anteriores da história do Brasil.

Depois do breve mergulho necessário, voltemos ao problema dos limites das hipóteses do modelo ACF. Além das hipóteses, os revisores argumentam em favor de conceitos adicionais muito importantes, dentre os quais estão quatro categorias necessárias para a compreensão das coalizões (Jenkins-Smith *et al.*, 2018, p. 150-151). Uma é a noção de coalizões dominantes e coalizões minoritárias, na qual a existência de uma coalizão dominante pode se impor sobremaneira um subsistema por longo tempo, sem o quadro de conflito em torno de uma política pública, marginalizando coalizões adversárias, ou mesmo com ausência de coalizão de oposição.

A segunda é a necessidade de superação de desafios de ação coletiva, em que se destacam o papel que as crenças similares em política pública têm na redução dos custos de transação de coordenação da coalizão; o envolvimento dos atores em diferentes níveis de intensidade numa coalizão, como formas fracas de coordenação — apenas por meio do compartilhamento de informações e formas fortes de coordenação, com o desenvolvimento e execução conjunta de planos e ações.

A terceira é a noção de atores principais e atores auxiliares, aqueles são mais consistentes, centrais e persistentes na coalizão, ao passo que esses atuam de vez em quando ou por um curto período de tempo, não se engajando regularmente no longo tempo da disputa em torno de uma política pública.

A quarta categoria conceitual importante para a análise de política pública via modelo ACF são os recursos, as estratégias e as atividades. Os recursos envolvem autoridades formais em instituições, opinião pública, informação, mobilização, recursos financeiros e lideranças habilidosas, dentre outras possibilidades. Nem só de recursos são feitos as estratégias e as atividades de uma coalizão, mas a sua presença informa sobre o potencial da coalizão para desenvolver atividades de luta e estratégias vitoriosas.

É relevante explorar em maior detalhe o caminho da mudança em política pública via aprendizado em política pública. Que componentes do sistema de crenças mudam ou permanecem os mesmos por meio do aprendizado em políticas públicas? Que contextos geram esse aprendizado? Como esse aprendizado se difunde entre aliados de uma coalizão e entre a coalizão oponente?

Parte-se da definição de aprendizado baseado na experiência que influi no pensamento, no comportamento, nas intenções, no sistema de crenças dos indivíduos ou dos grupos. Não se trata apenas do entendimento de um problema e de suas soluções, mas também do aprendizado do uso de estratégias políticas para atingir objetivos.

Os revisores consideram quatro categorias de fatores explicativos para o aprendizado.

A primeira são os atributos dos fóruns institucionais. Fóruns são locais de reunião, de encontro público, onde coalizões interagem, debatem e podem negociar. O grau de abertura do fórum

---

tical theory would do well to disengage social group difference from a logic of identity, in two ways. First, we should conceptualize social groups according to a relational rather than a substanstialist logic. Secondly, we should affirm that groups do not have identities as such, but rather that individuals construct their own identities on the basis of social groups positioning." (Young, [2000] 2010, p. 82).

para participação ampla e a extensão em que os participantes compartilham uma conduta comum, influenciam no aprendizado em política pública.

A segunda é o nível do conflito entre as coalizões. Para um nível baixo de conflito, há pouco nível de aprendizado, pois os atores estão priorizando outros assuntos no subsistema. Para um nível elevado de conflito também há pouco aprendizado, porque os atores defendem suas posições e rejeitam informações que questionem suas crenças. Já num nível intermediário de conflitos, as coalizões se preocupam em resolver os problemas da política pública, há relativa prioridade no tema e permanecem relativamente receptivas para novas informações o que aumenta a probabilidade de aprendizado entre as coalizões.

A terceira categoria de fatores são os estímulos. Referem-se ao tipo de informação e de experiência aos quais os atores das coalizões estão expostos. Elevada incerteza, ausência de dados, grande desacordo de interpretações do problema, diminuem o aprendizado esperado entre as coalizões.

A quarta são os atributos dos atores. Isso inclui o sistema de crenças, os recursos, as estratégias e a rede de contatos dos atores individuais das coalizões. A expectativa é que atores com crenças extremas provavelmente aprendam menos dos oponentes do que atores com crenças moderadas. Adicionalmente, alguns atores podem atuar como negociadores, buscando quebrar o nível de conflitos e ajudando oponentes a chegarem a um acordo. Os negociadores não são definidos *a priori*, podendo ser da academia, do governo, do setor privado ou do setor não governamental.

Dessas categorias, derivam hipóteses diretas e indiretas em torno do aprendizado em políticas públicas para serem aplicadas em casos empíricos de análise de mudanças em política pública com base no modelo ACF, como as hipóteses de que o aprendizado é mais provável quando há um nível intermediário de conflito entre as coalizões; quando há fóruns institucionais participativos; quando há dados quantitativos e teorias como sustentação técnica das alternativas de superação do problema; quando há um negociador bem embasado do assunto, dentre outras hipóteses possíveis.

Algumas hipóteses tiveram relativo suporte em estudos realizados com o modelo ACF, sustentando que o aprendizado ocorre mais quando há questões com grau intermediário de conflito e grande informação científica disponível, mas os revisores argumentam que esse ponto, o aprendizado em políticas públicas necessita de maior aporte teórico, tanto em termos conceituais, quanto em jeitos de medir as quatro categorias e, eventualmente, novas categorias, novas hipóteses.

Por fim, para uma agenda de pesquisas com o modelo ACF, os revisores sugerem: a reconsideração das possibilidades de inovações no sistema de crenças do modelo ACF; o avanço da teorização sobre aprendizado em políticas públicas, o refinamento da teoria das estruturas e da coordenação das coalizões; o desenvolvimento de uma hierarquia dos recursos das coalizões; o estudo de locais de encontros e fóruns dentro do subsistema de política pública; o uso do modelo ACF para o estudo comparativo de políticas públicas; a ênfase em uma tipologia dos atores — como negociadores/ atores excepcionais numa coalizão; a ênfase no perfil do subsistema — se maduro ou nascente; o desenvolvimento de métodos de coleta e análise de dados; o refinamento do modelo ACF para aplicação em áreas não usuais.

Uma revisão brasileira do modelo analítico de políticas públicas ACF

Em 2020, autores brasileiros publicaram uma revisão das aplicações do modelo ACF no mundo, com base na língua inglesa (Ma; Lemos; Vieira, 2020). Foram 46 trabalhos empíricos analisados, filtrados de um total de 143 trabalhos encontrados dentro do critério de uso do modelo ACF, realizados entre 2015 e 2018. Em 2015, foram publicados 13 trabalhos, em 2016, 10 trabalhos, em 2017, 17 e até o momento da pesquisa no ano de 2018, mais 6 artigos, sendo 111 autores, uma média de 2,4 autores por artigo.

Do total analisado, 20 foram publicados por instituições da Europa, 18 dos EUA, 5 intercontinentais, 2 da Ásia e 1 da Oceania. Nenhuma publicação relevante por critérios de elevada hierarquia acadêmica do *mainstrem* era de instituição da América Latina ou da África, mas 2 eram sobre a África e 1 sobre a América do Sul, no período visto. Uma das hipóteses da ausência de publicações de instituições do Sul global pode ser a questão da língua. Mas se sabe que é muito mais que isso.

As áreas de política pública presentes nas publicações eram o seguinte: 26 era sobre o meio ambiente e energia, 7 sobre política econômica, 7 sobre saúde, 3 sobre políticas sociais, 1 sobre educação, 1 sobre seguridade. A metade tratava de estudos de caso como metodologia. A pesquisa de documentos combinada com entrevistas é a metodologia que predomina em 47% das publicações feitas com o modelo ACF.

Em comparação com a revisão de Peirce *et al.* (2017), os autores identificaram um crescimento no uso de entrevistas. A análise de conteúdo como método analítico dominou 73,9% dos trabalhos empíricos, seguida por estatística descritiva, com 13%, análise de discurso, com 6,5%, e inferência estatística, com 2,2%. Não ficou explícita uma técnica particular para o grande uso de documentação verificada.

Os autores escrevem em inglês e sustentam que "a predominância de estudos descritivos e qualitativos sugerem que as coalizões e as crenças são identificadas principalmente através de pesquisa de documentos e entrevistas semi-estruturadas" (Ma; Lemos; Vieira, 2020, p. 20). Por isso, os autores valorizam a importância da identificação dos mecanismos causais complexos na relação entre fatores explicativos e mudança em política pública. O modelo teórico ACF foi aplicado sozinho ou combinado com abordagens institucionais em alguns casos publicados ou com outras abordagens. O elemento teórico do modelo ACF mais utilizado nas publicações vistas foi a noção de subsistema, que foi utilizado em todas as publicações. Os casos nacionais foram dominantes nas publicações.

Quanto ao número de coalizões, nos estudos apareceram de zero a cinco coalizões por país estudado, sendo 54% duas coalizões, 24% três, 1 coalizão, 9%, quatro, 7%, 5, 2%. No que tange à presença das crenças nos estudos, crenças principais foram identificadas em 98% dos artigos, mas apenas 13% identificaram as crenças nos três níveis propostos pelo modelo ACF. Para os autores, isso indica dificuldades empíricas na identificação das crenças profundas e na separação entre centro das crenças em políticas públicas e crenças secundárias (Ma; Lemos; Vieira, 2020, p. 22).

Embora os revisores de 2018 enfatizem a importância teórica dos recursos dos atores nas coalizões, 54% das publicações não analisam nenhum recurso, ao passo que 11% analisam todos os recursos tradicionalmente indicados pela teoria. Os recursos que aparecem nas publicações assim se distribuem: posição de autoridade, com 28%; opinião pública, com 24%; informações adquiridas, com 20%; seguida por mobilização de apoiadores; recursos financeiros e habilidade das lideranças, cada um com 4% nas publicações. O que chama a atenção é o baixo peso relativo da informação científica como fator determinante para a mudança em política pública. Esse fator, valorizado pela teoria, aparece marginalizado no mundo empírico, o que requer mais análises.

De qualquer modo, mostram-se efetivos para a mudança em política pública o papel da presença das coalizões no debate das políticas públicas, as narrativas, uma combinação de diferentes tipos de informação. A importância dos eventos externos para a mudança em política pública está presente em 72% das publicações. Enfim, no teste de fogo do modelo ACF, a hipótese da mudança significativa em política pública, 43% das publicações identificaram algum tipo de mudança na política pública analisada, sendo 42% mudanças significativas, 26% secundárias e 33% não especificaram o tipo de mudança ocorrida. Eventos externos ou internos, isoladamente, representaram, respectivamente, 12% e 19%, dos caminhos da mudança em política pública. Somente 7% dos estudos consideraram todos os caminhos de mudança indicados na teoria do modelo ACF.

Em 70% das publicações, apesar de identificado algum tipo de aprendizado, ele não é analisado. No restante, o destaque é para o aprendizado na coalizão. Quando os autores mudaram os critérios da pesquisa para a língua portuguesa e para o espanhol, encontraram 8 publicações, 4 que citam o modelo ACF e 4 que são aplicações mesmas do modelo ACF. São dois no Brasil, um no Uruguai e um no Chile. Zorrila (2016) examina mudanças na política pública de educação no ensino médio do Uruguai por meio do estudo das coalizões promotoras. Apesar dos critérios duros dos filtros dos autores, típicos do *mainstream* e da hierarquização da produção científica mundial, os autores citam o estudo de Capelari *et al.* (2015) que encontrou 23 aplicações do modelo ACF em teses e dissertações no Brasil.

Os autores creem que é incipiente mas promissora a utilização do modelo ACF no Brasil para o estudo das políticas públicas e apresentam uma agenda de pesquisa onde destacam: a importância da dinâmica em política pública, a utilização do conhecimento científico pelas coalizões para evitar mudança em política pública, o papel dos discursos para problemas de coordenação numa coalizão e entre coalizões, a importância de inferências causais, a relevância de estudar o papel da sociedade em influenciar ativamente os processos de política pública.

Uma política pública de educação, como a Lei de Cotas, sua disputa no Congresso Nacional, do ponto de vista *bottom-up*, pode ter no *Advocacy Coalition Framework*, no modelo ACF, nessa estrutura analítica das coalizões de defesa em política pública, um importante referencial analítico em política pública, pois guarda potencial para abrigar uma ampla variedade de atores em interação na forma de coalizões de defesa de uma dada posição em torno da política pública de educação. O modelo ACF não exclui a possibilidade analítica de considerar o institucionalismo histórico (Immergut, 2007) como uma visada teórica complementar, dado os estudos recentes que indicam a persistência histórica da desigualdade no Brasil.

A desigualdade no Brasil procura por funções de aprendizado em política pública para sua superação, o modelo ACF possibilita o estudo de longo prazo e o jogo institucional em variados espaços de poder. Ao debater o peso das ideias na conformação das coalizões, o ACF também se abre para uma perspectiva interdisciplinar, relevante nos estudos de política pública, como sustenta o professor Eduardo Marques.

3.2 REDUÇÃO SOCIOLÓGICA EM POLÍTICAS PÚBLICAS

É notório nos dias de hoje o deslocamento para um espaço epistemológico *mezzo marginalia* daquilo que se considera "interpretações do Brasil" ou "pensamento político brasileiro", o que abarcaria parcela da produção intelectual brasileira sobre o período anterior à abolição, aquela da primeira república, dos anos 1930, 1940, 1950, 1960, 1970 e 1980.

Num balaio intelectual amplo estariam Maria Firmina dos Reis, Machado de Assis, Lima Barreto, Sílvio Romero, Nina Rodrigues, Caio Prado Júnior, Joaquim Nabuco, Euclides da Cunha,

Oliveira Vianna, Sérgio Buarque de Hollanda, Fernando de Azevedo, Paulo Freire, Celso Furtado, Lélia Gonzales, Antonio Candido, Raimundo Faoro, Abdias do Nascimento, Anísio Teixeira, Roberto Schwarcz, Emília Viotti da Fonseca, Darcy Ribeiro, Florestan Fernandes, Roger Bastide, Thales de Azevedo, Maria da Conceição Tavares, Luiz de Aguiar Costa Pinto, Manuel Querino, Arthur Ramos, Marilena Chauí, Edson Carneiro, Milton Santos, dentre outros(as). Autorias indígenas?

Miceli (2001) estuda as elites intelectuais brasileiras na primeira metade do século XX. Brandão (2005) identifica linhagens do pensamento político brasileiro, como o "idealismo orgânico", uma tradição realista, em que se acham Paulino Soares de Souza (Visconde de Uruguai), Oliveira Viana e o "idealismo constitucional", uma tradição utópica, que advogaria a adoção de leis e instituições estrangeiras para funcionar no Brasil, como Rui Barbosa, Raimundo Faoro. Duas outras linhagens surgiriam após 1930: o "radicalismo de classe média" e o "marxismo de matriz comunista".

O livro *Intérpretes do Brasil: clássicos, rebeldes e renegados*, de Luiz Bernardo Pericás e Lincoln Secco (Pericás; Secco, 2015), rastreia um horizonte de autorias. Já Lynch (2016) elabora uma cartografia rica do pensamento social brasileiro, incluindo uma fortuna analítica da produção acadêmica recente. Constam também os estudos do grupo de pesquisa do Projeto UNESCO, no Brasil, nos anos 1950, que contou com Roger Bastide, Florestan Fernandes, Fernando Henrique Cardoso, Tales de Azevedo, Oracy Nogueira, dentre outros pesquisadores, numa grande empreitada sobre as relações raciais e a desigualdade social no Brasil em perspectiva comparada. Ou seja, para além de uma tradição afiliada a uma disciplina que disputa os campeonatos acadêmicos na chamada fronteira mundial do conhecimento, haveria algo mais sério em jogo. Além dos cantos de sereia dos morangos estrangeiros, as jabuticabas importam.

É como se existisse um eterno recomeço, não raro vindo de fora para dentro do país, como se os daqui vivessem anestesiados, à espera da nova corrente da vanguarda da produção científica mundial, sem criação. Quase sempre esse "novo começo é pautado por atos paradigmáticos de recusa de uma tradição tida como ensaística e indisciplinada e de adesão a protocolos de explicação positiva dos fenômenos políticos" (Lessa, 2011, p. 20). Assevera o autor que,

> Mais que simples sucessão de autores e teorias, sugiro a presença de uma transfiguração profunda no modo de falar a respeito dos fenômenos políticos. A direção assumida, a partir dos anos da década de 1970, foi a de afirmação de uma ciência positiva da política, depurada das confusões "normativas" do campo das humanidades e progressivamente afastada das demais ciências sociais, em nome da defesa de uma autonomia e de uma distinção de seu objeto. (Lessa, 2011, p. 18).

Nesse prisma investigativo em humanidades ou maneira de alargar o horizonte da análise, Lessa (2011) aponta estudos, como de Nunes Leal, Raimundo Faoro, Oliveira Vianna, Guerreiro Ramos e Álvaro Vieira Pinto, para o autor, exemplares[117].

Façamos então o diálogo teórico necessário com Guerreiro Ramos. Guerreiro Ramos, um estudioso de políticas públicas, viveu nos anos 1950 "o problema da descolonização do trabalho sociológico" (Ramos, 1996, p. 35)[118] e, de modo interdisciplinar, buscou em seus cursos na Escola Brasileira de Administração Pública da Fundação Getúlio Vargas (RJ), no Instituto Superior de Estudos Brasileiros (ISEB, também no Rio) e na Universidade da Bahia, a superação da mentalidade colonial na compreensão do Brasil e suas particularidades. Propôs uma epistemologia, um método

---

[117] Ver Nota 2.

[118] Ver prefácio do autor à segunda edição do livro *A Redução Sociológica*, escrito no Rio de Janeiro, em 11 de agosto de 1963 (Ramos, 1996).

de assimilação crítica e não automática da produção científica estrangeira, sem cair no "nacionalismo canhestro" (Ramos, 1996, p. 13), uma sociologia em ato, que respeite a objetividade científica e a comunidade universal humana, reivindicando o ponto de vista dos países periféricos.

> À assimilação literal e passiva dos produtos científicos importados ter-se-á de opor a assimilação crítica desses produtos. Por isso, propõe-se aqui o termo "redução sociológica" para designar o procedimento metódico que procura tornar sistemática a assimilação crítica (Guerreiro Ramos, [1958] 1996, p. 68).

O que quer dizer uma sociologia em ato, atitude de pesquisa sublinhada pelo professor Guerreiro Ramos? Uma pesquisa em ato? É primar pelo empírico, mas simultaneamente alarmar a teoria, fazer a reflexão da pesquisa em ato. O tema de pesquisa é um lugar empírico, mas também de decisão teórica. Sem a teoria não há conceitos para o estudo. Fora da teoria, apodrecem os conceitos. A empiria pura pode fazer o objeto de pesquisa falar — que não se duvide —, "o campo fala", como diz o ditado tácito nos corredores da academia. Um exemplo disso vem da professora Maria Sylvia de Carvalho Franco.

Os chamados estudos de comunidade, em voga nos anos 1950/1960 nas humanidades internacionalmente, indicaram perspectivas teóricas para a sua tese de doutorado, defendida em 1964, na Universidade de São Paulo (USP). A autora encontrou uma virulenta e multifacetada presença da violência no cotidiano de homens livres na ordem institucional escravocrata, uma descoberta de campo. Isso foi possível por sua abordagem peculiar do problema de pesquisa:

> Essa orientação põe em jogo a base conceitual que vem sustentando, em larga medida, as teorias sobre sociedades subdesenvolvidas, descritas como tradicionais. A fim de tomar posição face a essas teorias, alguns dos resultados das análises foram aproveitadas na forma do método tipológico, em geral avocado nessas interpretações. Procurei usar os conceitos de relação comunitária, de autoridade tradicional e de sociedade estamental conforme os requisitos dos tipos ideais, para estabelecer sua inadequação à sociedade brasileira e, ao mesmo tempo, ressaltar a técnica defeituosa de generalização que tem levado à impropriedade no uso desses conceitos. De passagem, quero apenas advertir que essa objeção não se resolve com o argumento da distância entre situações empíricas e conceitos puros. A referida impropriedade vem de esquecer que os tipos ideais, em que pese seu caráter formal, são construções teóricas que expõem o caráter singular dos fenômenos culturais. Nessa medida são históricos. São conceitos genéticos, cujo rigor supõe a observância dos nexos de sentido entre seus componentes da configuração em que estão arranjados, com suas tendências essenciais e o princípio que as governa. A negligência desses requisitos transforma-os em conceitos classificatórios que meramente sumarizam os traços comuns a certos fenômenos empíricos. (Franco, [1964] 1997, p. 15-16)

As pessoas que não arredam pé de um desenho estruturado da pesquisa a ser feita não devem se negar a correr o risco da incerteza de um material empírico de desenho emergente que surge em ato, no fazer científico de uma pesquisa de corte empírico. Porém, não é descabido operar, no curso da pesquisa científica, com as duas percepções — desenho estruturado, desenho emergente —, importa a disposição, o tato.

Para o autor, a redução sociológica considera relevante o diálogo crítico com o pensamento social brasileiro — como Euclides da Cunha —, com historiadores, ensaístas, filósofos, escritores, jornalistas etc. Considera relevante o diálogo interdisciplinar, uma epistemologia que não faz o conhecimento como algo à parte da sociedade global, mas que percebe a estrutura que fundamenta a sociedade brasileira e a meticulosidade do pensamento necessário que isso funda.

Para o professor Sílvio Almeida (2020), o pensamento de Guerreiro Ramos é fundamental para a teoria social. Guerreiro Ramos debate criticamente com as obras de Roland Corbisier, Edmund Husserl, Max Scheler, Alfred Kierkandt, Theodor Litt, Gunnar Myrdal, Hans Freyer, Gabriel Tarde, Florestan Fernandes, Aristóteles, Merleau-Ponty, Ragnar Nurkse, J. S. Duesenberry, Kant, Euclides da Cunha, Alberto Torres, Sílvio Romero, Alfred Weber, Karl Marx, Marcel Mauss, Inácio Rangel, Álvaro Vieira Pinto, Karl Mannheim, por exemplo.

Em "Considerações Sobre a Redução Sociológica", texto publicado em nove de agosto de 1958, o filósofo Benedito Nunes argumenta,

> O professor Guerreiro Ramos aproveita o lastro de universalidade dessa doutrina para uma compreensão unificadora das consequências do desenvolvimento social e histórico do Brasil. Esse desenvolvimento, conduzido por fatores objetivos, alterando as circunstâncias ambientais culturais, da infra à superestrutura, produzirá um novo sistema de relações sociais, econômicas e políticas. Tais relações acham-se carregadas de sentido, pois que, segundo diz o autor de A Redução Sociológica, a realidade social "não é um congérie, um conjunto desconexo de fatos. Os fatos da realidade social, acrescenta ele, descrevendo o método de redução "fazem parte, necessariamente, de conexões de sentido, estão referidos uns aos outros por um vínculo de significação.". (Nunes 1958 *apud* Guerreiro Ramos, 1996, p. 191).

A redução sociológica considera a dimensão estrutural como base para o pensamento social. Guerreiro Ramos ([1958] 1996) identificou na industrialização do Brasil e em duas de suas consequências a urbanização e alterações do consumo popular, fatos sociais que informavam uma mudança estrutural e provocavam modificações na psicologia coletiva, pois as pessoas passavam a pensar em termos de projetos. Para Guerreiro Ramos ([1958] 1996, p. 61), "A tensão constitutiva da vida urbana traduz-se naturalmente em participação acentuada, tornando decisiva a participação popular nas várias formas de atividades diretivas da sociedade".

O consumo popular, mesmo permeado por precariedades, já informava a presença do rádio, da máquina de costura, da luz elétrica, da televisão nos lares. O autor busca perceber a relação entre o consumo popular e a consciência política, entre a escala de consumo e a subjetividade, pois "O homem é ser-no-mundo, não, porém como um par de sapatos está numa caixa, mas enquanto suas ações implicam o mundo, ou uma visão prévia do mundo (Weltaschauung)" (Guerreiro Ramos, [1958] 1996, p. 106). E "O homem não é apenas um 'ser-no-mundo', é também um 'ser-do-mundo', em determinada forma histórica particular" (p. 110).

Nesse ponto, o embate entre a industrialização do Brasil e o preexistente predomínio rural indicou as chances de uma mudança estrutural.

> Já se falou no "torpor" da vida colonial. Deriva de seu escasso conteúdo projetivo. A colônia é por definição, instrumento da metrópole. Quando, porém, um povo passa a ter projeto, adquire uma individualidade subjetiva, isto é, vê-se a si mesmo como centro de referência. (Guerreiro Ramos, [1958] 1996, p. 58).

As várias Áfricas que lutam pela descolonização, como os escritos de Cheik Diop, Aimé Césaire, Abdoulaye Ly, e as conferências continentais de Bandung (1955), Cairo (1957), Acra e Tânger (1958) inspiraram o pensamento de Guerreiro Ramos, além de seu otimismo, que se traduziu em sua defesa de uma política pública global de patentes que respeitasse as situações periféricas na Conferência da ONU, de 1961, onde foi o representante do Brasil. "É a reação contra o colonialismo considerado como sistema, é a reação mediante a qual esses povos fazem uma reivindicação cujo conteúdo não é parcial, mas infinito, universal" (Guerreiro Ramos, [1958] 1996, p. 49). Ele compreende que "O Brasil, em condições muito especiais, participa dessa transformação da psicologia coletiva das chamadas sociedades periféricas." (p. 53).

Guerreiro Ramos (p. 10) perseguia a "liquidação da mentalidade colonial e de todas as suas ocorrências no plano das ideias e da política". O autor questiona a mimetização local de modas acadêmicas forâneas, interpretadas como traços locais do efeito demonstração e do que chama efeito de prestígio, comum nas elites acadêmicas, pois embaçam a meticulosidade do fazer científico a troco de uma suposta intuição instantânea de empréstimo. Com isso, reivindica a autonomia e, obstinadamente, lança um clamor pelo esforço de conceituação, de formulação teórica, o que importa muito para um país de universidades muito tardias.

> No plano geral do raciocínio sociológico, as "normas", "valores" e "ideais" transcendem as particularidades históricas de cada sociedade nacional. No terreno concreto, porém, a utilização prática do saber sociológico obedece em cada sociedade nacional, a "normas", "valores" e "ideais" específicos, que refletem a particularidade histórica de sua situação. (Guerreiro Ramos, [1958] 1996, p. 24).

Segundo Guerreiro Ramos ([1958] 1996, p. 72-73), a redução sociológica é uma base teórica analítica alicerçada numa atitude de pesquisa que persegue um aprofundamento dos fenômenos estudados; que não admite objetos de estudos soltos, mas "sua apreensão sistêmica, suas conexões de sentido", que postula que "indivíduos e objetos se encontram numa infinita trama de referências", de relações, onde consciência, valores, enfim, a subjetividade opera num mundo recíproco; que abriga o perspectivismo e valoriza os vários sentidos presentes num contexto social; que tem suporte coletivo e não individual ou meramente especulativo, mas se fundamenta numa lógica material própria da sociedade em estudo; que "aspira o universal", mediado, contudo, "pelo local, regional e nacional"; que tem suporte em "vivências populares" e preza pela elaboração e pelo rigor científico.

Como base analítica, a redução sociológica

> Funda-se numa atitude metódica interessada em descobrir as implicações referenciais de natureza histórico-social, de toda sorte de produção intelectual e em referir sistematicamente essa produção ao contexto em que se verifica, para apreender exaustivamente o seu significado. (Guerreiro Ramos, [1958] 1996, p. 96).

É preciso fazer o exercício paciencioso da redução sociológica proposta pelo professor Guerreiro Ramos também para o estudo de políticas públicas, pois "À luz da redução sociológica, toda produção científica estrangeira é, em princípio, subsidiária" (Guerreiro Ramos, [1958] 1996, p. 113).

Logo, começamos a falar em redução sociológica em política pública, no sentido da redução sociológica, teoria proposta pelo professor Guerreiro Ramos. Para tanto, tomaremos como âncora teórica de apoio a interdisciplinaridade, com ênfase na história, concebida de modo interdisciplinar, como fez Braudel,

> Como se disse à exaustão, Braudel subverteu as hierarquias secularmente estabelecidas pelos historiadores no tocante a seus objetos e dissolveu as fronteiras entre as áreas do conhecimento: a história tornava-se interdisciplinar, capaz de compreender tanto o que muda com rapidez como o que permanece. Intrometia-se no que até então fora considerado campo alheio, introduzindo mal-estar e certa crise de autoconsciência em pelo menos duas de suas "parentes" mais chegadas, a sociologia e a antropologia. (Mello e Souza, 2007, p. 8).

O rigor[119] científico se mantém aceso, sem sobressaltos. A redução sociológica em política pública, nesta obra, incentiva o estudo da história, o estudo interdisciplinar, a longa duração e dá guarida teórica para a dimensão analítica da hipótese da mudança estrutural presente na política pública em análise, além de tornar subsidiário o modelo analítico de política pública nominado "*Advocacy Coalition Framework*", no inglês, sugerindo a sua tradução para a realidade brasileira, o que não é colocar uma dentadura estrangeira.

A redução sociológica em política pública também informa a necessidade da instalação em ato, no correr da pesquisa, de perguntas analíticas e teóricas sobre os dilemas da relação entre as políticas públicas e as instituições no Brasil, a necessidade teórica de não olvidar a instituição peculiar onipresente na história do Brasil: a escravidão e seus legados visíveis e invisíveis, como o racismo estrutural.

3.2.1 O problema teórico do presidencialismo de coalizão no Brasil

O estudo da Lei de Cotas no Brasil depende da hipótese da existência do presidencialismo de coalizão como teoria, como forma do exercício do poder no Brasil? Em que medida? Para a hipótese de uma crise dinâmica da forma presidencialismo de coalizão, qual é a aderência ou deslocamento do modelo de coalizões de defesa ("*advocacy*", ACF) para explicar a realidade brasileira? Pessimista, a realidade institucional brasileira não sorri para nenhuma das abordagens teóricas aqui levadas adiante. Por quê?

Depois de 30 anos sem eleições diretas para Presidente da República, o Brasil, guiado pela Constituição Federal de 1988, de regime presidencialista, terá uma retomada da força da soberania do voto direto popular na eleição presidencial "solteira" (só para Presidente da República) de 1989. Esse processo político desaguou em crise política grave. Relevante estudo debruçou-se sobre a dinâmica desse tema complexo,

> De fato, o principal efeito político-parlamentar da reforma ministerial foi **aproximar a relação governo/base parlamentar do formato de uma coalizão político-partidária governista**, reforçando a fidelidade política da base de parlamentares cujos partidos tinham mais vínculos com o governo. Mas com a reforma ministerial o governo não chegou a constituir uma coalizão forte e majoritária. Por isso era arriscado apostar com segurança na lealdade dessa base ao governo em situações de adversidade. (Sallum Junior, 2015, p. 189, grifo nosso).

Destacam-se duas tópicas evidentes: a dimensão de forma[120] do presidencialismo de coalizão e sua dimensão empírica, nas crises. O autor sustenta que "a variedade das crises e sua dinâmica é um dos temas pouco desenvolvidos na ciência política e na sociologia política, embora se tenha avançado muito no exame das revoluções" (Sallum Junior, 2015, p. 186). Para Dobry (1992), referência para o estudo anterior do governo Collor, na sociologia política das crises entram alguns ingredientes,

---

[119] "Em suma, a pesquisa é uma coisa demasiado séria e demasiado difícil para se poder tomar a liberdade de confundir a rigidez, que é o contrário da inteligência e da invenção, com o rigor, e se ficar privado deste ou daquele recurso entre os vários que podem ser oferecidos pelo conjunto das tradições intelectuais da disciplina – e das disciplinas vizinhas: etnologia, economia, história. Apetecia-me dizer: 'É proibido proibir' ou 'Livrai-nos dos cães de guarda metodológicos'. Evidentemente, a liberdade extrema que eu prego, e que me parece ser de bom senso, tem como contrapartida uma extrema vigilância das condições de utilização das técnicas, da sua adequação ao problema posto e às condições do seu emprego. Acontece-me frequentemente descobrir que nossos pai-do-rigor-metodológico se revelam bem laxioristas, e até relaxados, na utilização dos próprios métodos de que se têm por zeladores..." (Bourdieu, [1989] 1998, p. 26).

[120] O que, no limite, remete-nos a Kant e sua *Crítica da Razão Pura* (1781).

como a fluidez das conjunturas, a necessidade de análises dinâmicas multissetoriais e da mobilização social, o cálculo político contínuo dos atores, como numa lógica da política como continuação da guerra por outros meios (Clausewitz), dentre outros fatores tendenciais e dinâmicos num jogo pleno de disputas entre os atores, nas três dimensões do poder de Lukes (2005).

De fato, um quadro de crise do chamado presidencialismo de coalizão[121] no Brasil percebido em duas situações históricas objetivas, bem ao tempo da tramitação da Lei 12.711/12 no Congresso Nacional: a crise político-institucional de 2005 e a crise econômico-financeira mundial de 2008-2009. A primeira (crise de 2005) desnudou a força "da grana que ergue e constrói coalizões políticas belas no Congresso Nacional" no *momentum*, que é *continuum* da campanha eleitoral, deixando o Brasil numa bifurcação política para a saída da crise: num rumo, o apelo pelo reforço da forma presidencialismo de coalizão no Congresso Nacional como âncora estabilizadora da governabilidade, noutro rumo, a busca por saída dos limites da forma. O modelo foi reforçado como saída da crise, mais pela necessidade objetiva da política em 2005 do que por seus pressupostos teóricos, no popular: "empurrou-se o presidencialismo de coalizão com a barriga". Problemas latentes ficaram embaixo do tapete.

Já em 2008-2009, o que encurralou e novamente abriu uma possibilidade de rumos bifurcados (políticos ou numa nova encruzilhada histórica) foi a maior crise do capitalismo mundial depois de 1929. Mas as latências foram jogadas adiante. Se a crise anterior tinha dimensão estritamente endógena, a última era exógena, internacional, de fora para dentro. Novamente, a saída institucional foi reforçar a forma presidencialismo de coalizão, com os agentes políticos agindo nessa direção.

Se considerarmos os presidentes como os "vértices do presidencialismo de coalizão" (Vianna, 2012, p. 31), o Brasil pós-1988 tem assistido a fenomenais crises do presidencialismo: Tancredo, Sarney, Collor, Itamar, FHC, Lula e Dilma ilustram essa percepção. Não deixa de ser uma agenda de pesquisa para uma sociologia das crises políticas comparadas. Não cabe aqui. No caso do governo Lula, que sucedeu a FHC, às latências históricas de 2005 somavam-se as urgências históricas de 2008/2009 e o potencial crítico de crise sistêmica se agigantava a olhos vistos.

O método de ganhar eleições virou credo, auto de fé praticamente generalizado entre os partidos políticos, seja situação, seja oposição, alicerçando com pés de barro a forma presidencialismo de coalizão[122]. De novo, ao popular: se por fora continuou "bela viola", por conta das políticas fiscais ativas de corte Keynesiano e da assombrosa alta especulativa do preço das *commodities*, que debelariam "pela força do consumo historicamente reprimido no mercado interno brasileiro" o efeito externo pela oportunidade e vultuoso crescimento econômico com distribuição de renda efetiva na dimensão social da democracia, por dentro, na dimensão político-operacional, o pão bolorento cresceu de forma retumbante.

Como o velho ditado sobre a política no Brasil que diz que ela funciona na prática como uma nuvem, que muda ao sabor dos ventos de ocasião, a fôrma quase-ideal presidencialismo de coalizão se aproximou do ditado. O mundo invisível, o poder invisível (Lukes, 2005), envolveu a realidade política como assombração. A evidente autonomia da disputa insana pelo poder institucional no

---

[121] Diversos autores fazem ponderações sobre o presidencialismo de coalizão, como em "Daquele momento em diante se instaurou, com a aparência de estabilidade, o que veio a chamar-se de 'presidencialismo de coalizão', que ora sofre seus percalços", escreve Fernando Henrique Cardoso, no prefácio a Sallum Junior (2015).

[122] O que leva à necessidade do estranhamento numa pesquisa sobre a temática. "Daí, a antinomia da pedagogia da pesquisa: ela deve transmitir ao mesmo tempo instrumentos de construção da realidade, problemáticas, conceitos, técnicas, métodos e uma formidável atitude crítica, uma tendência para pôr em causa esses instrumentos – por exemplo, as classificações, as do INSEE, ou outras, as quais não tombaram do céu, nem saíram completamente armadas da realidade" (Bourdieu, [1989] 1998, p. 45).

Estado descolou-se de qualquer projeto mobilizador na sociedade real de forma eloquente. Políticos criaram partidos como se joga na Mega-Sena. Muitos anéis burocráticos e partidários entraram no cio. A explosão do número de partidos políticos deixou ver estratégias rasas pelo poder e mudanças sociais graves na sociedade brasileira.

Seguia o andor do presidencialismo de coalizão. As posições financeiras principais, perturbadas pela grande crise do capitalismo mundial (a maior crise sistêmica, depois de 1929), estavam sedentas por mercados lucrativos e fáceis mundo afora. O Brasil era um óbvio *"target"*, com petróleo em abundância (a mina de ouro nova descoberta no mundo), minerais, alimentos, água e um arrumadinho mercado de serviços de 100 milhões de almas, ao menos.

Baixemos o termômetro, no entanto. É preciso elucidar os limites do presidencialismo de coalizão para o estudo da Lei 12.711/12, em seu processo de tramitação e na relação entre o Congresso Nacional e a sociedade brasileira, à luz de sua pertinência para uma simples opção teórica, uma vez que coalizões sociais precisam interagir com a institucionalidade dominante, necessariamente.

3.2.2 O presidencialismo de coalizão ganha dimensão de imperativo categórico[123]?

O presidencialismo de coalizão foi alçado ao pensamento político brasileiro pelo pesquisador Sérgio Abranches (1988), como um dado objetivo da realidade do poder no Brasil: o presidencialismo de coalizão, na origem, tratava do dilema da governabilidade no Brasil, no momento em que o país discutia na Assembleia Nacional Constituinte, a Constituição de 1988.

O dilema principal diz respeito à relação executivo-legislativo e à força real da Presidência da República frente ao Parlamento (a Presidência da República controla a maioria qualificada no Congresso ou não controla?). Os caminhos e encruzilhadas da democracia no Brasil indicavam a instabilidade política como regra, seja na República Velha ou Primeira República, com Getúlio Vargas, de 1930 a 1945, seja no período 1946 a 1964, de 1964 a 1985, de 1985 até o final de 1987.

Para efeito de contraste, no período democrático de 1946-1964, o Brasil teve pela primeira vez na história uma Lei de Diretrizes e Bases da Educação Nacional, aprovada em 1961, após mais de dez anos de tramitação no Congresso Nacional. Na LDB-61, vislumbrou-se a regra perversa: a crise institucional deglute o subsistema de educação e não entrega a mercadoria aprovada para o povo. Triste evidência empírica: o Brasil, até a LDB de 1961, não tinha política pública para a educação como sistema nacional. O tempo, ao longo da história, muitas vezes elucida o tempo curto das análises de políticas públicas e de gestão.

Nas Constituições de 1891, 1934, 1946 e 1988, o presidencialismo indicava o sistema de governo do Brasil. Não titubeemos na abordagem: a comparação histórica e o tempo longo da história podem ser bons conselheiros analíticos para uma vereda de pesquisa científica.

O presidencialismo no Brasil inspirou-se no presidencialismo estadunidense. Seus pesos e contrapesos, a relação entre os poderes executivo, legislativo e judiciário, a soberania do voto popular como fonte precípua do poder, tudo isso mirou-se na constituição estadunidense. A plasticidade do jogo entre os poderes também. A Constituição de 1891, a primeira da República, balizou essa tradição brasileira.

Em 6 de janeiro de 1963 (82% dos votos) e em 21 de abril de 1993 (74,3% votaram a favor do regime republicano e do sistema presidencialista), dois plebiscitos reforçaram essa opção, que teve

---

[123] Norberto Bobbio estudou as categorias kantianas do imperativo. O imperativo categórico, ao contrário do condicional, liga-se a questões de ordem moral, como o bem, o bom, o belo, que valeriam por si só. Já o imperativo condicional é dependente (Bobbio, 1984).

um interregno entre 1961 e 1963, quando o parlamentarismo vigorou. Quanto mais autoritária a conjuntura política, mais forte foi o presidencialismo. Quanto mais latente a força autoritária em processo político pela tomada do poder executivo, mais fraco foi o presidencialismo, tanto que apodrecia de véspera.

O estudo de Abranches (1988) não vacilava: indicava a necessidade de instrumentos institucionais nas mãos da presidência para o dinamismo dos mecanismos de poder do Estado-Nacional frente a fragilidades eventuais, como a oscilação da maioria parlamentar. Abranches (1988), calçado na experiência histórica do Estado brasileiro, apontou dilemas do poder no Brasil.

> A frequência de coalizões reflete a fragmentação partidário-eleitoral, por sua vez ancorada nas diferenciações sócio-culturais, é improvável a emergência de governos sustentados por um só partido majoritário. Essa correlação entre fragmentação partidária, diversidade social e maior probabilidade de grandes coalizões beira o truísmo. É nas sociedades mais divididas e mais conflitivas que a governabilidade e a estabilidade institucional requerem a formação de alianças e maior capacidade de negociação. Porém, muitas análises do caso brasileiro e, sobretudo, a imagem que se tem passado para a opinião pública é que nossas mazelas derivam todas de nosso sistema de representação e das fragilidades de nosso quadro partidário. O que fica claro, no entanto, é que nossos problemas derivam mais da incapacidade de nossas elites em compatibilizar nosso formato institucional com o perfil heterogêneo, plural, diferencial e desigual de nossa ordem social. A unidade linguística, a hegemonia do catolicismo e a recusa ideológica em reconhecer nossas diversidades e desigualdades raciais têm obscurecido o fato de que a sociedade brasileira é plural, movida por clivagens subjacentes pronunciadas e que não se resumem apenas à dimensão das classes sociais, tem importantes componentes sócio culturais e regionais. (Abranches, 1988, p. 21).

O autor crava:

> Apenas uma característica, associada à experiência brasileira, ressalta como uma singularidade: o Brasil é o único país que, além de combinar a proporcionalidade, o multipartidarismo e o "presidencialismo imperial", organiza o executivo em grandes coalizões. A esse traço peculiar da institucionalidade concreta brasileira chamarei, à falta de melhor nome, "presidencialismo de coalizão". [...] Fica evidente que a distinção se faz entre um "presidencialismo imperial", baseado na independência entre os poderes, se não na hegemonia do executivo, e que organiza o ministério com ampla coalizão, e um presidencialismo "mitigado" pelo controle parlamentar sobre o gabinete e que também constitui este gabinete, eventual ou frequentemente, através de grandes coalizões. O Brasil retorna ao conjunto das nações democráticas, sendo o único caso de presidencialismo de coalizão (Abranches, 1988, p. 21-22).

Por que isso é um dilema institucional brasileiro?

> É um sistema caracterizado pela instabilidade, de alto risco e cuja sustentação baseia-se, quase exclusivamente, no desempenho corrente do governo e na sua disposição de respeitar estritamente os pontos ideológicos ou programáticos considerados inegociáveis, os quais nem sempre são explícita e coerentemente fixados na fase da formação da coalizão. (Abranches, 1988, p. 27).

Ingredientes institucionais práticos, que emergiram da letra da Constituição de 1988, adviriam em socorro da nau teórica e empírica do presidencialismo de coalizão: decretos-leis ou medidas provisórias nas mãos da presidência, líderes partidários e o ritual formal das lideranças parlamentares dos partidos no Congresso Nacional como canal de comunicação institucional, a peça orçamentária, as nomeações de cargos para os variados escalões nas mãos da presidência, dentre outros mecanismos visíveis e invisíveis do poder executivo, como apimenta algumas correntes do pensamento político.

O que Sérgio Abranches (1988) nomeou de "Presidencialismo de Coalizão" foi posteriormente conceituado de forma fecunda por Fernando Limongi e Angelina Figueiredo (Figueiredo; Limongi, 1998) e tratado também em outras publicações. Para Limongi (2006),

> Nada autoriza tratar o sistema político brasileiro como singular. Coalizões obedecem e são regidas pelo princípio partidário. Não há paralisia ou síndrome a contornar. A estrutura institucional adotada pelo texto constitucional de 1988 é diversa da que consta do texto de 1946. O presidente teve seu poder institucional reforçado. Para todos os efeitos, a Constituição confere ao presidente o monopólio sobre iniciativa legislativa. A alteração do status quo legal, nas áreas fundamentais, depende da iniciativa do Executivo. Entende-se assim que possa organizar seu apoio com base em coalizões montadas com critérios estritamente partidários. Para influenciar a política pública é preciso estar alinhado com o presidente. Assim, restam aos parlamentares, basicamente, duas alternativas: fazer parte da coalizão presidencial na legislatura em curso, ou cerrar fileiras com a oposição esperando chegar à Presidência no próximo termo. É equivocado insistir em caracterizar nosso sistema por suas alegadas falhas, pelas suas carências. Inverter a perspectiva, no entanto, só torna a tarefa mais difícil, pois implica aceitar a necessidade de explicar o real, não de condená-lo ou censurá-lo. Para fazê-lo, para apreender como de fato opera o sistema político brasileiro, é preciso, como procurei mostrar, reconhecer que não existem diferentes tradições ou idiomas em disputa. As indagações que estruturam a disciplina desrespeitam as falsas fronteiras erigidas para separar a teoria da empiria. E assim é, quer se estude o Brasil, quer se estude outra democracia qualquer. Ainda que guiada e estruturada em torno de questões empíricas, a discussão tangenciou temas centrais à disciplina, como a importância das escolhas institucionais e como estas afetam as relações entre a maioria e a minoria em governos democráticos. Remetem, portanto, ao cerne da teoria democrática. (Limongi, 2006, p. 41).

Portanto, segundo a ótica do presidencialismo de coalizão apresentada anteriormente, o sistema político brasileiro indicaria sua vitalidade e governabilidade plena, uma vez que a relação política entre a presidência da república e os partidos políticos levaria à consolidação de uma maioria política no Parlamento. A governabilidade desses e outros instrumentos dourou a pílula: de um dilema, o presidencialismo de coalizão brasileiro tornou-se uma fôrma teórica para alguns analistas, misturando aspectos de fórmula política ideal e estratégia política para o manejo das lideranças políticas nos partidos principais, em que as discrepâncias da realidade eram escoras de ocasião a reforçarem o design do apetite do poder comungado como miragem pura.

3.2.3 O encantamento "racional" do mundo político?

A ciência política, muitas vezes refém da máquina de produção acadêmica típica do período da Guerra Fria, muitas vezes encurralou o ensaísmo, da tradição do pensamento político brasileiro e seus variados(as) intérpretes, mesmo que naqueles tempos idos a turma fosse pequena e não existisse internet. A Guerra Fria serviu como álibi primeiro, depois foram os ritos da conveniência da celebração acadêmica (Lessa, 2011). Assim como os derivativos são os novos produtos da economia mundial financeirizada, em termos acadêmicos, a fôrma presidencialismo de coalizão pariu os seus derivativos acadêmicos, ainda que bem-intencionados ou legítimos por sua própria natureza.

Em êxtase a miséria da realidade política brasileira. Essa miséria tem um indicador objetivo: a conta social. A conta social e racial, que pode ser vista pelo número de cerca de 60.000 homicídios/ano no país, segundo o Fórum Brasileiro de Segurança Pública de 2015, dos quais, entre três jovens mortos, dois são negros (uma permanência histórica extremamente coerente e reveladora do que é o Brasil ao pensamento político mundial, se raciocinarmos como a escola dos Annalles) e a exclusão de negros, negras, indígenas, pobres, massas de Sem Universidade, da universidade. Apenas em torno de 20% do povo brasileiro frequenta a universidade, ainda em 2015.

Como retrato teórico, o presidencialismo de coalizão enquanto fôrma flertou com o a-histórico sob a chuva ácida do fim da Guerra Fria. Esse degelo gerou diferentes efeitos acadêmicos. A fôrma presidencialismo de coalizão como status normativo da realidade foi um deles para o caso brasileiro. O pendor normativo também faz tábula rasa da realidade e amordaça a contingência histórica.

As digitais da fôrma presidencialismo de coalizão, essa dimensão de imperativo e seus derivativos estão na origem do rebaixamento do pensamento político brasileiro. Como? Ora, é o consenso autoritário, que desaparece com conflitos sociais não resolvidos desde a escravização negra e indígena. O presidencialismo de coalizão como fôrma ampara-se conceitualmente no transcendental: o financiamento privado eleitoral sob o comando de secretíssimos negócios vultosos, que pariram os personagens, os atores centrais da cena visível da política brasileira contemporânea.

Como amarrar, nesse campo minado, pois vira externalidade negativa, qualquer direito social, qualquer política pública robusta que não seja do alvitre dessa coalizão invisível maior entre o dinheiro e os atores capitais da política brasileira? Ora, pois, se caber na métrica do marketing de coalizão o direito social entra como imagem, metáfora arrebatadora emocional de massas eleitorais cingidas e as imagens permitidas de conversão das coalizões campeãs em saldos financeiros *in terra brasilis* ou alhures. O invisível (Lukes, 2005) perturba o presidencialismo de coalizão. Há deslocamentos sutis — e não tão sutis, brutos e bruscos — sociologicamente entre o dilema (Executivo *versus* Parlamento) e uma forma pura presidencialismo de coalizão como informa a crise política hodierna no Brasil.

Não percamos a toada acadêmica e seu rigor. O Parlamento no presidencialismo de coalizão fecha-se em copas e resolve a sua vida, onde o ponto fora da curva é a luta popular, negra, indígena, ambientalista, da diversidade. Dessa matriz ideal, ele informa numa dimensão maioral imperativamente de modo e moto formal as possibilidades metodológicas para uma pesquisa científica, digamos, sobre o pensamento político brasileiro no século XXI.

Assim, se um estudo quiser entender o longo processo político de aprovação da Lei 12.711/12, a Lei de Cotas, para o acesso de negros, negras, indígenas, pobres, escola pública nas universidades brasileiras, o Parlamento brasileiro apresenta-se como algo fechado, emoldurado ou como um mecanismo de labirinto dentro da fôrma presidencialismo de coalizão, um labirinto devorador de sonhos.

No presidencialismo de coalizão visto como forma pura, não há quase imaginação política para a pesquisa científica: há os votos, os eleitos, o Parlamento como ele é, as estatísticas, os modelos que enfeixam modelos, e a oratória da conveniência de uma plutocracia política sobre o povo. Como aprovar a Lei de Cotas nesse ambiente? Ora, no presidencialismo de coalizão, como fôrma, o povo não entra, porque são muitas variáveis e embaralha a governabilidade. Também pudera? Parece teleologia, pois sabendo-se um pouco do presidencialismo da coalizão na entrada (*input*), sabe-se muito da saída de políticas públicas (*output*).

Nessa lógica rasa da fôrma do presidencialismo de coalizão, se não há muitas pessoas negras no Parlamento, então não há necessidade de Lei de Cotas, nem vias dela vingar, pois não há força política para tanto? Se não há representantes da escola pública de montão no Parlamento, então não há necessidade da Lei de Cotas? Se não há sequer um parlamentar indígena, então não há necessidade de uma Lei de Cotas para o acesso à universidade pública no Brasil? Ah, mas isso constava da plataforma do presidente eleito? Será que o marketing eleitoral seria tão imprudente de deixar colar na imagem do candidato tema polêmico para as massas? Não o fez, nem lateralmente.

Matam muito no Brasil? Problema para filmes destinados a Hollywood e ao Oscar. A política brasileira é pragmática e fantasmagórica. As mortes do quadro de guerra civil permanente no Brasil não são de responsabilidade da política, alardeia o pragmatismo político tácito. Assim, nunca param as notícias de racismo nos jornais cotidianos. Isso, afinal, não é problema político mais.

Há algo de podre no reino da Dinamarca da fôrma do presidencialismo de coalizão brasileiro. Essa Dinamarca piorou em anos recentes: quando o número de partidos e líderes no Congresso Nacional passou de 30 (negociar estabilidade e governabilidade com 30 é igual com 4, como no governo FHC?). Descobriu-se, tardiamente, nos anos 2010, que, num passe de mágica do dinheiro eleitoral, o presidente da Câmara nascia pronto da movimentação financeira das eleições (antes de ser eleito pelos pares dos quais ele financiara o grosso das respectivas campanhas eleitorais). O mecanismo do poder invisível, o financiamento privado, esteve no sistema político brasileiro desde 1945.

O presidencialismo de coalizão, do senso comum à fôrma, carregou os gravames do poder invisível (Lukes, 2005), por conta das lógicas perversas do financiamento público travestido de privado de campanhas eleitorais, dentre outros gestos e poderes invisíveis. Mas a metodologia da história, da sociologia comparada desloca qualquer ineditismo. Ou seja, houve um antes de 1998, de 2005, de 2009, de 2013, de 2016, de 1946, de 1961, de 1963. A tensão entre o executivo e o legislativo percorre a República brasileira, desde que se plasmou na Constituição de 1891 a relação plástica entre esses poderes, o instituto do impeachment legislativo, imitativo ao modo estadunidense, e o veto presidencial,

> O verdadeiro poder do Presidente, nas relações com o Congresso, está no direito de veto, assim como reciprocamente, a autoridade do legislativo sobre o executivo reside com mais força ou pelo menos deve residir com mais força no impeachment. É uma equivalência de poderes coercitivos. O Presidente restringe a expansão legisladora com o atributo do veto e o legislativo refreia a ação depressora do executivo com o recurso do processo de responsabilidade. (Fonseca, 1916, p. 136-137).

Ora, o autor aponta para a coerção, ao modo do argumento teórico de Tilly (2004) e do argumento da autoridade, no estilo de Bendix (1996). Contudo, mantém-se a opacidade, um aspecto central do poder em três dimensões (Lukes, 2005). Como indicou o trágico caminho suave das eleições de presidente da câmara e seus financiamentos desde 1946, há alguma luz na opacidade do poder invisível na República brasileira já em seus primórdios? O que diz a história?

> A nossa história constitucional não annota esses conflictos temerosos entre os dois poderes, por motivo de aplicação do veto. Geralmente os presidentes têm usado dessa prerrogativa em casos excepcionais e o congresso se há conformado com as razões adduzidas pelo executivo. A formação de maiorias parlamentares compactas que, desde a presidência Campos Salles, se instaurou no paiz, em incontestável detrimento da moralidade política e abastardamento das práticas eleitoraes, tem naturalmente contribuído para isto, mas por outro lado é justo louvar o espírito de concórdia dos presidentes, que se não domi-

naram de preocupação ostensiva de predomínio sobre o parlamento, salvo a excepção do último governo, que levou a sem cerimônia ao ponto de constituir o irmão do presidente o leader do Congresso, ao qual levava a manifestação da vontade do executivo, como se se tratasse de uma repartição subordinada ao poder superior. Também, em menos de um mez, esse poder pessoal, pela extinção do sopro que o alimentava, passou de intenso brilho à completa obscuridade, sem que fosse dado ao mesmo leader sequer compensação do exercício de mandato legislativo, sendo derrotado nas eleições federais procedidas no Estado, que representava. (Fonseca, 1916, p. 139).

Há mais contingências na história brasileira do que qualquer fôrma,

Dos outros presidentes, o Sr. Rodrigues Alves ficou em certos momentos quase desamparado no congresso, tendo apenas, em mais de duzentos e cincoenta representantes, uns quarenta, que o aprovavam na sua orientação política e mesmo administrativa. A separação com a maioria dos elementos políticos dera-se com o movimento da sucessão presidencial, accentuando-se em relação a S. Paulo com a divergência financeira, suscitada pelo convenio de valorização do café e consequente creação da Caixa de Conversão. Essas medidas foram impugnadas pelo presidente, embora contrariando os interesses de seu Estado, onde sempre exerceu a atividade política e de cujo governo saiu para a alta magistratura republicana, valendo-lhe esta atitude a hostilidade dos políticos daquella região. As mensagens do presidente sobre assumptos políticos eram geralmente mandadas archivar; as suas ideias não encontravam repercussão no Congresso. (Fonseca, 1916, p. 147-148).

A queda de braços potencial tem presença real na quadra histórica:

Depois do fracasso da "Operação Uruguai", a certeza de que a CPMI acusaria Collor no seu relatório de crimes passíveis de impeachment dramatizou os dilemas experimentados pelo presidente e seu ministério. Só restaria ao governo lutar para manter mais de 1/3 dos votos na Câmara dos Deputados, de modo a impedir o julgamento de Collor pelo Senado. Sua prioridade foi definida: a sobrevivência do presidente e do governo pela distribuição de recursos solicitados pelos parlamentares. (Sallum Junior, 2015, p. 282-283).

[...] Não fora o presidencialismo, instituído em 1988, acompanhado da autorização de uso quase ilimitado de medidas provisórias e de vários outros poderes legislativos, Collor não poderia manifestar praticamente, de modo tão explícito, suas concepções de poder. Não fora o regime vigente, sequer haveria possibilidade de sustentar um governo minoritário no Parlamento. Por outro lado, se as instituições políticas permitiram um exercício imperial da Presidência, foram flexíveis o suficiente para dar os meios à oposição para colocar restrições ao poder presidencial e até, no limite, tentar a derrubada do presidente. (p. 335).

O Parlamento brasileiro avulta em complexidade, para além de uma regra monológica pura, ontem e no caudal de novidades do hoje: a reprodução de linhagens políticas no Parlamento; o insulamento burocrático de suporte; o insulamento burocrático partidário de suporte; o insulamento burocrático dos mandatos parlamentares de suporte; a violência política nos territórios do Brasil; a cisão entre a gramática do poder no Parlamento e a gramática da população, como visto no crescimento enorme do número de votos nulos nas eleições.

Nesses insulamentos, por paradoxal que pareça, incluem-se extratos da própria tradição burocrática brasileira, no que ela avançou na direção do tipo ideal weberiano de burocracia constituinte de um Estado Nacional moderno e racional, e, paradoxalmente em seu apetite burocrático irracional pelo poder, informada pela desilusão, já percebida por Weber, de que a burocracia privada paga mais que a burocracia pública em termos de rendimentos salariais.

Weber dizia que o burocrata público não poderia ser guiado pelo amor ou pelo ódio,

> A burocracia em seu desenvolvimento encontra-se, também, num sentido específico, sob o princípio *sine ira ac studio*. Ela desenvolve uma peculiaridade específica, bem-vinda ao capitalismo, com tanto maior perfeição quanto mais se "desumaniza", vale dizer, quanto mais perfeitamente consegue realizar aquela qualidade específica que é louvada como sua virtude: a eliminação do amor, do ódio e de todos os elementos sentimentais, puramente pessoais e, de modo geral, irracionais, que se subtraem ao cálculo, na execução de tarefas oficiais. (Weber, 2009, p. 213).

A solução para o paradoxo weberiano das duas burocracias, a pública e a privada, no Brasil, em alguma escala, foi superada com o efeito imitação, onde um Everest artificial é construído por alpinistas burocráticos públicos atrás de fama, glória, poder, dinheiro e status, onde se rasga o contrato da carreira burocrata pública típico-ideal weberiana, sem sair do contrato por conveniência e lucro, ou seja, sem perder a pose, a capa, a carapaça burocrática de conveniência, que embaixo abriga doses cavalares de ações externas, como aulas, propriedades, comissões especiais, palestras, assessorias, teias de influência, mas sobremaneira relações muito especiais com o alto circuito burocrático das burocracias privadas de dentro e de fora do país, projetos de poder. Para tanto, contribui o nefasto discurso e prática ultraliberal que viu na burocracia pública weberiana os males do Brasil são, nos anos 2000, o que é uma falácia.

A pose burocrática chega a ser mais realista que o rei burocrata em sua performance como imagem externa, para consumo público, assim abrigando, na relação da disputa tecnocrática no Brasil, a possibilidade da emergência fascista, como o relato de *Eichmann em Jerusalém*[124] trouxe o paradoxo da racionalidade weberiana em Hitler. Há indícios, como nesses marcos burocráticos informados, de limites objetivos do presidencialismo de coalizão enquanto fôrma, como o é a presença do poder invisível (Lukes, 2005) nessas formas recursivas e recorrentes de insulamento burocrático para dentro de fatias de organismos oficiais, de partidos, de novos mecanismos burocráticos compósitos e suas teias de interesses, que passam, sim, pela burocracia privada de grandes empresas. Isso também pode indicar o que o próprio Max Weber chamava uma criptoplutocracia a tolher o avanço da democracia brasileira e da própria burocracia pública constituinte do Estado em sua potencialidade,

> É claro que a organização burocrática de uma formação social, e especialmente de uma formação política, pode ter, e regularmente tem, por sua vez, consequências econômicas de grande alcance. Quais? Isto depende, como é natural, da distribuição de poder econômico e social, no caso concreto, e também, especialmente, da área que ocupa o mecanismo burocrático em vias de constituir-se, isto é, do rumo que lhe reservam os poderes que dele se servem. Muitas vezes, uma distribuição de poder criptoplutocrática foi o resultado. Atrás das organizações burocráticas de partido na Inglaterra e particularmente na América encontram-se, regularmente, mecenas que as financiam e, por isso, conseguem influenciá-las em grau considerável. (Weber, [1922] 2004, p. 223).

Pelo andar exclusivo da fôrma presidencialismo de coalizão no Brasil, jamais seria aprovada uma Lei de Cotas, pois, nessa perspectiva, o sinal fechado do poder impediria movimentos nessa direção no Parlamento. Por isso, a abordagem metodológica da sociologia comparada, da sociologia política, traz elementos mais complexos para o entendimento de uma política pública que envolve valores e conflitos que colocam em xeque a própria constelação do poder em Brasília, seus sentidos, latências, criptoplutocracias e suas lógicas de conveniência.

---

[124] Ver Hannah Arendt, *Eichmann em Jerusalém*.

O *advocacy*, do chamado *Advocacy Coalition Framework* (modelo ACF), oriundo da matriz de estudos de *policy* (a cisão entre *policy*, *politics* e *polity* é deveras complicada no caso brasileiro) apresenta-se como uma das opções teóricas robustas, mas deve incorporar o movimento histórico das instituições no Brasil, sua dinâmica de crises políticas (Dobry, 2009) e não ficar refém de uma forma política estável e pura.

De qualquer modo, em termos metodológicos, cabe o *advocacy coalition framework* para análise da política pública da Lei de Cotas, parida pelo Parlamento brasileiro, uma vez que não leve como imperativo categórico da lógica multifacetada de funcionamento do Parlamento brasileiro uma visada unidimensional do tipo da fôrma do presidencialismo de coalizão, como ideal de pensamento político. Por que será? Ora, o Brasil não é para principiantes, afinal.

É difícil fugir ao enfrentamento do poder visível e invisível do presidencialismo de coalizão brasileiro, pelas forças históricas e os interesses que o reivindicam, o que, no entanto, não deve ser encarado por uma pesquisa como um imperativo categórico a pairar sobre as coalizões sociais em embate.

Nessa imersão teórica, é preciso superar o presidencialismo de coalizão como dogma. Difícil será superá-lo como estratégia política.

Ao pisar o terreno minado do Congresso Nacional do Brasil, a Casa do Povo, para localizar e entender as disputas ocorridas em torno do PL de Cotas, é importante dar um passo atrás para a melhor compreensão do tratamento que ali tiveram as políticas públicas de educação recentemente. É esse o desafio sereno aqui, pois apresentam-se, ao menos, duas visões sobre isso: uma primeira que sustenta que o executivo impõe sua agenda, sua pauta, e o legislativo fica numa condição subordinada; outra visão, oposta, que reivindica a existência de relativo protagonismo do Parlamento, do legislativo na definição das políticas públicas de educação.

Por exemplo, ao estudar a formulação das políticas educacionais brasileiras no período de 1995 a 2003, Rosimar de Fátima Oliveira pondera que:

> O arcabouço normativo vigente sobre educação, nesse sentido, suscitou a produção de vários trabalhos interessados na atuação do poder Legislativo no seu processo de formulação, como ocorreu, por exemplo, nos casos da LDB/96, do FUNDEF, do PNE ou mesmo, antes da CF/88. Os trabalhos, no geral, discutem a formulação de tais políticas, com ênfase no seu processo de tramitação, sem, entretanto, um diálogo mais particular com os estudos que, no campo da Ciência Política, acrescentam significativos elementos de análise para a compreensão da organização e dinâmicas internas do poder legislativo, fundamentais para o entendimento desse processo de tramitação e, por conseguinte, da própria política investigada. (Oliveira, 2005, p. 13).

A autora entra no debate da governabilidade do presidencialismo de coalizão brasileiro, ao estudar o legislativo. Ocorre que, com os poderes do presidente da República definidos pela Constituição Federal de 1988, como o instituto da medida provisória, o poder de veto, a possibilidade de solicitar urgência para seus projetos, a exclusividade para introduzir matérias orçamentárias e administrativas, isso significa que o presidente da República tem alto poder de fogo legislativo, pois ele ainda pode, por meio de ação entre os líderes partidários, via liderança do governo, a partir da coalizão partidária pró-governo, estabelecer e votar as matérias legislativas que lhe são caras, prioritárias.

Importa perceber aqui que a formulação de uma política pública de educação no legislativo brasileiro tem um vetor de influência dinâmico fora dessa arena, no caso, o executivo, ou num lugar lógico de intersecção entre essas duas arenas (o executivo e o legislativo) por meio dos mecanismos de poder institucionais do presidencialismo de coalizão. Palermo (2000) complexifica o debate das políticas públicas no legislativo:

> Para autores como Figueiredo e Limongi, a disciplina partidária no Parlamento contribui para dar previsibilidade ao processo de produção legislativa, justo o contrário da hipótese da incerteza. Mas isto não parece muito convincente. Vejamos: por disciplina, nos trabalhos empíricos em questão, se considera a fidelidade de um deputado à posição do líder da bancada nas votações nominais em plenário. Trata-se de um indicador extremamente valioso do ponto de vista analítico, porém nada nos diz das dificuldades dos líderes para ordenar sua tropa. Naturalmente, no caso de o Poder Executivo utilizar sua prerrogativa de solicitar tratamento de urgência, a votação terá que ocorrer nos próximos 45 dias seja qual for o estado da tropa neste momento. A disciplina nas votações em plenário seria, neste caso, um indicador do controle efetivo dos líderes sobre o baixo clero. Porém, uma vez mais, isto não resolve o problema já que o pedido deste tratamento pode depender da avaliação que conjuntamente efetuem os líderes governistas e o Poder Executivo sobre como responderam as bancadas. Definitivamente, não parece correto avaliar certeza e incertezas analisando somente o trecho final da formulação de uma lei, ou seja, sua votação na Câmara - a disciplina medida levando-se em consideração como votam os deputados uma vez que os líderes se pronunciaram sobre uma matéria. Isto dá certezas no que se refere ao funcionamento do Plenário (embora também sejam registradas exceções significativas), o que sem dúvida representa um bem político de extraordinário valor, mas não dá certezas ao Presidente ou ao Executivo na hora de decidir lançar ou formular uma política que suponha tratamento legislativo. Como assinala Stepam (1999:42) "Os líderes políticos têm muito capital e recursos políticos, e também sabem fazer contas. Se um poderoso grupo minoritário se colocar contra muitos dos seus projetos favoritos, os líderes serão parcimoniosos nas medidas que tentarão fazer passar por esse poderoso grupo de obstrução. Vendo as coisas desta perspectiva metodológica, qual destes dois fatos é mais importante: que a maioria das medidas propostas pelo Presidente ao Congresso sejam realmente aprovadas ou que o Presidente decida não submeter formalmente ao Congresso a maior parte das medidas que deseja aprovar porque enxerga a existência de grupos de obstrução? [...] a última opção é politicamente mais significativa. (Palermo, 2000).

As ponderações de Palermo (2000) valem como contraponto à hipótese de um preponderante poder de agenda do Executivo na formulação de *policy* frente ao Legislativo e servem para questionar também as conclusões de Oliveira (2005), em relação ao processo político de formulação das políticas públicas de educação no Brasil. Conclui a autora:

> O "poder legislativo" do Executivo na formulação das políticas educacionais não se constitui num poder usurpado do Parlamento, de assalto, mas resulta da relação entre esses poderes. Interessados em usufruir dos benefícios distribuídos pelo Executivo, especialmente da patronagem, o Legislativo beneficia-se do seu poder de ratificar as políticas propostas pelo Executivo. Tanto que não apresenta agenda alternativa, não se mobiliza para aprovar os próprios projetos, nem se envolve com profundidade no mérito das proposições introduzidas pelo Executivo. Os parlamentares votam favorável ou contrariamente às proposições do Executivo considerando sua posição partidária em relação à base governamental. Muitas vezes o conteúdo delas é desprezado. O papel do Poder Legislativo na formulação das políticas educacionais, assim, é secundário em relação ao do Executivo. Atua como ratificador das políticas educacionais formuladas pelo Executivo e como formulador de regras acessórias e subordinadas a essas políticas. (Oliveira, 2005, p. 187).

Ora, é outra a visão de Paulo Martins (2013) e ela se apresenta como um contraponto àquela de Oliveira (2005). Basta para ilustrar isso um único caso destacado na rica análise teórica e empírica do autor: a ocorrência das comissões especiais no âmbito do legislativo.

Elas indicam a capacidade de iniciativa parlamentar. Por um lado, elas franqueiam ao processo legislativo um movimento acelerado, por avançar sobre as tradicionais comissões permanentes e seu rito. Por outro, elas revelam estratégias e cálculos políticos de subgrupos dentro do legislativo, que no geral ultrapassam fronteiras partidárias. Isso se verificou no caso do Plano Nacional de Educação (PNE), para o período 2011-2021. O Executivo encaminhou o Projeto de Lei do PNE para a Câmara, em 2010, conforme sua prerrogativa constitucional. Porém, o embate político na Câmara dos Deputados impediu que o PNE, que contém 20 diretrizes para a educação brasileira, incluindo a questão da diversidade, tivesse tramitação normal na casa. A trajetória para a discussão do PNE seria a Comissão de Educação, Comissão de Direitos Humanos, Comissão de Constituição, Justiça e Cidadania, Plenário e Senado Federal. Todavia, uma articulação política da bancada do ensino privado na Câmara dos Deputados impôs uma derrota à Comissão de Educação, ao aglutinar força política interna e criar uma comissão especial do PNE, referendada pela mesa diretora. Esse é um registro objetivo de mobilização parlamentar autônoma, que difere em certo grau da visada apontada por Oliveira (2005).

Em quadro sintético, Paulo Martins (2013) informa empiricamente a força do legislativo brasileiro e seu protagonismo nas políticas públicas de educação.

Quadro 1 – Legislação educacional: origens, relatores e alterações

Proposição	Inciativa	Relatoria na Câmara	Alterações significativas promovidas pelo Legislativo
LDB – PL	Parlamentar (Octávio Elísio)	Ângela Amin	
FUNDEF – PEC	Executivo	José Jorge	
FUNDEF – Lei	Executivo	Ubiratan Aguiar	Ponderações; 3 vetos
FUNDEB – PEC	Parlamentar (apensa a do Executivo)	Iara Bernardi	Inclusão das creches; Regra da complementação da União – 10% do fundo
FUNDEB – MP	Executivo	Fátima Bezerra	Impedimentos para integrar os CACs; Instrumentos para os CACs
PNE 1 – PL	Parlamentar (Ivan Valente) – apensa a do executivo	Nelson Marchezan	Utilização da proposição do governo como base, mas inserção de algumas propostas do PL Ivan Valente/CONED
PAR – MP	Executivo	Padre João	Consed e Undime no conselho do PAR

Proposição	Inciativa	Relatoria na Câmara	Alterações significativas promovidas pelo Legislativo
Recursos dos royalties do petróleo e fundo social do pré-sal para a Educação	Executivo	André Figueiredo	Aplicação não dos rendimentos, mas de 50% do fundo social
PNE 2 – PL (em tramitação)	Executivo	Ângelo Vanhoni	Inserção do CAQ; 10% do PIB

Fonte: Anais do Legislativo

Logo, no registro dessa investigação, ainda que seja muito relevante e considerada a forma presidencialismo de coalizão, e o é de fato, pelos contornos nacionais que ela informa para a disputa entre as coalizões no subsistema de educação, não se pode aqui pedir de uma forma mais do que ela pode oferecer. Ou seja, não é por causa da existência da forma presidencialismo de coalizão que o executivo, verticalmente, subsume o legislativo. Ou, para fixar-se na sabedoria política dos corredores do Congresso Nacional: "essa é uma casa política". Assim, o presidencialismo de coalizão tem valor como forma, mas maior que ele é a própria política, que tem incertezas. Em seu conjunto, essas teorias elencadas possibilitam uma pesquisa com forte base teórica.

3.3 OPÇÃO TEÓRICA

A teoria crítica e os estudos de reconhecimento não daria conta teórica da Lei de Cotas? Talvez. Cabe breve reflexão sobre essas abordagens.

> A relevância de tal discussão política a respeito da teoria do reconhecimento é evidente se lembrarmos que, nos últimos vinte anos do debate filosófico e social, vimos a hegemonia do conceito de reconhecimento como operador central para a compreensão da racionalidade das demandas políticas. Recuperado, pela primeira vez nos anos 1930, através das leituras hegelianas de Alexandre Kojève com seus desdobramentos, entre outros, na psicanálise de Jacques Lacan e nas filosofias de Jean Hyppolite, George Bataille, Maurice Merleau-Ponty e, um pouco mais distante, Jean-Paul Sartre, o conceito só foi explorado sistematicamente em sua dimensão propriamente política a partir do início dos anos 1990, em especial pela terceira geração da Escola de Frankfurt (Axel Honneth) e por filósofos que sofreram influência de Hegel, como Charles Taylor. [...] As potencialidades de seu uso político serão impulsionadas, na verdade, pelo aparecimento de dois textos em 1992: Luta por reconhecimento, de Axel Honneth, e Multiculturalismo e as "políticas de reconhecimento", de Charles Taylor. A partir deles, o conceito hegeliano de Anerkennung parecia enfim fornecer uma orientação normativa para o desenvolvimento progressivo de lutas sociais. (Safatle, 2015, p. 198).

São relevantes lentes teóricas que importam sim, haja vista o debate entre Fraser e Honneth (2003). Mas ocorre uma preliminar intrigante no caso das teorias do reconhecimento para essa pauta de pesquisa. Seria a questão das cotas para o direito à universidade no Brasil um problema de minorias ou de francas maiorias sociais, adiado e readiado por sucessivas regras tácitas para o ingresso na universidade, vigente desde o Império, desde a Colônia?

De olho no empírico[125], é preciso se atentar para o fato de que a Lei 12.711/12 trata da reserva de no mínimo 50% das vagas nas universidades federais, por turno e por curso, para pessoas da escola pública, respeitando-se a proporção de pretos, pardos e indígenas, além de um critério de renda. Logo, é um problema de maioria. E de minoria também. Tem pertinência, desse modo, para uma escolha numa escala teórica de menor voltagem — o que não exclui as outras —, o debate na área de política pública e desde esse ponto de partida, indutivamente, abrir-se para o universo interdisciplinar e o debate histórico, sociológico, em torno da realidade brasileira, comparações de casos.

Para o caso brasileiro das políticas públicas para o ingresso no ensino superior, que toma como vetor analítico a tramitação do projeto de Lei de Cotas no Congresso Nacional, uma abordagem particular em política pública, mas abrangente, capaz de abarcar a ideia de subsistema de política pública e um intervalo temporal de dez anos ou mais, parece ser a mais pertinente, pois a implantação das cotas no Brasil principiou-se pelos Estados em 2001, 2002 e 2003 até chegar-se à Lei de Cotas aprovada em 2012.

Nesse sentido, os revisores do modelo[126] original ACF deram elementos suficientes para seu uso como instrumento analítico da política pública em questão, pois diferentes atores em diferentes níveis são contemplados pelo modelo. Por isso, a escolha da estrutura analítica das coalizões de defesa em política pública, o modelo ACF, por parte desta obra. O passo seguinte é a relação entre políticas públicas e instituições.

Theda Skocpol faz convergir o movimento de ideias e valores com o movimento institucional.

> Idéias e valores de quem? E ideias e valores sobre o que mais precisamente? Devemos identificar os grupos ativos na política, analisar os recursos que eles podem utilizar para aliar-se ou conflitar uns com os outros. Essas são questões que precisaremos levar a sério - junto com a combinação de tradições culturais e a possibilidade de interpretações variáveis das ideias centrais de cada tradição. Devemos também investigar como as mudanças nas con-

---

[125] O passo empírico não esconjura o teórico de antemão: "A abdicação empirista tem todas as aparências e todas as aprovações a seu favor porque eximindo-se à construção, deixa ao mundo social tal como é, à ordem estabelecida, as operações essenciais da construção científica – escolha do problema, elaboração dos conceitos e das categorias de análise – preenchendo assim, pelo menos por defeito, a título de ratificação da doxa, uma função essencialmente conservadora." (Bourdieu, [1989] 1998, p. 42).

[126] A controvérsia científica nas ciências humanas sobre a ideia de modelo e seu papel é antiga e reiterada em variadas áreas. Um ponto de vista sobre isso é expresso por Luís de Gusmão: "O termo 'modelo', como incontáveis outros termos da linguagem natural empregados nas rotinas da vida cotidiana, possui de acordo com o seu contexto de uso, múltiplos e diversos significados. O verbete 'modelo' do Dicionário Aurélio registra treze! Podemos falar com propriedade de modelos referindo-nos a coisas tão distintas como 'representação em pequena escala de algo que se pretende grande', 'pessoa ou coisa cuja imagem serve para ser reproduzida em escultura, pintura, fotografia etc.', 'pessoa ou ato que por sua importância ou perfeição é digno de servir de exemplo' etc. etc. Levando-se em conta essa diversidade de significados contextuais, não faz realmente nenhum sentido falar, em termos gerais e abstratos, do significado preciso e exato do termo 'modelo'. A 'exatidão' será atingida aqui, vale a pena sublinhar, tão somente com base em esclarecimentos circunstanciados, conteudísticos, acerca dos contextos de uso. Fora disso, teremos apenas uma tola, vaidosa e descabida afetação científica de 'rigor'. Nada mais. Em Filosofia da Ciência, o vocábulo 'modelo' preserva, sem dúvida, muitos desses significados correntes, de senso comum, inventariados nos melhores dicionários. Também ali os modelos são percebidos como estruturas nas quais a 'representação é sempre parcial e convencional' (Bunge); igualmente ali inexistem modelos de todo fiéis, pois 'é apenas sendo infiel em alguns aspectos que o modelo pode representar o seu original' (M. Black). Entretanto, na reflexão epistemológica, eles costumam ser associados, em maior ou menor medida, às teorias científicas concebidas em termos de um saber de cunho nomológico. Os epistemólogos não se entendem direito a respeito da natureza dos vínculos entre modelos e teoria científica - eles lembram bastante os investigadores sociais na dificuldade em estabelecer acordos intersubjetivos amplos e duradouros-, mas não discutem a realidade deste vínculo. Isso significa dizer que para eles não faria muito sentido falar em modelos na ausência de um genuíno saber monológico, como vemos, contudo, em Boudon. [...] Marly Hesse, também ela crítica da crítica de Duhem aos modelos, aponta na mesma direção: 'Sem modelos, as teorias não poderiam realizar plenamente as funções a elas atribuídas, em particular, a preditiva' (Hesse, 1970: 5). Já para Bas van Frassem, os modelos devem ser pensados como 'qualquer estrutura que satisfaça os axiomas de uma teoria', estando assim intimamente associados a elas (ver Van Frassem, 2007: 86). Bunge, por sua vez, fala em "modelos teóricos" referindo-se àqueles que se encontram "incrustados em teorias" (Bunge, 1974, p. 73). (Gusmão, 2012, p. 98-99). Sobre as Ciências Sociais no Brasil, afirma o professor da UERJ Gláucio Soares, 78, crítico do "colonialismo intelectual" da sociologia brasileira: "Os conceitos foram desenvolvidos para aqueles países [da Europa e os EUA]. E nos acostumamos a usá-los acriticamente, o que é facilitado pela atividade de nossos intelectuais que têm pouco ou nenhum contato com a realidade em que vivem, ou, mais exatamente, em que muitos de seus compatriotas menos afortunados vivem" (Sérgio de Lima; Ratton, 2012).

figurações institucionais da política nacional beneficiam algumas estratégias e perspectivas ideológicas e dificultam outras. Com muita frequência, as explicações dos valores nacionais derivam unicamente de resultados políticos de valores, sem revelar que as experiências com instituições governamentais e processos políticos afetam profundamente a maneira como as pessoas entendem e avaliam as possibilidades de políticas alternativas dentro de um determinado quadro cultural. (Skocpol, 1992, p. 22).[127]

O modelo ACF supõe situações institucionais estáveis como balizas para a análise empírica e parametriza, de certo modo, o empírico, fechando mais suas possibilidades analíticas. O faz de dois modos: a disputa por uma política pública, num dado subsistema, via coalizões, poderia ser perturbada por fatores institucionais de poder de dois tipos: dinâmicos (como a mudança da coalizão governista) ou estáveis (mudança da estrutura constitucional). O núcleo central para a existência de coalizões sociais envolve o subjetivo, crenças abstratas. Trata-se de espécies de microfundações instrumentais de extrato weberianas (também poderia se dizer, refere-se ao "teor da mensagem") amalgamados com elementos de comportamento psicológico, que descem ao nível "profundo de crenças" no indivíduo. É o caso de valores, como a "igualdade". Não se trata da profundidade psicológica freudiana ou lacaniana, diga-se.

E, de modo hierárquico, avança desse núcleo profundo de crenças individuais para níveis complementares de crenças[128] que se sobrepõem como na imagem de um círculo: o segundo arco do círculo são os valores mesmos precípuos mobilizadores, inerentes/imanentes à posição sobre a política pública em disputa e o terceiro arco são valores secundários conectados necessariamente com a política pública em disputa.

Esses círculos concêntricos alavancariam coalizões para a cena social, enredando adesões às crenças e, em função disso, densidade social para as coalizões que disputam políticas públicas nas arenas institucionais federais, como o Congresso Nacional, mas, de certo modo, esmiuçando a forma dessas ações coletivas em função de formas abstratas do desenho institucional relativo, onde a modelagem institucional geral cerceia e orienta a ação das coalizões sociais no embate por perfis diferenciados de políticas.

Quais os riscos embutidos nessas abordagens? São dois, pelo menos. Uma dimensão é a "falácia da composição: uma proposição que se aplica ao indivíduo não é necessariamente válida para o grupo, e muito menos para as multidões" (Hirschman, 1992). Outra dimensão diz respeito à sofisticada relação entre conceituação e empiria ou entre referência teórica e uso empírico, o que varia conforme o peso da mão da pesquisa. As referências teóricas vistas, o modelo ACF, o institucionalismo, não necessariamente são excludentes para o estudo empírico de um caso. Pode existir perfeitamente complementaridade entre as teorias em diferentes planos analíticos de uma política pública particular, num dado tempo e espaço.

---

[127] No original: "Whose ideas and values? And ideas and values about what more precisely? We must identify the groups active in politics, analyze the resources that they can bring to bear in allying or conflicting with one another. These are matters we will need to take seriously – along with the comingling of cultural traditions and the possibility of variable interpretations of each tradition's central ideas. We must also investigate how the changing institutional configurations of national polities advantage some strategies and ideological outlook and hamper others. Too often, national values explanations one-sidely derive political outcomes from values, without revealing that experiences with governmental instituions and political process profoundly affect the way people understand and evaluate alternative policy possibilities within a given cultural frame." (Skocpol, 1992, p. 22).

[128] Sobre crédito e crença na ação política, pontua Bourdieu: "O campo político é, pois, o lugar de uma concorrência pelo poder que se faz por intermédio de uma concorrência pelos profanos, ou melhor, pelo monopólio do direito de falar e de agir em nome de uma parte ou totalidade dos profanos. O porta-voz apropria-se não só da palavra do grupo dos profanos, que dizer, na maioria dos casos, do seu silêncio, mas também da força desse mesmo grupo, para cuja produção ele contribui ao prestar-lhe uma palavra reconhecida como legítima no campo político. A força das ideias que ele propõe mede-se não como no campo da ciência, pelo seu valor de verdade (mesmo que elas devam uma parte de sua força à sua capacidade para convencer que ele detém a verdade), mas sim pela força de mobilização que elas encerram, quer dizer, pela força do grupo que as reconhece, nem que seja pelo silêncio ou ausência de desmentido, e que ele pode manifestar recolhendo as suas vozes ou reunindo-as no espaço." (Bourdieu, [1989] 1998, p. 185).

Contudo, as diferenças entre referências institucionais do Brasil e dos Estados Unidos são consideráveis e merecem um pequeno olhar. Um texto clássico que argumenta em favor de uma matriz sociológica para o federalismo estadunidense, lastreado na autoexpressão da diversidade em bases territoriais, percebeu o fato histórico de que muitos países latino-americanos no século XIX buscaram apenas imitar a constituição dos EUA, mas em realidades distintas. Ele sustenta que "Vários países sul-americanos adotaram constituições federais e, ainda assim, um exame desses países revela um grau de integração bastante alto" (Livingston, 1952, p. 91)[129].

As diferenças entre o Brasil e os EUA, dentre outras, tratam do poderio militar bélico, do orçamento do complexo industrial-militar, do ponto de vista do sistema federativo, partidário, da estrutura do poder legislativo federal, da frequência das eleições legislativas e o impacto disso nos estágios das políticas públicas, do voto distrital majoritário e do voto proporcional, do financiamento das eleições, do padrão monetário, dos mandatos do legislativo e executivo, das competências legislativas e executivas, da *accountability* burocrática, da regulamentação da atividade de *lobby*, da formação social, da cultura política, do sistema educacional. Ainda que haja convergências no âmbito das relações raciais.

Nos EUA, a legislação sobre política eleitoral é estadual, ou seja, quem vota em um estado pode não ser considerado eleitor em outro estado. A educação é também definida nos estados, onde cada um tem sua própria constituição sobre a educação; municípios são criaturas dos estados e não entes federados. No caso estadunidense, é extensa a lista dos assuntos em que os estados têm a última palavra, com poder de veto para legislação federal, ao passo que no Brasil a lista é pequena, próxima do residual. Se comparados Brasil, Suíça e EUA, o peso relativo das unidades constituintes é diferente.

Ao estudar políticas sociais e sua difusão no Brasil nos anos 1990, Sugiyama (2008) percebe diferenças entre o Brasil e os EUA,

> A literatura de ciência política com base nos EUA enfatiza a relação positiva entre a competição política e a emulação de políticas inovadoras. Ainda assim, neste estudo das maiores cidades do Brasil, que são as mais influentes politicamente de todos os governos locais, a intensidade da competição não afetou a probabilidade de esses programas se espalharem. Em outras palavras, quando controlamos todos os outros fatores, as cidades com maior competição eleitoral não adotaram o Bolsa Escola nem o Programa Saúde da Família com taxas mais elevadas do que aquelas com eleições menos competitivas. (Sugiyama, 2008, p. 207).

> Uma das descobertas mais surpreendentes é que, ao contrário da sabedoria convencional da literatura estadunidense, a competição eleitoral não consegue explicar por que os formuladores de políticas emulam os programas sociais no Brasil. A emulação da política social simplesmente não corresponde ao grau de competição eleitoral de uma cidade. Essa descoberta é particularmente surpreendente porque muitas de nossas suposições sobre as políticas públicas baseiam-se em suposições sobre interesses políticos, política de grupos de interesse e propaganda eleitoral. (Lowi, [1963] 1995, p. 211).[130]

---

[129] No original: "Several South American countries have adopted federal constitutions and yet an examination of those countries reveals a rather high degree of integration." (Livingston, 1952, p. 91).

[130] No original: "The U.S.-based political science literature stresses the positive relationship between political competition and policy emulation of innovative policies. Yet in this study of Brazil's largest cities, which are the most politically influential of all local governments, the intensity of competition had no effect on the likelihood these programs would spread. In other words, when we control for all others factors, cities with more electoral competition did not adopt either Bolsa Escola or Programa Saúde da Família at higher rates than did those with less competitive elections." "One of the most surprising findings is that, contrary to conventional wisdom from the U.S.-based literature, electoral competition fails

Ademais, uma característica particular dos valores culturais daquele país em torno da questão da desigualdade merece consideração. Para um otimista, mas não desavisado, Soares (2010) argumenta que

> O próximo parâmetro são os Estados Unidos, que são, de longe, o país mais desigual dentre os países ricos da OCDE. Trata-se, assim como o Brasil, de um país grande, federativo e com fortes divisões étnicas e raciais. Trata-se também de um país onde a desigualdade não é considerada algo particularmente ruim e, se oriunda do mérito, ate desejável. Se o Brasil mantiver o Gini em queda, de 0,7 ponto ao ano, alcançará os níveis de desigualdade dos Estados Unidos de hoje em 12 anos — ou seja, em 2018. (Soares, 2010, p. 476).

Esse exercício de comparação é usual, como se percebe a seguir.

> Finalmente, os resultados aqui dispostos demonstram notáveis similaridades para com as análises de atividades provenientes de interesses organizados e sua efetividade nos Estados Unidos. Dados os sistemas de governo em muito diferentes (parlamentarismo de domínio executivo em contraste com presidencialismo) e formações estruturais (centralidade contra federalismo) entre a política Britânica e Norte Americana, perceptivas institucionalistas haveriam de prever maiores dissimilaridades. Pode-se apenas especular aqui que a natureza pluralista é comum a ambos os sistemas político-econômicos, e desenvolvimentos paralelos na natureza destas comunidades políticas (Jordan and Maloney, 1997) talvez expliquem muito dessa semelhança. (Bernhagen, 2012, p. 572).[131]

Então, o caso brasileiro precisa ser relativizado em suas nuances e como sugere Guerreiro Ramos, o modelo ACF ser tomado como subsídio teórico-analítico, muito valioso subsídio, mas um subsídio. Por isso, o passo teórico necessário da Redução Sociológica em Política Pública.

Quanto às referências institucionais típicas da democracia brasileira atual, aparentemente o modelo ACF tem flexibilidade suficiente para considerá-las dentro da análise, como é o caso do peso político das centrais sindicais no Brasil, das frentes parlamentares suprapartidárias, dos conselhos de políticas públicas, das conferências temáticas e da presença dos movimentos sociais na disputa pelos rumos da política pública no Parlamento brasileiro.

Ademais, a utilização do modelo ACF em vários lugares, como na Europa, em Moçambique, na Ásia e no Brasil, remete à sua força para encarar diferentes situações histórico-culturais. Particularmente, seu uso para estudos de políticas públicas de educação adornam sua reputação para o desafio analítico empírico posto. Isso ocorreu na ex-colônia portuguesa da África subsaariana, Moçambique, um país atravessado por uma terrível e longa guerra civil, trocada por uma relativa estabilidade democrática.

Jasmin Matthea Rachel Beverwijk (2005), por meio do modelo da coalizão de defesa, buscou analisar as mudanças na educação superior de 1993 a 2003 naquele país africano. E sua pesquisa empírica enfrentou as dificuldades para a identificação e compreensão dos papéis dos atores nas coalizões, da coordenação da ação dos atores e da grande instabilidade institucional local. Ele

---

to explain why policy makers emulate social programs in Brazil. Social policy emulation simply does not correspond to a city's degree of electoral competition. This finding is particularly striking because so many of our assumptions about the politics of public policy rely on assumptions about political interests, interest group politics, and electioneering" (Lowi, [1963] 1995, p. 211).

[131] No original: "Finally, the findings reported here display remarkable similarities with analyses of organized interest activities and their effectiveness in the US. Given the very different systems of government (executive-dominated parliamentarism versus presidentialism) and structural make-up (centralism versus federalism) of the British and US polities, institutionalist perspectives would predict greater dissimilarities. It can only be speculated here that the common pluralist nature of both politico-economic-systems and parallel developments in the nature of policy communities (Jordan and Maloney, 1997) might explain much of this similarity." (Bernhagen, 2012, p. 572).

optou por valer-se da distinção entre atores administrativos (burocratas) e outros atores presentes no subsistema, entre atores com interesses materiais e atores mais propositivos. Para o autor, os administradores ou burocratas adotam posições mais moderadas numa coalizão do que os demais membros. Destaca ele:

> Grupos teleológicos são mais refreados em suas expressões de crença e posicionamento político, do que grupos materiais o são. A razão para tal é a de que esses grupos atraem membros primariamente com base em ideologia, mantendo uma lealdade relativamente estrita às crenças do grupo e suas posições em políticas públicas, de modo a amenizar o risco de perda de membros. Seus líderes são selecionados logicamente com base em sua aderência a essas crenças. Membros de grupos materiais, os quais se focam na promoção de seus interesses próprios, permitem aos seus líderes maior latitude na escolha de aspectos secundários [...] conquanto ainda se mantenham atentos ao seu propósito central. (Beverwijk, 2005, p. 67).[132]

Ele entende que o modelo ACF funciona sob um contexto de fatores estáveis (valores, fundamentos culturais e estrutura constitucional), a possibilidade de eventos externos ao subsistema (mudanças nas condições socioeconômicas e na coalizão governamental). Esse contexto é essencial, pois pode afetar as crenças dos atores e restringir suas ações (Beverwijk, 2005, p. 191). Mas o estudo do autor identificou limitações do modelo, como fica patente em suas reflexões críticas:

> Em suma, esta pesquisa nos relembra de que precisamos ser bastante cautelosos ao traçar conclusões por demais confiantes. Primeiramente, o período ao longo do qual estudamos a educação superior em Moçambique foi relativamente breve, e em segundo lugar, ele ocorreu em um contexto sobre o qual mais pesquisa faz-se requerida. Ainda assim, pode se concluir que o ACF é construído com base em suposições, que são geralmente aplicáveis aos países industrializados e estáveis, mas não àqueles com alto índice de turbulência civil ou politica. Sabatier e Jenkins-Smith assumem que, não importando sob quais condições um subsistema nascente emerja, os subsistemas envolvem um amplo número de atores. Segundo eles assumem que subsistemas compreendem mais do que um núcleo de política pública. Atores sempre terão percepções conflituosas persistentes sobre tópicos e pautas de políticas públicas. Além disso, Sabatier e Jenkins-Smith tomam assumem que fatores contextuais externos ao subsistema são relativamente estáveis e consequentemente, maiores mudanças políticas são infrequentes. Este estudo demonstra que esses pressupostos precisam ser questionados. Eles não dizem respeito apenas ao caso de Moçambique. Antes que conclusões definitivas possam ser traçadas sobre esses aspectos do ACF, mais esforços de pesquisa se fazem necessários em casos onde sistemas são estabelecidos "do zero" e operam em ambiente turbulento. (Beverwijk, 2005, p. 189-190).[133]

---

[132] No original: "Purposive groups are more constrained in their expression of beliefs and policy positions than material groups. The reason for this is that purpose groups primarily attract members on the basis of ideology and these members maintain a relatively strict loyalty to group beliefs and policy positions in order to decrease the risk of losing members. Leaders of purpose groups are logically selected on the basis of their adherence to those beliefs. Members of material groups, which focus on promoting their self-interest, allow their leaders greater latitude in choosing secondary aspects [...] as long as they are attentive to their main core purpose." (Beverwijk, 2005, p. 67).

[133] No original: "In sum, this research reminds us we have to be very careful in drawing firm conclusions. First, the period when we studied higher education in MOZAMBIQUE was relatively short; second, it bears upon a context on which more research is required. Yet, it can be concluded that ACF is built on basic assumptions, which generally apply to stable industrialized countries, but not to countries with a high degree of civil and political turbulence. Sabatier and Jenkins-Smith assume that, no matter under what conditions a nascent subsystem emerges, the subsystems involve of a large number of actors. Second, they assume that subsystems consist of more than one policy core. Actors will always have enduring conflicting perceptions about policy issues and topics. Sabatier and Jenkins-Smith assume further that environmental factors outside the subsystem are relatively stable and consequently major policy change is infrequent. This study shows that these assumptions need to be questioned. They do not pertain only to the MOZAMBICAN case. Before definitive conclusion can be drawn on those aspects of ACF studied, more research is needed of cases where systems are established "de novo" and operate in a turbulent environment." (Beverwijk, 2005, p. 189-190).

O estudo anterior estimula e faz aguçar um senso crítico e acaba por requerer uma espécie de refinamento do olhar sobre o mapa teórico e as pedras do caminho analítico. De fato, percebe-se a existência teórica de vários institucionalismos e é preciso falar sobre isso, estabelecer distinções conceituais.

March e Olsen (2008, p. 1) apregoam o neoinstitucionalismo, que "enfatiza a autonomia relativa das instituições políticas, as possibilidades de ineficiência na história e a importância da ação simbólica para um entendimento da política". Os autores caracterizam a Ciência Política desde os anos 1950, que conteriam o conceito de "instituição", como sendo:

a) contextual, inclinada a ver a política como uma parte integral da sociedade e menos inclinada a diferenciar o Estado politicamente organizado [polity] do resto da sociedade;

b) reducionista, inclinada a ver os fenômenos políticos como as consequências agregadas dos comportamentos individuais e menos inclinada a atribuir os resultados da política às estruturas organizacionais e às regras de comportamento adequado;

c) utilitária, inclinada a ver a ação como o produto do interesse pessoal calculado e menos inclinada a ver os atores políticos como respondendo a obrigações e deveres;

d) funcionalista, inclinada a ver a história como um mecanismo eficiente no alcance de equilíbrios singularmente adequados e menos preocupada com a possibilidade de inadaptação e não-singularidade no desenvolvimento histórico;

e) instrumentalista, inclinada a definir a tomada de decisões e a alocação de recursos como as preocupações centrais da vida e menos atenta às maneiras pelas quais a vida política esta organizada em torno do desenvolvimento de significados, por meio de símbolos, rituais e cerimônias. (March; Olsen, 2008, p. 3).

O neoinstitucionalismo postula, conforme os autores, um deslocamento analítico daquele centrado na sociedade para outro centrado no Estado:

Essas ideias minimizam a dependência do Estado politicamente organizado com relação à sociedade em favor de uma interdependência entre instituições sociais e políticas relativamente autônomas; elas minimizam a simples primazia de microprocessos e histórias eficientes em favor de processos relativamente complexos e da ineficiência histórica; elas minimizam as metáforas da escolha e os resultados alocativos em favor de outras lógicas de ação e da centralidade do significado e da ação simbólica. (March; Olsen, 2008, p. 6).

Lessa (2011) revisita as raízes do pensamento político estadunidense, nas encruzilhadas da Guerra Fria e do behaviorismo nos anos 1950, que tiveram forte influência, *a posteriori*, na pauta de pesquisa de amplos segmentos das ciências políticas e sociais brasileiras. Desde esse ponto, ele faz suas críticas ao neoinstitucionalismo, particularmente com relação a uma de suas vertentes:

Em artigo publicado em 1996, Peter Hall e Rosemary Taylor procuram esclarecer as diferenças entre três modalidades possíveis e propõem um protocolo de cooperação entre elas (Hall e Taylor, 1996). As três variantes do neoinstitucionalismo seriam as seguintes: histórica, sociológica e fundada na escolha racional. As duas primeiras, a despeito de diferenças de configuração interna, praticam modalidades de externalismo na interpretação das instituições. Quer isso dizer que dinâmicas mais gerais – de natureza histórica e sociológica – são julgadas cruciais para a gênese das instituições. Essas, por sua vez, são percebidas como dotadas da capacidade de afetar a configuração de tais dinâmicas mais gerais. Não se trata de reencenar os limites de um determinismo estrutural ou de uma fatalidade histórica, como precipitações inelutáveis sobre a trama da política, mas de buscar a elucidação de um nexo fundamental: em que medida instituições – e a própria ação política – afetam e são afetadas por condições mais amplas e intertemporais? A variante neoinstitucionalista, fundada na ideologia da escolha racional, é a que mais radicaliza as prescrições originais, afirmadas na virada científica dos anos 1950. A inspiração behaviorista mais ampla ganha aqui mais nitidez e, sobretudo, capacidade de formalização, com a adoção de linguagens formais e não naturais. Mas, antes de tudo, a variante está assentada em uma antropologia segundo a qual os sujeitos humanos são, ainda nos termos postos por Elster, máquinas globais de maximização. As implicações para o tratamento do tema das instituições são diretas: os indivíduos aderem a pautas institucionais – isto é, a modelos de comportamento – porque perderiam mais se não o fizessem. É evidente que isso equivale a dizer que aderem porque ganham mais do que se não aderirem. Ambos os juízos são, além de equivalentes, fundados em afirmações ex post facto e, no limite, aplicáveis a qualquer decisão humana. São nesse sentido infalsificáveis e tautológicos. Há nessa circularidade a afirmação ideológica de um atributo, apresentado como universal e intertemporal, qual seja, o da presença de uma disposição utilitarista na constituição da condição humana. Os efeitos exercidos pela história e pela cultura incidem sobre um animal que, mais do que pertencente ao gênero homo sapiens, melhor poderia ser apresentado como homo choicer. [...] A variante rational choicer, adota como fundamento normativo de suas descrições os princípios valorativos gravitacionais de uma dada forma social, fundada na presunção de universalidade dos princípios do mercado autorregulado. Sua pretensão analítica, portanto, é mitigada pelo serviço que presta à perenidade dessa configuração social. (Lessa, 2011, p. 51-52).

Para os autores neoinstitucionalistas, seriam as instituições os atores principais e autônomos, pois o "Estado afeta a sociedade", raciocínio sob o qual não se encaixaria o modelo da coalizão da defesa, o ACF, que considera as instituições numa interação dinâmica com a sociedade, o que se vê conceitualmente em Samuel Bowles,

Institutions (as I use the term) are the laws, informal rules, and conventions that gave a durable structure to social interactions among the members of a population. Conformity to the behaviors prescribed by institutions may be secured by a combination of centrally deployed coercion (laws), social sanction (informal rules), and mutual expectations (conventions), that make conformity a best response for virtually all members of the relevant group. Institutions influence who meets whom, to do what tasks, with what possible course of action, and with what consequences of actions jointly taken. It is clear from this definition that an institution may be formally represented as a game. [...] But to understand why institutions might change, it will sometimes be insightful to represent an institution not as a game but rather as the equilibrium of an underlying game. (Bowles, 2004, p. 47-48).

Problemas de coordenação, confiança, cooperação, comprometimento, informação assimétrica, dentre outros, podem gerar jogos recorrentes entre atores envolvidos. Como solução, instituições podem ser criadas. Porém, elas podem não existir para resolver problemas sociais, senão para o benefício daqueles que já tem poder. A relação entre poder, agentes e instituições é tensa. Nas três dimensões clássicas do poder (Lukes, 2005), alguns atores podem ter o poder explícito de demanda, de impor decisões, ou o poder implícito de definição da agenda política e de manipulação das regras das instituições, ou o poder invisível de manipular para mudar as preferências de jogadores.

Knight (1992) diz que as instituições foram projetadas por poderosos. É evidente o problema distributivo: como se divide os ganhos de um equilíbrio Pareto Eficiente? Entre as instituições que resolvem problemas sociais, as elites moldaram as que lhe são mais vantajosas para manter o seu poder. Immergut (1998) também esmiúça as teorias agrupadas no que se chama de novo institucionalismo, ilustrando que na "Europa, o Estado tem sido, sistematicamente, elemento central no estudo da política e, por isso, os planos de 'trazê-lo de volta' não parecem particularmente inovadores" (Immergut, 1998, p. 155). Para a autora, o novo institucionalismo reflete debate dos anos 1950 de crítica ao behaviorismo, que visava explicar os fenômenos do governo como condicionado pelo comportamento humano observável, por exemplo, como as pessoas votam:

> A abordagem institucionalista entende que o somatório de preferências – ou no caso a agregação de comportamentos individuais em fenômeno coletivo – é demasiado problemático. O próprio DAHL salienta que "a análise de preferências individuais não é capaz de explicar inteiramente as decisões coletivas, pois precisamos, além disso, de entender os mecanismos pelos quais as decisões individuais são agregadas em decisões coletivas." (Immergut, 1998, p. 158).

Para Immergut (1998), o novo institucionalismo se apresentaria em três frentes teóricas: a escolha racional, a teoria organizacional e o institucionalismo histórico. Afora os apelos do "velho" e do "novo", a autora fornece uma boa referência sobre o que seriam as instituições:

> As instituições – principalmente as leis e a Constituição – desempenham, portanto, duplo papel. Elas restringem o comportamento humano. Porém, fornecem também os meios de liberação do vínculo social. As instituições sociais não personificam a natureza fundamental do homem. Em vez disso, como artefatos da história (nesse caso, do processo civilizatório), as instituições induzem comportamentos específicos. Por serem criações do homem, contudo, podem ser transformadas pela política. As instituições políticas podem ser reformuladas para funcionar de forma mais justa, e as decisões políticas tomadas no âmbito dessas instituições alterarão as instituições sociais, de forma a produzirem cidadãos melhores. Novas leis poderiam reformar os direitos de propriedade ou o sistema educacional, por exemplo, levando os cidadãos a pensar mais sobre o bem comum e menos sobre seus bens pessoais. (Immergut, 1998, p. 161).

Para a escola da escolha racional, como visto anteriormente em Lessa (2011), a autora também entende que os atores racionais atuariam em interações interdependentes com ações estratégicas, caso típico da teoria dos jogos, como no dilema dos prisioneiros. Ao passo que a teoria das organizações faria uma crítica ao uso da racionalidade pelos limites inerentes à cognição, que atuaria em favor de uma racionalidade limitada, que não expressaria preferências individuais, mas diversos mecanismos de aprendizado (Immergut, 1998, p. 168).

Immergut (1998) sustenta que a abordagem institucional histórica diferiria da visão behaviorista/utilitarista da sociedade e da visão determinista do social, pois consideraria as instituições como regras, procedimentos, normas e legados históricos; perceberia a existência na sociedade de racionalidades alternativas e da busca por construção de interesses, o que levaria à representação de interesses, à contestação ou à sustentação do poder e a uma lógica de causalidades, conforme os contextos sociais e as contingências históricas,

> A abordagem histórica, portanto, oferece uma via fértil para o retorno às questões normativas, que são centrais no paradigma institucionalista. As políticas públicas não são consideradas um resultado eficiente de agregação de preferências individuais, do progresso tecnológico, de forças do mercado, de uma multidão de ideias ou mesmo de interesses particulares. As decisões políticas surgem de combinações altamente complexas de fatores que incluem tanto características sistemáticas de regimes políticos como "acidentes da luta pelo poder". Além disso, uma vez que os institucionalistas históricos nunca pressupõem que o poder e as instituições alcancem equilíbrio, não é difícil explicar a mudança institucional. As instituições não determinam o comportamento, mas simplesmente oferecem o contexto para a ação que nos ajuda a entender por que os atores fazem as escolhas que fazem. Enfrentando os mesmos conjuntos de obstáculos institucionais, os atores podem

tomar decisões criativas sobre como proceder. Assim, as instituições – mesmo quando definidas no sentido mais amplo – não moldam as percepções humanas, de tal forma que os indivíduos sejam incapazes de reconhecer as definições concorrentes de identidade e interesse, nem forçam a aço humana a seguir uma única linha. (Immergut, 1998, p. 184-185).

Esse referencial teórico do institucionalismo histórico fornece elementos que, de algum modo, poderiam convergir para a empreitada analítica via modelo da coalizão da defesa ou ACF. Mas o assunto da pesquisa requer doses de interdisciplinaridade e a ampliação das fronteiras teóricas para além das amarras disciplinares. Nesse sentido, Lessa (2011) faz uma breve crítica panorâmica dos estudos sobre a política no Brasil contemporâneo, tomando como ponto de partida os mesmos anos 1950 em que brotaram outros sintomas teóricos contagiosos:

> Desde já, deve ser dito que o processo de afirmação de uma ciência política *soi-disant* autônoma no Brasil fez-se acompanhar de duplo processo de ruptura:
>
> (i) com o campo e com as linguagens das humanidades, como efeito da ruptura empreendida por sua principal fonte inspiradora e constituinte – a revolução behaviorista dos anos 1950 nos EUA; e
>
> (ii) com o campo das ciências sociais, a partir do predomínio da linguagem e dos temas do neoinstitucionalismo e da *rational choice*, a partir de fins dos anos 1980. A dupla demarcação possui consequências não triviais, pois o que está em jogo é a própria pertença desse campo cognitivo – a ciência política – com relação ao âmbito mais largo das ciências sociais e das humanidades. (Lessa, 2011, p. 28).

Uma ideia cara a Karl Polanyi pode ser bastante útil como parâmetro teórico-analítico:

> É a ideia de *embeddness*, originalmente aplicada por Karl Polanyi para descrever a relação entre circuitos de troca econômica e vida social, em um mundo ainda intocado pelo "credo do mercado", que aqui emerge como marcador da posição ocupada pela reflexão política, diante de outras modalidades de narrativas a respeito do social. Polanyi, de forma lapidar, mostrou como as relações econômicas estiveram, antes do predomínio do credo na excelência do mercado, envolvidas – *embedded* – em um conjunto de injunções não econômicas. Tal padrão de *embeddness* sustentava-se em formas institucionais e normativas que acabaram por configurar o modo de lidar com questões econômicas. O próprio modo de tratar e narrar fenômenos econômicos, associados, de modo lato, à tradição e ao âmbito das crenças e da cultura. (Lessa, 2011, p. 25).

Dessa imersão teórica crítica empreendida, cumpre insistir, no curso da investigação social proposta em torno da Lei de Cotas, na necessária presença da interdisciplinaridade na análise, como se a autonomia disciplinar no esforço analítico fosse sempre regada por uma pitada de bom condimento, entendido aqui como *embeddness*, de relevantes estudos em diferentes áreas das humanidades e que contribuem potencialmente para o melhor entendimento do problema de pesquisa.

Por exemplo, a Índia, no curso de sua luta pela independência da colonização inglesa, desenvolvera ações afirmativas tardiamente, nos anos 1940. Isso ilustra a importância de ampliar a perspectiva analítica na direção interdisciplinar. Amartya Sen (2012) defende uma herança do conhecimento mundial advinda de um conjunto maior do que o subconjunto europeu ou ocidental apenas, como se verificou no debate em torno da Declaração Universal dos Direitos Humanos no pós-Segunda Guerra[134].

---

[134]   *Cf.* Estevão de Rezende Martins (*apud* Souza, 1997, p. 171-188) "Ela deve abranger e reconhecer a validade de muitos modos diferentes de vida. Ela não convencerá os indonésios, os africanos, os indianos e os chineses se continuar no mesmo plano de suas antecessoras. Os direitos do homem

> O primeiro esclarecimento consiste em explicar que a conexão desta obra com a tradição do iluminismo europeu não faz com que o background deste livro seja particularmente 'europeu'. Na verdade, uma das características inusuais – excêntricas, como talvez alguns dirão – deste livro, em comparação com outros escritos sobre a teoria da justiça, é o uso extensivo que faço de ideias oriundas de sociedades não ocidentais, sobretudo da história intelectual indiana, mas de outras partes também. Existem fortes tradições de argumentos fundamentados em razões, em lugar da dependência da fé e de convicções injustificadas. Ao confinar a atenção quase que exclusivamente à literatura ocidental, a busca contemporânea – em grande parte, ocidental – da filosofia política, em geral, e das exigências da justiça, em particular, tem sido, eu diria, limitada e, em certa medida, paroquial. (Sen, 2012, p. 15-16).

A interdisciplinaridade, tomada como prumo dessa investigação, também aparece em Celso Furtado (1985) — um dos intelectuais latino-americanos que ajudou a construir um pensamento cepalino[135] autônomo —, no seu livro *A Fantasia Organizada,* no qual descreveu o percurso de sua formação intelectual inicial.

Nos anos 1950, em sua busca de repostas para o porquê da industrialização tardia do Brasil, da América Latina no geral, o autor dará preferência ao empirismo em seus estudos, com o abandono da teoria da vantagem comparativa das nações, buscando entender a relação entre centro e periferia do capitalismo, como indicavam as formulações teóricas inovadoras de Raúl Prébisch. Celso Furtado, quando da conclusão do seu livro *Formação Econômica do Brasil,* buscou complexificar os estudos econômicos na intenção de melhor compreendê-los, ampliando o campo analítico, em uma abordagem da economia como uma ciência que necessita de permanente diálogo com a antropologia, a sociologia, a geografia, a demografia, a psicologia, a matemática, a história, a estatística, a biologia, dentre outros saberes, numa perspectiva interdisciplinar. Para Luciano Coutinho (2018), "a complexidade e a interdisciplinaridade, inerentes à quarta revolução industrial, outorgaram aos ecossistemas de inovação um papel relevante nas políticas industriais contemporâneas".

À guisa de definição teórica, os vários mapas teóricos percorridos até aqui indicam cinco pertinências teóricas conjuntas para o estudo em tela nesta tese sobre a Lei de Cotas no Brasil:

1. A interdisciplinaridade[136].

2. A estrutura analítica das coalizões de defesa em política pública, o modelo "*Advocacy Coalition Framework*" ou simplesmente modelo ACF.

3. O institucionalismo histórico.

4. A Redução Sociológica em Política Pública.

5. Elementos da cartografia das relações étnico-raciais no Brasil.

A complementaridade entre abordagens particulares em pesquisas de política pública foi destacada no estudo feito em universidade dos países baixos sobre o nascimento do sistema de

---

no século XX não podem ser circunscritos pelos padrões de uma cultura determinada ou ditados pela aspiração de um só povo." (American Anthropological Association, 1947).

[135] Referente à Comissão Econômica da ONU para a América Latina e o Caribe (CEPAL), berço originário das reflexões sobre o desenvolvimento latino-americano nos anos 1950.

[136] Podem ser mobilizadas, no curso da investigação social, áreas como: direito, filosofia, história, geografia, economia, antropologia e evidentemente os estudos de educação, dentre outros. A literatura recente sobre os sistemas de educação, particularmente a obra de Bourdieu e seus seguidores, que se debruçam sobre o caso francês, oferece categorias teóricas analíticas que, uma vez relativizadas, podem ganhar caráter de complementaridade para a análise empírica em questão na pesquisa. Importa destacar algumas categorias: *habitus*, capital social, capital relacional, capital cultural, posição de classe, origem de classe, distinção, capital simbólico, campo.

educação superior em Moçambique que utilizou o modelo ACF, onde o autor explora diferentes abordagens teóricas, tais como: socioeconômicas; institucional, redes e grupos e aquelas baseadas em ideias.

> Estas abordagens baseiam-se em diferentes suposições sobre a agência humana, o efeito de estruturas, o significado do poder e a natureza do Estado. Isso não implica, porém, que abordagens sejam mutuamente exclusivas; elas geralmente complementam umas às outras. (Beverwijk, 2005, p. 56).[137]

Santos (2011) fornece mais elementos que sustentam essa opção teórica, pois "a consideração da inter-relação entre atores e instituições é importante para compreendermos os processos de mudança institucional, em nosso caso a mudança de uma política pública". Conclui o autor que:

> As duas propostas teóricas são certamente distintas, mas compatíveis e complementares, com possibilidade de serem integradas de forma positiva para superar as limitações de cada uma delas. Este será o nosso objetivo ao buscar desenvolver e testar hipóteses derivadas da combinação das duas abordagens. (Santos, 2011, p. 39).

Vem de Piketty (2014) um argumento muito forte que aponta na direção da importância das instituições e das políticas públicas no correr da história para o entendimento das causas da desigualdade.

> Nos próximos capítulos, veremos que as guerras mundiais e **as políticas públicas implementadas pelos países desempenharam um papel central no processo de redução da desigualdade no século XX**, e não há nada de natural ou espontâneo nisso, ao contrário das previsões otimistas da teoria de Kuznets. Observaremos também que a desigualdade aumentou desde os anos 1970-1980, com fortes variações entre países, **o que sugere que as diferenças institucionais e políticas tenham exercido um papel central.** (Piketty, 2014, p. 233).

O delineamento teórico deve considerar a cartografia dos estudos das relações étnico-raciais produzidas sobre o Brasil, não como ornamento, mas como referência teórica a priori, a dialogar sempre no fazer mesmo do esforço analítico. Assim, são cinco os pontos teóricos reflexivos para guiar os passos desta obra; esses são as balizas teóricas.

---

[137] No original: "These approaches are based on different assumptions about human agency, the effect of structures, the meaning of power and the nature of the state. This does not imply however, that the approaches are mutually exclusive, they generally complement each other." (Beverwijk, 2005, p. 56).

O SUBSISTEMA DE EDUCAÇÃO NO BRASIL

4.1 ELEMENTOS HISTÓRICOS E INSTITUCIONAIS DA CONSTRUÇÃO DO SUBSISTEMA DE EDUCAÇÃO NO BRASIL

O modelo teórico de política pública, ACF, propõe um tempo mínimo de dez anos, como referência temporal para se compreender todos os meandros de uma política pública. No caso da Lei de Cotas, como diria Dante, foi preciso descer ao inferno das relações raciais hierarquizadas da história do Brasil[138] (a 1823, ao menos), sem Virgílio a tira colo. Ali, na Constituinte de 1823, no primeiro processo legislativo do novo Estado — o Brasil —, tem-se a largada de algumas das razões e desrazões da rapidez ou lerdeza do processo legislativo nacional, de seu caráter de verniz e maquiagem ou de direito real, no tocante à temática em questão.

É que, paradoxalmente, nasce e não nasce com o novo país, um sistema nacional de educação (que para o modelo ACF é um subsistema), base analítica para se entender o processo legislativo da Lei de Cotas no Brasil. Ou seja, o desenho do Estado Nacional, o arranjo federativo efetivo funcional do Brasil no tempo, o que ele abriga e o que ele transfere adiante de problemas a cada momento histórico, isso tudo delimita a construção do subsistema da educação.

Não é difícil perceber que o subsistema de educação brasileira carrega porosidades, fronteiras flexíveis, tensões e interações dinâmicas variadas, oriundas dos diversos quadros políticos, democráticos ou ditatoriais. É um subsistema que está presente no Município, no Estado, na União, no Distrito Federal e aprofundar essa questão é fundamental para compreender onde e de que forma está situada a Lei de Cotas.

4.1.1 O Império e o subsistema de educação no Brasil

As políticas públicas locais, distritais ou estaduais, nos Estados Unidos da América do Norte, com o passar do tempo e sua consolidação, ganham o terreno federal. Esse jogo entre o nacional e o subnacional, presente no modelo ACF, é uma de suas principais forças argumentativas para o tempo de maturação exigido por uma política pública.

No Brasil, entretanto, nem sempre a história das políticas públicas seguiu essa linearidade relativa, pois as relações entre os entes federados demonstram-se complexas. Nesse horizonte, o objetivo é delinear o subsistema, cerne do modelo ACF, que pode ser chamado de sistema nacional de educação ou sistema brasileiro de educação, campo onde se dá a disputa em torno da política pública nacional

---

[138] A metáfora do inferno na terra, de modo direto, remete às condições de trabalho dos africanos escravizados nos séculos XVI e XVII, que produziam a riqueza brasileira nos engenhos de açúcar, em uma época em que a expectativa média de vida era de oito anos. Variados(as) autores(as) escreveram sobre as relações raciais hierarquizadas na história do Brasil e no mundo, com diferentes abordagens: Alencastro (2000), Chiavenatto (1986), Carneiro (1983), Freitas (1973, 1976, 1980), Gomes (2005), Santos Gomes (2005), Bastide (1959), Ianni (1972), Paiva, Ivo e Martins, (2010), Graham (1979), Chalhoub (2012), Horne (2010), Costa e Silva (2012), Reis (2003[1986]), Moura (1977), Chaves, Secco e Macêdo (2006), Poliakov (1971), Firbani (2005), Prado Júnior (1957[1942]), Nascimento (1980, 1981), Ribeiro; Barbosa; Fátima (1998), Duarte (2007), Santos (2006), Araújo (2006), Queiroz (1977), Soares (2007), Oliveira (2000), Carneiro da Cunha (2012a, 2012b), Ribeiro (1997), Tobner (2007), Berlogey (2001) e Taguieff (1991a, 1991b).

de cotas para o ingresso na educação superior ou, simplesmente, Lei de Cotas. Não obstante, o argumento diacrônico para o estudo do direito à universidade no Brasil se impõe por si só, por conta da política pública em questão depender da trajetória histórica, em particular, de conjunturas críticas.

> A análise de conjunturas críticas faz parte dos argumentos de path dependence, segundo os quais os arranjos institucionais estabelecidos em um determinado momento tornam-se enraizados devido à sua capacidade de moldar os incentivos, visões de mundo e recursos dos atores e grupos afetados pela instituição. Nesse contexto analítico, conjunturas críticas são lançadas como momentos em que a incerteza quanto ao futuro de um arranjo institucional permite que a agência política e a escolha desempenhem um papel causal decisivo no estabelecimento de uma instituição em um determinado caminho de desenvolvimento, um caminho que então persiste durante um longo período de tempo. (Capoccia, 2015, p. 2-3).

> Além disso, a análise de conjunturas críticas e seus legados representa uma forma de análise temporal e, semelhante a todas essas análises na análise histórica comparativa, obriga o estudioso a se concentrar em quando algo acontece, a fim de estabelecer se e quanta força causal exerce sobre seus explanandum. No contexto da abordagem de dependência crítica de junção / caminho, isso tem três consequências principais. A primeira e mais importante, a abordagem exemplifica a máxima de Polanyi de que em alguns momentos da história "o tempo se expande ... e assim devem nossas análises" (Polanyi, 1944, 4). Essa expansão do tempo ressalta o fato de que um evento que ocorre durante uma conjuntura crítica pode ter um grande efeito sobre o resultado, embora o mesmo evento possa não ter consequências importantes nas fases posteriores do desenvolvimento institucional, quando os custos da mudança são maiores (David, 2000; North, 1990), e incentiva os estudiosos a realizar análises históricas detalhadas das decisões e desenvolvimentos que acontecem durante as conjunturas críticas. Em segundo lugar, a abordagem aponta para a possibilidade de que a mudança institucional transformadora (embora não seja uma característica necessária das conjunturas críticas) pode ser abrupta e concentrada em um período de tempo relativamente curto, em vez de ser gradual e prolongada. Terceiro, ao ampliar o horizonte temporal da análise (Pierson, 2004), a abordagem pode revelar que o que pode parecer estar causando o resultado institucional em um determinado momento pode, na verdade, ser o efeito de decisões tomadas muito antes no tempo que se tornaram enraizadas em arranjos institucionais. (Capoccia, 2015, p. 12).[139]

O subsistema de educação brasileira forjou-se sobre a escravização de negros, negras e corpos indígenas que, por essa condição, foram alijados da educação e da mobilidade social. A desigualdade e a hierarquia racial eram a regra. Brancos e brancas miseráveis, miscigenados, também muito pobres ajudavam a compor a parte maior da sociedade brasileira: analfabetizados, desletrados,

---

[139] No original: "The analysis of critical junctures is a part of path dependence arguments, according to which institutional arrangements put in place in a certain point in time become entrenched because of their ability to shape the incentives, worldviews, and resources of the actors and groups affected by the institution. In this analytical context, critical junctures are cast as moments in which uncertainty as to the future of an institutional arrangement allows for political agency and choice to play a decisive causal role in setting an institution on a certain path of development, a path that then persists over a long period of time." (Capoccia, 2015, p. 2-3).
"Furthermore, the analysis of critical junctures and their legacies represents a form of temporal analysis, and similar to all such analyses in comparative historical analyse it compels scholar to focus on when something happens in order to stablish whether and how much causal force it exercises over their explanandum. In the context of critical juncture/path dependence approach this has three main consequences. First and foremost, the approach exemplifies Polanyi's dictum that in some moments in history 'time expands ... and so must our analyses' (Polanyi, 1944, 4). This expansion of time underscores the fact that an event that occurs during a critical juncture may have a large effect on the outcome even though the same event may not have important consequences in later phases of institutional development, when the costs of change are higher (David, 2000; North, 1990), and encourages scholars to perform detailed historical analysis of the decisions and developments that happen during critical junctures. Second, the approach points to the possibility that transformative institutional change (although not a necessary characteristic of critical junctures) may be abrupt and concentrated in relatively short period of time rather than be gradual and protracted. Third, by enlarging the temporal horizon of the analysis (Pierson, 2004) the approach may reveal that what may seem to be causing the institutional outcome at a certain moment may in fact be the effect of decisions made much earlier in time that became entrenched in institutional arrangements." (Capoccia, 2015, p. 12).

ignorantizados pelas elites brancas. A energia física, intelectual e moral dos que eram obrigados a obedecer, era sugada no sustento da elite branca, que estudava para mandar. As mulheres, mesmo da elite branca, tinham status social inferiorizado. O jogo entre o nacional e o subnacional para o subsistema de educação no Brasil principiou com a Constituição outorgada de 1824 que instalou institucionalmente o Brasil independente.

Já em 1834, com o Ato Adicional fruto de reviravoltas no sistema político regencial, deslocaram-se responsabilidades atinentes ao sistema nacional de educação do governo central para as províncias. Esse movimento pendular — governo central-província — dará a forma mesma do subsistema de educação no Brasil ao longo dos tempos, num arranjo institucional que por muito tempo não classificará a educação como prioridade nas políticas públicas, mesmo em variadas formas de governo com o passar dos anos. De modo adjunto, carregará as marcas do primeiro sistema de educação nacional erigido no Brasil — aquele dos jesuítas, de 1554 até 1759 — com seus colégios católicos privados para as elites e cursos superiores avulsos. Arrastará, ademais, outra herança: os cursos superiores isolados, instalados por Dom João VI, a partir de 1808[140], considerados uma revolução na educação superior nas terras brasileiras de então. Os agentes/atores que esse subsistema abrigou em sua formatação inicial nos anos 1820/1830, suas competências, papéis, complementaridades, as disputas nacional/subnacional tiveram longo percurso na história do Brasil. Como se verá adiante, ecos daquela formatação de atores tiveram presença na disputa em torno da Lei de Cotas no Brasil, nos primórdios do século XXI, no Congresso Nacional. Eis o argumento sobre esse ponto fundamental do nascimento do subsistema de educação no Brasil e o papel dos agentes/atores:

> Com apoio nos estudos de Haidar (1972), Hilsdorf (2003, p.46-47) sintetiza a situação criada, não pelo Ato, mas pelo comportamento dos agentes: ainda que esse ensejasse a interpretação de que a competência era acumulada, entre poderes provinciais e a Coroa, os conservadores vão praticar uma partilha das competências entre a Assembleia Legislativa Geral, as Assembleias Legislativas Provinciais e a iniciativa privada. Ao descrever o modus operandi desta partilha, segundo a qual a primeira ocupava-se do ensino superior e da instrução na capital do país, as segundas do ensino das primeiras letras e cursos de formação de professores, ressalta que, sem equiparação ao Colégio Pedro II, as províncias abandonaram seus liceus, de forma que o ensino secundário passa a ser oferecido por particulares, em cursos avulsos que ministravam os conteúdos de forma parcelada. Considero importante complementar a análise das autoras com a ênfase no fato de que o Colégio Pedro II foi criado em 1837, já sob gestão dos regressistas, isto é, no momento de enfraquecimento do Ato Institucional. (Martins, 2009, p. 78, grifo nosso).

Na raiz do subsistema nacional de educação do Brasil, emergem como atores e instituições:

1. Os presidentes das Províncias;

2. O Imperador e seus conselheiros, representando a Coroa;

3. Os deputados provinciais, oriundos das assembleias provinciais;

4. Deputados e senadores oriundos das Câmara Alta e Câmara Baixa da assembleia geral;

5. Particulares provenientes da iniciativa privada;

6. Religiosos participantes de instituições de ensino vinculadas, predominantemente, às igrejas católicas.

---

[140] "Um balanço do ensino no Brasil, no tempo de D. João VI, nos mostra que não houve progresso real em matéria de educação popular (Idem, 34). Para a autora, o sistema era deficiente e fragmentário" (Marcílio, 2005, p. 34).

A tensa relação entre essas instituições históricas e os correspondentes atores a elas vinculados conformaria o subsistema nacional de educação do Brasil. Nele, a hierarquia de poder definiria a educação nacional: se seria pública ou privada, laica ou religiosa, se haveria educação primária e secundária e se seriam obrigatórias ou não, se haveria universidades e se seriam públicas ou não.

Contudo, é importante observar que, mesmo com a independência e a instalação do novo Estado Nacional, não houve mudança na estrutura de poder, agora concentrado nas mãos do imperador advindo da mesma dinastia que governara o Brasil colônia de Portugal. Efetivamente, o poder passou de pai para filho. É, portanto, no poder colonial que se vislumbram os elementos necessários para o entendimento do nascimento do subsistema de educação no Brasil, como argumenta Teixeira,

> Ao mesmo tempo, porém, em que se processou essa conquista, ocupação e escravização ou extinção da população aborígene, o português colonizador se adaptava aos trópicos e recebia uma educação formal equivalente à da Metrópole. Os jesuítas tinham seu programa original de cristianização do indígena e o programa convencional de formação do clero e da elite dominante. Este segundo programa consubstanciou-se no <u>sistema de colégios reais</u>, amplamente desenvolvido, mantido pelo erário e destinado à educação da classe conquistadora e aristocrática, e nos seminários teológicos para a formação do clero. Segundo os hábitos da Idade Média, a formação do clero não estava rigorosamente adstrita à classe aristocrática: podiam ser admitidos alunos provenientes de outras camadas ou castas, embora isto somente se desse por exceção e com licença especial. Os colégios ministravam a educação medieval latina, com elementos do grego, não se distanciando dos da Metrópole, cujo ensino, inclusive o universitário, fosse em Coimbra ou Évora, estava confiado à mesma Companhia de Jesus e, portanto, com professores de igual formação. Não havia, pois, entre a Metrópole e a Colônia, diferença quanto ao nível ou conteúdo da educação intelectual, pois toda essa educação local ministrada pelos jesuítas iria completar-se com a educação universitária na Metrópole. <u>Tal educação dogmática e exegética constituía uma tremenda força para a imobilidade intelectual e social</u>. A fim de organizá-la e difundi-la, criou-se um sistema de colégios distribuído por toda a Colônia. (Teixeira, 2005, p. 134-135, grifo nosso).

Essa marca registrada do Brasil colônia fixou-se no Brasil independente, de forma que o subsistema de educação organizado para a imobilidade social e intelectual permaneceu o mesmo. Em prol do *status quo*, não se alterou a estrutura econômica tecida sobre o trabalho de escravizados indígenas e negros, sob o comando da elite branca, garantindo ainda a distinção entre o trabalho manual e o intelectual[141]. Houve, entretanto, um complicador nesse nascimento do subsistema nacional de educação no Brasil. Se no auge do subsistema de educação a colônia contou com 19 colégios jesuítas, além da educação por outras ordens religiosas de menor peso, alguns deles com direito à diplomação de grau universitário, a Reforma pombalina, anticlerical e em alguns tons iluminista tardio, feita depois do terrível terremoto sobre Lisboa em 1755, expulsara os jesuítas do poder no Reino, em 1759[142]. Com isso, quando Dom João VI chegou a Salvador, em 1808, em fuga do sítio napoleônico a Portugal, a estrutura do subsistema de educação, na colônia, estava desarticulada.

---

[141] Ver Marcílio (2005).

[142] "O mesmo Alvará régio de 28/6/1759 que sancionou a expulsão dos jesuítas das terras de Portugal e do Brasil estabeleceu a reforma dos estudos menores. Com essa reforma, empreendida pelo primeiro-ministro marquês de Pombal, Portugal introduziu o ensino público em seus domínios. [...] As reformas pombalinas constituem expressão do iluminismo português, que foi essencialmente reformista, e da política mercantilista e fisiocrata, também substantivada por Portugal" (Marcílio, 2005, p. 18). "Em 1772 regulamentou Pombal a instrução primária e secundária leiga e gratuita, disseminando aulas de ler, escrever e contar, junto com elementos da doutrina cristã, por toda parte, no Reino e nas colônias. Para a concretização da lei de 6 de novembro de 1772, d. José I criou o imposto chamado Subsídio Literário, pelo qual o povo pagava para manter o ensino público. Foram 13 anos desde a partida dos jesuítas, até que o governo português começasse a construir um arremedo de sistema de ensino no Brasil. No plano das realizações, a reforma de pombal manteve uma feição rígida e escravista" (Teixeira, 2005, p. 21).

> Chega o príncipe regente à Bahia. O comércio local se reúne e delibera pedir-lhe a fundação, na Bahia, de uma universidade literária, oferecendo importante soma em dinheiro para a construção do palácio real e o custeio da universidade. A solução não é atendida. Em vez de universidade, o príncipe regente decide criar o Curso de Cirurgia, Anatomia e Obstetrícia em fevereiro de 1808, conforme pedido do cirurgião-mor do Reino, José Correia Picanço, antigo professor da Universidade de Coimbra e brasileiro, isto é, português nascido em Pernambuco, no Brasil. Transferida a Corte para o Rio de Janeiro, também ali vem a criar uma Escola de Cirurgia, academias militares, escolas de belas-artes, Museu e Biblioteca Nacional e Jardim Botânico, mas não se fala em universidade. Mais tarde, já o Brasil reino independente, criam-se em 1827 dois cursos de direito, em São Paulo e em Olinda (Pernambuco, depois transferido para o Recife, capital da província) e em 1832 a Escola de Minas, somente instalada trinta e cinco anos depois (em Ouro Preto, capital da província de Minas). Desde a transmigração da família real até a República, são repetidos e numerosos os apelos para a criação da universidade, mas todos recebidos com recusa direta ou com silêncio e indiferença: qual seria a explicação de semelhante resistência? Não é fácil responder. (Teixeira, 2005, p. 139-140).

Como o tamanho da elite branca de mando brasileira não era muito grande, uma universidade local seria desnecessária, era a razão de Estado. A resistência ocorreria porque a Universidade de Coimbra continuaria com o seu papel de formação/ilustração das elites brasileiras como ocorrera no período colonial, onde, em três séculos, cerca de 2.500 estudantes ali se formaram. O que se pode afirmar, no entanto, é que a Universidade de Coimbra adotava cotas. Cotas do privilégio branco. Essa marca de nascença ficará quase perpétua no subsistema de educação brasileiro:

> De tal modo se empenharam os cristãos-novos em alastrar de seus filhos doutores e bacharéis as cátedras e a magistratura que a Mesa de Consciência e Ordem, em fins do século XVII, decidiu limitar o bacharelismo em Portugal, sugerindo ao rei restringir para dois o número de filhos que pudesse enviar para a Universidade de Coimbra uma pessoa nobre, a um, o pai mecânico, e fazendo depender de licença de Sua Majestade a inscrição de cristãos-novos. (Freyre, [1933] 1987, p. 229).

Indígenas, africanos, escravizados, assim como os pobres brancos em geral e as mulheres, ficavam de fora da cota do privilégio branco masculino e da universidade. Muito mais distantes do que judeus e muçulmanos insidiosamente perseguidos por opção religiosa na Inquisição que fez tempo no império português. As exceções eram poucas.

Por outro lado, na linha do raciocínio de Celso Furtado (1959), o Brasil ficou de fora da Revolução Industrial, já em curso na Inglaterra, por conta do Tratado de Methuen (1703) entre as duas nações, que garantia a preferência aos vinhos portugueses no mercado inglês, ao passo que Portugal importaria os panos ingleses. Sem a opção pela industrialização, mesmo dispondo da riqueza do ouro das minas brasileiras, Portugal tornou-se dependente economicamente da Inglaterra e não soube reverter a situação. Como colônia, o Brasil seguiu o mesmo caminho. Assim, mesmo com a independência, ainda era uma economia predominantemente agrícola, baseada na monocultura do café para a exportação e no trabalho de escravizados indígenas e vindos de África. Para as elites brancas latifundiárias simplesmente não havia nenhuma necessidade em educar escravizados, a não ser para efeitos de evangelização. Logo, não havia necessidade de um subsistema de educação.

A riqueza da nação Brasil estava na agricultura extensiva e isso não requeria maiores esforços intelectuais, além de mãos brancas para chicotear corpos negros, indígenas e vastíssimos nacos de terras só para pouquíssimos. Nesse apetite desmesurado por poder, a violência era o tempero. A Revolta Malês, em 1835, na Bahia, a cabanagem no Pará, a sabinada no Maranhão, o chamado "haitianismo"[143], geravam verdadeiro pânico entre as elites brancas e, desse ponto de vista, toda instrução era perigosa. Identifica-se aqui, apenas, a necessidade de um subsistema de educação que garantisse o imobilismo social. Como corolário da manutenção do status quo, em 13 de maio de 1833, ocorreu uma insurreição de escravizados negros no distrito de Carrancas, pertencente à vila de São João d'el Rei, na fazenda do deputado Gabriel Junqueira. Como reação, adveio do Parlamento a Lei de 10 de junho de 1835, a "lei dura que vinha para durar" (Ribeiro, 2005, p. 66), que estabelecia as punições que escravizados deveriam receber por ameaçar, ferir ou matar seus senhores.

Almeida ([1889] 2000), Marcílio (2005), Saviani (1988), Castanha (2007), Fonseca (2007), Santos Cruz (2009), Santos da Silva (2014), Colistete (2016), Pombo de Barros (2016, 2017), dentre outros estudos relevantes, ampliam a visão do complexo problema da formação do subsistema de educação no Brasil no século XIX, com riquíssimas imersões históricas, sendo que o primeiro oferece uma grande fortuna documental e estatística sobre o estado da arte da educação nacional e os demais, importantes referenciais histórico-analíticos comparativos. O descaso e a não concatenação entre as partes e os papéis dentro do subsistema ficam evidenciados. Para Marcílio (2005),

> A independência do Brasil não modificou na essência o quadro desolador do ensino. As elites cultas discutiam, pela primeira vez, as bases de uma educação nacional na Constituinte de 1823. A Constituição outorgada de 1824, em seu artigo 179, assegurava a instrução primária e gratuita para todos os cidadãos. [...] A lei Geral do Ensino de 1827 – única do Império – estabeleceu as diretrizes gerais que deveriam nortear a criação de escolas no país. [...] Na opinião de M. H. M. Haiddar, a partir dessa lei 'tem início um processo de homogeneização, unificação e hierarquização em relação às inciativas diversificadas que caracterizaram a fase anterior'. Na realidade, esse processo ficou nas intenções e nos discursos, e isso até entrado o período republicano. (Marcílio, 2005, p. 47-48).

A presença da educação no Parlamento brasileiro já nasceu em atrito com o executivo. Se, na instalação da Assembleia Geral Constituinte de 1823, Dom Pedro I destacou a importância de uma legislação sobre a instrução, no desenrolar da Constituinte, que excluía escravizados negros, indígenas e assalariados, dois projetos relativos à educação foram apresentados: o Tratado de Educação Para a Mocidade Brasileira e o que criava duas faculdades de direito, uma em Olinda, outra em São Paulo. O primeiro projeto teve muitas emendas e não chegou a ir ao plenário constituinte. O outro andou e foi apresentado à Assembleia pela comissão de Instrução, em 19 de agosto de 1823, sendo aprovado; mas Dom Pedro I dissolveu a Constituinte em 12 de novembro de 1823. Saviani (1988) avança na análise do primeiro Parlamento brasileiro e o problema do ensino:

> O Parlamento só foi reaberto em 1826, iniciando-se os trabalhos em 3 de maio, tendo surgido, nos primeiros meses, várias manifestações e propostas relativas à instrução popular. As manifestações se referiam à necessidade de um plano geral de instrução, mas, no todo, as propostas solicitavam a criação de escolas nesta ou naquela província, conforme as origens dos deputados que as apresentavam. Foram, porém, apresentados pela Comissão de Instrução dois projetos de cunho geral. O primeiro, que ficou conhecido como "projeto de Reforma Januário da Cunha Barbosa", era bastante ambicioso e propunha que fosse organizada a instrução pública no Império em quatro graus: pedagogias, liceus, ginásios e academias, abrangendo, portanto, desde a escola primária, passando pelo ensino profissional e formação científica, até o ensino superior. Tal projeto nem chegou a entrar em discussão, não sendo registrada qualquer justi-

---

[143] Refere-se à revolução negra ocorrida no Haiti, em fins do século XVIII, então Ilha de São Domingos. O medo do contágio era um mote usado pelas elites brancas para reprimir qualquer contestação dos escravizados negros no Brasil, conforme Azevedo (1987). Outra metáfora foi a hidra da mitologia grega, como a fala do ministro da Justiça, Gama Cerqueira, em 1878: "Era preciso destruir em definitivo este reduto de fugitivos, impedindo que se reproduzissem 'à semelhança da fábula da hidra de Lerna'" (Gomes, [1995] 2006, p. 25).

ficativa para seu abandono. O outro projeto da Comissão era bem mais modesto e propunha apenas a criação de escolas de primeiras letras. Apresentado à Câmara dos Deputados em 9 de junho de 1827, após muitas discussões o projeto foi aprovado com algumas emendas em 30 de julho e encaminhado ao Senado Federal. Ao retornar à Câmara para apreciação das emendas apresentadas pelo Senado, o projeto foi aprovado sem discussões em 18 de setembro e transformado em decreto imperial em 15 de outubro. Ficou conhecido como a Lei de 15 de outubro de 1827, tendo sido nossa primeira lei nacional sobre instrução pública, além de se constituir na única lei geral sobre o ensino primário até 1946. (Saviani, 1988, p. 42).

As faculdades isoladas de direito também nasceriam no Brasil, em 1827, com o aval da Assembleia Geral e a sanção do Imperador. Na leitura de Saviani (1988) sobre as propostas educacionais que ocuparam o debate no Parlamento na Constituinte de 1823, importa distinguir faculdades isoladas (Olinda e São Paulo) de universidades. Assim, nem aquele legislativo, nem aquele executivo criaram universidades ou qualquer tratado geral para o conjunto da educação, mas tão somente faculdades isoladas.

Em 1834, o Ato Adicional "[...] transferiu para as assembleias provinciais, então criadas, a responsabilidade pelo ensino primário e secundário e pela formação dos quadros docentes, ficando dependentes da administração nacional o ensino superior em todo o país" (Marcílio, 2005, p. 47). A união também se responsabilizaria pela organização escolar na capital do novo país, no Rio de Janeiro. Corrobora isso Almeida ([1889] 2000),

> A promulgação da lei de reformas constitucionais deu-se em 12 de agosto de 1834. O artigo décimo, parágrafo segundo desta Lei, atribui às Assembleias Legislativas provinciais o direito de cada província legislar sobre a instrução primária e secundária, nos limites de sua competência. As Faculdades de Medicina e Direito, as Academias e outros estabelecimentos de instrução pública superior ficaram excluídas desta atribuição. Permaneceu, igualmente, com o poder executivo, o direito de regular sobre a matéria no Município da capital do Império. Desde suas primeiras sessões, as Assembleias Provinciais apressaram-se em fazer uso de suas novas prerrogativas e votaram, sobre a instrução pública, uma multidão de leis incoerentes. Esta incoerência podia-se observar, não somente de província a província, mas também, nas disposições legislativas da mesma província. Não havia nem plano nem método. (Almeida, [1889] 2000, p. 64-65).

Filho da contrarreforma católica, do colonialismo e da escravização de negros, negras e indígenas, o subsistema de educação do Brasil estava entre a "miragem e a cegueira" no século XIX. Talvez essa seja a resposta mais chã encontrada por Anísio Teixeira para a pergunta sobre por que negar a universidade. Óbvio, sustenta o raciocínio do autor: sem a universidade, como uma nação formaria seus quadros de professores para o ensino primário, secundário e técnico? Como abasteceria e robusteceria sua vida cultural? A miragem diz respeito ao permanente improviso e à cegueira ao fato de as elites brancas locais não quererem enxergar o que se processava de inovador na educação na Alemanha, nos Estados Unidos, na França e na própria Inglaterra, no século XIX. O centro da ação política do Estado era dar verniz aos bacharéis de mando na ordem escravizadora alicerçada na economia monocultora cafeeira. Depoimentos no Congresso de Educação Superior, em 1882, indicam as miragens que atordoavam os olhos dos poderosos de então: "a solução substitutiva de escolas superiores profissionais isoladas e independentes, parece haver criado uma tradição antiuniversitária, reforçada pelos positivistas da República que viam na universidade uma forma obsoleta de cultura da Idade Média"[144] (Teixeira, 2005, p. 140-141, grifo nosso). Prossegue-se:

---

[144] "Era já a universidade expressão da cultura nacional, mas ainda não era a Universidade de Humboldt, com sua ênfase em pesquisa e descoberta. Lembraria antes Oxford e Cambridge, a universidade clássica de cultura geral e humanística, a universidade para a educação do *gentleman*, guardiã e aprimoradora da cultura, mas já agora de uma cultura nacional. Esta era a tendência comum entre essas duas ênfases, a de cultura humanística e a

À primeira vista, parece paradoxal esta reação à criação da universidade. Não houve no Brasil universidade no período colonial. Com a transmigração da família real, criam-se as duas primeiras escolas de medicina (Salvador e Rio de Janeiro), vinte anos depois as faculdades de direito (Olinda/Recife e São Paulo), depois uma Faculdade de Minas e Mineralogia (Ouro Preto); a de Engenharia veio com a Academia Militar. Durante todo o período monárquico, como já nos referimos, nada menos de 42 projetos de universidade são apresentados, desde o de José Bonifácio (Constituinte 1823) até o último, que é o de Rui Barbosa, em 1882, e sempre o governo e Parlamento os recusam. Nos anais do Congresso de Educação que se realizou no Brasil, também em 1882, presidido pelo Conde d'Eu, ao qual o imperador deu extraordinária importância, deparamos, é necessário repetir, com o conselheiro A. de Almeida Oliveira a fazer uma longa catilinária contra a universidade. Toda a sua argumentação gira em torno da universidade medieval. Alega "que a universidade é uma coisa obsoleta e o Brasil, como país novo, não pode querer voltar atrás para constituir a universidade; deve manter suas escolas especiais, porque o ensino tem de entrar em fase de especialização profunda; a velha universidade não pode ser estabelecida". Ora, em 1882, isto representava, dentro da atmosfera daquela época, a reprodução de uma posição do século XVIII, que vinha sendo radicalmente revista no século XIX (a começar por Humboldt, na Alemanha). (Teixeira, 2005, p. 164-165).

O autor destaca a faculdade isolada como matriz do ensino superior no Brasil e não a universidade, temida e combatida pelas elites brancas. Mesmo com tantos entraves, as sementes do subsistema de educação do Brasil estavam lançadas, de modo inexorável, sem volta. E cresceram, conforme atesta o veredicto embasado de Marcílio (2005):

Fernando de Azevedo, em sua obra magistral A Cultura Brasileira, considerou o Ato Adicional de 1834, para o sistema educacional brasileiro, como o responsável pela supressão de 'todas as possibilidades de estabelecer a unidade orgânica do sistema em formação que, na melhor das hipóteses, se fragmentaria numa pluralidade de sistemas regionais – e todos forçosamente incompletos. O governo da União se exonerava por essa forma do dever de levar a educação geral e comum a todos os pontos do território nacional e de organizá-la em bases uniformes e nacionais'. (Marcílio, 2005, p. 48-49, grifo nosso).

Longe, muito longe do federalismo do tipo estadunidense, dificilmente o Brasil teria condições de arcar financeiramente com a sustentação de um sistema nacional de educação. Porém, o mais grave foi que a decisão política de que a descentralização seria a opção barata imediatista, mas que custaria muito caro ao Brasil no futuro. Avança a autora sobre a política nacional de educação, de modo aterrador,

Esta ficaria fragmentária e sem uniformidade em cada província e ao sabor volitivo de cada presidente que se sucedia, a maioria dos quais se acreditava na obrigação de efetuar a sua reforma de ensino regional. Estabeleceu-se assim o caos no setor. Do Ato Adicional, até os anos de 1930, venceu a política de descentralização, ficando os governos regionais das províncias (depois estados) com a responsabilidade das questões educacionais, no tocante ao ensino primário e secundário (o superior permaneceria na esfera do poder central). (Marcílio, 2005, p. 49).

No decorrer do século XIX, assistiu-se a variadas escaramuças entre federalistas versus centralizadores. Foram de relevância nesse debate as posições de José Bonifácio versus os federalistas constituintes de 1823, Teófilo Ottoni, Tavares Bastos, Rui Barbosa, dentre outros.

de cultura científica. Como explicar-se não haver repercutido no Brasil esse movimento pela recuperação da universidade, persistindo a primeira reação contra a universidade medieval?" (Teixeira, 2005, p. 164). Diversos escritos de Jacques Le Goff puseram em xeque a visão da Idade Média como época das "trevas", como propalado por iluministas e pensadores do século XIX. Ver Le Goff (2006), por exemplo.

Para Tavares Bastos, que defendia a obrigatoriedade dos estudos inclusive para escravizados e seus filhos, o sistema federal seria a base sólida de instituições democráticas. Segundo o autor, a centralização (sinônimo de absolutismo) faz desaparecer a liberdade e traz o vício da uniformidade (Martins, 2009, p. 77). Por sua vez, Rui Barbosa, em um parecer clássico, "defende o papel do poder público como propulsor da educação popular, o ensino obrigatório e registra a necessidade crescente de uma organização nacional do ensino, desde a escola até as faculdades, profusamente dotada nos orçamentos" (Martins, 2009, p. 82).

O manifesto do partido republicano paulista de 1870 — leia-se dos senhores da elite branca, escravizadores daqueles que produziam café, o carro-chefe da economia brasileira — não deixava dúvidas: a centralização implicaria em desmembramento do país; já a descentralização, em unidade federativa.

A manutenção da unidade política do vasto território continental foi a grande obra política do século XIX no Brasil, mas isso não se deu sem violência e sacrifícios. A instrução pública era uma miragem retórica para o deleite das elites políticas. Frente a um executivo detentor do Poder Moderador e do Padroado, no Império foi patente a "primazia da inciativa do Executivo sobre o Legislativo em matéria de Educação" (Saviani, 1988, p. 44).

Teixeira (2005) também sintetiza de modo crítico as deformidades do nascente subsistema de educação no Brasil e que tão caro custará às gerações seguintes. Diz o educador que,

> No longo período da vida nacional que vai da transmigração da família real à independência, às regências, ao Império e à República, o Brasil talvez tenha constituído um dos países em que a doutrina do *laissez-faire* se aplicou com maior pureza e completa generalização. A Independência aconteceu como se tratasse apenas de uma mudança de governo. O problema da escravatura jazia ao fundo como algo de crônico. E o da educação teve seu momento de lembrança com o ato adicional. O problema agudo até o Império era o do governo, o da ordem, e o das relações internacionais com os demais países. Não estava um país novo a nascer, mas uma velha Colônia a se desligar de sua Metrópole e a se acomodar às novas formas exteriores das influências que iria sofrer. Somente assim poderemos compreender a importância manifestamente secundária que teve, em todo o período, o problema central da educação e cultura nacional. (Teixeira, 2005, p. 170).

Ao fim do Império, emergem quadros sinóticos do subsistema de educação do Brasil, das penas de José Ricardo Pires de Almeida (1889), "Instrução pública no Brasil", Paulino José Soares de Souza (1869), "Relatório apresentado pelo Ministro do Império", José Maria do Couto (1874), "Relatório do Diretor do Departamento Geral de Estatística ao Ministro do Império João Alfredo Corrêa de Oliveira", Antonio Francisco de Paula Souza (1869), "Estudo crítico do sistema social e político brasileiro" e em "Cartas Americanas", Tavares Bastos (1870), no livro *A província, um estudo sobre a descentralização do Brasil*, Governo Imperial (1876), documento preparado para a Exposição Universal da Filadélfia, José Viveiros de Castro (1888), Relatório do Diretor de Instrução Pública do Piauí ao Presidente da Província, Henrique d'Ávila (1881), Relatório do Presidente da Província do Rio Grande do Sul, e Rui Barbosa (1879), Pareceres sobre a reforma do ensino público no Município da Corte, reforma sancionada pelo Decreto n.º 7.247, de 1879[145].

Para esses autores, uma série de ações isoladas compunham o nascente e desarticulado subsistema de educação brasileiro, sob o regime político do Império, da Constituição outorgada de 1824, das leis e decretos subsequentes e de outras iniciativas particulares, conformando um mosaico sobre o território continental do Brasil:

---
[145] Essas fontes foram destacadas por Renato Colistete (2016).

1. Escolas primárias públicas de tempo parcial de meninas ou de meninos;

2. Escolas secundárias públicas de tempo parcial de meninas ou de meninos;

3. Os antigos colégios religiosos remanescentes na colônia organizados por jesuítas ou outras ordens[146];

4. O colégio Dom Pedro II, com externato e internato, para meninos e meninas, no município neutro (capital);

5. Escolas especiais para adultos para aprendizado de leitura, escrita e conta, organizadas por particulares (sacerdotes, bacharéis, letrados);

6. As faculdades isoladas de Medicina, Direito, Engenharia, Artes e Minas, todas de tempo parcial;

7. Os cursinhos preparatórios anexos às respectivas faculdades anteriormente mencionadas;

8. As cadeiras volantes que eram ministradas por lentes[147] credenciados pelo Estado;

9. Os cursos normais tardios para formação de professoras primárias;

10. A chamada educação livre, que nada mais era do que a liberdade para que a iniciativa privada abrisse negócios de ensino em todos os níveis: escolas primárias, secundárias, colégios, faculdades, cursinhos preparatórios e cursos especiais, todos particulares;

11. Liceus de arte e ofícios com caráter de formação profissional;

12. Preceptores avulsos que ensinavam em casas de famílias ricas;

13. A Universidade de Coimbra[148];

14. As subvenções públicas para a educação privada;

15. A cobrança de mensalidades no ensino público;

16. O Congresso Brasileiro de Educação;

17. A Inexistência de obrigatoriedade, por parte do Estado, de oferecer a educação para a população;

18. Inexistência de salários definidos aos instrutores (professores) — quando existiam — e nem planos de carreiras;

19. A Coroa (executivo) e assembleia geral (legislativo) eram responsáveis pelo ensino superior e pela educação na capital federal (Colégio Pedro II e escolas primárias);

20. As províncias (presidentes e deputados das assembleias) eram responsáveis pela educação primária e secundária;

21. Seminário de órfãos;

---

[146] Como o famoso e muito procurado Colégio de Caraça, em Mariana-MG, organizado pelos oratorianos.

[147] Lentes – termo usado para se referir a professores.

[148] O ritual de parcela da elite branca de ir estudar em Coimbra (ou em Montpellier, em muito menor número) se manterá firme, praticamente, durante todo o século XIX. É nessa medida que Coimbra fazia parte do nascente subsistema de educação brasileiro. Machado de Assis, em seu livro *Brás Cubas*, eternizou esse e outros sentidos da ação política das elites brancas brasileiras no século XIX.

22. Escolas improvisadas nas aldeias indígenas instituídas;

23. Estudos avulsos em irmandades religiosas;

24. Escolas particulares existentes em casas e fazendas;

25. Escolas particulares de imigrantes;

26. Escolas militares nos Arsenais de Guerra, Companhias de Aprendizes Marinheiros, Escolas Regimentais Militares, Companhias de Aprendizes do Militares do Exército, Colégio Militar no Rio de Janeiro (1889);

27. Escolas de organizações voluntárias, como lojas maçônicas, sociedades de instrução popular e gabinetes de leitura;

28. O Ministério dos Negócios do Império;

29. O Conselho de Estado;

30. O imperador;

31. O Instituto Histórico e Geográfico Brasileiro;

32. Escolas religiosas;

33. A presença da sociedade civil reivindicando educação pública, com esboço efetivo de uma dispersa coalizão pela educação popular, envolvendo analfabetizados, escravizados negros e famílias, indígenas;

34. Colégios de Artes Mecânicas;

35. *Atheneus*;

36. Casa dos Educandos Artífices;

37. Asilos para meninas pobres;

38. Colégios de educandos e artífices;

39. Ensino noturno;

40. Conselhos municipais de instrução;

41. Conselho Superior de Instrução Pública Provincial.

"Essas informações sugerem que, pelo menos em alguns casos, a opinião de que a instrução elementar era importante foi compartilhada por famílias pobres e, inclusive por mães submetidas ao regime do cativeiro" (Colistete, 2016, p. 125). Assim, o nome de Gabriel Conceição, de 6 anos, filho da escravizada Fabiana e Benedito de Conceição, filho da escrava Anna. Os nomes de Anna e Fabiana, mulheres negras escravizadas, estão juntos aos de 15 pais, analfabetizados, que subscrevem, em 1877, representação à Assembleia Legislativa de São Paulo, reivindicando uma escola pública no povoado de Belém do Jundiaí, atual cidade de Itatiba.

A síntese analítica pode olhar para todo o subsistema, bem como para elementos culturais que fraturam o sistema: há uma relação entre baixo número de cidadãos que sabiam ler e escrever em um bairro e a baixa representação política na câmara de vereadores. O autor expõe exemplos (Colistete, 2016, p. 118-120): há muita demanda não atendida e a formação do estoque inercial histórico; há uma relação entre este cenário de demanda aquecida e favorecimento dos negócios particulares em educação privada; emerge uma cultura ampla paradoxal de que o normal é pagar e quem não pode pagar fica na rua da amargura, que deixava "de se instruir nas primeiras letras pela falta de meios para pagar a uma professora que [lhes desse] a necessária instrução" (Colistete, 2016, p. 119-120). Paradoxal esse ponto, porque a regra formal escrita na Constituição de 1824 para a instrução é "a gratuidade para todos os cidadãos", mas a regra informal é "pagar para os seus" e que se lasquem os que não são os seus.

Isso deriva do fato de ter sido um grupo de 100 homens predominantemente brancos o eleito para fazer a Constituição, em 1823, e, logo em seguida, trocados pela vontade do imperador. Assim, no contrato de nascimento do Brasil, a Constituição de 1824, os que não eram considerados cidadãos (escravizados negros e indígenas) e mulheres não participaram da definição das regras do jogo do poder político e do subsistema de educação.

Porém, outras regras institucionais escritas — e não escritas — não os colocaram num vazio de poder. O Diretório dos Índios do Marquês de Pombal (1755) pregava a integração dos indígenas como luso-brasileiros, que, em consequência, seriam integrados à civilização ocidental com "amistosidade"; o Diretório foi extinto por uma Carta Régia, de 1798, no auge da crise da Revolução Francesa. O hiato institucional sobre os indígenas durou até 1808, com a chegada de Dom João VI no Brasil. As Cartas Régias de 13 de maio, 5 de novembro e 2 de dezembro de 1808 advogaram a ofensiva contra os povos indígenas brasileiros, os Botocudos de Minas Gerais e os Bugres da região de Guarapoava e Curitiba. Antipombalina é uma declaração da guerra ofensiva contra os "índios bravos". O título da Carta Régia, de 13 de maio, fala por si só: "Manda fazer guerra aos índios botocudos".

A aldeia e a escola na aldeia é parte, muitas vezes esquecida, do subsistema de educação brasileiro nascente. A aldeia foi lugar de destino dos indígenas retirados das suas terras, que tiveram suas terras roubadas. A escola, comandada pelo Estado e a cargo de ordens religiosas e sob comando militar, ensinava as letras, a religião católica e a civilização. A Constituição, de 1824, cala sobre a situação indígena e como não há vácuo no poder, a guerra declarada aos indígenas é a dimensão institucional escrita, presente no subsistema de educação brasileiro, até o Regulamento das Missões, Lei de 1845, espécie de volta ao tema da integração pombalina, mas um cálculo político de uma branquitude pragmática de olho nas terras e riquezas indígenas. A chamada solução final para a questão indígena buscou ressuscitar a catequese dos indígenas feita pelos jesuítas na colonização — agora por meio de outras ordens, como os capuchinhos — e eivada de profecias dobre o desaparecimento breve dos indígenas no Brasil, transformados em "civilizados". Foi o decreto Imperial n.º 426, de 24 de junho de 1845, "Há guerra aos indígenas no Brasil?", talvez tenha mudado apenas de tática; o discurso era de docilidade com os indígenas, mas Kaingang (que não foram cooptados e não deixaram suas terras) foram caçados como os Botocudos, conforme estudou Jéssica Caroline de Oliveira (2018).

A situação dos negros escravizados era igualmente uma situação de guerra declarada, na qual, assim como os indígenas, estava longe, no plano etéreo das ideologias da ordem, o comportamento passivo ou a coisificação dos escravizados negros, pois havia atitude política de negras e negros, no sentido da resistência e da superação (Pombo de Barros, 2016).

Colistete (2016, p. 28) aponta que, em 1850, a taxa de matrícula na instrução primária no Brasil era de 8 (10) por mil habitantes, o que anda para 17 (20), em 1870, e 18 (19), em 1890, o que converge para o padrão de Portugal (respectivamente a cada data, 11, 29, 47) e diverge dos EUA (respectivamente a cada data, 177, 186, 224) e da Argentina (54, em 1870, 68, em 1890). A convergência com Portugal é mais evidente até 1850 e é um pouco mais nebulosa depois disso. Isso coloca outro jogo paradoxal no subsistema de educação brasileira: a colonização convive com a superação da colonização. Ao estudar o subsistema de educação do Moçambique, Beverwijk (2005) aponta o elemento da interdição do conhecimento como regra institucional nas colônias do amplo império português, pelo jeito até 1850 o Brasil seguiu a regra portuguesa, na qual o subsistema de educação brasileira, ainda que autônomo (no sentido de *self-rule*), compartilhava uma governança informal (no sentido de *shared-rule*), provavelmente por conta da dinastia no comando do Império.

Se os dados apontados entre parênteses por Colistete (2016) refletem a presença de escravizados negros, mesmo de indígenas, então indicam que sobem, muito marginalmente, as matrículas em função de se considerar a sua presença. Essa margem aponta, paradoxalmente, a exceção e a regra. Porém indica mais sobre a regra institucional capital no nascente subsistema de educação brasileiro: a cota da branquitude beira o 100% das vagas, ou seja, é a cota do privilégio branco que funda o subsistema de educação brasileiro. Qual seria, então, essa cota nas faculdades públicas do Império? Próxima dos 100% para a branquitude, pois não se chega à universidade sem o porto de saída da educação elementar. As exceções reforçavam a regra e serviam para parir o discurso da meritocracia "para inglês ver".

O subsistema de educação brasileira, para ser inovador, teria que romper com a regra institucional global da escravização portuguesa no Atlântico. O Brasil teria que romper com a lógica capitalista imperial que tinha a África como fornecedora de escravizados e o Brasil como um dos principais mercados consumidores de escravizados da África. Não há o rompimento, mas uma acomodação; logo, o subsistema de educação nascente no Brasil no XIX é uma acomodação ao sistema da escravização negra. A regra institucional não é nova.

Esse paralelo do século XIX entre dados de matriculados na educação básica brasileira e portuguesa, uma convergência, uma correlação, uma conexão de sentidos que como carapuça portuguesa se encaixa no subsistema de educação brasileiro nascente, persistirá em boa parte do século seguinte, como se pode notar no quadro a seguir:

Quadro 2 – Número de matriculados por mil habitantes

PAÍS	Ano 1910	Ano 1920	Ano 1930
Portugal	45	53	62
Brasil	30	41	55
Argentina	102	127	121
EUA	197	190	184

Fonte: Colistete (2016, p. 28-31)

4.1.2 República das elites, Revolução de 1930 e o Estado: coalizões sociais, novas institucionalidades e a tensão entre o subnacional e o nacional na evolução do subsistema de educação no Brasil

O golpe militar que instalou a República, em 1889, e uma nova Constituição, em 1891, em que pese ser eivado de armas retóricas positivistas, relativizou bastante a importância dada à educação na formação da nova nação. Tornava-se uma federação oligárquica, que preservava a concentração do poder nos estados mais poderosos economicamente, como São Paulo, Minas Gerais, Rio Grande do Sul e Bahia; cuja economia rural dependia da monocultura cafeeira de exportação[149]. Ou seja, nos Estados Unidos do Brasil as perversões reais do ideário federalista de perfil estadunidense eram eloquentes: o voto de cabresto, os coronéis locais, variados golpes centrais eleitorais, a questão social como caso de polícia, o silêncio absoluto sobre os direitos dos ex-escravizados e familiares.

Um retrato crítico e fiel do novo regime republicano, no que se refere à educação, que foi traçado por Veríssimo, merece destaque:

> No campo educacional, um importante elemento do projeto do novo regime republicano – e novo elemento de despesas no orçamento educacional – correspondia à construção de espaços próprios para ministrar a instrução primária: os grupos escolares, com o objetivo de promover a universalização da educação popular. O governo republicano provisório criou o Ministério da Instrução Pública que fora proposto por Rui Barbosa em seus pareceres ao fim do período imperial. Ao comentar o fato, em 1906, Veríssimo (1985) considerava que representou menos o início de uma política nacional de educação conduzida pelo governo central e mais um arranjo político para acomodar o Ministro Benjamin Constant deslocado do Ministério da Guerra: <u>A prova mais cabal, porém, de que efetivamente a República nenhum interesse real e novo tinha pela instrução pública, é que aquele Ministério especialmente a ela consagrado, como um mero expediente político, pouco mais durou que a vida do seu primeiro titular e apenas teve mais outro. Foi logo extinto e depois reduzido a uma simples diretoria do Ministério da Justiça e Negócios Interiores.</u> (Teixeira, 2005, p. 87-88, grifo nosso).

Na Primeira República, o executivo vê-se sem poder de iniciativa, pois o legislativo era controlado pelos poderes estaduais, numa espécie de federalismo que impunha cabrestos vindos, em tese, de 20 estados aos 7 ministérios cobiçados. Restava ao executivo pedir "autorização ao poder legislativo para reorganizar a instrução pública". A timidez das reformas só perdia para o ar sisudo dos "grandes nomes" a elas associados: Código Epitácio Pessoa (1901), reformas Rivadávia Corrêa (1911), Carlos Maximiliano (1915) e Luiz Alves/Rocha Vaz (1925).

O que a república nascente promoveu no campo educativo foi uma sucessão de reformas e revisões sobre proposições anteriores. Em 1901, o decreto conhecido como Código Epitácio Pessoa dispunha sobre a normatização da estrutura educacional superior (dos cursos de Medicina, Direito, Minas e politécnica) e dos ginásios nacionais, instituições subordinadas ao Ministério da Justiça e Negócios Interiores. Dez anos depois, a Reforma Rivadávia Corrêa retirava a subordinação dessas instituições da federação, dando-lhes autonomia, além de alterar o currículo dos cursos já vigentes; garantia ainda que o setor privado também pudesse oferecer cursos superiores e reconhecer seus diplomas. A Reforma Carlos Maximiliano (1915), então ministro da Justiça, revisava a Reforma Rivadávia, retornando à União o reconhecimento de diplomas, entre outras providências que devolviam ao Estado as prerrogativas sobre a instrução. Em 1925, a Reforma João Luiz Alves (conhecida como Lei Rocha Vaz) criava o Departamento Nacional de Ensino (submetido ao Ministério da Justiça), que organizava o ensino primário, além de, novamente, promover a reforma dos ensinos superior e secundário. Segundo Pereira de Souza (1991), essas reformas davam ênfase ao Conselho Superior de Ensino, criado na Reforma Rivadávia: "Esse conselho assemelhava-se a um conselho universitário nacional formado por representantes dessas poucas escolas, na sua maioria de grau superior, visto que o Brasil a essa altura não dispunha, ainda, sequer, de uma universidade" (Pereira de Souza, 1991, p. 44-45).

---

[149] Monocultura que se consolidou, em sua maioria, pelas mãos dos negros escravizados ilegalmente. Calcula-se que cerca de 750 mil africanos e africanas escravizados entraram ilegalmente no Brasil, de 1831 a 1850. *Cf* Chalhoub (2012).

Como no Império, as reformas carregavam os nomes de seus títeres e não representava, na maioria das vezes, discussão setorial, da sociedade, democrática ou decisão legislativa consolidada. Em função dessas reformas, a materialização do subsistema nacional de educação no Brasil só ganharia verdadeiro impulso nos anos 1920 e 1930.

É importante ressaltar, ainda, que a lógica democrática de então não considerava os analfabetizados e, para os alfabetizados, a prática do voto de cabresto evidenciava a função precípua dos legislativos regionais: era acolher ou não o resultado eleitoral, conforme as vontades do chefe político regional.

Como fonte de pressão por reformas educacionais, a realidade econômica vivenciada pelo país devido à Primeira Guerra Mundial e o consequente abalo na economia mundial aceleraram dentro do Brasil processos de substituição de importação, instalação de indústrias de bens de consumo não duráveis e urbanização. Esse processo, desigual entre as regiões, fez de São Paulo o local de desenvolvimento mais pungente e acelerado. É impensável, nessa transição tardia de uma economia eminentemente agrícola para uma economia industrial, sem a constituição de um subsistema de educação minimamente articulado entre os entes da federação. A industrialização é dependente da educação. Porém, não foi o que se viu, no geral.

Entretanto, um momento virtuoso foi vivenciado pelo subsistema nacional de educação em construção, regionalmente em alguns estados da federação da Primeira República. Isso em função de um vanguardismo em educação ou "entusiasmo", vinculado ao movimento da escola nova, cujas reformas educacionais seriam levadas adiante por titulares das diretorias estaduais de instrução. É o caso, por exemplo, das reformas empreendidas em São Paulo, em 1920, por Sampaio Dória, cuja proposta introduziu medidas radicais e corajosas, entre as quais a redução do ensino primário a dois anos, a taxação do curso médio e isenção aos pobres das taxas em todos os níveis de ensino. No fundo, a intenção de Sampaio Doria era desferir uma luta sem precedentes contra o analfabetismo, cujos índices eram dos mais alarmantes. A reforma adotou também medidas nacionalizadoras, seja por meio da educação moral e cívica, seja por meio de medidas destinadas a integrar o emigrante estrangeiro, pela proibição do ensino de línguas estrangeiras a menor de dez anos de idade.

Já em 1921, o Ministério da Justiça — a quem estava vinculado o assunto da educação em âmbito nacional — realiza a primeira Conferência Interestadual do Ensino Primário. Nos anos 1920, além de Sampaio Dória, Lourenço Filho faria reforma no Ceará (1922), Francisco Campos em Minas Gerais (1927), Fernando de Azevedo no Distrito Federal (1928) e Anísio Teixeira na Bahia (1924), este último inovando na legislação escolar como diretor-geral de instrução, criando o ginásio baiano, onde estudariam pessoas como Carlos Marighella e Antônio Carlos Magalhães. Foi então que a "educação se constituiu como setor e passou a ser reconhecida como questão nacional, merecendo, portanto, ingressar na agenda das políticas públicas", conforme avança Martins (2009):

> O marco da setorização do campo educacional foi a fundação em 1924, da Associação Brasileira de Educação (ABE), que reivindicava a implantação de uma política nacional de educação regulada a partir do poder central. Este espaço dá "concretude e reconhecimento aos especialistas em educação" (Azevedo, 2000, p. 28-30). Como instrumento de debates e mobilização, a ABE promovia Conferências de Educação e Congressos Nacionais. Desta forma, atuou como grupo formulador de propostas no processo constituinte do qual resultaria a Constituição de 1934, que foi influenciada pela Constituição Social da República de Weimar. (Martins, 2009, p. 90).

A construção do subsistema de educação nacional teria grande prioridade nesse período e abrigaria visões divergentes sobre a educação presentes na sociedade brasileira, até o diligente movimento político de esperar a decantação dos conflitos, para a tomada de decisão, no estilo próprio de Getúlio.

A ascensão de Getúlio Vargas, em outubro de 1930, abarcara um somatório heterogêneo de forças sociais: o tenentismo radicalizado contra a "democracia" e o "liberalismo" da Primeira República, oligarquias regionais incomodadas com a concentração do poder nas mãos de políticos de São Paulo, novas classes médias que emergiram dos trabalhadores urbanos, os defensores da industrialização do Brasil, a Igreja Católica, parcela da imprensa, o integralismo e a Aliança Nacional Libertadora (ANL). Vargas precisou valer-se das vestes do equilibrista para andar sobre esse terreno minado.

Como em 1823, o sistema político dos anos 1930 também constrangia as possibilidades do subsistema de educação brasileiro. Não se compreende este sem o entendimento daquele, este ganha tons virtuosos quando sintonizado ao movimento dos entusiastas da educação.

> Parece indiscutível que a nova consciência educacional que se inicia no Brasil, a partir da década de 1920, gerou, por experiências vividas e já relatadas, um corpo de ideias novas, suficientes para serem aproveitadas pela Revolução de 30, numa agressiva política renovadora da educação nacional. Vargas dava provas de desejar que isso acontecesse. Demonstra-o o fato de ter comparecido, juntamente com Francisco Campos, na IV Conferência Nacional de Educação (1931) e confiado aos educadores presentes a tarefa de definir as bases de uma política de ensino a ser adotada pela revolução. A continuidade do movimento renovador durante a Revolução de 1930 reforça esse raciocínio. (Cunha, 1981, p. 79).

A pedra fundamental de reconhecimento desse domínio setorial pelo novo governo foi a criação do Ministério da Educação e Saúde (MES), em 1930, e, simultaneamente, com a nomeação de Francisco Campos para o Ministério, o novo governo reconhecia também os atores relevantes no subsistema de educação nacional, no geral, membros da elite brasileira.

Sobre o subsistema de educação, impressiona o depoimento de Fernando de Azevedo,

> A primeira reforma que empreendeu o novo Ministro e, sem dúvida, a de maior alcance entre todas as que se realizaram, nesse domínio, em mais de quarenta anos de regime republicano, foi a do ensino superior, que Francisco Campos reorganizou em novas bases e com grande segurança e largueza de vistas. A parte central dessa reforma traçada no decreto n. 19851, de 11 de abril de 1931, e verdadeiramente inovadora de nosso aparelho de cultura é o estatuto das universidades brasileiras em que se adotou "como regra de organização do ensino superior da República o sistema universitário" e se exigiu para que se fundasse qualquer universidade no país, "a incorporação de, pelo menos, três institutos de ensino superior, entre os mesmos incluídos os de Direito, de Medicina e de Engenharia ou, ao invés de um deles, a Faculdade de Educação, Ciências e Letras". [...] O governo que instituiu o ensino universitário no Brasil, não podia deixar de enfrentar a reconstrução do ensino secundário, sobre cuja solidez e eficiência repousa todo o ensino superior, profissional ou desinteressado: uma semana depois, a 18 de abril de 1931, assinava, o chefe do Governo Provisório, por proposta de Francisco Campos, o decreto n. 19890 que imprimiu ao ensino secundário a melhor organização que já teve entre nós, elevando-o de um simples "curso de passagem" ou de instrumento de acesso aos cursos superiores, a uma instituição de caráter eminentemente educativo, aumentando-lhe para sete anos a duração de curso e dividindo-o em duas partes – a primeira, de cinco anos, que é a comum e fundamental, e a segunda, constituída de um curso complementar, de dois anos, destinada a uma adaptação dos estudantes às futuras

> especializações profissionais. As reformas do ensino secundário e superior de que tomou a iniciativa o Governo Provisório nos seus primeiros meses, confirmavam as esperanças de que se transferia afinal ao primeiro plano das preocupações políticas a reconstrução do sistema brasileiro de educação. (Azevedo, 1976, p. 169-171).

Uma nova conferência de educação foi realizada pela ABE, em 1931, com a presença do presidente e do Ministro da Educação e Saúde. Instados e na ânsia de sinalizar políticas educacionais ao novo governo, setores participantes dessa conferência gestariam a ideia do Manifesto dos Pioneiros da Educação Nova, tendo à frente Fernando de Azevedo e Anísio Teixeira.

Na época, comportamentos vanguardistas comuns nas correntes artísticas (como fora a Semana de Arte Moderna de 1922) pareciam ter migrado também para a educação e mesmo para a política. O movimento exógeno da escolanova (Europa e EUA) conforma razoável massa crítica na elite local, o que se traduz em reformas e ensaios de reformas educacionais em alguns estados e no Distrito Federal, como aquelas supracitadas.

Nesse flanco, também tem assento preponderante a Universidade de Columbia, dos Estados Unidos da América do Norte, onde o baiano Anísio Teixeira (que estudou em colégio jesuíta na Bahia e era advogado) faria estudos de pós-graduação, em 1928, após ser titular da pasta de Instrução Pública do Estado da Bahia, desde 1924. Anísio Teixeira seria orientado por John Dewey, o filósofo pragmático da educação e da democracia, que via a educação como eixo central da transformação social nas sociedades democráticas.

Essa corrente de pensamento da elite brasileira lançará em 1932 o Manifesto dos Pioneiros da Educação Nova, escrito por Fernando de Azevedo, ex-titular de Instrução do Estado de São Paulo e do Distrito Federal, sob o governo de Washington Luiz. O Manifesto dos Pioneiros demarcará, de forma indelével, a conformação de dois campos na educação nacional, no subsistema em gestação e na história da educação brasileira. O pragmatismo americano de Dewey, a objetividade do pensamento científico, a valoração do conhecimento técnico; certo tempero positivista do uso da razão, uma visão da sociedade como um organismo, à moda de Durkheim, a influência de relativo darwinismo social, o pensamento de Alberto Torres e Oliveira Vianna sobre o Brasil e as experiências das reformas levadas a cabo regionalmente nos anos 1920 nos estados dão o tom. Uma constatação em forma de dúra crítica abre o Manifesto[150]:

> No entanto, depois de 43 anos de regime republicano, se der um balanço no estado atual da educação pública, no Brasil, se verificará que, dissociadas sempre as reformas econômicas e educacionais, que era indispensável entrelaçar e encadear, dirigindo-se no mesmo sentido, todos os nossos esforços, sem unidade de plano e sem espírito de continuidade, não lograram ainda criar um sistema de organização escolar, à altura das necessidades modernas e das necessidades do país. Tudo fragmentado e desarticulado. (Azevedo *et al.*, [1932] 2010, p. 33, grifo nosso).

Assim, o documento apresenta bases e diretrizes da educação para o governo e para o povo, por uma escola nova, por reformas, contra a escola tradicional. A proposta direciona-se para uma grande reforma, propondo rompimento com as reformas parciais e fatiadas que até então se processavam na educação nacional. Com isso, objetivava-se que a educação deixasse:

---

[150] Os signatários do Manifesto: Fernando de Azevedo, Afrânio Peixoto, A. De Sampaio Dória, Anísio Spínola Teixeira, M. Bergstrom Lourenço Filho, Roquete-Pinto, J. G. Frota Pessoa, Julio de Mesquita Filho, Raul Briquet, Mário Cassandra C. Delgado de Carvalho, A. Ferreira de Almeida Jr., J. P. Fontenelle Roldão Lopes de Barros, Noemy M. da Silveira, Hermes Lima, Attilio Vivacqua, Francisco Venâncio Filho, Paulo Maranhão, Cecília Meireles, Edgard Sussekind de Mendonça, Armanda Alvaro Alberto, Garcia de Rezende, Nóbrega da Cunha, Paschoal Leme e Raul Gomes.

[...] de constituir um privilégio determinado pela condição econômica e social do indivíduo, para assumir "um caráter biológico", com que ela se organiza para a coletividade em geral, reconhecendo a todo o indivíduo o direito a ser educado até onde o permitam suas aptidões naturais, independente de razões de ordem econômico e social. (Azevedo *et al.*, [1932] 2010, p. 40, grifo nosso).

A menção à biologia, assim de chofre, não deixa dúvidas sobre a fé numa espécie de "darwinismo social", que na prática relativiza a história, as desigualdades sociais e raciais vivíssimas no Brasil de então. Nesse sentido, o manifesto parece mirar para algum domínio abstrato, racional, ideal. Todavia, em simultâneo, empareda e denuncia o privilégio educacional então vigente. Trata-se de uma escola nova voltada ao indivíduo, mas pragmática, no sentido em que a partir dele se possa ter como certo a solidariedade e a cooperação social. O brasileiro, a brasileira, como indivíduo, assim, é um ser biológico e universal, como outro qualquer, com todos os requisitos para a educação. Segue o Manifesto:

Onde, ao contrário, se assegurará melhor esse equilíbrio é no novo sistema de educação, que longe de se propor a fins particulares de determinados grupos sociais, as tendências ou preocupações de classes, os subornos aos fins fundamentais e gerais que assimila a natureza nas suas funções biológicas. É certo que é preciso fazer homens, antes de fazer instrumentos de produção. (Azevedo *et al.*, [1932] 2010, p. 42).

Por sua natureza biológica, o indivíduo tem pleno direito à educação integral e o Estado tem o dever de oferecê-la "[...] como uma função social e eminentemente pública [a se realizar] com a cooperação de todas as instituições sociais [...] na variedade de seus graus e manifestações" (Azevedo *et al.*, [1932] 2010, p. 43). Isso se traduz melhor na seguinte argumentação:

Assentado o princípio do direito biológico de cada indivíduo a sua educação integral, cabe evidentemente ao Estado a organização dos meios de o tornar efetivo, por um plano geral de educação, de estrutura orgânica, que torne a escola acessível, em todos seus graus, aos cidadãos a quem a estrutura social do país mantém em condições de inferioridade econômica para obter o máximo do desenvolvimento de acordo com suas aptidões vitais. Chega-se, por forma, ao princípio da escola para todos, "escola comum ou única", que, tomado a rigor, só não ficará na contingência de sofrer quaisquer restrições, em países em que as reformas pedagógicas estão intimamente ligadas com a reconstrução fundamental das relações sociais. Em nosso regime político, o Estado não poderá, decerto, impedir que, graças, à organização de escolas privadas de tipos diferentes, as classes mais privilegiadas assegurem a seus filhos uma educação de classe determinada; mas está no dever indeclinável de não admitir, dentro do sistema escolar do Estado, quaisquer classes ou escolas, a que só tenha acesso uma minoria, por um privilégio exclusivamente econômico. Afastada a ideia de monopólio da educação pelo Estado, num país em que o Estado, pela sua situação financeira não está ainda em condições de não assumir sua responsabilidade exclusiva, e em que, portanto, se torna necessário estimular, sob sua vigilância, as instituições privadas idôneas, a "escola única" se estenderá, entre nós, não como uma "conscrição precoce", arrolando da escola infantil à universidade, todos os brasileiros, e submetendo-os durante o maior tempo possível a uma formação idêntica, para ramificações posteriores em vista de destinos diversos, mas antes como a escola oficial única, em que todas as crianças, de 7 a 15, todas ao menos que, nessa idade, sejam confiadas pelos pais à escola pública, tenham uma educação comum, igual para todos. (Azevedo *et al.*, [1932] 2010, p. 44, grifo nosso).

Aqui, de modo sutil, o manifesto adentra em contradição simples, pois, se ao Estado não cabe o monopólio da educação, como posto, ele fica na dependência da iniciativa privada para oferecer a educação única a todos. Novamente, o manifesto lança uma proposta geral e ideal nas mãos de um mundo real. Omite a terrível desigualdade social e racial brasileira, não atendida pelo Estado, nem por particulares, como apontavam as estatísticas da analfabetização no Brasil do começo dos anos 1930, de 52,1%. Outra contradição importante: na escola para todos, não cabiam todos.

Por outro lado, a ideia de uma escola única para todos é, de fato, extremamente democrática, mobilizadora e capaz de sintonizar as dinâmicas atinentes a um subsistema de educação pleno de direitos. Contudo, a proposta como formulada reforçava as teses sobre o Ato Adicional de 1834, que já dispunham as competências dentro do subsistema de educação, pois o Manifesto não exclui o ensino livre feito por particulares, como ator relevante. Pelo contrário, dava-lhes espaço; uma proprietária de escola era, inclusive, signatária do documento[151].

Outros princípios fortes são arrolados no manifesto, que, juntos, à moda da marselhesa, marcham nas páginas dos jornais brasileiros. A ampla divulgação do Manifesto possibilitou fazer avançar a conceituação e os sentidos do que deveria ser uma educação para todos: a educação pública, a unidade, o ensino laico, a gratuidade, a obrigatoriedade, a importância da formação dos professores e sua respectiva dignidade salarial, a importância do trabalho na educação, a relevância da cultura, a coeducação, "que são partes orgânicas de um todo que biologicamente deve ser levado à sua completa formação", pois,

> Nenhum outro princípio poderia oferecer ao panorama das instituições escolares perspectivas mais largas, mais salutares e mais fecundas em consequências do que esse que decorre logicamente da finalidade biológica da educação. A seleção dos alunos nas suas aptidões naturais, a supressão de instituições criadoras de diferenças sobre base econômica, a incorporação dos estudos do magistério à universidade, a equiparação de mestres e professores em remuneração e trabalho, a correlação e a continuidade do ensino em todos os seus graus e a reação contra tudo que lhe quebra a coerência interna e a unidade vital, constituem o programa de uma política educacional, fundada sobre a aplicação do princípio unificador, que modifica profundamente a estrutura íntima e a organização dos elementos constitutivos do ensino e dos sistemas escolares. (Azevedo *et al.*, [1932] 2010, p. 46).

O Manifesto adentra na questão da qualidade da educação, da autonomia, de seu financiamento. Entretanto, não fala em soberania nacional e deixa ver a miragem de uma tecnocracia eficiente em ação, aparentemente apartada da sociedade política.

> Daí decorre a necessidade de uma ampla autonomia técnica, administrativa e econômica, com que os técnicos e educadores, que têm a responsabilidade e devem ter, por isso, a direção e administração da função educacional, tenham assegurados os meios materiais para poderem realizá-la. Esses meios, porém, não podem se reduzir às verbas que, nos orçamentos, são consignadas a esse serviço público e, por isso, sujeitas às crises dos erários do Estado ou às oscilações do interesse do governo pela educação. A autonomia econômica não se pode realizar, a não ser pela instituição de um "fundo especial ou escolar", que, constituído de patrimônios, impostos e rendas próprias, seja administrado e aplicado exclusivamente no desenvolvimento da obra educacional, pelos próprios órgãos de ensino incumbidos de sua direção. (Azevedo *et al.*, [1932] 2010, p. 47).

Enfim, como em um concerto, é a descentralização o instrumento que dá corpo ao subsistema de educação, em que a União é o regente. É o que advoga o Manifesto, nesse ponto bem sensível para a causa do modelo ACF:

---

[151] Dentre outros, também era signatário, por exemplo, o jornal *O Estado de São Paulo*, diário em que trabalharam Euclides da Cunha e Fernando de Azevedo.

A organização da educação brasileira unitária sobre a base e os princípios do Estado, no espírito da verdadeira comunidade popular e no cuidado da unidade nacional, não implica um centralismo estéril e odioso, ao qual se opõem as condições geográficas do país e a necessidade de adaptação crescente da escola aos interesses e às exigências regionais. Unidade não significa uniformidade. A unidade pressupõe multiplicidade. Por menos que pareça, à primeira vista, não é, pois, na centralização, mas na aplicação da doutrina federativa e descentralizadora que temos de buscar o meio de levar a cabo, em toda a República, uma obra metódica e coordenada, de acordo com um plano comum, de completa eficiência tanto em intensidade como em extensão. À União, na capital, e aos estados nos seus respectivos territórios, é que deve competir a educação em todos os graus, dentro dos princípios gerais fixados na nova constituição, que deve conter, com a definição de atribuições e deveres, os fundamentos da educação nacional. Ao governo central, pelo Ministério da Educação, caberia vigiar sobre a obediência a esses princípios, fazendo executar as orientações e os rumos gerais da função educacional, estabelecidos na carta constitucional e nas leis ordinárias, socorrendo onde haja deficiência de meios, facilitando o intercâmbio pedagógico e cultural dos Estados e intensificando por todas suas formas as relações espirituais. A unidade educativa – essa obra imensa que a União terá de realizar sob pena de perecer como nacionalidade, se manifestará então, como uma força viva, um espírito comum, um estado de ânimo nacional, nesse regime livre de intercâmbio, solidariedade e cooperação que, levando os Estados a evitar todo o desperdício nas suas despesas escolares a fim de produzir os maiores resultados com as menores despesas, abrirá margem a uma sucessão ininterrupta de esforços fecundos em criações e iniciativas. (Azevedo *et al.*, [1932] 2010, p. 47).

O Manifesto afunila na crítica a qualquer compartimentalização dos ciclos escolares, pois desmancharia o subsistema de educação pelo simples fato das partes não guardarem qualquer relação com o todo, como se cada uma tivesse "um fim em si". Ora, a "escola primária não pode ser um fim em si", mas deve estar concatenada com o próximo passo educativo. Nesse ponto, o Manifesto demonstra incrível atualidade no seu diagnóstico, pois se encaixa numa sociedade do conhecimento, como a atual, onde estudar deve ser um movimento permanente. Tão atual que tem serventia para denunciar muitos equívocos presentes no debate do direito à universidade no Brasil, como fora no caso do Sistema Público de Bolsas de Estudo em Instituições Privadas (PROUNI) e na disputa política em torno da Lei de Cotas no Congresso Nacional. Equívocos que, em pontos estratégicos, quase que estáticos no tempo, mantêm os privilégios no acesso à universidade, apontando ineficiências da escola primária — especialmente a pública —, para espantar da universidade pública os negros e as negras, os pobres, os indígenas e os oriundos dessa escolarização.

A aplicação desses princípios importa, como se vê, numa radical transformação da educação pública em todos seus graus, tanto à luz do novo conceito de educação, como à vista das necessidades nacionais. No plano de reconstrução educacional, de que se esboçara aqui apenas suas grandes linhas gerais, procuramos, antes de tudo, corrigir o erro capital que apresenta o atual sistema (se é que se pode chamá-lo de sistema), caracterizado pela falta de continuidade e articulação do ensino, em seus diversos graus, como se não fossem etapas de um mesmo processo, e cada um dos quase deve ter seu "fim particular", próprio, dentro da "unidade do fim geral da educação" e dos princípios e métodos comuns a todos os graus e instituições educativas. De fato, o divórcio entre as entidades que mantêm o ensino primário e profissional e as que mantêm o ensino secundário e superior, vai concorrendo insensivelmente, como já observou um dos signatários deste manifesto, "para que se estabeleçam no Brasil, dois sistemas escolares paralelos, fechados em compartimentos estanques e incomunicáveis, diferentes nos seus objetivos culturais e sociais, e, por isso mesmo, instrumentos de estratificação social. [...] A escola primária que se estende sobre as instituições das escolas maternais e dos jardins de infância e constitui o problema fundamental das democracias, deve, pois, articular-se rigorosamente com a educação secundária unificada, que lhe sucede, em terceiro plano, para abrir acesso às escolas ou institutos superiores de especialização profissional ou de altos estudos. Ao espírito novo que já se apoderou do ensino primário não se poderia, porém, subtrair a escola secundária, em que se apresentam, colocadas no mesmo nível, a educação chamada "profissional" (de preferência manual ou mecânica) e a educação humanística ou científica (de preponde-rância intelectual), sobre uma base comum de três anos. A escola secundária deixará de ser assim a velha escola de "um grupo social", destinada a adaptar todas as inteligências a uma forma rígida de educação, para ser um aparelho flexível e vivo, organizado para ministrar a cultura geral e satisfazer as necessidades práticas de adaptação à variedade dos grupos sociais. É o mesmo princípio que faz alargar o campo educativo das universidades, em que, ao lado das escolas destinadas ao preparo para as profissões chamadas "liberais", se devem introduzir, no sistema, as escolas de cultura especializada, para as profissões industriais e mercantis, propulsora de nossa riqueza econômica e industrial. Mas esse prin-cípio, dilatando o campo das universidades, para adaptá-las à variedade e às necessidades dos grupos sociais, tão longe está de lhes restringir a função cultural que tende a elevar constantemente as escolas de formação profissional, achegando-as suas próprias fontes de renovação e agrupando-as em torno dos grandes núcleos de criação livre, de pesquisa científica e de cultura desinteressada. (Azevedo *et al.*, [1932] 2010, p. 51-52, grifo nosso).

Nesse ponto, o Manifesto expõe razões suficientes para a necessária articulação do subsistema de educação brasileiro, fornecendo-lhes elementos. Um ponto nevrálgico do subsistema é destacado: "a escola secundária para um grupo social", ou seja, a distinção (Elias, 1939; Bourdieu, 2007) na educação das classes sociais, que brotara na colônia e crescera intacta no Império e na Primeira República, ressurge.

A partir da escola infantil (4 a 6 anos) até a universidade, com escala pela educação primária (7 a 12) e pela secundária (12 a 18), a "continuação ininterrupta dos esforços criadores" deve levar à formação da personalidade integral do aluno e ao desenvolvimento de sua faculdade produtora e de seu poder criador, pela aplicação, na escola, para a aquisição ativa de conhecimentos, dos mesmos métodos (observação, pesquisa e experiência), que segue o espírito maduro, nas investigações científicas. A escola secundária, unificada para evitar o divórcio entre os trabalhadores manuais e intelectuais, terá uma sólida base comum de cultura geral (3 anos), para a posterior bifurcação (dos 15 aos 18), em seção de preponderância intelectual (com os três ciclos de humanidades modernas, ciências físi-cas e matemáticas; e ciências químicas e biológicas), e em seção de preferência manual, ramificada por sua vez, em ciclos escolas ou cursos destinados à preparação às atividades profissionais, decorrentes da extração de matérias-primas (escolas agrícolas, de mineração e de pesca), da elaboração das matérias-primas (industriais e profissionais) e da distribuição dos produtos elaborados (transportes, comunicações e comércio). [...] Mas, montada, na sua estrutura tradicional, para classe média (burguesia), enquanto a escola primária servia a classe popular, como se tivesse uma finalidade em si mesma, a escola secundária ou do terceiro grau, não forma apenas o reduto dos interesses de classe, que criaram e mantêm o dualismo dos sistemas escolares. (Azevedo *et al.*, [1932] 2010, p. 53-54, grifo nosso).

Aqui, o Manifesto inclui o peso relativo das classes sociais na educação — o que o torna heterodoxo e heterogêneo — ao falar em "classe média" e "classes populares", superando o indivi-dualismo metodológico calçado na biologia e adotado em grande parte do texto, justificando assim a argumentação. Mesmo assim, silencia sobre a questão racial, sobre o direito à educação em todos os níveis para os negros e indígenas.

Por fim, o arremate do Manifesto fala da universidade. Critica a realidade dominante no país dos bacharéis e aponta caminhos. O texto alarga a conceituação de universidade e o seu papel. Até então, eram duas as universidades no Brasil: a Universidade do Rio de Janeiro[152] e a Universidade de Minas Gerais (também fundada nos anos 1920), criadas numa lógica de junção de faculdades isoladas, diferentemente do que propõe o Manifesto. É o que se depreende desses excertos finais.

> A educação superior que tem estado, no Brasil, exclusivamente a serviço das profissões "liberais" (engenharia, medicina e direito) não pode evidentemente erigir-se à altura de uma educação universitária, sem alargar para horizontes científicos e culturais sua finalidade estritamente profissional e sem abrir seus quadros rígidos à formação de todas as profissões que exijam conhecimentos científicos, elevando-as todas a nível superior e tornando-se, pela flexibilidade de sua organização, acessível a todos. Ao lado das faculdades profissionais existentes, reorganizadas em novas bases, impõe-se a criação simultânea ou sucessiva, em cada quadro universitário, de faculdades de ciências sociais e econômicas; de ciências matemáticas, físicas e naturais, e de filosofia e letras, que, atendendo à variedade de tipos mentais e das necessidades sociais, deverão abrir às universidades que se criarem ou se reorganizarem, um campo cada vez mais vasto de investigações científicas. A educação superior ou universitária, a partir dos dezoito anos, inteiramente gratuita, como as demais, deve tender, de fato, não somente à formação profissional e técnica, no seu máximo desenvolvimento, como à formação de pesquisadores, em todos os ramos do conhecimento. Ela deve ser organizada de maneira que possa desempenhar a tríplice função que lhe cabe de elaboradora ou criadora de ciência (investigação), docente ou transmissora de conhecimentos (ciência feita) e de vulgarizador ou popularizadora, pelas instituições de extensão universitária, das ciências e das artes. (Azevedo *et al.*, [1932] 2010, p. 55-56).

Como se viu, o texto advoga a necessidade das três pedras lapidares para a fundação da universidade: pesquisa, ensino e extensão. E em seguida, indica a crítica, como seu papel mais vigoroso:

> É a universidade, no conjunto de suas instituições de alta cultura, propostas ao estudo dos grandes problemas nacionais, que nos dará os meios de combater a facilidade de tudo admitir, o ceticismo de nada escolher nem julgar: a falta de crítica, por falta de espírito de síntese; a indiferença ou a neutralidade no terreno das ideias; a ignorância da mais humana de todas as operações intelectuais, que é a de tomar partido. (Azevedo *et al.*, [1932] 2010, p. 57).

Agora, afinal, aparece desnuda de vez a controvertida questão da universidade para as elites:

> De fato, a universidade, que se encontra no ápice de todas as instituições educativas, está destinada, nas sociedades modernas, a desenvolver um papel cada vez mais importante na formação das elites de pensadores, sábios, cientistas, técnicos e educadores, de que elas precisam para o estudo e solução de suas questões científicas, morais, intelectuais, políticas e econômicas. Se o problema fundamental das democracias é a educação das massas populares, os melhores e os mais capazes, por seleção, devem formar o vértice de uma pirâmide de base imensa. Certamente, o novo conceito de educação repele as elites formadas artificialmente por diferenciação econômica ou sob o critério da independência econômica, que não é nem pode ser hoje elemento necessário para fazer parte delas. A primeira condição para que uma elite desempenhe sua missão e cumpra seu dever é de ser

---

[152] "Artigo Primeiro: Ficam reunidas, em Universidade do Rio de Janeiro, a Escola Politécnica do Rio de Janeiro, a Faculdade de Medicina do Rio de Janeiro e a Faculdade de Direito do Rio de Janeiro, dispensada esta da fiscalização". Conforme o Decreto n.º 14.343, de 7 de setembro de 1920, que institui a Universidade do Rio de Janeiro, assinado pelo presidente da República Epitácio Pessoa e pelo ministro da Justiça e Negócios Interiores, Alfredo Pinto Vieira de Mello, publicado no Diário Oficial, de 10 de setembro de 1920, na página 15.115 (Fávero, 2000).

inteiramente aberta e não somente de admitir todas as capacidades novas, como também de rejeitar implacavelmente de seu seio todos os indivíduos que não desempenham a função social que lhe é atribuída no interesse da coletividade. [...]

Essa seleção que se deve processar não por diferenciação econômica, mas pela diferenciação de todas as capacidades, favorecida pela educação, mediante a ação biológica e funcional, não pode, não diremos completar-se, mas nem sequer realizar-se senão pela obra universitária que, elevando ao máximo o desenvolvimento dos indivíduos dentro de suas aptidões naturais e selecionando os mais capazes, lhes dá bastante força para exercer influência efetiva na sociedade e afetar, dessa forma, a consciência social. (Azevedo *et al.*, [1932] 2010, p. 57-58).

Não chega a citar a Bíblia, em função talvez do caráter da defesa de uma educação laica, um dos princípios do documento, mas aterradoramente cita uma pirâmide, onde o topo é reservado para as elites, "os melhores" e a base para a massa, o povo. Será que para os signatários do Manifesto também era mais fácil um camelo entrar no buraco de uma agulha do que um pobre, um negro, uma negra, um indígena, alguém oriundo das classes mais pobres entrar numa universidade pública, em qualquer carreira, já que a universidade é o ápice do subsistema de educação e a ela não só uns, mas outros também têm o direito de estudar? Ou, melhor, a universidade seria uma caixinha com cadeados e senhas não acessíveis a todas as crianças que começaram no subsistema de educação brasileiro, aparentemente igual para todos?

Qual é a função e para quem é feita a universidade no Brasil? O Manifesto nesse item põe as rédeas da condução da sociedade nas mãos das "elites capazes", feito centro de gravidade, ao redor das quais gravitaria o povo. De forma contraditória, portanto, repõe a distinção, o dualismo. Marco da história da educação brasileira, o Manifesto dos Pioneiros da Educação originou clivagens no subsistema de educação brasileiro de modo explícito, particularmente dentre as elites de mando. Num quadro político brasileiro conturbado localmente e perturbado pelo sistema de poder internacional, ao menos quatro correntes políticas fortes tinham reflexos no Brasil de então: o fascismo italiano de Mussolini, o nazismo alemão de Hitler, o comunismo internacional da Revolução de outubro de 1917, na Rússia, e o catolicismo da Santa Sé. Outra corrente externa vinha dos Estados Unidos da América do Norte, que disputava escancaradamente o espaço imperialista vazio, antes ocupado pelo capitalismo inglês no século XIX.

A quebra da bolsa de Nova York, em 1929, espalhou a crise no capitalismo ocidental, desorganizando o principal negócio brasileiro, a exportação de café. Todavia, nos anos 1930, os Estados Unidos, da América do Norte, ensaiavam os passos de uma política de boa vizinhança com o Brasil, em particular, e com a América Latina, em geral. Enquanto no Brasil havia o esgotamento da política da Primeira República, o mundo estava imerso nas tensões do entreguerras. Por isso, a agenda da educação brasileira — os voos necessários em direção à construção de um subsistema nacional de educação — ocorre em meio a grandes turbulências.

Contra o Manifesto dos Pioneiros, levantou voz a Igreja Católica brasileira: algo que estava latente emerge. O Manifesto foi a gota d'água de um longo processo de debate em curso desde que a Constituição de 1891 tornou laico o Estado brasileiro:

Esta obra será empreendida por D. Sebastião Leme que, em sua conhecida Carta Pastoral de 1916, conclama os católicos a sair do ostracismo em busca de uma posição que correspondesse ao fato de o Brasil ser um país de maioria católica. Os católicos constituiriam uma maioria, porém sem expressão. A primeira preocupação de D. Leme foi a de cristianizar a inteligência brasileira, com o objetivo de prepará-la para combater o ateísmo e o anti-clericalismo. A criação da revista A Ordem (1921) e do Centro D. Vital (1922) situam-se nessa perspectiva. Congregavam intelectuais como Jackson de Figueiredo, Jônatas Serrano, Alceu de Amoroso Lima, Gustavo Corção, Padre Leonel Franca (*Idem*, p. 81).

A igreja católica exercia um forte papel político. Dom Sebastião Leme[153], elevado a arcebispo do Rio de Janeiro, quando retornou de Roma, em 1930, "revestido da púrpura cardinalícia conven-ceu Washington Luiz a renunciar, evitando uma guerra civil, o que lhe valeu respeito e simpatia. Vitoriosa a revolução, continuou sua luta em prol de uma Igreja fortalecida e influente" (*Idem*, p. 84).

O então arcebispo do Rio de Janeiro, capital do Brasil, organizou uma ampla mobilização de massa para outubro de 1931 (no dia em que os espanhóis primeiro chegaram à América), quando foi erguida a estátua do Cristo Redentor no alto do morro do Corcovado, para celebrar com mais 50 arcebispos latino-americanos a herança ibérica católica na América Latina. Com os braços abertos sobre a Guanabara, servia também para dizer ao novo governo, enfim, qual a importância da educação religiosa e que "ou o Estado... reconhece o Deus do povo ou o povo não reconhecerá o Estado" (*Idem*, ibidem). Ao mesmo tempo, defendia o ensino privado nas mãos de colégios católicos e o decolar dos projetos de universidades católicas no Brasil, as Pontifícias Universidades Católicas (PUCs), seguindo as orientações da Santa Sé, de Roma, sobre a priorização da presença católica na educação de então.

O peso maior na balança política pendia para os clamores da Igreja, que tinha mais força social. Getúlio Vargas, já em 1931, via decreto de Francisco Campos, tornou o ensino religioso faculta-tivo nas escolas oficiais. Getúlio, que fora um positivista devoto até ali, que só se casara no civil, rendeu-se à pressão católica e, tempos depois, realizou seu casamento religioso, em São Borja. As implicações dessa aliança de Getúlio Vargas com a Igreja Católica foram as mais amplas no interior do subsistema de educação nacional em construção, meio que aos pedaços.

Duas delas merecem destaque. Por se tratar de episódio ocorrido em momento histórico de centralização do poder na Presidência da República, o acordo se espraiou para os níveis subna-cionais: estados, distrito federal, territórios e municípios. Em segundo lugar, o acordo recolocou o protagonismo da Igreja Católica no subsistema de educação nacional. Ora, foram os jesuítas da contrarreforma católica que criaram o subsistema de educação no Brasil, na sua primeira versão. Depois, eles foram expulsos do Brasil, em 1759, por ordens de Pombal. Sob o Império, a Igreja teve seu poder subsumido pela interferência do padroado, do imperador. Com a República proclamada, de forte pendor positivista, a laicidade presente na Constituição de 1891 retirava, na prática, o poder de influência da Igreja. Assim, o referido acordo simbolizou um novo protagonismo da Igreja católica no subsistema de educação nacional, pois, no setor da educação privada, doravante serão os colégios de várias ordens religiosas católicas e as PUCs, como escolas confessionais, que terão grande peso nesse campo dentro do subsistema nacional de educação.

Na sociedade brasileira, a polêmica dos católicos com os escolanovistas do Manifesto dos Pioneiros ganhou os jornais, as ruas, os clubes, o Parlamento. Entretanto, imersa em discussões

---

[153] "Que sirva de exemplo a família Leme, também de origem nórdica, outrora tão ilustre, hoje meio decadente, quase só lhe restando do antigo brilho a eloquência do Cardeal Dom Sebastião Leme. 'E o que é feito dessa família? Que fim teve?', perguntava há anos Antônio A. da Fonseca, refe-rindo-se aos descendentes diretos do patriarca Leme e portadores do nome. 'O mesmo fim que terão quase todas as famílias hoje importantes e que na segunda ou terceira geração serão o que hoje se chama caipira ou caboclos, como são os descendentes dos poderosos Lemes de 1720...Eu conheci no bairro do Cajuru um caipira ou caboclo, que vivia do seu trabalho de enxada, e que acompanhou meu pai nas corridas de veado na qualidade de cachorreiro, ganhando por isso alguns patacos; este caipira era Apolinário Leme, descendente dos potentados aos quais el-Rei de Portugal perdoava seus crimes... E não só Apolinário Leme reduzido a cachorreiro conheceu Fonseca; mas netos de capitães-mores arrastando-se por empregos rasteiros: uns feitores, outros camaradas" (Freyre, [1933] 1987, p. 257-258).

centradas na laicidade do ensino, no papel da família, na coeducação sexual, percebia-se que não havia esforço conjunto necessário para a construção de um subsistema de educação nacional. A revista católica *A Ordem*, em editorial, dizia que "[...] a introdução do ensino religioso nas escolas não vem a tolher liberdade, mas defender a liberdade [aos olhos] de famílias que desejam dar a seus filhos uma educação religiosa e que até hoje se viam privadas dessa liberdade pelo regime do laicismo opressor" (*Idem*, p. 89). Os ataques mútuos se avolumaram,

> Os educadores que assinaram o Manifesto não possuíam a mesma ideologia e esta situação refletir-se-á em seu texto. Cury Cf. Cury (1978, p. 38) percebe este problema "A publicação do Manifesto, diz ele, foi o momento estratégico utilizado pelos católicos que, percebendo no texto as frestas que deixavam entrever as oposições internas, passam ao ataque, acusando-o de 'documento socialista e comunizante'. Taxá-lo de documento socialista e comunizante, nada mais irreal. 'O Manifesto dos Pioneiros', argumenta Ianni "é um notável esforço de reflexão sobre o dilema educacional brasileiro", conforme ele se apresentava num momento crítico (*Idem*, p. 88).

O enfrentamento entre pioneiros e católicos balizou terrenos no subsistema de educação brasileiro e faz parte do modo como se fundou. Longe desse debate, a vida da maioria dos brasileiros e brasileiras seguia na quase invisibilidade. Como reação, em 16 de setembro de 1931, no salão das Classes Laboriosas (próximo à Praça da Sé, em São Paulo) era criada a Frente Negra Brasileira[154] e, em 1933, foi lançado o jornal *A voz da Raça*, que clamava pelo direito à educação para os negros e as negras, dentre outros direitos negados pela abolição inconclusa, como indica o depoimento de Francisco Lucrécio,

> A Frente Negra recebia todo mundo, inclusive os brancos, mas não eram sócios. Os brancos que freqüentavam eram intelectuais que iam lá para fazer seus discursos, iam também transmitir ensinamentos. Era aquela linha de intelectuais nacionalistas, como Cassiano Ricardo, Menotti Del Pichia, Jorge Amado, Oswald de Andrade, Mário de Andrade. Esses eram os intelectuais com quem a Frente tinha contato e se entendiam muito bem conosco, porque fazíamos troca de conhecimentos. Eles iam fazer palestras ou às vezes viajavam conosco para o interior, mas não eram sócios. Na classe intelectual só começaram a ver a Frente Negra com bons olhos depois de alguma luta, porque quando a Frente surgiu o combate foi terrível: achavam que nós iríamos separar o negro do branco e que iríamos formar um quisto racial. Tivemos de lutar para mostrar que realmente não era aquilo que eles pensavam e sim que nós existíamos para integrar o negro em toda a vida nacional. Os negros eram pouco alfabetizados e tinham dificuldades até para freqüentar a escola. A Frente Negra incentivava porque possuía, dentro de sua sede, uma verdadeira escola. Tinha curso de alfabetização, mas não se dava esse nome. Era "Educação Moral e Cívica". [...] A escola foi importante, principalmente quando a Frente Negra se aprofundou na questão política. Então precisaria que o negro se alfabetizasse para tirar seu título de eleitor. Esse foi um movimento muito grande. (Barbosa, 1998, p. 41-42).

Francisco Lucrécio fala de modo simples e direto do grande nó górdio do subsistema nacional de educação em construção no Brasil. Nesse sentido, ele põe o dedo na ferida aberta do subsistema de educação brasileiro: o sequestro da cidadania política de milhões de brasileiros, a ampla maioria da população, formada por negros e por negras, indígenas, nordestinos, homens e mulheres simples

---

[154] Cronologia da Frente Negra: 1) É criada em 16 de setembro de 1931; 2) Em 1932, é criada a Legião negra, dissidência da Frente para lutar ao lado dos paulistas na tentativa de revolução/golpe; 200 homens, indicados pela Frente Negra, entram na Guarda Civil; 3) Em 1933, é criado o jornal *A Voz da Raça* e lançada a candidatura de Arlindo Veiga dos Santos, presidente da Frente, à Constituinte; 4) Em 1936, a Frente Negra é registrada como partido político; 5) É extinta a Frente Negra, a partir de decreto do presidente Getúlio Vargas que colocava na ilegalidade todos os partidos políticos, em 1937 (Barbosa, 1998, p. 13).

da roça, do sertão, das palafitas paraenses, dos seringais amazonenses, dos morros e favelas cario-cas, dos fundões, grotões, pastos vastos interioranos, das gerais, dos mutuns, pantanais, capoeiras, matas virgens inteiras, pampas imensos, pescadores e pescadoras de rios de água-doce imensos (e pequenos também), caiçaras e pescadores de mares bravios da enorme faixa costeira brasileira, gente das pequenas e grandes periferias urbanas em franco processo de expansão no século XX no Brasil.

Esse jogo de cartas marcadas era o mais fácil e cômodo meio utilizado para o fim político da reprodução das elites de mando e seu constante revezamento no poder: a Primeira República, a Revolução de 1930, a primeira ditadura, o interregno democrático, a segunda ditadura mantive-ram uma nefasta coerência política, a negação do conhecimento acumulado pela humanidade para o povo por meio das vantagens enormes auferidas pelo sistema político e de poder em mantê-los analfabetizados. Ora, só assim, sequestrando e achatando por baixo a sabedoria popular, eles seriam os doutores da fala difícil, da política e do mando. Os analfabetizados não podiam votar. Foi assim o subsistema de educação brasileiro construído de propósito. Esse é o grande e ignóbil alicerce de praticamente 100 anos de República no Brasil, em que alguns homens e mulheres faziam e orga-nizavam a política, a vida coletiva, à custa dos outros. Esses *alguns* eram pouca gente, bem pouca, frente aos outros, que sempre foram uma multidão enorme.

O bonito da fala de Francisco Lucrécio é que a Frente Negra não fica de braços cruzados e pisa com humildade a estrada da alfabetização do negro de per si, autonomamente, num gesto de afirmação política num país racista. Assim, da mesma forma, farão a educação popular nos anos 1940, Paulo Freire (como referência no Nordeste) e Abdias do Nascimento (com o Teatro Experimental do Negro, no Rio de Janeiro). É nesse passo apenas, como continuidade histórica, que é possível compreender (o que será aprofundado oportunamente) a ação política dos novíssimos movimentos sociais, como o MSU e a EDUCAFRO, na longa batalha pelo direito do negro, da negra, do pobre, do indígena, da escola pública de base à universidade pública, sustentada pelo próprio povo brasi-leiro, da luta de vários anos no Congresso Nacional pela aprovação da Lei de Cotas, como parte de um mutirão, distante do vanguardismo escolanovista.

No tempo da Frente Negra, desde o exterior, o preconceito racial estava presente nas visões ditas ingênuas sobre o Brasil:

> Em sua permanência nos Estados Unidos, Edmundo de Macedo Soares precisou explicar aos interlocutores, por mais de uma vez, que nem todos os brasileiros eram "selvagens botocudos" ou descendentes diretos de africanos. Sua mulher, Alcina, ficava constrangida ao ter que esclarecer às esposas dos homens de negócios estadunidenses que, ao contrário do que muitos imaginavam, as brasileiras não usavam turbante nem andavam com um balaio de frutas à cabeça, como Carmem Miranda. O texano Jesse Holmes, presidente do *Reconstruction Finance Corporation* (RFC), agência responsável pelos programas imple-mentados pelo *New Deal*, chegou a indagar a Macedo Soares sobre quantas horas de trem seriam necessárias para viajar do Brasil até a Alemanha. (Neto, 2013, p. 382-383).

O poder nos anos 1930 foi eivado de golpes e contragolpes no sistema político que, de pronto, repercutiram no subsistema de educação nacional em construção. Ao menos três movimentos polí-ticos desafiaram a continuidade do regime político de Vargas: a reação paulista à derrota de 1930, com tentativa de contragolpe em 1932, juntamente com o Rio Grande do Sul e outros estados; a ação revolucionária comunista liderada por Prestes, por meio da ANL e do Komintern (a internacional comunista de Moscou); e o assalto ao poder realizado pelos integralistas, contra o Palácio da Gua-nabara. Getúlio Vargas sobreviveu no poder ora cedendo ora endurecendo o regime, demonstrando incrível habilidade política, valendo-se dos novos meios de comunicação de massa (rádio e cinema), do apoio angariado entre os trabalhadores urbanos, da igreja católica e das armas, afirmando-se como um líder nacionalista que soube explorar a conjuntura oscilante do entreguerras e garantindo direitos aos trabalhadores, como a Consolidação das Leis Trabalhistas (CLT) e deslanchando a industrialização brasileira. Foi derrotado por uma quartelada militar, em 1945, pelos mesmos militares que alçaram ao poder na ditadura Vargas, instalada em 10 de novembro de 1937. Foram dois seus ministros da Educação: Francisco Campos (1930-1935) e Gustavo Capanema (1935-1945).

Não se pode aqui concordar com a leitura de Cunha (1981, p. 96), de que "no fundo [tanto os pioneiros quanto os católicos] reivindicavam os mesmos privilégios da aristocracia rural" que dominou, por longo tempo, o sistema político nacional desde a independência. Há muitas heranças, mas também novidades na economia e na sociedade, a partir do momento que se inicia a industrialização no Brasil (no primeiro período Vargas), fazendo diferir a economia eminentemente rural, como fora o Brasil até a Primeira Guerra Mundial. Uma leitura superficial, em termos do modelo ACF, por exemplo, indicaria que, uma vez testados, em pelo menos dez anos, as reformas educacionais efetivadas em alguns estados nos anos 1920 ganharam a cena central da República nos anos 1930 no Brasil.

Porém, a avaliação pessimista de Cunha (1981), referendada em Cury (1978), impõe-se em alguns aspectos, à medida que "ambos os grupos, como segmentos da classe dominante acabaram por marginalizar uma antiga aspiração nacional, que era 'a escola do povo'" (Cunha, 1981, p. 96), pois não deram prioridade à escolarização infantil e ao combate à analfabetização. Todavia, o que se percebe é que o sistema político nacional constrangia o subsistema educacional e era, ao mesmo tempo, constrangido pela situação política internacional.

Quando Getúlio Vargas e Francisco Campos decidem participar juntos da *IV Conferência Nacional de Educação* organizada pela Associação Brasileira de Educação (ABE), em 1931, não o fazem como meros coadjuvantes. A Conferência estava centrada na discussão do ensino primário, motivo pelo qual fora organizada. Mas a nova realidade no sistema político brasileiro os governadores de estado reclamavam por uma agenda mais ampla para a educação, visando a organização nacional das esferas do ensino. É importante lembrar que não havia, nessa época, partidos políticos nacionais, somente estaduais, fazendo da política "estadualista" — da qual Vargas e Campos faziam parte —, a forma vigente de ação e exercício do poder.

É apenas dessa perspectiva que é possível avaliar os desafios colocados ao Manifesto dos Pioneiros e os seus desdobramentos na direção da construção do subsistema de educação no Brasil. Dito de outra forma, nos anos 1930, os governantes almejavam a aceleração da industrialização brasileira e, para tanto, a educação era peça obrigatória. Cunha percebe esse movimento:

> Parece indiscutível que a nova consciência educacional que se inicia no Brasil, a partir da década de 20, gerou, por experiências vividas e já relatadas, um corpo de ideias novas, suficientes para serem aproveitadas pela Revolução de 30, numa agressiva política renovadora da educação nacional. Vargas dava provas de desejar que isso acontecesse. Demonstra-o o fato de ter comparecido, juntamente com Francisco Campos, na IV Conferência Nacional de Educação (1931) e confiado aos educadores presentes a tarefa de definir as bases de uma política de ensino a ser adotada pela revolução. A continuidade do movimento renovador durante a Revolução de 1930 reforça este raciocínio. (Cunha, 1981, p. 79).

Logo, o período que antecede a Constituição de 1934 revela no Brasil a presença de, ao menos, duas coalizões sociais no subsistema de educação, presentes inclusive como blocos na própria Associação Brasileira de Educação. Disputavam espaço de poder na capital e nos estados e o controle técnico e doutrinário do aparelho escolar no Ministério da Educação e Saúde; foi inevitável que essa disputa também estivesse presente na *IV Conferência de Educação*. Grosso modo, as razões da dicotomia se expressavam no ensino religioso versus o laico, no ensino público versus o privado, na separação (ou não) entre meninos e meninas nas escolas e na escola única para todos versus a educação dual (uma para o povo, outra para as elites). A seguir, algumas das defesas de cada uma das coalizões:

1. CONSERVADORES: a religião católica é base da sociedade brasileira e o ensino religioso católico deve ser obrigatório nas escolas[155]; ensino privado; *status quo*; defesa de uma reforma moral com separação entre turmas de meninos e de meninas; educação dual; centralização; ordem. Atores de referência: Tristão de Athaíde, Alceu Amoroso Lima.

2. REFORMADORES: ensino laico; educação pública para todos; recusa ao monopólio estatal; educação obrigatória, gratuita e única; coeducação; reforma científica da educação, descentralização, autonomia, democracia, prevalência do domínio técnico no subsistema e valorização dos profissionais da educação *status quo*. Atores de referência: Anísio Teixeira, Fernando de Azevedo e Lourenço Filho.

Não é pertinente tomar com reducionismo essas coalizões, que podiam carregar contradições internas, à mercê do conturbado período histórico. É preciso acrescer a essas duas posições uma terceira coalizão, mais dispersa e menos evidente, expressa pela ampla maioria da população analfabetizada e sem direito ao voto. Só assim, fidedignamente, torna-se robusta a busca pelo entendimento pleno do subsistema de educação brasileiro e suas lógicas. O que não implica que essa terceira coalizão não possa se aliar a uma das anteriores, conforme a conjuntura política e social. Essa nova coalizão contém os elementos mínimos suficientes para certa convergência de posições e diferença em relação às anteriores, particularmente por abrigar os setores excluídos. É o caso dos movimentos autônomos dos trabalhadores descritos por De Decca (1986), dos entraves da política indígena desde a criação do Serviço de Proteção ao Índio (SPI), na Primeira República[156], e da cidadania plena negada aos negros e as negras, como o demonstra a luta da Frente Negra. Como nos lembra Saviani, é preciso mencionar também a fundação do Partido Comunista do Brasil (PCB), em 1922, entre outros aspectos do período:

> Entretanto, a Primeira República se caracteriza também por um processo de relativo desenvolvimento urbano e industrial que traz consigo a constituição de um proletariado incipiente, mas combativo, influenciado nas duas primeiras décadas deste século pelas ideias anarquistas difundidos por operários imigrantes. Dado o caráter da ideologia que professavam, os anarquistas não organizaram partidos políticos, entretanto, organizaram partidos ideológicos, de diferentes tipos. Desenvolveram uma imprensa operária combativa, editando grande número de jornais tanto em português como em italiano e em espanhol. Organizaram sindicatos, fundaram várias "escolas modernas" inspiradas na pedagogia do educador espanhol Francisco Ferrer e criaram bibliotecas populares. (Saviani, 1988, p. 36).

---

[155] As reformas católicas em matéria escolar já haviam sido enunciadas com vigor e precisão no Código de Direito Canônico, promulgado em 1917, e, ainda mais recentemente, na encíclica de Pio XI (1929), em que reaparecem os princípios já assinalados nesse Código e se proíbe aos católicos a frequência não só às escolas hostis às suas crenças, mas mesmo àquelas que tivessem por programa a neutralidade escolar em matéria religiosa (Azevedo, 1976, p. 171-172).

[156] A tradução melhor e mais direta do assimilacionismo imposto aos indígenas na Primeira República e seus pendores positivistas se verifica no gesto de forçar da vestimenta em indígenas homens, mulheres e crianças, antes nus e com seus ornamentos históricos próprios, de camisolões e calças brancas, feitos de estopa, impostas pelo exército, como índice de civilização e integração. Tal obrigação trouxe, dentre outras coisas, doenças respiratórias, alergias, mortes. O cineasta Sérgio Bianchi reteve essas imagens no documentário *Mato eles?* (1983), realizado a partir de arquivos do SPI.

Esses movimentos sociais difusos, para efeitos desta investigação, convergem na terceira coalizão, em que pese suas divergências internas, mas que, no geral, buscam alterar o *status quo*. Desenvolviam ações empíricas no campo da educação popular, em grande medida fora das raias educacionais institucionais e oficiais, como as bibliotecas populares, a escola da Frente Negra, os cursos de formação do Partido Comunista e as lutas políticas por igualdade social levadas adiante pelos movimentos autônomos dos trabalhadores urbanos na Primeira República. Essas forças sociais vivas conformariam uma terceira coalizão pela educação popular.

3. EDUCAÇÃO POPULAR: prioridade para uma "escola do povo", pela educação pública e laica para todos e em todos os níveis; pelo combate à analfabetização; pelo direito dos negros, das negras e dos indígenas à educação; pela mudança no *status quo*; pela igualdade social, por bibliotecas populares; direito ao voto. Atores de referência: Frente Negra, Indígenas, trabalhadores urbanos e rurais etc.

Contra o golpe de outubro de 1930, advém o contragolpe paulista de 1932. No subsistema de educação, aparece essa reação paulista, no jogo da centralização versus a descentralização do poder. Surge, em 1933, a Escola Livre de Sociologia e Política, no centro da cidade de São Paulo, e, logo depois, em 1934, a Universidade de São Paulo (USP), sob a batuta de Armando de Salles Oliveira (interventor nomeado por Vargas) e de Fernando de Azevedo, líder reformador:

> A primeira representa uma resposta dos paulistas ao Governo Provisório, ante o malo-gro da revolução constitucionalista de 1932. O manifesto de sua criação, assinado por expoentes da elite intelectual de São Paulo, entre os quais Armando de Salles Oliveira, Roberto Simonsen, Raul Briquet, Mário de Andrade, Paulo Prado... explicita claramente, a intenção política da entidade: "São Paulo, embora, moralmente ferido pelos dissabo-res dos últimos anos, deixará patente sua considerável força de resistência e dará novo exemplo de sua tradicional energia construtora, se prestar apoio integral ao novo órgão de ensino". (Cunha, 1981, p. 58).

A Constituinte de 1933 seria o próximo passo da disputa entre as principais coalizões pelos rumos do subsistema de educação no Brasil, "o que, prolongar-se-ia por quase sete anos", ao menos. Um memorial entregue pela coalizão conservadora, em fevereiro de 1933, à Comissão Constituinte pedia que:

> [...] se considerasse a religião como matéria de ensino nas escolas públicas, para os alunos cujos pais ou tutores houvessem manifestado explicitamente a sua vontade a respeito e proclamando, sob o fundamento de ser a família anterior ao Estado, que aos pais incumbe o dever e assiste o direito natural de educar os filhos, podendo cumprir esse dever nas escolas públicas, nos estabelecimentos particulares ou no lar doméstico. (Azevedo, 1976, p. 175).

Do outro lado, a coalizão reformadora repisava suas teses para o subsistema de educação no Brasil, desafiados que foram pelo Governo Provisório e cujas ideias já haviam sido expostas no Manifesto dos Pioneiros. De modo preciso, expõe ainda a coalizão reformadora, a sua percepção precípua sobre a montagem do subsistema de educação no Brasil:

> A ideia de um sistema completo de educação com uma estrutura orgânica, e a construção, em consequência, de um sistema de ensino, flexível e tanto quanto possível unificado em todos os graus e no qual teoria e prática são extremamente conjugadas; a unidade de uma política nacional, dominando, pelos princípios e normas gerais fixados pela União, a variedade dos sistemas escolares regionais; o papel que atribui ao Estado, como órgão

verdadeiramente capaz, nas condições atuais, de realizar o trabalho educativo; a prioridade conferida ao princípio de atividade e à livre pesquisa; a penetração de todo o ensino pelo espírito científico e a reestruturação do ensino secundário em vista do desenvolvimento do ensino técnico e profissional. (Azevedo, 1976, p. 176).

A enorme repercussão pública do debate entre as coalizões rachou a ABE, que convocara uma V Conferência Nacional de Educação, para fins de 1932, em Niterói, com o propósito de discutir as propostas para a assembleia Constituinte. Ganhara força na ABE a corrente reformadora e Lourenço Filho foi indicado como o novo presidente. As propostas finais da ABE só estariam no papel no *symposium* da ABE realizado no Rio de Janeiro, em fins de 1933, e, no geral, convergiam com as ideias basilares do Manifesto dos Pioneiros.

Sob a influência direta das disputas entre as coalizões, desenrolou-se a Constituinte e, por fim, a Carta de 1934, em que aparece pela primeira vez, em termos constitucionais, o embrião do subsistema nacional de educação do Brasil. Azevedo (1976) assim descreve esta nova configuração:

> A Carta de 1934 instituiu, de fato, medidas que assegurassem uma política nacional em matéria de educação, atribuindo à União a competência privativa de traçar as diretrizes da educação nacional (cap. I, art. 5, XIV) e de fixar o Plano Nacional de Educação (artigo 151). Aos Estados competiria, segundo o artigo 151, organizar e manter os seus sistemas educacionais, respeitadas as diretrizes definidas pela União. Estabelecendo que ao governo central caberia "fixar um plano nacional de educação, compreensivo do ensino de todos os graus e ramos, comuns especializados, e coordenar e fiscalizar a sua execução em todo o território do país" (artigo 150); "criando o Conselho Nacional e os Conselhos Estaduais de Educação" (artigo 152) e "determinando a aplicação de nunca menos de 10% da parte dos municípios e nunca menos de 20% da parte dos Estados, da renda resultante dos impostos, na manutenção e no desenvolvimento dos sistemas educativos" (artigo 156), a Constituição de 16 de julho de 1934, fazia o país entrar numa política nacional de educação de conformidade com os postulados e as aspirações vitoriosas na Conferência de Niterói, em 1932, e no manifesto dos pioneiros, pela reconstrução educacional do Brasil. (Azevedo, 1976, p. 190, grifo nosso).

Para o autor, a Carta Constitucional de 1934 adotou, como política para os sistemas escolares estaduais, uma "unidade política expressa nas diretrizes estabelecidas pela União" (Azevedo, 1976, p. 191), racionalizando por meio de inquéritos e dados estatísticos a forma de seleção objetiva das medidas a serem adotadas; as diferenças e variedades regionais submetiam-se à unidade de fins e diretrizes de uma política nacional de educação. De qualquer forma, a quase totalidade dos artigos constitucionais referentes ao ensino concordava com os indicadores e aspirações da campanha de renovação educacional. Por fim, ressalta que a influência do movimento de reforma da educação brasileira também teve seus efeitos no campo da democracia dentro do ensino brasileiro.

> [...] além da instituição de uma política nacional, capaz de estabelecer a unidade de fins e diretrizes na variedade dos sistemas escolares, e dos princípios que consagrou, de "racionalização" ou de reorganização dos sistemas educacionais, em bases científicas, de estudos, inquéritos e dados objetivos, estabeleceu ainda a Carta Constitucional os fins democráticos da política escolar do país, reconhecendo na educação "um direito de todos" (art. 149), instituindo a liberdade de ensino em todos os graus e ramos (artigo 150, parágrafo único, alínea e), a liberdade de cátedra, a gratuidade e obrigatoriedade que deviam estender-se progressivamente do ensino primário integral ao ensino educativo ulterior, a fim de tornar mais acessível (art. 150 parágrafo único, a eb), e criando os fundos especiais de educação, parte dos quais (art. 157) se aplicaria a alunos necessitados, mediante assistência sob diversas formas e bolsas de estudo.

> De fato, em vez de um ensino (secundário) de classe, para uma pequena fração da população adolescente, recrutada geralmente na burguesia, o ensino secundário tornou-se, pela sua extraordinária extensão, se não um "ensino para o povo", ao menos um ensino de caráter mais democrático, aumentando-se de 1930 a 1936, de 40 mil a cerca de 160 mil e, portanto, quadruplicando o número de alunos, enquanto a população se elevava de 34 para 38 milhões, no mesmo período. Se eram poucas as moças que concluíam o curso de bacharelado em letras até 1930, o número delas passou a equivaler ao de rapazes, em muitos colégios ou cursos que se abriram por todo o país e cujo número, somente em São Paulo, e, sem contar os particulares, subia de 5 em 1930, para 58 em 1940, entre ginásios mantidos pelo Estado e por municípios e cursos ginasiais anexos às escolas normais, estaduais ou municipais. (Azevedo, 1976, p. 191-192, grifo nosso).

Ainda que sob pressão do sistema político brasileiro, segundo Saviani (1988), encontrou-se conciliação no subsistema de educação nacional. Fez com que, por exemplo, os interesses da igreja católica no tocante à educação não fossem desconsiderados, ao mesmo tempo em que se adotou grande parte da pauta da coalizão reformadora, como destacou Azevedo (1976).

Entrementes, o sistema político brasileiro seguia de forma peculiar. A Revolução de 30 detinha maioria na Assembleia Constituinte de 1933 e, em 1934, o Brasil ganha uma nova Constituição e um novo presidente da República: Getúlio Vargas, eleito indiretamente pelo Congresso Nacional.

Em outro tom, que aqui se nomeia normativo, Pereira de Souza (1991) faz sintética apreensão da emergência do subsistema de educação no Brasil. Ao ressaltar que a expressão "sistema de ensino" figura pela primeira vez na Constituição do Brasil, o autor, primeiro, define brevemente sistema como "a combinação de partes de modo que concorram para um certo resultado" e, em seguida, expõe que a Carta Magna "surge como um divisor de águas na história constitucional e educacional do País [...] [pois] começou a inserir o Brasil na contemporaneidade do mundo tecnológico e científico" (Pereira de Souza, 1991, p. 26). E prossegue ressaltando que as exigências com relação à educação popular e as universidades também mudaram:

> Multiplicaram-se as redes escolares, criou-se a Universidade de São Paulo (USP) e o ensino privado cresceu em relação ao oficial. A organização desse vasto complexo passou a exigir as definições e ordenações só possíveis com a criação dos sistemas de ensino. A Constituição de 1934 espelhou essa demanda e agasalhou em seu texto as duas grandes inovações, que marcam sua importância nessa altura da vida brasileira: uma estrutura sistêmica para a educação nacional e uma lei de diretrizes, que concedesse aos sistemas o seu regulamento fundamental. A partir de então, nenhum dos textos constitucionais deixaram de referir-se aos sistemas de ensino como estruturas obrigatórias para a organização nacional da educação brasileira. (Pereira de Souza, 1991, p. 26, grifo nosso).

Depois de uma visão um tanto automatizada, o autor volta à carga conceitual — com base em Ferraz (1984) — e busca uma compreensão maior do que seja um sistema de ensino, em um esquema de quatro causas:

> 1) a causa material, a matéria de que é feita o sistema (pessoas, coisas, recursos); 2) a causa formal, as normas (leis, decretos-leis, decretos e outros atos de autoridade competente) que dão forma orgânica a tal matéria; 3) o órgão do Poder Público ao qual incumba atuar como causa eficiente, dando organização ao sistema; 4) a causa final, os fins ou valores (éticos, políticos, religiosos, econômicos, pedagógicos, etc.) em vista dos quais o sistema se organiza. (Pereira de Souza, 1991, p. 105)

Nessa linha de definição, corresponderia, segundo o autor:

> 1) Rede Escolar, com seus graus de ensino, tipos de cursos; recursos humanos, materiais, técnicos e financeiros; seus mantenedores e regulamentos; 2) Legislação Específica, que inclui as Constituições Federal, Estadual e a Lei de Diretrizes e Bases da Educação nacional; Leis de Sistemas Estaduais; Leis, Decretos, Portarias, Resoluções e outros atos normativos de cada sistema; 3) Órgãos da Administração Superior, que se corporificam em Ministérios, Secretarias de Estado, Departamentos Educacionais, Conselhos de Educação, Comissões Especiais, e outros destinados a regulamentar e aplicar a legislação vigente em todas as esferas federativas do governo Brasileiro. 4) Limites jurisdicionais e competências específicas para o planejamento, a supervisão, o controle, a execução e a avaliação dos serviços educacionais que integram o sistema de ensino. (Pereira de Souza, 1991, p. 33).

A fim de clarear o que segue adiante, destaca-se a percepção do autor sobre os "sistemas". A visada anterior revela uma visão restritiva do subsistema nacional de educação, em desacordo com o que essa tese propõe, nos marcos da opção teórica feita. Em 1937, com o estado de sítio, o poder do Parlamento é sequestrado e passa a concentrar-se só no executivo. A movimentação comunista (em uma aliança entre o Komintern e a ANL) é desbaratada pelo governo em 1935 e Prestes vai preso. Outros comunistas são perseguidos e sofrem com a repressão: Felinto Miller entrega Olga[157] aos nazistas, para seu trágico fim; Graciliano Ramos[158], Marighella[159], dentre outros, acabam presos. A perseguição aos comunistas afasta uns e aproxima outros atores do poder. Os integralistas e a Igreja Católica reforçam a aliança com Getúlio. Uma parcela significativa dos antigos revolucionários de 1930 abandonaria de vez o poder. Getúlio manobra com os militares e, valendo-se de um suposto complô comunista (Plano Cohen), instala a ditadura. Nasce a Constituição de 1937, escrita por Francisco Campos, inspirada na Carta Polonesa e outorgada por Getúlio. Tem início o Estado Novo.

Postos fora do poder, os fascistas integralistas de Plínio Salgado tentam um assalto ao poder de Getúlio, mas são esmagados. Getúlio continuaria no poder adaptando-se às circunstâncias, não dando lugar a totalitarismos no estilo europeu e, a seu modo, oscilante, nacionalista convicto. Anti-comunista, atenta-se para o quadro da Segunda Guerra Mundial que se desenhava. Assim, inicia seu lento e calculado movimento de aproximação dos EUA e afastamento das potências do eixo, de olho nos interesses nacionais, na industrialização do Brasil.

Nos planos do Estado Novo, os trabalhadores urbanos e a educação mereciam destaque. Na narrativa surpreendente de Fernando de Azevedo,

> A nova Constituição, outorgada em 1937, reafirmou, com efeito, levando ainda mais longe do que a Constituição de 1934, as finalidades e as bases democráticas da educação nacional, não só estabelecendo pelo artigo 128 que "a arte e a ciência e o seu ensino são livres à iniciativa individual e à de associações ou pessoas coletivas, públicas e particulares", como também mantendo a gratuidade e a obrigatoriedade do ensino primário, instituindo em caráter obrigatório, o ensino de trabalhos manuais em todas as escolas primárias, normais e secundárias, e, sobretudo, dando preponderância, no programa de política escolar no ensino pré-vocacional, que se destina "às classes menos favorecidas e é, em matéria de educação, o primeiro dever do Estado" (artigo 129). [...] sem rejeitar os institutos de ensino profissional, mas, ao contrário, estabelecendo como um dever do Estado fundá-los e subsidiar os de iniciativa dos Estados, dos municípios e das associações particulares, inaugura

---

[157] *Cf.* o livro *Olga*, de Fernando Morais.
[158] *Cf.* o livro *Memórias do Cárcere*, de Graciliano Ramos.
[159] *Cf.* o livro *Marighella: o guerrilheiro que incendiou o mundo*, de Mário Magalhães.

o regime de cooperação entre as indústrias e o Estado, quando estatui (artigo 129) que "é dever das indústrias e dos sindicatos econômicos criar, na esfera de sua especialidade, escolas de aprendizes destinadas aos filhos de seus operários e de seus associados. Não foi menos precisa a Constituição de 1937 quando, seguindo a esse respeito as tendências já consagradas na Carta Constitucional de 1934, determinou que compete privativamente à União "fixar as bases e determinar os quadros da educação nacional, traçando as diretrizes a que deve obedecer a formação física, intelectual e moral da juventude" (artigo 15, número IX). Essa disposição com que se reafirmaram e se ampliaram os princípios fixados na Carta de 1934, assinala a vitória definitiva de uma prática escolar com caráter nacional, nos seus princípios e nas suas diretrizes fundamentais, estabelecida para todos os graus e tipos de ensino, de maneira a favorecer no país uma educação bastante livre para respeitar as diversidades, mas bastante forte para fazer progredir a obra comum no respeito dessas diversidades. (Azevedo, 1976, p. 193-195, grifo nosso).

O autor aprofunda as questões sobre os impasses no subsistema nacional de educação em construção. Anteriormente, ao enxergar democracia onde vigorava uma ditadura, o discurso técnico-científico abocanha o homem em seu tempo e fala. Contudo, não faz esmorecer uma espécie de fé tecnocrática no próprio Brasil, pois, de fato, nos anos 1930, em que pese suas contradições, emerge o Estado Nacional Brasileiro. Assim, o entusiasmo de Azevedo (1976) não é saudosista da Primeira República (e sua democracia de cabresto), nem tampouco é ingênuo em relação às situações objetivas do clima político de então, ainda mais para um defensor da ciência orgânica, discurso levado muito a sério por Getúlio. Definindo-se como "técnico e não político", Azevedo prezava mais a ação na educação do que a inação. Homem da elite brasileira, o autor faz mergulho peculiar na educação presente na Carta centralizadora de 1937:

A reorganização dos sistemas de ensino, estaduais e municipais, dentro do novo regime autoritário instaurado pelo golpe de Estado em 1937, poderia processar-se, sem dúvida, ou por "imposição" de uma política escolar adotada pela União, ou mais lentamente "por um plano de coordenação de objetivos, de padronização de processos e de cooperação de recursos técnicos e financeiros". (Azevedo, 1976, p. 196).

Azevedo (1976) nota ainda, em referência a Lourenço Filho, a recorrência da preocupação com o ensino primário presente nos ministros da Educação e Saúde, Francisco Campo (em 1930) e, agora, Gustavo Capanema. Este último teria afirmado em diferentes oportunidades: "providência inadiável a ser, portanto, tomada [...] é a elaboração de um código das diretrizes da educação nacional" (idem, ibidem). Uma vez que os princípios gerais que organizariam o funcionamento de toda a educação do país seriam estruturados em um único código de leis, as diretrizes ideológicas estabelecidas estariam ali dispostas para todo o subsistema educativo.

Anunciava então o Ministro da Educação e Saúde o propósito do governo federal de submeter o Código que já estava sendo organizado à apreciação de uma Conferência Nacional, em que se representariam, pelos seus técnicos, todas as unidades federadas. Os atos do governo central, desde 1934, indicavam expressamente antes a adesão à ideia de um plano de cooperação inter administrativo do que a de impor uma política educacional, como se pode inferir, segundo lembra Lourenço Filho, do texto do decreto-lei n. 24787, de14 de julho de 1934, que autorizou a convocação e fixou as bases da Convenção Nacional de Educação; da lei n. 378, de 13 de janeiro de 1937, que dispõe sobre as Conferências Nacionais de Educação; do decreto-lei n. 580, de 31 de janeiro de 1938, que criou o Instituto Nacional de Estudos Pedagógicos; do disposto no decreto-lei n. 868, de 18 de novembro de 1938, que instituiu a Comissão Nacional de Ensino primário; e ainda, podemos acrescentar, da convocação da I Conferência Nacional de Educação, em conformidade com o decreto-lei n. 6788, de 30 de janeiro de 1941, e entre cujos fins se inscreveram os de estudar as bases de organização de um programa síntese dos objetivos da educação nacional e dos meios de atingi-los pelo esforço comum da ação oficial e das iniciativas particulares. (Azevedo, 1976, p. 197, grifos nossos).

O surgimento da Conferência Nacional, como opção de construção da política do subsistema nacional de educação, poda de saída a participação popular efetiva, exigindo um perfil técnico-burocrático para compô-la. Ademais, como o Parlamento está fechado, o Estado vai se inchando das funções burocráticas, instaurando um governo tecnocrata.

Essa situação, novamente reveladora do constrangimento do subsistema de educação pelo sistema político, tinha por fim levar adiante uma ideia de Nação, no intento de "fortificar o poder central, alargar as fronteiras, abolir as distinções locais e fundir, numa Nação, os Estados e as comunidades rurais e urbanas" (Azevedo, 1976, p. 198). Essa visada, decididamente, mantinha na invisibilidade a desigualdade racial e étnica do país a troco de uma homogeneização castradora das diferenças. Aqui, mesmo que indiretamente, leva-se ao limite a ideia que sustentava que as "três raças convivem harmonicamente – o negro, o índio e o branco – como na tese da sociedade unida, harmónica, híbrida" (Azevedo, 1976, p. 198), tese presente nos *constructos* de Bilden, Gilberto Freyre e outros autores. Só que, nesse novo limite, três viraram um: o brasileiro típico-ideal, fruto do branqueamento, advindo, por exemplo, do eugenismo de Oliveira Vianna. O *branco*, a cor do homem da nação. Essa máquina mortífera ideológica faz suas vítimas de cor a céu aberto.

Por isso tudo, no primeiro período Vargas (15 anos), somadas as heranças (novas e velhas) da Primeira República, o subsistema de educação nacional não se consolida, mas passa a agregar novas peças, numa lógica centralizadora, do encontro vertical entre o Estado e a nação, guardadas as devidas contradições. Uma delas, já apontada, de interesse precípuo dessa investigação, explicita-se num impasse aparentemente menor, mas de incrível força simbólica: trata-se do imbróglio em que se viu o novo Ministro da Educação e Saúde, Gustavo Capanema, quando, em 1938, no processo de construção da sede do MÊS, no Rio de Janeiro, depara-se com a ideia de construir uma "estátua do Homem Brasileiro", em frente ao Ministério da Educação. A narrativa é de D'Ávila:

A estátua do "Homem Brasileiro" deveria completar a alegoria mostrando que a educação pública tornaria os brasileiros brancos e fortes, dignos de seu brilhante futuro. Segundo Capanema "o edifício e a estátua se completarão, de maneira exacta e necessária". Entretanto, a figura do "Homem Brasileiro" que o escultor Celso Antônio extraiu da pedra representava tudo o que Capanema esperava que o Brasil deixasse para trás. A figura era um caboclo, um homem das matas, de raça mestiça. Para tornar as coisas piores esse caboclo era barrigudo. O escultor, Celso Antônio, justificou sua obra afirmando que, ao olhar para o Brasil, era aquilo que ele via. Essa figura era o retrato do homem médio brasileiro. Aparentemente, ele desconsiderava o significado alegórico desse monumento para o Brasil do futuro, um futuro que era branco e forte. [...] Oliveira Vianna, Roquette Pinto e Rocha Vaz, assim como a comunidade científica, científico-social e médica como um todo, confiavam no futuro branco do país e no papel da educação e da saúde pública em sua criação. Embora continuasse a haver polêmica sobre a natureza da negritude, da degeneração e da possibilidade de aperfeiçoamento racial, havia consenso sobre o significado e o valor da brancura – consenso que se expressava nas virtudes masculinas da virilidade, força e coragem, na "europeidade" e na concordância de que essa era a raça do futuro do Brasil. [...] A estátua do "Homem Brasileiro", que nunca foi completada, permaneceu como testamento e tributo à obra de educadores e cientistas no cumprimento do destino racial do Brasil. (D'Ávila, 2005, p. 48-52).

Por outro lado, o nacionalismo foi o vetor para indicar o rumo correto de alteração política durante o longo primeiro período Vargas. Escolas em que se ensinava em alemão, italiano, dentre outras línguas, situadas em colônias de povoamento branco-europeu, foram fechadas ou substituídas por escolas públicas brasileiras, que proibiam o ensino da língua estrangeira e, em seu lugar, tornava obrigatório o ensino do português. Esse percurso revela o abandono da opção política em prol dos regimes fascista e nazista, pelo Estado Novo, e sua repercussão no subsistema de educação nacional. Nos estados do Rio Grande do Sul, Santa Catarina, São Paulo e Espírito Santo, 774 escolas particulares "desnacionalizantes" foram fechadas e substituídas por 885 escolas públicas, entre 1937 e 1941 (Azevedo, 1976).

Na política interna, Getúlio anistiaria o Prestes, secretário-geral do PCB, uma vez que o alinhamento da União Soviética com os EUA e a Inglaterra definira o resultado da guerra. Cabe destacar que, de fato, era notório o peso da educação na agenda getulista. Isso se traduz em números:

> Certamente, a análise sucinta da situação geral do ensino primário, nos últimos dez anos, demonstra, como já assinalou Lourenço Filho, um desenvolvimento notável das escolas primárias que, de 27 mil, em 1932, passaram a mais de 40 mil em 1939, elevando-se, em oito anos, de 56 mil a cerca de 78 mil o número de professores em serviço nas 40 mil escolas do país, com três milhões e meio de aluno inscritos. Não foi ainda menor, guardadas as devidas proporções, a expansão quantitativa das escolas de ensino secundário que, em dez anos, tiveram um crescimento superior ao que se processara em um século de independência e denunciaram nesses progressos a tendência do ginásio a transformar-se de um curso propedêutico para o ingresso nas faculdades, em um colégio para o povo. (Azevedo, 1976, p. 199).

Na questão universitária, tardiamente encarada pelo subsistema de educação nacional, um lento processo tomava corpo, como observa detalhadamente Azevedo (1976):

> Talvez devido a essas novas condições de cultura, e à dificuldade de conter o ímpeto desse processo de democratização, o impulso oficial dado às universidades, demorado e sem vigor, não correspondeu às esperanças que suscitou a instituição, em 1931, do regime universitário no Brasil. De fato, das quatro universidades existentes no país - a de São Paulo, criada em 1934, a do Brasil, em que se transformou a do Rio de Janeiro em 1937, a de Porto Alegre e a de Minas Gerais - apenas as duas primeiras apresentam, como parte integrante do sistema universitário, uma Faculdade de Filosofia, Ciências e Letras, presta ao duplo fim de desenvolvimento da cultura filosófica e científica e de formação de professores secundários. A Faculdade Nacional de Filosofia, criada pelo decreto m. 452, de 5 de julho de 1937, instalou-se somente em 1939, quando, pelo decreto-lei n. 1063, de 20 de janeiro desse ano, se transferiram para essa universidade vários institutos e cursos que compunham a do Distrito Federal, fundada em 1935 (Quando Anísio Teixeira era Diretor de Instrução da Capital e foi forçado a sair sobre a acusação infundada de "comunismo"). A criação da Faculdade Nacional de Filosofia, para a qual foram contratados professores estrangeiros; a absorção da Universidade do Distrito Federal pela do Brasil, e a fundação, em 1940, da Universidade Católica, no Rio de Janeiro, forma, com a instituição da Universidade de São Paulo, em 1934, e a do Distrito Federal, em 1935, os fatos mais importantes com que, nessa época, se assinalou, na evolução da ideia universitária, a transformação extremamente lenta do ensino superior, orientado para os altos estudos, sem preocupações utilitárias, e para a pesquisa científica original. (Azevedo, 1976, p. 200-201).

Já percebera Azevedo (1976, p. 201) que, nos "quase dois decênios, de 1937 a 1954, se acentuou esse movimento de expansão quantitativa de Universidades e, particularmente, de Faculdades de Filosofia, mas, sem nenhum esforço correspondente de reestruturação do ensino superior em bases novas". Como fica patente, o eixo central no subsistema de educação no longo primeiro período Vargas foi a educação profissional. Ao povo apontava-se o caminho do ensino técnico, precioso para qualificar a mão de obra necessária no processo de industrialização que o país imprimia — em uma lógica fordista, diga-se.

> Em diversas outras ocasiões volta a insistir no ensino técnico-profissional. Em 1940, ele fará seu pronunciamento mais importante sobre a matéria. Começa por afirmar que "a experiência de governar e o contato permanente com as diversas atividades da vida nacional mostram-me a imperiosa necessidade de colocar a preparação técnica dos produtores entre os problemas de maior importância para a expansão econômica do país". Diz em seguida, tentando justificar sua posição em favor do ensino técnico, que não tinha, "como é de moda, desdém pela cultura ou menosprezo pela ilustração". No entanto, em outra passagem deste discurso, deixa clara sua posição em prol de uma educação eminentemente técnica: "Acredito que o homem conquista progressivamente a natureza, pelo trabalho e pela ciência, e, graças a esse processo de apropriação, consegue melhorar o corpo e o espírito, elevando a condição humana e tornando a existência mais digna. No período de evolução em que nos encontramos, a cultura intelectual sem objetivo claro e definido, deve ser considerada, entretanto, luxo acessível a poucos indivíduos e de escasso proveito para a coletividade. (Cunha, 1981, p. 118-119).

O dualismo se impregna definitivamente, desde então, como sombra perene sobre o subsistema nacional de educação em construção. A distinção[160] impregna-se como uma marca, antes avulsa na história social do país, mas que agora se estabelece por meio de argumentos científicos e sociais. A ideia do "luxo acessível a poucos", ainda que quase-perfeita como elemento retórico, denuncia uma visão limitada da dimensão plena da industrialização, ou seja, nesse discurso está ausente a fundamental importância do domínio da área industrial de pesquisa e desenvolvimento, o que só se faz com muita pesquisa científica, sem a qual só é possível fazer uma industrialização tecnologicamente dependente. Ademais, se o conhecimento pleno não é disseminado no conjunto da sociedade, desperdiça ou não dá oportunidade a talentos científicos e não avança culturalmente.

Até a Constituição de 1934, os embates na educação atenderam tanto as coalizões conservadoras quanto as reformistas. Com o golpe de 1937, o conservadorismo cresce, sem, porém, escantear totalmente o reformismo. É importante lembrar, por exemplo, que o ensino laico, a escola única, a descentralização e a autonomia, presentes no Manifesto dos pioneiros, não terão vez. Neto (2013) retrata, em uma cena grotesca, mas representativa, traços representativos do modo de governar de Vargas:

> Após a missa (celebrada pelo arcebispo do Rio de Janeiro, D. Sebastião Leme), um contrito Getúlio deixou o palanque e, mais expansivo, encaminhou-se ao mastro central onde hastearia uma grande bandeira do Brasil – menor do que aquela colocada por trás da mesa de celebração, mas pelo menos duas vezes maior do que as outras 22, todas elas idênticas, içadas em mastros secundários dispostos em semicírculos e cujos cordéis seriam manejados por crianças de escola públicas. Juntas, simbolizavam a União e os vinte estados, mais o território do Acre e do Distrito Federal. Como determinava o protocolo, o hasteamento coletivo foi feito ao som do Hino Nacional, executado por bandas militares e cantado pelo coral infantil regido por Villa-Lobos. Ao final da execução, fogos de artifício arremessados por girândolas armadas à beira-mar explodiram no céu e, durante a queima, deixaram cair sob a plateia uma miríade de bandeirinhas verde-amarelas, que desceram lentamente até o

---

[160] O termo *distinção* remete aqui aos estudos de Elias ([1939] 1993) sobre diferenças, estranhamentos e aderências, em termos de etiquetas, entre a burguesia ascendente e a nobreza europeia tradicional. Pierre Bourdieu (2007), dentre outros, estenderá esse conceito para outros campos culturais, pertinente também para se pensar o subsistema de educação brasileiro, na forma aqui utilizada.

chão, amparadas por minúsculos paraquedas. Seguiu-se o ponto culminante da solenidade, registrada minuto a minuto em película cinematográfica pelos técnicos do Departamento de Propaganda. Vinte e duas jovens, trajando vestido branco, conduziram em fila indiana as tradicionais bandeiras estaduais para junto de uma pira acesa no meio da praça. Uma a uma, as flâmulas foram depositadas sobre as chamas, para serem incineradas, em sacrifício ao nacionalismo unitário e indissolúvel. (Neto, 2013, p. 313).

Diante de tantos elementos, é importante estabelecer uma síntese sobre a construção do subsistema nacional de educação no longo primeiro período Vargas:

1. A criação do Ministério da Educação e Saúde, Francisco Campos é o primeiro-ministro, em 1930, e Gustavo Capanema o sucede, de 1935 a 1945;

2. A criação da Conferência Nacional de Educação pelo Estado, em 1941;

3. A criação do Conselho Nacional de Educação, tornando-se privativo do Presidente da República a nomeação dos membros;

4. A criação do Instituto Nacional de Pesquisas Educacionais;

5. Reforma do Ensino Secundário e Reforma do Ensino Superior, de Francisco Campos;

6. Lei Orgânica do Ensino Industrial, de Gustavo Capanema (nascimento do Sistema S);

7. Lei Orgânica do Ensino Secundário, de Gustavo Capanema;

8. Lei Orgânica do Ensino Primário, do Ensino Normal e do Ensino Agrícola, criadas no Estado Novo e decretadas logo após sua queda;

9. O nascimento de uma burocracia de perfil técnico nos aparelhos de Educação;

10. O ensino religioso católico facultativo nas escolas oficiais;

11. A retomada da forte presença do discurso católico no subsistema de educação;

12. A criação da primeira Universidade Católica no Brasil (PUC-RJ);

13. A liberdade para o ensino particular;

14. A proposta da criação da Lei de Diretrizes e Bases da Educação Nacional;

15. A proposta de criação do Plano Nacional de Educação;

16. A proposta de criação de um Fundo comum para a educação fundamental.

4.1.3 Democracia, sistema político e o subsistema de educação brasileiro em "marcha forçada"

Duraram pouco os dias de sol para os parlamentares do Partido Comunista Brasileiro, como o senador Carlos Prestes e o deputado federal Carlos Marighella, eleitos em 2 de dezembro de 1945. "O novo Congresso assumiu o caráter de Assembléia Nacional Constituinte e em setembro de 1946 aprovou a nova Constituição" (Saviani, 1988, p. 38). Os rumos dos acontecimentos no sistema político mundial fizeram desbotar, muito rápido, a foto de Stalin, Churchill e Roosevelt juntos, sorridentes como os vencedores da sangrenta Segunda Guerra Mundial, cemitério do discurso do "avanço civilizatório da humanidade". Entra logo em cena o longo inverno da Guerra Fria: a polarização política mundial entre o bloco comunista, sob a liderança armada da União Soviética e o bloco capitalista, sob a liderança do fogo dos Estados Unidos da América do Norte. Prestes e Marighella são cassados e o Partido Comunista Brasileiro hiberna na clandestinidade, fechado em 1947. Vale a regra: o sistema político mundial influencia decididamente o sistema político nacional. Eram tempos de caças às bruxas. O macartismo americano é uma boa biruta para o entendimento dos ventos de então. Os levantes sociais pela descolonização e libertação nacional da Ásia, da África e da América Latina, simbolizados na luta de Gandhi, Mandela e Che Guevara, informam sobre os tempos extremados.

O sistema político brasileiro, agora, tinha partidos nacionais. Dos principais, dois saíram da tutela política getulista: o Partido Trabalhista Brasileiro (PTB), prancha para a arregimentação da força urbana dos trabalhadores e seus sindicatos atrelados ao trabalhismo varguista, e o Partido Social Democrático (PSD), prancha para as elites agrárias, urbanas e setores das camadas médias. Como antípoda getulista nata, a Partido da União Democrática Nacional (UDN), a face da classe média brasileira. O centro nervoso da disputa política no período de 1945 até o golpe militar de 1964 passará, necessariamente, por esses três partidos e pelos quartéis.

Ao contrário do período anterior e do posterior, sob os governos de Eurico Gaspar Dutra, Getúlio Vargas, Café Filho, Juscelino Kubitschek, Jânio Quadros e João Goulart, o legislativo brasileiro concentrará grande força política, iniciativa e capacidade de legislar. Se a forma "presidencialismo de coalizão" fosse aqui analisada, não seria difícil constatar que nesses governos ela não funcionou, em função da configuração política. Isso destoa em alguma nota da leitura exposta em Saviani:

> Durante o período da chamada República populista o Legislativo desempenhou importante papel na defesa do "pacto de dominação" decorrente da correlação de forças que viabilizou a derrubada do Estado Novo. Gozando de relativa estabilidade e tranqüilidade e estabelecendo relações harmoniosas com o Executivo, como nos governos de Dutra e Juscelino; ou agitado por relações conflituosas e antagonizado pelo Executivo, como nos períodos de Getúlio, Jânio e Goulart, o Congresso Nacional, através da formulação das regras do jogo, da ação destacada na solução de crises políticas, da apresentação de *impeachments* e de diferentes mecanismos de resistência à mudança, foi fator decisivo na manutenção do referido pacto. (Saviani, 1988, p. 38).

Pelo catálogo histórico de crises políticas no período, na prática, o pacto citado era extremamente precário, por pressões internas e externas. É esse sistema político conturbado, mais uma vez, que dá os contornos para a continuidade da construção do subsistema de educação no Brasil. É o que informa Pereira de Souza:

> A Constituição de 1946, a que mais guardou semelhanças e afinidades com a de 1934, retomou tanto a ideia de uma Lei de Diretrizes e Bases da Educação Nacional, como texto privativo de competência da União (artigo quinto, inciso XV, letra d), como, ainda, consagrou a expressão sistema de ensino, ao dispor nos artigos 170, 171 e 172 que: "Artigo 170: A União organizará o sistema federal de ensino e o dos Territórios. Parágrafo Único – O sistema federal de ensino terá caráter supletivo estendendo-se a todo o País nos estritos limites das deficiências locais. Artigo 171: Os Estados e o Distrito Federal organizarão os seus sistemas de ensino. Parágrafo Único – Para o desenvolvimento desses sistemas a União cooperará com auxílio pecuniário, o qual, em relação ao ensino primário, provirá do respectivo Fundo Nacional. Artigo 172: Cada sistema de ensino terá obrigatoriamente serviços de assistência educacional que assegurem aos alunos necessitados condições de eficiência escolar." Como se vê, a Constituição fixou as regras gerais sobre a organização dos sistemas, prevendo-os para a União, os Estados, os Territórios e o Distrito Federal,

embora não para os municípios, que se integrariam aos sistemas estaduais, e deixou os aspectos da estrutura e do funcionamento deles a cargo da lei específica, a saber: a futura Lei de Diretrizes e Bases. Como essa Lei levou quinze anos, de 1946 a 1961 para tomar forma no Congresso Nacional, ser aprovada e posta em vigor, foi esse o tempo que o Brasil esperou para ser <u>formalmente</u> implantados, pela primeira vez em sua história, os sistemas de ensino. (Pereira de Souza, 1991, p. 27, grifo nosso).

É bom frisar: tanto a Constituição de 1946 como a LDB do longo parto de 1961 manter-se-ão coerentemente com o gosto das elites brasileiras: silenciosas, caladas sobre a questão racial no Brasil, o direito do negro, da negra, dos indígenas à educação em todos os níveis, à universidade pública, dentre outros basilares direitos sociais e humanos. Ainda que haja relativo consenso na sociedade de que a educação seja a grande semente para sintonizar o país com seu surto de riqueza advindo do processo de industrialização com base no tripé Estado-Empresas Nacionais-Empresas Multi-nacionais e arrancá-lo do subdesenvolvimento com igualdade social, essa semente simplesmente não é lançada em terra fértil. A maioria da população ainda não tem direito ao voto e nem todos os partidos políticos são permitidos; o sistema político preserva as desigualdades.

O clássico estudo de Saviani (1988) adentra-se aos bastidores do Congresso Nacional naquela hora do Brasil. O autor amarra bem os argumentos, como a fazer saltar aos olhos a democracia res-trita e o pacto de dominação de mãos dadas passeando nos corredores da capital política do país. Por fim, entram em cena os atores relevantes, desde os arcabouços documentais. É evidente o peso dos partidos em um Congresso que, como dito, tem muito poder e é diretamente influenciado pela con-juntura internacional da Guerra Fria, como demonstraram os telegramas secretos, revelados a pouco tempo[161], entre a embaixada americana no Brasil e o Departamento de Estado dos EUA, a Presidência dos EUA, a CIA e o FBI. Lincoln Gordon jovem embaixador americano que desembarcara no Brasil com missões especiais em fins dos anos 1950, vencedor de cerebral competição pela vaga na burocracia de Washington, estudante prodígio em Harvard, o texano envolveu-se com o financiamento e o lobby direto das operações americanas para cima de parlamentares brasileiros de bolsos sensíveis.

O projeto de lei de Diretrizes e Bases da Educação Nacional deu entrada no Congresso, em 29 de outubro de 1948. Sintetiza o autor:

> Como vimos, desde sua entrada no Congresso, o projeto original das Diretrizes e Bases da Educação esbarrou na correlação de forças representada pelas diferentes posições partidárias que tinham lugar no Congresso Nacional. Oriundo de uma comissão cujo relator geral, o prof. Almeida Júnior, era filiado à UDN e encaminhado ao Congresso por um Ministro, também da UDN, enfrenta as críticas do bloco majoritário no Parlamento. Assim é que o líder do PSD, com o apoio de sua bancada, que era majoritária, fulmina o projeto taxando-o de infeliz, inconstitucional e incorrigível, enquanto os deputados da UDN se empenham na defesa do mesmo, acusando Capanema de boicote à proposta. (Saviani, 1988, p. 51-52).

O projeto do governo de 1948, de repente, abre-se em dois. Emendado no processo legislativo e refém das divergências, passa a sofrer a concorrência direta do Deputado Carlos Lacerda, da UDN:

> De fato, isto ocorreu na reunião de 26-11-1958 da Comissão de Educação e Cultura, quando, Perilo Teixeira encaminhou à subcomissão relatora substitutivo ao projeto número 2.222/57, que ficou conhecido com a denominação de "substitutivo Lacerda".

---

[161] Cf. O documentário *O dia que durou 21 anos*, de Camilo Galli Tavares (2013), fruto de pesquisa realizada por um conjunto de pesquisadores em arquivos de Washington sobre as comunicações entre a embaixada americana no Brasil e Washington, no período em questão. Documentação só recentemente liberada, em função das leis americanas para acesso a documentos secretos após determinados períodos conforme a categoria dos documentos. Logo, de inegável valor científico.

O referido substitutivo representou uma inteira mudança de rumos na trajetória do projeto. Seu conteúdo incorporava as conclusões do III Congresso Nacional dos Estabelecimentos Particulares de Ensino, ocorrido em janeiro de 1948. Consequentemente, os representantes dos interesses da escola particular tomavam a dianteira do processo.

Tudo indica que o interesse de Carlos Lacerda no projeto de Lei de Diretrizes e Bases da Educação Nacional se deu, inicialmente, por motivação tipicamente partidária. (Saviani, 1988, p. 53).

Assim, repõe-se o embate de 1932, dos anos 1930. No novo cenário político, as três coalizões, 1) conservadores; 2) reformadores; 3) educação popular, terão suas posições reforçadas e o debate correrá solto na sociedade até 1961. À diferença do cenário dos anos 1930, agora se explicitam as tensões entre as coalizões Escola Pública versus Escola Privada ou o conflito distributivo instalado no Estado capitalista brasileiro. De acordo com Saviani (1988), em reiterados discursos contra as orientações do INEP (dirigido por Anísio Teixeira, a quem acusa de ser comunista) e em ataque direto ao I Congresso de Educação Primária (ocorrido em setembro de 1956), o padre e deputado Fonseca e Silva sai em defesa da educação capitaneada pela iniciativa privada, especialmente pela Igreja Católica: "Desencadeia-se, assim, o conflito entre escola pública e escola particular que irá polarizar a opinião pública do país até 1961" (Saviani, 1988, p. 54).

Em primeiro de julho de 1959 (tempo do poderoso Charles Gordon na embaixada norte-americana no Brasil), quando amplos setores da imprensa brasileira publicariam o "Manifesto dos Educadores: mais uma vez convocados", redigido por Fernando de Azevedo e assinado por 161 pessoas, dentre elas Oracy Nogueira (de seminal reflexão sobre o racismo de marca no Brasil), Florestan Fernandes, César Lattes, Perseu Abramo. Era um manifesto em reação ao "substitutivo Lacerda" (parlamentar ex-integralista, muito próximo de Gordon).

Esse manifesto reúne diferentes posições de intelectuais de variadas matrizes. O jornal *O Estado de São Paulo* não apenas publicou o texto, como se posicionou a favor do novo manifesto. Sem a imersão crítica maior feita no caso do Manifesto dos Pioneiros da Escola Nova (1932), cabe destacar aqui apenas alguns pontos; de certo modo, esse reafirma ideias basilares já presentes naquele. Diz o Manifesto dos Educadores,

A luta que se abriu, em nosso país, entre os partidários da escola pública e os da escola particular, é, no fundo, a mesma que se travou e recrudesce ora nesse, ora naquele país, entre a escola religiosa (ou ensino confessional), de um lado, e a escola leiga (ou o ensino leigo), de outro lado. Esse, o aspecto religioso que temos o intuito de apenas apontar como um fato histórico que está na origem da questão, e sem a mais leve sombra de desrespeito aos sentimentos que somos os primeiros a reverenciar, da maioria do povo brasileiro. Ela disfarça-se com freqüência, quando não se apresenta abertamente, sob o aspecto de conflito entre a escola livre (digamos francamente, a educação confessional) e a escola pública ou, para sermos mais claros, o ensino leigo, a cujo desenvolvimento sempre esteve historicamente ligado o progresso da educação pública. Mas, continuando a decomposição do problema em seus elementos principais, implica essa campanha contra a escola pública, se não é um dos fatores que a desencadearam um aspecto econômico: é praticamente uma larga ofensiva para obter maiores recursos do Estado, do qual se reclama, não aumentar cada vez mais os meios de que necessita o ensino público, mas dessangrá-lo para sustentar, com o esgotamento das escolas que mantêm, as de iniciativa privada. O grave documento a que acima nos referimos, "apresenta, de fato, como suas linhas mestras (nas palavras, insuspeitas e autorizadas, d'O Estado de São Paulo) estes três princípios fundamentais: 1) o ensino será ministrado sobretudo pelas entidades privadas e, supletivamente, pelo poder público; 2) o ensino particular não será fiscalizado pelo Estado; 3) o Estado subvencionará as escolas privadas, a fim de que estas possam igualar os vencimentos dos seus professores aos professores oficiais. É, como se vê (conclui o grande diário), a instituição no Brasil, do reinado do ensino livre: livre da fiscalização do Estado, mas remunerado pelos cofres públicos. (Azevedo *et al.*, [1959] 2010, p. 78-79).

Tensão semelhante a essa, em parte, esteve presente na luta pela criação de um sistema nacional de bolsas de estudos em universidades privadas, que ficaria conhecido como Programa Universidade para Todos (PROUNI), entre os anos de 2002 e 2005, e, mais decididamente, ao longo desses anos na luta pela aprovação da Lei de Cotas no Congresso Nacional. O Manifesto dos Educadores de 1959 expõe, e isso é importante, uma característica fundante da estratégia dos novíssimos movimentos sociais na atuação no cotidiano do Congresso Nacional pela aprovação da Lei de Cotas. Assim se posicionava aquele Manifesto:

> A direita apoia, em geral, a escola livre, e a esquerda, a escola pública, e, por ter sido frequentemente assim, a tendência é de deslocar uma questão que se devia pôr em termos de interesse geral e acima de partidos, para o terreno de uma luta religiosa, devido às suas implicações confessionais, - o que é preciso evitar por todas as formas, - ou de uma luta entre grupos políticos, igualmente prejudicial ao debate do problema que temos o dever de examinar em face da Constituição Federal e conforme os princípios que regem as instituições democráticas. Pois, em primeiro lugar já por várias vezes direita e esquerda se aliaram na defesa da escola pública e, em segundo lugar, não falamos em nome de partidos, mas sob a inspiração e em defesa daqueles princípios. (Azevedo *et al.*, [1959] 2010, p. 80).

O direito à educação como princípio e o suprapartidarismo como ação, que marcam posição no referido Manifesto, fizeram-se presentes na recente reivindicação pelo direito à universidade, em atuação dialógica dos novíssimos movimentos sociais no Congresso Nacional Brasileiro, na luta pela aprovação da Lei de Cotas. Veja no Manifesto na inequívoca defesa da escola pública:

> Porque não nos dispomos a fanfarrear nas festas do ensino livre, nessa orgia de tentativas e erros a que a educação no país, não se segue nem se há de concluir que pregamos o monopólio do Estado. Pela liberdade disciplinada, é que somos [...] mas com uma indulgência excessiva dos poderes públicos em face de deficiências de toda ordem e de ambições de lucro, a que, salvo não poucas e honrosas exceções, devem tantas instituições privadas de ensino secundário a pecha de "balcões de comércio", como as batizou Fernando de Magalhães há mais de vinte e cinco anos, numa crítica severa de nosso sistema educacional. Se, na esfera do ensino fundamental comum, certamente menos lucrativo, dos 5.775.246 alunos matriculados, não freqüentam escolas particulares senão 720.746 (e, por isso mesmo, pela preponderância da escola pública, o que temos de melhor, apesar de todas as suas deficiências, é o ensino primário), atinge a 80% o ensino secundário entregue a particulares, - e daí exatamente decorre toda a grave crise em que se debate esse grau de ensino no país. Onde, pois, como se vê, cumpriu o Estado com mais zelo os deveres que lhe impôs a Constituição, progrediu o ensino, - é a parte referente à educação fundamental e superior; e onde dele se descuidou, descarregando suas obrigações às costas de entidades privadas, como no caso do ensino secundário, é o que de pior se exertou no sistema geral de educação. O dia em que esse grau de ensino (o "secundário", que passou a sê-lo no sentido pejorativo da palavra) tiver dos poderes públicos a atenção que requer, e se inverter, em conseqüência, pela expansão do ensino público, a porcentagem, alcançando o Estado mais 40 ou 60% dos 80 que cabem agora a instituições particulares, o ensino de nível médio, na diversidade de seus tipos de escolas (sobretudo secundárias e normais), tornará o impulso que adquiriu o ensino primário, com todas as suas deficiências de escolas e instalações, e entrará numa fase de reconstrução e progressos reais. (Azevedo *et al.*, [1959] 2010, p. 87-88).

Se, no Congresso Nacional venceu a LDB da média ou na leitura clássica de Saviani (1988), "a conciliação ganhou", ao adentrar-se aos anos 1960, a coalizão da educação popular, fora do jogo parlamentar, viu-se fortalecida. Nela, conceberia o *Auto dos 99%*, peça teatral escrita pelos membros do Centro Popular de Cultura da União Nacional dos Estudantes (CPC-UNE), que em 1962 denunciava a presença de só 1% dos brasileiros nas universidades. Proponha-se a luta unificada por uma reforma universitária popular, junto à luta geral pelas reformas de base. A luta dos excedentes, que, mesmo aprovados, ficavam sem estudar nas universidades e foram os precursores históricos do Movimento dos Sem Universidade no Brasil (MSU), pois ali se iniciavam os cursinhos populares (Custódio, 1999), o crescimento do movimento negro, do movimento de educação de base, do movimento de educação de adultos e dos centros de cultura popular. Mas a ditadura de 1964 suspenderia esses movimentos.

Saviani (1988) registrou, sabiamente, a emergência da voz da terceira coalizão, mesmo que de forma um tanto marginal. A Educação Popular (postulada anteriormente nessa investigação), no fim da disputa em torno do processo legislativo da LDB, em 1959, em 1960 e 1961, fez-se presente no subsistema de educação nacional, sempre em construção.

> Cumpre, ainda, registrar que mais uma outra tendência, mais ou menos eqüidistante da polarização referida, também se esboçou na fase final da tramitação do projeto. Trata-se da tendência que considerava insuficientes todas as propostas até então formuladas porque não davam atenção à vinculação da educação ao desenvolvimento brasileiro. [...] Em discurso proferido na sessão de 4-6-1959, Santiago Dantas, salienta a necessidade de o projeto criar as condições para a construção de um sistema de ensino voltado para a realidade e as necessidades do desenvolvimento brasileiro e critica o projeto por ser apenas uma consolidação das leis de ensino. Afirma que a Lei de Diretrizes e Bases não pode ser uma moldura jurídica, mas deve fixar os objetivos, os meios e as condições de planejamento, através dos quais possa o poder político coordenar os esforços da nação no campo do poder público. Acrescenta que o substitutivo, "longe de conduzir o sistema da educação brasileira a uma visão de unidade e a um objetivo de conjunto, ele, por assim dizer, agrava o fragmentarismo do nosso sistema de educação, procurando acentuar as facilidades para o crescimento espontâneo da educação no país, e retirando ao conjunto da atividade educacional brasileira a possibilidade de uma ação coordenadora do Poder público Federal". (Saviani, 1988, p. 56, grifo nosso).

Arremata o educador sobre essa safra colhida no Parlamento brasileiro, sabe-se hoje, bastante viciado à época, onde, mais uma vez, o subsistema de educação nacional se viu fechado pelo sistema político e por ventos terríveis forâneos:

> Entretanto, em virtude dos limites apontados da estratégia do liberalismo[162] (reformadores), acabou-se por acionar o pacto das elites (conciliação pelo alto) através do qual se torna possível preservar os interesses dos grupos privilegiados econômica, social e culturalmente, adiando-se para um futuro indefinido a realização das aspirações das massas populares. (Saviani, 1988, p. 62).

Esse quadro visto na primeira LDB do Brasil era já o de agravamento das tensões da Guerra Fria, na América Latina, em função dos desdobramentos da Revolução Cubana de 1959. Depois de Anísio Teixeira, Jango seria o próximo "comunista" da lista. A ditadura exalava seu cheiro de fumaça no ar. Por seu turno, o subsistema de educação em tensa construção registrava seus avanços em dados, como a seguir, no Quadro 3:

---

[162] "Na campanha em defesa da escola pública, desencadeada na fase final da tramitação do projeto das Diretrizes e Bases da Educação, a hegemonia esteve nas mãos dos liberais, representados principalmente pelo grupo ligado ao jornal O Estado de São Paulo e à Universidade de São Paulo. Ainda que a liderança principal tenha sido incontestavelmente do professor Florestan Fernandes, não eram suas ideias hegemônicas, mas sim aquelas que correspondentes à estratégia do liberalismo" (Saviani, 1988, p. 62).

Quadro 3 – Evolução do número de universidades no Brasil, no século XX, até 1968

Número de unidades docentes integradas	N.º de diplomados	Matrícula	Região	Estado	Sede	Data da fundação	Caráter	Universidades
19 (18 estaduais incorporadas e 1 particular agregada)	1.644	11.947	Sul	São Paulo	São Paulo	1934	Oficial Estadual	1. Universidade Estadual de São Paulo
15 (federais incorporadas)	1.185	10.973	Leste	Estado de Guanabara	Rio de janeiro	1922	Oficial federal	2. Universidade Federal do Rio de Janeiro
15 (federais incorporadas)	878	6.429	Leste	Minas Gerais	Belo Horizonte	1927	Oficial federal	3. Universidade Federal de Minas Gerais
15 (federais incorporadas)	894	6.189	Sul	Rio Grande do Sul	Porto Alegre	1950	Oficial federal	4. Universidade Federal do Rio Grande do Sul
12 (11 federais incorporadas e 1 estadual agregada)	797	5.359	Sul	Paraná	Curitiba	1950	Oficial federal	5. Universidade Federal do Paraná
12 (11 federais incorporadas e 1 particular agregada)	615	4.668	Leste	Rio de Janeiro	Niterói	1961	Oficial federal	6. Universidade Federal Fluminense
16 (15 federais incorporadas e 1 particular agregada)	683	4.195	Nordeste	Pernambuco	Recife	1946	Oficial federal	7. Universidade Federal de Pernambuco
18 (federais incorporadas)	459	4.053	Leste	Bahia	Salvador	1946	Oficial federal	8. Universidade Federal da Bahia
8 (7 estaduais incorporadas e 1 particular incorporada)	788	3.966	Leste	Guanabara	Rio de Janeiro	1951	Oficial estadual	9. Universidade Federal da Guanabara
5 (particulares incorporadas)	457	3.756	Sul	São Paulo	São Paulo	1952	Particular Religiosa	10. Universidade Mackenzie

Universidades	Caráter	Data da fundação	Sede	Estado	Região	Matrícula	N.º de diplomados	Número de unidades docentes integradas
11. Universidade Federal do Ceará	Oficial	1955	Fortaleza	Ceará	Nordeste	3.360	377	19 (12 federais incorporadas e 1 estadual agregada e 6 particulares agregadas)
12. Universidade Católica do Rio Grande do Sul	Particular Religiosa	1948	Porto Alegre	Rio grande do Sul	Sul	2.826	361	9 (particulares incorporadas)
13. Universidade Católica do Rio de Janeiro	Particular Religiosa	1946	Rio de Janeiro	Guanabara	Leste	2.522	416	9 (5 particulares incorporadas e 4 particulares agregadas)
14. Universidade Federal do Pará	Oficial federal	1957	Belém	Pará	Norte	2.124	187	14 (federais incorporadas)
22. Universidade Católica do Paraná	Particular Religiosa	1960	Curitiba	Paraná	Sul	1.461	205	6 (particulares incorporadas)
23. Universidade Católica de Pernambuco	Particular Religiosa	1951	Recife	Pernambuco	Nordeste	1.418	197	6 (4 particulares incorporadas e 2 particulares agregadas)
24. Universidade Católica de Minas Gerais	Particular Religiosa	1959	Belo Horizonte	Minas Gerais	Leste	1.299	111	8 (6 particulares incorporadas, 1 estadual agregada e 1 particular agregado)
25. Universidade Federal de Santa Maria	Oficial federal	1961	Santa Maria	Rio Grande do Sul	Sul	1.200	84	12 (8 federais incorporadas e 4 particulares agregadas)
26. Universidade de Goiás	Particular Leiga	1960	Goiânia	Goiás	Centro-Oeste	1.050	131	6 (4 particulares incorporadas e 2 particulares agregadas)

Número de unidades docentes integradas	N.º de diplomados	Matrícula	Região	Estado	Sede	Data da fundação	Caráter	Universidades
7 (6 federais incorporadas e 1 particular agregada)	193	1.028	Leste	Minas Gerais	Juiz de Fora	1960	Oficial federal	27. Universidade Federal de Juiz de Fora
6 (federais incorporadas)	181	983	Nordeste	Alagoas	Maceió	1961	Oficial federal	28. Universidade Federal de Alagoas
8 (6 particulares incorporadas e duas particulares agregadas)	358	1.915	Sul	São Paulo	Campinas	1955	Oficial Federal.	15. Universidade Católica de Campinas
8 (7 federais incorporadas e 1 particular agregada)	170	1.781	Sul	Santa Catarina	Florianópolis	1960	Particular Religiosa	16. Universidade Federal de Santa Catarina
9 (particulares incorporadas)	266	1.759	Sul	São Paulo	São Paulo	1948	Oficial federal	17. Universidade Católica de São Paulo
11 (10 federais incorporadas e 1 particular agregada)	185	1.723	Nordeste	Paraíba	João Pessoa	1955	Particular Religiosa	18. Universidade Federal da Paraíba
8 (federais incorporadas)	221	1.645	Leste	Espírito Santo	Vitória	1961	Oficial federal	19. Universidade Federal do Espírito Santo
9 (federais incorporadas)	215	1.514	Sul	Rio Grande do Sul	Pelotas	1960	Oficial Federal	20. Universidade Sul-Rio Grandense de Pelotas
9 (federais incorporadas)	112	1.471	Centro-Oeste	Goiás	Goiânia	1960	Particular Religiosa	21. Universidade Federal de Goiás
4 (federais incorporadas)	108	828	Leste	Rio de Janeiro	Itajaí	1943	Oficial federal	29. Universidade Rural do Brasil

Universidades	Caráter	Data da fundação	Sede	Estado	Região	Matrícula	N.º de diplomados	Número de unidades docentes integradas
30. Universidade Federal do Rio Grande do Norte	Oficial federal	1958	Natal	Rio Grande do Norte	Nordeste	722	74	9 (5 federais incorporadas e 4 particulares agregadas)
31. Universidade de Brasília	Oficial federal	1962	Brasília	Distrito Federal	Centro-Oeste	687	...	14 (federais incorporadas)
32. Universidade Federal do Amazonas	Oficial federal	1965	Manaus	Amazonas	Norte	505	74	6 (federais incorporadas)
33. Universidade Rural de Minas Gerais	Particular Leiga	1948	Viçosa	Minas Gerais	Leste	502	101	3 (estaduais incorporadas)
34. Universidade Católica de Petrópolis	Particular Religiosa	1961	Petrópolis	Rio de Janeiro	Leste	487	68	3 (particulares incorporadas))
35. Universidade Rural de Pernambuco	Oficial federal	1955	Recife	Alagoas	Nordeste	447	52	2 (federais incorporadas)
36. Universidade Católica de Salvador	Particular Religiosa	1961	Salvador	Bahia	Leste	394	68	6 (5 particulares incorporadas e 1 particular agregada)
37. Universidade Rural do Sul	Oficial federal	1960	Pelotas	Rio Grande do Sul	Sul	304	35	2 (federais incorporadas)
38. Universidade federal do Maranhão	Oficial federal	1961	São Luís	Maranhão	Nordeste	407	51	4 (3 federais incorporadas e 1 particular agregada)
39. Universidade Federal de Sergipe	Oficial federal	1967	Aracaju	Sergipe	Nordeste	...	...	6 (2 estaduais incorporadas, 1 federal incorporada, 2 leigas incorporadas e 1 religiosa incorporada)

Número de unidades docentes integradas	N.º de diplomados	Matrícula	Região	Estado	Sede	Data da fundação	Caráter	Universidades
5(leigas incorporadas)	...	...	Leste	Minas Gerais	Itaúna	1965	Particular Leiga	40. Universidade Itaúna*
2(estaduais incorporadas))	...	...	Sul	São Paulo	Campinas	1966	Oficial estadual	41. Universidade de Campinas*
5(4 leigas e 1 religiosa incorporada))	...	...	Sul	Rio Grande do Sul	Caxias do Sul	1967	Particular Leiga	42. Universidade de Caxias do Sul*
2(leigas incorporadas)	...	...	Leste	Minas Gerais	Belo Horizonte	1954	Particular Leiga	43. Universidade Mineira de Arte**
371	13.001	97.900						

*Os dados relativos a essas universidades foram computados na sinopse de 1965, no quadro correspondente aos estabelecimentos isolados.

** Dados incompletos.

Fonte: os dados da matrícula foram extraídos da Sinopse Estatística do Ensino Superior (1965), Serviço de Estatística da Educação e Cultura do ministério de Educação e Cultura, sendo o número de diplomados relativo a 1964

De todo o texto da Lei de Diretrizes e Bases da Educação Nacional (LDB, Lei n.º 4.024/1961), as leis números 5.540/1968 (Lei da Reforma Universitária) e 5.692/1971 (Diretrizes e Bases do Ensino de Primeiro e Segundo Graus) alteraram-na profundamente: onde havia uma lei, surgiram três. No capítulo relativo aos sistemas de ensino, destacam-se:

> 1. No artigo 12, há que assinalar o fato de que os sistemas deverão atender, entre outras, as três situações fundamentais: flexibilidade dos currículos escolares, variedade dos cursos e articulação entre os diversos graus e ramos de ensino. Aliás, é a essa articulação que se deve atribuir a própria essência da idéia de sistema.

> 2. No artigo 13, declara-se que o sistema federal tem competência para gerir a rede escolar federal, organizar os sistemas de ensino dos Territórios e estender sua ação supletiva a todo o País, nos estritos limites das deficiências locais. Isso significa que, no âmbito dos Estados, do Distrito Federal e dos Municípios, o sistema federal (MEC e CFE) não pode determinar procedimentos, nem formar decisões administrativas, eis que cabe aos respectivos sistemas regionais e locais fazê-lo dentro do princípio de autonomia do regimento federativo do País. Neles o sistema federal só comparece como agente de ação supletiva, isto é, de apoio às deficiências mais gritantes, principalmente as de natureza técnica e financeira. Assim é que a União mantém nos Estados as universidades federais, o Colégio Pedro II, os colégios técnicos federais, e delegacias e serviços destinados a desenvolver essa ação supletiva. Aliás nos Estados mais adiantados a presença do sistema federal já é uma extravagância, posto que suas universidades e colégios técnicos deveriam passar para o âmbito administrativo dos sistemas locais. A União poderia reservar-se a função de manter colégios e universidades em Estados pobres e naqueles recém-instalados, como Rondônia, Amapá e Roraima, nos estritos mandamentos da Constituição e da LDB, que lhe reservam um papel apenas supletivo em relação aos demais sistemas de ensino. (Pereira Souza, 1991, p. 37).

A fratura autoritária castrando a democracia no Brasil redundou em derrota para os processos históricos que estavam em curso no período anterior ao golpe de 1964, chamado por Saviani (1988) de democracia restrita. A ditadura levou ao exílio dois atores fundamentais, duas lideranças da coalizão em torno da educação popular no Brasil: tanto Abdias do Nascimento, legítimo líder negro brasileiro, como Paulo Freire, legítimo líder dos processos de educação popular, foram parar no exílio. Junto a eles, incontáveis outros militantes da educação e muitos estudantes também atuantes na educação, como os que compunham o Cursinho Popular da Maria Antônia.

A Reforma Universitária da Ditadura Militar produziu os centros de excelência, núcleo de universidades onde a pós-graduação e a pesquisa seriam centralizadas para a realização do projeto nacional de modernização conservadora do Brasil. Com os militares, apesar de o Brasil assinar o Tratado Internacional de 1968 Contra a Discriminação, a questão da raça, da cor da pele, desaparecerá do censo demográfico de 1970. A ditadura militar, com o chamado "milagre econômico", seduziu parcela da classe média por um tempo, incluindo no pacote o acesso seu à universidade. A "Lei do Boi", a Lei n.º 5.465/68, que estabelece cota branca para os filhos de fazendeiros no ensino superior agrícola, é a prova disso.

Saviani assim sintetiza os efeitos da reforma universitária:

> A referida estratégia do "autoritarismo desmobilizador" aplicado à educação refletiu-se, inclusive, na estrutura do ensino superior preconizada pela reforma. Com efeito, a lei institui a departamentalização e a matrícula por disciplina com o seu corolário, o regime de créditos, generalizando a sistemática do curso parcelado. Ora, tais dispositivos, aparentemente apenas administrativos e pedagógicos, tiveram, no entanto, o significado político de provocar a desmobilização dos alunos que, não mais organizados por turmas que per-

> maneciam coesas durante todo o curso, ficaram impossibilitados de se constituírem em grupos de pressão capazes de reivindicar a adequação do ensino ministrado aos objetivos do curso, bem como a consistência e relevância dos conteúdos transmitidos. Além disso, a adoção do vestibular unificado e classificatório, aliado ao ciclo básico, tiveram o condão de desarmar, ao eliminar artificialmente a figura dos excedentes, as pressões organizadas por mais vagas globalmente oferecidas pela universidade, como também as reivindicações pela ampliação das vagas nas carreiras específicas mais procuradas. (Saviani, 1988, p. 97-98).

Para o autor, sob um verniz de democracia presente nas falas dos generais a ditadura militar era simbolizada pelo "autoritarismo desmobilizador" e de exclusão. Essa foi a relação entre a sociedade e o Congresso Nacional percebida nas duas leis citadas.

> Em contrapartida, o regime autoritário resultante do golpe militar de 1964 constituiu uma ditadura envergonhada de si mesma, sentindo, em conseqüência, a necessidade de se autoproclamar democrática. Democracia excludente, podemos conceder. Resulta, portanto, perfeitamente compreensível a ausência da sociedade civil no processo de tramitação do projeto que resultou na Lei 5.540/68. Contrastando com a mobilização ocorrida por ocasião da discussão e aprovação da Lei de Diretrizes e Bases da Educação Nacional, quando diferentes organismos da sociedade civil se manifestaram junto ao Congresso Nacional pressionando-o na direção do atendimento de seus interesses específicos, [...] o Diário do Congresso Nacional do período não registra manifestação alguma dos órgãos da sociedade civil, quaisquer que sejam eles. (Saviani, 1988, p. 99).

Se havia inspiração liberalista na LDB de 1961, aprovada no Congresso Nacional, já na Reforma Universitária de 1968 e na "nova LDB" de 1971, é a tendência tecnicista, no sentido de domínio tecnocrático que se faz presente. Há que se distinguir o que uma lei proclama e o seu real significado, pois só um "autoritarismo triunfante", como o de Médici, poderia falar em flexibilidade, integração vertical e horizontal, racionalização, continuidade. De fato, é revelador que o ensino superior tenha ficado de fora da lei de 1971, instalando espaço para o *laissez-faire* nessa esfera. Pequenos cursinhos comerciais virariam grandes negócios de educação. Fortunas imensas seriam construídas. Jamais a educação superior no Brasil sairia desses marcos estruturantes implantados pela ditadura e seus rastros presentes no subsistema de educação.

Com participação popular, em 1988, elabora-se uma nova constituição, um novo marco institucional para o subsistema de educação. Em 1996, uma nova LDB nasceria, seguindo tendências em outras partes do mundo, sob um manto liberal. Outros instrumentos normativos regulariam a educação nacional, como o Plano Nacional de Educação, decenal.

Nos anos 1990, uma segunda fratura histórica deixa exposto o subsistema de educação no Brasil. *Vis a vis* à mobilização popular dos anos 1980, que redundou no processo constituinte e na Constituição de 1988, marco da retomada da democracia no Brasil, os anos 1990 são perturbados por um tsunami neoliberal. Uma segunda castração histórica paira sobre o debate educacional do país. A educação como serviço perturba a educação como direito.

Dos movimentos vistos de conformação do subsistema de educação no Brasil, na entrada do novo milênio, isso redunda, por exemplo, em uma universidade em sua maior parte privada (cerca de 75% das vagas ofertadas no Brasil) e com a concentração das vagas nas principais carreiras e cursos das universidades públicas para um mesmo perfil social: branco, rico e oriundo de escolarização básica privada.

Entretanto, a luta pelo direito à universidade para oriundos da escola pública, negros, indígenas e pobres no geral emerge de fora do subsistema de educação no Brasil em longo período de germinação no pós-1988 e irá perturbá-lo e contaminá-lo por dentro, de modo a buscar democratizá-lo e ressignificá-lo para a própria nação brasileira.

4.1.4 Atualidade e crítica ao subsistema de educação no Brasil

Para o professor Fernando Abrúcio[163], a reivindicação presente no Manifesto dos Pioneiros, ao defender autonomia e descentralização, mesmo sendo uma posição que contemplava os interesses paulistas, era extemporânea, fora do esperado para a época, pois Vargas vencera contra a descentralização que produzira as oligarquias regionais. Por outro lado, continua Abrúcio, o modelo varguista fez com que os estados não constituíssem capacidade para produzir políticas públicas. Assim, o modelo histórico de federação brasileira não foi feito. São Paulo foi uma exceção em termos de autonomia, por conta de sua forte posição econômica. Mesmo assim, novos impasses entram na construção do subsistema nacional de educação.

O autor entende que o pacto federativo gera a nação. Mas ressalva que a federação que nascia em 1891, com a nova Constituição, estabelecia laços muito fracos entre os entes, em um desenho federativo em que os 20 estados eram muito desiguais e giravam em torno de sete ministérios nacionais e um presidente fraco, dependente da política dos governadores dos estados mais fortes economicamente (SP e MG). Não havia partidos nacionais na Primeira República, apenas os partidos republicanos regionais.

Mas, para Abrúcio, "o coração do federalismo requer e está na interdependência e autonomia, entre os entes federados". O modelo clássico das 13 colônias americanas, onde o ingrediente religioso estava na origem e era muito forte, é o mais federalista dos exemplos. Dos 193 países que fazem parte da ONU hoje, 28 apenas se dizem federalistas. Necessariamente, são países que têm heterogeneidades gritantes nos seus respectivos territórios, como a Índia e a Bélgica.

No Brasil, segundo Abrúcio, ao longo de sua história, consolidam-se quatro heterogeneidades fortes, ao menos:

1. Física/territorial: um país continental, grande, com vários ecossistemas.

2. Culturais: culturas locais próprias, bastante heterogêneas, como a cultura farroupilha sulista e as nordestinas ou nortistas.

3. Desigualdade macrorregional: nos anos 1930, ao mesmo tempo em que os flagelados das secas nos anos 1930 invadem as cidades para não morrerem de fome no sertão, no Centro-Oeste, existem tribos indígenas em estado de isolamento. Há desníveis regionais em relação ao crescimento da renda, do PIB e do acesso aos serviços públicos.

4. Desde a colônia as câmaras municipais constituíam nichos de poder local. Com a Constituição Federal de 1988, a federação brasileira também é formada por 5.568 municípios que são entes, "aparentemente" e "plenamente", federativos, como os estados e a união.

Para Saviani[164], as crianças entram e concluem o ensino fundamental no município, daí são encaminhadas para o ensino médio no Estado. A ligação entre esses passos é frágil dentro do subsistema.

---

[163] Conforme seminário realizado na Universidade de São Paulo, em 12 de março de 2013, sobre impasses e alternativas para a construção do subsistema nacional de educação no Brasil.

[164] Conforme seminário realizado na Universidade de São Paulo, em 12 de março de 2013, sobre impasses e alternativas para a construção do subsistema nacional de educação no Brasil.

Baseado em afirmação de Cury que aponta a "falta de uma sólida rede de formação docente na rede pública", Saviani aponta outra fragilidade no subsistema brasileiro de educação: a educação básica da rede pública depende e vive acionando a rede privada superior para a formação docente. Saviani defende a formação dos professores da rede pública em universidades públicas e que "a melhor forma de fortalecer as instâncias locais é articulá-las no todo, degenerar a diversidade em desigualdade", sendo, por isso, equivocadas as políticas de municipalização do ensino fundamental, pois o Estado lava as mãos com relação aos municípios que são muito diferentes entre si, o que automaticamente redunda no seguinte raciocínio: "para municípios pobres, uma educação pobre, para municípios ricos, uma educação rica. Esse é o caso de Campos de Goytacazes, no Rio de Janeiro e Paulínia, em São Paulo, municípios ricos em função do que recebem de royalties do petróleo". Em suma, o subsistema nacional de educação depara-se com a questão do regime de colaboração, da repartição de atribuições entre os quatro entes constitucionais. Para Saviani, "o subsistema nacional de educação é da União e não da União, dos Estados, do Distrito Federal e dos Municípios. E a União é o Brasil, logo o subsistema de educação é do Brasil".

De acordo com Saviani, apesar de defender posições avançadas, como o salário digno dos professores, "o Manifesto dos Pioneiros tem contradições evidentes. Ele é filiado ao movimento internacional da escola nova e pôs em causa no Brasil a defesa da escola pública, mas a escola nova na Europa era representada pelo ensino privado, vinculada ao ensino privado".

Para Paulo Sena Martins[165], há contradições presentes no Manifesto dos Pioneiros, pois a defesa da escola pública ocorre com a assinatura de um dono de jornal (Julio de Mesquita Filho, do jornal *O Estado de São Paulo*) e de uma dona de escola particular (Armanda Álvaro Alberto, da escola Proletária de Meriti), mas o Manifesto defende a gratuidade para "todos os cidadãos em condições de recebê-la"; defende a criação de um fundo, com base em impostos sobre o patrimônio e a renda (como estabelece o artigo 65, §5º. da LDB) e defende sua aplicação pelos órgãos de ensino. Segundo o pensador, o Manifesto defende a unidade educativa, a solidariedade e a cooperação, aceita a doutrina federativa e evita a centralização (pois poderia ser uniformizante), mas defende a centralização parcial do sistema nos estados. Para o autor, essas propostas foram incorporadas no texto da Constituição Federal de 1934. A vinculação de recurso para a educação de modo mais forte, no entanto, só surgiria no subsistema de educação brasileiro ao final da ditadura Vargas, com a *Emenda Calmon*, que "teve tramitação tranquila porque foi vinculada à reforma tributária de então".

O professor Jamil Cury, representado pelo professor Romualdo Portela[166], encaminhou suas críticas ao subsistema de educação no Brasil, apresentando um problema:

> Há uma dialética entre o nacional e o federativo. Por um lado, a LDB defende uma Formação Básica Comum Nacional e Regional. Por outro lado, há os artigos da Constituição Federal, como o Artigo 211[167]; o Artigo 22, inciso 24[168]; o Artigo 23[169]; a Emenda 59 de

---

[165] Conforme seminário realizado na Universidade de São Paulo, em 12 de março de 2013, sobre impasses e alternativas para a construção do subsistema nacional de educação no Brasil.

[166] Conforme seminário realizado na Universidade de São Paulo, em 12 de março de 2013, sobre impasses e alternativas para a construção do subsistema nacional de educação no Brasil.

[167] "A União, os Estados, o Distrito Federal e os Municípios organizarão em regime de colaboração seus sistemas de ensino. (EC n. 14/96 e EC n. 53/2006). Parágrafo Primeiro. A União organizará o sistema federal de ensino e o dos Territórios, financiará as instituições públicas federais e exercerá, em matéria educacional, função redistributiva e supletiva, de forma a garantir equalização de oportunidades educacionais e padrão mínimo de qualidade do ensino mediante assistência técnica e financeira aos Estados, ao Distrito Federal e aos Municípios. Parágrafo Segundo. Os municípios atuarão prioritariamente no ensino fundamental e na educação infantil. Parágrafo Terceiro. Os Estados e o Distrito Federal atuarão prioritariamente no ensino fundamental e médio. Parágrafo Quarto. Na organização de seus sistemas de ensino, os Estados e os Municípios definirão formas de colaboração, de modo a assegurar a universalização do ensino obrigatório. Parágrafo Quinto. A educação básica pública atenderá prioritariamente ao ensino regular." (Constituição, 2015, 2007, p. 137-138).

[168] "Artigo 22. Compete privativamente à União legislar sobre: (EC n. 19/98) Inciso XXIV – diretrizes e bases da educação nacional" (Constituição, 2015, p. 32-33).

[169] "Artigo 23. É competência comum da União, dos Estados, do distrito Federal e dos Municípios: (EC n. 53/2006)." (Constituição, 2015, p. 33). "Parágrafo Único: Leis complementares fixarão normas para a cooperação entre a União e os Estados, o Distrito Federal e os Municípios, tendo em

2009 [que estabelecem diferentes funções e atribuições às unidades da federação, levando à questão sobre] a Lei complementar da educação nacional: O que é nacional em educação? O que deve ser vinculante?

Cury destaca o artigo 18 da Constituição Federal de 1988, que trata das unidades da federação e das suas formações, ressaltando que essa formação remonta ao Ato Adicional de 1834. Em seguida, separa os artigos 209 e 214 da Constituição Federal de 1988 que tratam, respectivamente, da liberdade da iniciativa privada propor ensino em todos os níveis (desde que cumpra as normas gerais da educação e submeta o controle de sua qualidade ao poder público) e do estabelecimento do Plano Nacional de Educação (PNE), plurianual, que visa articular e desenvolver a educação nos diferentes níveis e a ação do poder público na erradicação do analfabetismo, da universalização do atendimento escolar, da melhoria da qualidade do ensino, da formação para o trabalho e da promoção humanística, científica e tecnológica. Por fim, constrói sua crítica:

> O subsistema de educação nacional é um sistema complexo em sua variação interna, pois conforma quatro sistemas: município, estado, união e distrito federal, logo quatro partes autônomas, cada uma com duas redes, uma pública, outra privada (art. 209, CF), respectivamente, de modo coexistente, no que se traduz em 8 redes simultâneas compondo dinamicamente o subsistema.

Cury lança uma última questão: "O Conselho Nacional de educação é um colégio interfederativo?".

Para Fernando Abrúcio, a despeito de todos os problemas presentes no subsistema de educação na história do Brasil, algo funciona. Por exemplo, em 1988, 30% das pessoas não estavam matriculadas no ensino fundamental; havia quase um terço das pessoas em idade escolar fora da escola. Para o autor, em alguma medida, a Constituição Federal de 1988 propõe autonomia e interdependência ao subsistema de educação brasileiro. "De 1988 para cá se fizeram os alicerces: foi universalizado o acesso ao Ensino Fundamental de 7 a 14 anos; houve reformas importantes no meio do caminho, como a LDB de 1996, o FUNDEF e o FUNDEB". Mas, ainda na visão de Abrúcio, algumas áreas importantes da educação não tiveram os mesmos avanços, como o ensino da matemática, o acesso ao ensino médio (ainda na casa dos 50%) e ao ensino superior (na casa dos 17%).

Abrúcio acredita que o Brasil superaria seus problemas no subsistema de educação valendo-se do princípio constitucional do "regime de colaboração entre os entes federados", nos campos do planejamento e da gestão, pois existem gargalos na relação das secretarias estaduais de educação com os municípios, do MEC e seus braços executivos regionais. E, ainda, a União, via MEC, deveria concentrar esforços no planejamento, na indução, na avaliação e coordenação de políticas públicas de educação; os Estados, na indução de políticas públicas, particularmente para o ensino fundamental I e na execução relativa ao ensino fundamental II e o ensino médio, cabendo aos Municípios, como braços executórios na ponta, ater-se à execução, conforme os preceitos da colaboração. Ademais, para o autor, arranjos institucionais do tipo município mais município (como consórcios municipais) seriam relevantes para resolver problemas do subsistema, como o caso da merenda escolar, da infraestrutura escolar, dentre outros.

Mas a ação em política pública no subsistema de educação, para Fernando Abrúcio, não pode se restringir à questão da cobertura, pois também precisaria superar as fragilidades relativas à qualidade da educação. Currículos nacionais, salários dos professores e escola de formação de professores

---

vista o equilíbrio do desenvolvimento e do bem-estar em âmbito nacional" (Constituição, 2015, p. 34).

têm que ser negociados e construídos com Estados e Municípios. O autor destaca em sua crítica, por fim, duas necessidades objetivas do subsistema de educação no Brasil: maiores capacidades institucionais e os fóruns federativos.

O professor Romualdo Portela pontua, em sua crítica, uma disputa forte existente no subsistema de educação brasileiro hoje: uma visão simplificadora e de treinamento, nos marcos da conceituação de capital humano versus uma visão da educação como um elemento estratégico para o desenvolvimento econômico do Brasil, combinada com uma formação cidadã. O pensador critica também a disputa, por parte das forças privadas no subsistema de educação, pelos recursos dos fundos públicos.

Já em sua análise, Jorge Abrahão[170], economista do IPEA, destaca aspectos macros das políticas públicas sociais no Brasil, numa perspectiva que enxerga os diversos subsistemas. Ele afirma que a tendência geral dos subsistemas em buscar sua autonomia conflita com a centralização, pois "um Estado se organiza além dos feudos e não pode funcionar, de modo generalizado, só a partir de duas regras dogmáticas: 1) política pública tem que estar ancorada em fundos públicos; 2) a necessidade de autonomia do fundo para gerir os recursos porque se quer ter grau de liberdade". Para o economista, quando do debate colocado pelo Manifesto dos Pioneiros, simplesmente não havia o Estado; era um Brasil agroexportador. Naquela época, o setor privado era a Igreja, hoje o setor privado é capitalista e veio para ficar, faz parte do principal filão da economia: o setor de serviços.

Segundo Abrahão, importa ter o registro de que as políticas públicas sociais, os subsistemas sociais, em seu conjunto, significam um quarto do PIB brasileiro. Trata-se da previdência, da saúde, da assistência social, da infraestrutura social, do trabalho e da renda, da cultura, do desenvolvimento agrário, da educação etc. O autor nota que há situações novas na realidade brasileira que têm fortes impactos no subsistema de educação em particular e, no geral, no conjunto das políticas sociais, que são o envelhecimento, o novo papel da mulher e a transição demográfica. Faz uma observação relevante de que os subsistemas aprendem uns com os outros e cita: "O pessoal do SUAS (Sistema Único de Assistência Social) no procurou para ver como funciona a educação", queriam saber se a educação tinha vínculos ou um fundo. "O SUS (Sistema Único de Saúde) vive um problemão, pois está estacionado em 3% do PIB há 30 anos, onde a corporação médica ao invés de fazer parte da solução, é parte do problema". Abrahão acredita que os municípios estão sob total fogo cerrado em termos de políticas sociais, com muitas atribuições e pouca estrutura para resolver (seja material seja de pessoal).

O pensador também anotava, em 2013, que a melhora da renda no Brasil criava nichos de clientes que muito interessavam aos grupos privados. Em função disso, diversos grupos se movimentam, difundindo ensinos privados baratos, de baixo custo. Uma economia de serviços se estruturou, incidindo sobre a realidade concreta brasileira. E o subsistema de educação, no meio disso, tem que dialogar com todos esses campos.

Entretanto, Abrahão fez ressalvas ao mercado, que demonstra sua incompetência ao longo da história do Brasil, pois o gasto com políticas sociais, que representava só 14% do PIB em 1980, em 2010, estava em 25,2% do PIB. Isso o levou a defender que o subsistema de educação teria que "apostar no crescimento econômico, em novas fontes de financiamento vinculadas, como o petróleo e a mineração - não aparece duas vezes na história de um país oportunidades assim, como o Pré-Sal",

---

[170] Conforme seminário realizado na Universidade de São Paulo, em 12 de março de 2013, sobre impasses e alternativas para a construção do subsistema nacional de educação no Brasil.

ao mesmo tempo que defendeu mais homogeneização dos financiamentos no país, uma vez que "a estrutura tributária é perversa e resta aos mais pobres financiam tudo". Conclui que a educação é a saída, "porque o efeito multiplicador do PIB na educação é insuperável, para cada 1% do PIB gasto na educação, o PIB cresce 1,85%".

Ao referir-se à Lei de Cotas, Abrahão conclui: "estamos melhor hoje do que em 1932, em 1932 a disputa se dava entre liberais e católicos, hoje a disputa se coloca em termos de preceitos civilizatórios e concepção do que seja o subsistema de educação". Entretanto, não deixa de lançar a pergunta sobre que sistema de educação o país quer e para quem.

Tanto no Manifesto dos Pioneiros, que enfrentou a questão espinhosa da necessidade da construção do sistema de educação no Brasil, como no debate crítico sobre o Manifesto e a atualidade do subsistema de educação no Brasil, as ausências falam de per si. Naquele primeiro documento, nada se tratou sobre a educação do negro, nem do indígena. Nesse último debate, a sinuosidade, presente no Parlamento, fez-se presente no meio acadêmico, com o assunto sendo deslocado para a tangente.

4.1.5 Presença das Cotas no Subsistema de Educação Brasileiro: self-rule, shared-rule e vetos no jogo do federalismo brasileiro

Existem ocorrências de relações federalistas na tomada de decisões em torno da Lei de Cotas, no período de 1988 a 2012, mas elas carregam nuances que destoam parcialmente dos padrões sustentados por Lijphart (1999) e dialogam com teorias que problematizam a universalidade dos padrões de federalismo. Se a variável dependente é *mudança em política pública*, aqui explora-se a relação dessa com elementos de variáveis independentes oriundos do debate em torno dos federalismos, a partir de análise da ocorrência desses elementos no processo político da Lei de Cotas no Brasil e os possíveis mecanismos causais que geram esses vínculos.

Diz a Constituição Federal do Brasil de 1988, em seu artigo 18, que "a organização político administrativa da República Federativa do Brasil compreende a União, os Estados, o Distrito Federal e os Municípios, todos autônomos nos termos desta Constituição. (EC número 15 de 1996)" (Constituição, 2015, p. 25). Para o modelo ACF de análise de política pública, a compreensão sobre mudanças significativas ocorridas em uma política pública é um aprendizado em política pública. Esse aprendizado ocorre no curso do tempo, fruto da experiência, e pode envolver níveis subnacionais, até uma espécie de decantação da política pública que se torna referência, fruto do embate entre diversos agentes políticos ou de coalizões. É o caso do subsistema da educação referente à Lei de Cotas. Esse subsistema particular, porém, não define isoladamente uma mudança substantiva em política pública, mas ele é sensível a perturbações externas, como a interação com outros subsistemas, o status de variáveis relativamente estáveis do sistema político, como a norma constitucional e o status de variáveis relativamente dinâmicas, como as coalizões de governo ou alterações nestas coalizões em função de eleições.

Atrás das experiências anteriores no fito do aprendizado em política pública, no quadro institucional peculiar do federalismo brasileiro, busca-se, agora, a presença da Lei de Cotas em diferentes unidades da federação e programas nacionais. No âmbito municipal no município de São Paulo, no âmbito estadual nos estados da Bahia, do Rio de Janeiro e do Mato Grosso do Sul, no âmbito do Distrito Federal, em Brasília, no âmbito da União em dois programas: o Programa Diversidade na Universidade e o sistema público de bolsas de estudos em instituições privadas (PROUNI).

O federalismo e o acesso universitário a negros e indígenas

A herança da escravidão no Brasil é informada hoje pelo relativo fracionamento da sociedade brasileira vista, por exemplo, através dos indicadores de desigualdades social e racial. Essa herança não se apaga assim automaticamente como borracha branca sobre lápis. A herança institucional da escravidão, em sua dimensão formal e informal precisa ainda de muita pesquisa científica.

A arquitetura institucional da escravidão no Brasil foi unitária no vasto território, por cerca de 300 anos. A transição de colônia para império em 1822 carregou no tempo as instituições escravagistas anteriores, dando vazão no futuro século XX à noção de cidadania restrita ou subcidadania, como indicia clássico de Wanderlei Guilherme dos Santos. Assim, nos dois desenhos institucionais históricos, o Brasil Colônia e o Brasil Império, a regra geral unificada no território era a escravização negra e, em grau não desprezível localmente, a indígena também.

No caso estadunidense, o federalismo de formação acomodou e preservou a escravidão, que ocorria em graus diferentes, por exemplo, entre os estados do norte (em menor grau, ainda que seus mercadores fossem ativos no comércio mundial dos viventes) e os estados do sul (em maior grau, devido à economia de *plantation*).

O movimento popular de fim da escravidão no Brasil levou à abolição e precipitou a queda do Império via golpe militar, ao passo que nos EUA redundou na Guerra de Secessão. Resta evidente, nesses dois casos, a força político-institucional da tradição escravocrata, que deitará raízes nesses dois países, perturbando sempre noções normativas rasas do tipo "federalismo de corte universalista". Para tanto, basta uma potencial alteração de *status quo*, via política pública, para que se acenda o pavio da discórdia. Por conta disso, em função do federalismo nos EUA, o fim da escravidão manteve nos estados do sul as leis Jim Crow[171], até as leis civis dos anos 1960, que contemplavam políticas de ações afirmativas para o acesso de negros à universidade.

No caso brasileiro, desde a abolição da escravatura, em 1888, calou-se sobre os direitos dos ex-escravizados, até 2012, com o surgimento da primeira Lei de Cotas para o acesso à universidade de negros, negras, indígenas e oriundos de escola pública. Lenta é a história institucional. Desde a Constituição de 1891, inaugurará uma espécie de federalismo de imitação formal do desenho federalista dos EUA. Aparentemente, é baixo, tanto nos EUA como no Brasil, o pendão para mudanças substanciais do *status quo* via política pública, mesmo que as realidades dos federalismos contenham flagrantes diferenças, como a diferença dos pontos de vetos institucionais para a alteração de uma legislação federal, bem menor no caso brasileiro, onde uma lei federal, como a Lei de Cotas, para viger não precisa passar pelo filtro da aprovação da maioria das assembleias legislativas estaduais, como nos EUA. Mas parece que a regra informal institucional da mudança "lenta, gradual e segura" grassou nos dois federalismos.

William H. Riker (1987) foi ao ponto ao problematizar a noção de federalismo, quando ungido de um liberalismo abstrato, que, no entanto, amargas contradições e desigualdades raciais entre seus constituintes, gerando um hiato entre o discurso de liberdade dos pais fundadores do federalismo estadunidense e a realidade das leis segregacionistas contra os negros, em estados do sul do país, vigentes por longo tempo.

> The variation in my ideological judgement has been reinforced by a fundamental change - during the 1960s - in the political significance of federalism. Prior to that time, the moral meaning of federalism was ambiguous. It was liberal as a restraint on statism. But it was

---

[171] Leis aplicadas nos Estados Confederados (EUA), a partir de 1870, que exigiam instalações separadas para negros e brancos.

profoundly iliberal because the main local value it protected was, initially, slavery, and later, legal disabilities for blacks. Thus, liberals might oppose federalism on racial grounds (like the Radical Republicans from the 1850s to the 1880s) or favor it on politico-economic grounds (like the Supreme Court that, partially in the name of federalism, struck down the most extreme statism of the new Deal). Conversely, statists might oppose federalism on politico-economic grounds (like the original New Dealers who formed national cartels) or favor it on racial grounds (like the Southerners who composed a good third of the New Deal coalition). The civil rights reforms of the 1960s removed this ambiguity by eliminating the protection for local repression. (Riker, 1987, p. XIII).

Luiz Felipe de Alencastro chama a atenção para o fato de que, no caso brasileiro, negros representam a maioria da população e não a minoria, como no caso dos EUA. Assim, no Brasil, a abolição foi inconclusa para uma maioria social.

Os dados estatísticos de conclusão do ensino médio do país que dará direitos políticos aos analfabetizados apenas em 1988 mudam lentamente num crescente contínuo nos anos 1990. O Brasil salta de cerca de 300 mil concluintes do ensino médio no começo dos anos 1990, para a casa dos milhões na entrada do novo milênio, conforme os dados dos censos escolares. O acesso à universidade viraria problema de política pública, em meados dos 1990 e começo dos 2000, no país não pensado para as maiorias sociais reais.

Assim, os anos 1990 assistem ao deslanchar de experiências locais no território brasileiro pelo direito à universidade, majoritariamente de baixo para cima, a cargo da sociedade civil, dos novíssimos movimentos sociais, com impactos locais, como o caso dos cursinhos populares. Essas experiências pioneiras na luta pelo direito à educação superior ocorreriam em diferentes pontos do território nacional, como o Cursinho Popular criado pelo Diretório Central dos Estudantes da UNICAMP, em 1994, com 360 vagas, com critério étnico-racial por fotografia e bolsas gratuitas. Da mesma forma que a experiência do Cursinho Popular Steve-Biko, em Salvador (BA), ou do Cursinho Popular para Negros e Carentes, na baixada fluminense. Essas experiências foram fundantes no território brasileiro para chamar a atenção pública para a exclusão do negro, da negra, do pobre, do egresso da escola pública e da pessoa de baixa renda, das universidades privadas e públicas ou das suas principais carreiras e cursos, expondo a ferida da necessidade de uma política pública para o acesso de todos e todas à universidade.

Ainda que relevantes, essas experiências tinham dimensão simbólica em relação ao tamanho do problema, uma vez que, proporcionalmente ao tamanho da federação brasileira, tinham dimensões muito restritas. O governo federal e seus sensores percebem o problema no segundo governo Fernando Henrique Cardoso, quando o então ministro da Educação Paulo Renato Souza cria o primeiro programa federal para tratar do problema da exclusão da maioria, da universidade no Brasil. Com diagnóstico e terapia questionáveis, na prática, o governo federal cria uma política unitária, via executivo federal, que busca dar algum apoio e alguma escala à ação da sociedade civil. Trata-se do Programa Diversidade na Universidade que, em função de parceria com o BIRD[172], financiaria por um período de dez anos experiências de cursinhos populares espalhadas regionalmente no território brasileiro, com baixíssima escala em relação à dimensão do problema da exclusão da universidade.

Para superar o lugar-comum da escassez fiscal, os novíssimos movimentos sociais já no começo dos anos 2000 irão lutar pela democratização da universidade por meio da proposição de parcerias entre municípios, estados e união. Mesmo os municípios têm variado quilate no federalismo brasileiro: caso de São Paulo, que supera muitos estados em orçamento, população, poder

---

[172] Banco Internacional para a Reconstrução e Desenvolvimento, instituição financeira internacional fundada em 1944, ligada às Nações Unidas.

econômico e poder político. São Paulo é uma amostra razoável da União para a questão do acesso à universidade, porque concentra a maior população absoluta negra do Brasil, tem presença majoritária de universidades privadas (cerca de 80% da oferta das vagas) e desigualdades sociais e raciais relevantes no território, como a violência das elevadas taxas de homicídios de jovens nas periferias.

No começo dos anos 2000, em São Paulo, os movimentos sociais pelo acesso à universidade travam a luta simbólica da transformação do presídio do Carandiru em universidade e da criação da Universidade Municipal de São Paulo. Um projeto de lei, nesse sentido, é aprovado na Câmara Municipal em dezembro de 2001, iniciativa do Movimento dos Sem Universidade, mas sofrerá o duro veto da então prefeita Marta Suplicy. Para remediar, fruto de negociação, surgirá a formação de um grupo de trabalho (Portaria 135, de 2002, da prefeita Marta Suplicy) para discutir e apresentar propostas para a questão universitária no município de São Paulo, um grupo paritário entre quatro secretarias municipais (Educação, Trabalho, Assistência Social e Juventude) e quatro representantes do MSU: uma resposta à pressão do movimento social pelo direito à universidade. Ao fim do grupo de trabalho, são apresentadas quatro propostas: 1) A criação da universidade municipal em parceria com estado e união; 2) A criação de um sistema público de bolsas de estudos em instituições privadas por meio da troca por impostos (ISS); 3) A criação de cursos técnicos e tecnológicos; 4) O apoio aos cursinhos populares.

Em escala municipal e dentro das tensões do federalismo brasileiro essas, propostas passam a existir em métrica tímida. Assim, o sistema público de bolsas de estudo atende funcionários públicos e dependentes; os cursinhos populares recebem apoio em baixa escala; cursos técnicos e tecnológicos seriam instalados muito lentamente; uma universidade municipal com poucas vagas é inaugurada em cidade de Tiradentes, lugar que concentra relativamente a maior presença negra em São Paulo, mas não funcionaria na prática.

É preciso investigar esse ponto empírico de tensão federativa. Ocorreu que o Conselho Estadual de Educação (SP), com maioria de interesses ligados ao setor privado de educação, imporia um veto mortal à existência da universidade municipal em São Paulo, com base em artigo da LDB que restringe a ação educativa do município à educação fundamental. Isso ocorre em 2005, no primeiro ano do novo partido político à frente do governo municipal (o PT). O governo do estado de São Paulo, do PSDB, apoiaria a decisão do Conselho Estadual de Educação. O movimento social pelo direito à universidade provocaria o Ministério Público Estadual sobre a questão, mas este, na prática, ficaria alheio e nem sequer uma reunião de controvérsia seria convocada. Com isso, uma situação *sui generis* ocorreria: o prédio da universidade municipal foi inaugurado em 2004 com placa de bronze, vestibular e tudo pelo então Ministro da Educação Tarso Genro, mas nunca funcionaria na prática e os Sem Universidade permaneceram nessa condição. Cairia numa receita de política educacional dos anos 1930, da centralização Varguista: para os pobres, só ensino técnico, do tipo instrumental apenas.

A virtual universidade pública que brotaria nas periferias paulistanas virou escola de ensino técnico em 2005-2006. No entanto, o mínimo de avanço relativo na mudança da política pública de acesso à universidade no município de São Paulo, fruto da ação do movimento social pelo direito à universidade no município de São Paulo, terá consequências na alteração da política pública federal, por variados mecanismos causais, como se destacará adiante. No exemplo do município de São Paulo, fica provado que não se verificou nem a autonomia municipal para o governo da política pública, o *self-rule*, nem a efetividade da cooperação entre o município e a União, o *shared-rule*, mas uma centralização do tipo unitária por quatro vetos institucionais:

1. O veto da lei federal, a LDB, que retira autonomia do município no que tange ao atendimento ao ensino superior;

2. O veto do Conselho Estadual de Educação, um veto de órgão regional, de âmbito estadual, que, no limite, poderia agir de modo flexível;

3. O veto da regra institucional informal, ou seja, o mecanismo causal do financiamento eleitoral privado de partidos políticos, de importante setor econômico do ensino privado que financiava campanhas eleitorais para todos os partidos políticos e que tinha influência no conselho estadual de educação, no governo estadual, no governo municipal, nos legislativos municipal, estadual e federal e que não apoiava a expansão pública em seu principal nicho de mercado no Brasil, seja no Carandiru, rodeado de grandes universidades privadas, seja em Cidade Tiradentes, dentro da zona de cerca de quatro milhões de habitantes da Zona Leste de São Paulo;

4. O veto institucional à participação popular na questão, pela inexistência de mecanismos permanentes de participação: o próprio grupo de trabalho foi desativado e desprestigiado, em função do ativismo político dos burocratas municipais que se envolveriam diretamente com as quatro inovações em políticas públicas oriundas da luta do movimento social pelo direito à universidade (o surgimento do sistema público de bolsas de estudos em instituições privadas, o apoio público aos cursinhos populares, a criação de novas universidades públicas, a criação de cursos técnicos e tecnológicos na rede municipal), de olho em ganhos políticos com a bandeira do direito à universidade.

Porém, o movimento social pelo direito à universidade não se deu por vencido nessa questão. Por ocasião da visita do presidente Lula à Cidade Tiradentes, em 2005, foi cobrado diretamente do Sr. presidente da República a construção da Universidade Federal do ABC, como forma de superar o imbróglio. O presidente assumiu o compromisso diretamente, olho no olho, com o movimento social pelo direito à universidade, o que, em termos teóricos apressados, poderia deixar a entender a presença de um vulcão centralizador em terras federativas (por exemplo, mais próximo do federalismo do tipo decentralizado seria o lugar ocupado pelo Brasil na padronização de Lijphart). No final de 2005, o movimento social pelo direito à universidade é convidado diretamente pela Presidência da República para o lançamento da pedra fundamental da criação da Universidade Federal do ABC na rua Abolição, em Santo André. Esse episódio remete à centralização ou ao unitarismo no registro de Lijphart, mas, como se percebe, não há linearidade simples na questão, sendo bastante complexo o balanço de poder na relação entre Município, Estado e União no caso brasileiro. O município de Santo André cederá o terreno público para a instalação da Universidade Federal do ABC, com projeto aprovado na Câmara Municipal. O Conselho Estadual de Educação não terá reação equivalente ao caso paulistano. No limite, a tese de política pública para o acesso ao ensino superior defendida pelo movimento social de luta pelo direito à universidade, desde a luta pelo Carandiru virar Universidade, ou seja, para combater o discurso da escassez fiscal dos anos 1990, a necessidade de parceria entre a União, o Estado e o Município como forma de viabilizar projetos de novas universidades públicas, vingaria.

No começo de 2006, o reitor pró-*tempore*, de instalação da Universidade Federal do ABC, Hermano Tavares, e o secretário de Educação Superior, Nélson Macullan, assumiriam publicamente, na Rua Tabatinguera, 292, perante mais de mil Sem Universidades reunidos em assembleia, que a

Universidade Federal do ABC reservaria 50% das vagas, no mínimo, para oriundos da escola pública e respeitaria a proporção de negros, indígenas, conforme dados do IBGE para o estado de São Paulo. Esse gesto estava de acordo com o PL 73, de 1999, aprovado em acordo suprapartidário feito pelos movimentos sociais pelo direito à educação na Comissão de Educação da Câmara dos Deputados, em 2005. Não bastava ter a universidade, era necessário democratizá-la na sua constituição mesma. As cotas vingaram, fruto da luta pelo direito à universidade.

Se o município de São Paulo pode ser marcado como uma pegada no mapa do caminho da Lei de Cotas no federalismo brasileiro como ele é, isso vale também para o estado do Rio de Janeiro. Maior porto do Ocidente para de entrada de escravizados negros, por mais de um século, o estado do Rio de Janeiro concentra uma maioria negra visível na relação morro-asfalto, em sua capital. E o problema do acesso dos negros do morro à universidade é levado até o Parlamento. Projetos que garantem o direito à universidade estadual no estado do Rio de Janeiro, explorando o *self-rule* do federalismo brasileiro, são apresentados na Assembleia Legislativa do Rio de Janeiro, nos anos 1990 e começo dos anos 2000. Assim, destaca-se a Lei 3.524, de 28 de dezembro de 2000, que institui reserva de 50% das vagas por turno e por curso para oriundos da escola pública nas universidades estaduais (UERJ e UENF) e a Lei 3.708, de 9 de novembro de 2001, que reserva 40% das vagas nas universidades estaduais para negros e pardos, conforme o peso regional da etnia segundo o IBGE, originário do PL 2.490, do deputado José Amorim, do Partido Progressista Brasileiro (PPB-RJ). Com as leis sancionadas pelo governador Anthony Garotinho, a história da Lei de Cotas no Brasil tem, de modo inequívoco, seu enraizamento em nível subnacional, no estado do Rio de Janeiro.

O debate em torno do federalismo nesse caso regional colocaria em oposição a regra unitária da constituição federal, ou seja, a autonomia universitária, espécie de *shared-rule* nacional dentre as universidades brasileiras públicas e privadas. Fato é que as universidades estaduais, submetidas às regras estaduais, buscaram reagir com a lei constitucional centralizada federal, no ponto da autonomia, para a defesa do *status quo*, pois a Constituição Federal de 1988 em seu artigo 207 sustenta que "As universidades gozam de autonomia didático-científica, administrativa e de gestão financeira e patrimonial, e obedecerão ao princípio da indissociabilidade entre ensino, pesquisa e extensão. (Emenda Constitucional número 11 de 1996)" (Constituição, 2015, p. 123). Isso levaria à judicialização da questão das cotas nos tribunais do Rio de Janeiro, em ações movidas por particulares e por instituições. Como saldo, a decisão soberana da Assembleia Legislativa e do Governo do Estado do Rio de Janeiro falará mais alto (logo, a *self-rule*) e quebrará a regra informal institucional anterior que perpetuava como natural a presença de apenas uma elite social, no geral branca, na universidade estadual como cota institucional informal permanente e a regra institucional formal da ausência de legislação regulatória e democratizará o acesso à universidade com inegável inovação institucional no federalismo brasileiro.

Em 18 de julho de 2002, de veio próprio, autônomo, sob pressão dos movimentos sociais pelo direito à universidade e do movimento negro, a Universidade Estadual da Bahia, valendo-se da regra federal citada da autonomia universitária, inova institucionalmente, ao garantir "quota" de 40% para afrodescendentes oriundos da escola pública, na graduação e na pós-graduação, conforme critérios do IBGE (Sacramento, 2002). Quase ao tempo do Rio de Janeiro, na Bahia, o estado que teve em Salvador a primeira capital do Brasil, que viu instalar o primeiro curso superior com a chegada da família real de Dom João VI, em 1808 (a Faculdade de Medicina), e cuja população negra perfaz cerca de 80%.

O "*timing*" político do Conselho Universitário foi audacioso: a resolução do Conselho Universitário da UNEB driblou potenciais vetos da Assembleia Legislativa e do Executivo Estadual, pois os pegou, como se dizia na primeira república, "de calças curtas", no exato momento de envolvimento do mundo político com as eleições proporcionais estaduais e federais e para o executivo estadual e federal, desencorajando manifestações contrárias ao povo negro e a escola pública no calor da disputa política, assim atravessando o rubicão da cena histórica de exclusão da universidade e dos pactos políticos tácitos desta exclusão, de maneira destemida. Com o timão no *shared-rule* da autonomia universitária e no *self-rule* da regra da universidade estadual, a pimenta da experiência baiana irá temperar o debate nacional desde logo:

> O acirrado debate na reunião do CONSU se reproduziria mais tarde, na imprensa e nos eventos públicos com uma força inaudita após as cotas terem sido oficializadas pela UNEB. Foi necessário que a então reitora, a professora Ivete Sacramento, criasse informalmente uma espécie de força tarefa para divulgar as decisões tomadas pelo CONSU junto aos departamentos da UNEB. Os seus integrantes teriam também a missão de informá-las ao grande público, que passou a conhecer o mérito do assunto através da imprensa, à época, pouco simpática às cotas. A aprovação do sistema de cotas na UNEB despertou também interesse e curiosidade no Brasil inteiro. Muitos foram os convites para seminários e palestras em universidades públicas e privadas, e até mesmo o Conselho Nacional de Educação abriu as suas portas para que a novidade fosse apresentada em uma sessão plenária. (Silva, 2010, p. 54).

Desse modo, a menção ao Conselho Nacional de Educação e ao Brasil traz o jogo federativo dos atores de forma viva no subsistema de educação desde o nível subnacional e sua inovação institucional em política pública para o acesso à universidade. As variáveis dinâmicas do sistema político, como as eleições e as variáveis estáveis da norma constitucional, como vista na regra da autonomia universitária, dão suas cartas em cada rodada do jogo federativo.

Tal como no Rio de Janeiro, no Mato Grosso do Sul, em 2002, as cotas originaram-se da pressão dos movimentos sociais na Assembleia Legislativa, de onde surgiram dois projetos de lei apresentados por dois parlamentares de partidos políticos distintos. O projeto de Lei número 083, de 9 de maio de 2002, do deputado estadual Murilo Zaiuth (PFL) foi aprovado em 10 de dezembro de 2002. "A matéria foi aprovada em primeira discussão, quando foi mantido o parecer favorável da CCJ e em segunda discussão durante a sessão de hoje, quando também foi mantido o parecer favorável da Comissão de Educação, Cultura, Desporto, Ciência e Tecnologia" (Alms, 2002). A decisão institui a obrigatoriedade de reserva de vagas para indígenas na UEMS, sendo a própria instituição a responsável pela definição do número de vagas. Na fala do autor do projeto, no dia da aprovação, a questão da indefinição da cota não era um problema: "Certamente o fato de que o Mato Grosso do Sul abriga hoje a segunda maior população indígena do país será levado em conta" (Alms, 2002).

De fato, na história das cotas no Brasil, a Assembleia Legislativa do Mato Grosso do Sul é quem coloca, nos termos do debate, a questão indígena, o direito dos indígenas à universidade, quando o assunto é legislar sobre cotas. Esse ponto remete ao debate proposto por Livingston (1952) sobre diversidades territoriais, tensões nos territórios, dinâmica social e autoexpressão no que se poderia chamar de jogo do federalismo. Nesse debate, teria sido o contexto social do território do Mato Grosso do Sul que favoreceu a existência das cotas para os indígenas como política pública de acesso à universidade, dentro do jogo institucional do federalismo brasileiro, ou seja, mais a realidade social do que sua dimensão institucional, pois Livingston (1952) advoga que o "federalism is a function not of constitutions but of societies" (Livingston, 1952, p. 88). Para ele, o que requer reflexão, a heterogeneidade no território leva automaticamente à demanda por autoexpressão, ao reconhecimento da diversidade.

> From this it follows that the real nature of the society cannot be divined merely by an analysis, however brilliant and profound, of the institutions only. No amount of reading of constitutions can properly inform the analyst about the societies served by those constitutions. The nature of the political society can be examined only by observing how the institutions work in the context of that society. It is the operation not the form, that is important; and it is the forces that determine the manner of operation that are more important still. (Livingston, 1952, p. 88).

Porém, há que se perguntar: as instituições importantes do *shared-rule* e do *self-rule* do jogo do federalismo brasileiro para a política pública de acesso à universidade funcionam de forma diferente no Mato Grosso do Sul, em relação ao município de São Paulo, ao estado do Rio de Janeiro, ao estado da Bahia ou ao Distrito Federal, em função da especificidade da sociedade do Mato Grosso do Sul? Outro ponto: estados com presença indígena importante não tiveram equivalente iniciativa da institucionalidade da Assembleia Legislativa Estadual do Mato Grosso do Sul, da universidade estadual. Fato é que, em 15 de maio de 2002, o deputado estadual Pedro Kemp (PT) apresentou projeto de lei que reserva no mínimo 20% das vagas na Universidade Estadual do Mato Grosso do Sul para negros. Em dezembro de 2001, sob pressão dos movimentos sociais pelo direito à universidade, as cotas para negros seriam aprovadas no Mato Grosso do Sul. "Em discurso na tribuna, Kemp citou como exemplos de políticas de discriminação positiva a reserva de vagas paras negros já em vigor no Itamaraty - o órgão do Ministério das Relações Exteriores - Ministério do Desenvolvimento Agrário, Universidade da Bahia e Universidade do Rio de Janeiro" (Alms, 2002).

Ou seja, o jogo federativo institucional dos demais constituintes da federação conta. A medida do *self-rule* de outros estados estimula o *self-rule* local, o *shared-rule* da autonomia universitária, norma federal constitucional, precisa se adaptar à soberania estadual. Logo, destoando um tanto do importante debate do federalismo proposto por Livingston (1952), o próprio institucionalismo visto nas experiências de mudança em política pública para o acesso à universidade, citadas pelo deputado proponente, incentiva a inovação institucional em política pública autônoma no Mato Grosso do Sul. A Lei n.º 2.589, de 26 de 12 de 2002, que institui cotas para indígenas, e a Lei número 2.605, de 6 de janeiro de 2003, que institui cotas para negros, são sancionadas pelo governador José Orcírio Miranda dos Santos (PT).

Entretanto, ao menos três polos de tensão do jogo federativo entrariam em choque na história das cotas no Mato Grosso do Sul: setores da burocracia universitária reticentes às cotas e alicerçados no *shared-rule* da autonomia universitária, os apoiadores da decisão da Assembleia Legislativa e do Governo do Estado, alicerçados no *self-rule* e a reação política da sociedade do Mato Grosso do Sul e sua variedade de interesses em disputa por conta da mudança na política pública de acesso à universidade. Naquele território, no processo de regulamentação da lei de cotas estadual, foi organizado um fórum de discussão itinerante chamado "Reserva de vagas para indígenas e negros na UEMS: vencendo preconceitos", com membros da assembleia legislativa, da universidade e dos movimentos sociais (Bittar; Cordeiro; Almeida, 2007). A regulamentação da lei estadual de cotas na UEMS garantiria 20% de vagas para negros e 10% para indígenas. A inscrição para as cotas exigiria dos candidatos origem em escola pública, autodeclaração, foto, submissão a uma comissão de avaliação de pertencimento ao critério negro, identidade indígena, "declaração de descendência indígena e etnia, fornecida pela FUNAI em conjunto com comissões locais das etnias indígenas", como os Guarani-Kaiowá, Terena etc. O desempenho no Enem seria usado como critério de clas-sificação dos candidatos.

Os elementos do jogo do federalismo brasileiro conjugam, nesse caso, democracia, partici-pação social em política pública e institucionalismo no jogo do federalismo brasileiro de *share-rule* versus *self-rule*, em que a grande *shared-rule* é a regra institucional informal dominante na história da federação brasileira: as cotas para uma elite nas melhores carreiras e cursos universitários do país, uma elite no geral branca, rica e oriunda de escola privada, em que as exceções denunciavam a regra institucional informal dominante como política pública para o acesso à universidade no Brasil. Esconde-se, na aparente trivialidade da dinâmica institucional de implementação da política pública de cotas, o risco do veto político de baixo para cima, risco presente e disperso na sociedade daquele território, como na leitura das razões sociológicas de Livingston (1952), um veto que não viria.

É curiosidade boa o nome "Universidade Nacional de Brasília", pois dá o tom do surgimento da nova capital do Brasil, entre meados dos anos 50 e começo dos anos 1960. A UnB nasceu pelas mãos de Darcy Ribeiro, dentre outros, ele, homem das humanidades, da questão indígena, da questão negra não resolvida no Brasil. Haveria uma pedra no meio do caminho do projeto original da UnB, uma pedra institucional: a mudança brusca da coalizão de poder com o advento da ditadura militar de 21 anos. E só mais tarde ainda, contudo, a Resolução n.º 38, de 18 de junho de 2003, do Conselho de Ensino Pesquisa e Extensão daria palco para o negro brilhar na capital da UnB, fruto de anos de luta dos movimentos sociais pelo direito à universidade no Brasil, como do negro Abdias do Nascimento, amigo de Darcy Ribeiro.

Na prática, no ambiente institucional da UnB, criou-se relativo consenso na burocracia interna, ancorada em lastro institucional histórico evidente, aqui traduzido, para efeito de registro de personagens relevantes na configuração institucional desse consenso, na figura de Cristovam Buarque, ex-reitor da UnB, governador eleito do Distrito Federal, senador eleito, em 2002, e ministro da Educação do Brasil, em 2003. Assim, o *shared-rule* do jogo federativo brasileiro que permitia a inovação institucional, a autonomia universitária presente na lei maior do país, foi na direção da quebra da cota informal histórica, a lei não escrita e cortante ou "das leis da igualdade racial que até aqui regiam nossa República" (Kamel, 2004), pois havia força política para tanto. A UnB reservaria 20% para negros, com fotografia, autodeclaração, inclusão de pardos e comissão de avaliação de pertencimento racial.

Depois que vieram a lume na regulamentação do vestibular as novas regras institucionais da nova política pública de acesso à universidade, na UnB, o dissenso não apenas brotaria em posi-ções cobiçadas de prestigiadas revistas acadêmicas (como "Horizontes Antropológicos", do campo da antropologia), mas também iluminando e alargando a contenda no subsistema de educação, de outros jogadores do jogo federativo brasileiro, como jornalistas. A imprensa elegeria seus porta--vozes principais, mesmo que falassem desde o Rio de Janeiro para o Brasil. Ali, Kamel foi um dos protagonistas do pomo da discórdia,

> No edital que em explicita as regras do próximo vestibular, a Universidade Nacional de Brasília adotou o sistema de cotas para negros, mas com uma novidade: o estudante pardo também poderá se beneficiar das cotas. Parecia que, finalmente, uma injustiça começava a ser reparada. Maioria entre os pobres brasileiros, com um índice de 57%, os pardos estavam sendo postos à margem do processo pelas universidades estaduais que adotaram o sistema. Todo esse contingente se somava aos 19 milhões de brancos pobres, relegados à própria sorte por um modelo que visa apenas a beneficiar os negros, ou

pretos, como prefiram (7% dos pobres do país). Mas a novidade era apenas aparente e se destinava apenas a fugir do problema exposto acima. O que propõe a UnB é um absurdo, do ponto de vista da lógica, da ética e das leis de igualdade racial que, até aqui, regiam a nossa República. Porque o edital diz o seguinte, no seu item 3.1: "Para concorrer às vagas reservadas por meio do sistema de cotas para negros, o candidato deverá: ser de cor preta ou parda; declarar-se negro(a) e optar pelo sistema de cotas para negros." Ou seja, o aluno pardo terá de se olhar no espelho, constatar, mais uma vez desde que nasceu, que a cor da sua pele não é negra (ou preta) nem branca, é parda. Feito isso, ao preencher a ficha de inscrição, ele terá de assinalar a opção que mais bem caracteriza a cor de sua pele: pardo. E, em seguida, será instado a mentir, declarando-se negro. Esse procedimento não resiste à lógica, porque, se o aluno é pardo, ele não pode ser negro. Não resiste à ética, porque obriga o aluno a mentir, declarando-se negro, quando na verdade ele é pardo. E não resiste às leis de igualdade racial de nosso país, porque ninguém pode ser discriminado pela cor da pele. Isso é racismo. Mas o edital vai além. Ele também fere as leis que impedem toda possibilidade de submeter cidadãos a constrangimentos morais. E não é outra coisa que acontecerá a milhares de alunos pardos que venham a ser barrados no sistema de cotas. Porque ele será chamado de mentiroso. O edital estabelece o seguinte, no item 3.2: "No momento da inscrição, o candidato será fotografado e deverá assinar declaração específica relativa aos requisitos exigidos para concorrer pelo sistema de cotas para negros." E o item 3.3 conclui: "O pedido de inscrição e a foto que será tirada no momento da inscrição serão analisados por uma Comissão que decidirá pela homologação ou não da inscrição do candidato pelo sistema de cotas para negros". (Kamel, 2004).

Talvez, na primeira universidade nacional no Rio de Janeiro, pela regra do institucionalismo histórico, o momento inicial de instalação da cota tácita no ensino superior brasileiro que faria história, o que para Anísio Teixeira, já nos anos 1960, seria chamada de privilégio no subsistema da educação nacional ou aqui, no moto impoluto, cota do privilégio, talvez ali, o alarido de setores da imprensa nacional pela ausência de estudantes negros não se verificasse. Fato é que, em 2004, a discórdia em torno da interpretação da *shared-rule* da autonomia versus outras normas constitucionais ("igualdade", "legalidade", "racismo") se instala entre os jogadores reais do jogo federativo brasileiro com destaque para a mobilização dos preconceitos históricos, a questão da maioria versus a minoria no Brasil, o problema da definição étnico-racial, a questão do direito da escola pública à universidade, dos negros, dos indígenas, o problema da comissão de verificação racial, a autodeclaração, os "*free-riders*" de uma política pública, dentre outros pontos.

A tensão local e regional em torno da mudança da política pública de acesso à universidade no Brasil migraria de dimensão. entre os exemplos vistos, mais aquele que ocorreu no Rio Grande do Sul (a *self-rule*, a criação da Universidade Estadual do Rio Grande do Sul – UERGS, que começaria com cotas de 50% para pessoas de baixa renda e 10% para deficientes, em 2001), até acabar por desaguar no poder central do Brasil, na Praça dos Três Poderes, no executivo federal, no legislativo federal e no judiciário federal, não de forma linear, nem no tempo, nem no espaço. Dos projetos de leis isolados, apresentado no legislativo federal sobre a questão, e que entrariam em embate no jogo legislativo, diversos foram apresentados: Abdias do Nascimento (PDT, 1983), Antero Paes de Barros (PSDB, 1999), Nice Lobão (PFL, 1999), José Sarney (PMDB, 2002) e Executivo Federal (2004). A primeira grande política pública de acesso à universidade para oriundos de escola pública, negros, indígenas e baixa-renda se deu com a criação do Sistema Nacional de Bolsas de Estudos (que ficaria conhecido como PROUNI); apesar das narrativas de conveniência, fruto da luta dos movimentos sociais pelo direito à universidade no município de São Paulo e em outros lugares do país, uma *shared-rule*, para o universo dominante do ensino superior privado, o programa ofereceria mais de

100 mil bolsas de estudos, em fins de 2004. Porém, a mudança em política pública de forma geral e irrestrita, na joia da coroa do subsistema de educação nacional — as universidades federais e suas principais carreiras e cursos —, a Lei de Cotas, findaria seu calvário, com a aprovação final, apenas em agosto de 2012. Ultrapassou, em resistência temporal, a lógica da maioria das políticas em torno do presidencialismo de coalizão e mesmo de mudanças de coalizões.

O acordo firmado entre os movimentos sociais pelo direito à universidade e o deputado federal e ex-ministro da Educação Paulo Renato Souza, em 19 de novembro de 2008, selado em audiência pública na Comissão de Legislação Participativa, em 19 de novembro de 2008, que agregou à tramitação do PL 73, de 1999, um critério de renda, levaria à aprovação do PL de Cotas na Câmara dos Deputados no Dia da Consciência Negra, em 20 de novembro de 2008. Mas lideranças políticas do Senado Federal teimaram em não sustentar o acordo, desde dezembro de 2008. Nem o *self-rule*, nem o *shared-rule*, para agonia de muitas teorias do federalismo do tipo modelar, pareciam aderir ao jogo pesado do federalismo brasileiro como ele é. Parecia não bastar a vitalidade das experiências regionais. O direito à universidade tinha ganhado centralidade no mundo político brasileiro. Outras variáveis entraram no jogo federativo, que aqui não serão exploradas. Porém, um estudo lapidar deixa uma pista analítica para pesquisa,

> By contrast, the voting cohesion of state-based senatorial caucuses was systematically low. Partisan cohesion characterizes the parliamentary behavior of the Brazilian Senate. The expected effect of federalism did not significantly influence the cohesion of national partisan caucuses. Indeed, it was a marginal effect. The low cohesion of state-based caucuses is explained by partisan affiliation. Senators from the same state voted divisively because they are disciplined by their own party. This signifies that the approval or rejection of legislative issues in the Senate can be explained by the veto power of the parties and not regional interests. In this case, it is not the states that are represented by the Senate. Instead, it is the parties who are represented through state districts. (Arretche, 2010, p. 31).

No campo do institucionalismo e suas regras formais e informais no jogo do federalismo brasileiro, o mundo empírico tensiona até mesmo a leitura em torno do veto partidário no Senado brasileiro, como anteriormente. O senador Romero Jucá (PMDB-RR), líder do governo Lula, em dezembro de 2008, impôs sozinho o veto a aprovação da Lei de Cotas no plenário do Senado. O senador Demóstenes Torres (PFL-GO), presidente da Comissão de Constituição e Justiça do Senado Federal, liderou o veto contra o PL de Cotas, em 2009, de autoria da deputada, do seu mesmo partido, Nice Lobão (PFL-MA). Dois vetos para a perplexidade dos movimentos sociais pelo direito à universidade, que nem por isso se deram por vencidos. Vetos que significavam o bloqueio para gerações de negros, indígenas, pobres e oriundos da escola pública de sonharem com a universidade pública. No caso da Lei de Cotas, a regra institucional informal do respeito a acordos partidários cai por terra momentaneamente. Isso indicia potenciais problemas no jogo do federalismo brasileiro e da democracia brasileira: a disputa política no solo da coalizão de governo e a disputa política no solo do interior dos partidos políticos. Demóstenes Torres tinha ambições presidenciais e jogava jogo pesado para obter o controle do PFL, esses eram os comentários nos corredores do Senado. Ser contra a Lei de Cotas lhe dava os holofotes necessários para aparecer em horário nobre de televisão nos lares brasileiros, como parte da tentativa de catapultar sua liderança do regional para o nacional. O comportamento de Romero Jucá continua uma perturbadora incógnita.

Percebe-se que as questões do federalismo brasileiro, no caso da Lei de Cotas, evidenciam a ação política dos movimentos sociais pelo direito à universidade, como um mecanismo causal que liga município, estado e União no jogo federativo em torno da mudança de política pública. Os embates municipais e estaduais por cotas alavancaram experiências úteis para a disputa no cenário do Parlamento e definiram, como síntese e depuração, a substância mesma da Lei de Cotas. O caráter suprapartidário da Lei de Cotas, apesar de outras narrativas de conveniência, é o sumo que sai desta análise do jogo federativo brasileiro, condição para a mudança em política pública, um aprendizado em política pública, dada a enorme resistência à alteração do *status quo* no federalismo, como ele é no Brasil.

4.1.6 Conferências nacionais de educação

Um elemento institucional vivo da democracia brasileira, vivo no sentido de manter acesa a chama da mobilização social, são as conferências temáticas[173] (Santos, 2007). No caso da educação brasileira, elas têm enorme centralidade política na disputa por políticas públicas de educação, no subsistema de educação, particularmente enquanto lócus no qual o estado da arte da educação nacional é passado por um conjunto amplo de atores. Como já visto, elas surgem no subsistema de educação brasileiro, enquanto espaço institucional, no governo de Getúlio Vargas, após as iniciativas da ABE.

É preciso perguntar, então, se há e qual é a relação da Conferência Nacional de Educação com a Lei de Cotas. A relação é extensa e densa. O lugar das conferências no decorrer do processo político da Lei de Cotas não é simplesmente de encaixar como se fosse só chave à procura de sua fechadura. Há uma nítida dimensão institucional na conferência: seu ciclo completo sai do Município, do Estado e chega até a União, ou seja, perpassa todo o subsistema de educação, do subnacional ao nacional. Nesse sentido, ela amplia a democracia representativa erigida nos moldes majoritários no ocidente e isso, por si só, é de enorme relevância para a investigação em curso. Por outro lado, as conferências apresentam uma dimensão de ator, na medida em que participam efetivamente do trabalho de nascimento de novas políticas públicas em educação, e não apenas em educação, pois, de forma ativa, indicam as políticas públicas prioritárias no momento histórico — aquelas que venceram nos certames de debates, propostas, votações — e, substancialmente, indicam os homens e mulheres, suas representações sociais, suas delegações que, juntos, elaboram a política pública. Então, as conferências têm, sim, essas duas dimensões. Aqui, por economia, a conferência entra como parte institucional do subsistema de educação no Brasil. Assim, um primeiro papel visível das conferências no caso da Lei de Cotas foi o de espaço político de aglutinação e avivamento da articulação entre os atores, particularmente no âmbito da coalizão a favor da Lei de Cotas. Outro papel relevante foi o de espaço de deliberação com relação ao PL de Cotas em disputa no Congresso Nacional. Do mesmo modo que não é óbvio o fato da conformação de duas coalizões sociais com relação à disputa em torno da Lei de Cotas no Congresso Nacional, dado inclusive o leque de proposições legislativas concernentes ao tema, também não é nada óbvia a conformação de uma só proposta ganhadora na conferência de educação.

Em menor grau, mas de igual modo ao Parlamento, uma relativa sinuosidade sobre a temática também se fez presente nas conferências de educação. A ação política do MSU, dentro do ambiente das conferências de educação, dos N*MS, enfim, da coalizão social a favor da Lei de Cotas, teve um espaço privilegiado nos ciclos das conferências de educação, na consolidação da própria coalizão social a favor da Lei de Cotas. A ação conjunta, compartilhada e comungada por variada gama de agentes, levou a Lei de Cotas a ganhar a agenda de assuntos prioritários em debate nas conferências.

---

[173] No subsistema de educação, a conferência de educação é um elemento presente na história da educação no Brasil, desde o XIX. Diversas conferências temáticas aconteceram, em particular desde o segundo governo do presidente Luiz Inácio Lula da Silva, como a Conferência Nacional do Ensino Técnico e a Conferência Nacional de Educação Básica. Isso tudo se adensou na existência da Conferência Nacional de Educação, mais bem ancorada para a noção de subsistema de educação ou sistema de educação brasileiro.

Em termos nacionais, isso se traduz nas seguintes ações[174]:

1. A efetivação de um abaixo-assinado em favor do PL 73/99, catalisado pelo MSU e assinado pela maioria dos delegados e delegadas presentes à Conferência Nacional de Educação Básica, em Brasília, no primeiro semestre de 2008, e encaminhado ao relator da matéria na Comissão de Educação da Câmara dos Deputados, deputado federal Carlos Abicalil (PT-MT).

2. A aprovação na plenária final da Conferência Nacional de Educação Básica, realizada em Brasília, no primeiro semestre de 2008, por delegadas e delegados presentes, de uma moção de apoio ao PL 73/99 com solicitação de abertura de negociações com base no acordo feito em fevereiro de 2006 entre os N*MS, o movimento estudantil, o MEC e a ANDIFES.

3. A aprovação, em pelo menos cinco estados da federação, de proposta para o acesso à universidade no Brasil, equivalente ao PL 73/99b nas etapas regionais da Conferência Nacional de Educação, de 2010, conforme proposição nesse sentido apresentada por delegados e delegadas da coalizão social a favor da Lei de Cotas no Brasil.

4. A aprovação, em plenária final, de resolução da Conferência Nacional de Educação, realizada em Brasília, em 2010, do critério equivalente ao presente no PLC 180/08, com a conversão do artigo 2 do PLC 180/08 pelo critério do desempenho no Exame Nacional do Ensino Médio (ENEM), ou seja, a coalizão social a favor da Lei de Cotas ganhou a adesão da Conferência Nacional de Educação, conforme decisão da maioria dos delegados e delegados nacionais presentes naquela conferência em votação aberta, como foi amplamente divulgado pela grande mídia na ocasião ("Conferência Nacional de Educação apoia cotas em universidades").

Em decorrência do ciclo da Conferência Nacional de Educação, o subsistema nacional de educação passaria a ter dois novos fóruns: um de caráter nacional e outro subnacional, o Fórum Nacional de Educação e os Fóruns Estaduais de Educação, espécie de executivas permanentes e plurais dentro do subsistema de educação brasileiro.

4.2 INTERFACES E CONEXÕES DO SUBSISTEMA DE EDUCAÇÃO: AS POLÍTICAS PÚBLICAS PARA NEGROS, NEGRAS E INDÍGENAS

Na lógica da busca profunda pelas raízes das coalizões de defesa em torno da Lei de Cotas dentro do subsistema brasileiro de educação, duas vertentes, ao menos, apresentam-se no campo das ideias e dividem as percepções sobre a sociedade brasileira e sua história, sobre as relações raciais, sobre a escola pública, sobre os negros, as negras, os indígenas e suas interações com o Estado:

1. Uma primeira vertente que gravita em torno das obras de Von Martius (1844), Rüdiger Bilden ([1931] 1929, 2012), Gilberto Freyre ([1933] 1987), dentre outros(as);

2. Uma segunda vertente que gravita em torno das obras de Roger Bastide e Florestan Fernandes (2008), Florestan Fernandes ([1964] 2008, [1972] 2007), Abdias do Nascimento (1968), Manuela Carneiro da Cunha (2009), Paulo Freire (1959, 1999), Marcos Terena (2013), dentre outros(as).

---

[174] *Cf.* Anais da CONEB (Conferência Nacional de Educação Básica), Brasília, 2008, MEC; Anais da CONAE (Conferência Nacional de Educação), Brasília, 2010, MEC.

Essas vertentes, ao se apresentarem como espécies de centros gravitacionais históricos, alimentam duas posições importantes nesta obra: a de que o centro das crenças, assumido neste estudo como argumento presente no modelo ACF referenciado no indivíduo, não raro guarda alguma relação com a história, e a de que existem bases seguras para a presença, ao menos, de duas frentes em embate na sociedade brasileira, no que se refere às questões que a Lei de Cotas engloba.

Assim, como representante da primeira vertente, Bilden ([1931] 2010) postula certa passividade e harmonia nas relações sociais pregressas:

> Esse fato e a severa limitação de mão de obra tornaram a política de escravidão dos nativos (e miscigenação com eles) inevitável. A subsequente importação necessária de grande contingente de escravos negros adicionou um terceiro elemento básico à situação racial. Com o devido reconhecimento dos aspectos relevantes da identidade, principalmente subdividida por natureza, nos métodos dos três povos – o português, o espanhol e o inglês –, a política racial portuguesa contrasta de modo bastante acentuado com o extermínio e a segregação praticada pelos ingleses e a submissão e a proteção paternalista dos povos nativos que caracterizaram a colonização espanhola. Enquanto os espanhóis formaram principalmente sociedades coloniais estratificadas ao longo de linhas raciais, exceto no extremo sul e possivelmente nas Índias Ocidentais, a sociedade brasileira foi híbrida desde o início e tendeu a se tornar mais com o passar do tempo. A propensão natural dos portugueses à miscigenação, historicamente condicionada em sua própria terra natal, foi oficialmente encorajada no Brasil por razões de Estado e desenvolveu-se mais ainda sob influência dos meios geográfico e social existentes. O fator mais influente na subsequente e progressiva equalização das raças no Brasil foi sem dúvida, a gradual abolição da escravatura (1808-1888), a qual foi ao mesmo tempo um efeito da ausência de antagonismo racial e a causa do crescente encorajamento da situação racial existente. Quaisquer que sejam os argumentos contra a miscigenação no contexto de outros países, este era o único recurso disponível para os portugueses no Brasil. A miscigenação possibilitou um desenvolvimento pacífico de um país rico e distintivo; na realidade, o único de origem europeia onde as três divisões étnicas fundamentais da humanidade misturaram-se em bases muito próximas e participam da constituição de uma cultura nativa distinta. (Bilden, [1931] 2010, p. 390-391).

Aninha-se a essa sombra, na plácida paisagem brasileira anteriormente descrita, Gilberto Freyre que, desde um olhar de parcela majoritária da elite brasileira de então, intelectual, ilustrada, descreve sem pudor algum o outro e a outra social (o negro, a negra, o indígena, a indígena, pobres e analfabetizados), como portadores do "masoquismo de escravo" à espera do "sadismo de senhor". Dentre outras doses de açúcar e pimenta em olhos alheios, assim descreve as relações:

> [...] a tradição conservadora no Brasil sempre se tem sustentado do sadismo do mando, disfarçado em "princípio de Autoridade" ou "defesa da Ordem". Entre essas duas místicas – a da Ordem e a da Liberdade, a da Autoridade e a da Democracia – é que se vem equilibrando entre nós a vida política, precocemente saída do regime de senhores e escravos. Na verdade, o equilíbrio continua a ser entre as realidades tradicionais e as profundas: sadistas e masoquistas, senhores e escravos, doutores e analfabetos, indivíduos de cultura predominantemente europeia e outros de cultura principalmente africana e ameríndia. E não sem certas vantagens: as de uma dualidade não de todo prejudicial à nossa cultura em formação, enriquecida de um lado pela espontaneidade, pelo frescor e imaginação do grande número e, de outro lado, pelo contato, através das elites, com a ciência, com a técnica e com o pensamento adiantado da Europa. Talvez em parte alguma se esteja verificando com igual liberalidade o encontro, a intercomunicação e até a fusão harmoniosa de tradições diversas, ou antes, antagônicas, de cultura, como

no Brasil. É verdade que o vácuo entre os dois extremos ainda é enorme; e deficiente a muitos respeitos a intercomunicação entre as duas tradições de cultura. Mas não se pode acusar de rígido, nem de falta de mobilidade vertical – como diria Sorokin – o regime brasileiro, em vários sentidos sociais um dos mais democráticos, flexíveis e plásticos (Freyre, [1933] 1987, p. 52, grifo nosso).

A obra de Freyre ([1933] 1987) tem retumbante repercussão dentre as elites intelectuais. Ela relativiza o peso da "raça", do "clima" na conformação do Brasil a troco de antagonismos culturais e de uma interpretação ensaística de complexos, como a "família", a "alimentação", a "culinária", "os rios de médio porte", o "engenho", a "casa-grande", a "senzala", o "catolicismo", "as doenças", a "vida sexual", "a etiqueta", o "folclore" no norte: "zona da mata", "recôncavo", "Maranhão", espécies de metonímias da formação do Brasil, referenciadas no "sistema da escravidão e da monocultura". Isso se desdobra em variada gama de metáforas para explicar a formação da sociedade brasileira: "Híbrida" (Freyre, [1933] 1987, p. 4), "unionismo" (p. 28), "solidariedade" (p. 29), "equilíbrio entre as três influências: a indígena, a africana e a portuguesa" (p. 32), "talvez o tipo ideal do homem moderno para os trópicos" (p. 31), "o da formação, pela poligamia, de uma sociedade híbrida" (p. 48), "influência amolecedora da África", "equilíbrio de antagonismos" (p. 53), "entre tantos antagonismo contundentes, amortecendo-lhes o choque ou harmonizando-os, condições de confraternização e de mobilidade social peculiares ao Brasil: a miscigenação...", (p. 54), "Híbrida desde o início, a sociedade brasileira é de todas da América a que se constitui mais harmoniosamente quanto às relações de raça" (p. 91), "a grande sociedade híbrida" (p. 94), "confraternização de cultura" (p. 123), "confraternização das raças" (p. 152), "co-educação das duas raças" (p. 153), "ajustamento de tradições e de tendências raros entre povos" (p. 159), "o colonizador europeu que melhor confraternizou com as raças chamadas inferiores" (p. 189), "cruzamento e miscigenação" (p. 189), "plasticidade social" (p. 189), "nenhum exclusivismo de raça ou de cultura" (p. 201), "harmoniosa nos seus contrastes, formando um todo social plástico" (p. 201), "gente mista na sua antropologia e na sua cultura" (p. 204), "amaciando-lhes os antagonismos" (p. 206), "mesclada de raça" – "plástico e inquieto" (p. 210), "tão baralhadas andaram sempre na Península as etnias, as culturas e as classes sociais" (p. 215), sem "exclusivismos intransponíveis" (p. 217).

Para além da miscigenação, a interpretação de Freyre do Brasil abriga, nos detalhes, as digitais da ideia de "democracia racial", dentro da cultura:

> Nas procissões carregavam-se outrora os andores dos santos como a grandes chefes que tivessem triunfado em lutas ou guerras. Alguns eram mesmo postos a cavalo e vestidos de generais. E acompanhando essas procissões, uma multidão em dia de festa. Gente fraternal e democraticamente baralhada. Grandes senhoras com tapa-missa no cabelo e prostitutas de pereba nas pernas. Fidalgos e muleques. (Freyre, [1933] 1987, p. 225, grifo nosso).

E, por dentro da economia,

> Talvez exagerasse mestre Vilhena; de qualquer modo, na frequência das uniões irregulares de homens abastados – negociantes, eclesiásticos, proprietários rurais – com negras e mulatas, devemos enxergar um dos motivos da rápida e fácil dispersão da riqueza nos tempos coloniais, com prejuízo, não há dúvida, para a organização da economia patriarcal e para o Estado capitalista, mas com decididas vantagens para o desenvolvimento da sociedade brasileira em linhas democráticas. (Freyre, [1933] 1987, p. 447, grifo nosso).

Mas uma mão cheia de açúcar que é derramado sobre a sociedade brasileira ilustra, mais que tudo, a perspectiva do autor:

> Mas aceita, de modo geral, como deletéria a influência da escravidão doméstica sobre a moral e o caráter do brasileiro da casa-grande, devemos atender às circunstâncias espe-cialíssimas que entre nós modificaram ou atenuaram os males do sistema. Desde logo salientamos a doçura nas relações de senhores com escravos domésticos, talvez maior no Brasil do que em qualquer outra parte da América. (Freyre, [1933] 1987, p. 352).

Juntas e misturadas, as suas metáforas da hibridização ao baralhamento democrático podem ser sintetizadas numa outra bem doce e típica: um bolo de rolo, mas com pintas de mofo por fora e por dentro. O mofo pode ser traduzido pela violência da escravização de negros e indígenas, pre-sente avulsamente e dispersa no próprio livro *Casa-Grande & Senzala*, como os dentes quebrados das escravizadas domésticas, os estupros das mulheres negras, a mortalidade infantil, o carregamento dos excrementos da casa-grande pelos corpos negros escravizados, o suicídio. Nisso, o autor quis ver goiabadas e açúcares, talvez inebriado pela cultura da cana-de-açúcar.

O exclusivismo social e racial dos brancos no Brasil reservava-lhes os espaços de poder, das universidades, dos clubes de futebol, dos clubes sociais — como demonstra a criação do clube negro chamado Aristocratas, em São Paulo. A recusa da hospedagem de uma artista negra americana em um hotel brasileiro acabaria por gerar a primeira lei que criminalizou o racismo no Brasil, a Lei Afonso Arinos, de 1951. Contra ela, posicionou-se Gilberto Freyre. Sua argumentação por uma sociedade harmoniosa ideal continuava como fé cega e ele usaria a expressão "democracia racial", em 1962, "num discurso favorável ao colonialismo português diante dos levantes nacionalistas surgidos em Angola no ano anterior" (Dávila, 2013).

Por outro lado, as pesquisas empíricas sobre uma base de dados quantitativos e qualitativos, uma densa e minuciosa tessitura bibliográfica, os aportes fornecidos pelas pesquisas sob patrocínio da UNESCO, nos anos 1950, sobre as relações raciais no Brasil, realizadas por mores da sociologia brasileira de então, ainda assim mostraram-se parcialmente insuficientes para levantar a voz contra um verdadeiro panteão interpretativo sobre a sociedade brasileira, como assoberbara-se a obra de Freyre (1933), no cenário cultural e político brasileiro, no século XX. Porém, Florestan Fernandes (1964), com humildade e coragem peculiar, aquela mesma do homem de ciência que morreria no hospital público, expôs, sem rodeios, a metafísica freyreana, que de algum modo foi sintetizada na ideia de "democracia racial" ou nos argumentos germinais para as relações raciais no Brasil, como os de Bilden.

Ao tatear o mundo social, vem a descoberta:

> Esses casos são suficientes para demonstrar o que nos importa no momento. "Negros", "brancos" e "mulatos" interagiam entre si como se ainda fossem separados e unidos pela antiga etiqueta de relações raciais, vigente na ordem senhorial e escravocrata. Onde os direitos e os deveres sociais se objetivaram em conexão com a condição racial das pes-soas, estas não só deveriam "conhecer o seu lugar", mas, ainda, saber se mostrar à altura dele, agindo e vivendo de acordo com as conveniências, as obrigações ou as imposições dele decorrentes. Em suma "conhecer o seu lugar" e "saber honrá-lo e dignificá-lo" ainda constituía uma mesma coisa, apesar da insatisfação cada vez mais ostensiva, imprevisível e incontrolável do "homem de cor". (Fernandes, [1964] 2008, p. 338).

E, após detida investigação, comparação e análise do quadro empírico, o autor identifica uma ignorância, uma indiferença social com relação aos direitos do negro em favor de um discurso idealizado e ideologizado das elites brancas brasileiras, no período em estudo, desmontando a construção da "democracia racial".

> Em vista de sua situação peculiar, graças aos traços raciais indisfarçáveis podiam ser comparadas e tratadas, pelos componentes da "raça dominante", tanto em termos do status social "inferior", atribuído à "raça subordinada", quanto em função do status social adquirido pelas pessoas em questão. Tudo dependia da posição social, das disposições emocionais e dos interesses materiais ou morais dos componentes da "raça dominante" com os quais entrassem em contato. Semelhante confusão das alternativas de comportamento e de tratamento nas relações raciais engendrou a convicção generalizada de que existiria uma "democracia racial" em São Paulo (como, de resto, na sociedade brasileira). Na verdade, porém, ela apenas indica a inexistência de "igualdade racial" e a impraticabilidade de uma autêntica "democracia racial". (Fernandes, [1964] 2008, p. 381-382).

Abdias do Nascimento, por sua vez, informa uma leitura bem distinta daquela freyreana do masoquista e do sádico, para explicar a história do Brasil e as relações raciais:

> A muralha de preconceito e discriminação que não se vê, mas que existe, é uma criação dos "amigos" do negro. Vedam-lhe na prática, o direito teórico da igualdade. Na verdade, ele – o negro – não passa de um cidadão de segunda classe. Seu padrão educacional é realmente baixo. Por isso ele não pode ocupar os postos mais elevados da hierarquia social. Culpa do negro? As crianças negras morrem em maior número: seria culpa de sua inferioridade biológica? Ou de seu baixíssimo padrão alimentar, de saúde, de higiene? O negro não possui especialização profissional para enfrentar o trabalhador de outras origens – terá ele poder de decisões privativas do poder público, para evitar, impedir sua própria degradação? Não pode estudar por falta de meios e não tendo habilitação profissional não pode trabalhar e conseguir os meios de que necessita. É um hermético círculo vicioso da civilização capitalista – e dita cristã – que precisa ser rompida de qualquer forma antes que nós os negros, pereçamos todos. (Nascimento, 1968, p. 31).

Indica, ainda, a força argumentativa do autor, a educação popular presente no TEN, desde os anos 1940, marco da luta contra a analfabetização imposta aos negros no Brasil por séculos:

> A um só tempo o TEN alfabetizava seus primeiros participantes, recrutados entre operários, empregados domésticos, favelados sem profissão definida, modestos funcionários públicos – e oferecia-lhes uma nova atitude, um critério próprio que os habilita a também a ver, enxergar o espaço que ocupava o grupo afro-brasileiro no contexto nacional. Inauguramos a fase prática, oposta ao sentido acadêmico e descritivo dos referidos e equivocados estudos. Não interessava ao TEN aumentar o número de monografias e outros escritos, nem deduzir teorias, mas a transformação qualitativa da interação social entre brancos e negros. Verificamos que nenhuma outra situação jamais precisara tanto quanto a nossa do distanciamento de Bertold Brecht. Uma teia de imposturas, sedimentada pela tradição, se impunha entre o observador e a realidade, deformando-a. Urgia destruí-la. Do contrário não conseguiríamos descomprometer a abordagem da questão, livrá-la dos despistamentos, do paternalismo, dos interesses criados, do dogmatismo, da pieguice, da má-fé, da obtusidade, da boa-fé, dos estereótipos vários. Tocar tudo como se fosse pela primeira vez, eis uma imposição irredutível. Cerca de seiscentas pessoas, entre homens e mulheres, se inscreveram no curso de alfabetização do TEC, a caro do escritor Ironides Rodrigues, estudante de direito dotado de um conhecimento cultural extraordinário. Outro curso básico, de iniciação à cultura geral, era lecionado por Aguinaldo Camargo, personalidade e intelecto ímpar no meio da comunidade negra. (Nascimento, 2004, p. 211).

Ao alegado "primitivismo" e "selvageria", muitos como Freyre ([1933] 1987) não viram nem nas revoltas indígenas e negras na história do Brasil, senão episódios descritos muitas vezes como pré-políticos e anteriores à civilização, entre o messianismo e o barbarismo, nunca como legítimos humanos portadores e lutadores por direitos. Porém, não é essa a visão dos povos indígenas sobre mais de quinhentos anos de resistência e luta, como se pode acompanhar no relato a seguir:

> A máquina estatal tem todo direito de se sentir ameaçada por esses filhos da Terra, afinal foi em cima de nossas sociedades e com sacrifício físico e cultural de muitos é que se formou esse país mega diverso, em cujos territórios se concentram a fonte de equilíbrio ambiental e recursos minerais da humanidade. Há uma dívida pendente que não admite moratória, já dizia Capistrano de Abreu. Subterfúgios, como riscos a soberania, não mais se justificam. Mais que nunca, nós, como Povos Indígenas, com exemplos positivos, somos aliados do futuro coletivo para o bem viver de negros, brancos e a Mãe Terra. Não somos partes interessadas nesse processo e sim parte principal, pois somos as primeiras nações desse continente. (Terena, 2013, p. 54).

Assim como o Teatro Experimental do Negro, sob a liderança de Abdias do Nascimento, nos anos 1940 e décadas seguintes, antes da noite ditatorial, no Rio de Janeiro e em São Paulo; simultaneamente, no nordeste do Brasil, como em Pernambuco e no Rio Grande do Norte, sob a liderança de Paulo Freire, ocorreram processos de educação popular via círculos de cultura, essas tomadas de posição cultural ganhavam presença de baixo para cima na sociedade brasileira excluída, de um modo ou de outro feito pinga-fogo em todo território brasileiro. Essas duas ações educativas informam as raízes históricas dos *novíssimos movimentos sociais* que incidiram fortemente no Congresso Nacional pela aprovação da Lei de Cotas. A ação educativa por meio da educação popular visa superar a situação de desigualdade social objetiva, educacional, racial, onde a educação é um instrumento de mobilização por mudanças sociais,

> A desproblematização do futuro, não importa em nome do quê, é uma violenta ruptura com a natureza humana social e historicamente constituindo-se. Tive, recentemente em Olinda, numa manhã como só os trópicos conhecem, entre chuvosa e ensolarada, uma conversa, que diria exemplar, com um jovem educador popular que, a cada instante, a cada palavra, a cada reflexão, revelava a coerência com que vive sua opção democrática e popular. Caminhávamos, Danilson Pinto e eu, com alma aberta ao mundo, curiosos, receptivos, pelas trilhas de uma favela onde cedo se aprende que só a custa de muita teimosia se consegue tecer a vida com sua quase ausência – ou negação – com carência, com ameaça, com desespero, ofensa e dor. Enquanto andávamos pelas ruas daquele mundo maltratado e ofendido eu ia me lembrando de experiências de minha juventude em outras favelas de Olinda ou do Recife, dos meus diálogos com favelados e faveladas de almas rasgadas. Tropeçando na dor humana, nós nos perguntávamos em torno de um sem-número de problemas. Que fazer, enquanto educadores, trabalhando num contexto assim? Há mesmo o que fazer? Como fazer o que fazer? Que precisamos nós, os chamados educadores, até mesmo para viabilizar os nossos primeiros encontros com mulheres, homens e crianças, cuja humanidade vem sendo negada e traída? Cuja existência vem sendo esmagada? (Freire, 1999, p. 82-83).

Paulo Freire, em sua tese de concurso para a cadeira de História e Filosofia da Educação na Escola de Belas-Artes de Pernambuco, no Recife, futura Universidade Federal de Pernambuco (UFPE), passo do processo de sua formação intelectual, frisa um item alarmante da democracia brasileira do século XX e que só viria a ser superado com a Constituição de 1988: a cidadania política aos analfabetizados, o seu direito ao voto. O faz numa crítica breve à guisa de conclusão de seu estudo, depois de repisar a "desvinculação entre o Estado e a nação":

E) Que a antinomia fundamental de nossa atualidade representa exatamente aqueles dois climas: o da economia de caráter complementar, em que se inseriam formas rigidamente antidemocráticas; o da economia de mercado, com o surto da industrialização do país, em que se vêm inserindo formas plasticamente democráticas.

O primeiro clima é o da nossa "inexperiência democrática".

O segundo é o da "emersão do povo na vida pública brasileira" (Freire, 1959, p. 114).

A prática da educação popular freireana, do Teatro Experimental do Negro, da educação indígena nas aldeias, agia sobre a dura realidade da analfabetização histórica, numa ação educativa e cultural, com suas respectivas características próprias, mas são as minas de água boa da história da educação no Brasil, de onde brotam com a força da natureza e correm no solo brasileiro, num longo percurso de educação popular em regiões de periferia, nos territórios indígenas, nos quilombos, como prática política na luta social por direitos educacionais, culturais e exercício pleno da cidadania por parte dos excluídos. Como movimentos difusos, conformam com o tempo pequenos ribeirões, riachos, córregos, espalhados no território nacional, feito energias vivas em comunicação, experimentos que formam rios, mares. Reivindicações populares parcialmente aglutinadoras dessas lutas populares somaram-se às bandeiras das chamadas Reformas de Base, como a bandeira de uma Reforma Universitária Popular, no começo dos anos 1960, sob o governo de João Goulart[175].

Essa divisa gravitacional da história do Brasil, presente no subsistema de educação no Brasil, bem em suas margens servem como referência basilar fundamental para a conformação das coalizões sociais em torno da Lei de Cotas no Brasil, assim sedimentada na argumentação de Guimarães (2009):

> Penso que na obra de Florestan, mais que na obra de qualquer outro intelectual não negro, cristalizou-se uma problemática sociológica das relações raciais propriamente brasileiras. Ao contrário de Donald Pierson, Charles Wagley, Marvin Harris e outros que, de certo modo, guardaram uma problemática universalista das relações raciais, na qual o caso brasileiro era sempre contrastante; os autores brasileiros, sendo Florestan o mais expressivo, conseguiram, com o passar dos anos, fazer prevalecer, na academia brasileira, de Norte a Sul, a ideia de que o "preconceito de cor" era a um só tempo, um ideal e um mito. Seria enganoso, contudo, restringir a Florestan a construção dessa nova agenda, e atribuir sua disseminação à influência desse autor. Ao contrário, quis demonstrar, neste capítulo, a gestação lenta, às vezes ruidosa (como em Florestan), às vezes silenciosa (como em Thales ou Oracy) de uma problemática propriamente brasileira das relações raciais, que se afastava do padrão comparativista e contrastante de Gilberto Freyre. Os ensaios de Oracy sobre as Relações Raciais em Itapetininga são inexplicáveis fora dessa agenda. O que Florestan, melhor que todos, fez foi vocalizar, para as ciências sociais no Brasil, a

[175] "Até a década de 1940, o negro no teatro brasileiro, mesmo quando em personagens de destaque, quase sempre foi retratado por meio de certas caricaturas ou estereótipos herdados do período da escravidão. Nos idos de 1944, surge no Rio de Janeiro, um grupo de teatro formado por atores negros dispostos a problematizar e relativizar a tradição cênica de representação social e artística-cultural da 'raça', levando aos palcos textos ligados aos temas das culturas afro-brasileiras, aos conflitos raciais e ao estigma da cor negra: eis o TEN (Teatro Experimental do Negro)" Cf. Centro de Documentação e Memória (CEDEM) da UNESP; ver Moura (2008). Na ação do TEN, a educação era central. A história da educação popular e da ação de Paulo Freire, desde seus primeiros trabalhos de alfabetização no SESI-PE, nos anos 1940, até sua chegada ao Ministério da Educação, sob Goulart, está bem detalhada em Araújo Freire (2006). A importância do movimento de educação popular de cultura, como a peça sobre a exclusão da universidade: "O auto dos 99%", desenvolvida pelo CPC, e a origem histórica dos cursinhos populares no Brasil e do movimento dos excedentes está descrita em Custódio (1999). Outra ação educativa e cultural de impacto na educação popular foi a do teatro do oprimido, de Augusto Boal, descrita em Boal ([1974] 1991). Grosso modo, essas ações educativas e culturais informam da ancestralidade legítima dos novíssimos movimentos sociais, atores relevantes no processo político da Lei de Cotas no Congresso Nacional do Brasil. Tragicamente, não se pode olvidar uma sinopse histórica, como aquelas feitas nos documentários brasileiros recentes sobre Jango, onde se nota que, ao mesmo tempo em que Kennedy, depois Lyndon Jonhson, presidentes americanos no tempo de Jango, davam, em parte, as respostas públicas às lutas por direitos civis dos negros nos Estados Unidos da América do Norte, como nos Civil Acts, a presidência americana alimentava as estratégias para um golpe militar no Brasil contra a democracia brasileira, como revelaram os documentos secretos liberados 40 anos depois e apropriados no documentário O dia que durou vinte e um anos, de Flávio Venturi.

nova problemática das relações raciais. Ou seja, o que era, antes, visto como uma possível solução, no plano internacional, para o problema racial, tal como vivenciado em outros países, em especial nos Estados Unidos e na África do sul, passou a ser visto como um problema para os negros e a democracia no Brasil. (Guimarães, 2009, p. 100).

Essas referências vistas, da luta popular, da luta negra, da luta indígena por direitos passaram de geração a geração. Dos anos 1940 aos anos 2000, num movimento nada linear, interrompidos violentamente por uma ditadura militar de 21 anos, esses veios vivos e pequenos se mantiveram na sociedade brasileira excluída da cidadania, para se juntarem em novos rios em tempos futuros, concentradas nas grandes periferias urbanas, na entrada do novo milênio, para conformar novas formas de protestos, novos mares para juntar forças para lutar por direitos, como o direito à universidade no Brasil para o negro, a negra, o indígena, a indígena, a escola pública, os pobres. Evidentemente, são formas sociais dispersas e difusas, mas indicam a ancestralidade dos atores que decididamente, como os novíssimos movimentos sociais, irão influenciar o jogo político em torno da Lei de Cotas no Congresso Nacional.

Enquanto os atos que mantiveram essas pessoas em níveis de desigualdade são os primeiros a se instalar no Brasil, a geração de políticas públicas voltadas à garantia dos direitos para essas pessoas historicamente excluídas é lenta, intermitente, vagarosa, procrastinadora, como se observa no quadro seguinte.

Quadro 4 – Histórico da legislação brasileira relativa aos direitos de negros e indígenas

Ano	Evento histórico
1823	Representação de José Bonifácio à Assembleia Geral Constituinte Legislativa do Império do Brasil.
1826	Projeto de Lei do Deputado Clemente Pereira extinguindo o comércio de escravizados (31-12-1840).
1826	Decreto dispondo sobre sentença de morte (11-9-1826).
1826	Acordo Anglo- Brasileiro (extinção do tráfico), de 23-11-1826.
1829	Projeto dispondo sobre pena de morte para os escravizados (11-4-1829).
1830	Projeto do Deputado Antônio F. França, acabando com a escravidão em 1880 (15-5-1830).
1830	Projeto dos Deputados B. P. de Vasconcelos, Mendes Viana, Duarte Silva e M. F. R. de Andrada, sobre venda em hasta pública de escravizados do Arsenal de Marinha (17-7-1830).
1831	Projeto dos deputados sobre: extinção da escravidão no Brasil, compra de alforria e liberdade para os africanos contrabandeados (16-6- 1831).
1831	Lei do Governo Feijó (Lei de 7-11-1831).
1832	Decreto de 12-4-1832 sobre exames de embarcações suspeitas de importação e reexportação de escravizados.
1833	Proposta de Ministro Aureliano de Souza sobre pena de morte para escravizados que matassem ou ferissem seu senhor (10-6-1833).
1834	Dois projetos do Senador J. A. Rodrigues de Carvalho sobre matrículas de escravizados e apreensão de embarcações que tragam escravizados (25-4-1834).

Ano	Evento histórico
1835	Lei n.º 4, de 10-6-1835 (Pena de morte).
1835	Projeto do senador João V. de Carvalho, Conde Lages, sobre a proibição de escravizados no serviço dos estabelecimentos nacionais, exceto em agricultura ou criação (22-9-1835).
1837	Decreto sobre direito de Petição de Graça ao Poder Moderador na pena de morte (9-3-1837).
1837	Projeto do Senado n°133, do Marquês de Barbacena, proibindo a importação de escravizados para o Brasil (30-3-137).
1844	Nota do ministro Paulino J. S. de Souza sobre violação de Acordo Anglo-brasileiro de 1826 (11-1-1844).
1845	Protesto da Legação Imperial do Brasil em Londres contra o "Bill" (27-7-1845).
1845	O "Bill Aberdeen" (8-8-1845).
1845	Protesto do Governo Imperial contra o "Bill Aberdeen" (22-10-1845).
1850	Projeto do Deputado Silva Guimarães a favor da liberdade para os nascidos de ventre escravizado (22-3-1850)..
1850	Projeto dos senadores Holanda Cavalcanti e Cândido B. de Oliveira sobre tráfico de escravizados (maio de 1850).
1850	Pedido de discussão do Art. 13 do PL n.º 133/1837 do Marquês de Barbacena (Filisberto Caldeira Brant) sobre tráfico de escravizados (12-7-1850).
1850	Emendas ao PLS- 133/1837.
1850	Lei n° 581, de 4-9-1850 (Lei Eusébio de Queiróz) sobre tráfico de africanos.
1850	Decreto n.º 708, de 14-10-1850, regulando a Lei n.º 581.
1852	Projeto do Deputado Silva Guimarães considerando livres os que nascessem de ventre escravizado (4-6-1852)..
1852	Projeto contra tráfico de africanos (apud Perdigão Malheiro).
1853	Resolução sobre a competência dos Auditores da Marinha para processar e julgar réus envolvidos em tráfico (23-9-1853).
1853	Decreto n.º 1.303 emancipando, depois de quatorze anos, os africanos livres que foram arrematados por particulares.
1854	Decreto n.º 1.310 de 2-1-1854 manda executar a Lei de 10-6-1854 sem recurso, salvo do Poder Moderador, em caso de pena de morte para os escravizados.
1854	Lei n.º 731, de 5-6-1854- punição para capitão ou mestre, piloto ou contramestre de embarcação que fizesse tráfico de escravizados.
1854	Projeto n.º 117 e s/n.º do Barão de Cotegipe (J. M. Wanderlei) sobre comércio interprovincial de escravizados e sobre alforria (11-8-1854).
1860	Projeto do senador Silveira da Mota proibindo a venda de escravizados em leilões, pregões e exposições públicas (18-6-1860).

Ano	Evento histórico
1862	Projeto n.º 39, de 1862 do senador Silveira da Mota proibindo venda de escravizados em pregões e exposição pública (9-5-1862).
1864	Projeto do senador Silveira da Mota relacionando os que não podem possuir escravizados (26-1-1864).
1864	Decreto n.º 3.310, de 24-9-1864, concedendo emancipação a todos os africanos livres do Império.
1864	Lei n.º 1,237, de 24-9-1864 considerando os escravizados pertencentes às propriedades agrícolas como objeto de hipoteca e de penhor.
1865	Projeto do Senador Visconde de Jequitinhonha para os "achados de vento".
1865	Projeto do senador Visconde de Jequitinhonha sobre alforria aos escravizados que estivessem sentando praça nos corpos de linha como voluntários.
1865	Projeto do senador Silveira da Mota proibindo estrangeiros residentes no Império de adquirirem ou possuírem escravizados.
1865	Projeto de resolução do senador Visconde de Jequitinhonha considerando livre o ventre da escravizada que tivesse sido legada ou doada para serviço, por determinado tempo, sem a transmissão de domínio e sem a cláusula expressa de voltar ao antigo cativeiro.
1866	Exposição de Motivo do Marquês de São Vicente (Pimenta Bueno) ao Imperador apresentando projetos de sua autoria.
1866	Projeto do Marquês de São Vicente, n.º 1 – liberdade para os filhos de mulher escravizada.
1866	Projeto do Marquês de São Vicente, n.º 2 – criação de junta central protetora da emancipação em cada província.
1866	Projeto do Marquês de São Vicente, n.º 3 - matrícula de escravizados (isentos de taxa) na coletoria das respectivas paróquias ou municípios.
1866	Projeto do Marquês de São Vicente, n.º 4 – libertando todos os escravizados em cinco anos.
1866	Projeto do Marquês de São Vicente, n.º 5 – emancipação dos escravizados de ordens religiosas.
1866	Trecho de Joaquim Nabuco sobre os projetos do Marquês de São Vicente.
1866	Decreto da Assembleia Geral Legislativa estabelecendo o conceito de livre ventre (reprodução do original)..
1866	Projeto do deputado Tavares Bastos mandando dar "cartas de alforria a todos os escravizados e todas as escravizadas da Nação" (aditivo à Lei do Orçamento) 26-6-1866.
1869	Projeto n.º 30, de 1869, do deputado Manoel Francisco Correa, concedendo loterias para libertação de escravizados.
1869	Projeto n.º 31, de 1869, do deputado Manoel Francisco Correa, mandando proceder a nova matrícula de escravizados e considerando livres os que fossem dela excluídos.
1869	Projeto s/n.º 1869, proibindo venda de escravizados em leilão e em hasta pública (ACD, 1869, T II, p. 53)..
1869	Decreto n.º 1.695, de 15-9-1869, proibindo a venda de escravizados em pregão e em exposição pública.

Ano	Evento histórico
1870	Projeto n.º 3, de 15-8-1870, do deputado Teodoro M. F. Pereira da Silva (sobre penas para escravizados)..
1870	Projeto nº18, 23-5-2870, do deputado Araújo Lima (libertando os filhos de mulheres escravizadas).
1870	Projeto n.º 19, de 23-5-1870, do deputado Perdigão Malheiro (contra pena de açoite para escravizados).
1870	Projeto n.º 20, de 23-5-1870, do deputado Perdigão Malheiro (sobre alforria).
1870	Projeto nº 21, de 23-5-1870, do deputado Perdigão Malheiro (dando ao filho da mulher escravizada a obrigação de servir gratuitamente ao senhor até 18 anos).
1870	Projeto n.º 22, de 23-5-1870, do deputado Perdigão Malheiro (sobre alforria).
1870	Projeto nº 69, de 3-6-1870, de Teodoro M. P. da Silva (registro de escravizados).
1870	Projeto n.º 121, de 7-7-1870, do deputado José de Alencar (isenção de taxas dos escravizados comprados para serem libertados).
1870	Relatório da Comissão Especial da Câmara dos Deputados encarregada de dar Parecer sobre o elemento servil.
1870	Projeto n.º 200, de 1870, apresentado pela Comissão encarregada de dar Parecer sobre o elemento servil.
1870	Voto em separado de Rodrigo da Silva (membro da Comissão encarregada de dar Parecer sobre o elemento servil).
1871	Parecer da Comissão Especial nomeada para estudar o Projeto (contendo a proposta e as emendas).
1871	Redação final do Projeto na Câmara.
1871	Redação final do Projeto no Senado.
1871	Lei n.º 2040- de 28-9-1871.
1871	Reprodução do original do texto final, do Projeto no Senado.
1871	Decreto n.º 4815, de 11-11-1871, regulamentando o Art. 6º do § 1º da Lei 2040.
1871	Decreto n.º 4835, de 1º-12´-1871, aprova o regulamento para a matrícula especial dos escravizados e dos filhos livres da mulher escravizada.
1876	Manifesto da Sociedade Abolicionista Baiana ressaltando o papel do Legislador na luta pela Abolição e propondo medidas de libertação de escravizados com 50 anos (para homens) e 45 (para mulheres) e fixação do valor para o escravizado e para seu trabalho (cf. auto-resgate pelo seu próprio serviço).
1877	Projeto "G", de 3-5-1877, sobre o tráfico interprovincial (reprodução do original).
1877	Projeto de Lei de 8-10-1877 (aditivo ao Projeto de Lei do Orçamento para 1877-1878) reprodução do original.
1880	Manifesto da Sociedade Brasileira contra a escravidão.
1883	Discurso do senador Silveira da Mota, em 26-6-1883, sobre a sentença dada por Juiz de Direito de Pouso Alto a respeito da liberdade de africano introduzido como escravizado no Brasil depois da Lei Feijó.
1883	Discurso do Senador Lafayette, em 27-6-1883, sobre requerimento do Senador Silveira da Mota.
1883	Discurso do senador Christiano Ottoni, em 30-6-1883 na discussão do requerimento de Silveira da Mota e sobre matrícula de escravizados.
1883	Manifesto da Confederação Abolicionista do Rio de Janeiro.
1884	Projeto "H", do Senador Silveira da Mota pela libertação dos escravizados do Império em sete anos.

Ano	Evento histórico
1884	Cronologia da tramitação legislativa do Projeto de Lei n.º 48, de 15-7-1884, de Rodolfo Dantas.
1884/1885	Parecer n.º 48-A de Rui Barbosa sobre o Projeto n.º 48.
1885	Lei n.º 3270, de 28-9-1885 (Lei dos Sexagenários).
1885	Decreto nº9517, de 14-11-1885, que regula a Lei n.º 3270, de 28-9-1885.
1886	Projeto "C" de 1º-6-1886, do senador Souza Dantas, que liberaria os escravizados em cinco anos.
1886	Parecer "H", da Comissão Especial, sobre o Projeto "C".
1886	Discurso do senador Souza Dantas, em 30-7-1886, denunciando a morte de cinco escravos por açoites (com requerimento de informações).
1886	Discurso de Ribeiro da Luz, Ministro da Justiça, sobre o requerimento de Souza Dantas.
1886	Discurso do senador Martins apresentando projeto sobre abolição de pena de açoites (2-8-1886).
1886	Discurso do senador Souza Dantas (pena de açoites), em 6-8-1886.
1886	Discurso de Ribeiro da Luz (pena de açoites), em 6-8-1886.
1886	Discurso de José Bonifácio, em 11-8-1886, em debate com Ribeiro da Luz.
1886	Discurso do senador Souza Dantas, em 16-6-1886 (pena de açoites).
1886	Primeira discussão do PLS "G" (açoites).
1886	Discurso do senador Ribeiro da Luz (açoites), em 20-8-1886.
1886	Discurso do senador Dantas (açoites) em 20-8-1886.
1886	Discurso de José Bonifácio (balanço do processo abolicionista, em 17-9-1886).
1886	Parecer de Legislação sobre o Projeto "G".
1886	Discurso de Ribeiro da Luz, em 28-9-1886 (pena de açoites).
1886	Discurso do senador Ignácio Martins e do Senador Cruz Machado sobre o Projeto "G" (1º-10-1886).
1886	Discurso de José Bonifácio (em debate com Ribeiro da Luz) sobre a reforma servil (8-10-1886).
1886	Projeto n.º 87-A/1886, do Senado (4-10-1886), revogando o Art. 60 do Código Criminal e a Lei n.º 4, de 10-6-1835.
1886	Projeto n.º 89, do deputado Affonso Celso Junior, sobre dedução anual do valor do escravizado (12-10-1886).
1887	Projeto n.º 1, do deputado Affonso Celso Junior, libertando todos os escravizados, desde que prestassem serviço por mais dois anos a seus ex-senhores (4-5-1887).
1887	Projeto n.º 5, do deputado Domingos Jaguaribe, libertando os escravizados matriculados até 28-9-1888, com obrigação de trabalharem mais cinco anos (23-5-1887).
1887	Projeto de Lei "B", do Senador Souza Dantas, pela extinção da escravidão em 31-12-1889 (3-6-1887).

Ano	Evento histórico
1887	Projeto "O", do senador Floriano de Godoy, extinguindo a escravidão (24-9-1887).
1887	Projeto "P", do senador Escragnolle Taunay, extinguindo a escravidão em 1889 (24-9-1887).
1888	Fala da Princesa Isabel, na abertura da 3ª sessão de 201 Legislatura, em 3-5-1888.
1888	Discurso de Joaquim Nabuco, em 7-5-1888, pela Abolição da Escravatura.
1888	Original da proposta de Rodrigo Augusto da Silva, ministro da Agricultura.
1888	Cronologia da tramitação legislativa da proposta de Rodrigo Augusto da Silva, até transformar-se na Lei n.º 3.353, de 13-5-1888.
1888	Discurso de Joaquim Nabuco entusiasmado com a Proposta.
1888	Discurso do deputado Duarte de Azevedo.
1888	Discurso do deputado Andrade Figueira.
1888	Discurso do deputado Joaquim Nabuco.
1888	Discurso do Barão de Cotegipe.
1888	Discurso do senador Paulino de Souza.
1888	Discurso do senador Correa (indenização aos ex-senhores de escravizados).
1888	Discurso do senador Affonso Celso.
1888	Discurso do senador Dantas.
1888	Lei n.º 3.353, de 13-5-1888: Lei Áurea.
1888	Projeto n.º 10, de 24-5-1888, do deputado A. Coelho Rodrigues (indenização aos ex-senhores de escravizados).
1888	Projeto "C", do Barão de Cotegipe, autorizando "o governo a emitir apólices da dívida pública para indenização dos ex-proprietários de escravizados" (19-6-1888).
1910	Criação do SPILTN-Serviço de Proteção aos Índios e Localização dos Trabalhadores Nacionais, ligado ao Ministério da Agricultura, a partir de 1918 seria chamado de SPI.
1931	Decreto presidencial n.º 20.291, de 12-8-1931, a Lei dos 2/3: Brasileiros natos em pelo menos 2/3 dos empregados das empresas no Brasil.
1937	Criação do Conselho Nacional de Proteção aos Índios (CNPI), por Getúlio Vargas.
1943	Decreto Lei 5.452/43, da Consolidação das Leis do Trabalho – CLT, que nos artigos 354 e 373-A prevê, respectivamente, uma cota de dois terços de brasileiros para empregados de empresas individuais ou coletivas; e estabelece políticas destinadas a corrigir as diferenças entre homens e mulheres (*Cf.* Jansen, 2010).
1943	Criação da Fundação Brasil Central (FBC), criada para administrar essa gigantesca intervenção em territórios pouco conhecidos até então.
1951	Lei n.º 1390, a Lei Alonso Arinos, de 3-7-1951, torna crime o racismo no Brasil.

Ano	Evento histórico
1967	Extinção da SPI, CNPI e a FBC, no contexto da ditadura militar.
1967	Criação da Fundação Nacional do Índio (FUNAI).
1981	Criação do Instituto de Pesquisas e Estudos Afro-Brasileiros (IPEAFRO) por Abdias Nascimento, na PUC de São Paulo (transferido para o Rio de Janeiro em 1984).
1983	Projeto de Lei da Câmara 1332/1983, Projeto de Lei Abdias do Nascimento, "dispõe sobre ação compensatória visando à implementação do princípio da isonomia social do negro em relação aos demais segmentos étnicos da população brasileira, conforme direito assegurado pelo artigo 153, parágrafo primeiro da Constituição da República".
1988	Em 5-10-1988, a Constituição Federal estabeleceu que "a prática do racismo constitui crime inafiançável e imprescritível, sujeito à pena de reclusão, nos termos da lei" (Art. 5, XLII), que "ficam tombados todos os documentos e os sítios detentores de reminiscências históricas dos antigos quilombos" (Art. 216, § 5); e que "aos remanescentes das comunidades de quilombos que estejam ocupando suas terras é reconhecida a propriedade definitiva, devendo o Estado emitir-lhes os títulos respectivos" (Art. 68 do Ato das Disposições Constitucionais Transitórias).
1988	Criação da Fundação Cultural Palmares, pela Lei n.º 7.668.
1989	De 5-1-1989, a Lei 7.716, conhecida como Lei Caó, definiu os crimes resultantes de preconceito de raça ou cor.
1993	Projeto de Lei do deputado Federal Florestan Fernandes (PT/SP).
1995	Senadora Benedita da Silva (PT/RJ) apresenta Projetos de Lei n.º 13 e 14.
1995	Deputado Paulo Paim (PT/RS) encaminha Projeto de Lei n.º 1239.
1996	Lei 9349/96 estabelece diretrizes para educação nacional.
1999	Projeto de lei do senador José Sarney, PLS 650/99, que buscava instituir "quotas de ação afirmativa para a população negra no acesso aos cargos e empregos públicos, à educação superior e aos contratos de fundo de financiamento ao estudante do ensino superior (FIES)" e o do Senador Antero Paes de Barros (PSDB/MT), PLS 1643/99, que queria reservar "50% das vagas em universidades públicas para alunos provenientes de escola pública".
2001	Lei 10.172/2001 (PNE): Direito à Educação Escolar Indígena.
2002	Decreto Federal n.º 4.228, de 13-5-2002, instituiu, no âmbito da Administração Pública Federal, o Programa Nacional de Ações Afirmativas no Brasil. O programa contempla, dentre outras medidas, a participação de afrodescendentes, mulheres e pessoas portadoras de deficiência, no preenchimento de cargos em comissão; a inclusão nas transferências de recursos federais de cláusulas de adesão ao programa; a observância de critério adicional de pontuação em licitações promovidas por órgãos da Administração Pública Federal para empresas que comprovem a adoção de políticas compatíveis com o objetivo do programa e o estabelecimento de metas de participação desses grupos vulneráveis em empresas contratadas pela Administração Pública para executar serviços terceirizados (Art. 2, I a IV) (*Cf.* Jansen, 2010).
2002	De 26-8-2002, a Medida Provisória nº 63, transformada em lei em 13-11-2002 (Lei n.º 10.558), criou o Programa Diversidade na Universidade, com o objetivo de "implementar e avaliar estratégias para a promoção do acesso ao ensino superior de pessoas pertencentes a grupos socialmente desfavorecidos, especialmente dos afrodescendentes e dos indígenas brasileiros".

Ano	Evento histórico
2003	Lei 10.639/03 com base em projeto parlamentar que alterou dois artigos da Lei de Diretrizes e Bases da Educação Nacional (LDB) de 20-12-1996, tornando obrigatório o ensino sobre História e Cultura Afro-brasileira nas escolas do país.
2003	Criação da Secretaria Especial para a Promoção da Igualdade Racial (SEPPIR), Lei 10.678, de 23-05-2003, subordinada diretamente ao Presidente da República, com a missão de formular, coordenar e articular políticas e diretrizes para a promoção da igualdade racial, com ênfase na população negra, contando com o Conselho nacional de Promoção da Igualdade Racial, CNPIR (*Cf.* Jansen, 2010).
2003	Decreto 4.886, de 20.11.2003, que institui a Política Nacional de Promoção da Igualdade Racial – PNPIR (*Cf.* Jansen, 2010).
2003	Em 20-11-2003, o Decreto n.º 4.887 regulamentou o procedimento para identificação, reconhecimento, delimitação, demarcação e titulação das terras ocupadas por remanescentes das comunidades dos quilombos.
2004	Um Projeto de Lei de Cotas – 3627/04 é encaminhado pelo executivo ao Parlamento.
2005	A Medida Provisória n.º 213, transformada em lei, é sancionada em 13-1-2005, pelo Presidente Luiz Inácio Lula da Silva, criou o sistema Nacional de Bolsas de Estudos em Instituições Privadas, o PROUNI, Programa Universidade para Todos, o maior programa mundial de ações afirmativas para negros, negras, indígenas, oriundos de escolas públicas, pessoas de baixa-renda, uma grande vitória da luta dos Novíssimos Movimentos Sociais, O MSU e a EDUCAFRO.
2007	Ideli Salvatti apresenta o Projeto de Lei no Senado 546/2007, que em 2008 vira o Projeto de Lei 3913, aprovado em caráter terminativo na Comissão de Educação do Senado Federal e enviado à Câmara dos Deputados.
2008	Em 20-11-2008, Dia da Consciência Negra, de Zumbi dos Palmares, o Projeto de Lei 73/99c, de autoria da deputada Nice Lobão, o PL de Cotas, é aprovado na Câmara dos Deputados.
2008	Lei 11.645/2008 (Art. 26-A da LDB), que diz da inserção da temática indígena nos currículos das escolas públicas e privadas de Educação Básica.
2009	Decreto Presidencial 6861, de 27-05-2009, dispõe sobre a educação escolar indígena e define sua organização em territórios etnoeducacionais.
2010	Lei 12.288/10, de 20-07-2010. Institui o Estatuto da Igualdade Racial.
2012	Aprovação do Projeto de Lei de Cotas em 7-8-2012, o PLC180 no Senado Federal. 29-8-2012, dia da sanção da Presidente Dilma Rousseff criando a Lei de Cotas, Lei 12.711/12.

Fonte: elaboração do autor com base em Carneiro da Cunha (2009), Alberti e Pereira (2007), Senado Federal (2012), Venturi e Bokany (2013) e Ministério da Educação (2013)

Assim como expõe Carneiro da Cunha (2009) sobre a imensidão de arquivos e os desafios e descobertas escondidos nos porões do SPI e da FUNAI, muita pesquisa científica precisa ser feita e parte dela, mui provavelmente, está em curso, para os processos políticos dos direitos dos negros, das negras, da escola pública, dos(as) indígenas à universidade no Brasil, dentre outros temas que a legislação nacional anterior aponta. Não cabe aqui a exegese do curso legislativo brasileiro anteriormente indicado. Importa verificar que o debate da abolição da escravidão reverberará no Congresso Nacional quando do processo legislativo da Lei de Cotas, desde 1983, ao menos, até 2012, dado o enorme rareamento da produção legislativa nacional sobre os direitos do negro, da negra, do(a) indígena no Brasil, desde 1888 e praticamente ao longo do século XX, com as exceções confirmando a regra: é o que deixa ver o importante quadro acima.

Foi de duas notas a lei da abolição e as elites brasileiras praticamente quiseram dar o caso por encerrado, arrematado e sepultado, desde então, sem revolver sob o que aqueles dois parágrafos se calavam, um mar de direitos historicamente negados, como o direito à universidade, dentre outros. Eis a abolição de 1888 no Parlamento nacional, o nascimento da Lei 3.353, de 13 maio de 1888:

ATOS DO PODER LEGISLATIVO

A Assembléia Geral dirige ao Imperador o Decreto Incluso, que julgava vantajoso e útil ao Império e pede a Sua Majestade Imperial se digne dar a sua sanção.

Paço do Senado, 13 de maio de 1888. – Antonio Candido da Cruz Machado, Primeiro Vice-Presidente; Barão de Mamanguape, Primeiro Secretário; Joaquim Floriano de Godoy, Segundo Secretário.

A Assembléia Geral decreta:

Artigo Primeiro É declarada extinta, desde a data desta Lei, a escravidão no Brasil.

Artigo Segundo Revogam-se as disposições em contrário.

Paço do Senado, 13 de maio de 1888.

A Princesa Imperial Regente, em nome do Imperador, Consente.

Paço, 13 de maio de 1888. –PRINCESA IMPERIAL REGENTE – Rodrigo Augusto da Silva. (Senado Federal, 2012, p. 514).

Esse elenco histórico anterior sinaliza objetivamente as intersecções necessárias entre o sub-sistema de educação e mais especificamente os direitos de negros e indígenas no Brasil. Lenaura Lobato (2006), ao tecer algumas considerações sobre a representação de interesses no processo de formulação de políticas públicas no Brasil, aponta a Constituição de 1988 como o grande parâme-tro para as políticas públicas sociais no Brasil. Para a autora, a questão da mulher, do negro e do indígena aparece ali, no texto da lei maior, num caminho sem volta. Jensen (2002) deixa acesos alguns desses pontos:

A Constituição, portanto, configura e ordena os poderes constituídos do Estado, estabelece os limites ao exercício desse poder, definindo o âmbito de liberdades e direitos fundamentais, bem como define as finalidades estatais e as prestações que devem ser cumpridas pelo poder estatal. Tais assertivas encontram guarida em diversos dispositivos de direito constitucional positivo pátrio, dentre os quais, o que prestigia o Estado Democrático de Direito (artigo primeiro), os que erigem a prevalência dos direitos humanos à condição de princípio da República (art. 4, II), os que arrolam direitos, liberdades e garantias fundamentais (arts. 5, 6, 7, dentre outros) e o que declara tais direitos e garantias fundamentais intangíveis em face do Poder Constituinte Reformador (art. 60, parágrafo 4, IV). A Constituição Federal de 1988 preconiza, em diversos dispositivos, a superação de quadros de discriminação e desigualdade através de medidas compensatórias variadas. Evidencia-se a preocupação do legislador constituinte com a busca por uma sociedade mais justa, pluralista e sem preconceitos, haja vista a topografia de destaque empregada aos direitos e garantias fundamentais, que logo no Preâmbulo, e em artigos iniciais, consubstancia a igualdade material e repudia a prática do racismo e do preconceito. Conforme estabelecido nos artigos primeiro, inciso III, ao consagrar a dignidade do ser humano, como um dos fundamentos do Estado Democrático de Direito; e, no art. 5, incs. XLI e XLII, ao determinar que a lei puna qualquer discriminação atentatória aos direitos fundamentais e torna inafiançável e imprescritível o crime de racismo. Ademais contempla o postulado da igualdade em suas duas vertentes, formal e material [...]. A igualdade, segundo preceitua a doutrina constitucionalista, distingue-se, grosso modo em: cláusula geral de igualdade, conforme caput do art. 5, c/c com o disposto no inc. IV do art. 3, e cláusulas específicas de igualdade, v.g., inc. III do art. 3, incs. I e XVI do art. 5; incs. I e VIII do art. 37; parágrafo primeiro do art. 145; parágrafo quinto do art. 226 e parágrafo sexto do art. 227. [...]. A Norma Fundamental de 1988 contém ainda uma cláusula geral de abertura para a recepção automática de direitos fundamentais, consistentes no parágrafo segundo do artigo quinto, segundo o qual os direitos e garantias fundamentais arrolados no texto constitucional não excluem outros decorrentes do regime e dos instrumentos internacionais devidamente ratificados. Em outras palavras, significa dizer que referida norma representa o acolhimento automático dos direitos, liberdades e garantias fundamentais decorrentes do regime de ratificação de instrumentos internacionais no rol constitucionalmente assegurado. [...]. As ações afirmativas implementadas no país encontram-se respaldadas, especialmente, no art. 3, incs. I, III e IV; art. 7, inc. XX, que determina a proteção do mercado de trabalho da mulher, mediante incentivos específicos; art. 23, inc. X, que impõe ao Estado atuação ativa no combate às causas da pobreza e os fatores de marginalização, promovendo a integração social dos setores desfavorecidos; art. 37, VIII, ao estabelecer que a lei reservará percentual dos cargos e empregos públicos para as pessoas portadoras de deficiência e definirá os critérios de sua admissão; art. 227, inc. II, determina a criação de programas especiais de prevenção e integração dos adolescentes portadores de necessidades especiais. E por fim, menciona-se o art. 68 do Ato das Disposições Constitucionais Transitórias, que trata da emissão de títulos para imissão de posse aos remanescentes das comunidades dos quilombos. (p. 174-178).

A participação efetiva dos movimentos sociais como atores relevantes para o advento da CF-88 corrobora a autora e é digna de nota e voz. Veja o depoimento de Sueli Carneiro:

Na promulgação da Constituição de 1988, disse o Deputado Ulysses Guimarães que o processo que a engendrou teve foro de multidões. No interior dessas multidões, o movimento negro brasileiro foi um dos sujeitos mais ativos. O inciso XLII do art. 5 da Constituição, que tornou o racismo crime inafiançável e imprescritível, foi uma das vitórias alcançadas pelo movimento negro no texto constitucional, e parecia indicar que estávamos no limiar de um novo tempo, de reconciliação da Nação brasileira consigo mesma e com sua história, e a superação efetiva das fábulas de cordialidade racial que mascararam, por tempo demais, as sequelas de um passado escravista e de um presente de exclusão de base racial, em todas as dimensões da vida, que os números das desigualdades raciais sistematicamente veiculadas pelos institutos de pesquisa teimam em demonstrar. A criminalização ao racismo na Constituição mudava radicalmente a visão jurídica sobre esse tema, considerado até aquele momento mera contravenção penal, que o equivalente a cinquenta centavos de multa podia resolver. O inciso constitucional que tornou o racismo crime teve sua tipificação complementar na Lei n. 7.716, de 1989, de autoria do ex-Deputado Federal Carlos Alberto Caó, lei que define e pune os crimes resultantes da prática do racismo, indução e incitamento à discriminação racial. Esses dois dispositivos – o dispositivo constitucional e o infraconstitucional – alavancaram as primeiras iniciativas de tratamento da questão racial do ponto de vista jurídico, como o SOS Racismo, assessoria jurídica para vítimas de discriminação racial que a minha organização, o GELEDÉS, lançou pioneiramente com o objetivo de, através do caso concreto, sensibilizar o Poder Judiciário para os casos e para a magnitude das práticas de discriminação com vistas à sua punição. No ano passado, a Comissão Interamericana de Direitos Humanos da Organização dos Estados Americanos

(OEA), em decisão inédita, condenou o Brasil em um caso de discriminação racial. Então, o que temos? Lutamos pela criminalização do racismo, conquistamos isso na Constituição de 1988, e, na prática social, a impunidade de que se reveste este crime no Brasil permanece cúmplice da violência e dos danos que a discriminação racial provoca. Outra vitória celebrada pelo movimento negro brasileiro, pelo que sinalizava de reconhecimento e de reparação da perversa herança colonial, foi a que consta nas Disposições Transitórias, art. 68, segundo o qual "aos remanescentes das comunidades de quilombos que estejam ocupando suas terras é reconhecida a propriedade definitiva, devendo o Estado emitir-lhes os títulos respectivos." No entanto, tal disposição constitucional esbarra na conflituosa situação em que estão imersas as comunidades remanescentes de quilombos, em que as disputas de suas terras ancestrais com empreendimentos agropecuários, madeireiros e grilagem para fins de especulação imobiliária operam para postergar ou negar a titulação de suas terras, direito arduamente conquistado pelos quilombolas. Nos artigos relativos ao tema da cultura, o art. 215 assegura que "o Estado garantirá a todos o pleno exercício dos direitos culturais e acesso às fontes da cultura nacional, e apoiará e incentivará a valorização e a difusão das manifestações culturais." Pode-se considerar que entre os desdobramentos ou regulamentações desse dispositivo constitucional está a Lei n. 10.639, sancionada em 2003, que introduziu o ensino da História da África e da cultura afro-brasileira nos currículos escolares, antiga reivindicação dos movimentos negros brasileiros, e considerado, novamente, um novo marco para o reconhecimento e valorização da participação dos afro-brasileiros na história do País. (Câmara dos Deputados, 2009, p. 139-142).

Observa-se também o depoimento de Nailton Muniz Pataxó:

[...] Aí fizemos uma articulação, porque todo o nosso povo estava fora e distante. Em 19 de abril de 1982, voltamos para nossa terra de origem. Vivemos dezessete anos nessa fazenda que ocupamos sem ter o direito de aumentar esse espaço. Toda vez que a gente fazia uma ocupação, a gente era expulso dessas áreas pelos pistoleiros dos fazendeiros. A Polícia Militar na época era quem expulsava os índios, ganhando dinheiro dos fazendeiros. Até que surgiu a ideia de criar a comissão de articulação, a nível de sudeste e nordeste, que pegava do Espírito Santo, Minas Gerais até o Ceará. Essa comissão de articulação foi se mobilizando, realizando seus encontros regionais de microrregião, de macrorregião, até a assembleia-geral. E a gente conseguiu ir se organizando e fazendo outras ocupações, não só na área dos pataxós, mas em todo o Nordeste. Em 1988, houve essa mudança no Governo, na Constituição. Viemos para Brasília, trabalhamos a articulação. Foi criada uma comissão organizadora para trabalhar toda essa movimentação, para que o direito do índio fosse assegurado na Constituição. Criamos a CAPOIAB – Conselho de Articulação dos Povos e Organizações Indígenas do Brasil para nos representar em âmbito nacional. Em Brasília, ficamos noventa dias, andando e nos mobilizando. Realizamos uma grande assembleia, fizemos a nossa proposta, colocamos no papel como a gente queria o nosso direito na Constituição. Com o documento final dessa assembleia, andamos de gabinete em gabinete, no Congresso Nacional, nos Anexos I e II, entregando aos Deputados nossa proposta, como queríamos, exigindo deles a assinatura – e a recebemos – e contando com o voto a favor desse direito na Constituição que hoje está aí. Fizemos um trabalho muito pesado. Passamos muitos dias fora de casa, tínhamos de nos acostumar com a cidade, mas a gente sabia que era por um objetivo muito importante para os povos indígenas.

A marcha indígena do ano 2000 veio, a gente articulou na região, fizemos várias ocupações, para, no momento, termos a chance de nos aproximar da imprensa, para divulgar a marcha indígena. E quando a gente consegue realizar a marcha indígena, vem a polícia e dá tiros nos índios, espanca os índios, chuta os índios. E aí a gente fica muito preocupado com essa situação. A Constituição de 88 deu o prazo de cinco anos para se demarcar e legalizar todas as áreas indígenas. Está com vinte anos e nenhuma foi legalizada. A Raposa

Serra do Sol, que foi homologada pelo Presidente da República, está com problema. Foi liberado recurso para o exército desintrusar a área. Aí vem o Judiciário contra o Presidente da República, contra a Constituição e contra o direito constitucional das comunidades indígenas e faz um jeito de rever este caso. E até hoje nesta polêmica para se resolver este problema. Quero dizer aos outros companheiros de luta presentes que nós só vamos resolver os nossos problemas na porrada. Vai ser na porrada! Ninguém vai dar nada de mão beijada. Hoje, nós temos 18 mil hectares de terra que recuperamos da mão do fazendeiro, mas foi com a morte do nosso povo. As lideranças tradicionais que começaram a lutar comigo, como o Samado, o Higino, o Desidério, o Eusébio, o Ursulino, o João Cravinho, entre outras, já morreram todas. Foram mortos pelos fazendeiros. Aparece morto lá e, depois, acabou. Ninguém sabe quem foi, nem ninguém descobre quem é. Então, comigo não vai ser diferente. Qual a liderança que morre por aí a não ser assassinada. Então, a gente não tem aquele prazer de ver o fim da luta, de contar a vitória para os nossos filhos, netos e bisnetos. E ainda é preciso derramar o sangue para recuperar as terras roubadas. Nós, índios, depois de concedidos os direitos dos índios na Constituinte, nos mobilizamos novamente, escrevemos uma proposta de um novo Estatuto do Índio. Os índios fizeram a sua proposta, o Núcleo de /direitos Indígenas (NDI) fez a proposta dele e o Governo fez a proposta dele. O Conselho Indigenista Missionário tinha também o direito de fazer a sua proposta, mas eles gostaram da que os índios apresentaram e resolveram assessorá-la e apoiá-la. Depois a proposta dos índios não valeu nada para o Governo e ficou sendo discutida a proposta do Governo. Às vezes a gente discute muito dentro das áreas o seguinte: se a Constituição reconhece a nossa organização social, os nossos costumes, a nossa língua, a nossa crença, a nossa tradição, nós achávamos que eles iriam, baseados nesses direitos, ouvir a nossa voz, respeitar o nosso desejo.

Chega de ouvir os outros dizerem o que é bom para nós. O que queremos é que esse povo respeite o que nós achamos que é bom para nós. Eles não têm de decidir o que é bom para nós. Já é muito importante eles respeitarem o que achamos que é bom para nós. O novo Estatuto está há mais de vinte anos tramitando no Congresso Nacional e até hoje não foi concluído, até hoje não ficou pronto, porque há interesses quanto à revisão constitucional para botarem o que bem entendem. (Câmara dos Deputados, 2009, p. 91-123).

Fica evidente que 1988 simboliza a efervescência da democracia brasileira, cuja sociedade dá adeus a uma ditadura e a Constituição de 1988 engata o grande marco de *policy* no Brasil. Um dos maiores sociólogos brasileiros e estudioso da condição do negro na sociedade de classes brasileira, com visão seminal e clássica, em 1988, é deputado constituinte, o professor Florestan Fernandes. Abdias do Nascimento, desde o teatro experimental do negro nos anos 1940, até sua chegada ao Senado Federal, na década de 1980, foi então uma das grandes vozes negras a favor das ações compensatórias e do direito igual dos negros e negras no Brasil.

Segundo Dagnino (2002), no entanto, os anos 1990, para o Brasil, marcam uma espécie de encruzilhada perversa, de confluência perversa da história: de dentro para fora do país ocorre um ascenso das mobilizações de massas, das lutas sociais, dos novos movimentos sociais, como raras vezes visto na história do Brasil, de ampla participação cidadã e democrática, ao longo dos anos 1980, com a Constituição de 1988 como referência. Ao passo que, de fora para dentro, já no começo dos anos 1990, as novas políticas de cunho novo-liberal, de ajuste fiscal sobre o Estado de bem-estar dos países ricos europeus e as políticas públicas, varrerão o mapa mundial, tendo como referência os governos de Ronald Reagan e Margareth Thatcher.

A política pública de foco é a grande vitrine para o social, há um endeusamento do mercado e uma estigmatização do Estado. Contudo, são anos de baliza fundamental para o entendimento da vida que espera as políticas sociais paridas no berço constitucional de 1988. São tempos de reformas neoliberais ordenadas pelo ajuste fiscal, tempo de notícias ruins e boas, como o fim da inflação na casa dos dois dígitos, mas juros altíssimos e desemprego muito alto. O período da redemocratização, da Constituinte, da nova constituição, apelidada de "cidadã", do Fora-Collor, é tempo do brotar de novíssimos movimentos sociais, como o MSU, a EDUCAFRO, com os cursinhos populares, a bandeira do direito à universidade para o pobre, o negro e a negra, a escola pública, o indígena, pontos de resistência negra, indígena e popular no mapa do Brasil, tendo a educação popular como guia.

Em 1998 e 1999, projetos de lei que reservam 50% das vagas em universidades públicas federais para oriundos de escola pública são protocolados no Senado e na Câmara dos Deputados. Em 2001, a delegação brasileira que participou da Conferência Mundial Contra o Racismo, a Xenofobia e Intolerâncias Correlatas, em Durban, na África do Sul, de Mandela, defendendo a política pública de ação afirmativa para o acesso de negros e negras ao ensino superior.

O Rio de Janeiro e a Bahia, antigas capitais do Brasil, foram por muito tempo a porta de entrada de escravizados homens, mulheres e crianças, trazidos da África em navios negreiros trágicos. Por isso, a população desses estados brasileiros tem forte presença negra: física, cultural, étnica, objetiva e subjetiva e racial. Em 2001, o Rio de Janeiro, por meio de uma lei da Assembleia Legislativa, sancionada pelo governador, passará a ter uma política pública de ação afirmativa para o acesso ao ensino superior público estadual. Em 2002, a universidade estadual da Bahia trilha o mesmo rumo. Em 2003, a Universidade de Brasília também criaria seu programa de ação afirmativa para o acesso ao ensino superior (Júnior; Zoninsein, 2006).

O pesquisador do IPEA Ricardo Henriques, em *Desigualdade racial no Brasil: evolução das condições de vida na década de 90*, publicado em julho de 2001, mostrou um dolorido retrato da desigualdade racial no Brasil, demarcador de campos: à argumentação do pesquisador, baseada em dados estatísticos e análise, somam-se experiências de políticas de ação afirmativa incipientes, mas empíricas.

Se, via ACF, a conformação social de uma coalizão de defesa de política pública num subsistema específico pode vir a aglutinar diferentes atores unidos por crenças comuns, indo do pesquisador ao movimento social, pode-se supor que, em 2001, o Brasil demonstra a existência de dados reais subjetivos e objetivos que dão sustentação a uma coalizão social a favor de políticas públicas de ação afirmativa e, por tabela, a medir pela repercussão na sociedade, na mídia e no judiciário, à época, de posicionamentos sociais de diferentes matizes, contrários às ações afirmativas, pode-se falar numa segunda coalizão, contrária às políticas de ações afirmativas.

No subsistema brasileiro de educação, conforme dados do INEP/MEC, divulgados em fins de 2006 e mobilizados por Jensen (2010, p. 323-324), diversas experiências de cotas para o acesso ao ensino superior já se podiam contabilizar em nível subnacional, em diversas regiões do país, sendo um total de 29 instituições (IES), das quais 14 são universidades, 10 são faculdades, 3 são centros universitários, 1 faculdade integrada e 1 instituto superior; sendo 15 do setor privado e 14 do setor público, dentre as quais, 11 são estaduais, 2 são municipais e 1 é federal, conforme apontou a autora.

Mais adiante, em 2008, por ocasião da vitória do PL de Cotas, no dia 20 de novembro de 2008, no Plenário da Câmara dos Deputados, e sua grande repercussão, novos dados são levantados no subsistema de educação brasileiro com relação às cotas:

> Hoje, segundo o levantamento feito pelos pesquisadores Renato Ferreira e Anísio Borba, do Laboratório de Políticas Públicas da UERJ, apenas nove instituições federais de ensino superior, de um total de 105, já atenderiam ao critério de reservar 50% das vagas em seus

vestibulares para estudantes oriundos do ensino médio ou negros, pardos e indígenas. É esse o percentual previsto no projeto aprovado anteontem na Câmara, que seguirá para apreciação no Senado. Outras 19 universidades que já adotaram cotas teriam que elevar seu percentual, de acordo com dados do Mapa das Ações Afirmativas da UERJ. Do total de 144 mil vagas oferecidas em 2006 – último ano para o qual há dados do censo realizado pelo MEC -, apenas 21 mil estariam reservadas, o que representa 14% do total. Como o projeto estipula 50%, a proporção mais que triplicaria. (Gois; Takahashi, 2008).

Desse modo, percebe-se que, em relação ao levantamento anterior (Jensen, 2010), há um crescimento da adoção de políticas de cotas no subsistema de educação nacional. Esse perfil se evidencia a seguir:

Imagem 2 – Cotas nas universidades federais

COTAS NAS FEDERAIS

Apenas nove instituições já têm cotas de 50%

PERCENTUAL RESERVADO NO VESTIBULAR POR COTAS

Universidade Federal do Pará	50%	Universidade Federal de Ouro Preto	30%
Universidade Federal de Sergipe	50%	Universidade Federal do Rio Grande do Sul	30%
Universidade Federal do Maranhão	50%	Universidade Federal de Santa Catarina	30%
Centro Fed. de Educação Tec. da Bahia	50%	Universidade Federal de Uberlândia	25% a 50%*
Centro Fed. de Educação Tec. do Rio G. do Norte	50%	Universidade Federal de São Carlos	20%
Centro Fed. de Educação Tec. de Pernambuco	50%	Universidade de Brasília	20%
Universidade Federal de Juiz de Fora	50%	Universidade Federal de Goiás	20%
Universidade Federal do ABC	50%	Universidade Federal de Alagoas	20%
Universidade Tec. Fed. do Paraná	50%	Universidade Federal de São Paulo	10%
Universidade Federal da Bahia	45%	Fundação Univ. Fed. do Tocantins	5%
Universidade Federal do Recôncavo da Bahia	45%	Universidade Federal do Piauí	5%
Universidade Federal do Espírito Santo	40%	Centro Fed. de Edu. Tec. de Sergipe	5%
Universidade Federal do Paraná	40%	Fundação Univ. Fed. da Grande Dourados	60 vagas**
Universidade Federal de Santa Maria	35%	Universidade Federal Rural da Amazônia	***

227 mil vagas é a estimativa para 2009 nas universidades federais

60 universidades federais, estaduais e municipais em todo o país já adotam o sistema de cotas

* De 25% a 50% dependendo do curso. ** para indígenas em curso de licenciatura. *** A proporção é estabelecida a cada ano pelo percentual de estudantes da rede pública inscritos no exame. OBS: As federais Fluminense, de Pernambuco, Rural de Pernambuco e do Rio Grande do Norte garantem um bônus no vestibular, mas não reservam vaga Fonte: Laboratório de Políticas Públicas/Uerj

Fonte: matéria publicada no jornal *Folha de São Paulo*, em 22 de novembro de 2008, Caderno Cotidiano, p. C2

Esses dados são suficientes para uma primeira verificação empírica da ocorrência, em nível subnacional, dentro do subsistema de educação brasileiro, da política pública de cotas, o que, portanto, confere robustez para a opção teórica escolhida para essa investigação.

Mas, como crenças, que, segundo a ACF, são o amálgama para a existência das coalizões, podem refletir concepções distintas de sociedade em debate na teoria social contemporânea, na história das relações raciais no Brasil, nas desigualdades educacionais no Brasil? Quais são essas crenças por trás dos posicionamentos sociais em relação à política pública de ação afirmativa para o ensino superior no Brasil?

CRENÇAS

Este capítulo trata das crenças, do movimento das ideias, de acordo com a opção teórica feita, buscando sua relação com atores. Ele faz um escrutínio nesse campo e aponta a conformação de coalizões em política pública com base, direta ou indireta, nessas ideias.

5.1 PÉS DESCALÇOS, MEDO E CORAGEM, PALMEIRAS E DESGRAÇAS, SANGUE E DOR FAZEM PEGAR AS COALIZÕES NO SOLO PÁTRIO

A redução em política pública, como ensina o professor Guerreiro Ramos, precisa atentar para a história e a estrutura da sociedade. Então, que se faça isso pela mudança estrutural que envolve o Parlamento na história. Para tanto, um passo atrás na estrutura da escravidão no Brasil é necessário, pois, sem esse passo, vira faz de contas.

> A escravidão é a grande categoria explicativa da especificidade do processo histórico brasileiro, imprimindo marcas até hoje visíveis às relações sociais, econômicas e culturais do país. Mais não seria preciso para justificar a necessidade de estudá-la, analisá-la, entendê-la na multiplicidade de aspectos que apresenta. (Queiroz, 1987, p. 7).

Estruturalmente, pode-se falar em crise do antigo sistema colonial, em 1808, conforme o magnífico estudo publicado pelo professor Fernando Novais, em 1974, "Portugal e Brasil na Crise do Antigo Sistema Colonial, 1777-1808", cuja análise é baseada numa linha triangular África – Portugal – Brasil, com forte polo de determinação de fora para dentro do território brasileiro. Contudo, a estrutura da formação da sociedade brasileira atravessa a independência do Brasil, revelando a importância da dinâmica estrutural, onde, como na topologia, na geometria dinâmica, as linhas estruturais podem variar. O ensinamento do professor Fernando Novais merece ser gravado: a noção da estrutura como dinâmica na história não se trata de um dogmatismo. Guerreiro Ramos frisa a demografia como parte fundante da estrutura social.

As estimativas demográficas em história moderna são feitas em estudos que "combinam as disciplinas demografia, economia e história e servem-se de instrumentos tão diferentes quanto a história oral e a análise quantitativa" (Klein, 1987, p. 131). Não custa observar esse ponto fundamental. Ao analisar dados coligidos, o autor mostra que

> [...] tornam evidentes, principalmente o crescimento de longo prazo do tráfico entre os séculos dezesseis e dezenove. Sem dúvida foi o Brasil a principal região de desembarque de africanos nas Américas, com um terço do total desembarcado antes de 1780 e provavelmente dois terços após essa data. Portugal, além disso, foi o mais antigo traficante de escravos e os navios negreiros destinados ao Brasil estiveram entre os primeiros a singrar águas americanas e os últimos a abandonar a prática do tráfico. (Klein, 1987, p. 133).

No artigo, o autor sustenta que 1.895.500 escravizados foram transportados da África para o Brasil, de 1531 a 1789, e 2.113.900, de 1791 a 1855, conforme estimativa da investigação histórica moderna.

Um de seus expoentes, o professor Luiz Felipe de Alencastro valorizou a tese da relação bilateral Brasil versus África, a linha Salvador ou Recife ou Rio de Janeiro — Luanda, com polo dinâmico no mercado interno, na dinâmica costa brasileira/costa africana. O autor sustentou também a tese da impossibilidade de se usar os indígenas brasileiros no comércio global de seres humanos por conta das pandemias, de sua alta dispersão no território, dificuldades tecnológicas de navios na subida-descida da costa brasileira, precedência dos interesses do capitalismo mundial em torno do escravizado de origem africana, trato dos viventes consolidado no tempo, pensado infinito, de um mercado extremamente lucrativo para seus títeres (Alencastro, 2000).

Em mais de 300 anos, estima-se que mais de 4 milhões de africanos vieram para o Brasil, mantendo-se uma estrutura dinamicamente alimentada. Essa estrutura baseou-se pelo *boom* do tráfico, no final dos anos 1820; pela escravização negra, que não terminou em 1830; pelo *boom* da década de 1840, novamente temendo pelo fim nos anos 1850. O fim do tráfico externo veio pela lei e pela pressão do maior império do mundo no século XIX, o inglês, que investigava estatisticamente o comércio desde 1780 em seu Parlamento, com séries impressionantes. Segundo Klein e Vinson:

> A colossal migração forçada de africanos promovida pelo tráfico atlântico é um dos fenômenos centrais da moderna história da África e das Américas. Entre 10 e 12 milhões de africanos cruzaram o Atlântico contra a vontade, e destes, 1 a 2 milhões perderam a vida na travessia [...] Embora todas as principais nações da Europa Ocidental participassem do tráfico, essencialmente quatro países o dominaram[176]. Do princípio ao fim foram os portugueses os responsáveis pelo transporte final da maioria dos cativos. Em segundo lugar vieram os britânicos, que no século XVIII realizaram a maioria dos embarques. Em seguida vieram os holandeses e os franceses, os primeiros predominantes no século XVII, e os segundos no século seguinte. Além desses principais traficantes, muitos outros participaram, desde os norte-americanos e dinamarqueses até os suecos e alemães, com uma atividade moderada ou de curto prazo. (Klein; Vinson III, 2015, p. 192).

Prossegue a análise:

> O Brasil foi finalmente eliminado do tráfico em 1850 graças à decisão do governo imperial brasileiro de acatar as pressões internacionais para que se desse fim ao mais antigo, maior e mais duradouro tráfico de escravos do mundo; uma atividade que trouxe para as costas brasileiras um total aproximado de 3,9 milhões de africanos. (Klein; Vinson III, 2015, p. 303-304).

Estruturalmente alimentada, tragicamente, a lógica do tráfico e da escravização negra repete-se, no Brasil, em sua dimensão interna do tráfico intraprovincial, interprovincial e local. Há uma dinâmica do tráfico para as regiões do café, apesar da lei, apesar da legalidade institucional:

> Na sessão de 16 de junho de 1831, da Câmara dos Deputados, foram apresentados três projetos: um que acabava com a escravidão no Brasil (dos Deputados Antônio e Ernesto Ferreira França), outro sobre compra de alforria (do Deputado Pereira de Brito) e, finalmente, um sobre liberdade para africanos que comprovassem ser contrabandeados. O primeiro deles não foi, todavia, julgado objeto de deliberação. Em novembro deste mesmo ano temos a Lei do Governo Feijó, que "declara livres todos os escravos vindos de fora do Império, e impõe pena aos importadores dos mesmos escravos." Foi ela assinada por Francisco de Lima e Silva, José da Costa Carvalho, João Bráulio Muniz e Diogo Antônio Feijó. (Coleção das Leis do Império do Brasil de 1831, Primeira Parte, Rio de Janeiro, Tipografia Nacional, 1835, p. 498). (Senado Federal, 2012, p. 66).

---

[176] Nantes, na França, e Liverpool, na Inglaterra, foram grandes portos de comércio de escravizados africanos.

Em letras garrafais, "Lei do Governo Feijó, de 7 de novembro de 1831: Declara livres todos os escravos vindos de fora do Império, e impõe aos importadores dos mesmos escravos".

A Regência, em nome do Imperador, o Senhor D. Pedro II, faz saber a todos os súditos do Império que a Assembléia Geral decretou e sancionou a seguinte lei:

ART. 1 Todos os escravos, que entrarem no território ou portos do Brasil, vindos de fora, ficam livres. Excetuam-se:

1) Os escravos matriculados no serviço de embarcações pertencentes ao país, onde a escravidão é permitida, enquanto empregados nos serviços das mesmas embarcações.

2) Os que fugirem do território, ou embarcação estrangeira, os quais serão entregues aos senhores que os reclamarem, e reexportados para fora do Brasil.

Para os casos da exceção n.1, na visita de entrada se lavrará termo do número de escravos, com as declarações necessárias para verificar a identidade dos mesmos, e fiscalizar-se na visita de saída se a embarcação leva aqueles, com quem entrou. Os escravos, que forem achados depois da saída da embarcação, serão apreendidos e retidos até serem reexportados. (...)

Manda, portanto, a todas as autoridades, a que o conhecimento, e execução da referida lei pertencer, que a cumpram, e façam cumprir, e guardar tão inteiramente, como nela se contém. O secretário de Estado dos Negócios da Justiça a faça imprimir, publicar e correr. Dada no Palácio do Rio de Janeiro, aos sete dias do mês de novembro de mil oitocentos e trinta e um, décimo da independência e do Império. / Francisco de Lima e Silva / José da Costa Carvalho / João Braullo Moniz / Diogo Antônio Feijó.

Carta da lei pela qual Vossa Majestade Imperial manda executar o decreto da Assembleia Geral que houve por bem sancionar, declarando que todos os escravos que entraram no território ou portos do Brasil, vindos de fora, ficarão livres, com as exceções nela declaradas, e impondo penas aos importadores dos ditos escravos, tudo na forma acima declarada.

Para Vossa Majestade Imperial, ver, / Antônio Alvares de Miranda Varejão, a fez. / Diogo Antônio Feijó.

Foi publicada e selada na Secretaria de Estado dos Negócios da Justiça, em 15 de novembro de 1831. – João Carneiro de Campos.

Registrada nesta Secretaria de Estado dos Negócios da Justiça no L. 1 de Leis a fl. 98, em 15 de novembro de 1831. – Tomás José Tinoco de Almeida. (Coleção das Leis do Império do Brasil de 1831, 1 parte, p. 182 a 184). (Senado Federal, 2012, p. 69-71).

Em termos de dinâmica estrutural, a lei anterior informa possibilidade real de mudança estrutural pelo Parlamento. Em termos institucionais, revela paradoxos do Brasil. A lei ficaria conhecida como lei "para inglês ver". Mas essa visão normatiza o absurdo. Que venha a crítica. Ora, a lei para alterar o *status quo* sofre resistência da branquitude, diga-se não homogênea, sem simplismo, mas com todos os tons do privilégio branco. Aconteceu para com os indígenas, aconteceu para com os escravizados africanos. Ocorre que "o pertencimento do indígena à nação brasileira é um ponto em aberto, eliminado a princípio pela Constituição de 1824, pois, assim como os escravos, eles não deviam participar da cidadania política nem civil" (Sposito, 2011, p. 55). Mil oitocentos e trinta e um é o ano legislativo exemplar. Sem consenso no debate sobre os povos indígenas, mas precisados dessa força de trabalho, deliberam os parlamentares o "fim" das guerras justas decretadas em 1808:

A Assembléia Legislativa Decreta: Artigo 1. Fica revogada a Carta Régia de 5 de Novembro de 1808, na parte em que mandou declarar Guerra aos Índios Bugres da Província de São Paulo, e determinou que os Prisioneiros fossem obrigados a servir por quinze annos aos

Milicianos, ou Moradores, que os apprehendessem. Artigo 2. Ficão também revogadas as Cartas Régias de 13 de Maio e de 2 de Dezembro de 1808, na parte que authorizão na Provincia de Minas Geraes a mesma Guerra, e servidão aos Indios Prisioneiros. Artigo 3. Os Indios tidos aqui em servidão serão d'ella desonerados. Serão considerados como Orfãos e entregues aos respectivos Juizes, para lhes aplicarem as providencias da Ordenação Livro 1, Titulo 88. Artigo 5. Serão socorridos pelo Thesouro do preciso, até que os Juizes de Orfãos os depositem, onde tenham salários, ou aprendam officios fabris. Artigo 6. Os Juizes de Paz nos seus Districtos vigiarão e socorrerão os abusos contra as liberdades dos Indios. Paço do Senado em 27 de Julho de 1831. Bispo Capellão Mór Prezidente Visconde de Caethé 1 Secretario (último nome ilegível). (SEDHI Seção de Documentos Históricos da Câmara dos Deputados em Brasília, 1831, Lata 56, Maço 3, pasta 1. (Sposito, 2011).

Percebe-se que o fenômeno dos milicianos não é uma novidade de 2020 no Brasil. Tampouco os povos indígenas serem tratados como um problema de juiz, de polícia, assim como os povos africanos. As leis de 1831 para os pretos, para os vermelhos, não pegariam. A liberdade, anseio do corpo, perderia para o espírito do rabo de tatu, da corrente, do sangue derramado, dominante nos territórios. A guerra racial da colonização continuaria.

Em termos de política pública aprovada no Parlamento e sancionada pelo poder executivo, isso significa que não houve vigilância na aplicação da lei e que os responsáveis diretos pela execução dela não sofreram sanção alguma. Não houve o que os estadunidenses chamam de *enforcement*, a fiscalização da política pública no processo de sua execução. Pois bem, essas leis, como a Lei Feijó, pelo seu peso e por não ter sido revogada por longo tempo, inauguram a prática oficial da burla da lei no novo Estado Nacional.

Então, não é a lei para inglês ver, mas a lei que a branquitude burla. Com isso, em termos institucionais, no Brasil, pode se falar em uma institucionalidade legal e simultaneamente numa institucionalidade ilegal que lhe faz necessariamente sombra, quando a lei no Parlamento informa cidadania para excluídos, para a maioria.

Caso a cidadania ativa seja tolhida pela repressão política, pelo déficit de democracia, a institucionalidade ilegal engole a institucionalidade legal, como a sombra engole a luz do sol, tornando-se a sombra um mecanismo institucional ativo de política pública no Brasil.

O que mais as leis de 1831 descortinam em termos institucionais? A baixa ou pouca solidariedade e identidade da minoria branca para com as demais camadas da população, o parco respeito. Por tabela, a dificuldade política da constituição do povo brasileiro na história, porque há paradoxo na relação entre as partes no sentido de uma conformação de um só todo. Doutro modo: o paradoxo é entre as partes e o todo, onde o todo não é o somatório das partes, mas está numa relação de privilégio com uma parte apenas.

Outra característica genética em políticas públicas no Brasil, derivada da institucionalidade legal e ilegal informada pelas leis de 1831, é a naturalização da guerra legal ou ilegal contra o outro social o outro racial, negro ou indígena, preto ou vermelho. Isso deriva do fato histórico da burla da branquitude em política pública, deriva também como linha de força lógica. Uma vez que as leis não pegaram, a guerra colonial triunfou nos tempos infinitos, guerras injustas de sempre, pois não há o vazio político. Ou seja, uma das partes, para posar como o todo, estrangula os pescoços das outras partes com as próprias mãos embranquecidas repletas de sangue.

As linhas de forças estruturais, tanto triangulares (Novais, 2007[1974]), com maior ação do poder do mercado externo e o peso da dependência externa, quanto bilaterais (Alencastro, 2000), com maior ação do poder do mercado interno e o peso da autonomia, por hipótese, nesse caso, mostraram sua permanência, sua geometria dinâmica adaptativa e o poder do veto estrutural, frente à possibilidade de mudança das relações raciais advindas da colonização.

Com isso, proibido em 1850, a estrutura do tráfico externo de escravizados africanos se acomodou numa dimensão interna, mostrando sua força. Isso vale igualmente para indígenas e a nova rodada dos aldeamentos forçados no Império, o novo bandeirantismo, que se inaugura com a superação das lutas sangrentas regionais pelo poder na federação e a vitória da centralização do poder na Corte, no Rio de Janeiro. "Resultado do desejo de encontrar uma solução final para a questão indígena, o Regulamento acerca das Missões de catequese e civilização dos Índios foi aprovado por meio do Decreto Imperial n. 426, em 24 de julho de 1845" (Oliveira, 2018, p. 88). Civilização entendida como assimilação ao modo de vida do branco e desaparecimento; extermínio e roubo das terras, riquezas e corpos. Como interpretam os Krenak, é a guerra sem fim. Para Manuela Carneiro da Cunha, o decreto foi a lei indigenista básica de todo o período imperial (Oliveira, 2018, p. 88). O Regulamento das Missões apressou o assalto institucional às terras indígenas feita com mãos e armas militares dos sócios do poder imperial dentro da cartilha da lei, que era, em grande medida, de cunho administrativo.

> Composto por 11 artigos e 70 parágrafos, em linhas gerais, esta medida indigenista determina nos artigos primeiro e segundo, a criação dos cargos de Diretor Geral (província) e Diretor de Aldeias, já dos artigos terceiro, quarto, quinto, sétimo, oitavo e nono se dedicam aos funcionários responsáveis pelo aldeamento; o artigo sexto se dedica ao ofício de missionários, em especial, os capuchinhos italianos; e os artigos décimo e décimo primeiro se descrevem as condições acerca da substituição de cargos e graduações recebidas em remuneração aos serviços. Cada uma dessas funções recebia honras e patentes militares, como de Brigadeiro ao de Diretor Geral, Tenente Coronel ao Diretor de Aldeia, Capitão ao Tesoureiro, Capitão Militar aos Missionários e Capitão das lideranças indígenas. (Oliveira, 2018, p. 90).

A própria militarização da questão por si só informa o curso da guerra civil no território brasileiro, uma guerra racial contra os povos originários. Não há engano aqui, catequese não significa educação indígena, mas aculturação. A letra da lei carrega a guerra ao nomear o capitão indígena, possivelmente a liderança cooptada, na prática advinda de parte dos índios "mansos", em oposição aos "brabos", aos "botocudos", como os Krenak no Rio Doce no Espírito Santo, os Kaingang que faziam casas subterrâneas no Paraná para vencer o extermínio, regra mortal da guerra da minoria branca contra amplas maiorias no Brasil: dividir para dominar.

Para os vermelhos, para os pretos?

A naturalização da violência da guerra, ainda que percebida às escâncaras no solo pátrio pelo próprio Parlamento no correr dos dias depois de 7 de novembro de 1831, é sublimada. O tráfico interno, troca da linha grande da força estrutural da escravidão dos 3 pontos (Novais, 2007[1974]) ou dos dois pontos (Alencastro, 2000) pela linha estrutural costa brasileira-interior brasileiro, ganha o nome de "comércio" no país. Há reação no Parlamento.

> Projetos n. 117 e s/n do Deputado J. M. Wanderlei (Barão de Cotegipe), em 11-8-1854, sobre comércio e transporte de escravos de umas províncias para outras províncias e sobre alforria, respectivamente.
>
> PROJETO N. 117, de 1854

(Apresentado na sessão de 11-8-1854, por J.M. Wanderlei, Barão de Cotegipe)

A Assembleia Geral Legislativa resolve:

Art. 1. Fica proibido, sob pena da Lei n. 581 de 4 de setembro de 1850, o comércio e transporte de escravos de umas para as outras províncias do Império. Excetuam-se os que viajarem em companhia dos respectivos senhores, em número marcado em regulamento do Governo.

Art. 2. Revogam-se as disposições em contrário.

Paço da Câmara dos Deputados, em 11 de agosto de 1854. – J. M. Wanderlei. (ACD, 1854, T. IV p. 124). (Senado Federal, [1988] 2012, p. 193).

O próprio deputado José Maurício Wanderley, autor do projeto de lei, feito Barão pelo imperador D. Pedro II, é a tradução do paradoxo da relação entre as partes e o todo no Brasil. Se nos debates em 1854 no Parlamento, em torno do projeto de lei, seu autor chega a discursar vociferando contra o tráfico: "essa nova traficância de carne humana", "os novos valongos da Corte", "mais bárbaro, mais inumano do que era o tráfico da costa da África", ao mesmo tempo, suaviza os termos da violência do tráfico ao nominá-lo "comércio" e não tráfico na letra do projeto de lei. Não só ele. "Analisando cuidadosamente as cerca de 20 páginas que compõem o debate pode-se identificar que o termo utilizado pelos deputados para tratar do tema – inclusive constando no título - é 'comércio'" (Teixeira, 2016, p. 19).

Essa capacidade de nomear a realidade, na casa do povo, desde a casa do povo, como é chamada a Câmara dos Deputados no Brasil, funda uma epistemologia muito particular das políticas públicas, muito conveniente para a ordem, uma epistemologia da branquitude.

Bahia, Rio Grande do Sul, Maranhão e províncias algodoeiras que lucraram com a guerra civil nos Estados Unidos, entram em declínio econômico com o retorno da produção do sul dos EUA e a queda do preço internacional do algodão. "Sendo também atingidas pela seca de 1877-79, essas províncias perderam uma significativa quantidade de escravos no mercado interno, visto através das compras em Campinas" (Scheffer, 2012, p. 53). O tráfico acontece de fato no mercado interno.

Um escravizado pardo é vendido de Campinas para um senhor no Rio de Janeiro. "Trata-se do escravo Jovino, um pardo de 33 anos, natural de Pernambuco, que foi vendido para Eduardo da Costa Passos, em 28 de fevereiro de 1880" (Scheffer, 2012, p. 46)[177]. Um exemplo do tráfico interno de escravizados.

Duas expressões históricas que revelam a luta da coalizão dos de baixo por liberdade depois da Lei de 1831 e a resistência ao não cumprimento da política pública, a liberdade expressa na mesma lei, são unidas por uma mesma família. Luiza Mahin[178], a mãe de Luiz Gama, "oriunda da Costa da Mina, escrava e depois liberta na Bahia, onde vivia de uma quitanda", "foi presa como suspeita de envolver-se em planos de insurreições de escravos, que não tiveram efeito". São várias insurreições na Bahia, nos 30 anos primeiros do XIX, como em 1835, a Rebelião Escrava, difundida como Revolta dos Malês, no processo documentado judicial de devassa e julgamento dos acusados. Depois "da revolta liberal-separatista de 1837-38, a Sabinada, a mãe seguiu para o Rio de Janeiro, onde ele tentaria, várias vezes, em vão encontrá-la". Ela teria sido expulsa do país, "junto com malungos dela, por prática de adivinhação africana". No poema "Minha Mãe", de 1861, de Luiz Gama, ela é "adusta

---

[177] Ver Scheffer (2012), que utiliza como principal fonte escrituras de transações envolvendo cativos, feitas nos cartórios de Campinas, mas também notícias e anúncios de jornais.

[178] Conforme Moura ([1981] 1986, p. 69).

Libia rainha". O nome Luiza aparece em documentos da devassa do Levante Malês, de 1835, em Salvador, na Bahia, uma revolta de africanos escravizados, negra, urbana e nagô, estudada no clássico de João José Reis (Reis, [1986] 2003, p. 301-302), o livro também informa grandes ensinamentos sobre coalizões dos de baixo, como sua dimensão de "imbricação entre etnia e religião", sobre coalizões de reação, suas escalas de repercussão locais, nacionais e internacionais, como a Lei da Pena de Morte, de 1835, no Brasil, imposta por conta da rebelião escrava, para coibir novas rebeliões. O que queria a coalizão dos escravizados africanos em 1835?

> Os conspiradores de 1835 provavelmente idealizaram seu projeto de rebelião levando em conta a divisão entre os homens livres e a insatisfação entre os escravos africanos. Estes últimos se caracterizam por uma forte convergência em torno da identidade étnica que, apesar de dividi-los, constituía, paradoxalmente, uma das principais referências de ruptura com o mundo dos brancos. Com base nas raízes africanas, eles construíram uma nova cultura de resistência, no interior da qual o islamismo ganhou força. Identidade religiosa e étnica convergiram na mobilização sobretudo dos escravos, mas também dos libertos nagôs. Organizados em torno de uma combativa religião, os malês se acreditavam preparados para dar início à luta e liderá-la. A conquista da Bahia seria consumada pela mobilização geral dos escravos africanos de Salvador, aos quais posteriormente se reuniriam os do Recôncavo. Mas a vitória final dependeria também, e sobretudo, da mobilização de forças espirituais. Os malês esperavam combinar o relaxamento do poder senhorial num domingo de festa cristã com o seu próprio fortalecimento espiritual num dia propício do mês sagrado do Ramadã. (Reis, [1986] 2003, p. 545-546).

A coalizão dos de baixo perdeu, uma "derrota com a dignidade da vitória" e de ensinamentos para a história, como o da necessidade de maior unidade e mobilização entre africanos de nações e religiões diferentes, sublinhado por Reis ([1986] 2003). A informação surge com um poder enorme numa coalizão, um grande recurso, para o bem e para o mal. Foi terrível o "azar de terem sido denunciados poucas horas do momento aprazado para o levante", diz o autor. Por outro lado, há a "qualidade" da coalizão adversária, da coalizão do *status quo*:

> Embora divididos, os homens livres da Bahia eram muitos e, ao contrário dos escravos, estavam sempre unidos quando se tratava de pôr freios à rebeldia africana. O interesse em manter a escravidão funcionou como uma base estratégica de solidariedade entre ricos e pobres. Mas não apenas o interesse escravista contou. O fosso cultural e ideológico que separava brasileiros – inclusive escravos – e africanos escravos e libertos também definiu com alguma precisão os lados do conflito. Os laços de cultura e nacionalidade uniram contra os africanos os mais poderosos e os mais miseráveis dos brasileiros, mesmo os que não possuíam escravo algum, ou que eram eles próprios escravos. (Reis, [1986] 1993, p. 546).

Quem sabe por conta dos fortes eventos da independência do Brasil na Bahia, que veio antes e terminou depois, em julho de 1823, esse sentimento, o nacionalismo, surgiu como uma forte crença que uniu a coalizão contrária à rebelião dos escravizados. É um nacionalismo forte, associado à ideia de Independência. Um ponto, no entanto, não é marginal na devassa: a caçada ao manuscrito, ao conhecimento compartilhado na linguagem escrita, sinal do perigo da leitura e da escrita, o que, no caso, traduz-se na sabedoria árabe. A escravidão no Brasil era inimiga mortal do conhecimento, da leitura, da escrita, das contas, o que assombra a cena brasileira até hoje.

Da mãe para o filho.

Luiz Gama cobrou a liberdade sem temor, porque mais de 500 mil pessoas foram escravizadas sem amparo legal, desde 1831.

A pena cortante de Luiz Gama fala:

Escândalos

Em vista do movimento abolicionista que se está desenvolvendo no império, a despeito do crocodilismo [sic] do imperador, e dos inauditos desplantes de seu imoral governo, começam de acautelar-se os corrompidos mercadores de carne humana.

As vozes dos abolicionistas têm posto em relevo um fato altamente criminoso e assaz defendido, há muitos anos, pelas nossas indignas autoridades. É o fato [de] que a maior parte dos escravos africanos existentes no Brasil foram importados depois da lei proibitiva do tráfico promulgado em 1831. Começam [,] amedrontados pela opinião pública, os possuidores de africanos livres a vendê-los para lugares distantes dos de sua residência.

Da cidade de Jaguari, província de Minas Gerais, acaba, um sr. Antonio Gonçalves Pereira, de enviar para esta província os africanos Jacinto e sua mulher para serem aqui vendidos, isto porque é ali sabido e muito se falava ultimamente que tais africanos foram importados há 20 anos!...

Podemos afirmar que em idênticas circunstâncias existem muitos africanos nesta cidade, com conhecimento das autoridades, que são as principais protetora[s] de crime tão horroroso.

E mais afirmamos que o governo de S.M. [Sua Majestade] o Imperador tem dado a essas autoridades instruções secretas, para que não tomem conhecimento das reclamações que em tal sentido lhes forem feitas!...

Deverão os amigos da humanidade, os defensores da moral, cruzar os braços diante de tão abomináveis delitos? (Gama, 2020, p. 145).

O legislativo da província de São Paulo discute tardiamente o fim da escravidão negra, como o inglês, somente depois de muitos anos de ganharem uma fortuna em cima dela.

Isso aponta como o início da década de 1870 até o travamento desse comércio, foi marcado pela exportação de escravos, provavelmente incentivado pelo debate sobre sua proibição ou impedimento, que já estava em discussão na assembleia provincial. (Scheffer, 2012, p. 52).

Outro mecanismo de política pública, o medo, que aparece na documentação da Assembleia Legislativa da Província de São Paulo, carrega o cordão sanitário contra a propagação da Revolução Negra do Haiti nas Américas, conforme o estudo robusto de "Onda Negra, Medo Branco", de Célia Marinho de Azevedo (1987).

O medo é um mecanismo de plantão para juntar a branquitude não homogênea do *status quo* brasileiro em prol da continuidade infinita da escravidão. Nesse sentido, o medo é mecanismo político de amálgama, de união, logo, de formação de coalizão, um forte elemento de crença, como nos filmes de terror. O racismo estrutural funda a estrutura da sociedade brasileira e vislumbra uma infinita normatização dessa situação racial na relação entre os brancos da minoria e a maioria de negros, seus descendentes e indígenas.

Em 1881, a expectativa da branquitude era que a escravidão duraria até pelo menos 1910 (Mello, 1992, p. 645)[179]. Expectativas contam em economia e na política, pois havia grande endogeneidade na orquestração da dominação de classe, raça e gênero no território brasileiro rico e muito cobiçado. Paradoxalmente, parece que é uma endogeneidade além da dependência externa, mas estaria dentro da dinâmica da dependência, da dominação externa, por conta das commodities para exportação.

---

[179] Ver o livro *Escravos, daqui, dali e de mais além: o tráfico interno de cativos na expansão cafeeira paulista (Areias, Guaratinguetá, Constituição/Piracicaba, e Casa Branca, 1861-1887)* (2012). No capítulo "Historiografia e Tráfico Interno no Brasil", o autor discute a tensão entre expectativas de continuísmo da escravidão e pressões abolicionistas.

Assim, a própria existência da estrutura racial brasileira gera expectativa de sua reprodução no tempo como reprodução natural do *status quo*, seja por conveniências "dos tutores da menoridade kantiana", seja por apostas milionárias de milionários locais e seus sócios sobre a escrita do futuro e a manutenção do padrão de seus ganhos, como o do comendador Joaquim Policarpo Aranha que "ao todo, adquiriu 285 escravos no período estudado, sendo que 192 deles foram comercializados juntamente com uma fazenda de café no município de Campinas, em 2 de outubro de 1869" (Scheffer, 2012, p. 61).

Os estudos de instituição muitas vezes passam ao largo da regra institucional da escravidão no Brasil e de sua herança, seja como inércia institucional, seja como permanência de longa duração na estrutura, na economia, na cultura, nas relações raciais, nas políticas públicas. Muito mais ainda é esquecido no quesito resistência ou revolta contra a absurda situação da escravização de seres humanos.

Com novos estudos demográficos e uma base de dados online internacional (slavevoyages. org), chega-se nos anos 2020 com estimativas de cerca de 12 milhões como o total dos humanos africanos escravizados do tráfico mundial no "novo mundo", consoante às seguintes estimativas de destino: cerca de 1,85% iam para a Europa, 4,2% para os EUA, 16,2% para a América Espanhola Continental, 39,7% para as Antilhas — o Caribe como um todo — e 38,1% para o Brasil.

No geral, o perfil era de 2/3 de homens, 1/3 de mulheres e havia crianças escravizadas, eram elas de 10 a 30% do total. Há um último registro de tráfico descoberto em 1851 para o Brasil. Estudos demográficos pioneiros de Curtin (1969) podem ser comparados com a base de dados online dinâmica. Andemos de uma política pública (1831) para outra política pública (1888).

Deise Benedito, em audiência pública da Comissão de Constituição, Justiça e Cidadania do Senado Federal, na tarde de quinta-feira do dia 18 de dezembro de 2008, perplexa, notou que o tom do debate em torno da Lei de Cotas lembrava, em muito, o debate da abolição no século XIX (CCJ-Senado, Audiência Pública, de 18 de dezembro de 2008). Sigamos a pegada de Deise Benedito, pois isso pode gerar importantes subsídios analíticos para o estudo da Lei de Cotas, pensada agora como uma mudança estrutural do Brasil.

Quais os limites do movimento abolicionista, que culminou na vitória da lei de dois parágrafos curtos no Parlamento, o que declara extinta a escravidão e o que revoga as medidas em contrário anteriores? Como na matemática, o limite inferior temporal parece ser infinito até o começo da colonização, já o limite superior parece ser um infinito em aberto para as novas pesquisas e acontecimentos dinâmicos da história do Brasil.

Há tempos analíticos distintos: Machado (2010) cita documentação desde 1832 e vai até 1888; Alonso (2015) cobre o período de 1868-1888; o livro *A abolição no Parlamento* (Senado Federal, 1988) traz na capa de seus dois volumes o mote "65 anos de lutas". Em torno do ano de 1988, centenário da abolição inconclusa, surgiram uma miríade de reflexões importantes, como "A Escravidão Reabilitada", de Jacob Gorender, numa linha, e a coletânea *Liberdade por um fio: História dos Quilombos no Brasil*, de João José Reis e Flávio Gomes, em outra linha.

Essas referências problematizam o limite inferior. Já no limite superior, algumas referências são suficientes: *As políticas públicas e a desigualdade racial no Brasil 120 anos após a abolição*, livro organizado por Mário Theodoro, Luciana Jaccoud, Rafael Guerreiro Osório e Sergei Soares, em 2008, que indica a persistência da abolição inconclusa; o estudo de Natália Neris da Silva Santos *A voz e a palavra do movimento negro na Assembleia Nacional Constituinte (1987/1988): um estudo das demandas por direitos* (Santos, 2015); Discurso na Constituinte, de Lélia Gonzales, em 28 de abril de 1987, no Senado Federal (Rios; Lima, 2020, p. 244-262); "Direitos dos Povos Indígenas em Disputa" (Cunha; Barbosa, 2018), organizado por Manuela Carneiro da Cunha e Samuel Barbosa, analisa as políticas públicas para os povos indígenas no Brasil desde 1988; "Ideias para adiar o fim do mundo" (2019), de Ailton Krenak (Krenak, 2019), que defendeu o direito dos povos indígenas na última Constituinte do Brasil, 1987/1988, livro em que comunga os mundos dos povos indígenas e sua importância para o planeta Terra.

O movimento abolicionista foi omisso sobre as lutas anteriores de escravizados negros pela liberdade no Brasil? Clóvis Moura (1976) indica que sim.

> É que essa "rebeldia negra" antecede em muito o movimento abolicionista. Enquanto a primeira desde o século XVII já se consubstanciava em um fato histórico tão relevante como a República de Palmares, o movimento abolicionista somente se manifestará, organizada e politicamente, quando o sistema escravista entra em sua crise irrecuperável do final do século XIX. É exatamente este movimento tardio que se deseja dar o mérito da Abolição. Ao contrário. Se méritos devem ser computados deverão ser creditados a rebeldia negra. Se houve limitações imperdoáveis, elas devem ser computados aos tímidos abolicionistas que os conduziram. [...] Desta forma, esse "protesto negro", muito mais profundo e permanente não podia, de fato, encontrar-se com o pensamento dos abolicionistas moderados que os viam como "bárbaros selvagens", que ainda viviam "ao nível dos animais". (Moura, 1976, p. 81-82).

Moura (1976) tem suas razões, pois, de fato, os símbolos abolicionistas não destacam, por exemplo, Zumbi dos Palmares, como percebeu Reis (2004): "Foram destacados os autores Joaquim Nabuco, José do Patrocínio e André Rebouças para serem analisados; contudo, não se encontrou nada nos textos sobre a rebeldia escrava na Colônia" (Reis, 2004, p. 18).

Ao passo que para a aprovação da Lei de Cotas no Parlamento, Zumbi dos Palmares importou e muito, afinal, foi em 20 de novembro de 2008, Dia da Consciência Negra, da morte de Zumbi dos Palmares, que a Lei de Cotas foi aprovada na Câmara dos Deputados, após intensa ação dentro do Parlamento dos movimentos sociais.

Contra qualquer negacionismo, Zumbi dos Palmares tem registro na história do Brasil, ao mesmo tempo em que a abolição estava na agenda larga do Parlamento do Brasil como ele era no Império.

Um texto relevante da historiografia, um documento do governador de Pernambuco Pedro de Almeida, nos anos 1675-1678, um manuscrito, ganhou as páginas da *Revista Trimensal do Instituto Historico, Geographico e Ethnografico do Brasil*, no segundo trimestre de 1859, pelas mãos de Antônio de Meneses Vasconcelos de Drumond (1794-1874), o Sr. conselheiro Drumond, que o ofereceu:

> [...] estende pela parte superior do Rio de S. Francisco uma corda de mata brava, que vem a fazer termo sobre o Sertão do Cabo de Santo Agostinho, correndo quase Norte a Sul, do mesmo modo que corre a costa do mar, são as árvores principaes Palmeiras agrestes, que deram ao termo o nome de Palmares; são estas tão fecundas para todos os usos da vida humana que delas se fazem vinho, azeite, sal, roupas; as folhas servem às casas de cobertura; os ramos de esteios, os frutos de sustento; e da contextura com que as pencas se cobrem no tronco, se fazem cordas para todo gênero de ligaduras e amarras; não correm tão uniformemente estes Palmares, que os não separem outras matas de diversas árvores, com que na distância de sessenta léguas, se acham distintos Palmares; a saber ao Noroeste o Mucambo do Zambi, [...]. (Relação [...], 1859, p. 304).

Nesse trecho, estão: as "Palmeiras", o nome do lugar "Palmares" e o "Mucambo do Zambi", o nome de Zumbi grafado "Zambi". As palmeiras, vistas pelo seu potencial socioeconômico, condizem com o argumento central de Luiz Felipe de Alencastro em sua tese do comércio bilateral Brasil-África no Trato dos Viventes (Alencastro, 2000). Mas as "Palmeiras" e o "Sertão" indicam em um sentido histórico profundo, que emerge de um olhar para a natureza, uma coalizão dos de baixo na história do Brasil, uma sinonímia que vibra e ecoa feito corda trançada no tempo infinito, onde se pode dizer que coalizão se apresenta como "todo gênero de ligaduras e amarras", onde "uns estão mais remotos, outros mais próximos", numa "confusão de ramos", onde se encontram pessoas "grandemente trabalhadores" (Relação [...], 1859, p. 304-305). Era a "gente de Angola", eram o arco e a flecha indígenas que armavam o quilombo.

O documento serve também para deslocar para trás no tempo a noção de "inimigo interno", atribuído na Guerra Fria (1945-1991), em países como o Brasil, aos "comunistas". A noção vaga, mas precisada sempre na história, de "inimigo interno", como a noção de Diabo, é potente elemento político de formação de coalizões contra. Se os holandeses foram expulsos, restavam os inimigos internos, uma vez que "sendo poderosas nossas armas para sacudir o inimigo que tantos anos nos opprimio nunca foram eficazes para destruir o contrário, que das portas adentro nos infestou [pois...] Há opinião de que do tempo que houve negros captivos nestas Capitanias começaram a ser habitados os Palmares" (Relação [...], 1859, p. 303-304).

Em outro ângulo, coalizão também se apresenta como "o remédio daquelles povos", a reação à liberdade de Palmares, comandada pelo governador de Pernambuco, conforme os "clamores do perigo commum", contra a "guerra de insolência dos negros" que "era geralmente lamentada de todos os moradores", porque importava "o socego a seus vassalos", porque "ao contrario se seguião duas monstruosidades indignas de se publicarem no mundo, a primeira levantarem-se com o domínio das melhores Capitanias de Pernambuco negros captivos, a segunda era dominarem a seus próprios senhores seus mesmos escravos" (Relação [...], 1859, p. 314). Dinheiro, riquezas, glória, fama, mulheres, posses e poder entram no caldo de razões e recursos da coalizão da reação branca.

A branquitude não escapa do texto, como registrada na coalizão da reação branca, "e em protestação da sua victoria; ali lhe pediram a paz com os brancos" (Relação [...], 1859, p. 326). Nem a violência da branquitude: um ensaio de fogo e balas, com casas queimadas e pessoas, seres humanos mortos, chamados de "peças": "Aquelas brenhas sem ordem e sem governo; captivavam trinta e seis peças, mataram muitos" (Relação [...], 1859, p. 321). "largaram os nossos soldados fogo a algumas casas, que como são de matéria capaz de incêndios começaram a arder e os negros a fugir [...] mais de 100 peças se recolheram ao povoado" (Relação [...], 1859, p. 312).

E a própria negação da branquitude pela branquitude aparece:

> Grande foi o gosto com que o Governador Aires de Sousa recebeo estes negros, e singular complacência com que se vio adorado destes inimigos: tratou-os com summa afabilidade, falou-lhes com grande brandura, e prometeo-lhes grandes seguranças. (Relação [...], 1859, p. 326-327).

Esse tom de negação da branquitude pela branquitude, de seus horrores históricos, invadirá córregos, ribeirões, rios e o mar do debate da Lei de Cotas no Parlamento do Brasil, nos anos 2000, e no tempo infinito. Assim, Palmares pelas "Palmeiras" revela as linhas estruturais socioeconômicas de reprodução da escravização no Brasil pela óptica de seu mercado interno e pela ação da coalizão da reação branca, a linha estruturante do pensamento político da dominação da branquitude no

Brasil, cuja reprodução ao longo do XIX, em Canudos e no XXI, nas favelas e n-periferias não é fantasma, nem espanto, é o mesmo sangue dos mesmos corpos negros, pardos, indígenas, na linha contínua do tempo infinito da natureza. São as estruturas do cotidiano na história violenta do Brasil e suas permanências, é a longa duração falando no tempo infinito, dando o tom do poder da branquitude nos tempos.

O inimigo interno do Brasil é o negro. O inimigo interno do Brasil é o indígena. Para destruir Palmares, foi contratado o capitão-mor Fernão Carrilli "a quem a fama tinha feito conhecido nestas Capitanias de Pernambuco, pelos sucessos felizes, que no Sertão da Bahia tinha conseguido, destruindo os Mocambos e Aldêas dos Tapuyias que infestavão aquelas partes" (Relação [...], 1859, p. 313). Episódios da aliança entre povos indígenas e negros ou entre pretos e vermelhos são descritos no livro *A Hidra e os Pântanos*, de Flávio dos Santos Gomes (2005).

Mulheres negras, lideranças, como Magdalena dos Palmares, encarregada de negociações de rendição e paz, têm pouca cobertura no texto da Relação, apenas menção: "E como na tropa dos negros que se captivaram na guerra se conhecesse um negro por nome Mathias Dambi e uma negra Angola por nome Magdalena, já de maior idade [...] e que se não rendessem todos ao Governo de Pernambuco, logo havia de tornar a consumir" (Relação [...], 1859, p. 323).

Zumbi dos Palmares é apresentado como fato histórico inequívoco.

> Nestas esperas alcançou por notícias o Sargento-Mor, que se tinhão passado os negros 23 léguas além dos Palmares entre as fragosidades de uns carreiros tão espinhosos e bravos, que parecião incontrastáveis a toda resolução; porém não os apatrocinou ainda assim a asperesa, porque assaltados dos nossos ficaram muito mortos, e os mais fugiram, aqui se ferio com uma bala ao General das Armas, que se chamava o Zambi, que quer dizer Deus da guerra, Negro de singular valor, grande animo, e constância rara. Este é o espectador dos mais, porque a sua indústria, juízo e fortaleza aos nossos serve de embaraço, aos seus de exemplo, ficou vivo, porém alejado de uma perna. (Relação [...], 1859, p. 312).

O trecho anterior revela a existência real de Zumbi dos Palmares, pelas mãos diretas dos relatórios do governo de Pernambuco, que englobava então Alagoas.

Reis (2004), ao estudar a historiografia sobre Zumbi dos Palmares, divide-a em três períodos, até 1947, quando Edson Carneiro publicou a obra *Quilombo dos Palmares*:

1. De 1640 até 1838: das primeiras crônicas do período holandês até a fundação do Instituto Histórico e Geográfico Brasileiro (IHGB), em 1838, com 3 autores holandeses, 2 portugueses, Sebastião da Rocha Pitta — que legou uma narrativa de Palmares como República, teve grande influência por 2 séculos e aludia ao "suicídio" de Zumbi, que na verdade foi assassinado, em 1695, conforme documentação apresentada ainda no XIX por Mattoso Maia que mostrava o assassinato de Zumbi pelas tropas bandeirantes. Há mais dois autores ingleses e um francês.

2. De 1838 a 1901: o IHGB se ocupou no século XIX em reduzir o papel de Zumbi e Palmares na História do Brasil.

3. Primeiras décadas do século XX: quando os Institutos Históricos Nordestinos publicaram vários documentos, consolidando o surgimento do negro Zumbi para a historiografia brasileira. Os autores de referência dessa última fase são Nina Rodrigues, Alfredo Brandão, Mário Behring e Barão de Stuart.

Zumbi dos Palmares "contemporaneamente tem sido o símbolo não só da etnia negra, mas também de todos aqueles que se sintam injustiçados" (Reis, 2004, p. 20). Desde 1978, o dia 20 de novembro no Brasil é de celebrações do Dia Nacional da Consciência Negra.

Em 1986, ocorreu o tombamento da Serra da Barriga, em Alagoas, onde ficava o Quilombo dos Palmares, como parte do Patrimônio Artístico e Arqueológico Brasileiro. Em 1988, foi criada a Fundação Cultural Palmares pelo governo José Sarney. Em 1995, houve a grande marcha "300 anos da morte de Zumbi", em Brasília. Em 1996, com a Lei Federal 9.315, de 20 de novembro de 1996, Zumbi foi alçado a herói da pátria. Oito documentos, ao menos, noticiam e comprovam a existência de Zumbi dos Palmares, dentre os quais constam o diário de viagem do capitão João Blaer aos Palmares, em 1645; a obra de Gaspar Barleus "História dos feitos recentemente praticados durante oito anos no Brasil" e o anteriormente visto Manuscrito "Relação das guerras feitas aos Palmares de Pernambuco no tempo do Governador Pedro de Almeida, de 1675 a 1678". O brasilianista Stuart B. Schwartz estudou Zumbi dos Palmares e publicou seu estudo estrangeiro, em 1987 (Reis, 2004).

Celebraram o exemplo de Zumbi dos Palmares, com diferentes perspectivas, muitos estudos, nos quais se incluem os de Arthur Ramos, Edison Carneiro, Clóvis Moura, Décio Freitas, Joel Rufino dos Santos e Ivan Alves Filho. Zumbi dos Palmares informa também reflexões sobre movimentos sociais e coalizões. Como disse o governador de Pernambuco à época, "a desgraça os fraternizava, mas a religião e a língua os separavam" (Reis, 2004). Ou seja, é a necessidade que faz a fraternidade, outro nome para coalizão.

Por outro lado, no Sudeste, Capistrano de Abreu, Rocha Pombo e Ernesto Ennes celebraram Palmares como "uma das grandes conquistas dos bandeirantes" (Reis, 2004), em que fica evidente que o protagonismo negro, indígena e popular incomoda e aciona a coalizão da branquitude ou do *status quo* automaticamente, uma coalizão em torno da morte e seus rituais de recompensa terrena, não celeste. No tempo da força do IHGB de Dom Pedro II, longe de uma dialética abstrata ideal dual do "senhor versus o escravo", a realidade política do Parlamento embaralhava as cartas ou tinha cartas brancas marcadas num labirinto partidário (Silva, 2008), com o talismã da reprodução do *status quo* com D. Pedro II no trono em jogo.

Como um jogador do poder do Império, o moderado Nabuco, por um lado, não queria a mobilização direta dos escravizados, temendo a morte em massa dos escravizados como reação violenta do poder branco dos latifundiários dos *clubs* de lavoura, baseado ou não na lei em vigor.

Por outro lado, será que parecia desacreditar do potencial político dos escravizados, fazendo uma associação por demais carente, pobre, dominante na época, entre escravizados e "bárbaros e selvagens" (Moura, 1986, p. 80)? Joaquim Nabuco é um personagem complexo do seu tempo.

> No problema da escravidão, o mesmo – admirador confesso da Cabana do Pai Tomás e da saga de Frederick Douglas – não se furtou a criticar o ímpeto demasiado com que os ex-escravos atiravam-se ao mundo da política, invadindo um território, no seu entender, naturalmente exclusivo às elites. (Machado, [1994] 2010, p. 189-190).

A hipótese da ação política exclusiva dos escravizados (Moura, 1986) ou a hipótese da ação política exclusiva dos senhores, dos brancos e suas facções (Ianni, 1978) buscam analisar a abolição inconclusa. Porém, nenhuma das duas hipóteses exclusivistas se sustenta para a abolição inconclusa, conforme Queiroz (1987).

> As posições de Moura e Ianni exigem algumas considerações. Na verdade, o escravo negro sempre lutou por conta própria contra o regime que o oprimia. O sistema também não conseguiu aliená-lo a ponto de toldar-lhe a consciência das suas possibilidades de confronto.

Não se deve esquecer ainda que a contínua rebeldia produziu um estado permanente de tensão, cuja contribuição para minar o sistema pode ter sido apreciável. [...] Todavia, a nosso ver, foi impossível ao cativo superar materialmente a coesão com que a sociedade escravista o reprimiu em suas manifestações de rebeldia contra o sistema. Só conseguiu vencê-lo de todo quando sua luta foi potencializada pela fração do grupo dominante que se desinteressava pela manutenção do cativeiro. Entre os que advogaram a sua extinção estão os abolicionistas e a crítica aos mesmos quanto a verem o problema da libertação como simples substituição da mão-de-obra será injusta, quando se pensa nas medidas que Nabuco, Patrocínio, Rebouças propunham para além da simples emancipação. Pensavam eles na obtenção de oportunidades de educação e participação político-social do negro, alcançáveis pela democratização do solo. Compreendiam que somente com ela conseguiriam os recém-libertados alguma terra para trabalhar. Portanto, não encaravam o problema da abolição como simples substituição de mão-de-obra. Aos proprietários, de forma geral, sim, é que poderia ser imputada tal visão. (Queiroz, 1987, p. 21).

Fica evidente a presença da educação na conta da abolição inconclusa. O próprio livro *O Abolicionismo*, de Joaquim Nabuco (1883), deixa pistas das políticas propostas, mas não adotadas em educação pela abolição inconclusa. Não houve também nem oito alqueires de terra, nem mula, nem promessa de como eternizado no nome da produtora de Spike Lee para o caso estadunidense, o que aparece no fim de seus filmes. As promessas eram outras para os voluntários da pátria escravizados mobilizados para a Guerra do Paraguai (1864-1870), sem simplismos. A abolição inconclusa é uma política pública inconclusa no tempo infinito. Aprofundemo-nos na abolição inconclusa, pois é de extrema importância para a compreensão da Lei de Cotas no Parlamento brasileiro.

Dois estudos relevantes sobre movimentos sociais na abolição importam, à medida que informam sobre movimentos sociais e sobre a história da luta por direitos sociais, civis e políticos no Brasil. Foram escolhidos por conta de apresentarem abordagens gerais, mas com ênfase em planos analíticos distintos. Machado ([1994] 2010) apresenta os movimentos sociais na luta pela abolição mais rente ao chão tocado pelos pés descalços das negras e dos negros nas fazendas de café, o que engloba os mundos rurais, as vilas e cidades do interior. São pés que pisam e correm no chão das roças negras, das aldeias negras, dentro das senzalas, dos terreiros de devoção, dos quilombos nas décadas de 1870-1880, desencadeando de baixo para cima, por dentro da violência cotidiana da instituição peculiar, a escravidão no Brasil, um enfrentamento de vida e morte aos *clubs* da lavoura, aos senhores, à polícia, aos chefes políticos institucionais.

Trata-se de Gaudino, Antônio Carpinteiro, Lino, José Rodrigues, Fulano Santiago, José Furtado, Pedro, Severo, Jesuíno, João Pernambuco, Raimundo Ferreiro, Laurindo, Adão, Sérgio, Isac, Paulino, Nicolau, Justino, Fidélis, Bento Carpinteiro, nomes de escravizados em luta pela abolição, pela liberdade. São muitos outros nomes escondidos na história. "Apenas o debruçar sobre os papéis menos nobres da época – os policiais e os reservados – nos permitem recuperar aquilo que se pretende jogar na lata de lixo da história" (Machado, [1994] 2010, p. 226). Mesmo nessas fontes, quase que desaparecem os nomes das mulheres negras que lutaram contra a escravidão, como os nomes das estratégicas quitandeiras negras. Não estariam nas páginas policiais?

Os nomes indígenas também se ausentam, o que revela que as epistemologias dominantes, muitas vezes, apartaram os mundos nos estudos, assumindo a partição dos mundos feita pelo poder dominante. Para perceber o movimento entre o plano da liberdade dos próprios e o pânico dos senhores da branquitude, Machado (2010) vale-se de relatórios policiais públicos e reservados e do que isso informa: "No chão, rente ao chão, aparece o dito e o não dito na história" (Machado, 2010,

p. 83). As fontes abrangem o Estado de São Paulo e do Rio de Janeiro, nas décadas de 1870, 1880 e, às vezes, desce até os anos 1830. A autora descobre "as cabeças do movimento", uma história não bem comportada, como o fazendeiro branco de calças abaixadas recebendo 50 relhadas nas nádegas, por parte de seus escravizados negros revoltados, em luta viva pela liberdade (Machado, 2016, p. 88). Desvela uma dinâmica própria:

> Os movimentos escravos mostravam claramente a superação das possibilidades acomodativas do sistema, concretizadas numa política paternalista de tratamento da mão de obra e numa visão gradualista da emancipação. E, finalmente, os escravos e suas lideranças expunham aos olhos de todos o divórcio entre as políticas emancipacionistas e seu próprio modo de alcançar a liberdade. (Machado, 2010, p. 95).

As ideias circulam: o trem importa, a quitandeira na estação de trem importa, o domingo importa, a fé importa, o advogado radical importa. A atividade legal e a ilegal importam, o liberto importa, o segredo importa, como na revolta escrava na Fazenda do Castelo (Machado, 2010, p. 100). A ânsia por liberdade por parte dos escravizados revela a tensão presente no chão da estrutura do novo Estado Nacional, o Brasil. Para uma expectativa enorme quanto à rápida chegada da abolição, uma frustração enorme quanto à sua demora que vem, ao menos, desde 1831.

> Na mesma cidade de Campinas, em 1832, diversos escravos, acusados de tramar uma insurreição, haviam, por exemplo, declarado que "no Rio de Janeiro, os escravos já estavam libertos, e em São Paulo já se tinha dado baixa aos vermelhos, e que se irão assentar praça nos pretos, ficando elles todos libertos". (Machado, 2010, p. 107 *apud* Queiroz, 1977).

Ou seja, a expectativa por liberdade era uma forma comum entre povos indígenas vermelhos e pretos escravizados africanos. Para a impaciência escravizada, a postergação consciente por parte dos senhores deixava exposta a fratura entre dois mundos. Os *Clubs da Lavoura* acudiam os interesses da minoria branca.

Na leitura de Machado ([1994] 2010), pode-se dizer que aparecem várias sinonímias para o forâneo "coalizão" do modelo ACF: conjunção (p. 150), onda avassaladora (p. 150), frentes amplas (p. 151), guarda-chuva (p. 151), movimento monolítico (p. 151), plataforma (p. 157), movimento social mais amplo (p. 157), entrelaçamento (p. 160), uma graduação de cores e matizes (p. 162).

> O olhar para trás com lentes de aumento, no entanto, permite que se pince, aqui e ali, no aparentemente monolítico movimento abolicionista, onde apenas a hegemonia das elites paulistas cafeicultoras e imigrantistas fazia-se valer, alguns projetos e ideias discordantes. Nesse sentido, nos interstícios dos recuos e avanços parlamentares, na periferia das associações abolicionistas dos bens pensantes, algumas notas dissonantes, produzidas por uma dinâmica política nova, agitavam os cânones do fazer político do Império. (Machado, 2010, p. 151).

Uma contraofensiva conservadora e intimidadora — na década de 1880 — acusava "com clara dose de distorção as ideias abolicionistas de comunistas ou socialistas" (Machado, 2010, p. 158). Outra autora que debate a Abolição e seus sentidos é Alonso (2016). Essa autora registra que a Banda dos Meninos Desvalidos com José do Patrocínio sobe no palco do teatro para tocar o Hino Nacional (Alonso, 2016, p. 14), que escravizados negros eram o centro das cerimônias porque sem essa presença negra ficaria sem sentido as alforrias públicas entregues no palco como o alarido da força do movimento abolicionista. Eram meros figurantes? Figurantes pretas, pretos, mudas, mudos? A leitura da autora não traz muita verossimilhança com a realidade nesse ponto, pois sem a presença negra não haveria o teatro da abolição. Apesar desses fatos relatados pela autora, ela teima, logo no início do livro *Flores, votos e balas*, em deslocar da cena o papel dos escravizados na abolição, no rumo dos sem importância histórica. Isso pode indiciar duas coisas: a tradição interpretativa dominante na academia brasileira, suas heranças em variados tons e a tradição do poder, da política no Brasil, em desreconhecer a importância política dos de baixo, onde só uma elite faz política e o povo é um mero detalhe, os terceiros. Mesmo que os escravizados estejam lá na cena, a interpretação teima em retirar-lhes a luz. Isso se repetirá em interpretações do caso da criação do sistema público de bolsas de estudos em instituições privadas (PROUNI)? No caso da Lei de Cotas? Para o dístico "Nem obra de escravos, nem graça da princesa" (Alonso, 2016, p. 17), contrapõe-se "Obra de escravizados, apesar da caneta da princesa, apesar da inconclusão, obra da dor, apesar do desamor nacional".

Passado esse ponto crítico necessário, avancemos nas teias analíticas da autora, pois guardam riqueza teórica, riqueza empírica, para o estudo de coalizões na história do Brasil, em sua "dinâmica intra e extraparlamentar", em que a sociedade é vista no seu conjunto, de 1868 a 1888, em quatro conjunturas, na busca da compreensão do processo político e da ação política do movimento abolicionista e do contramovimento, em disputa pela política pública, pelo poder no Estado, pelo destino do Brasil. É uma interpretação com o rigor da sociologia política, que valoriza ideias centrais que informam crenças aglutinadoras das coalizões, que enxerga o abolicionismo como um movimento social.

Suas razões interpretativas, teóricas, buscam superar "três famílias interpretativas", a dos fatores estruturais, a do "ativismo dos escravos", a centrada nas "instituições políticas". Para tanto, a autora "toma o assunto como objeto de estudo per se". Conrad (1972, 1975) e Needell[180] (2010) indicam direções para a interpretação integrada da autora, ao conjugarem Parlamento e mobilização social. Ela alinhava suas escolhas em publicação de 2014 na revista do CEBRAP.

> De um lado, o abolicionismo é analisado como parte de uma dinâmica que envolvia instituições políticas, espaço público e clandestinidade, arenas nas quais se travou o jogo entre movimento, Estado e contramovimento. De outro lado, a análise insere o movimento em seu contexto internacional, apontando a apropriação de experiências estrangeiras por ativistas brasileiros. (Alonso, 2014, p. 115).

A forma analítica é do triângulo. Os vértices são: movimento, contramovimento, Estado. Há o conflito o tempo todo. A autora quer compreender a conexão entre a mobilização social e o Parlamento. É uma "abordagem relacional" (Alonso, 2014, p. 119), pois "considera os abolicionistas brasileiros em sua relação com similares estrangeiros". É uma perspectiva comparada. Nesse ponto, revela um valor analítico relevante: a consideração das escalas (local, regional, nacional, internacional) em interação no estudo, o que é muito importante, pois compreender o movimento do mundo é fundamental para compreender o Brasil, como ensinou Milton Santos.

Para embarcar na análise, ela define o que é mesmo o movimento social: "Movimentos são heterogêneos, com facções e alinhamentos instáveis, não formam coro, mas orquestra. Sua unidade só se configura clara ante adversários, isto é, só existe um 'movimento abolicionista' no confronto com os que não o são." (Alonso, 2014, p. 120). Sim, a configuração do movimento social como orquestra lembra o filme *Ensaio de Orquestra*, de Federico Fellini (1978), isso faz muito sentido no XIX do movimento abolicionista, como no XXI, no caso da coalizão a favor da Lei de Cotas no Brasil, não se esquecendo das possibilidades do real, como da Banda dos Meninos Desvalidos dar o tom do movimento. Mais a capoeira, os tambores africanos o maracá dos povos indígenas?

---

[180] Jeffrey Needell publicou, em 2020, livro denso sobre o tema da abolição.

Baseada em Charles Tilly (2005), ela diz que os ingleses "inventaram o movimento social" na campanha contra o tráfico de escravizados, uma forma de ação como "campanha de pressão sobre autoridades, sob forma de manifestações públicas; uso de mesmo repertório de confronto, isto é, de formas semelhantes de organização, expressão e ação; e envolve grande número de pessoas, cujo compromisso perdura" (Alonso, 2014, p. 120). Por que os escravizados ficam de fora na teimosia do rigor da autora? Nas razões analíticas da autora, aparece uma pista explicativa numa nota de rodapé citada, a nota 6 (Alonso, 2014, p. 120), que diz "Os sem recursos são incapazes de se organizar e agir", conforme lastro teórico de "Resource and social movements: a partial theory", de John D. McCarthy e Mayer N Zald (1977)[181]. Para o gesto teórico e político de tirar a luz dos sem recursos, dos escravizados, dos que são apelidados até na teoria de radicais, a autora emplaca um contrafactual como argumento, o caso Antonio Bento, o juiz que discursou no enterro de Luiz Gama, assumindo publicamente a causa da abolição, o que soa metonímico.

Superar armadilhas teóricas e empíricas como essa é um grande desafio desta obra, mostrar que os sem recursos são capazes de agir, de se organizar, de fazer política, de coordenar o movimento social, a coalizão por uma mudança significativa em política pública aprovada no Parlamento. Se os limites teóricos informam os limites analíticos de Alonso (2016), o estudo da criação do sistema público de bolsas de estúdos em instituições privadas (PROUNI) e da Lei de Cotas precisa informar um fazer teórico renovado no Brasil.

As fontes da autora são 35 jornais de nove províncias, 1.446 eventos disse protesto abolicionista, entre 1868 e 1888, 293 associações nominais, 600 manifestações públicas, 236 cidades, com destaque para os estados do Rio de Janeiro, São Paulo, Rio Grande do Sul, Pernambuco e Ceará. Há o jogo nacional-subnacional. Há uma tipologia das ações institucionais: lobby, petição, ação judicial, ação parlamentar, candidatura, ação no poder executivo. Houve isso no caso da Lei de Cotas? Do sistema público de bolsas de estudos em instituições privadas (PROUNI)? Manifestação em espaço fechado, aberto? Ação de propaganda, ação simbólica, de confrontação, ação direta? Houve isso também nos casos em estudo na tese? A autora também aponta uma coordenação das coalizões, cuja força variou com a conjuntura.

Dois mecanismos são destacados pela autora: os repertórios apropriados de experiências estrangeiras e a natureza relacional do conflito entre coalizões. O que choca com o baixo letramento, com o letramento proibido da violenta escravidão, gerando impasse. O estrangeiro da autora não é a África, não é Portugal, é um pouco a América Latina, um pouco o Caribe, é mais Estados Unidos, mais Inglaterra, mais Espanha. Não é o Haiti. A maioria dos vizinhos fizera um 2 em 1: independência e abolição. O Brasil não. A Índia colônia inglesa acabou com a servidão em 1860, ainda colônia, ainda com castas, gigantesca subalternidade. A Rússia, em 1861, ainda com o Czar, ao fim, era uma massa enorme de servos. Entretanto, tecnologias, como o navio a vapor, o trem, a imprensa, o telégrafo, alimentavam um mecanismo de circulação de ativistas, retóricas e estratégicas, que possibilitou a "formação de solidariedades políticas transnacionais entre ativistas" (Alonso, 2014, p. 123), gerando o "efeito bumerangue", entre o dentro e o fora do país, onde é mobilizado um repertório de confronto antiescravista. Os brasileiros copiam os estrangeiros? Mais que isso para a autora, eles improvisam e criam, como numa *jam session*, numa roda de capoeira. Nisso se percebe que o debate das crenças atravessava um subsistema particular de política pública, que dirá na era da globalização perversa? Nesse exercício, os nacionais recorreram à arte: a coalizão pela abolição "produziu uma teatralização da política" (Alonso, 2014, p. 124).

---

[181] *Cf. American Journal of Sociology*, v. 82, n. 6, 1977.

O que distinguia essas duas coalizões e o que fazia com que pessoas se aglutinassem em torno delas? Ideias, crenças e interesses bastante conflitantes. Por exemplo, contra uma pretensa "naturalidade da escravização negra", a "liberdade". Na literatura clássica, não é difícil divisar indícios de elementos weberianos da mobilização para a ação coletiva de indivíduos e grupos sociais presentes como carga conceitual *a priori* (Tilly, 2004).

Essas coalizões existem na medida de suas realidades empíricas, fartamente documentadas. Alonso (2016), de saída, não fica refém de modelo nenhum. Por intermédio da força do discurso da reação que assombra a frente do palco da história para a defesa da permanência da escravização negra no Brasil nos oitocentos, ela sobe ao palco, conhece os atores, adentra a coxia, contextualiza a conformação de uma coalizão social guiada por essa posição.

Para tanto, a autora bebe nas fontes que buscaram compreender os discursos conservadores na história da humanidade. Pois o esforço analítico do sociólogo inglês T. H. Marshall, apresentado em conferência em 1949, nos EUA, sobre os três passos da cidadania na Inglaterra: o civil, o político e o social, respectivamente, teve grande repercussão. Cada passo, por seu turno, desde o século XVIII, teve quase um século de disputas na sociedade inglesa, com ferrenha reação. "Essas contra investidas estiveram na origem de lutas sociais e políticas convulsivas que muitas vezes levaram a recuos dos programas sociais pretendidos" (Hirschman, 1992, p. 12).

> É útil, portanto, assinalar desde já que não estou tentando aqui escrever mais um volume sobre a natureza e as raízes históricas do pensamento conservador. Minha meta é delinear os tipos formais de argumento ou de retórica, dando ênfase, pois, às posturas e manobras políticas mais importantes e provavelmente mais utilizadas por aqueles que têm como objetivo desalojar e derrubar as políticas e os movimentos de ideias "progressistas". Em segundo lugar, não estou tentando embarcar em uma ampla e ociosa dissertação histórica sobre as sucessivas reformas e contrarreformas desde a Revolução Francesa. Em vez disso, deverei concentrar-me em uns quantos argumentos comuns ou típicos que foram infalivelmente utilizados por cada um dos três movimentos reativos que mencionamos. Esses argumentos constituirão as subdivisões básicas do meu texto. É em conjunção com cada um deles que as "três reações" serão utilizadas para determinar a forma específica que o argumento assume em diversos contextos históricos. (Hirschmann, 1992, p. 15).

De posse da senha anterior, a autora faz a árdua tessitura heurística com base em refinado trabalho documental e afunila a contenda histórica, contextualizando duas coalizões: a reação, a favor do *status quo* escravocrata, e a abolicionista, contrária à escravidão. Para associar crenças dominantes em cada coalizão, as fronteiras nítidas entre as coalizões, assim, a autora recupera os estudos de Davis Brion Davis sobre o escravismo e o antiescravismo no Ocidente e de Albert Hirschman sobre mudança e reação na luta por cidadania civil, política e social, tomados com principalidade, porém em sua tradução singular no solo pátrio.

A moldura institucional onde a disputa ocorre é parte do teatro da guerra entre as coalizões. A retórica e os perfis argumentativos distintos conformam as duas coalizões. Uma pela mudança social, outra pela manutenção da ordem. Desse modo, a unidade de análise abarca o Estado-Nacional em interação com a comunidade política no território e não uma parte dele, um setor apenas, mas a estrutura social mesma.

A abordagem de Alonso (2016) requer forte investidura histórica à cata de evidências argumentativas e não fica refém de situações ideais por demais, não desce ao detalhe da intensidade do brilho da luz no dia da foto de Dom Pedro II, em 13 de maio de 1888, mas faz sociologia histórica, sociologia política, percebe a força da tragédia social da escravização negra no novo Estado-Nação, "a mãe das instituições brasileiras", reconhece a autora no livro. Prima pelo empírico e nisso vale uma reflexão da pesquisa em ato.

Alonso (2016) explora fatos sociológicos marcantes para alinhavar a análise, que é de longo fôlego, em que aparece o protagonismo dos movimentos sociais. A autora não reduz o mundo ao texto, vale-se de repertório documental rico para embasar sua análise: panfletos, manifestos, discursos, obras literárias e peças de teatro de abolicionistas e contra abolicionistas, arquivos da Biblioteca Nacional, arquivos da Biblioteca Brasiliana, arquivos do Instituto de Estudos Brasileiros, arquivos da Biblioteca do Senado e da Oliveira Viana Library. Atas do Parlamento (1868-88) disponíveis on-line, projetos de leis abolicionistas, registros de ministros ingleses e estadunidenses, memórias, relatos de viagens de estrangeiros, Instituto Histórico do Ceará, imprensa escrita da época, conforme expõe textualmente. Mas a autora também parte os mundos para fazer seu estudo, assim os indígenas ficam num planeta à parte.

O que mobilizou o movimento abolicionista, essa coalizão, em termos de crenças comuns, de ideias? Três retóricas: 1) a do direito, onde a abolição é uma nova Independência; 2) a da compaixão, de dimensão religiosa, mas não comandada pelo catolicismo que jogava na coalizão escravocrata, porém mesclada com o romantismo, laico, eixo principal da propaganda; 3) a do progresso, de razão científica. "Juntas, redefiniram a escravidão como injustiça, indignidade e atraso. E indicaram a possibilidade de mudança por meio de ação política coletiva. Contribuição capital para a mobilização" (Alonso, 2014, p. 125). Algo parecido com isso faz muito sentido para o estudo desta obra, é o desafio do capítulo.

De um lado como de outro? E quanto aos termos de crença do contramovimento?

A autora vale-se da retórica da reação estudada por Albert Hirschman para divisar a reação escravista vista no estrangeiro e aqui: 1) inutilidade da abolição, que se faria sozinha por conta da demografia; 2) efeito perverso para a economia, por conta da desorganização do trabalho; 3) a ameaça para a ordem social e política, gerando caos social.

Esse jogo fora-dentro aparece no governo, no Estado, no perfil da transição, da mudança em política pública: lenta, gradual e segura para a manutenção do status quo (modelo seguido no caso da criação do sistema público de bolsas de estudos em instituições privadas – PROUNI? No caso da Lei de Cotas?). O tempo do XXI repete o do XIX? Imita? Parece-se? O que fez o governo, afinal?

> Já os governos operaram orientados por legislação e medidas de poderes executivos estrangeiros. As leis do Ventre-Livre, de 1871, e Saraiva-Cotegipe ("dos sexagenários"), de 1885, se inspiraram na Lei Moret (1870) espanhola. Durante o gabinete Cotegipe (1885-1888), o governo se amparou em técnica repressiva norte-americana, a Lei do Escravo Fugitivo, emulada aqui como meio de coibição do avanço abolicionista. (Alonso, 2014, p. 125).

Se a perspectiva comparada "funcionou como farol para abolicionistas, escravistas e autoridades políticas", logo, para a análise de mudança em política pública, como nos temas desta obra, o elemento estrangeiro importa, o que tensiona o modelo analítico escolhido em suas fronteiras, em sua porosidade. Portanto, além de olhar para a relação dinâmica entre os três polos, para o jogo entre as coalizões, é preciso observar os ventos estrangeiros que sopram sobre esses polos, como ideias e experiências.

O centro analítico sobre o movimento abolicionista feito por Alonso está na relação entre os jogadores: "De um lado, o Estado, ao qual dirige suas críticas e demandas. De outro, grupos socialmente estabelecidos, cujas crenças e prerrogativas o movimento ameaça e que resistem a ele organizando-se politicamente" (Alonso, 2014, p. 125-126). Sua referência teórica principal é o texto "Movements, countermoviments and the structural of political opportunity", de David Meyer e Suzanne Staggenberg (1996)[182]. Os jogadores, as coalizões, disputam entre si em relação dialógica, por "legitimação pela opinião pública e o poder de implementação do Estado e jogam em duas arenas: instituição e espaço público" (Alonso, 2014, p. 126). "A dinâmica movimento/Estado/contramovimento estruturou o processo político da abolição e o dividiu em fases ou movimentos decisivos" (Alonso, 2014, p. 126). Isso redunda em quatro conjunturas distintas para o enfrentamento entre as coalizões, conjunturas informadas por crises institucionais, no recorte da autora. Entre 1868 e 1871, 1871-1878, 1878-1884, 1885-1888. Quatro conjunturas políticas, que espremidas, dão três leis, que aqui são interpretadas como políticas públicas: Lei do Ventre Livre, Lei do Sexagenário, Lei da Abolição Inconclusa. Luiz Gama, André Rebouças, José do Patrocínio e Joaquim Nabuco enfrentam José de Alencar, Paulino Soares de Sousa, Perdigão Malheiros.

O susbsistema de educação aparece na análise de Alonso (2016), como vanguarda política, paradoxalmente, uma característica que varre o tempo histórico brasileiro até 1970 (1% na universidade no começo dos 1960) e mesmo até 1988, para o bem e para o mal. Como assim? A turma era pequena demais, frente à população do país. De qualquer modo, mostra o quanto o país vigiou para achatar, negar o conhecimento para as massas. O efeito político da elasticidade marginal da vanguarda, sua consciência política e envolvimento político aparecem na reforma do ensino superior no Império.

> Daí a reforma do ensino superior, que ampliou o acesso às faculdades militar e de engenharia e, assim, pôs para dentro do perímetro da elite volume de moços sem lastro no estrato de proprietários de terra e que adquiriu capital educacional para questioná-los. Talvez não o tivessem feito se o diploma garantisse boa posição social. (Alonso, 2016, p. 89).

Do subsistema de educação entram o Colégio Dom Pedro II, onde estudou Paulino Soares de Sousa, a escola central, onde estudou Rebouças, a escola privada de ensino médio do diretor Abílio Borges, do colégio Abílio, do Ginásio Baiano, o médico que informa o *modus operandi* do abolicionismo de elite como ação cívica, que envolve seus estudantes, como Castro Alves; a Sociedade Libertadora 2 de Julho foi organizada em 1850 por alunos da Faculdade de Medicina, Salvador, Bahia, abolicionista; os cursos de Engenharia, a politécnica e as escolas militares positivistas; a Faculdade de Direito (São Paulo e Recife), de Castro Alves, Paulino Soares de Sousa, José de Alencar, Joaquim Nabuco e Luiz Gama, esse último presente e ausente na mesma Faculdade de Direito do Largo São Francisco, paradoxalmente.

Luiz Gama, em outra ponta, dá o peso do chão da luta contra a escravização para a coalizão abolicionista, com suas conferências populares, seus artigos em jornais, sua ação política sem rebuço, sua ação pela liberdade dos escravizados, os "500 joãos carpinteiros", como João Carpinteiro, africano, cuja liberdade foi conquistada.

Luiz Gama, nessa tese, por denunciar sempre a cota tácita da branquitude nos lugares de saber, como a Faculdade de Direito do Largo São Francisco, por suas conferências, aulas públicas, sintoniza uma inspiração na história para os novíssimos movimentos sociais na luta pela aprovação da Lei de Cotas no Parlamento? Ademais, por estar com os de pés descalços, por ter sido um deles, mais rente ao chão, não foi Luiz Gama que deu o tom da coalizão abolicionista?

---

[182] *Cf. American Journal of Sociology*, v. 101, p. 1635, 1996.

Entrementes, que se olhe o exemplo da política pública nacional, afinal, o que foi a Lei do Ventre Livre? Foi como 1831? "O censo de 1872 contaria 1 510 806 deles – ou 15,2% da população brasileira. Proporção maior em Minas Gerais, São Paulo, Bahia e Rio de Janeiro, que, juntos, abriga-vam 61% dos cativos." (Alonso, 2016, p. 33). O censo de 1872 e a própria relação entre a importância do censo e a política pública, desde sua inauguração aqui, uma relação tensa desde o nascimento e que permanece nas políticas públicas, foram frutos do embate entre as coalizões no Parlamento que gerou a Lei do Ventre Livre, de 1871, paradoxalmente, numa estratégia do status quo escravista de adiar para nunca a abolição.

> Segundo a historiadora Hebe Mattos, o item raça constou pela primeira vez numa estatís-tica brasileira no recenseamento geral de 1872. Entretanto, "por força do costume, seriam as tradicionais divisões por categorias de status/cor (preto, pardo, branco, índio) que ali detalhariam a nova noção". O costume ao qual se refere Mattos seria uma herança do Império Português, que tinha no estatuto da pureza de sangue, e não na ideia moderna de diferenciação racial, o critério para delimitação de hierarquias sociais. O principal argumento dos escravocratas ao tratar da questão servil teria sido o princípio liberal do direito à propriedade. Isso não quer dizer que o racismo não fizesse parte do jogo social e, sim, que supostas diferenças raciais não foram as principais justificativas para a escravidão no Brasil. Entretanto, na segunda metade oitocentista, a iminência do fim do binômio senhor-escravo, até então estruturante das relações sociais e definidor do rol dos cidadãos, redimensionou concepções de diferença e pertencimento racial. (Albuquerque, 2009, p. 36-37).

É de difícil apreensão histórica um suposto descolamento entre diferenças raciais e escravidão no Brasil, daí o quebra cabeças das categorias status/cor do censo gerado pela Lei do Ventre Livre, abrigar, já, na interpretação desta obra, o sentido de raça/cor. Afinal, desde o curso político da Constituição de 1824, cujo olhar para os povos indígenas e os povos africanos (criollos ou não), pela ausência como cidadãos iguais na pólis brasileira, significava a vazão do fluxo contínuo do processo infinito da racialização iniciada na colonização (Hofbauer, 2006) e reificava o olhar, que pode se chamar olhar da branquitude sobre o Brasil, reificava o direito, a cidadania. A presença do censo na política pública, na Lei do Ventre Livre, onde estão os povos de África e os povos indígenas origi-nários, indica a imbricação entre raça e política pública como condição para mudança significativa em política pública no Brasil para o combate à desigualdade de longa duração. Paradoxalmente, indica outra mania nacional em política pública, a mania de contar como número raso a cidadania no território, exilando a potencialidade plena da cidadania num arco contínuo no tempo que tem ponto no início da colonização dos quinhentos, no colonizado e outro ponto no beneficiário do XXI, sujeitos passivos da história?

Mas o que diz a lei?

> Rio Branco encaminhou projeto à Câmara, em 12 de maio de 1871. Era o sumo das propostas de São Vicente, de 1866, ao conselho de Estado, um pouco modificadas pela comissão especial da Câmara em 1870, e tinha dez artigos. O chefe de gabinete comunicou os pontos-chave ao plenário. O primeiro e principal previa, como a Lei Moret espanhola, liberdade do ventre com aprendizagem, isto é, o filho de escrava nascido a partir de 1871 ficaria até os oito anos sob a guarda do proprietário, que, então, optaria por entregá-lo ao Estado, mediante indenização ou usufruir de seu trabalho compulsório até os 21 anos. Além disso, abriam-se três possibilidades de libertação. Uma pelo pecúlio, o direito do escravo poupar para comprar sua alforria – sem autorização de seu senhor. Outra era o direito de redenção, compra da liberdade por terceiros – o que associações abolicionistas

já faziam. A terceira era um Fundo de Emancipação, alimentado por loterias e impostos, para a compra anual de manumissões, com sorteios de favorecidos. De imediato: restrição de castigos corporais extremos, matrícula de escravos (censo da escravaria) e libertação daqueles de propriedade do Estado. (Alonso, 2016, p. 56).

A luta feroz entre as coalizões é explorada no detalhe pela autora. Por exemplo, "a oposição numerosa e aguerrida, de homens dispostos a legitimar o status quo escravista, validos dos três argumentos típicos da retórica da reação: o efeito perverso da reforma, sua futilidade e a ameaça que representava para a ordem social", foi liderada por Paulino Soares de Sousa, contra a Lei do Ventre Livre, na Câmara (Alonso, 2016, p. 61). O ator da coalizão do status quo escravista bradou aos ventos a ameaça, o perigo: "Plantaria a semente da revolta escrava" (p. 64), pois "O ventre livre seria como a caixa de Pandora, continha todos os males do mundo" (p. 65).

Não como fantasma, mas como encarnação viva em corpo real, em microfone real, na ala principal das comissões do Senado Federal, Yvonne Maggie, da coalizão contra a Lei de Cotas, em 17 de dezembro de 2008, numa tarde ensolarada em Brasília, em audiência pública na Comissão de Constituição Justiça e Cidadania, usou o argumento do perigo e do medo que o perigo enseja, para bradar, como Paulino, contra a aprovação da Lei de Cotas, contra o PLC 180-2008, em defesa entusiasta do status quo. De forma que o efeito bumerangue que informa a relação entre o estrangeiro e o nacional no movimento das ideias percorre também o tempo infinito, como eco, outro efeito bumerangue na linha infinita do tempo em política pública, nos becos estreitos da branquitude no Brasil? Além do que Maggi em sua fala tentava como um fetiche da academia brasileira de então, majoritariamente contra as cotas, velada ou assumidamente, amarrar Ruanda e outro genocídio da colonização africana no farol da estrada do Brasil, "por conta das cotas", o efeito bumerangue do perverso era terra à vista, na lente da lente da coalizão contra a Lei de Cotas, 120 anos depois da abolição inconclusa.

Lápis, papel, borracha, é a política, como ensinava na Escola de Governo o professor Fábio Konder Comparato. Se vale no processo da Abolição Inconclusa, vale também para o processo político da Lei de Cotas? "Eram precisos 63 deputados para fazer maioria numa casa então de 125 membros". Tarefa difícil, desde "a instalação da comissão especial que daria parecer sobre o projeto" (Alonso, 2016, p. 71). Ganhou Rio Branco. Era o fim de um mundo, de fato (p. 77). Será? Sim, em relação à situação anterior na letra da lei. Mas houve negociação.

Logo, no Parlamento, negociação, capacidade das lideranças das coalizões e o apito do presidente da Câmara importaram para a Lei do Ventre Livre, também importam para a Lei de Cotas no Parlamento no XXI? As elites políticas fizeram "concessões" na direção da postergação.

Ao longo da briga, o governo fez concessões. De um lado, garantiu prerrogativas dos proprietários. O artigo primeiro, que libertava os filhos de escrava, mantendo-o sob autoridade dos senhores de suas mães até dos oito anos, quando o proprietário poderia entregá-lo ao Estado, mediante indenização de seiscentos réis, ou utilizar-se dos serviços do menor até seus 21 anos, recebeu acréscimo: o senhor apenas precisaria comunicar ao Estado sua decisão se não mantivesse o liberto consigo até a maioridade. Assim, a lei perdia efeito imediato. Todas as alforrias previstas ficaram condicionadas à autorização do senhor e caiu o parágrafo do artigo sexto, que libertaria escravos de ordem religiosas. De outro lado, vedou-se ingerência abolicionista na ordem privada escravista, insinuada na primeira versão do artigo quarto que facultava alforria por liberalidade de outrem. O "outrem", entendido como meio para associações abolicionistas forçarem alforrias, foi suprimido. Uma emenda restringiu o direito do escravo de formar pecúlio com vistas

> a comprar sua alforria; apenas seria possível fazê-lo com o consentimento do senhor. Desapareceu um dos parágrafos do artigo sétimo, que liberaria promotores públicos para representar escravos e libertos em ações cíveis de liberdade. (Alonso, 2016, p. 78).

A negociação entre a elite branca viabilizou a votação. "O rol de amortizações viabilizou a aprovação, em 28 de agosto, com 61 deputados e 35 renitentes" (Alonso, 2015, p. 78). O que coube ao Senado? Foi um passeio? O senado não barra? Não veta?

> Mas sofria ataque, como o do barão de Três Barras, porta-voz da maioria das onze petições contrárias ao ventre livre no Senado, várias reivindicando indenizações mais gordas. Esse barão bradou que a lei degeneraria a "relação benévola entre senhores e escravos" na situação de "algozes diante de vítimas" – as vítimas, bem entendido, eram os senhores. (Alonso, 2016, p. 79).

Apareceu um barão e apareceram as barras. Apareceram também as razões do status quo para barrar o avanço da mudança em política pública. Isso repetir-se-á, algo assemelhado a isso, com o senador Demóstenes Torres, líder da coalizão contra a Lei de Cotas, no Senado Federal? São os ecos da branquitude?

A mudança em política pública, no entanto, andou, dentro do compasso da ordem.

> Assim, o Senado ficou entre a cruz, aprovar sem emendas, e a caldeirinha, emendar e devolver o projeto à Câmara, que só se reuniria no ano seguinte. [...] Somadas as razões, aprovou-se o projeto como viera da Câmara, libertando os filhos de escravas nascidos a partir da data. (Alonso, 2016, p. 80).

"Como viera da Câmara", isso é muito importante na aprovação da Lei de Cotas? O Senado decidiu. "Isso se chancelou em 27 de setembro, com 32 votos favoráveis ao governo, como voto decisivo de oito Liberais e boicote de dezessete Conservadores, entre eles Itaboraí" (Alonso, 2016, p. 80).

Foi para a sanção. Houve comemoração?

> A 28 de setembro, à uma da tarde, no Paço da Cidade, a regente assinou a lei 2040, sua primeira Lei Áurea, embora nem tivesse sido consultada ao longo do processo, como tampouco se comunicaram o chefe de governo e d. Pedro, ainda na Europa. Na iconografia celebrativa, Rio Branco surgiu envolto por seus ministros e acima do imperador. Ladeavam-no duas deusas: uma, a Glória, outra, a História (Alonso, 2016, p. 81).

Como esse passo, só aparentemente bizarro, tem enorme importância em política pública? O que se verificará, comparativamente à Lei do Ventre Livre, nesses pontos, no caso da sanção do sistema público de bolsas de estudos em instituições privadas (PROUNI) e no caso da Lei de Cotas? O mesmo perfil de heróis e a mesma narrativa vertical da política pública para o país campeão em desigualdades naturalizadas?

O que quer dizer a lei aprovada, a nova política pública, a mudança? Alonso (2015) marca sua crítica,

> Rigorosamente, liberdade futura, pois os "ventres livres" ficariam até os oito, isto é, 1879, e facultativamente até os 21 anos, isto é, 1892, sob os cuidados do senhor de sua mãe. A lei preservou direitos de servidão sobre a terceira geração, pois se as filhas de escravas tivessem prole antes dos 21 anos, seus filhos ficariam também sob autoridade do senhor. Os libertos pela lei poderiam ser herdados ou transferidos de proprietário, mediante herança ou venda da mãe, permanecendo assim como ativos no mercado de compra e venda de escravos. (Alonso, 2016, p. 80).

A indiferença, o desrespeito, a força da colonização, da escravidão como instituição mãe, da subordinação racial, dá o tom epistemológico dessa mudança em política pública, no limite, era para mudar para continuar como estava ou no quadro mais geral do processo da abolição inconclusa, numa espécie de ética política da branquitude em política pública, o tom da branquitude: mudança lenta, gradual e segura. Isso se verificará no caso da criação do sistema público de bolsas de estudos em instituições privadas (PROUNI), no caso da Lei de Cotas?

Porém, houve a mudança, houve o giz de cal, a lei como um desafio para a coalizão a favor da abolição, para os de baixo, para Luiz Gama. Após ter sido decretada, em 28 de setembro de 1871, dois fatos históricos importantes têm guarida, ocorreu que muitos pais negros, muitas mães negras, botaram pressão no subsistema pelo direito à educação de suas crianças, aconteceu também que "alguns comandantes se apressaram e começaram a enviar ofícios aos juízes de órfãos solicitando que os menores libertos fossem encaminhados às escolas de aprendizes de marinheiros para aprender uma profissão." (Nascimento, 2007, p. 306). A Marinha era um refúgio para a fuga de escravizados contra senhores brancos? Serão almirantes negros? Ou era outra fazenda escravocrata nascente sobre as águas da República? A Lei do Ventre Livre também era uma lei para ser burlada pela branquitude?

Se Luiz Gama inaugura, na lógica da coalizão, sua dimensão rente ao chão, junto na caminhada dos pés descalços em sua luta por liberdade, por mudança estrutural em política pública, a mobilização na base da sociedade, dos escravizados, das escravizadas, com elas, com eles, junto da dor, Luiz Gama também inaugura o acompanhamento social da Lei, sua cobrança, sua verificação na prática da vida da lei, até nos tribunais. Luiz Gama explora os direitos presentes na Lei de 1871, como o fizera para a Lei de 1831. Desse modo, inaugura simultaneamente dois pontos modelares para estudos de política pública no Brasil: a importância da liderança dos de baixo numa coalizão por políticas públicas e a importância do *enforcement* para que vingue de fato na história uma política pública que represente mudança significativa em relação ao status quo anterior.

Isso informa a coalizão a favor da criação do sistema público de bolsas de estudos em instituições privadas (PROUNI), a Lei de Cotas? Pois não seria preciso, como Luiz Gama, "golpear a norma tácita que o excluía" (Alonso, 2015, p. 87), golpear o que excluía a maioria da universidade no XXI? Norma social tácita é a cota do privilégio branco nas universidades, como no largo São Francisco. Luiz Gama, sem rebuço, é o urro infinito por direitos que anima a coalizão abolicionista, Sem Universidade, seu eco por direitos faz tremer a coalizão a favor da Lei de Cotas dando lhes no imaginário o sentido urgente da importância da cobrança destemida por mudança significativa em política pública para o acesso à universidade para acudir a dor, sem medo.

Por ora, melhor ir a fundo nesse ponto, ver traços da ação histórica de Luiz Gama no curso da Lei de 1871, porque isso é relevante.

> Luiz Gama tocava "processos em favor de pessoas livres criminosamente escravizadas". A Lei do Ventre Livre abriu campo para generalizar esse estilo de ativismo. Tímida na regulação da alforria imediata, dividiu águas ao ampliar o raio de ação do Estado sobre a esfera privada no tocante à escravidão. Efeitos inesperados. Seu artigo quarto formalizou o pecúlio, isto é, a prática costumeira do escravo de poupar para comprar sua alforria. Essa possibilidade de liberdade transformou-se em um direito e, para garanti-lo, o escravo poderia receber doação alheia. A lei, portanto, nota Sidney Chalhoub, abriu espaço para ações de liberdade dos próprios escravos, pois, embora a autocompra estivesse subordinada à autorização do senhor, na ausência de acordo quanto ao valor da indenização haveria arbitramento judicial. A essa opção recorreriam também os abolicionistas, como Gama, que a usavam para baixar avaliações de

preço e assim libertar mais gente por menos dinheiro. No mesmo sentido, usariam o parágrafo 3 do artigo quarto, que deixava o escravo contratar prestação de serviços com terceiros por até sete anos em favor de sua liberdade, isto é, em troca do valor necessário para alforriar. Essa via tornou-se uma possibilidade de libertação compulsória, pois, ainda que a lei fosse explícita acerca da necessidade de assentimento do senhor e do juíz de órfãos, os abolicionistas interpretaram que bastava depositar o valor do escravo em juízo para obter sua libertação. E assim agiram. Os abolicionistas explorariam também itens da lei que proibiam castigos físicos cruéis, separação da família escrava, venda de nascidos depois de 1871 e ausência de matrícula do cativo. Requisitavam a liberdade em juízo, sustentando que a escravidão se tornava ilícita em tais situações. Após 1871, Gama passou a usar sistematicamente o habeas corpus, valendo-se de artigos da Lei do Ventre Livre. Por exemplo, em 1880, encaminhou ao tribunal de Pirassununga petição em favor do africano João Carpinteiro, "criminosamente escravizado". Pedia sua libertação, uma vez que não tinha sido matriculado conforme o decreto 4835, que regulamentou o artigo oitavo da Lei do Ventre Livre e que tornava mandatória a matrícula de escravos. Essa foi uma das muitas ações de liberdade que ganhou: libertou ao menos quinhentos Joões Carpinteiros. (Alonso, 2016, p. 105).

Dignidade de Joões e Marias, eles, elas, as mulheres negras que aparecem quase nada no jogo das coalizões, ainda que mencionadas Maria Firmina dos Reis, Chiquinha Gonzaga, mas não se sabe da presença negra entre as senhoras que compunham o público dos teatros da abolição inconclusa. Outro ponto que surge é a questão do financiamento da política pública. A Lei do Ventre Livre abrigou um Fundo de Emancipação, que tinha, tortamente, a preocupação dos escravistas com a indenização deles mesmos.

Temiam-se outros efeitos, decorrentes da invenção do Fundo de Emancipação (artigo Terceiro), formado por impostos sobre transmissão de propriedade escrava, seis loterias, multas aplicadas a partir da lei e cota anual dos orçamentos de todos os níveis de governo. Muitos fundos provinciais e municipais nunca saíram do papel e o nacional poucos recursos teve, de modo que várias previsões escravistas nunca se concretizaram. (Alonso, 2016, p. 82).

Qual a lição daninha desse passo? O descasamento entre a política pública e o necessário financiamento que a suporte. Isso fez escola na política pública nacional. Fez também no caso da criação do sistema pública de bolsas de estudos em instituições privadas (PROUNI), no caso da Lei de Cotas? Nessas políticas públicas de ação afirmativa?

Outra volta no parafuso racial da história do Brasil? Volta no parafuso da branquitude? Indenização para o senhor de 600 mil réis ou usurpação dos serviços dos escravizados, das escravizadas até os 21 anos? "Como deveria ser denominado o filho da escrava depois da lei: ingênuo ou liberto?" Para o Conselho de Estado, uma das fontes da Lei do Ventre Livre, era ingênuo. Um debate sobre isso ocorreu na cúpula do poder executivo, em torno da letra da lei, no Conselho de Estado, entre os conselheiros Jequitinhonha e Nabuco de Araújo. Para aquele, se tidos como nascidas livres, contrariaria à Constituição do Império "por estender os direitos de cidadania a quem não era capaz de usufruí-los plenamente", para esse isso só se justificaria nos Estados Unidos, "onde havia 'antagonismo de raça', no Brasil; o perigo era estabelecer tal antagonismo supostamente inexistente". Wlamira Albuquerque (2009, p. 77) chama isso de dissimulação e engenho para não evidenciar os significados raciais que encobriam decisões políticas. A coalizão contra a Lei de Cotas, tanto no caso da Lei de Cotas ela mesma, como no caso da criação do sistema público de bolsas de estudos em instituições privadas (PROUNI), baterá no peito e apontará o dedo de que eles não "são capazes de usufruir plenamente o direito", escondendo os ciscos nos próprio olhos de uma eternidade da cota do privilégio branco nas instituições de ensino superior no Brasil.

Se o projeto de fim da escravização negra tem uma arena institucional que é o Parlamento, Ângela Alonso buscou entender o Parlamento brasileiro com a lucidez do conflito, o conflito que enlaça a sociedade, o Estado, num *continuum*, conforme a boa lição da sociologia histórica, da sociologia política. Não fez totens, nem ficou refém de modelos. Favoreceu-lhe a distância histórica. Do embate, do conflito entre coalizões sociais, dependeria o destino da política pública em questão, o projeto de Lei da Abolição, no jogo pelo poder no riscado de cal do Parlamento[183].

Contudo, a abordagem de Alonso (2016) demonstra incrível robustez teórica e empírica para estudos de políticas públicas que brotam da necessidade da sociedade e tensionam a institucionalidade do Estado, como o Parlamento, por direitos, por leis. Importa nessa abordagem, não aceitar uma operação de secção radical entre "sociedade civil e Estado", como partes soltas de um todo, como as metades complementares de uma laranja ou como a chave e o cadeado. Contra essa visão, instala-se um *continuum*, um jogo relacional pelo monopólio do poder do Estado, "as relações de forças entre as posições sociais que garantem a seus ocupantes um *quantum* suficiente de força social – ou de capital – de modo a que estes tenham a possibilidade de entrar nas lutas […]" (Bourdieu, 1989, p. 29). Não haveria os dois lados, Estado e sociedade. Haveria um só espaço, um espaço de luta entre os agentes. Haveria uma desigualdade entre agentes na posse de recursos. Mas os sem recursos podem surpreender a história, não?

Alonso (2016), centrada no plano urbano, no plano da corte, das cidades, perscruta a dinâmica da estrutura social brasileira ou a tensão presente na sociedade brasileira e suas instituições, a disputa ferrenha pela mudança social e seus anteparos paralisantes para a percepção de mecanismos de exercício do poder no Estado brasileiro, padrões sociológicos relativos, singulares e generalizáveis em certa medida, como a conformação das coalizões e o enfrentamento entre as coalizões sociais. Para a autora, o movimento abolicionista e o contramovimento agrupam, respectivamente, indivíduos, jornais, partidos, intelectuais, políticos, quadro do poder nas províncias, acontecimentos estrangeiros, como se aglutinados em duas coalizões, uma que defende o *status quo* escravocrata, da qual faz parte o escritor José de Alencar; outra, pela abolição, da qual faz parte o advogado negro Luís Gama, que fora escravizado. Anda nas conjunturas em 20 anos. Anda da Lei do Ventre Livre para a do Sexagenário para o 13 de maio, com o conflito entre as coalizões a tiracolo até o desfecho da abolição inconclusa, nos seus dois pontos secos.

Encerremos o ponto com quatro temas relevantes para a Lei de Cotas: as flores do quilombo, as camélias, dos teatros até o Parlamento; os gritos "Viva a liberdade", "Morra a escravidão"; a tentativa de emplacar candidaturas abolicionistas ao Parlamento e a força do veto político do status quo no subsistema político que barrou a vitória de muitas candidaturas abolicionistas; as canetas de ouro que escrevem e esquecem, dando a letra na história das políticas públicas no Brasil. As balas presentes.

Se houve uma vanguarda nas faculdades de direito na luta abolicionista, houve Salustiano Preto.

> Do mesmo modo, o preto Salustiano Pedro, "comensal de Roque sapateiro", contrariava o delegado de política porque, insistentemente, em qualquer lugar que chegasse ocupava-se com "o magno assunto da justiça para com sua raça". Também fazia parte da sua ação abolicionista confessar, sempre, publicamente, sua "idolatria" por José do Patrocínio e por Luís Gama, que emprestou seu nome a um clube abolicionista fundado por ele. A pregação de Salustiano devia aborrecer a polícia, que não via com bons olhos os abolicionistas de

---

[183] "Já não havia qualquer dúvida razoável. Para destituir o presidente, só faltava a pá de cal, a ser lançada no dia 29 de setembro pela Câmara dos Deputados" (Sallum Jr., 2015, p. 355). Na cultura popular brasileira, o cal, produto usado na construção civil, por sua cor branca, é utilizado para definir as linhas mestras de campos de futebol, seja de terra, seja de grama. As marcas de cal do Parlamento indicam apenas referências simbólicas do poder.

"cor". Entre a concessão de sentar-se no banquete da civilização num teatro e a pregação pública pela "redenção da raça" havia um hiato. E é justamente nesse ínterim, nessa descontinuidade de atitudes que se revelam leituras distintas sobre os desdobramentos do fim da escravidão. (Albuquerque, 2009, p. 86).

A lei, a abolição inconclusa, que gerou uma cidadania inconclusa, foi iniciada nas senzalas, nos quilombos, nos mocambos, nos pântanos e sertões, nas fazendas, nas vilas do interior do Brasil, nas cidades pequenas e grandes, nos portos, nas estradas, nas matas, nas aldeias, nas ruas, nos cantos de trabalho, nas irmandades, nos terreiros, nos teatros, na Corte, no Parlamento. Negros, indígenas e brancos fizeram a abolição inconclusa. Paradoxalmente, a abolição inconclusa calou-se sobre os indígenas, como aqueles da Aldeia de São João do Rio Verde e dos aldeamentos como política pública para burla.

Em termos legais, 723.419 escravizados negros (Senado Federal, [1988] 2012, p. 1) foram libertos em 13 de maio de 1888. Assim, no Império, o Parlamento brasileiro se apresenta como paradoxal, pois proclama a abolição inconclusa, ao tempo que deixa o ex-escravizado negro ao Deus dará e nada fala sobre os indígenas. Caçados, amarrados feito porcos, indígenas caiuás são levados de Itaporanga-SP, andando a pé, retirados da Mata dos Índios, no começo do XX, para um realdeamento no estado de São Paulo (Fagundes, 2020; Santana, 2015). Astolfo Marques registrou o 13 de maio de 1903 em seus escritos, onde um professor busca monologar suas glórias, numa narrativa teatral, enquanto nhá Domingas "manda celebrar uma missa pela alma dos propagandistas que estão no além", no Rosário, e Nhá Sebastiana reúne na choupana meia dúzia de libertos ao pôr do sol, num carimbo. "É a única, professor – acudiu o Joaquim Matias" (Marques, 2021, p. 135).

Mas é preciso entoar o canto da esperança, mesmo em meio ao genocídio.

Eu, Esperança de São Boaventura, achando-me em meu perfeito juízo resolvi de minha livre vontade fazer o meu testamento pela seguinte forma. Declaro que sou natural da Costa d'Africa não sabendo minha idade e filiação por que fui uma das vítimas do horrível crime que se chama escravidão e por muitos anos envergonhou este Brasil. (Albuquerque, 2009, p. 195).

Haverá a vez e o lugar para Maria Esperança de São Boaventura na universidade no Brasil, no século XXI, para as Marias Esperanças? Para os Zés Esperanças? A abolição mostrou exemplos da escola racialmente integrada e a possibilidade da universidade racialmente integrada, como no curso noturno de Niterói, processo inconcluso.

Em termos legais, 723.419 escravizados negros (Senado Federal, [1988] 2012, p. 1) foram libertos em 13 de maio de 1888. Assim, no Império, o Parlamento brasileiro se apresenta como paradoxal, pois proclama a abolição inconclusa, ao tempo que deixa o ex-escravizado negro ao Deus dará e nada fala sobre os indígenas.

Esse caráter paradoxal do Parlamento brasileiro pode ser tomado como parte fundamental da estrutura de longa duração do Brasil, onde se legisla para, em nome de, não com. Para aprovar uma lei no Parlamento no XXI, como a Lei de Cotas, é preciso andar no paradoxo, é o que informa este passo do debate teórico. De fato, Deise Benedito tem razão: o estrutural da sociedade brasileira do XIX veste muitos discursos dos primórdios do XXI no Brasil. Não apenas isso.

5.2 A CRENÇA NO FARDO DO HOMEM BRANCO

É preciso uma imersão no emaranhado dessas crenças como indica o modelo ACF. Desse modo, afasta-se do que é aparentemente lógico como pedra pesada sobre a curiosidade acadêmica, ou seja, que a política pública de cotas tenha um curto enredo e seja tratada simplesmente como uma política de "foco". Este estudo se utiliza de outras lentes. Em diferentes situações da história, a disputa em torno de crenças e valores aparece com grande centralidade, como no período da unificação alemã, de 1871, onde se esboça o surgimento do conflito em torno da ideia de nação:

> Durante o período de sua ascensão, as classes médias de países europeus, tal como outras classes emergentes, tinham sido orientadas para o futuro. Uma vez elevadas à posição de classes dominantes, suas seções de liderança e suas elites intelectuais, à semelhança de outros grupos dirigentes, trocaram o futuro pelo passado a fim de basear nesse sua imagem ideal delas próprias. As satisfações emocionais derivadas da visada para diante deram lugar às satisfações emocionais derivadas do olhar para trás. O cerne do "nós-imagem" e do "nós-ideal" delas foi formado por uma imagem de sua tradição e heranças nacionais. Assim como os grupos aristocráticos tinham baseado na ancestralidade da família seu orgulho e suas pretensões a um valor especial, também, como seus sucessores, os mais importantes setores das classes médias industriais – gradualmente em conjunto com os das classes trabalhadoras industriais, sempre que estas também alcançaram uma posição de mando – basearam cada vez mais seu orgulho e suas pretensões a um valor especial ora na ancestralidade de sua nação ora em suas realizações, características e valores nacionais aparentemente imutáveis. Uma imagem ideal de si mesmas como nação transferiu-se para o lugar supremo em sua escala de valores públicos; ganhou precedência sobre os mais antigos ideais humanistas e moralistas, triunfando sobre eles em caso de conflito, e, impregnada de fortes sentimentos positivos, converteu-se na peça central de seu sistema de crenças sociais. (Elias, [1989] 1997, p. 129-130).

Isso coloca o sinal vermelho no caminho das crenças, pois uma crença do tipo ariana pode ganhar a nação como imagem e o mundo como imagem da nação ideal. Assim, a crença fornece justificativa política para a nação e para a expansão e dominação dentro e fora da sua fronteira. A crença dos europeus brancos no tempo do Congresso de Berlim trata de corações, mentes e interesses. O exemplo da Alemanha, visto por Norbert Elias, não era um voo solo.

A associação entre crença e experiência pode ser enxergada, por exemplo, na obra magistral de Jean-Pierre Vernant, em seus estudos sobre a sociedade e a política na Grécia antiga, no geral, e, em particular, na sua análise do papel dos mitos no universo grego. Vernant enfatiza a relação entre as crenças e as práticas cotidianas, o que chama de experiência ou o empírico comum comungado entre os pobres mortais. Logo, é preciso ver muito além da dicotomia entre fé e razão ou fé e ciência, território repleto de areia movediça na história brasileira, que passou pela Inquisição e por um Estado com religião oficial, como no Império. As ideias religiosas, no entanto, têm longo vetor no sistema de educação brasileiro, como a Propaganda Fidei, de 1622, dos Jesuítas, no primeiro sistema de educação do Brasil e as ideias de Mackenzie, no Império.

Para os de lá, os de Roma, Madri, Lisboa, para os jesuítas, os dominicanos, dentre outras ordens religiosas, surge na história política a noção de "regra", como a regra da ordem religiosa, de seu poder terreno, como instituição. Os de cá, povos originários, povos africanos, não teriam instituição, não teriam regra: "Nem Rei, nem Lei, nem Fé" (Hofbauer, 2006).

O problema branco europeu era a propagação da fé entre os que não conheciam a fé branca. Como fazer isso? Um problema metafísico: eles têm alma? Não que os conquistadores fossem elegantes, como os gregos de Platão que debatiam em banquetes. Os conquistadores brancos eram sanguinários e irados pelas crenças do "conquisto, logo sou", com seus canhões e suas cruzes, suas barbas, seus fedores e suas pandemias, como dizia Darcy Ribeiro. Mas houve um debate, o que é raro para qualquer império. Houve um debate público no império espanhol sobre crenças, na Universidad de Valhadolid, que envolveu os anos de 1550 e 1551. Bartolomeu de Las Casas enfrentou Juan Gines de Sepulveda. Para o professor Juan Francisco Martinez Peria, pensador decolonial argentino, esse debate revela a miséria do Renascimento na Europa. Os dois contendores tomam por base crenças e argumentos da filosofia grega.

Com base em Aristóteles, Sepulveda, um grande renascentista, sustentava a dominação e escravização dos povos originários: "assim como a forma domina a matéria, os varões dominam as mulheres, os adultos dominam as crianças, os colonizadores escravizam", pois, como bárbaros, para Sepulveda, não eram plenamente racionais, não eram plenamente seres humanos e poderiam ser utilizados como instrumentos, como coisas, "coisa semovente".

Bartolomeu de Las Casas responde com uma indagação: o que é ser bárbaro? Coloca seus argumentos: se ser bárbaro é ser violento, se barbárie é violência, *los violentos somos nosotros*. Ele identifica um problema de linguagem, pois bárbaro para os gregos também seriam os que só balbuciavam o grego, a língua grega. Com base no livro *A política*, de Aristóteles, que sustenta que o ser humano é um animal político, os povos originais têm politicidade, logo são seres humanos, logo são racionais, pois podem governar. O paternal Bartolomeu de Las Casas, no entanto, por conta do quadro político das guerras religiosas na Europa, da reforma versus a contrarreforma, alegava que a Espanha tinha legitimidade para escravizar, à medida que aqueles povos não eram cristãos e precisavam ser convertidos ao cristianismo. No frigir dos ovos, os dois contendores, os dois sábios brancos, defendiam a escravização, dentro de um código de crenças que elegia Aristóteles, apesar de leituras diferentes, como referência.

A propaganda da fé na colonização funda a propaganda em si e a fé como instrumento político capital do Estado. Por isso, o sistema de educação jesuíta não é solto no tempo, no Brasil, mas só é possível entendê-lo dentro desse ritual de justificativas do poder colonial. Que não se olvide: a fé protestante e a fé judaica marcam presença na história colonial do Brasil. No império, um sacerdote Mackenzie ao comprar a chácara, em São Paulo, de Dona Maria Antônia, filha do senador Barão de Antonina, finca mais estacas de crenças no sistema de educação brasileiro. Se a Espanha fundou universidades desde o começo da colonização, nelas só adentravam cristãos, como na Universidade de Córdoba (Ar), de 1603.

Isso significa problematizar e não naturalizar a ideia de crença presente no modelo ACF, justamente para não a tomar como um mote mecânico, desvinculado de suas circunstâncias, intenções e da história. Andemos na esteira da problematização do que seja crença. É a oralidade na Grécia Antiga que espalha as narrativas, aqui e acolá, da Sicília a Atenas, de geração a geração, pelo corredor dos tempos. Como as pessoas acreditavam nisso? Nesses poetas? Num Homero, que não se sabe ao certo se existiu, numa Ilíada declamada em praça pública? Como essas referências formataram a cultura grega? Aparecem, então, os dois polos nunca totalmente separados: a realidade e a ficção, coisas imaginadas, nas quais se acreditam. Vernant nos informa esse percurso das crenças:

> Eis uma série de questões que nos previnem contra a ideia de que haveria, do ponto de vista da sociologia, uma espécie de estrutura da crença religiosa definida uma vez por todas, que constituiria uma categoria permanente: haveria a crença religiosa e haveria outra coisa. As coisas não são tão estanques: em uma religião dada, no interior de uma cultura dada, colocam-se diversas questões: as questões relativas aos tipos de crença, às formas que esta pode adquirir, a suas modalidades. (Vernant, 2002, p. 201).

As crenças dialogam com a popularidade (e sua dinâmica) que uma ideia tem num dado momento da história, num certo lugar, entre certas pessoas. No prefácio à tradução brasileira de *Os reis taumaturgos*, Jacques Le Goff indica que as crenças podem ter vida e morte ou não, como se observa.

> É a demonstração de que em novos contextos históricos uma estrutura, o toque régio, muda de lugar e de significado sem mudar essencialmente de forma. A morte do rito: na Inglaterra, ele sofre fortemente o ataque do protestantismo e desaparece com a mudança dinástica de 1714; na França, seu fim coincide com a Revolução e a queda da monarquia, não obstante o breve e anacrônico ressuscitamento que teve em 1825, na sagração de Carlos X. Ora, o fundamental não está nesses acontecimentos, por mais importantes que sejam. Um fenômeno histórico, sobretudo uma crença, um fato mental, raramente é assassinado. Morre mais ou menos lentamente, seguindo o ritmo da mudança tanto da mentalidade quanto das condições em que essa mentalidade apareceu.

> Aqui Marc Bloch abandona os ritos, os gestos, as imagens; não recorre mais ao folclore, à etnografia, à medicina. As "coisas profundas", a "psicologia coletiva" sofrem a influência decisiva da evolução intelectual das elites. O que matou o milagre régio foi o espírito "racionalista" que, a partir do século XVIII, procurou encontrar uma explicação racional para o portento – até que as Luzes, no século XVIII, renunciam a essa pesquisa e proclamam que pura e simplesmente o milagre não existe. Não podendo ser elucidado mediante alguma razão natural (o sangue, por exemplo), o milagre régio desaparece da crença erudita, junto com todos os outros milagres, com "toda uma concepção do universo" à qual era "aparentado". Sempre lúcido, Marc Bloch vê que na "opinião comum" setecentista há uma cisão entre os espíritos esclarecidos e o "vulgo", o qual continua a acreditar numa "ação miraculosa". (Le Goff *apud* Bloch, 2005, p. 26-27).

No sentido das crenças religiosas, a cosmologia indígena brasileira é vasta e repleta de singularidades. Os orixás, as mitologias africanas presentes na vida brasileira, são de longa tradição, de igual modo. Os desdobramentos políticos das crenças religiosas geram nuances nas relações raciais. Já vimos a importância das crenças muçulmanas na Rebelião Escrava de 1835 estudada por João José Reis.

Na tentativa de apreender as possibilidades de ascensão social dos libertos no mundo urbano de Salvador, Maria Inês Côrtes de Oliveira (1979) descortina um universo de estratégias políticas conjugadas com crenças por meio dos escritos nos testamentos. Ela estudou uma série secular (1790-1885), uma amostra de 482 testadores no Arquivo do Estado da Bahia, de ex-escravizados (242 femininos e 240 masculinos), onde apenas 22 sabiam assinar o nome e apenas 3 sabiam escrever, prova da violência sem par, do controle sem par dos corpos, onde o conhecimento é poder e por isso é negado violentamente. O estudo revela o fator racial como importante elemento na estrutura social e informa sobre a história das mentalidades no Brasil. Mesmo no silêncio, as fontes revelam as relações raciais e sociais e suas tensões em Salvador. Na amostra, a presença de mulheres solteiras revela a dupla exploração da mulher escravizada: seja como força de trabalho, seja sexualmente.

Os libertos não podem ser englobados num único grupo homogêneo. Entre africanos, crioulos e mulatos, existiam diferenças de cultura e mentalidade. Africanos eram de várias etnias, às vezes, rivais entre si. A endogamia africana, identificada na amostra, evidencia a heterogeneidade.

A resistência cultural foi obra dos africanos, dentro do grupo dos libertos estudado. A organização da comunidade africana no Brasil tinha na família dos libertos um dos seus elementos chaves. A "família extensa". Além da família sanguínea, era formada por parentes de consideração e por companheiros de trabalho, profusamente mencionados nos testamentos. Conformava extensa rede de relações que amparava e recebia amparo de seus membros. Irmandades e cantos de trabalho, eram dois dos mecanismos de organização dessas redes. Essa família extensa informa, longe do quadro da família burguesa, como o casal Arnolfini, de Van Eick, elementos de crença, por tabela, de nomeação, para o que coalizão quer dizer na história do Brasil.

O testamento de Marcelina da Silva (1881), a quem a tradição oral dos africanos na Bahia atribui a fundação do Candomblé do Engenho Velho, é extremamente revelador em seu silêncio. Revela o poder da tradição oral e da resistência cultural africana na Bahia e sua reinvenção cultural. É um retrato negro. A filha de Marcelina, Maria Magdalena, veio de África com a mãe e não era crioula (como consta no testamento de Marcelina). Nesse caso, para um sufrágio branco, correspondia um ritual Nagô diferente em conteúdo e função, que não podia ser fundido, simbolizado ou acobertado, pois informava outra concepção de mundo e da morte, distinta da católica.

Os testamentos também expressam vontades, temores e crenças perante a morte. A presença do mundo dos brancos, dos negros, dos mortos nos testamentos mostra como os libertos articularam esses mundos, dando a impressão de haver apenas um mundo, o mundo dos brancos.

Deslizemos no mundo das crenças. A coletânea *A invenção das crenças* traz um debate só sobre o assunto. Ali, aparece David Hume, filósofo inglês que estudou a matéria, pois buscava compreender o entendimento humano, sua natureza. Para ele, as operações do espírito humano dependem da conexão de ideias. Assim, as relações entre ideias e fatos nascem da experiência. O próprio autor pergunta "qual é o fundamento de todas as conclusões derivadas da experiência"?

> Se vos perguntasse por que acreditais em determinado fato que relatais, deveis indicar-me alguma razão; e esta razão será um outro fato em conexão com o primeiro. Entretanto, como não podeis proceder desta maneira in *infinitum*, deveis finalmente terminar por um fato presente a vossa memória ou aos vossos sentidos, ou deveis admitir que vossa crença é inteiramente sem fundamento. Qual é, portanto, a conclusão de toda a questão? É simples; no entanto, deve-se confessar que ela acha muito distante das teorias filosóficas correntes. Toda crença, em matéria de fato e de existência real, procede unicamente de um objeto presente à memória ou aos sentidos e de uma conjunção costumeira entre esse e algum outro objeto [...] Todas as vezes que um objeto se apresenta à memória ou aos sentidos, pela força do costume, a imaginação é levada imediatamente a conceber o objeto que lhe está habitualmente unido; esta concepção é acompanhada por uma maneira de sentir ou sentimento, diferente dos vagos devaneios da fantasia. Eis toda a natureza da crença. [...] Em filosofia, não podemos ir além da seguinte afirmação: crença é qualquer coisa sentida pelo espírito, que distingue as ideias dos juízos das ficções da imaginação. Ela lhes dá maior peso e influência; as faz parecer de maior importância; as reforça no espírito e as estabelece como princípios diretivos de nossas ações. (Hume, 1999, p. 63-67).

Fica patente a relação entre o exterior e o interior, a realidade e a ficção, o sem-nome e o nomeado, o visível e o invisível, o subjetivo e o objetivo, o experimento e a interpretação, nos avanços aqui percebidos na busca de dar um sentido ao que seja crença ou crenças.

Adam Smith, leitor de Hume, expõe um ponto de crença importante, que, de algum modo, imbrica economia e educação:

> Na realidade, a diferença de talentos naturais em pessoas diferentes é muito menor do que pensamos; a grande diferença de habilidade que distingue entre si pessoas de diferentes profissões, quando chegam à maturidade, em muitos casos não é tanto a causa, mas antes o efeito da divisão do trabalho. A diferença entre as personalidades mais diferentes, entre

um filósofo e um carregador comum da rua, por exemplo, parece não provir tanto da natureza, mas antes do hábito, do costume, da educação ou formação. (Smith, 1776, p. 76).

Renato Lessa (2011a), ao escrever para a coletânea *A invenção das crenças*, comenta Hume e afunila sua reflexão para três atos de crença:

I. Crer na existência contínua de um mundo exterior e independente de nossas percepções: crer em algo independente de mim;

II. Crer que as regularidades que ocorreram e ocorrem em nossa experiência passada e presente constituem base confiável;

III. Crer na confiabilidade dos nossos sentidos. (Lessa, 2011a, p. 351).

Se o primeiro ato remete a crenças basilares, ontológicas, o segundo ato estabelece crenças epistemológicas. O autor sustenta que é esse último o lastro para a previsibilidade, por exemplo, numa investigação em humanidades, onde regularidades percebidas estabelecem expectativas fiáveis sobre os objetos de estudo, podendo ou não vir a ocorrer. Ainda para Lessa, os dois atos primeiros são exteriores ao sujeito, o terceiro diz respeito à crença em si, no próprio sujeito.

Trechos da Bíblia somam-se a Aristóteles, Voltaire, Kant e Hume, para compor o rol de crenças que serviram como justificativas para a escravidão no ocidente (Davis, [1966] 2001), baseadas em privilégio e hierarquia racial. É de pasmar o racismo em Voltaire e nos iluministas, num Kant, num Hume. O conde ganhou muito dinheiro investindo em tráfico de escravizados na bolsa de Londres. Por isso, Gislene Aparecida dos Santos problematiza o iluminismo como enigma, uma vez que ele classifica seres humanos, como os negros, como não ser, como consta da Enciclopédia, em verbete escrito por Voltaire e editado por Diderot e d'Alembert. Isso forma uma experiência passada de crenças que ecoa no presente, como ecoou na abolição inconclusa?

Conforme o pensamento de Fernando Gil (1996), é por meio da argumentação, que se pode crer na verdade de uma proposição de natureza política. No entanto, isso pode embutir artificialidades ou ardis.

Em *A produção da crença – contribuição para uma economia dos bens simbólicos*, Bourdieu (2001) análise o campo dos bens culturais e divisa limites da crença,

Pelo fato de que os campos da produção de bens culturais são universos de crença que só podem funcionar na medida em que conseguem produzir, inseparavelmente, produtos e a necessidade desses produtos por meio de práticas que são a denegação das práticas habituais da "economia", as lutas que se desenrolam aí são conflitos decisivos que comprometem completamente a relação com a "economia": aqueles que acreditam nisso e que, tendo como único capital sua fé nos princípios da economia de má-fé, pregam o retorno às fontes, a renúncia absoluta e intransigente dos começos, englobam na mesma condenação tanto os vendilhões do templo que introduzem determinadas práticas e interesses comerciais no terreno da fé e do sagrado, quanto os fariseus que tiram benefícios temporais do capital de consagração acumulado mediante a submissão exemplar às exigências do campo. É assim que a lei fundamental do campo, se encontra, incessantemente, lembrada e reafirmada pelos novos pretendentes que têm o maior interesse pela denegação do interesse. (Bourdieu, 2001, p. 30).

Essa perspectiva de Bourdieu (2001) traz à luz dos olhos humanos os interesses e, por um lado, faz chacoalhar as balizas do modelo ACF, se este for percebido como crenças, valores ou ideias individuais apenas em sua relação etérea entre um visível e um invisível. Por outro lado, reforça a importância argumentativa e do sentido apreendido pelos agentes/atores e suas vozes na análise em curso. Certeau (2012) assim se exprime,

Aos poucos a crença se poluiu, como o ar e a água. Essa força motriz, sempre resistente, mas tratável, começa a faltar. Percebe-se ao mesmo tempo não se saber o que ela é. Estranho paradoxo: tantas polêmicas e reflexões sobre os conteúdos ideológicos e os enquadramentos institucionais para lhe fornecer não foram (salvo na filosofia inglesa, de Hume a Wittgeinstein, H.H. Price, Hintikka ou Quinne) acompanhadas de uma elucidação acerca da natureza do ato de crer. Hoje não basta mais manipular, transportar e refinar a crença. É preciso analisar-lhe a composição, pois há a pretensão de fabricá-la artificialmente. Ainda parcialmente o marketing comercial ou político está se empenhando nisso. Existem agora demasiados objetos para crer e muita escassa credibilidade. (Certeau, 2012, p. 253).

É sobre os interesses que se tecem as crenças, não sobre o nada. Dos interesses puxa-se o fio da meada argumentativa e com muito labor descobrem-se seus sentidos. Névoas podem surgir de repente no meio do caminho ocultando propositadamente a visão, como fumaça produzida artificialmente por um gelo seco colocado no palco à frente de um agente passivo e mero expectador da história.

Isso pode ocorrer no campo das ideias, valores e crenças, tanto no polo de um empirismo lógico, como no seu extremo, um racionalismo abstrato perfeito. Os interesses, como se sabe — pelas necessidades demasiadamente humanas — possuem uma base material. A ideologia é a fumaça artificial que camufla o interesse e embaralha os sentidos argumentativos, levando de roldão crenças, valores e ideias.

Esse jogo, por inteiro, está presente na disputa política em torno da Lei de Cotas, no Brasil. Não custa repisar, como antes dito, que, nesta investigação, andar-se-á nas trilhas da empiria, da argumentação, dos seus sentidos, sem descuidar das névoas eventuais pelo caminho, no entanto. Por exemplo, os argumentos abaixo são inequívocos quanto à correlação entre o salário e o nível de escolaridade, o que reforça a importância da aprovação da Lei de Cotas para o acesso à universidade e ao ensino técnico no Brasil, como meio de diminuir a desigualdade racial no país, além de democratizar o acesso à universidade.

Imagem 3 – Salário médio relativo por nível de escolaridade

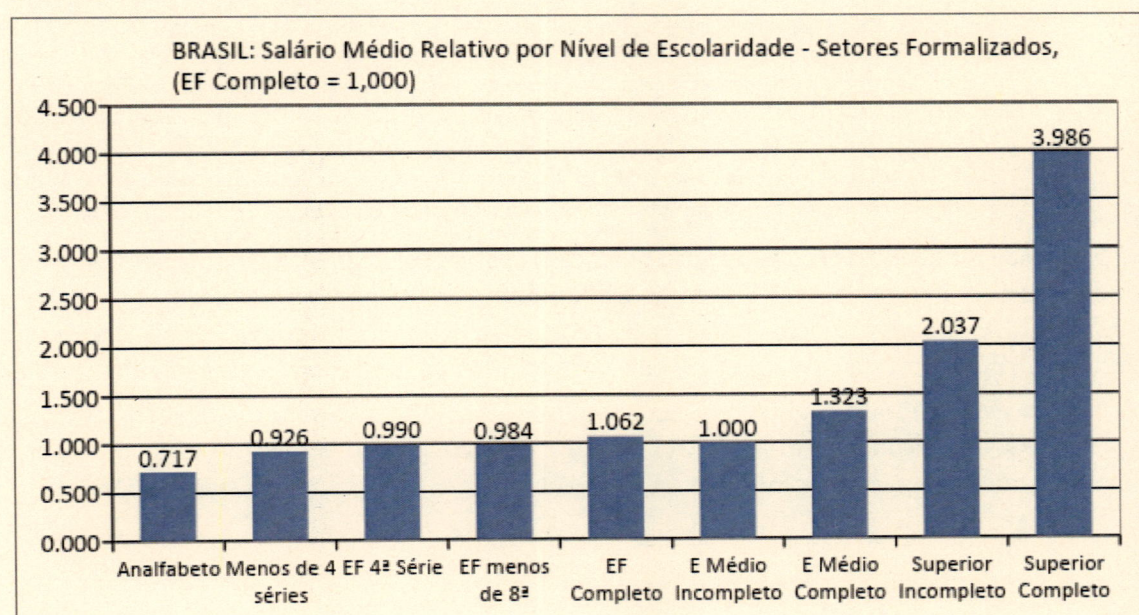

Fonte: dados do IPEA (2010)

Tabela 5 – Distribuição percentual dos 10 subgrupos principais com mais admissões para trabalhadores com superior completo por faixa etária – 2010

Código	Descrição	Até 29	30 à 49	Mais de 50	Total
41	Escriturários	19,4	15,1	11,4	17,0
23	Profissionais do ensino	11,3	18,0	18,6	14,7
22	Profissionais das ciências biológicas, da saúde e afins	12,2	9,7	11,4	11,1
25	Profissionais das ciências sociais e humanas	10,1	9,1	7,4	9,5
21	Profissionais das ciências exatas, físicas e da engenharia	8,7	7,9	12,4	8,5
14	Gerentes	3,3	8,7	10,8	6,2
52	Vendedores e prestadores de serviços do comércio	5,2	5,0	3,4	5,0
35	Técnicos de nível médio nas ciências administrativas	4,6	4,4	3,0	4,4
33	Professores leigos e de nível médio	3,7	4,4	3,8	4,0
42	Trabalhadores de atendimento ao público	4,6	3,0	2,0	3,7
	Subtotal	83,0	85,5	84,2	84,2
	Total	100	100	100	100

Fonte: CAGED

Fonte: dados CAGED

Da matéria Blindagem na Recessão, de Daiane Costa, publicado com destaque no *O Globo*, de 26 de junho de 2018, cito:

> O diploma do ensino superior foi capaz de blindar brasileiros do desemprego durante a recessão. No primeiro trimestre deste ano, dado mais recente da Pnad Contínua, do IBGE, enquanto a taxa de desocupação média do Brasil estava em 13,1%, entre os trabalhadores com o mais alto nível de escolaridade a taxa era de apenas 6,6% - a mesma de Santa Catarina, estado que tem o menor índice entre as 27 unidades da federação. É a única que não ficou em dois dígitos no início de 2018. Por trás dessa blindagem, no entanto, há fatores que não escapam à precarização do mercado de trabalho imposta pela crise. Segundo especialistas, boa parte dessa valorização ocorreu porque essa mão de obra qualificada, para não ficar sem emprego, aceitou ganhar um salário menor. A renda média de quem tinha ensino superior foi uma das que mais caíram durante a crise, considerando-se os grupos por escolaridade. A queda foi de 8%, o que pode indicar tanto achatamento como desemprego e recolocação por salário menor, avalia Cimar Azeredo, coordenador de Trabalho e Rendimento do IBGE. Passou de R$5.071 no primeiro trimestre de 2014 para R$ 4.663 no mesmo período de 2018. (Costa, 2018, p. 15).

Há, desde longe, uma crença na possibilidade da passagem do bastão de uma geração a outra. O pai de Alexandre, para tirar a Macedônia da barbárie, recruta por muitos talentos os trabalhos intelectuais de Aristóteles e outros preceptores da academia grega. A pátria macedônica investe no seu futuro, formando dentro de sua elite uma nova geração de líderes treinados na cultura helena.

No processo de criação das universidades na Europa, numa sociedade medieval estratificada e com posições sociais de mando e obediência bastante rígidas, surge a questão dos estudantes pobres, de um novo caminho para a mobilidade social por meio de um instrumento social novo:

> Achei que deveria, nessa perspectiva, insistir principalmente sobre o caráter revolucionário do currículo universitário como modo de recrutamento das elites governantes. O ocidente só conhecera três modos de acesso ao poder: o nascimento, o mais importante, a riqueza, muito secundário até o século XIII salvo na Roma antiga, o sorteio, de alcance limitado entre os cidadãos das aldeias gregas da Antiguidade. A igreja cristã tinha em

princípio aberto a qualquer um o caminho para as honras eclesiásticas. Na realidade, as funções episcopais, abaciais, as dignidades eclesiásticas eram destinadas de modo significativamente majoritário aos membros da nobreza, senão da aristocracia. Jovens nobres e logo jovens burgueses constituem certamente a maior parte dos estudantes e dos mestres, mas o sistema universitário permite uma real ascensão social a um certo número de filhos de camponeses. É, portanto, importante que os estudos sejam interessantes para os estudantes "pobres". Na tipologia da pobreza, à qual Michel Mollat e seus alunos trouxeram tão grandes progressos, a pobreza universitária representa um caso particular. A análise de sua realidade e de sua conjuntura ultrapassa o domínio da particularidade histórica, e os trabalhos de Jean Paquet foram esclarecedores quanto a isso. O que eu pretendia deixar bem claro é que essa promoção social se deu através de um processo totalmente novo e revolucionário no Ocidente: o exame. O Ocidente alcança assim – modestamente – um sistema que, segundo meu amigo Vadime Eliseeff, devia ser enfocado numa perspectiva comparativa: o sistema chinês. (Le Goff, 2006, p. 10).

Duas globalizações, a do século XV-XVI e a do século XIX-XX, também chamadas, respectivamente, de colonialismo europeu e neocolonialismo, espalharam e nomearam valores europeus em terras da América, da África e da Ásia. Um registro cultural geral e raso dá conta do grosso subjetivo presente no processo colonizador e neocolonizador, nos marcos de expansão do capitalismo na face da Terra: de um lado o europeu, o colonizador, a civilização, a superioridade humana, de outro, os bárbaros, os selvagens, os pretos, os negros, os índios, os inferiores, arcaicos e primitivos.

A missão subjetiva dos conquistadores sempre teve ares de glória humana, como revela as crenças de Rudyard Kipling, poeta inglês, que escreveu em fins do século XIX, conclamando os europeus a espalharem a *civilização*, à conquista dos povos *bárbaros*: "Toma o fardo do homem branco [...] Enche a boca dos famintos e proclama, das doenças, o cessar", vaticinava o poeta. Joseph Conrad, em *Coração das Trevas*, de 1899, fala um pouco sobre o que isso de "fardo do homem branco" quer dizer.

William Shepherd relativizou essa abordagem, por volta de 1918-1919, em suas aulas na Columbia University,

> Ao contrário do que comumente se pensa, argumentava Shepherd em seu curso, a história da expansão europeia é muito mais do que a história da colonização europeia. Não usando meias palavras, explicava tal disseminada estreiteza de visão como resultado de sentimentos de superioridade racial e cultural e de uma perspectiva 'imperialista mais ou menos evidente'. Usando a expressão de Kipling, 'o fardo do homem branco', descrevia a história que normalmente se narra como exclusivamente interessada no que o europeu 'fez ou pensa que fez pelo irmãozinho escuro', deixando de lado o que, nesse processo de dar e receber, reverteu 'em benefício ou detrimento' para as duas partes envolvidas. Com tal atitude, argumentava Shepherd, 'questões supremas' foram negligenciadas, tais como 'em que aspectos a civilização da Europa foi moldada por forças e fatores oriundos de fora de suas fronteiras geográficas?'; ou em que medida, por exemplo, 'os indígenas, o negro e o asiático passaram ensinamentos aos europeus que vieram residir em suas terras como senhor ou vizinhos', já que o contato entre 'europeus e não europeus' seguramente 'resultou em educação para ambos'? (Pallares-Burke, 2012, p. 100).

No início do Século XXI, o escritor moçambicano Mia Couto avança em direção à subjetividade das crenças:

> [...] a questão não está na dualidade entre crença e descrença, mas sim em interrogar a própria crença: temos de construir a fé na mudança do mundo antes mesmo de pensarmos. É preciso colocar em questão os instrumentos que nos levam a olhar o mundo. Existe uma

imagem que é universal, a da África vítima, marcada por fome, guerras, tribos, isto é uma forma de retirar do continente sua própria condição histórica. A África acaba reduzida a uma única dimensão, sem direito à mesma multiplicidade que têm Europa e EUA. No Brasil, existe uma relação quase fantasmagórica, uma ideia de redenção, de regresso a uma África perdida. Isso varia desde uma ignorância absoluta até uma catarse provocada pelo reencontro com uma África idealizada que vai curar as dificuldades de inserção num Brasil múltiplo. (Couto, 2010).

Logo, é preciso buscar nas teorias sociais contemporâneas, fontes de desconstrução dos estereótipos discursivos, das verdades impostas, problematizando os constructos feitos. É preciso fazer as perguntas simples, como se caminhássemos recrutando as crenças, as ideias, os valores que têm vida em algum lugar. É o caso de raça e etnia, por exemplo, mas não só.

5.3 A RAÇA IMPORTA OU POR QUE ELES NÃO SÃO COMO NÓS?

O embate leal e desleal das ideias se traduz, na disputa em torno da Lei de Cotas no Congresso Nacional brasileiro, em atitudes mais explícitas ou mais acanhadas. Quase como motes ou palavras de ordem, a intervenção pública no Brasil da coalizão social brasileira contrária à Lei de Cotas pode ser verificada por meio dos próprios títulos de alguns livros sobre o tema, aqui deixados em letras maiúsculas, pois falam por si só sobre o centro de suas crenças: *NÃO SOMOS RACISTAS* (Kamel, 2006), *DIVISÕES PERIGOSAS* (Maggie *et al.*, 2007), *A PERSISTÊNCIA DA RAÇA* (Fry, 2005), *UMA GOTA DE SANGUE* (Magnoli, 2010), *RAÇA* (Grin, 2010), *A INVENÇÃO DAS RAÇAS* (Barbujani, 2007), *RAÇA COMO RETÓRICA* (Maggie; Rezende, 2001). Ao lê-los criticamente, o presumido dos títulos avança em argumentação,

> O desafio maior permanece sendo o de desacreditar ainda sólidas e resistentes representações do senso comum. Essas representações caracterizam-se, ainda hoje: 1) por longa tradição sociológica que opera com a categoria de classe social para tratar as desigualdades sociais; 2) por tradições de esquerda cujas utopias socialista e nacionalista não concebem atores raciais; 3) por sensibilidade moral, cujo princípio de justiça identifica na privação absoluta o foco para o qual a sociedade deve estar mobilizada; 4) por uma ainda forte subjetividade a-racialista, cujo fundamento encontra-se na crença de que o Brasil é um país vocacionado para a miscigenação e que tal vocação o diferencia positivamente de outros países multirraciais. O que talvez mais contrarie a luta dos cotistas é que a longa vida do imaginário a-racial, construído pela cultura modernista nas primeiras décadas do século passado, consolidou no senso comum brasileiro uma quase aversão aos apelos para a chamada consciência racial. A derrota dessas camadas de tradições, que se reinventam recorrentemente no senso comum, sobretudo em contextos de controvérsias, tem sido, no Brasil, o grande desafio enfrentado pelos adeptos das políticas de ação afirmativa. (Grin, 2010, p. 91).

A autora reforça a crença de que raça não importa no Brasil. Mas como assim? Ora, isso indica um grande vetor de crenças. De per si, os títulos dos livros anteriores, consoante com a crença expressa por Grin (2010), dariam conta de serem elementos articuladores contra a proposta de Lei de Cotas em debate no Congresso Nacional então? Exatamente. É o que informa o jornal *O Estado de São Paulo*, com destaque à página A13, em sua edição de domingo, 6 de maio de 2007 (Arruda, 2007): "IGUALDADE RACIAL / **Intelectuais fazem livro contra a política de cotas** / A tônica principal dos artigos é que as leis propostas instauram o racismo no País, a pretexto de combatê-lo." (Arruda, 2007).

Com pose típica de intelectual — que lembra a escultura *O Pensador*, de Rodin — sentada em frente a um computador *laptop* e apoiada numa mesa com muitos livros, a foto de Yvonne Maggi, uma mulher branca de óculos, ocupa quase metade da matéria. Antropóloga da UFRJ e uma das organizadoras da coletânea. O livro em destaque é *Divisões perigosas: Políticas raciais no Brasil Contemporâneo*, que havia acabado de ser lançado pela editora Record. Ao atacar durante a Secretaria Especial Para Promoção da Igualdade Racial (SEPPIR), quando diz "duas matérias que tramitam no Congresso sob os auspícios da SEPPIR", ela centra o ataque da matéria na SEPPIR, órgão de extrema importância para o Brasil. Além disso, a reportagem perverte a democracia brasileira e a participação da sociedade civil nos processos políticos de conquistas de direitos, pela clássica postura do silêncio estarrecedor sobre os direitos historicamente negados à escola pública, aos negros e negras e aos(às) indígenas no direito à universidade no Brasil.

Desse modo, busca a demonização, criando visão maniqueísta e simplista da construção de políticas públicas no Brasil, em que a SEPPIR, é eleita como uma espécie de alvo, bode expiatório ou inimigo público para a famigerada disputa da "opinião pública", o que deixa ver em ação o papel do agente/ator *O Estado de São Paulo* que, no geral, atuou contra a Lei de Cotas. De qualquer modo, a riqueza da reportagem (Arruda, 2007) está na sua capacidade de revelar a ação orquestrada, guiada por crenças, valores e ideologias convergentes para o caso da Lei de Cotas, sustentando a argumentação da existência de uma coalizão nacional contrária à Lei de Cotas, como o é apregoado no modelo ACF para o entendimento de uma política pública nacional. Quem são esses atores no barco dessa coalizão social contrária à Lei de Cotas? São só intelectuais?

São 84 autores, entre historiadores, antropólogos, geneticistas e educadores. Trata-se de uma seara da chamada "fina estirpe" da intelectualidade brasileira, que, no geral, formaram-se gratuitamente em universidades públicas, com bolsas públicas até os altos degraus da escada acadêmica, não raro se encontra dentre eles cotistas de pós-graduação em universidades estadunidenses ou europeias em cotas para latino-americanos e figuras carimbadas do *jet-set* da imprensa nacional, como Ferreira Gullar, ex-comunista e colunista de jornal para assuntos os mais variados. Prova de que a coalizão social contra a Lei de Cotas jogava pra valer.

Constam como articulistas do livro, dentre outros, o geneticista Sérgio Pena, o economista Carlos Lessa, a antropóloga Eunice Durham, o historiador José Murilo de Carvalho, o sociólogo Simom Scwartzman, o cientista político Bolívar Lamounier. Como uma cereja no bolo dessa coalizão ou um estranho bem-vindo ao ninho, como um puxadinho necessário de "adesão negra", consta também como organizador dessa coletânea, o coordenador do autodenominado Movimento Negro Socialista, José Carlos Miranda.

A reportagem (Arruda, 2007) expõe outros itens da ação política dos agentes dessa coalizão contrária à Lei de Cotas: no mês de junho de 2007, seus representantes visitaram o presidente da Câmara dos Deputados Aldo Rebelo e o presidente do senado Renan Calheiros, separadamente, ocasião em que entregaram pessoalmente e lançaram uma carta pública contra o PL 73/99 (o PL de Cotas) e a Projeto de Lei do Estatuto da Igualdade Racial assinado por 114 "personalidades".

Ratifica, de modo perene e inconteste, a conformação de uma coalizão social contrária à Lei de Cotas no Brasil, a seguinte argumentação:

> Ela também explica que o livro reúne autores de posições políticas e ideológicas diferentes, de áreas de pesquisa diversas, mas todos com uma posição comum: a crítica à racialização que estaria em curso no País. 'É uma tomada de posição frente a políticas públicas que

podem comprometer o projeto jurídico e a ideia de nação que estamos construindo há quase 150 anos', diz a antropóloga Yvonne Maggie. (Arruda, 2007).

Em outro ponto da matéria, Yvonne Maggie argumenta que o PL de Cotas fora "discutido apenas nas franjas do poder". Entrementes, não custa aqui, de bate pronto, vincular essa visão como típica de certas burocracias e elites acadêmicas brasileiras, muitas vezes ilhadas por seus "objetos" de pesquisa e descolados da realidade social do país, que dirá das dores do povo. De qualquer modo, esses escritos listados anteriormente revelaram reações no campo das ideias, crenças e valores, após a aprovação do PL de Cotas (PL 73/99) para o ensino superior federal público na Comissão de Constituição, Justiça e Cidadania (CCJ), da Câmara dos Deputados do Brasil, no primeiro semestre de 2006, durante a convocação extraordinária para finalizar trabalhos parlamentares de 2005.

O centro argumentativo dessas publicações converge para o pretenso perigo de "racialização" do Brasil, o que, no limite, ocorreria "em função" da aprovação do PL de Cotas no Congresso Nacional, com o Brasil, transformando-se numa espécie de EUA ou África do Sul, como num toque de varinha mágica. Veja bem, ideias disseminadas com potência institucional, por envolver setores da mídia e da academia brasileiras. Mas o que diz a literatura sobre isso? Max Weber, um dos fundadores da sociologia e com uma abordagem teórica conhecida como conexão de sentidos, cuja obra extravasa seus próprios limites de formulação teórica, como já nos ensinou Octávio Ianni em sua discussão dos paradigmas (Ianni, 1989), adentra um pouco na questão, inclusive comparando situações europeias e estadunidenses, introduzindo as diferenças educacionais na conversa,

> O fato não apenas de se observar o laço real de sangue como tal, mas também o grau em que isso ocorre é co-determinado por outros motivos além da afinidade racial objetiva. Nos Estados Unidos, uma mínima gota de sangue negro desqualifica uma pessoa de modo absoluto, enquanto que isso não ocorre com pessoas com quantidade considerável de sangue índio. Além da aparência dos negros puros que, do ponto de vista estético, é muito mais estranha do que a dos índios e certamente constitui um fator de aversão, sem dúvida contribui para este fenômeno a lembrança de os negros, em oposição aos índios, terem sido um povo de escravos, isto é, um grupo está mentalmente desclassificado. Diferenças estamentais, isto é, adquiridas na juventude, e particularmente diferenças de "educação" (no sentido mais amplo da palavra) obstruem de modo muito mais forte o conúbio convencional do que diferenças do tipo antropológico. Em geral, a mera diferença antropológica, prescindindo-se dos casos extremos de repulsão estética, é pouco decisiva. (Weber, 2009, p. 268).

E mais:

> A crença na afinidade de origem – seja esta objetivamente fundada ou não - pode ter consequências importantes particularmente para a formação de comunidades políticas. Como não se trata de clãs, chamaremos grupos "étnicos" aqueles grupos humanos que, em virtude de semelhanças no *habitus* externo ou nos costumes, ou em ambos, ou em virtude de lembranças de colonização e migração, nutrem uma crença subjetiva na procedência comum, de tal modo que esta se torna importante para a propagação de relações comunitárias, sendo indiferente se existe ou não uma comunidade de sangue efetiva. A "comunhão étnica" distingue-se da "comunidade de clã" pelo fato de aquela ser apenas produto de um "sentimento de comunidade" e não uma "comunidade" verdadeira, como o clã, a cuja essência pertence uma efetiva ação comunitária. (Weber, 2009, p. 270).

O constructo weberiano aponta a etnia como uma comunidade política com crença subjetiva comum, em nenhum momento restrito a uma questão de sangue. Vai além, aponta elementos de sustentação dessa crença comum: origem, lembranças e uma dimensão pública, como comunidade política. Pois bem, se toma-se o caso brasileiro, com a escravização de africanos e africanas por cerca de 350 anos de duração e os variados povos indígenas originário, estão evidentemente dados os argumentos de origem, de tradição e de diferenças estamentais que ensejam de per si laços políticos e étnicos diferenciados no corpo social brasileiro histórico e em sua dinâmica social.

Outro autor de referência para o debate em tela é Lévi-Strauss, um clássico da linha de pensamento estruturalista e que, com breve passagem nos primórdios das humanidades da USP, fez relevante pesquisa etnográfica no Brasil. Uma vez fundada a ONU, no pós-Segunda Guerra e sua agência de educação, a UNESCO, o debate sobre a existência ou não de raças teve quase que um caráter institucional global. Participante nesse debate, Claude Lévi-Strauss afirma:

> Não devemos esquecer que Gobineau, a quem a história fez o pai das teorias racistas, não concebia, no entanto, a "desigualdade das raças humanas" de uma maneira quantitativa, mas sim qualitativa. Para ele, as grandes raças primitivas que formavam a humanidade nos seus primórdios – branca, amarela, negra – não eram só desiguais em valor absoluto, mas também diversas nas suas aptidões particulares. A tara de degenerescência estava, segundo ele, ligada mais ao fenômeno de mestiçagem do que à posição de cada uma das raças numa escala de valores comum a todas; destinava-se, pois, a atingir toda a humanidade, condenada sem distinção de raça a uma mestiçagem cada vez mais desenvolvida. Mas o pecado original da antropologia consiste na confusão entre a visão puramente biológica da raça (supondo, por outro lado, que, mesmo neste campo limitado, esta noção possa atingir qualquer objetividade, o que a genética moderna contesta) e as produções sociológicas e psicológicas das culturas humanas. Bastou a Gobineau ter cometido este pecado para se ter encerrado no círculo infernal que conduz de um erro intelectual, não excluindo a boa-fé, à legitimação involuntária de todas as tentativas de discriminação e exploração. (Lévi-Strauss, 1973, p. 10).

Isso soa como uma lição da história: o autor expõe a tibieza dos constructos teóricos racistas e como eles podem ser usados como argumento para sustentar a exploração social, o que remonta ao poeta inglês Kipling, da época da "pax britanica" do século XIX. O romance histórico escocês *Ivanhoé*, lançado em 1820 por Sir Walter Scott — uma luta entre duas raças —, popularizou a palavra raça entre leitores europeus. Por excelência, o século XIX foi o século das teorias raciais. Nele, acha-se raça como designação, como linhagem, como tipo e como subespécie. A perspectiva orientadora, no geral, é europeia ou afim. A pergunta que os europeus se faziam é, afinal, por que eles não são como nós? O alemão Johann Friedrich Blumenbach (1752-1830), um anatomista, chamado de pai da antropologia, foi o primeiro a elencar uma classificação sobre as diferenças entre os humanos em cinco grupos: caucasianos, mongóis, etíopes, americanos e malaios e sustentou que as diferenças entre eles eram somente de grau (Banton, 1998, p. 21-22).

A palavra raça pode ser vista como linhagem ou variedade, isso se percebe num exemplo,

> Foxe se referiu a "raça e linhagem de Abraão". Um membro mais tardio da qual foi Moisés, classificado como Levita. Moisés teve um irmão e uma irmã, Araão e Míriam. Ele primeiro se casou com uma midianita, Zipporah, com a qual gerou dois filhos, Gershon e Eliezer. Mais tarde casou-se então com uma mulher Etíope (Araão e Miriam "falaram-lhe em desfavor" por isso). Imagine que essa mulher lhe tenha gerado um filho, este seria da raça e linhagem de Levi tanto quanto Gershon e Elizer o seriam. Mas se algum antropólogo contemporâneo estivesse disposto a classificar os indivíduos, Moisés teria sido considerado como um Semita e seu filho, um mestiço. Ele não teria sido remetido à mesma raça de Levi e Moisés. A ambiguidade se faz pois os indivíduos de uma mesma

"raça" se parecem, e semelhanças de aparência são atribuídas a descendência comum. Uma vez que os processos de descendência são complexos, e eram precariamente compreendidos àquele tempo, teria sido melhor se a advertência de Kant e Prichard tivesse sido acatada e o vocabulário classificatório se distinguisse daquele oriundo da descendência. (Banton, 1998, p. 46).

A raça se encaixaria também como tipo,

[...] a construção de tipologias de naturezas variadas tornou-se característica do fazer acadêmico do século dezenove. Foi utilizada na análise poética, estética, biográfica, de personalidade e cultura. Na sociologia ela contribuiu para com o conceito de um tipo ideal. Na antropologia e na etnologia, o conceito de tipo racial foi central nos debates sobre raça por mais de um século. (Banton, 1998, p. 47).

Quase ao tempo em que a família real portuguesa fugia de Napoleão para o Brasil, onde criaria os esboços das primeiras universidades brasileiras com cursos de Medicina, Artes e Engenharia no Rio de Janeiro e em Salvador, Georges Curvier explorava o pacífico, sob os auspícios de Napoleão, em missão científica: "the researches to be carried out relative to the anatomical differences between the diverse race of man" (Banton, 1998, p. 44). Para ele, o homo sapiens era uma divisão dos vertebrados e se classificava em três subespécies: caucasianos, mongóis e etíopes, cada uma se subdividindo geográfica, linguística e fisicamente. Malaios, esquimós e indígenas americanos ficavam de fora, mas como eram interférteis, para o autor, a humanidade era uma espécie. Nos estudos de Cuvier, de grande repercussão, raça e variedade viram sinônimos e dada sua reputação de grande autoridade científica ele teria "a heavy responsibility for the nineteenth-century confusion about the meaning of the word race" (Banton, 1998, p. 48). Banton destaca trecho de *Le Règne animal* (Cuvier, 1817), "Quoique l'espèce humaine paraisse unique, puisque tous les individus peuvent se mêler indistinctement, et produire des individus féconds, on y remarque de certaines conformations héréditaires que constituent ce qu'on nomme des races." (Cuvier *apud* Banton, 1998, p. 45).

Os Estados Unidos seriam o lugar geográfico onde mais se desenvolveria, sistematicamente, a concepção de "raça como tipo". Samuel George Morton (1799-1851), um médico da Filadélfia, baseou-se na classificação de Blumenbach, juntou crânios e fez estudos e concluiu no livro *Crania Americana* (1839),

São relatados os resultados das medições de sua capacidade interna, sugerindo que brancos caucasianos possuíam os cérebros maiores, negros, os menores enquanto pardos mestiços situavam-se ao meio termo. Diferenças em tamanho de cérebro, ele sugeria, explicariam diferenças na capacidade civilizacional. (Banton, 1998, p. 50).

Raça superior e raças inferiores. Civilização. Estava esboçado um enredo de justificação da dominação e do neocolonialismo no século XIX, na África, Ásia e América Latina, e mesmo da permanência da escravização dos "inferiores". A tabela dos crânios de Morton seria reproduzida por Carus, em 1849, e ganharia grande publicidade na obra de Gobineau na segunda metade do XIX. A moda "científica" de medir crânios para classificar invadiria o século XX. Pesquisadores na França, na Inglaterra e na Alemanha trabalhavam em torno do núcleo indicado por Cuvier e seguidores. A tipologia racial vira escola internacional de pensamento no período, cuja teoria sustenta que:

1. Variações na constituição e comportamento individual são expressões das diferenças entre tipos subjacentes de uma espécie relativamente permanente, cada um dos quais é apropriado para um continente particular ou província zoológica.

2. No longo prazo, categorias sociais refletem e alinham-se conforme as categorias naturais que as produzem.

3. Indivíduos pertencentes a um tipo racial exibem um antagonismo nato ante aqueles pertencentes aos outros tipos. O grau de antagonismo depende da relação entre estes mesmos tipos. (Banton, 1998, p. 54).

O autor revela a base conceitual, de fundo metafísico, mas que tem no crânio um pretenso argumento prático. Das medidas do crânio derivariam a superioridade branca: "Para eles foram atribuídos, em todas as épocas, os maiores cérebros e o mais poderoso intelecto, deles é a missão de erguer e aperfeiçoar a civilização" (Banton, 1998, p. 59). Um argumento pretensamente científico sedutor para o "fardo do homem branco".

Em *Types of Mankind* (1854), Nott e Gliddon concluem "A história não confere evidência alguma da transformação de um tipo em outro, sequer da origem de um tipo novo ou permanente" (Nott; Gliddon *apud* Banton, 1998, p. 59), os tipos raciais permanentes remontariam ao Egito bíblico, cada raça teria sua província ou meio ambiente. Nott advogava a superioridade branca, pois "Para eles foram atribuídos, em todas as épocas, os maiores cérebros e o mais poderoso intelecto, deles é a missão de erguer e aperfeiçoar a civilização [...]" (Nott; Gliddon *apud* Banton, 1998, p. 59).

O tipo racial branco assemelhar-se-ia ao "povo eleito" da Bíblia cristã, nessa toada. Coincidentemente, divisava-se o tempo do neocolonialismo na terra, uma nova safra de exploração humana. Isso ecoa do próprio Nott ao sublinhar a desrazão no humano (europeu), uma vez que "ele renuncia a sua terra natal para colonizar terras estrangeiras" (Nott; Gliddon *apud* Banton, 1998, p. 60). A depuração da raça como tipo puro, em outra circunstância histórica, germinaria no pensamento racial nazista no XX.

As contradições presentes na teoria tipológica pululam aqui e ali. Assim como tamanho de crânios tem correlação com a estatura, se tanto; caso o tipo racial seja associado a uma província ou ambiente — como quer a teoria tipológica —, fica difícil argumentar em prol da hierarquização entre as raças. Banton (1998) identificou o nó, ainda que esse autor explore pouco a relação complexa entre neocolonialismo e efervescência das teorias dos tipos raciais na Europa no XIX.

A chamada escola de Nina Rodrigues teria grande repercussão no debate brasileiro dos fins do século XIX e começo do século XX, ela repercutiria as noções do racismo científico, como os tipos raciais. Num violento embate entre as teorias raciais esposadas por Nina Rodrigues e a realidade de Canudos, Euclides da Cunha, em 1902, afirmaria "O brasileiro, tipo abstrato que se procura, mesmo no caso favorável acima firmado, só pode surgir de um entrelaçamento consideravelmente complexo" (Cunha, [1902] 2001, p. 155). E, entre um tipo ideal "pardo" e o "mulato", "O assunto assim vai derivando multiforme e dúbio [pois] não temos unidade de raça." (Cunha, [1902] 2001, p.156). Convocando os saberes da história do Brasil, do clima, da geografia, da geologia, da antropologia, em luta ardida e interdisciplinar, com os talhes da época, Euclides segue na contramão das teorias raciais científicas ideais da segunda metade do século XIX e conclui: "Não há um tipo antropológico brasileiro" (Cunha, [1902] 2001, p. 175).

A realidade da resistência feminina, negra, indígena, popular, pobre de Canudos, cidadãos brasileiros sem direitos e feitos inimigos mortais da Nação pela República espatifava com as teorias raciais dos laboratórios ideais estrangeiros. "E no último dia de sua resistência inconcebível, como bem poucas idênticas na história, os seus últimos defensores, três ou quatro anônimos, três ou quatro magros tiras famintos e andrajosos, iriam queimar os últimos cartuchos em cima de seis mil homens." (Cunha, [1902] 2001, p. 622).

Euclides recorrerá à cabana dos oxímoros frente ao genocídio evidente. É um "Hércules-Quasímodo" aqui. Uma "Tróia de Taipas" acolá. Pajeu, o herói negro da resistência de Canudos, entretanto, seria morto, como quase todos. Dinamite e querosene incendiariam os direitos sociais na Canudos morada dos jagunços. A análise do crânio de Antonio Conselheiro feita por Nina Rodrigues o consideraria "normal". Mulheres e crianças sobreviventes seriam encaminhadas pelas autoridades para a prostituição em Salvador. As cinzas de Canudos virariam sementes em muitos chãos na história brasileira. Para que ela desaparecesse da memória da tragédia brasileira, um açude artificial foi construído e inundado, foi o exato ponto geográfico de Canudos no ano de 1968, para que sumisse do mapa.

A planta favela — o morro do sertão cheio da planta — migraria, contudo, e nomearia a desigualdade racial no Rio de Janeiro, no Brasil e no mundo. Os morros, as favelas, as baixas periferias seriam as moradas dos Sem Universidade no Brasil, dos jagunços e jagunças que iriam lutar pelo direito a universidade no século XXI em pleno Congresso Nacional. Mas a atualização das teorias raciais nunca pararia, sempre recrutando seguidores e oportunizando discursos. É o caso das teorias raciais de cunho biológico, o campo científico da genética de populações, da genética humana, que desde os anos 1950, ao menos, dado o interesse pelos povos indígenas, pelos africanos, tangenciará o campo das ciências humanas, das relações etno-raciais. Apesar da genética negar a existência de hierarquias raciais,

> É provável que ainda haja muito preconceito nos Estados Unidos acerca do baixo QI dos afro-americanos. A maioria tende a acreditar que se trata de uma diferença genética real, sem cogitar a possibilidade de uma grave deficiência social que não pode ser revertida a curto prazo. Basta comparar a aceitação entusiática do livro The Bell curve e sua mensagem racista com as reações à informação de que o QI médio dos japoneses é onze pontos superior ao dos estadunidenses brancos, quase igual à diferença média entre estadunidenses brancos e negros. No segundo caso, a reação foi acusar o lamentável estado das escolas secundárias dos Estados Unidos. (Cavalli-Sforza, 2003, p. 246-247).

Com as novas tecnologias da genética, como o mapeamento genômico, geneticistas, como Sérgio Pena, participariam do debate sobre a Lei de Cotas no Brasil. Talvez, apenas, no geral, para ratificar que raça não existe, numa espécie de veredicto final. Mas, se intelectualmente pode se negar a existência de raça, por outro lado, foi o racismo que inventou a raça (Borges, 2006, p. 189-190).

O movimento pan-africano tem variados registros no século XVIII, XIX e XX, por exemplo, o pan-africanismo é reivindicado no Caribe na Revolução do Haiti (1789-1802) e no Brasil, na Confederação Baiana (1798) e na Revolta dos Malês (1835), ambos na Bahia. No processo de luta anticolonial protoganizado desde as colônias, crenças e ideias novas têm lugar, objetivamente e subjetivamente, em grandes processos de luta política e nos indivíduos. Ocorre uma apropriação estratégica da palavra raça como instrumento de luta por direitos, contra o colonialismo, contra o racismo. Um giro de 180 graus. É disso que se trata. A poética da negritude expressará essa concepção. É a negação da coisificação do ser humano, a negação do colonialismo. Com a palavra Aimé Césaire,

> Da minha parte, se evoquei alguns detalhes dessas horrendas carnificinas, não foi por algum deleite melancólico, foi porque acho que não nos livraremos tão facilmente dessas cabeças de homens, dessas colheitas de orelhas, dessas casas queimadas, dessas invasões góticas, desse sangue fumegante, dessas cidades que se evaporam na ponta da espada. Elas provam que a colonização, repito, desumaniza até o homem mais civilizado; que a ação colonial, o empreendimento colonial, a conquista colonial fundada no desprezo

pelo homem nativo e justificada por esse desprezo, inevitavelmente, tende a modificar a pessoa que o empreende; que o colonizador, ao acostumar-se a ver o outro como animal, ao treinar-se para trata-lo como um animal, tende objetivamente, para tirar o peso da consciência, a se transformar, ele próprio, em animal. É essa ação, esse choque em troca da colonização, que é importante assinalar. Parcialidade? Não. Houve um tempo em que se envaideciam desses fatos e em que, seguros do amanhã, deixavam isso bem claro. Uma última citação; eu a empresto de um certo Carl Siger[184], autor de um ensaio sobre a colonização; 'Os novos países são um vasto campo aberto a atividades individuais violentas que, na metrópole, se chocariam com certos preconceitos, com uma concepção sábia e regulada da vida, e que, nas colônias, podem se desenvolver mais livremente e, portanto, afirmar melhor seu valor. Assim, as colônias podem, de certa maneira, servir como uma válvula de segurança para a sociedade moderna. Essa utilidade, se fosse única, já seria imensa. (Césaire, 1955, p. 23).

O filósofo Jean-Paul Sartre, um branco europeu que se solidarizou com a luta anticolonial, fez reflexão teórica sobre esse ponto. No capitalismo, pontua, parece ser a mesma a condição do trabalhador branco europeu e do africano colonizado, "O preto, como o trabalhador branco, é vítima da estrutura capitalista de nossa sociedade; tal situação desvenda-lhe a estreita solidariedade, para além dos matizes de pele, com certas classes de europeus oprimidos como ele" (Sartre, 1968, p. 93-94). Numa sociedade futura, sem privilégios, a pigmentação da pele será um simples acidente? Sartre investiga a opressão e seus sentidos: "Mas, embora a opressão seja uma, ela se circunstancia segundo a história e as condições geográficas: o preto sofre o seu jugo como preto, a título de nativo colonizado ou de africano deportado." (Sartre, 1968, p. 93-94). Na análise, Sartre não restringe o capitalismo ao mero modo de produção de mercadorias, mas destaca a importância da formação socioespacial para sua compreensão, como ensina Milton Santos. Dado o passo, o autor deriva outra dimensão do que opressão quer dizer, como um raio, como um trovão, que resplandece depois que o tempo se fez nublado na face da Terra e o observador enxerga a natureza da pugna colonial da janela.

E, posto que o oprimem em sua raça, e por causa dela, é de sua raça, antes de tudo, que lhe cumpre tomar consciência. Aos que, durante séculos, tentaram debalde porque era negro, reduzi-lo ao estado de animal, é preciso que ele os obrigue a reconhecê-lo como homem. Ora, no caso não há escapatória, nem subterfúgios, nem "passagem de linha" a que possa recorrer; um judeu, branco entre os brancos, pode negar que seja judeu, declarar-se homem entre homens. O negro não pode negar que seja negro ou reclamar para si esta abstrata humanidade incolor: ele é preto. Está, pois, encurralado na autenticidade: insultado, avassalado, reergue-se, apanha a palavra "preto" que lhe atiram qual uma pedra; reivindica-se como negro, perante o branco, na altivez. (Sartre, 1968, p. 93-94).

É o resgate da humanidade vilipendiada no processo da colonização capitalista moderna. É a negação da opressão racial. Percebe-se que Sartre faz menção ao tema da linha de cor. Esse tema é caro para o estudo de políticas públicas no Brasil, não se pode passar batido. Ele informa o pensamento sagaz de W.E.B. Du Bois, um Sem Universidade, que sonhou, lutou, frequentou a universidade, formou-se, deu aulas em escolas públicas do Sul, refinado intelectual, reivindicou com brilho o pan-africanismo, enxergou a linha de cor com os pés no chão, a *color line* de que falava Frederick Douglass, em 1881, e a formulou teoricamente, desde sua experiência, ao analisar criticamente a trajetória, a herança da colonização nos Estados Unidos e a discriminação racial.

---

[184] Pseudônimo de Charles Régismanset (1877-1945), escritor e também funcionário do Ministère des colonies, o ministério encarregado da administração das colônias francesas. O livro citado é o *Essai sur la colonisation*, de 1907.

> Eu vi uma terra feliz e ensolarada, onde as crianças cantam e as colinas se espalham como mulheres tomadas de paixões, entregando-se às colheitas. E lá, na Estrada do Rei, havia e ainda há uma figura velada e prostrada, pela qual os pés dos viajantes se aceleram ao passar. No ar contaminado paira o medo. O pensamento humano de três séculos serviu para erguer e desvelar esse coração prostrado, que agora vê diante de si um novo século para cumprir seu dever. O problema do século XX é o problema da linha de cor. (Du Bois, 1903, p. 59).

Du Bois, em viagem ao sul dos EUA, desde o vagão Jim Crow do trem, andando pelo sul dos EUA, enxerga e ouve o canto das crianças negras. Esse passo da sensibilidade informa um termômetro objetivo e subjetivo para a mudança em política pública. Ocorrerá mudança significativa em política pública, em países como o Brasil, dentro do eixo histórico da escravização negra e indígena, se as crianças forem atingidas, se significar mais sonhos no cardápio de sonhos das crianças, mais canto no cardápio de cantos das crianças, mais alegria no cardápio de alegria das crianças. Haverá, de fato, mudança significativa em política pública, quando as crianças com seus sonhos atravessarem o vale do medo erguido pelos séculos. O pensamento acurado de Du Bois traduz o que linha de cor quer dizer e esse é um olhar conceitual necessário em política pública.

Voltemos. Sartre dá o tom conceitual do que raça quer dizer na luta anticolonial.

> Ora, para constituir conceitos raciais, só há duas maneiras de operar: transpõe-se para a objetividade certos caracteres subjetivos, ou então, tenta-se interiorizar condutas objetivamente discerníveis: assim o negro que reivindica sua negritude num movimento revolucionário coloca-se de pronto no terreno da Reflexão, quer deseje reencontrar em si próprio certos traços objetivamente verificados nas civilizações africanas, quer espere descobrir a Essência negra nas profundezas de seu coração. (Sartre, 1968, p. 95-96).

Nos dois movimentos do pensamento, conjugados, objetividade e subjetividade, conceitualmente a raça se sustenta numa nova acepção no raciocínio de Sartre. Trata-se de negar a opressão racial colonial e reinventar o mundo sem opressão, num jogo dialético. Isso não pode ser vulgarizado, no sentido de má interpretação, infelizmente, no que nem o sol, nem a lua, nem a água estão isentos. Por isso, cumpre alertar para a gravidade desse ponto frente a qualquer malcriação ou *fake news*, uma vez que a conceituação, a elaboração sartreana não é do terreno do sublime. Sartre mesmo fala da vacina necessária para a gravidade do tema conceitual, seus limites, "Mas há algo mais grave: o negro, afirmamos, cria para si um racismo antirracista. Não aspira de modo algum a dominar o mundo: quer a abolição dos privilégios étnicos, venham de onde vierem; afirma sua solidariedade com os oprimidos de todas as cores." (Sartre, 1968, p. 121-122).

A palavra racismo que aparece na segunda linha anterior, na tradução, precisa ser apreendida dentro do sentido do texto do autor. Mas "Tanto o 'ser branco' quanto o 'ser negro' são construções sociais. O negro é produto do racismo, 'sobredeterminado pelo exterior', diz Frantz Fanon" (Almeida, 2019, p. 77). Então, não se trata de um novo racismo, isso pode ficar não evidente numa leitura descuidada do trecho anterior da tradução de Sartre. Fica melhor se traduzido, talvez, por "cria para si um antirracismo", simplesmente, para fugir de engodos fáceis. É assim que se pensa nesta obra, porque a conceituação não é solta, mas considera a questão terrível da supremacia branca. O que é o racismo? O que quer dizer o privilégio étnico? Para Sílvio Almeida, "A ideia de supremacia branca pode ser útil para compreender o racismo se for tratada a partir do conceito de hegemonia e analisada pelas lentes das teorias críticas da branquidade ou da branquitude" (Almeida, 2019, p. 75). O que é branquitude? Diz respeito ao acesso privilegiado a bens materiais e simbólicos gerados pelo colonialismo e pelo imperialismo e que se mantém na contemporaneidade, guarda relação com as razões raciais do branqueamento ou das políticas públicas recortadas pelo branqueamento, pelo neobranqueamento e sua relação com a estratégia de guerra de minorias contra maiorias, como no Brasil, a partir de posição de força militar, ideológica ou por meio de "mediações", "formação de consensos", "pelo complexo cultural em que as desigualdades, a violência e a discriminação racial" são naturalizadas no cotidiano (Almeida, 2019; Bento; Carone, 2014; Ware, 2004; Schucman, 2015; Hofbauer, 2006; Custódio, 2009).

Houve uma vertigem de intelectuais, diga-se, em posição de privilégio na sociedade brasileira, contra a Lei de Cotas, em particular no momento após a vitória dos novíssimos movimentos sociais no Parlamento no segundo semestre de 2005 e no primeiro semestre de 2006, da vitória da coalizão a favor da Lei de Cotas, da vitória da coalizão dos pés descalços, isso tem a ver com branqueamento, neobranqueamento, branquitude, branquidade, brancura, diga-se, branqueamento, neobranqueuamento, branquitude, branquidade, brancura como *ethos* de reação ao risco do menor arranhão no privilégio branco, mesmo que a denegação disso seja a regra no horizonte de atuação pública desses atores pontas de lança da Coalizão contra a Lei de Cotas no Brasil. Guerreiro Ramos, estudioso de política pública no Brasil e que informa a opção teórica desta obra, já notou esse humor nacional.

> Guerreiro Ramos colocava em questão a forma como parte da intelectualidade brasileira essencializava a questão racial, a que referiam como "o problema do negro". Para Guerreiro Ramos o problema racial não era um "problema do negro", mas da "ideologia da brancura" presente nas "massas", mas também na academia. "Patologia social do branco" era como Guerreiro Ramos referia-se à postura de oposição e de rejeição que caracterizava as pessoas brancas brasileiras diante da possibilidade de integração social com negros. (Almeida, 2019, p. 77-78).

Com negros e com indígenas, porque vale o mesmo pavor de antanhos, o pavor de quem se senta no camarote do banquete da civilização, de onde distribui a senha aos aliados do banquete na periferia e nomeia os lázaros mundo afora que ficarão com os restos, "O pavor de um dia ser igualado a um negro é o verdadeiro fardo que carrega o homem branco da periferia do capitalismo e um dos fatores que garante a dominação política, cultural e econômica dos países centrais." (Almeida, 2019, p. 79).

No texto de Sartre, isso ganha um fim, uma síntese generosa,

> Na realidade, a Negritude aparece como o termo fraco de uma progressão dialética: a afirmação teórica e prática da supremacia do branco constitui a tese; a posição da Negritude como valor antitético é o momento da negatividade. Mas este momento negativo não possui auto-suficiência e os negros que o usam o sabem muito bem; sabem que visa preparar a síntese ou a realização do humano numa sociedade sem raças. (Sartre, 1968, p. 122).

Como Césaire, Senghor e Fanon com a negritude, que informam a reflexão de Sartre, Steve Biko clama ao mundo com a consciência negra contra os *apartheids*, o que atravessa o continente africano, como é o caso da organização negra "Soweto", do líder negro brasileiro Flávio Jorge, da líder negra Matilde Ribeiro, lutadores do direito à universidade no Brasil, na coalizão a favor da Lei de Cotas. A colonização informa base material e sentido do racismo estrutural. Isso trava a construção da nação. É preciso superar isso. Césaire dá a trilha do caminho para tanto, nessa trilha "Guerreiro Ramos propunha o personalismo negro, que pode ser definido como o ato de assumir a condição de negro para subverter os padrões racistas." (Almeida, 2019, p. 79). Esse passo analítico é fundamental para o pensamento em políticas públicas no Brasil. Desse modo, esmiúça-se o jogo de vida e morte escondido e presente nas crenças em políticas públicas.

> A 'patologia do homem branco' não atingia apenas os brancos, mas também afetava a subjetividade de negros e negras, fazendo-os corresponder aos estereótipos folclóricos, exóticos e ingênuos produzidos pelo racismo. Dessa forma, a defesa da negritude ou do personalismo negro era o primeiro passo para derrotar a "ideologia da brancura" e remover o que Guerreiro Ramos considerava um dos maiores obstáculos para a construção da nação: o racismo. (Almeida, 2019, p. 79-80).

História, circunstância, dimensão relacional advinda da colonização, o racismo contra os povos indígenas igualmente trava a nação. Do branco europeu aos povos indígenas surgem muitas questões no caminho. Mas quem é o indígena? Ao buscar responder a essa questão, na terrena disputa por direitos sociais no Brasil, Manuela Carneiro da Cunha traz contribuições imprescindíveis para essa investigação,

> Durante muito tempo, pensou-se que a definição de um grupo étnico pertencesse à biologia. Um grupo étnico seria um grupo racial, identificável somática ou biologicamente. Grupo indígena seria, nessa visão, uma comunidade de descendentes "puros" de uma população pré-colombiana. Esse critério ainda é vigente no senso comum popular. Ora, é evidente que, a não ser em casos de complexo isolamento geográfico, não exista população alguma que se reproduza biologicamente sem miscigenação com os grupos com os quais está em contato. Segundo esse critério, raríssimos e apenas transitórios seriam quaisquer grupos étnicos. [...]

> A cultura, portanto, em vez de ser o pressuposto de um grupo étnico, é de certa maneira produto deste. Sublinhemos que essa perspectiva remonta a Weber, que, em 1922 a expõe em sua Economia e Sociedade (supracitado), e foi admiravelmente argumentada por Sartre em suas Reflexões sobre a questão judaica ([1946]1960); na antropologia social, foi defendida por figuras da expressão de Leach (1954) e consagrou-se nos anos 1960 com o artigo de Moerman (1965) e, sobretudo, por dois livros fundamentais: a coletânea Ethnic Groups and Boundaries, de 1969, cuja introdução essencial se deve ao antropólogo norueguês Fredrik Barth, e a monografia, igualmente de 1969, Custom and Politics in Urban Africa, do antropólogo inglês Abner Cohen. No Brasil, todos os antropólogos que se ocuparam da questão adotaram essa concepção de identidade étnica: Roberto Cardoso de Oliveira, certamente o antropólogo brasileiro que mais trabalhos dedicou ao assunto, alinha-se formalmente com a definição de Barth (ver Cardoso de Oliveira 1971 e 1976, entre outros). Darcy Ribeiro explicita a mesma definição ao escrever:

> [as entidade étnicas] sobrevivem à total transfiguração de seu patrimônio cultural e racial [...] a língua, os costumes, as crenças, são atributos externos à etnia, suscetíveis de profundas alterações, sem que esta sofra colapso ou mutação [...] as etnias são categorias relacionais entre grupos humanos, compostas antes de representações recíprocas e de lealdades morais do que de especificidades culturais e raciais (Ribeiro, 1970, p. 446)

> A definição de índio ou silvícola, contida no artigo terceiro da Lei 6.001, de 19/12/1973, o chamado Estatuto do Índio, incorporou a mesma noção de que o fundamental na definição do índio é considerar-se e ser considerado como tal. Grupos étnicos distinguem-se de outros grupos – por exemplo, de grupos religiosos – na medida em que se entendem a si mesmos e são percebidos pelos outros como contínuos ao longo da história, provindos de uma mesma ascendência e idênticos malgrado a separação geográfica. Entendem-se também a si mesmos como portadores de uma cultura e de tradições que os distinguem

de outros. Origem e tradições são, portanto, o modo como se concebem os grupos, mas, em relação ao único critério de identidade étnica, o de serem ou não identificados e se identificarem como tais, origens e tradições são, porém, elaborações ideológicas, que podem ser verdadeiras ou falsas, sem que com isso se altere o fundamento da identidade étnica. [...] A identidade étnica de um grupo indígena é, portanto, exclusivamente função da autoidentificação e da identificação pela sociedade envolvente. (Carneiro da Cunha, 2009, p. 249-253).

O ponto em que afunila a robusta reflexão da professora Manuela Carneiro da Cunha (2009), baseada em fundamentada imersão teórica e histórica, é de extrema importância para os desdobramentos da Lei de Cotas, no tocante ao posicionamento das coalizões sociais. Ou seja, "a autoidentificação e a identificação pela sociedade envolvente" dos indígenas brasileiros têm forte implicação política na hora de dizer quem é indígena na posse da vaga numa universidade pela Lei de Cotas e na hora da posse da terra. A maneira como a autora define a cultura como atividade social dinâmica ultrapassa também os limites de uma partição simples entre fato biológico versus fato cultural em sentido estático e a-histórico, possibilitando um olhar dinâmico, seja para o passado ou para o futuro.

Pode-se argumentar, como derivação deste raciocínio da autora, que se há o racismo como um fato cultural vivo hoje no Brasil, então a cultura autoriza a falar em raça e aponta quem são as vítimas reais do racismo e que políticas públicas efetivamente podem contribuir na superação dessa situação, como é o caso da Lei de Cotas. Nessa direção, da discussão sobre as raças, é auxiliar a percepção de que só uma constatação de igualdade entre os seres humanos não esgota o debate, como aborda Lévi-Strauss:

Mas a simples proclamação da igualdade natural entre todos os homens e da fraternidade que os deve unir, sem distinção de raças ou de culturas, tem qualquer coisa de enganador para o espírito, porque negligencia uma diversidade de fato, que se impõe à observação e em relação da qual não basta dizer que não vai ao fundo do problema para que sejamos teórica e praticamente autorizados a atuar como se este não existisse. Assim, o preâmbulo à segunda declaração da UNESCO sobre o problema das raças observa judiciosamente que o que convence o homem da rua da existência das raças é "a evidência imediata dos seus sentidos, quando se vê juntos um africano, um europeu, um asiático e um índio americano"... "Mas, por mais diferentes e, por vezes, bizarras que possam ser, todas estas especulações se reduzem a uma única e mesma receita, de que o termo falso evolucionismo é, sem dúvida, o mais adequado para a caracterizar. (Lévi-Strauss, 1973, p. 20).

Aparece aqui, como novo constructo teórico, a ideia de diversidade humana, a igualdade que abriga a diferença. Assim, a raça ganha uma dimensão cultural, o termo sobrevive de baixo para cima, pelas próprias ciladas da dinâmica da linguagem humana. A normativa institucional internacional da UNESCO não incorpora a raça na sua falsa concepção colonial, evolucionista, hierárquica, eugênica, de projeto mundial de poder e supremacia como o do Terceiro Reich, mas percebe, tateia, seu lugar social relacional enquanto constructo. A raça, assim vinculada à ideia da diferença, perde sua acepção negativa. Contudo, não significa que um documento da UNESCO dê conta de sumir com o racismo do mundo. A história não é assim. No Brasil, o termo **diversidade** aparece na proposta do novo Plano Nacional de Educação (PNE), para o período 2012-2021, como uma das 20 diretrizes da educação brasileira, no projeto encaminhado pelo Ministério da Educação para a aprovação do Congresso Nacional, em 2011. A política pública de ação afirmativa dialoga com essa concepção de uma educação para a diversidade social.

Se os horrores da Segunda Guerra Mundial aprofundaram o debate das raças humanas, institucionalmente, via UNESCO, foi vasta a teorização em muitos outros aspectos do social no período. É o caso de Norbert Elias e Karl Polanyi que escrevem no curso ainda da guerra, respectivamente sobre civilização e transformações socioeconômicas. Pouco depois, T. H. Marshall (1949[1967]) trata de cidadania, classe social e *status* em suas conferências dedicadas ao economista inglês liberal Alfred Marshall, em rito acadêmico típico da universidade de Cambridge (Inglaterra), chamado *The Marshall Lectures, 1949*. O conferencista debruça-se sobre um ensaio de 1873 daquele economista intitulado: *The future of the working classes,* em que Alfred Marshall indaga sobre os limites do progresso das classes trabalhadoras inglesas e mundiais, formulado como "um problema que não é se, em última análise, todos os homens serão iguais – certamente que não o serão – mas se o progresso não pode prosseguir firmemente [...] até que, devido à ocupação, ao menos todo homem será um cavalheiro?" (Marshall, 1967, p. 59). T. H. Marshall associa-lhe uma hipótese sociológica:

> Tal é a hipótese sociológica latente no ensaio de Marshall. Postula que há uma espécie de igualdade humana básica associada com o conceito de participação integral na comunidade ou como eu diria, de cidadania – o qual não é inconsistente com as desigualdades que diferenciam os vários níveis econômicos da sociedade. Em outras palavras, a desigualdade do sistema de classes sociais pode ser aceitável desde que a igualdade de cidadania seja reconhecida. (Marshall, 1967, p. 62).

Marshall (1967) verifica particularmente no caso inglês, a expansão da cidadania e da igualdade para as massas trabalhadoras, em sua dimensão civil, política e social, respectivamente, num mergulho na história inglesa desde o século XII, pelo caminho das instituições historicamente construídas naquele país. Num primeiro momento, uma cidadania civil, como o direito à educação e, depois, à política, como o direito de votar e ser votado, o que implicou numa lenta construção de maior coesão da sociedade inglesa, do século XIX para meados do XX e ganhos em direitos sociais aos trabalhadores. O conflito se instalou na sociedade inglesa entre a igualdade formal e os direitos reais.

> Em seu estudo **Citizenship and social class, T. H. Marshall** formula uma tipologia de direitos tripartite: direitos civis como "liberdade pessoal, liberdade de palavra, pensamento e fé, o direito à propriedade e a concluir contratos válidos, e o direito à justiça"; direitos políticos tais como o direito de voto e o direito ao acesso a cargo público; direitos sociais que vão do "direito ao bem-estar econômico e à segurança mínimos ao direito de participar inteiramente na herança social e a viver a vida de um civilizado, de acordo com os padrões prevalecentes na sociedade."

> Quatro tipos de instituições públicas correspondem a esses três tipos de direitos: os tribunais, para a salvaguarda dos direitos civis e especificamente para a proteção de todos os direitos extensivos aos membros menos articulados da comunidade nacional; os corpos representativos locais e nacionais como vias de acesso à participação na tomada de decisão e na legislação; os serviços sociais, para garantir um mínimo de proteção contra a pobreza, a doença, e outros infortúnios; as escolas, para possibilitar a todos os membros da comunidade receberem pelos menos os elementos básicos de uma educação. (Bendix, [1964] 1996, p. 111).

Transformado numa espécie de enfrentamento contra a liberdade formal abstrata, a Inglaterra levaria 76 anos para o reconhecimento dos sindicatos dos trabalhadores (Bendix, [1964] 1996, p. 120). O modelo do pacto social construído em algumas sociedades europeias com o Estado de Bem-Estar Social no pós-Segunda Guerra deu asas, após muita luta, a esse projeto de uma cidadania nacional universal, lastreado no tripé direitos civis, políticos e direitos sociais. Isso não ocorreu em todas as partes do mundo, nem da Europa.

No Brasil, só a Constituição de 1988 garantirá o direito do voto aos analfabetizados, para falarmos do represamento histórico dos direitos políticos de milhões de pessoas no Brasil, uma ampla maioria na maior parte do período republicano do século XX. Vanderley Guilherme dos Santos (1979), ao estudar a cidadania no Brasil no longo século XX, cunhou célebre expressão: "cidadania regulada", cidadania para uns poucos, mesmo entre os trabalhadores. Apenas algumas categorias profissionais tinham certos direitos sociais, como à previdência e à carteira assinada e a aposentadoria dos trabalhadores rurais chegaria tardiamente, no último quartel do século XX. Em termos de direitos sociais, o Brasil ficaria a quilômetros de distância do chamado *Welfare State*. A visada de Santos (1979), contudo, ainda é inconclusa e bastante limitada, porém reveladora de uma cidadania política interrompida por ditaduras e violências políticas de variada ordem no século XX. A desigualdade racial, educacional e cultural transformavam algumas restrições a uma cidadania plena, restrições "reguladas" — para imersão crítica na leitura do autor, em verdadeiros abismos e distâncias sociais gigantescas, bastantes desreguladas, no Brasil do século XX, mas coerentemente em benefício de bem poucos.

Com a crise do Estado de Bem-Estar Social de parte da Europa rica no fim dos anos 1960, desembocando na avalanche neoliberal, desde os anos 1980 até a crise de 2008, um violento choque chacoalhou as bases da igualdade social e da cidadania universal. Que espaço, que lugar social, coube à diferença? Observa Lavalle:

> Quando situada no processo de definição da substância e cobertura da cidadania, a igualdade aparece vinculada a tensões diferentes, mas desta vez como pólo dominante perante a desigualdade e a diferença. Com efeito, a igualdade, com seu potencial integrador, consagrou-se como registro dominante para lidar simultaneamente com a desigualdade e com a diferença; todavia, no primeiro caso o significado antônimo apontava para a equalização e no segundo para a homogeneização - integração material e cultural ou identitária, respectivamente. Nessa perspectiva, a igualdade opera como idéia extraordinariamente potente para equacionar em registros distintos tanto a questão da desigualdade quanto a questão da diferença: a primeira concebida no plano das disparidades socioeconômicas, das condições a perpetuarem o acesso desigual aos recursos materiais; a segunda entendida no terreno da atribuição do *status* da cidadania, da delimitação do conjunto de iguais que formam a comunidade política, isto é, da identidade. (Lavalle, 2003, p. 87).

Para o autor, a igualdade é uma ideia carregada de substância, capaz de abrigar o combate à desigualdade e contemplar a diferença, porque é geradora de uma identidade para aquela comunidade política. Ele avança:

> [...] sobretudo, porque, para além das acomodações práticas possibilitadas pela surpreendente flexibilidade da cidadania, o desafio enorme reside em encontrar novos modelos que possibilitem não apenas preservar defensivamente a eqüidade, mas ampliá-la com efetividade universal sem abrir mão da diferença. (Lavalle, 2003, p. 92).

O vendaval liberal dos anos 1990, na América Latina, chamado de novo-liberalismo esgarçou o tecido social, viu as diferenças e as desigualdades sociais da plateia, como um espectador passivo em frente ao aparelho de TV. Uma intersecção entre o social e o econômico possível pela regra do ajuste fiscal era o da filantropia. O pequeno número, o foco, o bolsa-gás, o que não mudou a paisagem social latino-americana, no entanto. A resistência social se fez dos Andes até a Patagônia, goste-se ou não, de Chavez até a eleição dos Kirschner. A Bolívia governada por um indígena, pela primeira vez na história, inovou institucionalmente ao criar uma constituição com uma nação pluriétnica. O Brasil elegeu Lula, um Sem Universidade e com ele teve vez uma nova safra de políticas sociais que proporcionaram mudanças socioeconômicas de grandes massas, como o parâmetro dinâmico requerido no modelo ACF. Um terreno pós-neoliberal conturbado se apresenta como novo cenário para a semeadura de políticas públicas, na América Latina. Que não paire ilusões, contudo, a financeirização da economia, como descrevera Polanyi, continuava sua marcha impertinente no mundo. Agora, porém, convivendo com um Keynes redivivo e um mundo com outras polaridades além daquela simplista da Guerra Fria.

Albert Hirschman percebeu a força do discurso da reação nos anos 1990, fez a crítica à idealização dos três passos da cidadania em Marshall e mostrou a recorrência a esses discursos como crenças centrais na história. Milton Santos alargou os 200 anos de Hirschman para seis séculos de discursos da reação e fez a crítica à noção de cidadania: "O que é ser cidadão? A cidadania é uma conquista lenta, dura. [...] O Brasil é uma quase democracia, formada por quase cidadãos" (Santos, 1997, p. 148). Mais adiante segue: "O que eu quero dizer com isso é que uma história como a brasileira se desenvolve a partir da não existência da cidadania" (Santos, 1997, p. 151), e destaca a condição dos negros e negras:

> Poderia começar com um listagem de situações da cidadania mutilada dos negros: das oportunidades de emprego, da menor remuneração, do próprio desemprego, das mesmas oportunidades de promoção social, econômica, profissional. Os negros também deslocalizados, colocados em posição inferior na tipologia dos lugares, os negros também diferenciados para baixo na circulação dentro do País e dentro da cidade, não só em função do preço da circulação, mas nas oportunidades de cada localização. (Santos, 1997, p. 153).

Para Milton Santos, o fato de no Brasil parte da população ser considerada naturalmente inferior retarda o avanço da cidadania e isso só ocorre por conta de uma sociedade "insensibilizada há séculos" (Santos, 1997, p. 153). Duas coletâneas mostram, no período de tramitação da Lei de Cotas, a persistência e as raízes históricas da cidadania mutilada no Brasil: *Quase-cidadão* (Gomes da Cunha; Gomes, 2007) e *120 anos da abolição inconclusa* (IPEA, 2008).

Os anos 1990, 2000 e 2010 levam as identidades para o ringue em muitos continentes. O nacional, o racial, o imigrante, o diferente, o pequeno número e a religião se enfrentam numa globalização perturbada por assimetrias econômicas e sociais brutais, como o desemprego em massa. Antigas crenças requentam ódios. Em 2005, a periferia dos imigrantes franceses pegou fogo após o assassinato de jovens não franceses "puros" pela polícia. O brasileiro Jean Charles de Menezes é morto em Londres no metrô, "confundido" como terrorista muçulmano. Um negro, Barack Obama, é eleito presidente dos EUA. É morto Osama Bin Laden, o terrorista internacional. Em 2010, após a morte de um jovem negro, Londres também pega fogo em suas periferias.

Um norueguês, contrário ao "multiculturalismo marxista" e à União Europeia, mata, em tese sozinho, 77 pessoas, em nome de uma pureza nacional, de uma identidade predatória. Pela primeira vez na história, os EUA perdem sua posição "AAA" de credor internacional do sistema construído em Bretton Woods, em 1944. Por trás disso, um movimento identitário americano, com base fundamentalista cristã e nacionalista, chamado Tea Party, que elegeu uma quantidade razoável de parlamentares, em 2010.

Essa conjuntura internacional tensa perturba o debate das políticas públicas de ações afirmativas em nível mundial. O aprofundamento das desigualdades nos territórios do chamado primeiro mundo e efeitos multiplicadores alhures, a crise econômica de 2008, com efeitos dramáticos particularmente na Europa, como os casos graves da Espanha, Portugal e Grécia, atiçam fogo às brasas dos racismos latentes no velho continente, seja no campo de futebol contra um jogador negro, seja na rua contra um imigrante qualquer (cigano, latino-americano, africano, árabe, asiático), porque, se outrora essa gente fora a base para a reconstrução de uma Europa devastada pela guerra, agora são eleitos bodes expiatórios de primeira hora, "pegando o meu emprego", álibis para novas serpentes tentarem chocar seus ovos entre as massas, como deixava ver aquela película de Bergman.

Um farol econômico do conservadorismo mundial, a revista britânica *The Economist* sintetizou isso em uma de suas capas de maio de 2013. Com um polegar negro voltado para baixo, o ataque era central contra as políticas de ação afirmativa. Sinal dos tempos. Não são automáticas as implicações disso no Brasil? A era vitoriana ficou no século XIX?

Michael Löwy (2012), diretor emérito do Centre National de La Recherche Scientifique de Paris-CNRS, em entrevista, dá outra dimensão àquilo que soa aparentemente bizarro e sangrento, minoritário, mas nada exótico na história,

> Além da crise econômica, a Europa vive uma crise cultural profunda. Seus parâmetros civilizatórios estão outra vez em cheque?
>
> O que mais me preocupa na Europa é o desenvolvimento de correntes xenofóbicas de ódio ao outro, e de movimentos racistas, em alguns casos diretamente inspirados pelo nazi-fascismo. Na França, temos a Frente Nacional, que representa quase 8% do eleitorado. O mesmo se passa na Bélgica. Na Áustria, é pior ainda. O objeto dessas tendências racistas eram, tradicionalmente, os judeus. Hoje são, por exemplo, os ciganos e os africanos. Temos também o exemplo da Grécia, onde um partido que se declara abertamente neonazista e faz do antissemitismo uma de suas principais bandeiras, está triunfando. De outro lado, há um questionamento interessante que reflete sobre o projeto europeu de civilização tomando como ponto de partida a crise ecológica. (Krausz, 2012).

5.4 IDENTIDADES PREDATÓRIAS

Abordando as identidades sociais contemporâneas, Appadurai (2009) argumenta que em relação à formação de grupos, a corrente principal da teoria sociológica não explora o papel do conflito (como na tradição de Simmel) ou da religião (como na tradição de Durkheim) ou do interesse antagônico (como na tradição de Marx) na construção de identidades coletivas. Para o autor, mesmo essas tradições não refletiram com profundidade sobre identidades predatórias, que retomam a cena no mundo globalizado dos anos 1990 e no novo milênio, uma vez que estavam latentes depois de 1945. Essas identidades predatórias ocorrem quando o nacional se reduz ao "princípio da singularidade étnica", em que a menor minoria dentro da fronteira da nação é vista como sujeira para a pureza nacional. Aprofunda o autor:

> As minorias são o único caso destacado dos pequenos números que desperta simpatia em vez de desconfiança na imaginação liberal, e isso acontece porque elas personificam aquela pequenez numérica cujo exemplo principal é o número um, o indivíduo. Assim, uma vez que o pensamento liberal torna-se intimamente relacionado à democracia baseada em eleições e a procedimentos decisórios na legislação, a ideia de minoria adquire um enquadramento poderoso (como na grande consideração demonstrada em relação às opiniões da minoria pela corte suprema dos EUA). De fato, a ideia de uma minoria em sua genealogia política, não é uma

ideia étnica ou cultural, mas, sim, de procedimento, tendo a ver com opiniões dissidentes em contextos deliberativos ou legislativos dentro de uma moldura democrática. Assim, na história do pensamento liberal, o interesse positivo pela minoria e suas opiniões tem muito que ver com discordância e pouco que ver com diferença. Essa distinção é uma contribuição importante para o medo contemporâneo às minorias e exige um exame cuidadoso. (Appadurai, 2009, p. 53).

É precisamente a hipótese de uma identidade predatória, muito bem formulada por Appadurai (2009), que desloca da realidade brasileira qualquer congênere a isso para o caso da defesa das políticas públicas de ação afirmativa. O tom alarmista adotado pelos autores dos livros anteriormente citados, como Kamel (2006), Maggie (2007) e Magnoli (2010), é forte indicativo de um "nós discursivo" que simbolizaria os pontos fulcrais de convergência das crenças, ideias e valores da coalizão social de oposição à Lei de Cotas no Brasil. Essas visões, de um ponto de vista crítico, assemelham-se a uma tentativa de encaixar modelos forâneos para a realidade social e racial brasileira. Eis o escopo argumentativo mesmo de Appadurai, no que diz respeito à conceituação referida,

Defino como "predatórias" aquelas identidades cuja mobilização e construção social requerem a extinção de outras categorias sociais próximas, definidas como ameaças à própria existência de algum grupo, definido como "nós". As identidades predatórias emergem periodicamente, de pares de identidades, algumas vezes de conjuntos maiores que dois, que têm longas histórias de contato próximo, mistura e algum grau de identificação contrastante está envolvido. Um dos membros do par ou do conjunto frequentemente torna-se predatório ao mobilizar um entendimento de si como uma maioria ameaçada. Esse tipo de mobilização é o passo chave para transformar uma identidade social benigna numa identidade predatória. (Appadurai, 2009, p. 46).

Ora, não há nenhum caso registrado de defesa de uma singularidade étnico-racial nacional majoritária do tipo identidade predatória por parte da coalizão social favorável à Lei de Cotas no Brasil. Teima, sim, em existir de forma violenta e esparsa no território nacional, o racismo brasileiro. Suas vítimas são visíveis, bem como sua cor e características, o que é crime no Brasil. A prova disso encontra-se numa simples busca nos arquivos dos jornais impressos contemporâneos,

A Polícia Federal prendeu dois homens ontem, em Curitiba (PR), sob suspeita de apologia à violência e discriminação contra mulheres, negros, nordestinos, homossexuais e judeus na internet. Segundo a PF, o brasiliense Marcelo Valle Silveira Mello, 29, e o curitibano Emerson Eduardo Rodrigues, 32, planejavam um massacre de alunos da UnB (Universidade de Brasília), além de publicarem conteúdo racista. Eles mantinham o domínio silviokoerich. org, cujos textos eram ilustrados com fotos de mulheres decapitadas e continham frases que incitavam o estupro e a morte de mulheres que mantinham relações sexuais com negros. Eles, segundo a polícia, também pediam a legalização da pedofilia. "Este é um dos casos mais graves que já vi. Não só pela discriminação, mas pela pregação do extermínio", disse o delegado Flúvio Garcia. A investigação durou cinco meses. O site da ONG SaferNet, que monitora casos de apologia a violência e ao racismo, registrou até a semana passada 69.729 denúncias contra o site. Ontem, a página ainda estava no ar. Ela está hospedada num provedor da Malásia e, diz a PF, foi pedido para que seja desativada. Um texto de 12 de março dá a entender que os suspeitos pretendiam matar alunos do curso de ciências sociais da UnB. "A cada dia que se passa fico mais ansioso, conto as balas, sonho com os gritos de vagabundas e esquerdistas chorando, implorando para viver", diz um trecho. Segundo a PF, Mello, que é técnico de informática, era o responsável pelo site. No seu quarto de hotel, em Curitiba, foi apreendido o mapa de uma casa em Brasília onde acontecem festas da UnB. A UnB não quis comentar o caso, mas seu site informa que avisou, em janeiro, a polícia sobre as ameaças. Mello já cursou letras na instituição. Em 2009, ele foi condenado por racismo na internet ao ofender colegas favoráveis às cotas raciais. A defesa dele alegou insanidade mental e ele foi absolvido. Em 2006, ele foi desligado da UnB. Um processo disciplinar ainda corre contra ele. Na conta bancária dos suspeitos, foram encontrados R$500 mil. O dinheiro dele foi bloqueado. A PF investiga se os dois trocaram mensagens com Wellington Menezes de Oliveira, o atirador do Realengo, antes do massacre que matou 12 alunos, em abril. Eles podem responder por racismo, incitação à violência e publicação de material com conteúdo pedófilo. A polícia Federal não informou ontem quem são os advogados do brasiliense Marcelo Valle Silveira Mello, 29 e do curitibano Emerson Eduardo Rodrigues, 32. Até a conclusão desta edição os suspeitos ainda estavam sendo interrogados por agentes da PF, na sede do órgão em Curitiba. A polícia não informou se eles negaram ou confirmaram as acusações. Segundo policiais federais, os dois ainda não prestaram depoimento oficial ao órgão, o que deve acontecer hoje. A reportagem também não conseguiu localizar ontem os familiares dos dois suspeitos para falar sobre as acusações contra eles. Em nota, a Secretaria de Direitos Humanos da Presidência da República parabenizou a PF pelas prisões. (Struck, 2012).

Como se vê, a identidade predatória joga no caldo de cultura da coalizão histórica contrária à Lei de Cotas e tem relação direta com o que estava latente depois da derrota do fascismo na Segunda Guerra Mundial. O embrião do fascismo brotou na Europa no começo do século XX como grande movimento de massa. Houve também espécimes de clones brasileiros do fascismo nos anos 1930 no Brasil?

Adotando uma metodologia científica de "levar a sério os valores assumidos pelos fascistas", Mann argumenta que "para entender os fascistas, é necessário entender os movimentos fascistas" (Mann, 2008, p. 11), como seus principais redutos no entreguerras: Áustria, Alemanha, Hungria, Itália, Romênia e Espanha. "Alinho-me com os que acreditam que os nazistas eram fascistas e que o fascismo pode ser tratado como um fenômeno mais global." (Mann, 2008, p. 22). "Nolte (1965) identificou um 'mínimo fascista' associando três 'antis' ideológicos – antimarxismo, antiliberalismo e anticonservadorismo – [...] mas o princípio de liderança e o partido-exército, tudo isto orientado para uma meta final: o 'totalitarismo'" (Mann, 2008, p. 23). Juan Linz, Stanley Paine, Ramiro Ledesma Ramos, Sternhell, Mosse, Roger Griffin, Eatwell, dentre muitas pessoas, debruçaram-se sobre o estudo do tema. Mas Mann (2008) calça-se de uma peculiar definição para sua corrida atrás dos movimentos fascistas, que, por suas violentas posições contra as cotas como crença central, não poderiam ficar na invisibilidade aqui: "Defino o fascismo com base nos valores essenciais, nas ações e nas organizações de poder dos fascistas. Resumidamente, o fascismo é a tentativa de construção de um Estado-Nação transcendente e expurgado por meio do paramilitarismo." (Mann, 2008, p. 26).

Outro autor, Paxton (2007), analisou o fenômeno europeu e não desconsiderou a sua vitalidade no tempo. Assim, definiu o fascismo como

> [...] uma forma de comportamento político marcada por uma preocupação obsessiva com a decadência e a humilhação da comunidade, vista como vítima, e por cultos compensatórios da unidade, da energia e da pureza, nas quais um partido de base popular formado por militantes nacionalistas engajados, operando em cooperação desconfortável, mas eficaz com as elites tradicionais, repudia as liberdades democráticas e passa a perseguir objetivos de limpeza étnica e expansão externa por meio de uma violência redentora e sem estar submetido a restrições éticas ou legais de qualquer natureza. (Paxton, 2007, p. 358-59).

Pano lento para o Brasil, porque os horrores da colonização antecedem o fascismo. Há o *Mephisto*, de István Szabó (1981), há o *Noturno do Chile*, de Roberto Bolaño (2000). Regimes das sombras flertam com as artes, com a intelectualidade, como necessidade?

Se um movimento político-social é considerado existente apenas depois de dar a público o já costumeiro "Manifesto à Nação", o integralismo data de outubro de 1932, quando se lançou o "Manifesto Integralista". Mas, se um documento assim acabado, que traz inovações doutrinárias no terreno político social-brasileiro, representa a fase final do processo de elaboração, então aparece como peça de sistematização de impressões, conhecimentos e ideais surgidos em tempos diversos. Daí o objetivo que aqui se propõe: o de situar algumas linhas e fontes em que se desenvolveu e se fundamentou a ideia integralista.

A história do integralismo está ligada ao amplo movimento de feições antiliberais e antidemocráticas que se difundiu pelo mundo todo, principalmente depois da Primeira Grande Guerra. Especificamente, é fruto de procedências diferentes e, às vezes, contraditórias. De um lado, nasce dos redutos do perrepismo, pela atuação político-literária no seu órgão oficial, o *Correio Paulistano*; sob esse aspecto, as suas raízes se aprofundam numa das mais firmes e poderosas formações oligárquicas do país, a formada pelos grandes proprietários de terras ou, melhor, pela dominante lavoura cafeeira.

De outro lado, o integralismo nasce do movimento modernista, fenômeno de função liberalizadora no plano literário, artístico, cultural e social. Como Roberto Bolaño em seu noturno chileno, não há poucos noturnos brasileiros. É importante considerar essas duas fontes, o Partido Republicano Paulista e setores da intelectualidade, porque esclarecem determinadas particularidades dos antecedentes do integralismo, no período de 1920-1929. Nessa década, da combinação das duas fontes vai resultar o perrepismo literário, talvez o principal antecedente do integralismo. Isso significa que representa a mesma visão e a mesma problemática da oligarquia paulista dominante, agora traduzidas com o auxílio de recursos renovadores, retirados do modernismo.

> Aqui se encontra o motivo pelo qual o grupo e as realizações do Verdeamarelismo e da Anta representam uma "falsa vanguarda" na corrente modernista; foram modernistas em alguns aspectos técnicos, empregados para justificar um conjunto doutrinário extra-literário ou extra-cultural. E é preciso notar que a "imagem perrepista" é conservadora, baseada no fisiocratismo, no ruralismo e no princípio da necessária hegemonia paulista, coordenadas que fornecem o substrato ideológico e sentimental do movimento. A gestação do integralismo, na fase das primeiras "intuições", processa-se no interior dos quadros tradicionais paulistas, pela atuação dos principais representantes no órgão oficial do P. R. P., o Correio Paulistano. Será nas colunas desse jornal que atuarão aqueles que, mais tarde, formarão o grupo Verdeamarelo, depois da Anta, diferenciações do movimento modernista e fontes de elaboração da futura doutrina "totalitária".
>
> A partir daí, processa-se, mais abertamente, a associação entre política e literatura, na qual se encontram algumas diretrizes do que mais tarde irá denominar-se integralismo. O Verdeamarelismo e a Revolução da Anta foram considerados "dois movimentos preparatórios do movimento decisivo de 1932": com o primeiro se dá o rompimento com os modernistas – "porque se desviaram do rumo de uma revolução necessária" – enquanto a formação do grupo da Anta representa uma volta contra o Verdeamarelismo, que "se estacionava num nacionalismo demasiadamente exterior e pictórico. Urgia um nacionalismo interior, intuitivo. (Nagle, 1974, p. 86).

No Brasil, como e por que o Integralismo — mostra objetiva do fascismo no Brasil — virou um agente político na história nos anos 1920/1930, mobilizando massas vestidas de verdes nos centros urbanos e no interior rural, inclusive os teuto-brasileiros? O professor Hélgio Trindade, no livro *Integralismo*, traz à baila estudo clássico sobre o tema (Trindade, 1974) e a professora Márcia

Regina da Silva Ramos Carneiro (Carneiro, 2007) investiga as memórias integralistas. De modo útil, os registros fascistas na história do Brasil informam sobre essa estratégia de disputa do poder na sociedade e o seu significado político. Marilena Chauí e Maria Sylvia de Carvalho Franco não esquecem o colonialismo e esmiúçam a ética fascista no Brasil.

> Uma vez que o uso de imagens, além de permitir uma ordenação do real sem transformar as aparências, além de evitar o trabalho da reflexão que solaparia as evidências imediatas e além de contar com o apoio confirmado dos "fatos", também outorga identidade ao destinatário, consequentemente as imagens veiculadas pelo discurso passam a ter força persuasiva e até mesmo constrangedora. Com isso alcançamos seu significado político. O autoritarismo, encarado sob esse prisma exclusivamente teórico ou interno ao discurso, deixa entrever, portanto, o estilo da prática que lhe é imanente. A forma autoritária de pensar não antecipa uma forma autoritária de agir: é-lhe congênita. Abolindo a distância entre o mundo e o discurso, as imagens soldam o real e a palavra fazendo com que o primeiro se organize de acordo com os parâmetros da segunda que se torna, então, organizadora, da realidade e da ação. Quando se trata especificamente desta última, o papel das imagens é claro: pretendem criar no destinatário não só o sentimento da necessidade de agir, mas ainda convencê-los de que aqueles que proferem o discurso podem ser os condutores da ação. O imaginário prepara, assim, uma proposta política iluminista e que se expressa em vários textos de Plínio Salgado, desde aqueles onde a natureza do movimento integralista pede a atitude iluminista de sua vanguarda, até aqueles dos quais a avaliação da ignorância da massa exige que os chefes sejam Aufklaren. Lemos em O Integralismo Perante a Nação: "O integralismo exerceu sua ação no Brasil sob três formas: 1) desenvolvendo intenso esforço cultural, através de cursos, conferências, centro de pesquisas e estudos dos problemas nacionais e humanos; 2) organizando-se no sentido da maior eficiência de um magistério moral e cívico de preparação da juventude e de um ministério social objetivando ampla assistência às classes populares; 3)instruindo o povo brasileiro acerca do que lhe convém saber de sua tradição, de suas realidades, de suas possibilidades, de seu futuro, o que se fazia por meio de jornais, revistas, comícios urbanos e penetração dos oradores nos campos e pequenas cidades do interior." (Chauí; Franco, [1978] 1985, p. 47-48).

O integralismo é alimentado e alimenta o autoritarismo, de longa tradição desde o Brasil colonial, como se depreende da reflexão das autoras sobre o integralismo. E o nazismo teve presença real na história do Brasil? René Gertz (1987) e os amplos estudos de Ana Maria Dietrich apontam que sim. Os concursos dos bebês eugênicos campeões de brancura e viscosidade nos anos 1930 e o caso dos meninos negros órfãos que foram transferidos de um convento do Rio de Janeiro para trabalho infantil escravizado na fazenda de um nazista, no interior de São Paulo, também nos anos 1930, mostram a territorialização e o sentido do nazismo na história do Brasil.

A célula nazista numa fazenda tinha também uma razão econômica: o fazendeiro era representante da indústria de armas alemã Krupp no Brasil e buscava agradar a matriz, os tijolos das construções tinham a suástica inscrita. A marca Krupp era a mesma dos canhões em mãos do exército brasileiro que esmagaram negros, indígenas, brancos pobres e mestiços em Canudos. As ideias de mãos dadas com os interesses econômicos, como no trato da Alemanha como nação amiga em função dos interesses brasileiros na exportação e importação no comércio de algodão, café e armas e do comunismo como inimigo comum. De 1928 a 1938, o Brasil foi o lugar no estrangeiro que mais mobilizou o partido nazista em seu braço internacional. O alinhamento da posição do governo de Getúlio Vargas, em 1942, ao lado dos aliados na Segunda Guerra expurgou a propaganda nazista no Brasil. Em 1938, o partido nazista fora proibido no Brasil, entrando na clandestinidade.

Mas o nazismo no Brasil reproduzia o da Alemanha identicamente? Onde fica a raça?

> Essa questão foi vista a partir da discussão sobre raça vigente na época. Um dos pilares da ideologia nazista era o racismo. Segundo a visão dos nazistas na década de 1930, havia a raça ariana, à qual pertenceria o alemão. Segundo a teoria nacional-socialista, inspirada na obra de Nietzsche sobre o super-homem (Ubermensch), haveria em contraposição, raças inferiores (Untermensch) e não-raças (Unmensch). Os grupos indígenas, negros e mestiços, habitantes da América Latina, pertenceriam às raças inferiores e por isso não deveriam ser "misturados" com os arianos. Segundo Adolf Hitler, o cruzamento de raças acarretaria um rebaixamento do nível da raça mais forte e a um regresso físico e intelectual, ou segundo suas palavras "A América do Norte, cuja população decididamente na sua maioria se compõe de elementos germânicos que só muito pouco se misturaram com povos inferiores e de cor, apresenta outra humanidade e cultura do que a América Central e do Sul, onde os imigrantes, quase todos latinos, se fundiram, em grande número, com os habitantes indígenas. Bastaria esse exemplo para fazer reconhecer clara e distintamente o efeito da fusão de raças [...]". (Dietrich, 2012, p. 25).

Dois aspectos históricos do nazismo no Brasil merecem destaque neste estudo: os mecanismos e a dimensão espacial. "O partido nazista se fez presente em 17 estados brasileiros, enquanto que a maioria dos estudos concentra-se na análise do sul do Brasil" (Dietrich, 2012, p. 31). O carro-chefe era o partido e sua organização burocrática no período de 1928-1938, que tinha Von Cassel como líder brasileiro, amigo de Vargas. Ao passo que no campo o processo nazista "se desenvolveu no âmbito do universo sectário dos colonos, [nas cidades,] ele foi institucionalizado em clubes, bancos e escolas" (Dietrich, 2012, p. 31). Os mecanismos de difusão eram o rádio, os jornais e as palestras. Há dois alvos: as massas, no geral, e a precípua organização dos alemães, no particular, a mais estratégica. O partido possuía atividades organizacionais como reuniões, encontros e frentes de massa, como a juventude hitlerista, a frente de trabalho alemã, a associação de mulheres, a associação de professores; eram comum viagens de dirigentes pelo interior do Brasil; a propaganda nazista ocorria via jornais, programas de rádio, filmes e em firmas, igrejas, clubes e escolas; as festividades tinham centralidade na agenda política comum, como a comemoração nazista do primeiro de maio e do dia do aniversário de Hitler, em 17 de abril. Além disso, eram frequentes atividades de viagens e intercâmbio com a Alemanha. Dietrich (2012) capta esse tom peculiar da ação partidária nazista espalhada no Brasil em relação com a matriz alemã no período.

Os mecanismos organizacionais são parte do organograma do nazismo global, sob a coordenação do Partido Nazista e suas hierarquias burocráticas do III Reich. A referência do pangermanismo ariano era a Auslandsorganisation der NSDAP (organização do partido nazista no exterior) – A.O., em que o Brasil fazia parte do landesgruppe VII, onde se situavam os países da América Ibérica, que também apresentavam conflitos raciais com o estabelecimento do partido nazista.

> A A.O. possuía sua hierarquia própria. Primeiramente, vinha o chefe da A. O, Ernst Wilhem Von Bohle, e então os Landesgruppenleiters, que eram os chefes do partido nazista em cada país. No exterior, o partido funcionava tendo como modelo a estrutura do III Reich, seguindo um perfil geográfico. Abaixo do Landesgruppen, caso do Brasil, estavam os Ortsgruppen (grupos regionais), caso de cidades brasileiras como São Paulo, Rio de Janeiro, Blumenau e outros; Stutzpunkte (pontos de apoio), caso de cidades menores na hierarquia de importância do partido como Ribeirão Preto, Bauru, Araçatuba. No quarto lugar os Blocks (departamentos), subdivisões dentro dos Ortsgruppe ou Stutspunkte. Eram Blocks, por exemplo, as cidades de Araraquara, Catanduva, Rio Preto e Taquaritinga. Eles funcionavam como departamentos do Stutzpunkte Ribeirão

Preto. Por fim, havia as Zellen (células), geralmente bairros de uma grande cidade. Por exemplo, em São Paulo, em 1937, havia as células Jardim América, Centro 1, Centro 2 e Vila Mariana. A cidade de São Caetano do Sul, na região metropolitana de São Paulo, funcionava como um departamento do grupo local de São Paulo. A organização nazista no Brasil funcionou de uma maneira dinâmica no decorrer das décadas de 1930 e 1940. (Dietrich, 2012, p. 46-47).

Fica evidente a pulverização, as veias interiores do movimento nazista no corpo do Brasil. Qual a presença espacial, no Brasil, das ideias nazistas?

Em 1939, foram contabilizados 87.024 imigrantes alemães no Brasil, que tinha uma população na época de 30 milhões de pessoas. Segundo o censo de 1940, estes alemães concentravam-se em São Paulo e nos estados do Sul, sendo 33.397 (São Paulo), 15.279 (Rio Grande do Sul), 12.343 (Paraná), 11.293 (Santa Catarina). O número de alemães nos estados é proporcional aos germânicos filiados ao partido nazista. São Paulo, estado que possuía mais alemães natos em 1940, foi também o de maior número de adeptos (785 filiados). Em seguida, vieram os estados do Sul e o Rio de Janeiro, sendo que este último mostrou-se em terceiro lugar. Santa Catarina apareceu com 528 filiados, Rio de Janeiro com 447, Rio Grande do Sul com 439 e Paraná com 185, seguido por outros grupos menores. Os 17 estados brasileiros em que o partido nazista funcionou, em ordem descrescente por número de adeptos, são: São Paulo, Rio de Janeiro, Rio Grande do Sul, Paraná, Minas Gerais, Pernambuco, Espírito Santo, Bahia, Mato Grosso, Pará, Goiás, Paraíba, Ceará, Amazonas, Sergipe e Alagoas. Mesmo com o grande agrupamento de alemães nos estados do Sul e do Sudeste, não se pode desconsiderar a presença de representantes desta comunidade nos estados do Nordeste, Norte e Centro-Oeste. Destes, Bahia e Pernambuco apareciam com maior reunião de alemães (mais de 500), seguidos do Mato Grosso (426). (Dietrich, 2012, p. 52-53).

A tática política nazista no Brasil implicou no "ingresso de alemães e teuto-brasileiros na Ação Integralista Brasileira (AIB)" (Dietrich, 2012, p. 46), os chefes nazistas "chegaram a editar um jornal em conjunto com os integralistas do Sul do Brasil, tal a semelhança entre as ideias" (p. 46). E não só: "Nas zonas de colonização alemã de Santa Catarina, oito prefeitos integralistas foram eleitos em 1936" (p. 46). Isso indica, historicamente, a convergência racista no Brasil num ninho só, o ninho que se pode chamar fascista. Dietrich enxerga na junção entre as duas correntes (partido nazista brasileiro e AIB), um "dos maiores indícios do processo de tropicalização" (p. 46). O racismo aparece como estrutural no ideário do ninho fascista.

Com relação ao antisemitismo prático, pode-se dizer que o partido apoiou – também no Brasil – o boicote às lojas judias e condenou o convívio e a miscigenação com judeus. Paralelamente, auxiliou o III Reich em uma espécie de controle ao movimento dos judeus recém-chegados da Alemanha, em sua maioria exilados do regime nazista. Este controle era feito pelo envio de recortes de jornais e de relatórios ao III Reich. Mas o nazismo tropicalizado desenvolveu outro alvo do racismo: os negros. Registram-se diversas queixas dos partidários pelo fato de o Brasil tropical ser habitado por negros e mestiços, e eles eram sempre tratados com desprezo, sendo até denominados como "macacos". (Dietrich, 2012, p. 51).

A longeva tradição autoritária brasileira teria novos santos no estoque histórico de seus altares, mais escondidos ou mais à mostra, visíveis, invisíveis, racionais, irracionais, conscientes, inconscientes, conforme os ventos dos tempos, como a noção de raça como um fenômeno de essência, substantivo. Essas tensões latentes da violenta sociedade brasileira problematizariam mais as noções vagas de "democracia racial, povo passivo e elite cordial".

Couto (2017), com base no ensaio clássico de Georg Orwell, "O que é o fascismo?", indaga sobre onde estaria o fascismo no Brasil, do seguinte modo:

> Feitas as ressalvas e considerando as mudanças históricas desde sua forma original, o que se pode chamar na atualidade de fascismo ou neofascismo? O fascismo apresenta características que às vezes se sobrepõem e que, isoladamente, são insuficientes para defini-lo: (1) nacionalismo e patriotismo exacerbados, frequentemente xenófobos; (2) autoritarismo, com uma estética ou retórica violentas; (3) intolerância a grupos minoritários, vistos como ameaça à coletividade; (4) crença no papel crucial de um líder forte; (5) defesa ideológica de uma desigualdade fundamental, seja nacional, racial ou moral. (Couto, 2017).

O autor acaba por considerar a presença fascista na sociedade brasileira, em 2017, com lastro no nacionalismo e patriotismo, na crença no autoritarismo e em líderes fortes, no anti-intelectualismo, na intolerância com a "doutrinação política na escola", a "ideologia de gênero", no ataque neomacarthista a manifestações artísticas, na perseguição aos "desajustados" de toda ordem. Cabe inferir aqui uma presença da guerra de costumes, em função da revolução sexual que ocupa o Brasil, na década de 2010. Porém, o autor toma como "improvável" que a discriminação racial seja um dos componentes desse fascismo, em função da miscigenação.

Discordamos desse isolamento da questão racial feita por Couto (2017), pois o mais provável é que ela estruture não apenas o longo curso do racismo brasileiro, como do fascismo na forma que se revela no Brasil, nos anos da década de 2010, direta ou indiretamente. Sustenta essa posição as volumosas e persistentes estatísticas de homicídios e desaparecimentos contra negros e indígenas, o racismo efervescente na segunda década dos anos 2000 — onde se destaca o caráter de massa dessas posições na internet, a perseguição feita às religiões de matriz africana e o próprio debate das cotas no Brasil, como índice desse alinhamento. Cabe investigar esse particular, pois o racismo pode informar o fascismo, como em termos estéticos, a latência pode informar o presente (Gumbrecht, 2012). O anticomunismo, elemento central das ideias fascistas, nazistas e da guerra moral nos EUA, foi outro elemento latente pouco explorado por Couto (2017).

À cata de registros, manchas, pegadas, pistas, pequenos detalhes da presença fascista no Brasil contemporâneo, por ser essa uma fonte relevante que visa influenciar o posicionamento contra as cotas no Brasil, alicerçado em crenças desse movimento de massa global. Essa pesquisa vasculhou livrarias novas e velhas, sebos, exposições, feiras, reuniões e deparou-se com um pequeno achado, o pinçou e o levou a sério, independentemente de seu *status* no campeonato mundial da produção científica. Esse procedimento de investigação, por exemplo, funda a pesquisa de Pierre-André Taguieff, no momento em que o autor busca uma formulação teórica para explicar o pensamento racista de novo tipo que surge com a extrema-direita francesa, nos anos 1980. É o que informa Diatikine (2017),

> Primeiro, há uma pesquisa histórica detalhada (fontes, contextos, recepções dos textos), que leva P.-A. Taguieff a interessar-se por textos sem dimensão filosófica elevada ou nobre, textos de ideias medíocres, ou até, às vezes, muito medíocres a sério. (Diatikine, 2017, p. 93).

Nessa linha, da atenção ao "desprezível", exploremos um achado. Existe um movimento conhecido como dos "cadarços brancos" (Vega, 2010), de cunho neonazista, de extrema-direita e potencializado por obscuras e vivas forças políticas minoritárias na mancha urbana chamada Grande

São Paulo (próximo a 30 milhões de pessoas), que corre numa raia miúda na sociedade brasileira há tempos, com enraizado rito organizativo, isso bem antes da arrebentação do fenômeno das redes sociais na internet.

O livro *Cadarços Brancos* (Vega, 2010) tem inequívoca dimensão de identidade predatória. Assim, os coturnos militares pretos com seus cadarços brancos assumem uma face densa sobre o real como um pequeno vulcão em erupção antiga que se apresenta ao mundo com suas larvas e fumaças pela internet e outras estratégias de agitação e propaganda de suas crenças no meio da massa:

> O ataque violento aos nordestinos pela cidade começou a ser registrado pela mídia, quase sempre havia uma coluna nos jornais sobre algum ato de vandalismo ou agressão. Em 1992, o programa televisivo "Documento Especial", exibido no SBT, fez uma reportagem sobre os skinheads de São Paulo intitulado "A cultura do Ódio", pouco tempo depois alguns integrantes do movimento foram presos. Os WP chegaram a fabricar uma bomba caseira e instalar na Avenida Paulista, com mensagens de ameaça contra os homossexuais e o governador do Estado. Em 1993, a rádio e o centro cultural de tradições nordestinas foram pichadas com mensagens do tipo "Fora Ratos do Nordeste!, "São Paulo para Paulistas". Os muros do centro da cidade viviam cheios de suásticas e símbolos do movimento, o que causava dor de cabeça para a Polícia Militar, que recebia diversas denúncias de racismo e agressões diariamente. Nas periferias ocorria tiroteio entre os grupos, iniciando uma luta incessante em que o objetivo de uma gangue era conquistar o distrito de outra. Em termos literários, os chamados Fanzines ganharam uma denominação "Skinzines", entre eles, os mais conhecidos eram: Determinação e Coragem e Orgulho Paulista. Para conter as crescentes ameaças racistas, criou-se um órgão de combate aos crimes motivados pela discriminação, chamado GRADE (Grupo de Re pressão aos Delitos de Intolerância), que deteve vários cabeças raspadas. De 1989 a 1993, a prefeita da cidade de São Paulo era a nordestina Luiza Erundina, natural da Paraíba. Durante seus períodos na prefeitura ela foi considerada uma das principais lideranças da esquerda brasileira, odiada por esses jovens radicais que a atacavam moralmente, fazendo-a sancionar uma lei proposta pelo vereador Walter Feldman, do PSDB, que proibia a produção e venda de emblemas nazistas. Isso gerou uma tremenda revolta entre os skinheads, pois consideraram o ato totalmente inconstitucional. Defendiam a tese de que a carta de 1988 é democrática e assegura a livre expressão da atividade intelectual, artística, científica e de comunicação, independente de censura ou licença. Realmente esse direito devia valer para todos, mas devido às ações dos White Powers, criou-se essa exceção no documento para os defensores do Nacional-Socialismo e suas vertentes. (Vega, 2010, p. 75-76).

O caráter predatório se sustenta aqui pela relação caçador-caça, em que o livro atualiza, à moda de manuais, experimentos dos caçadores humanos agindo como lobos brancos, realizados no ambiente democrático brasileiro pós-Constituição Federal de 1988, e, ao fazê-lo, busca animar novas caçadas humanas, num tom diluído entre a agitação e propaganda pura e simples somado a certo ar técnico-acadêmico. Uma saraivada de citações cria a sustentação dos convergentes matizes, seus degradês do branco racializado na história, medidas profiláticas para atualização discursiva, uma espécie de pimenta-do-reino-branca para ser espalhada por entre a massa para ver se pega, seja como música, show, vídeo, vestimenta, tatuagem, símbolos, livros e autores, páginas da internet, comportamento, algo violentamente mecânico, atrás de "soldados" de coturnos pretos com cadarços brancos, numa narrativa que vaga entre a primeira e a terceira pessoa, numa tessitura sentimental, racional, histórica, analítica, diagnóstica e prognóstica nacional e internacionalmente, chão fertilizado artificialmente para que ali peguem as raízes e brotem os ramos de suas crenças predatórias, para que os cães ladrem, as caças se assustem e a caçada mundial se faça com delírios e louvores milenaristas, típicos dos anos 1920/1930/1940, na Alemanha, na Itália, nazista e fascista, respectivamente.

Como outrora, a carga simbólica indicava os apetites, pois "Todos camaradas que me seguiam deveriam usar coturnos e cadarços brancos, relembrando os desfiles cerimoniais militares ou a supremacia do 'branco' sobre o 'negro'" (Vega, 2010, p. 87). Os envolvidos convergem seus discursos para as particularidades dos locais onde vivem e a negação ao racismo gera incredulidade, no mínimo,

> Nunca fui racista. As ascendências lombardas, normandas e etrusco-romanas dos antigos paulistas de lá, mesclaram-se com os caboclos locais, dando origem ao povo de minha cidade. Pele e cabelos claros e os olhos levemente puxados devido à mestiçagem indígena. Nesse caso, nos considerávamos brancos, pois éramos acima de 85% arianos. O sangue de índio se torna, tornava quase insignificante. Hoje Osasco é considerada a "terra dos bandidos", e está cheia de favelas e toda degradada por culpa desses pretos nordestinos. A questão é mais distrital e nem tão racial. (Vega, 2010, p. 120).

Não à toa, desinformação e confusão intencional, típica de uma escrita propagandística com laivos aplicativos de teorias do boato ou da apropriação da lógica viral da internet tem serventia para espalhar verdades infundadas.

> Que diabos de democracia era aquela? Sem oportunidades de estudar em universidades particulares milhares de jovens não eram aceitos nas públicas devido a um sistema de cotas raciais preconceituosas. O governo querendo abaixar seus vergonhosos números de semi-analfabetos e pessoas sem nenhuma formação tirava oportunidade de capazes de ter uma formação qualificada. Estudamos a vida toda para servir mesas, operar caixas de supermercado e fazer faxina em empresas que enriquecem à custa do suor das massas. Li uma vez uma frase de Plínio Salgado que dizia: "Não se pergunte o que a pátria pode fazer por você. Mas o que você pode fazer por ela". (Vega, 2010, p. 29).

A frase "milhares de jovens não eram aceitos nas universidades públicas devido a um sistema de cotas raciais preconceituosas" soa perfeita para tal interesse, mas não tem nenhum cabimento lógico-factual, está solta, como um rojão propagandístico que explode no ar. As cotas são apenas um chamariz.

> Contava quantos brancos avistava em cada canto que percorria e me decepcionava profundamente saber que eu podia realizar minha contagem nos dedos das mãos. O rosto mestiço é a cara do paulista atual e parecia que apenas uma pequena minoria como eu, incomodava-se com isso. As questões como Cotas Raciais nas universidades foram atacadas ferozmente pela Brigada. Espalhei cartazes por toda a Avenida Paulista. Faixas com o website Valhalla 88 tremulavam por entre os viadutos e prédios da cidade. Ora a polícia removia, ora voltávamos a colocar. (Vega, 2010, p. 101).

Se a Lei de Cotas lhe serve de peça de vitrine, a escola, essa instituição de base do subsistema de educação brasileiro, serve por excelência como o auditório vivo ao seu alcance para sua pregação predatória, advinda, possivelmente, da rede mundial de computadores,

> Eu era o único aluno com botas militares e cabeça raspada da classe, o único que levanta o braço, não para fazer uma pergunta, mas uma crítica, o único que descrevia os Bandeirantes e conquistadores como heróis nos trabalhos de casa, se recusando a falar bem de Zumbi dos Palmares e de Martin Luther King. O meu papel de soldado político era propagar as ideias, convicto de que a melhor defesa era o ataque. Essa questão tem toda uma ótica de discussão, como as cotas raciais nas universidades públicas. Assuntos sobre os quais todas as pessoas possuem uma opinião, dos letrados aos moradores de rua, os acadêmicos alegavam a privilegiar quem foi injustiçado historicamente. O caminhar da discussão seguia seu curso em círculos, parecendo não chegar a lugar nenhum. Minha

intenção de explicar os motivos e o desenvolvimento de sua detalhação se tornava cada vez mais árduo. (Vega, 2010, p. 141-143).

O soldado branco age só, não precisa de mais ninguém para agir num dado local, como na escola pública. Mas age só porque não está só, faz parte de um coro branco universal, de onde retira sua energia política. A eugenia como centro da estratégia política desloca o tema da Lei de Cotas para sua devida lateralidade e seu mero papel tático, de chamariz, como visto. Impõe-se o centro nevrálgico da estratégia de identidade predatória, por tabela, o projeto mesmo de poder,

> Quando a linha for feita, uma política eugênica que encoraje pessoas produtivas e desencoraje pessoas não-produtivas de ter filhos é todo o necessário. Pague as pessoas não-produtivas para se esterilizarem e não terem filhos. Em outras palavras, o contrário da sociedade de "bem-estar social" do Ocidente, onde as pessoas produtivas são taxadas (e ficam com menos recursos para seus próprios filhos) para manter as pessoas não produtivas. Teoricamente, isso poderia funcionar numa sociedade multirracial. Na prática, isso não funcionará até que nós – pessoas majoritariamente brancas – nos separemos em uma sociedade branca. (Vega, 2020, p. 158).

O racismo tem aqui um nome certeiro: chama negros, indígenas, nordestinos, periféricos, no geral, de improdutivos, passíveis de serem eliminados, eles e suas crias. Essa teleologia dos cadarços brancos aponta uma meta objetiva de ação política. O discurso de desprezo aos Direitos Humanos amarrava os cadarços brancos: "outro órgão que detestávamos era o Direitos Humanos, pois para nós era composto por juízes e advogados simpatizantes dessas vertentes" (Vega, 2010, p.110).

Há um adeus, que pode dar a dimensão territorial objetiva dessa militância no Brasil e indicar o esgotamento de táticas passadas:

> Um dos participantes do atentado a três garotos judeus em Porto Alegre, em 2005, quando teve sua liberdade da prisão, prestou um depoimento à polícia de Caxias do Sul pedindo por proteção e o anonimato, após sair da gangue. Confessou o fantasma que o assombrava. Eu espero que suas palavras sirvam de exemplo para aqueles que ainda não se libertaram desse mal. "Entrei no movimento skinhead há 10 anos e foi um tempo jogado no lixo. Dez anos de incomodação, perseguições, ameaças [...]. Com o passar do tempo você encontra no movimento amizades verdadeiras e falsas. Hoje em dia tenho diversos tipos de amigos: negros, mestiços, homossexuais, do movimento hip hop, punk... São pessoas que me respeitam e me admiram por ter conseguido me livrar desse vírus. Eu aconselho os jovens a não entrarem nisso. No começo é bom, mas depois sua vida se torna um inferno. Na cadeia, minha ideologia ia enfraquecendo, sofri agressões, passei fome e frio. Por incrível que pareça, tive ajuda de muitos negros, justamente o tipo de pessoas que eu discriminava. (Vega, 2010, p. 241).

Isso não seria despiste para fuga das normas legais, fuga tática das leis antirracistas no Brasil? Dentre o vazio de respostas a muitas perguntas inquietantes que o livro vai espalhando ao longo de suas páginas, as frestas de seu final reafirmam alguns dos aspectos relevantes das crenças nacionalsocialistas, a identidade predatória exposta, anticotas:

> O que enfurece os defensores desse tipo de ideologia é a maneira em que se aplica a lei no cenário nacional. Há racistas em todos os setores da sociedade. Sinceramente, um jovem defensor do nazi-fascismo que rejeita a miscigenação não é diferente de ativistas de outras vertentes, que na prática agem da mesma forma. Enquanto órgãos destinados à igualdade racial acreditam reduzir desigualdades com base em números e benefícios a uma parte da população, promovendo cotas em universidades e manifestações pró-cultura afros ou

indígenas, ou rejeitando feitos dos colonizadores europeus e condenando a extrema-direita, um grande sentimento de discriminação paira sobre os seguidores do "poder branco". <u>No fundo, ao mesmo tempo em que julgam serem seres superiores, detentores absolutos da inteligência, "mais evoluídos" do que os demais, incluídos no ideal de beleza helênica, sofrem uma discriminação sem tamanho por parte da sociedade.</u> Não importa qual credo, raça ou cor esteja sendo prejudicada pelas massas, nem qual será a favorecida em programas sociais. Defender e atribuir privilégios a uma parcela da população só vai gerar mais conflitos e disputas por motivos étnicos e religiosos. Historicamente os indígenas não são considerados cidadãos. Para a lei eles se igualam aos doentes mentais e os absolutamente incapazes em geral, no que diz respeito ao seu estilo de vida. Comparando essa realidade com o universo skinhead, no cenário político são eles os "incapazes", mas as penalidades se aplicam da devida maneira, e esse é o maior motivo da revolta nesses jovens. <u>Por isso atacam as instituições, pelo fato delas não os aceitarem como são ou pela maneira que vêem o mundo e seus conceitos de "certo" e "errado"</u>. (Vega, 2010, p. 236, grifo nosso).

Como muitas vezes ao longo do texto, no arremate, intencionalmente ou não, o autor embaralha as cartas. Num trecho, expõe a negação da igualdade, em outro das cotas. Com as cotas, aparentemente, brotariam o racismo e o ódio. Mas o trabalho de parto dos agentes do racismo teve longa maturação, isso ocorreu muito antes que as cotas existissem no Brasil, sequer como possibilidade real de virarem uma política pública em nível nacional. O tempo, aqui, destrói argumentos frágeis. Há um racismo latente na sociedade brasileira. As oportunidades conjunturais o fazem vir à tona. Fica evidente, da análise do registro escrito "Cadarços Brancos", a reação violenta da branquitude no curso da tramitação da Lei de Cotas no Congresso Nacional, até no "arrependimento".

Alexandre de Almeida, autor da tese de doutorado em História Social defendida em setembro de 2017, no salão nobre da FFLCH-USP, intitulada "Música Skinhead Whitepower brasileira: guia de referência" (Almeida, 2017), confirma a passagem do autor do livro *Cadarços Brancos* pelo movimento de supremacia branca brasileiro e internacional. Já, por seu turno, o próprio estudo de Almeida (2017) amplia em muito o olhar sobre esse universo, desde perspicaz e dedicado trabalho de campo e é de enorme riqueza documental, por flagrar *in locus* a "cena *whitepower*", compilar densamente e historicamente bandas, CDs, hinos, canções de apelo e registrar formas de organização e mobilização, como encontros e festivais, documentos como o fanzine "raça e pátria", num esforço de colecionador, complexo, ao mesmo tempo nada trivial e de dimensão estarrecedora que informa o denso real brasileiro em variadas fontes para pesquisas futuras, além de servir como referência e problematizador de noções espontâneas sobre a fermentação do fascismo no Brasil e no mundo nesses dias.

Entretanto, importa aqui indagar se esse discurso gira como satélite distante, dentro da atração gravitacional dos argumentos centrais da coalizão anticotas que se conformou no Brasil em função da disputa em torno da Lei de Cotas no Congresso Nacional, satélite distante ou não? Portanto, o "ódio racial, a guerra", que os discursos como o de Yvone Maggie, proferido por ocasião de audiência pública na Comissão de Constituição e Justiça do Senado Federal, em dezembro de 2008, em tom acusatório à coalizão social a favor da Lei de Cotas, como se vê, estavam fora de lugar.

Vaga no ar e na história recente a hipótese de lapidação tática e de rearranjo de forças fascistas para privilegiar a atuação no campo partidário legal, à mercê das novas regras partidárias no Brasil, da existência do fundo partidário, das novas mídias sociais e da opção de movimentos assemelhados, na Europa, de marcharem por essa via da disputa dos votos nas eleições. Sobre o uso das novas mídias, alguns dados vieram à tona no debate sobre os sentidos visíveis e invisíveis presentes nas manifestações de junho de 2013, no Brasil, e não deixam dúvidas:

> A mesma plataforma mobilizadora abriga manifestações de ódio contra negros, nordestinos e gays. "Em 2006, havia pouco mais de 20 células neonazistas ativas na internet brasileira. Hoje, são mais de 300", alerta Thiago Nunes de Oliveira, presidente da Safernet Brasil, entidade dedicada a monitorar crimes na rede mundial de computadores. (Martins, 2013, p. 35).

A internet e seus infinitos canais, como as redes sociais, como o YouTube, impõem aqui uma reflexão curtíssima sobre ideias, circulação de ideias e tecnologia. Há um movimento das ideias entre o impresso, o rádio, o cinema, a televisão e a internet. Há também um jogo entre ideias e imagens. Com milhões de acessos no YouTube, a banda Rammstein recheia seus clipes com imagens do cinema nazista, pois uma imagem vale mais que mil palavras, não custa aqui "chover no molhado". A imagem foi o grande veículo das ideias fascistas, o cinema nazista cumpriu um papel central de propaganda pura e simples dos regimes, mas também de pregador sutil e sofisticado de valores, de ideias, como o filme *Titanic*, em que, se procurar, não se acha uma suástica como cena central. Para Wagner Pinheiro Pereira, o cinema nazista passou da explícita propaganda política para a sofisticada disputa homeopática de valores e ideias, em filmes no estilo de Hollywood, internacionais, já em 1934, num jogo de astúcia comandado por Goebbels (Pereira, 2008). Há vastos estudos sobre o cinema nazista, como Krakauer. Ainda que não se tenha uma medida objetiva do alcance da mobilização fascista pela internet, há um viveiro dessas ideias soltas no ar mundialmente, explicitamente ou não, não é uma potência discursiva de estilingue.

No Brasil, a notícia da recriação do partido da ditadura militar, a ARENA, por pessoas do Rio Grande do Sul, reforça a hipótese da lapidação tática e da troca de armas para os soldados nacional-socialistas brasileiros ou troca de trincheiras, como indicam os fatos:

> A publicação do estatuto da Aliança Renovadora Nacional (ARENA) surpreendeu a muitos leitores do Diário Oficial da União nesta terça-feira e chamou a atenção para a iniciativa de um grupo de 144 pessoas, de 15 Estados, mobilizados para criar um partido político que resgata o nome, a sigla e os ideais da antiga ARENA – que deu apoio político ao regime militar. A divulgação do documento assinado pela estudante de Direito da Universidade de Caxias do Sul (RS) Cibele Bumbel Baginski, de 23 anos, presidente provisória da nova Arena, é o primeiro movimento formal para a criação do partido. Nos próximos meses o grupo espera obter as 491 mil assinaturas necessárias de eleitores de pelo menos nove Estados para receber o registro partidário no Tribunal Superior Eleitoral (TSE). (Ogliari, 2012).

Essa matéria de jornal indica que a pregação latente para jovens e adolescentes, a pregação fascista, tem novos rebentos simultaneamente ao processo político da Lei de Cotas em curso no Congresso Nacional. A analogia discursiva com as ideias e plataformas do nacional-socialismo de outrora e o percebido no livro citado não é mera coincidência. A posição sobre as cotas serve como uma espécie de cereja no bolo, novamente um chamariz para mobilizar incautos(as):

> Pelo estatuto, a ARENA "possui como ideologia o conservadorismo, nacionalismo e tecnoprogressismo, tendo para todos os efeitos a posição de direita no espectro político". Também proclama que vai lutar "contra a comunização da sociedade e dos meios de produção" e proíbe coligações com siglas que defendam o comunismo ou tenham vertentes marxistas. Entre as propostas do novo partido estão a privatização do sistema penitenciário, abolição de qualquer sistema de cotas, aprovação da maioridade penal aos 16 anos, retorno das disciplinas de moral e cívica e latim ao currículo escolar, "retomada de controle de estatais fundamentais à proteção da nação e reaparelhamento das Forças Armadas. O estatuto dá forte poder de controle a uma instância máxima, o conselho

ideológico, definido como órgão supremo de direção e deliberação [...], hierarquicamente superior aos demais". Esse colegiado, composto por nove pessoas, tem o poder de nomear o presidente e o vice-presidente nacionais da sigla, sancionar ou vetar decisões de instâncias inferiores, inclusive de convenções e aprovar as correntes e tendências que venham a se formar internamente. Entre as competências do diretório está a de "obedecer e fazer cumprir as determinações do conselho ideológico". (Ogliari, 2012).

O passo da nova roupagem partidária das ideias fascistas no Brasil, no entanto, não será dado neste estudo, ficando para outras pesquisas.

5.5 A CRENÇA NA JUSTIÇA DISTRIBUTIVA

Autores da filosofia do direito buscaram critérios de justiça. Parte desse debate repercutiu na disputa em torno da Lei de Cotas, no Congresso Nacional. Para Jensen (2010), que investigou a "legitimidade jurídica e social das políticas afirmativas orientadas aos afrodescendentes", cuja fortuna crítica mobilizada em seu estudo é de singular importância, principia por ir atrás das origens históricas da ideia de igualdade, que teria surgido na Grécia, nessa leitura, diga-se, ocidental,

> [...] o pensamento sofístico, a partir da natureza biológica comum dos homens, aproxima-se da tese da igualdade material e da ideia de humanidade. Por natureza são todos iguais, quer sejam bárbaros ou helenos, defenderá o sofista Antifon; Deus criou todos os homens livres, a nenhum fez escravo, proclamava Alcidamas. No pensamento estoico assume o princípio da igualdade um lugar proeminente: a igualdade radica no facto de todos os homens se encontrarem sob um nomos unitário que os converte em cidadãos do grande Estado Universal. (Canotilho *apud* Jensen, 2010, p. 30).

Na leitura de Jensen sobre *Ética a Nicômaco*, de Aristóteles (384 a 322 a.c.), ela diz que "em cada espécie de ação no qual há um 'mais' e um 'menos', há também um 'igual'. Se o injusto é o iníquo (ou seja, desigual), o justo é igual. E já que o igual é o meio termo, o justo será um meio termo" (Jensen, 2010, p. 31). A autora continua na Grécia em sua busca obstinada por fontes em torno do debate da desigualdade.

> Por conseguinte, pode-se concluir que a ideia contida na célebre frase aristotélica "tratar igualmente os iguais e desigualmente os desiguais", aplica-se somente à igualdade geométrica, a qual se refere à justiça particular distributiva, isto porque, a justiça aritmética não permite a distinção através de qualquer critério, tendo os cidadãos todos como iguais. Assim, pode-se afirmar que o problema da teoria aristotélica no tocante à ideia de igualdade, em qualquer de suas vertentes, geométrica ou aritmética, reside no fato de que uma parcela significativa de indivíduos estava aprioristicamente excluída do processo comparativo com os reputados "cidadãos". (Jensen, 2010, p. 36).

Aristóteles ficará famoso com essa frase "tratar desigualmente os desiguais", cujo registro é o da democracia ateniense, uma institucionalidade em que escravizados, mulheres e "bárbaros" não eram cidadãos, não contavam, pois não tinham o mérito das riquezas, das posses, das influências. Pelo avesso, o homem da academia que ficaria universal no Ocidente defendia uma igualdade restrita, num quadro histórico de uma democracia restrita, como sintetiza a autora.

Essa ideia de uma igualdade formal, ou seja, frente à lei, revela-se central na concepção do inglês John Locke, um investidor do tráfico de escravizados, em seus escritos da segunda metade do século XVII, no curso da revolução inglesa contra o rei e na afirmação dos direitos individuais, particularmente, à propriedade e à liberdade, caros à burguesia inglesa. Rigorosamente, ela se voltava contra privilégios da sociedade de corte europeia, da nobreza. Nascem aqui, de mãos dadas, a formulação teórica que junta liberdade e igualdade formal num só nó cego. Interessa para esta investigação a aparição dessas categorias — liberdade e igualdade — em lados opostos, em muitas retóricas lançadas contra a Lei de Cotas.

Jensen (2010) acode-se de Norberto Bobbio para essa reflexão,

> [...] uma das máximas políticas mais carregadas de significado emotivo é a que proclama a igualdade de todos os homens, cuja formulação mais corrente é a seguinte: **todos os homens são (ou nascem) iguais**. Esta máxima aparece e reaparece no amplo arco de todo o pensamento político ocidental, dos estoicos ao cristianismo primitivo, para renascer com novo vigor durante a Reforma, assumir dignidade filosófica em Rousseau e nos socialistas utópicos, e ser expressa em forma de regra jurídica propriamente dita nas declarações de direitos, desde o fim do século XVIII até hoje. Mas, com frequência, não se dá atenção ao fato de que aquilo que atribui uma carga emotiva positiva à enunciação –que, enquanto proposição descritiva, é excessivamente genérica ou até mesmo falsa – não é a proclamada igualdade, mas a extensão da igualdade a todos. (Bobbio *apud* Jensen, 2012, p. 38).

Esse ponto que aparece a extensão da igualdade revela problemas intrínsecos à igualdade. Rousseau, em seu famoso discurso, indica a razão e o direito como vetores teóricos para a correção das desigualdades, bem abstratos, contudo. Por outro lado, como já mencionara Bobbio anteriormente, vários escritos de intenções boas, travestidos de declarações e cartas fundadoras de nações, quando não clamando aos ventos suas respectivas universalidades, sem falsa modéstia, exaltavam a liberdade e, mais, a igualdade. Isso se verificou na Declaração dos Direitos de Virgínia, de 1776, mesmo com os filhos dos fazendeiros do sul dos EUA levando seus negros escravizados para as universidades para morarem nos porões das residências estudantis universitárias, encarregados dos afazeres domésticos para as mentes dos herdeiros brancos das fazendas pudessem estudar, aprender a mandar e pensar livremente. Em 1789, a Declaração dos Direitos do Homem da afamada Revolução Francesa era também só exaltação da igualdade, pois coetaneamente na colônia francesa de São Domingos, na América Central, a escravização dos africanos e das africanas fazia espirrar sangue negro à luz do dia. Por isso, a afetação desses escritos não sobrevive à prova empírica da realidade de então.

Com a Revolução Industrial, o crescimento das cidades e a organização dos trabalhadores, homens e mulheres comuns do povo, nos países centrais do capitalismo industrial, como na Inglaterra da segunda metade do século XIX, passou-se a conquistar direitos sociais, a se pôr as mãos em alguma fatia palpável daquela laureada igualdade abstrata dos céus e das leis, força retórica dos escritos típicos das revoluções liberais, do contratualismo. Abria-se nova perspectiva histórica para a igualdade, desde então,

> Pode-se afirmar que, referidas leis instituidoras de regras imperativas de redução da jornada de trabalho, relativas à salubridade dos locais de trabalho, ou ainda restritivas ao trabalho de mulheres e crianças e ainda regulamentadoras do quantum da contraprestação paga pelos industriais pela força de trabalho, representam uma primeira alteração na compreensão da igualdade, uma substituição, ainda que paulatina e indireta, da ideia de igualdade formal ou jurídica pela ideia de igualdade material, na medida em que passa a tomar em consideração a hipossuficiência como fator de relativização do princípio privatista pacta sunt servanda, (Jensen, 2010, p. 44).

Se mulheres e crianças trabalham, há duas dimensões problemáticas da igualdade, pois mulheres não ganhavam o mesmo que homens e as crianças eram miseravelmente exploradas, como deixou ver Dickens. Para Jensen (2010), três constituições modernas, pela ordem, avançaram no capítulo dos direitos sociais: 1) a Constituição mexicana de 1917; 2) a Constituição de Weimar de 1919; 3) a constituição brasileira de 1934. Mas os maiores avanços no combate às desigualdades vieram no pós-Segunda Guerra,

> Com uma frequência cada vez maior, inúmeras Cartas Constitucionais e instrumentos internacionais ulteriores passam a inserir em seus textos, dispositivos prevendo a minoração ou erradicação da pobreza, o combate às desigualdades sociais, almeja-se uma maior proteção e defesa dos interesses dos indivíduos socialmente desfavorecidos. A Declaração Universal dos Direitos Humanos, da recém-criada, Organização das Nações Unidas, de 1948, os dois pactos internacionais de direitos, o segundo dos quais versa especificamente sobre direitos sociais, econômicos e culturais, em 1966, bem como a Convenção da Organização das Nações Unidas sobre a eliminação de todas as formas de discriminação racial (1965); a Convenção da Organização das Nações Unidas sobre a eliminação de todas as formas de discriminação contra a mulher (1979). Todos estes documentos possuem, ao lado de outras preocupações, dentre as quais a garantia dos direitos civis e políticos, a manutenção da paz e a solução pacífica das controvérsias, no plano internacional, dispositivos preconizando a redução das desigualdades sociais e econômicas, com vistas à concretização da igualdade material e substancial. (Jensen, 2010, p. 45-46).

Para Bobbio (2002, p. 12), verificou-se um deslocamento da igualdade em relação a algo abstrato (a lei), para uma referência de "igualdade entre os pares da sociedade". Do mesmo modo, Jensen (2010, p.46) vislumbra uma tendência "à superação da mera igualdade formal em nome de uma igualdade substancial" no movimento da história.

É um processo muito lento, como afirma Carmem Lucia Rocha, ao analisar os chamados "Estados Democráticos de Direito", nas últimas décadas do século XX, em que destaca a permanência de várias formas de desigualações injustas na maioria desses Estados: "Os negros, os pobres, os marginalizados pela raça, pelo sexo, por opção religiosa, por condições econômicas inferiores, por deficiências físicas, por idade, etc. continuam num estado de desalento jurídico pelo mundo" (Rocha apud Jensen, 2010, p. 53). Disso decorre importante dedução, cuja tenacidade argumentativa dá bases teóricas às crenças de coalizões sobre a Lei de Cotas no Brasil,

> Nessa perspectiva, as ações afirmativas constituem uma alternativa de concretização desse imperativo de igualdade substancial ao visar combater as desigualdades injustas, bem como rompem com a ultrapassada noção de igualdade "estática" ou formal, que apenas levava em consideração o sujeito abstrato, genérico e universal, para um novo conceito de igualdade "substancial", baseada numa ideia de "igualdade de oportunidades e condições reais de vida", que leva em consideração o indivíduo singularizado, concreto e historicamente situado. (Jensen, 2010, p. 53).

Uma vez eleito o instrumento, fruto da análise teórica crítica interdisciplinar percebida até essa hora, importa qualificá-lo bem, só assim as ações afirmativas, seja como discriminações positivas, seja como a Lei de Cotas, terão o devido suporte teórico. Com esse grau de responsabilidade, argumenta sabiamente Jensen (2010) que

> Pode-se elencar alguns dos elementos geralmente apontados como necessários à caracterização de uma discriminação positiva ou ação afirmativa, aqui tomadas por sinônimos, conforme já consignado. São eles: o fundamento do discrímen (ou justificativa), a proporcionalidade e a temporalidade. [...] O primeiro requisito que uma política diferencial deve cumprir para ser considerada uma discriminação positiva ou ação afirmativa é aquele do fundamento

do discrímen – ou justificativa do tratamento diferenciado -, cuja natureza pode permitir a distinção entre uma ação afirmativa e uma discriminação odiosa e hostil. Assim, é essencial que a distinção ou política diferencial seja orientada por um critério – fundamento do *discrímen* – cuja natureza permita fazer vislumbrar que a política em questão persegue uma finalidade legítima, qual seja, a minimização ou superação de uma situação de vulnerabilidade originada por um quadro de desigualdade injustificada ou de discriminação, presente ou passada. [...] O caráter da temporalidade encontra-se na maioria das vezes no próprio conceito das referidas medidas, conforme Jayme Benvenuto Lima Júnior, "As ações afirmativas são medidas especiais e <u>temporárias</u>, tomadas ou determinadas pelo Estado [...]" Ademais, a Convenção Internacional para a Eliminação de Todas as Formas de Discriminação Racial e a Convenção sobre a Eliminação de Todas as Formas de Discriminação contra a Mulher, ambas asseveram em seu art. 1, item 4, que, [...] não serão consideradas discriminação racial as medidas especiais tomadas com o único objetivo de assegurar o progresso de certos grupos raciais ou étnicos ou de indivíduos que necessitem de proteção que possa ser necessária para proporcionar a tais grupos e indivíduos igual gozo ou exercício de direitos humanos e liberdades fundamentais, contanto que tais medidas não conduzam, em consequência, à manutenção de direitos separados para diferentes grupos raciais e não prossigam após terem sido alcançados os seus objetivos. [...] a adoção pelos Estados-Partes de medidas especiais de caráter <u>temporário</u> [...]. Por conseguinte, pode-se asseverar que as ações afirmativas constituem medidas especiais que procuram eliminar os desequilíbrios existentes entre "determinadas categorias sociais até que eles sejam neutralizados, o que se realiza por meio de providências efetivas em favor das categorias que se encontram em posições desvantajosas". (Jensen, 2010, p. 140-143, grifo nosso).

Dentro do subsistema de educação, há que se observar que a história da cota do privilégio branco no ensino superior tem dimensão de um longo tempo. De igual modo, o tempo do direito à universidade para negros, indígenas, oriundos da escola pública tarda muito a chegar. A autora, com habilidade ímpar, oferece, assim, as bases teórico-conceituais de grande razoabilidade e suficiência para a adoção da política pública de cotas para o ingresso ao ensino superior no Brasil. E avança em formulação:

No intuito de melhor contornar a situação relativa à indefinição de quem é negro no Brasil, e ao mesmo tempo, promover a inserção do negro nos quadros universitários, faz-se necessário um novo modelo de política de cotas, baseado em critérios voltados à realidade brasileira. Assim, tendo como base que o fundamento do *discrímen* assenta-se na vulnerabilidade afeta aos afrodescendentes, conjugado com a política de cotas, que é promover o acesso à Universidade para esse público-alvo, o critério mais legítimo, ao que parece, é combinar o critério racial com o socioeconômico, sob pena de discriminação reversa, e melhor atendimento, como já visto, uma errônea aplicação dos princípios da igualdade e da proporcionalidade.

No Brasil, ao que parece, o problema do acesso às vagas universitárias não decorre exclusivamente dos fatores preconceito e discriminação em relação à cor da pele dos afrodescendentes. Ao lado desses fatores, existe também um problema de classe. (Jensen, 2010, p. 243).

Do mesmo modo que Carneiro da Cunha (2009) fizera sua defesa da autoclassificação indígena para efeitos de identificação, assim também Jensen (2010) advoga a autodeclaração como critério de identificação para a política pública de cotas direcionadas aos afrodescendentes. Como visto, a autora abre espaço ainda para o somatório e convergência de critérios, uma vez pertinentes aos princípios teóricos por ela elencados.

Onde fica a meritocracia? Esse debate foi feito nos EUA por John Rawls, ao fazer a crítica aos utilitaristas e buscar redesenhar parâmetros normativos para um Estado de Bem-Estar nos EUA. Ricardo Henriques, em Conferência Popular do MSU, na quadra dos bancários lotada, na rua Tabatinguera, em 2005, respondeu sem peias à questão: o que garante que a nota 8 do filho do conforto informa maior capacidade do que a nota 6 do filho da dor? Rawls volta aos contratualistas e supõe um véu da ignorância para os presentes no momento inicial do contrato social. Ao falar de véu, direta ou indiretamente, o debate volta para W.E.B. Du Bois, isso é ético.

> Eu me referi à minha pequena comunidade como um mundo, pois era isso que o isolamento o tornava; e mesmo assim havia entre nós uma espécie de consciência comum semidesperta, que brotava das alegrias e tristezas coletivas – um enterro, um nascimento ou um casamento; das dificuldades compartilhadas da pobreza, da terra árida e dos baixos salários; e, acima de tudo, da visão do Véu que pairava entre nós e a Oportunidade. Tudo isso nos fazia pensar coletivamente certas coisas; mas, quando estavam maduros o suficiente para ser comunicados, esses pensamentos eram expressos em linguagens bastante diversas. (Du Bois, 1903, p. 94).

Du Bois relaciona véu e oportunidade, como se o Véu impedisse a ocorrência da oportunidade igual. E não se trata da "prosperidade material como parâmetro de todo o sucesso" (Du Bois, 1903, p. 106), como vomita na cabeça a propaganda dos tempos hodiernos. Porque isso em si significa o fardo da dominação e a regra institucional para a boa obediência dos dominados, sua loteria cotidiana, sua doença, sua morte. Pois a miragem desse fausto material "está ameaçando se tornar a verdade do mundo que fica abaixo e distante daquele – o Mundo dos Pretos do outro lado do Véu" (Du Bois, 1903, p. 106).

Com essa ilusão, garimpeiros e outras milícias não buscam cooptar o Mundo dos Vermelhos do outro lado do Véu? No Brasil, tudo o que está do outro lado do Véu? No atacado das massas, a escola pública? As n-periferias? Os pobres *et large*? Territórios pretos inteiros? Territórios vermelhos inteiros? Quem são os melhores pregadores da prosperidade material, da gula, da ganância dentro desse *ethos* potente de dominação, dessa crença, quem são os gigantes comedores de gente? Quem são os melhores quadros para tanto? Como se recruta seu exército de obediência? W.E.B. Du Bois colocou o dedo na ferida.

Assim, a noção de Véu, talvez bebida em W.E.B. Du Bois, que dá abrigo à formulação de Rawls, mesmo que se queira, por ansiedade e moda, lê-la como simplória, gestual e normativa em política pública, não é bem assim, não é a mera "sede de ouro", é um tanto mais complexa. O Véu abriga a raça, por exemplo, assim formulou o homem simples, curioso, dos pés descalços, que chegou até a universidade, aprendeu o francês, leu Goethe em alemão, não virou as costas para o seu povo, para a dor:

> Hoje o fermento de sua luta pela autorrealização é como uma roda dentro da roda das disputas do mundo dos brancos: atrás do Véu existem problemas menores, porém parecidos, de ideais, de líderes e de liderados, de servidão, de pobreza, de ordem e subordinação e, permeando tudo isso, o Véu da Raça. Poucos sabem da existência desses problemas, e, dos que sabem, poucos os percebem; e, no entanto, aí estão eles, à espera do estudioso, do artista, do observador – um campo a ser descoberto em algum momento. (Du Bois, 1903, p. 107).

A questão da teoria da justiça, discussão proposta por meio do pensamento de John Rawls traz princípios liberais para uma "igualdade" equitativa de oportunidades e é útil aos propósitos da obra:

> Primeiro Princípio: Cada pessoa deve ter um direito igual ao mais abrangente sistema total de liberdades básicas iguais que seja compatível com um sistema semelhante de liberdades para todos.
>
> Segundo Princípio: As desigualdades econômicas e sociais devem ser ordenadas de tal modo que, ao mesmo tempo:
>
> (a) tragam o maior benefício possível para os menos favorecidos, obedecendo às restrições do princípio da poupança justa, e
>
> (b) sejam vinculadas a cargos e posições abertos a todos em condições de igualdade equitativa de oportunidade. (Rawls, 2002, p. 333).

Rawls fala da justiça equitativa, num gigantesco esforço de construção teórica, o que o torna uma referência no debate de ações afirmativas, particularmente em sua dimensão judiciária e no pensamento liberal. Ao comentar os princípios de justiça de Rawls (2002), Jensen (2010) diferencia uma justiça compensatória de uma justiça distributiva. Aquela cuidaria de danos sofridos "pela parte violada", com vistas à reparação do dano "pela parte violadora". Para os mais de 350 anos de escravização negra e indígena no Brasil, essa empreitada apresenta desafios inadiáveis.

Ao tempo que, para a autora, Rawls (2002) postula uma justiça distributiva, baseada numa "ética altruísta, fundada na abdicação consciente de privilégios e vantagens materiais em função dos desfavorecidos [e, no] princípio da diferença" (Jensen, 2010), o que que significa que advoga um tratamento igualitário das pessoas na sociedade por meio de maior atenção das instituições "àqueles com menos dotes inatos e aos oriundos de posições sociais menos favoráveis" (Jensen, 2010).

A igualdade democrática e a igualdade equitativa de oportunidade dariam pleno sentido, em Rawls (2002), para a ideia de "liberdade igual". O livro de Rawls é de 1971 e nele é nítida a argumentação do autor sobre a necessidade de priorização da justiça, conforme seus postulados, por meio da ação das instituições, das políticas públicas, reforçando a ideia de democracia ocidental. Nessa concepção liberal, há morada para as políticas públicas de ação afirmativa, as cotas, pelo postulado da equidade que ali sobressai.

No entanto, fica no ar um sinal amarelo, advindo da fortuna crítica da leitura de Rawls. Para Anderson (2002), por exemplo, a justiça em Rawls seria concebida como uma variante atualizada do construtivismo kantiano para superar todas as formas posteriores de cálculo utilitarista. Anderson pontua quatro objeções significativas à teoria da justiça de Rawls: a ideia da posição original para a produção da justiça revela circularidade a-histórica; o ordenamento léxico dos princípios da justiça em si é criticável (por que liberdades iguais deveriam ter sempre prioridades sobre suficiências iguais?); ocorre uma indeterminação no princípio da diferença, pois ele é aplaudido no extremo à esquerda por John Roemer, e no outro por Friedrich Von Hayek à direita, cada um deles afirmando que sua própria mensagem coincide com a de Rawls; o anacronismo de suas premissas territoriais, por conta da ênfase no Ocidente e no Estado-Nação, em tempos de economia mundializada (Anderson, 2002).

De maneira distinta, Sen (2012), ao discutir uma teoria da justiça, aparta-se de um enfoque ideal e de um perfeito teórico em favor de uma prática social de justiça que supere injustiças reais. Para tanto, vale-se teoricamente de uma clivagem no núcleo duro do pensamento europeu dos seiscentos, setecentos e dos oitocentos, por um lado e por outro lado, de uma matriz do pensamento indiano sobre justiça, em particular, além de outros registros culturais não europeus.

> Uma abordagem – iniciada por Thomas Hobbes no século XVII, e seguida, de diferentes modos, por destacados pensadores, como Jean-Jacques Rousseau – concentrou-se

na identificação de arranjos institucionais justos para uma sociedade. Essa abordagem, que pode ser chamada de "institucionalismo transcendental", tem duas características distintas. Primeiro, concentra a atenção no que identifica como a justiça perfeita, e não nas comparações relativas de justiça e injustiça. [...] Segundo, na busca da perfeição, o institucionalismo transcendental se concentra antes de tudo em acertar as instituições, sem focalizar diretamente as sociedades reais que, em última análise, poderiam surgir. [...] Ambas as características se relacionam com o modo "contratualista" de pensar, que Thomas Hobbes iniciou e que foi levado adiante por John Locke, Jean-Jacques Rousseau e Immanuel Kant. (Sen, 2012, p. 36, grifo nosso).

Para Sen (2012), Rawls (1971) inscreve-se nessa escola do institucionalismo transcendental, onde Kant e sua ênfase na razão seriam seu ancestral, em análises alavancadas por arranjos perfeitos onde se encaixariam instituições certas e comportamentos certos, ideais. No entanto, Sen (2012) ancora sua montagem analítica sobre a justiça noutra tradição do pensamento social, político e filosófico,

En comparação com o institucionalismo transcendental, vários outros teóricos iluministas adotaram uma variedade de abordagens comparativas endereçadas às realizações sociais (resultantes de instituições reais, comportamentos reais e outras influências). Diferentes versões desse pensamento comparativo podem ser encontradas, por exemplo, nas obras de Adam Smith, do Marquês de Condorcet, de Jeremy Bentham, Mary Wollstonecraft, Karl Marx, John Stuart Mill, entre vários outros líderes do pensamento inovador nos séculos XVIII e XIX. Ainda que esses autores, com suas ideias muito diferentes sobre as exigências da justiça, tenham proposto modos bastante distintos de fazer comparações sociais, pode-se dizer, sob o risco de exagerar um pouco, que todos estavam envolvidos com comparações entre sociedades que já existiam ou poderiam surgir, em vez de limitar suas análises a pesquisas transcendentais de uma sociedade perfeitamente justa. Tais comparações focadas em realizações tinham com frequência como principal interesse a remoção de injustiças evidentes no mundo que viam. (Sen, 2012, p. 37-38).

Não custa ilustrar esse ponto que explora o avanço ou o retrocesso da justiça como centralidade de crença para a ação. Sen (2012) toma como exemplo analítico a abolição da escravidão, no geral. Para ele, a escravidão é a injustiça, essa crença gera convergência política entre diferentes correntes de pensamento, como Adam Smith, Condorcet, Mary Wollstonecraft, Karl Marx. Porém, isso não era uma crença unânime. No caso dos EUA, um outro conjunto de atores se perfilou na defesa da escravização negra. Foi preciso a Guerra Civil para acabar com a escravidão. Mas, se a crença comum na injustiça da escravidão gerava ação política e ampla coalizão, ainda com reação, mais difícil é gerar crenças com o mesmo potencial em torno de uma justiça institucional. E mais, o autor avança em categorias da tradição do pensamento indiano, o que, na balança das citações, merece um justo peso,

Para o entendimento do contraste entre uma visão da justiça focada em arranjos e uma visão focada em realizações, é útil invocar uma antiga distinção da literatura sânscrita sobre ética e teoria do direito. Considere duas palavras diferentes, niti e nyaya; no sânscrito clássico, ambas significam justiça. Entre os principais usos do termo niti, estão a adequação de um arranjo institucional e a correção de um comportamento. Contrastando com niti, o termo nyaya representa um conceito abrangente de justiça realizada. Nessa linha de visão, os papéis das instituições, regras e organizações, importantes como são, têm de ser avaliados da perspectiva mais ampla e inclusiva de nyaya, que está inevitavelmente ligada ao mundo que de fato emerge, e não apenas às instituições ou regras que por acaso temos.

Considerando uma aplicação específica, os antigos teóricos do direito indiano falavam de forma depreciativa do que chamavam matsyanyaya, "a justiça do mundo dos peixes", na qual um peixe grande pode livremente devorar um peixe pequeno. [...] Não importa quão corretas as organizações estabelecidas possam ser, se um peixe grande ainda puder devorar um pequeno sempre que queira, então isso é necessariamente uma evidente violação da justiça humana como nyaya. (Sen, 2012, p. 50-51).

De modo que as reflexões caras e aparentemente simples para Sen (2012) coadunam-se com as preocupações desta investigação. É o caso da sua opção por ter os pés no chão e discernimento e ação para identificar as injustiças presentes no mundo real. Uma crença na injustiça social e racial no acesso às vagas no ensino superior público brasileiro, por exemplo, uma vez trazida para o debate público, é um ponto de convergência de opiniões, agrupamentos sociais variados e interesses variados, longe de uma visão ou crença paradisíaca como motor da ação política, do comportamento, com vistas a uma miragem transcendental.

Sen (2012) reconhece em Rawls (1971) enormes passos para a filosofia política contemporânea. Ele destaca como ponto de largada do pensamento de Rawls, o que importa muito para o debate das crenças em coalizões que disputam políticas públicas, a noção de justiça como equidade, que aparece em seu artigo de 1958, "Justiça como equidade", que é a esteira da abordagem rawlsiana,

> O que é então a equidade? [...] Pode ser amplamente vista como uma exigência de imparcialidade. A especificação de Rawls das exigências de imparcialidade é baseada em sua ideia construtiva de posição original, que é central em sua teoria da "justiça como equidade". A posição original é uma situação imaginada de igualdade primordial, em que as partes envolvidas não têm conhecimento de suas identidades pessoais, ou de seus respectivos interesses pelo próprio benefício, dentro do grupo como um todo. Seus representantes têm de escolher sob esse <u>véu de ignorância</u> seletiva [...]. Os princípios da justiça, em uma formulação rawlsiana, determinam as instituições sociais básicas que devem governar a sociedade que estão, podemos imaginar, por "criar". (Sen, 2012, p. 84-85, grifo nosso).

A relação postulada entre teoria da justiça e desenho de instituições é de extrema relevância para a Lei de Cotas, porque abre possibilidades de inovações institucionais no Brasil na direção de maior equidade. Assim, a crença numa teoria da justiça informa a crença num dado tipo de instituição. Sen (2012) avança nessa relação, esmiuçando os sentidos dos dois princípios de justiça de Rawls e seu potencial de bússola institucional.

> A escolha dos princípios básicos da justiça é o primeiro ato no desdobramento multiestágio da justiça social concebida por Rawls. Esse primeiro estágio leva ao seguinte, "constitucional", no qual as instituições reais são selecionadas de acordo com os princípios de justiça escolhidos, levando em conta as condições particulares de cada sociedade. O funcionamento dessas instituições, por sua vez, leva a novas decisões sociais em estágios posteriores do sistema rawlsiano, por exemplo, através de uma legislação apropriada (o que Rawls chama de "estágio legislativo"). A sequência imaginada avança passo a passo por linhas firmemente especificadas, com um desdobramento elaboradamente caracterizado dos arranjos sociais completamente justos. (Sen, 2012, p. 86-87).

No entanto, Sen (2012) faz a crítica de Rawls em dois pontos: quanto a instituição certa e o comportamento certo. Ainda que abrigados nos dois princípios de justiça, isso poderia gerar uma sociedade "dependente de uma ética política" (Sen, 2012, p. 99-100). O problema estaria na relação entre os princípios de justiça e o comportamento real das pessoas. Esse comportamento real, para Sen, é multifacetado e isso deve ser considerado no desenho das instituições certas e das políticas públicas certas, pois muitas vezes essa multidimensionalidade do real discrepa do ideal, mesmo que ele seja ancorado em princípios de justiça tão bem formulados como o fez Rawls. Necessariamente, para o autor, uma ideia de justiça deve acomodar quatro possibilidades analíticas:

1. Lidar com a avaliação comparativa e não apenas a identificação de uma solução transcendental;

2. Atentar para as realizações sociais e não apenas para as demandas das instituições e das regras;

3. Permitir a incompletude na avaliação social, mas ainda fornecer orientação sobre importantes problemas de justiça social, incluindo a urgência de eliminar casos de manifesta injustiça; e

4. Prestar atenção em vozes além dos participantes do grupo contratualista, seja para levar em conta seus interesses, seja para evitar cair na armadilha do paroquialismo. (Sen, 2012, p. 101).

Desde essa reflexão, a investigação assume como eixo argumentativo a ideia de justiça para combater injustiças e não a visada transcendental rawlsiana, ainda que a noção de equidade, ponto relevante em Rawls, seja útil para uma interpretação da sociedade brasileira, no que passaria a fazer parte, a priori, de uma dimensão substancial de igualdade, pois junto se afunilaria numa ideia de justiça distributiva, conforme sintetizada por Jensen (2010).

> Assim, no tocante à concepção de justiça, parece claro permanecer na ordem do dia da concepção distributiva, embora readequada, podendo talvez ser nomeada justiça redistributiva ou corretiva, na medida em que visa mitigar ou eliminar desigualdades iníquas e, em geral, situações de assimetria ou vulnerabilidade socialmente indesejáveis. Tal modelo de justiça visa executar com urgência um 'modelo de justiça social, onde todos os grupos, e culturas possam ser representados na distribuição dos bens, direitos e recursos sociais'. É sob a égide de tais valores que se pretende ver instaurado, conforme alguns, um novo paradigma de estado e de concepção de justiça, no qual inserem-se as ações afirmativas e a política de cotas. (Jensen, 2010, p. 63).

Por conseguinte, decorre dessa reflexão o abandono, nesta obra, da clássica disjuntiva liberdade versus igualdade, lugar-comum em muitos estudos assemelhados a esse. Isso se faz em prol de uma justiça dinâmica e de uma constatação simples: "os valores liberdade e igualdade são complementares, indivisíveis e interdependentes, visto que, constitutivos um do outro" (Jensen, 2010, p. 63).

Mas essa generosidade pode dar com os burros n'água, ao informar-se da realidade múltipla tanto linguística, quanto cultural, tanto social como econômica, tanto territorial quanto demográfica, dos povos indígenas brasileiros. Logo, o respeito político à diversidade das nações indígenas no território brasileiro informa uma tensão relativa permanente entre liberdade e igualdade. Então, a leitura de Jensen (2010) pode, sim, ser tomada como esteio analítico, porém faz-se necessária uma dose de relatividade, seja para tonificar essa posição, seja para não a descolar da realidade. Nesse sentido, liberdade e igualdade, enquanto valores constituintes, devem abrigar uma tensão permanente, que não é outra além daquela oferecida pela história do Brasil, de luta pela superação da exclusão dos(as) indígenas, dos(as) negros(as), da escola pública e dos pobres das universidades no Brasil. Assim, para uma justiça dinâmica, liberdade e igualdade como valores convergentes também de moto dinâmico, mediado pela negociação permanente de interesses em situações históricas objetivas.

5.6 A HERESIA COMO CRENÇA: BOURDIEU E CANDAU

Um autor que não pode ser desconsiderado na literatura é o francês Bourdieu (2005), ele debruça-se sobre o sistema de ensino francês, em que a questão da universidade e da reprodução social intergeracional aparece em suas pesquisas desde os anos 1960 (Bourdieu & Passeron, 2004). Na esteira da concepção brasileira de Jensen (2010), sua análise considera a sociedade dividida em classes sociais, como o fez Karl Marx e Max Weber, mas ele inova ao falar da importância do capital cultural:

> Como a estrutura de distribuição do capital cultural não corresponde exatamente à estrutura do capital econômico e político, a autonomia relativa de que dispõe o mercado escolar só parece justificar a ideologia do mérito segundo a qual a justiça escolar forneceria uma espécie de recurso ou revanche àqueles que não possuem outro instrumento a não ser sua "inteligência" ou seu "mérito", quando se quer ignorar, de um lado, que a "inteligência" ou a boa vontade escolar representam tão-somente uma forma particular de capital – que vem juntar-se, na maioria dos casos, à posse do capital econômico e do capital correlato de poder e relações sociais -, e de outro lado, que os detentores do capital econômico têm mais chances (em comparação com os que não o possuem) de deter também o capital cultural, e por assim dizer, de poder dispensá-lo pois o título escolar constitui moeda fraca cujo valor total só se faz sentir nos limites do mercado escolar. (Bourdieu, 2005, p. 334).

As categorias derivadas do passo teórico, para além da clivagem por classe econômica, cuja grande senha interpretativa é a variada dimensão empírica do capital cultural e de outros capitais distribuídos desigualmente na sociedade, mobilizadas pela obra de Pierre Bourdieu e seus seguidores, indicam parâmetros teóricos pertinentes para esta módica investigação social, ainda que ocupem uma posição apenas tangencial, à mercê da tarefa posta.

Na história do Brasil, como em Educação Não é Privilégio, de Anísio Teixeira (Teixeira, 1956), um clássico dos estudos de educação no Brasil, em grande parte do século XX, de 100 crianças que iniciavam no primeiro ano do ensino fundamental, menos de dez delas chegavam até a universidade. O subsistema de educação funcionou para favorecer uma elite. Em que medida essa elite foi também um suprassumo intelectual são outros quinhentos. Na prática, muitas situações de poder camuflaram privilégios inaceitáveis no acesso ao ensino superior no Brasil por longuíssimo tempo.

Importa aqui superar esse entrave no campo das ideias. Em que pese desavisadamente, em muitos casos, o senso comum ser contra as cotas, desgostar das políticas públicas de ações afirmativas, muitas vezes, motivado (ingenuamente ou não) pela ideia de que vai privilegiar pessoas, o raciocínio não procede. No Brasil, as ações afirmativas pressupõem um certame de disputa. Isso ocorreu no caso do PROUNI. Por exemplo, antes da sua implementação, havia um discurso rasteiro propalado na sociedade de que os pobres, os negros, os estudantes da escola pública, os indígenas aprovados no PROUNI rebaixariam a qualidade da universidade. No entanto, isso não se verificou, pois o critério de desempenho no ENEM ordenou a disputa. Por isso, não se sustenta a hipótese de, no modelo ACF, a defesa da meritocracia ser um bastião de valor e crença, em torno do qual se nucleia a coalizão contrária a política pública de ação afirmativa.

O constructo teórico de Bourdieu em torno da ideia de capital cultural contribui também para expor publicamente as desigualdades sociais que perturbam o Brasil, para as quais as políticas públicas de ação afirmativa precisam aprender a dar respostas, que vão além, em muitos casos, do momento do ingresso na universidade.

Por último e talvez como o mais importante neste ponto da investigação, é elucidativo perceber que a Lei de Cotas, em tela, emerge como possibilidade real de política pública no Brasil dos chamados "subterrâneos" da sociedade brasileira, um nível ainda abaixo da rua, de onde veio o clamor, o grito, a voz por direitos historicamente negados, como as experiências de cursinhos populares[185], nos anos 1990, os novíssimos movimentos sociais[186], a resistência do movimento negro, do movimento indígena, do movimento brasileiro em defesa da escola pública. Desde esaes portos sociais da história do Brasil, é honesto especular sobre o multiculturalismo e a identidade, dali levados até Brasília, na luta por uma Lei de Cotas federal, desfazendo uma leitura de uma Brasília "mágica, marciana e institucional", como ensina a professora Candau:

> Uma das características fundamentais das questões multiculturais é exatamente o fato de estarem atravessadas pelo acadêmico e o social, a produção de conhecimentos, a militância e as políticas públicas. Convém ter sempre presente que o multiculturalismo não nasceu nas universidades e no âmbito acadêmico em geral. São as lutas dos grupos sociais discriminados e excluídos de uma cidadania plena, os movimentos sociais, especialmente os relacionados às questões étnicas e, entre eles, de modo particularmente significativo, os relacionados às identidades negras, que constituem o *locus* de produção do multiculturalismo. Sua penetração na academia deu-se num segundo momento e, até hoje, atrevo-me a afirmar, sua integração no mundo universitário é frágil e objeto de muitas discussões, talvez exatamente por seu caráter profundamente marcado pela intrínseca relação com a dinâmica dos movimentos sociais. Outra dificuldade para penetrar na problemática do multiculturalismo se refere à polissemia do termo. A necessidade de adjetivá-lo evidencia essa realidade. Expressões como multiculturalismo *conservador*, *liberal*, *celebratório*, *crítico*, *emancipador*, *revolucionário* podem ser encontradas na produção sobre o tema e multiplicam-se continuamente. (Candau, 2008, p. 49).

A autora evidencia um aspecto do multiculturalismo: seu lócus, seu lugar social de produção. Ele se encontra, permita-se o atrevimento, nos territórios onde estão as parteiras da história de um povo, as dores de um povo. Esse encontrar-se de culturas diferentes pode engrandecer a universidade, essa é uma das visões compartilhadas pela coalizão social em defesa da política pública de ação afirmativa, favorável à Lei de Cotas.

5.7 CRENÇA CERTA E INSTITUIÇÃO CERTA: PASSOS NORMATIVOS PARA CRENÇAS NA FORMAÇÃO DE COALIZÕES SOCIAIS

Apesar disso, para o debate da Lei de Cotas no Brasil, o "multiculturalismo" foi primeiramente tomado muito mais como um mote temático para um debate predominantemente intelectual, eivado pelas vicissitudes comuns nessa seara. Foi o que se viu no seminário internacional "Multiculturalismo e racismo: o papel da ação afirmativa nos Estados democráticos contemporâneos". De marcado cunho teórico, porém com o peso institucional da Presidência da República, promovido pelo Estado Brasileiro, em Brasília, no início de julho de 1996, no primeiro governo do presidente Fernando Henrique Cardoso. Entrementes, para este capítulo desta investigação interdisciplinar em humanidades, um registro escrito como esse, no campo dos valores e das ideias, vem muito a calhar em função da opção teórica feita, pois poderá fornecer elementos decisivos para uma definição das respectivas coalizões sociais de defesa. Cabe elencar os participantes desse seminário:

---

[185] *Cf. Cursinhos populares: democratização do acesso à universidade e inclusão social* (Custódio, 1999) e Castro (2005).

[186] Expressão utilizada pelo então ministro da Educação, Tarso Genro, referindo-se aos movimentos sociais brasileiros que tiveram protagonismo social na conquista do PROUNI e que levantaram a bandeira do direito à universidade no Brasil, caso do MSU e da EDUCAFRO. A expressão "novíssimos movimentos sociais" atualizaria a expressão "novos movimentos sociais", utilizada pela sociologia para referir-se aos movimentos sociais ocorridos nos anos 1970 e 1980, em função de seus respectivos perfis. A fala do então ministro Tarso Genro sobre esse item ocorreu em janeiro de 2005, por ocasião da entrega das primeiras bolsas do PROUNI para o estado do Rio Grande do Sul, em evento na cidade gaúcha de São Leopoldo.

Alayde Sant'Anna, Jessé Souza, Fernando Henrique Cardoso, Marco Maciel, Angela Gilliam, Carlos Hasenbalg, Roberto Da Matta, Michael Rosenfeld, Jonathan S. Leonard, Ronald Walters, Thomas Skidmore, George Reid Andrews, Luís Roberto Cardoso de Oliveira, Anthony Marx, Estevão de Rezende Martins, Dora Lúcia de Lima Bertúlio, Hélio Santos, Fábio Wanderley Reis, Antônio Sérgio Alfredo Guimarães, Contardo Calligaris e Marcelo Neves.

O presidente da República Fernando Henrique Cardoso na abertura dos trabalhos expõe o contencioso sobre a mesa de debates e vale-se de sua prodigiosa memória, no caso, talvez parte da própria memória histórica da contenda no Brasil,

> Houve época, no Brasil, em que muitos se contentavam em dizer que, por haver essa diversidade, o país não abrigava preconceitos. Isso, contudo, não é verdade. Eu sempre me lembro – já me referi em mais de uma ocasião a isso – de uma reunião realizada há muitos anos no Ministério das Relações Exteriores, que funcionava no Rio de Janeiro. Eu era assistente de sociologia e trabalhava com o professor Florestan Fernandes e com o professor Roger Bastide, dois dos eminentes sociólogos que se dedicavam ao problema das relações entre negros e brancos no Brasil. E, talvez com certa ingenuidade, referi-me ao fato de que efetivamente havia preconceito no país. Na época, dizer isso era como fazer uma afirmação contra o Brasil. A pessoa que presidia a mesa – alguém de grande respeitabilidade – incomodou-se com a afirmação e, ao final, confessou-me que quase havia pedido que me retirasse da reunião. Então, teceu alguns elogios pessoais a mim, para compensar a manifestação de profundo desagrado pelo fato de eu ter dito que havia preconceito de cor no Brasil. Isso ocorreu nos anos 1950. Faz muito tempo, portanto, e boa parte dos senhores não havia nascido. Mas, o fato é que, àquela época, nós imaginávamos que o Brasil fosse um paraíso, uma vez que essas diferenças nada representavam em termos de discriminação. Daquela época para cá, contudo, muita coisa mudou, pois fomos descobrindo que não temos tanta propensão à tolerância como pensávamos ter. Ao contrário, existem muitos aspectos de intolerância, quase sempre disfarçada pela tradição paternalista do nosso velho patriarcalismo, e sempre um pouco edulcoradas, adocicadas, porque raramente manifestamos nossas distâncias e nossas reservas de forma áspera. Frequentemente, essa intolerância é expressa com alguma tranquilidade, o que representa, de certa maneira, uma atitude de hipocrisia. (Cardoso *apud* Souza, 1997, p. 13-14).

Não obstante isso, ou seja, a exposição com absoluta franqueza da realidade brasileira, talvez até pelo ritual do cargo ou por questões de estilo, o presidente da República adotaria, dali em diante, na sua exposição, um tom entre o sinuoso e o majestático, destacando a importância do evento e convidando os presentes, de modo claro, a inventarem. Numa metáfora talvez adequada, com muita singeleza, isso equivaleria a um pedido do presidente da República para que aquele grupo atuasse como uma junção de cartógrafos do social, com acurada e ilibada habilidade intelectual para criarem livremente os mapas para a superação das desigualdades sociais e raciais do Brasil. Não deixa dúvidas a fala presidencial: "Creio que a função desse grupo interministerial é inventar" (Cardoso *apud* Souza, 1997, p. 16). De certo modo, contudo, isso ladeia o abstrato.

Ao passo que a situação, vista no todo — um corpo de notáveis reunidos para dar subsídios teóricos para a presidência —, lembra cena comum na história da humanidade, para o bem ou para o mal, indo do pensamento platônico sobre o governo dos filósofos ao despotismo esclarecido dos anos setecentos na Europa. No famoso primeiro governo soviético, advindo da Revolução Bolchevique, os intelectuais se sentam ao lado de Lênin para o exercício do mando máximo. Não havia operários na cena máxima do novo poder, tristemente. Nem tanto ao mar, assim. É inconteste, no encontro de julho de 1996, segundo ano de governo FHC, a presença de setores bem legítimos do movimento negro no evento no Ministério da Justiça: havia fortes expectativas de notícias novas do planalto. Não era um mero convescote acadêmico. O encontro em si é uma resposta do governo a uma ação das ruas do movimento negro brasileiro que se traduziu na mobilização nacional "Marcha Zumbi dos Palmares", de 1995, sobre Brasília.

A exposição do vice-presidente da República Marco Maciel parece avançar em direção a uma maior contundência. Além do que traz à tona outro pernambucano emblemático para a discussão,

> Oportuno lembrar a terrível – mas verdadeira – sentença prolatada por Joaquim Nabuco em sua pregação em favor do abolicionismo, quando afirmou, em uma de suas lúcidas intervenções, que não bastava abolir a escravidão no Brasil: importante era erradicar seus efeitos. Como tantas outras antevisões, também esta teve efeitos dramáticos e dificilmente removíveis em nossa evolução política. As formas ostensivas e disfarçadas do racismo, que permeiam nossa sociedade há séculos, sob a complacência geral e a indiferença de quase todos, são parte desta obra inacabada, inconclusa, por cujos efeitos somos todos responsáveis. [...] É chegada a hora de resgatarmos este terrível débito que não se inscreve apenas no passivo de discriminação étnica, mas sobretudo no da quimérica igualdade de oportunidade virtualmente asseguradas por todas as nossas Constituições aos brasileiros e aos estrangeiros que vivem em nosso território. [...]
>
> A expressão que o tema do seminário cunhou para este encontro, como o "papel da ação afirmativa", deve indicar muito mais do que um simples diálogo ou a mera constatação de uma adversidade – mancha mais indelével em nossa trajetória política desde que nos transformamos em Nação. [...] Repito como Nabuco: "[...] não basta acabar com a escravidão, é preciso destruir a obra da escravidão". Se vamos consegui-lo com o sistema de cotas compulsórias no mercado de trabalho e na universidade, como nos Estados Unidos, ou se vamos estabelecê-las também em relação à política – como acaba de fazer a lei eleitoral, com referência às mulheres – é uma incógnita que ninguém ousará de antemão responder. [...] Nesse sentido, parece-me que o papel da educação seria essencial. (Maciel *apud* Souza, 1997, p. 19-21, grifo nosso)

Quatro temas merecem destaques, frutos desta exposição: a abolição inconclusa de 1888, as cotas em universidades, o reconhecimento das limitações da ideia e do valor da igualdade como constam nas constituições brasileiras, a necessidade de ação do Estado por meio de políticas públicas. A menção destacada à educação, advinda de um ex-ministro da Educação do Brasil, é sintomática.

Conforme Bourdieu (2012), isso soa, no campo dos valores e das ideias, como uma denegação, dado que o Ministério da Educação não fazia parte do grupo interministerial e nem estava representado no debate, além de remeter ao perfil da atuação do antigo Ministério da Educação sob o comando de Marco Maciel. É como se fosse uma ausência cujo silêncio perturbasse. Por que será que o Ministério da Educação não se fazia presente no corpo do importante encontro? É uma pergunta que fica no ar. Outro ponto de pura perplexidade é a afirmação feita pelo vice-presidente da República: "é uma incógnita que ninguém ousará de antemão responder." Pois, sabidamente à época, o presidencialismo de coalizão brasileiro, tendo à frente o PSDB, do presidente Fernando Henrique Cardoso, em aliança majoritária com o PFL, do vice-presidente Marco Maciel, impunha agressiva agenda neoliberal ao Brasil, com ampla maioria parlamentar e uma pauta política das chamadas "reformas" e de revisão da Constituição de 1988.

Ao mencionar Nabuco, o vice-presidente, que no futuro terá sob seu alvitre a tramitação do Projeto de Lei de Cotas no Senado Federal, deixou de lado um ponto estratégico fundamental na intervenção política daquele líder abolicionista do Império. Para Nabuco, a abolição da escravidão no Brasil deveria ocorrer no parlamento e não nos quilombos Brasil afora. A Presidência da República nada disse sobre o parlamento, sobre iniciativas de leis, por exemplo. A setorização do debate, o que muito fortemente é sintoma da grave doença do "foco", que acometeu as políticas públicas em governos neoliberais mundo afora nos anos 1990 e mesmo depois, rebaixando leituras clássicas sobre a cidadania política, civil e social, como aquela de Marshall ou numa das maiores epifanias cidadãs vistas na história do Brasil: o processo constituinte dos anos 1980, de saída de uma ditadura civil-militar no Brasil e a construção da Constituição de 1988.

Não é raro que, na métrica do famigerado "foco", homens e mulheres deixam o status de cidadãos e viram "beneficiários(as)", deixam também relativamente aberto o espaço político que lhes é de direito, enfraquecendo a democracia com participação popular e alimentando nova ceva de políticos profissionais que agem em nome de. A cegueira do "foco" talvez não tivesse deixado o então governo federal enxergar que ali do lado do Ministério da Justiça, na Esplanada, o Congresso Nacional, em duros e públicos debates, discutia a Lei de Diretrizes e Bases da Educação Nacional, que viraria a Lei 9394/1996, justamente. A sociedade civil brasileira, o movimento em defesa da educação pública, vinha de um forte ciclo de mobilizações pela LDB, desde os cinco CONEDs, realizados anualmente em várias regiões do país. Nesse registro histórico, os cursinhos populares, o movimento negro e o movimento indígena participaram ativamente, levantando a bandeira do direito da escola pública, do negro, da negra, dos(as) indígenas à universidade. Diferente dos anos 1980, com densidade social relativa bem menor, essa última era uma agenda de resistência contra políticas neoliberais e afirmação de direitos historicamente negados, como o direito à educação no Brasil.

Numa condição meio que de anfitrião, Jessé de Souza ocupa-se em apartar uma métrica estadunidense, seja para medir a democracia brasileira, seja para a cultura brasileira, não chega a falar diretamente sobre as políticas de ações afirmativas (parece querer distância delas), mas se derrama em sutilezas, busca uma definição de campo teórico para um jogo. Sua pergunta tem tom teórico, "a questão central foi precisamente tornar mais clara a opção de tomar um caminho próprio ou seguir a experiência americana que enfatiza, grandemente, a adoção de medidas compensatórias no campo jurídico (ações afirmativas)" (Souza, 1997, p. 35).

O autor não diz qual seria o tal caminho próprio, mas parece negar as ações afirmativas, como se enxergasse uma disjuntiva que abortaria o processo político por ações afirmativas no Brasil no nascedouro: o Brasil não é os EUA. Parece surreal, pois o seminário em tela reúne justamente notáveis dos dois países, o que é um fato de per si de diplomacia e amizade Brasil-EUA, ao gosto da agenda e do estilo do então governo FHC. Esse posicionamento de Jessé Souza remete aos redemoinhos da academia e à força dos ventos acadêmicos que giram em eixo próprio, muitas vezes, incapazes de enxergar as poeiras da realidade sob seus próprios olhos. Vale um palpite atribuído à cultura popular brasileira: "como diz o mineiro, uma coisa é uma coisa, outra coisa é outra coisa": na democracia, na cultura e na exclusão da universidade.

A exclusão do negro, da negra, do pobre, do indígena, da escola pública da universidade no Brasil recebe uma barulhenta invisibilidade por parte do autor a troco de veleidades acadêmicas. Um silêncio ensurdecedor, que é típico da cultura brasileira, da cultura da elite branca brasileira, diga-se. Não sei se da estadunidense. Repita-se, esta obra não estuda o caso estadunidense.

Além disso, o autor faz entrar no redemoinho também os chamados "intérpretes do Brasil" ou um núcleo que ele indica como tal: Sérgio Buarque de Holanda, Raimundo Faoro, Simom Schwartzman e Roberto Da Matta, cujas métricas analíticas indicariam suas respectivas bússolas para o mundo ibérico da cultura dos séculos dantes, para medir as "mazelas" do depois no século XX brasileiro, entre diagnósticos, diagnósticos e... diagnósticos para o "doente" Brasil.

Por fim, Jessé de Souza tangencia, o que é espantoso também, o uso da mesma ideia de régua para medir o Brasil, só que dessa vez uma régua alemã, fora da chave de raça e da herança ibérica, mas de mito fundido com uma noção de cultura que escantearia qualquer apelo de raça: o sisudo homem da elite branca alemã Karl Friedrich Philipp Von Martius (1714-1868) e seu texto de 1844 do IHGB "Como se deve escrever a história do Brasil" e o açucarado homem da elite pernambucana Gilberto Freyre, de *Casa Grande & Senzala* (1933). Esses fariam parte dessa matriz da semeadura da crença da democracia racial brasileira. É desesperador constatar que a missão alemã encabeçada por Von Martius, numa de suas viagens ao Brasil, levou embora para a Europa, junto com plantas, minerais e outros bens, oito crianças indígenas. Morreram seis na viagem.

Já Carlos Hasenbalg, de modo simples, em sua exposição se propôs a responder à seguinte pergunta: "o que pode ser feito a respeito das desigualdades raciais no Brasil?" (Hasenbalg *apud* Souza, 1997, p. 63). O autor enfatiza a necessidade de priorizar a educação para uma intervenção real de política pública:

> A ênfase aqui posta na educação como uma dimensão prioritária das políticas públicas tem a ver com pelo menos duas considerações adicionais. Primeiro, é evidente que o Estado tem mais possibilidade de êxito naquela esfera que é de sua atuação obrigatória. [...] Em definitivo, o que está se sugerindo aqui é que as ações para aumentar o acesso de negros à universidade e às áreas de tecnologia de ponta – contempladas no Programa de Direitos Humanos do Ministério da Justiça – devem desenrolar-se paralelamente a um esforço maior para entender e corrigir os mecanismos que fazem com que uma maioria de crianças e adolescentes não-brancos não concluam o ensino de primeiro grau. (Hasenbalg *apud* Souza, 1997, p. 65-66).

O autor enfrenta o problema com um pé mais na realidade brasileira do que num mundo abstrato e teórico, meramente. Ao defender explicitamente a política de ação afirmativa, ele não tem vergonha de expor parâmetros que julga relevantes para a construção dessa política no Brasil. Sem ser maniqueísta, aproxima-se mais de uma abordagem empírica, distanciando-se de um transcendentalismo analítico ou de pacotes prontos do estrangeiro. Sustenta o autor que

> As experiências de ação afirmativa até agora desenvolvidas em outras partes do mundo se deram em países em que as fronteiras ou divisas entre grupos étnicos e raciais estão claramente definidas. Esse não parece ser o caso do Brasil. Nos últimos vinte anos, cientistas sociais que estudam as relações raciais no país, entre os quais me incluo, bem como militantes do movimento negro, têm usado sistemas de classificação racial dicotômicos: branco/negro ou branco/não-branco. Ao mesmo tempo, pesquisas como a PNAD-1976 e a mais recente da Folha de São Paulo, em 1995, surpreenderam pela variedade de termos usados pela população para identificar-se em matéria de cor ou raça. Esta é uma ambiguidade do sistema racial do Brasil e dos demais países da América Latina que deve ser encarada na hora de estabelecer o conjunto de regras que permita identificar quais são os indivíduos ou grupos que podem beneficiar-se com os programas de ação afirmativa. (Hasenbalg *apud* Souza, 1997, p. 67).

O autor acredita nas políticas de ação afirmativas e, elegantemente, emite sinais aos presentes no debate, mas principalmente sinais de esperança para os que dele não fazem parte.

Roberto da Matta (1997), afamado *scholar*, parece falar no referido seminário desde uma espécie de Olimpo, em verniz que deixa ver ironia de cátedra, enumera lugares-comuns sobre diferenças entre o Brasil e os Estados Unidos e em tom de descrença cômoda, descrê também de uma solução por meio de leis e num olhar entre o *nonsense* e o cômico, sugere uma campanha pela televisão para "combater as discriminações". Enxerga como positiva a ideia de democracia racial no Brasil, pois, para o autor, por meio dela, tirante seu lado mistificador, poder-se-ia atingir a igualdade para superar a discriminação dos negros no Brasil.

Aprofundando a contribuição de Hasenbalg, Luís Roberto Cardoso de Oliveira firma posição em favor da política pública de ação afirmativa no Brasil, com argumentos e ideias também simples, sem maiores rodeios,

> Dentro desse quadro, creio que uma política de ação afirmativa bem conduzida poderia contribuir não só para proteger com mais eficácia os direitos dos afro-brasileiros e melhorar a situação de iniquidade na qual se encontram, mas poderia também fortalecer as possibilidades de universalização do reconhecimento da dignidade do cidadão no Brasil. Além de garantir certos direitos, tal política contribuiria para a conscientização do preconceito de cor que, quando acionado, inviabilizaria a consideração à pessoa ou o reconhecimento da dignidade dos afro-brasileiros. Como vimos, essa falta de reconhecimento tende a estimular a negação dos direitos de cidadania dos atores em um amplo aspecto de práticas sociais. Embora não acredite que a simples conscientização do preconceito de cor venha a eliminá-lo, penso que possa provocar um reequacionamento das perspectivas dos atores sobre o problema, facilitando o exercício da manifestação de consideração à pessoa, ou o reconhecimento da dignidade moral dos afro-brasileiros. Não podemos nos esquecer de que, como dizia Florestan Fernandes, uma das características importantes das relações raciais no Brasil seria o sentimento de profunda vergonha dos brasileiros quanto à manifestação do preconceito, o qual procurariam esconder não apenas dos outros, mas de si mesmos. Nesse sentido, a "publicização" do problema por meio da implantação dos programas de ação afirmativa poderia estimular o seu enfrentamento de maneira mais produtiva. (Cardoso de Oliveira *apud* Souza, 1997, p. 153).

O autor traz o tema quase abandonado da vergonha, abandonado, mas onipresente. A vergonha é sinal político dos mais fortes no Brasil do estrago da branquitude. É manejado de variadas formas, conforme o apetite político dominante. A vergonha acontece como se não acontecesse, é poderoso instrumento de manutenção da desigualdade racial, da desigualdade social no Brasil.

Ainda no mesmo seminário, a exposição de Estevão Martins, por um lado, informa sobre a importância da relativização entre as culturas no mundo, por outro, pende para um eurocentrismo no quesito, cuja cultura e valores teriam sido apropriados de um modo diverso mundo afora, com tensões entre esse universal europeu pretensamente global e mais avançado e um específico local, o que seria parte do jogo atual entre as regiões do planeta.

No entanto, *en passant*, Martins (Souza, 1997), em seus "elementos de uma teoria multiculturalista comparativa", seu texto escrito para o seminário em debate, faz a defesa e adentra ao tema da igualdade, que tem centralidade na construção das coalizões sociais relativas à Lei de Cotas nesta obra, como se depreende,

> O ensaio de Karl Marx, em 1843, sobre a "Questão Judaica", por exemplo, é um documento decisivo para a crítica marxiana dos direitos humanos e civis, cujo impacto deu-se não apenas no plano das ideias, mas no campo da história social e política como um todo. O eixo da crítica de Marx é relativamente simples: ele exige determinadas condições sociais

prévias à plena realização dos direitos humanos políticos. Coloca também em questão a noção de "cidadão" como sujeito dos direitos humanos ao contrapor a concepção abstrata de "humanidade" à ocorrência social concreta da desigualdade e da dependência. Assim, é por combater a desigualdade empírica que o homem elevaria à igualdade condição de valor supremo a ser primeiramente alcançado antes de o catálogo de direitos humanos vir a ter qualquer tipo de impacto político. (Martins *apud* Souza, 1997, p. 180-181).

A igualdade empírica ganha reforço nos argumentos do autor. Mas ele emperra o passo na hora da defesa de uma política pública de ação afirmativa por parte do Estado — como uma Lei de Cotas, supõe-se. Ancorado em Wanderlei Guilherme do Santos, tergiversa entre o "patrimonialismo" brasileiro e um suposto "Estado Providência", algo entre o teórico puro e o abstrato conveniente, pois nunca houve Estado Providência no Brasil, um dos países de maior desigualdade social naquela conjuntura. Afinado e refém das circunstâncias dos "tempos desarticulados" do onipresente e idílico discurso da globalização, o autor patina feio e busca uma saída *nonsense* também e pela tangente,

A consciência coletiva, lenta, mas seguramente, percebe que o Estado já não é mais provedor de utopias, mas gerenciador de penúria e, no máximo, seu minorador. Às ações generosas de suprimento incondicional de bem-estar passou das mãos do todo-poderoso Estado impessoal para as leis do mercado e da concorrência entre os mais aptos – como em uma nova seleção das espécies. O atraso cultural da expectativa continua como característica principal das mentalidades, fazendo da ação afirmativa não uma obrigação do Estado – ele seria talvez um dos parceiros, certamente de monta – mas antes de mais nada uma tarefa de todos e de cada um dos cidadãos, indiferentemente de sua origem ou de suas convicções. Se uma tal revolução cultural e mental não ocorrer, pouco ou nada adianta que um Estado-providência reedite, interminavelmente, a atitude do despotismo esclarecido (Martins *apud* Souza, 1997, p. 187-188).

As palavras que aqui surgem no texto do autor encurralam qualquer possibilidade de política pública de ação afirmativa, por exemplo, como uma Lei de Cotas advinda do Estado, em troca de uma implacável sinecura do social, numa espécie de cilada totalizante e aprisionante, costurada pelo autor numa teia lógica entre o nada ("provedor de utopias", "consciência coletiva", "atraso cultural da expectativa", "revolução cultural e mental", "despotismo esclarecido") e o muito batido discurso, contagioso por demais à época, do Estado mínimo e "gerenciador de penúria" ou minorador de. É quase uma volta ao estado da natureza, com pitadas de darwinismo social para garantir a sobrevida das espécies fortes. A igualdade, que o autor remete a Marx, de 1843, ganha ares etéreos e desaparece de suas prioridades. Gonzaguinha em "Comportamento Geral", cantou as ciladas da passividade no Brasil. Elza Soares interpreta com muita força a canção. De certo modo, essa espera por um compasso geral para uma política pública existir, tem tom fatalista e de pessimismo sobre a mudança social, o que pode muito favorecer o status quo e sua fome infinita de poder.

Já a exposição de Dora Lúcia de Lima Bertulio cerra fileiras na defesa urgente de políticas de ação afirmativa, das cotas, sem salamaleques de uma academia que lembra o Brasil dos bacharéis. A autora argumenta de modo simples e direto:

Este artigo propõe-se a trazer os dois lados da medalha:

1. abrir, dentro do conhecimento jurídico, a discussão do racismo como fenômeno social real e interferente nos conflitos de classe, na qualidade de vida dos indivíduos, no acesso à justiça e, portanto, restritivo, quando não impeditivo do exercício dos direitos de cidadania;

2. do lado oposto e caminhando em sua direção, a manifestação do segmento subordi-
nado a essas relações raciais racistas no sentido de introduzir medidas, nesse campo, que
revolucionem o status quo de hierarquização racial como procuração para o acesso aos
benefícios sociais, para estabelecer a igualdade material.

Essa igualdade deve ser aqui entendida como dar oportunidade aos indivíduos dentro de
uma sociedade para o desenvolvimento adequado de suas capacidades, para que os benefícios
sociais possam ser conseguidos com igual oportunidade. (Bertúlio *apud* Souza, 1997, p. 189).

Não custa destacar: a expositora denuncia o racismo e defende a introdução de "medidas...
para estabelecer a igualdade material", numa "perspectiva na qual as relações raciais no Brasil são
paradigmáticas para a apreensão da falsa representação democrática que elimina o direito à igualdade, liberdade e justiça para a maioria dos 'representados'" (Bertúlio *apud* Souza, 1997, p. 190-191).
Ou seja, a população negra no Brasil está de fora dos ditos direitos alcançados pela democracia. Para
a autora, desde muito tempo, a hierarquização racial é "naturalizada", nem que seja a ferro e fogo.
"O enfrentamento do racismo em um projeto democrático", título do artigo-exposição da autora,
denuncia a naturalização do racismo brasileiro pela assunção do óbvio da sua pretensa inexistência, jogando-o numa articulada, imodesta e interesseira invisibilidade a serviço da reprodução do
status quo: "Esta é a representação social do racismo brasileiro. [...] A naturalização dos fenômenos
culturais, retirando-os do mundo cultural para o mundo da natureza, implica a inquestionabilidade
daquele, na medida de sua identificação com este" (Bertúlio *apud* Souza, 1997, p. 196).

Esse deslocamento para uma pretensa marginalidade do tema da raça é histórico e não teórico
ou fantasioso, pois envolveu as opções políticas do Estado brasileiro, o conjunto de suas instituições
e está inscrito documentalmente na memória nacional. Enuncia a expositora,

Os anos 1920 e 1930 vão, então, conhecer uma mudança estrutural no comportamento
racista e da própria apreensão do ser negro. Ao invés da noção de que o sangue negro
desqualifica o sangue branco, este qualifica o sangue negro. Com essas palavras de ordem
e, novamente, com a contribuição de certas instituições do Estado, o discurso da miscigenação e do embranquecimento toma o lugar do tema da raça. De negros e brancos todos
tornaram-se brasileiros, morenos ou mulatos (sic). Esse discurso acomoda a possibilidade
de prática racista continuada em que "coincidentemente", o pleno acesso à educação, ao
trabalho e ao poder político e econômico continua exclusivo para os não-morenos, os não-
-mulatos e qualquer outra discussão sobre discriminação ou segregação passa para o plano
que aponta para as questões sociais (?) e não raciais. (Bertúlio *apud* Souza, 1997, p. 195).

Assim, a autora traz a raça como categoria central para a temática, em sua leitura cultural
e não biologizada-naturalizada. Essa categoria não pode se esconder sob um guarda-chuva amplo
chamado de social, pois isso apenas afirmaria a invisibilidade da questão. Essa espécie de trava
interpretativa é a mesma trava que impediria a adoção de política de cotas no Brasil, dentre outras
políticas de discriminação positiva, como destaca a autora. Essa disjuntiva artificial (o social versus
o racial), que o é e não o é, simultaneamente, fará parte da armadilha discursiva que estará presente
na coalizão contrária à aprovação de uma Lei de Cotas, no Congresso Nacional Brasileiro, como
se verá adiante.

A exposição de Bertulio, no âmbito do seminário, delimita decisivamente os campos de força
ali em embate, basicamente dois, cenário geral presente alhures no debate público do Brasil de então,
pode-se dizer. Como uma espécie de vacina, demonstra sem firulas as linhas argumentativas que para-
lisariam a adoção de políticas públicas com recorte de raça/cor no Brasil, cujos objetivos na luta política

eram óbvios: desestruturar a exigência primeira do direito sem se adentrar no debate de seu mérito. Uma dada leitura da Constituição ("todos são iguais"), as cores brasileiras ("tendente ao infinito") e a natureza humana, respectivamente, conformam grupos de argumentos alinhavados nessa direção da inação do Estado em termos de políticas públicas para negros(as) no Brasil. Diz mais a autora,

> Medidas de discriminação positiva, como esse grupo se refere, são, na verdade, medidas de discriminação negativa para os brancos, que perderão empregos, casas e estudo. Além disso, conduzirão a sociedade para o caos, na medida em que esses programas privilegiam os menos capacitados em detrimento dos mais capacitados, exclusivamente em razão de raça. O único requisito que se deve buscar e manter para que vivamos em uma sociedade justa e democrática, de acordo com os princípios do direito, é o mérito.

> Provavelmente, alguns outros impedimentos que frustam o pensar em medidas legislativas que possam interferir positivamente na consecução da igualdade racial para o brasileiro, da elite ou não, devem estar sendo moldados para que a intelligentsia branca – a academia, talvez – transforme-os em verdade. Alguns deles talvez se acoplem, com outras razões, ao pensamento delineador de cada uma das posições acima, mas creio ter pontuado os argumentos fundamentais. (Bertúlio *apud* Souza, 1997, p. 199).

Fica evidente o clamor da autora por políticas públicas para a superação da desigualdade racial. Outro expositor, Hélio Santos, com muita delicadeza e muita elegância, numa exposição chamada "Desafios para a construção da democracia no Brasil", argumenta em favor de uma democracia substantiva, com centralidade para uma igualdade também substantiva. Aparentemente, em função da condição de coordenador do Grupo de Trabalho Interministerial sobre políticas raciais no Brasil, espécie de resposta do governo FHC para a Marcha Mundial contra o racismo, pela cidadania e a vida, realizada em Brasília em 20 de novembro de 1995, por ocasião dos 300 anos da morte de Zumbi dos Palmares, pelo conjunto do movimento negro brasileiro e o apoio dos movimentos sociais brasileiros; o autor, muitas vezes, vale-se de "um freio de mão puxado", como em "O momento não é para cedermos à tentação sedutora de já definir caminhos que operacionalizem políticas públicas específicas para o povo afro-descendente" (Santos *apud* Souza, 1997, p. 209).

Não obstante essas interjeições, que podem indicar que o autor tateia o terreno político espinhoso da correlação de forças políticas por onde pisa, ele parece querer ir além disso, como se depreende nesse ponto:

> Não podemos mais especular com cenários modernosos para o século XXI e atuar, socialmente, com a cabeça no século XVIII. Há que se estimular, em nossa sociedade, um outro tipo de igualdade: a de oportunidades. Para tanto, teremos de adotar no Brasil algum tipo de política de ação afirmativa – cujo fim último é criar uma sociedade democrática substantiva e não teórica – e tal caminho não nos levará, necessariamente, à adoção de "cotas" preferenciais, cujo nome sinaliza percentuais proporcionais. (Santos *apud* Souza, 1997, p. 212).

Mas demonstra zelo excessivo, como fica patente. Se, por um lado, busca driblar o estigma imposto pela ordem social brasileiro à palavra "cota", um estigma em muitas vezes de tom áspero, violento e de conotação negativa — como em campanhas difusas ou organizadas na agenda de setores da academia, da política partidária e setores da mídia nos anos 1990, o que remete à trava percebida por Bertúlio (1997) que esmaga o direito antes dele nascer, como se carregado de um pecado original não pudesse vir ao mundo; o autor parece subir no muro com relação à defesa explícita de uma política de cotas para o acesso do negro, da negra à universidade, mas acaba explicitamente defendendo políticas compensatórias, numa chave generalista.

Porém, Santos (1997) elenca argumentos, em tom prudencial, para sustentar essa posição de cunho protelatório na adoção de políticas de ação afirmativa, como uma Lei de Cotas para o acesso ao ensino superior, por exemplo. Ele aponta o dedo para o Estado brasileiro, pois, segundo sua visão à época:

> Não existe acúmulo substancial por parte da sociedade brasileira no campo das políticas compensatórias destinadas a equipar pessoas ou grupos historicamente prejudicados em virtude de discriminação sofrida, o que acabou por impedir direitos que materializassem a cidadania. Não existem, na burocracia pública federal, funcionários que tenham se destacado nesse trabalho. Aliás, o mito da democracia racial assegura a falta de necessidade disso. Não há porque discriminar positivamente os afro-descendentes, já que estes gozam dos mesmos direitos dos demais. O debate deve propiciar o material mínimo para que a sociedade como um todo possa melhor compreender o que vêm a ser de fato políticas compensatórias. Quando nos referimos à sociedade, pensamos no Estado – em particular os poderes Executivo, Legislativo e Judiciário, que desconhecem o que vem a ser isso -, na academia – que vem fazendo um certo esforço para melhor compreender tais políticas -, no mundo empresarial, nos sindicatos, nos partidos políticos e no movimento social negro. Só após um debate profícuo poderemos pensar em operacionalizar políticas de ação afirmativa para os afro-descendentes. De qualquer maneira, já o sabemos, o conflito nos aguarda a todos. (Santos *apud* Souza, 1997, p. 212-213).

Essas assertivas, ainda que bem-intencionadas e imbuídas de altas doses de prudência, parecem carregadas também de uma concepção de política pública que brotaria primeiro da construção de grandes consensos entre variados atores na sociedade e no Estado. Ora, isso destoa da história do Brasil e da abordagem política de variados autores, por exemplo, de Rancière (1996).

Ademais, dentre outros relevantes aspectos desconsiderados, o autor não menciona a história longa da educação popular, a ação educativa dos cursinhos populares nos anos 1990 nas bases da sociedade brasileira e as diversas articulações em franco curso no país, na primeira metade dos anos 1990, para fixar-se em alguns pontos apenas. Por exemplo, em 1993, na Bahia, foi lançado o Seminário Nacional de Universitários Negros (SENUN), uma articulação nacional, que já avançara bastante em propostas de políticas de ações afirmativas, a partir da vivência de estudantes negros(as), pobres, indígenas, oriundos da escola pública, dentro das universidades públicas e suas dificuldades individuais. É um belo rio negro que corre para dar origem ao Cursinho Popular do Diretório Central dos Estudantes da UNICAMP (DCE-UNICAMP), em 1993/1994, uma das origens do Movimento dos Sem Universidade (MSU) e do almoço pró-reparação no Maksoud Plaza, em São Paulo.

Por outro lado, o Estado brasileiro já havia feito a Lei do Boi, tinha estruturas como a FUNAI e a Fundação Palmares e tinha marcos institucionais oriundos das conquistas dos movimentos sociais na Constituição de 1988, que dava ao Estado chão firme para iniciativas legais em termos de política pública. Não custa lembrar que a Lei dos 2/3, como mencionada na introdução, era de 1931. Além de tudo, a principiar por Abdias do Nascimento, o legislativo brasileiro acumulava, sim, intenso debate sobre a questão há muito tempo, com projetos de lei prontos para votação desde os anos 1980, logo, bastante maduros há muitos anos. Se não havia vontade política no Congresso ou no governo federal de então, são outros quinhentos. O autor defende políticas compensatórias, como as ações afirmativas, divisa potenciais adversários, mas sua análise é reticente quando se depara com a possibilidade de lutar por leis que garantam esses direitos com a urgência que o passivo histórico na questão exigiria então.

Entrementes, meio que solto no corpo do texto, aparece uma percepção refinada e realista do perfil da atuação dos atores decisivos na conquista da Lei de Cotas no Brasil, como um indício do que ocorreria anos depois no Congresso Nacional, "Aquele esforço, feito por uma militância reconhecidamente pobre em termos de recursos materiais demarcou uma fase nova da luta racial negra no Brasil: quer-se colocar o negro na Agenda Nacional" (Santos, 1997, p. 210). De fato, a ausência de grandes aparatos materiais seria a marca distintiva da atuação dos novíssimos movimentos sociais, do movimento negro, do movimento indígena, do movimento em defesa da educação pública, comprometidos com a finalidade da luta em conjunto pela aprovação da Lei de Cotas pelo Congresso Nacional Brasileiro, nos anos vindouros da história pátria.

No entender de Fábio Wanderley Reis, outro renomado *scholar* brasileiro, em seu texto "Mito e valor da democracia racial", sua exposição no seminário em tela, ao falar sobre as relações raciais no Brasil ele enxerga "que não há exagero em se pretender que este seja um dos maiores problemas que o país enfrenta" (Wanderley Reis *apud* Souza, 1997, p. 221). Mas desloca o olhar da ideia de mito da democracia racial, o que remeteria a construções teóricas sobre o passado e o presente brasileiro, para a ideia de democracia racial como meta, numa polaridade positiva para a sociedade brasileira, como uma meta positiva a ser alcançada no futuro, portanto, numa visão transcendental.

Desde esse ponto de vista, ele desce ao chão para falar sobre as ações afirmativas, como a seguir. Sua argumentação é demorada, mas não a considerar em sua inteireza é temerário para a robustez dessa investigação. Sustenta o autor,

> Que dizer, como decorrência de tudo isso, sobre a questão da ação afirmativa? Tomada genericamente em termos de ações adotadas pelo Estado e intencionalmente dirigidas ao avanço e melhorias das relações raciais no país, a proposta de ação afirmativa é claramente irrecusável. Como se sugeriu no início, a pouca atenção prestada ao problema racial no Brasil, incluindo a insensibilidade revelada pelo Estado brasileiro para com ele, pode ser vista como parte do muito que há de negativo em nosso legado escravista. Creio, porém, que há lugar para alguns matizes importantes aqui. (Wanderley Reis *apud* Souza, 1997, p. 230).

O autor parece optar por um caminho, mas não é bem isso. Ele apenas preconiza uma ação do Estado na "neutralização do preconceito racial e da discriminação racial", por intermédio do reforço de aplicação das leis existentes que criminalizam o racismo no Brasil. Definindo os problemas como "culturais ou de psicologia coletiva", ele advoga uma ação pedagógica do Estado, mediante a "inculcação" de valores por meio de campanhas. Com muitos rodeios, ele fica com a posição de Da Mata, já referida, das "campanhas televisivas". E, de modo sofisticado, ao gosto de certa tradição acadêmica brasileira, nega o caminho da adoção de políticas de ação afirmativa,

> Creio, porém, que é muito mais problemática a ideia de ação afirmativa tomada como o empenho, por parte do Estado, de promoção social e econômica dirigida especificamente à população negra como tal. A discussão anterior terá provavelmente deixado claras as razões dessa avaliação restritiva. Tais razões são, por um lado, "técnicas", no sentido de se referirem à dificuldade de se definir de maneira suficientemente nítida os que se habilitariam e os que não se habilitariam aos benefícios desse tipo de ação, e, portanto, à dificuldade de se colocar em prática e administrar apropriadamente as decisões eventualmente adotadas. Mas o aspecto "técnico" das razões em questão desdobra-se imediatamente em um aspecto humano. Pois seria claramente odiosa, nas condições gerais que caracterizam as vastas camadas destituídas da população brasileira, a pretensão de se estabelecer a discriminação entre as raças como critério para a ação de promoção social do Estado. Pondera-se que é justamente na base da estrutura social, onde obviamente se encontram os alvos potenciais mais importantes do

esforço social do Estado, que mais se mesclam e integram socialmente populações racialmente diversas, sem falar da ocorrência mais intensa da própria miscigenação.

A ação social do Estado mais diretamente no plano econômico-ocupacional terá, portanto, de ser orientada por critérios sociais antes que raciais. Esta forma de ação não somente evita as dificuldades "técnicas", além de ajustar-se ao valor da não discriminação e da democracia racial: ela é provavelmente também a mais capaz de assegurar, dada a correlação racial-social anteriormente assinalada, a própria promoção social do negro brasileiro. (Wanderley Reis *apud* Souza, 1997, p. 231).

Democracia racial, de novo? Só que agora no futuro e por meio de uma concepção do racial englobado pelo social, escondido pelo social, invisível, pois. Dessa feita, talvez, no presente de uma política pública não muito bem referida, enfeixam a argumentação do autor centrada na defesa intransigente de uma democracia de indivíduos, para não dizer na democracia clássica liberal, como ele assim expressa:

Isso redunda, como será talvez claro, em afirmar o individualismo como valor crucial. A perspectiva esboçada envolve o reconhecimento de que há decisiva conexão entre o individualismo e o próprio ideal democrático entendido no sentido mais rico e exigente, isto é, no sentido em que se costuma falar em democracia "substantiva". Uma sociedade não será democrática na medida em que as oportunidades vitais dos indivíduos estejam condicionadas por sua inserção nesta ou naquela categoria social: sejam quais forem os critérios com base nos quais tais categorias se constituam – raça, classe, etnia, religião, gênero... – a sociedade assim caracterizada será fatalmente hierárquica e autoritária, e as oportunidades diferenciais por categorias expressarão, ao cabo, o desequilíbrio nas relações de poder entre elas e a subordinação de umas às outras. (Wanderley Reis *apud* Souza, 1997, p. 223).

Nas palavras do autor, pela sua linha de raciocínio, a ausência de determinados segmentos sociais das políticas públicas seria antidemocrático ou distante do termo democracia "substantiva". Contudo, enamorado do ideal individual e democrático formais, o autor não tem olhos, aparentemente, para a realidade de privilégios, por exemplo, no acesso à educação superior pública para brancos, ricos e oriundos da escola privada. Isso ocorre com vigor desenfreado há tempos no Brasil. Ele acredita na livre concorrência entre os indivíduos ideais, universais. Nesse sentido, o social, é utilizado como argumento de desvio, de cunho também protelatório e não consegue camuflar sua verdadeira posição contrária às políticas de ação afirmativa. Apenas, no limite, dá-lhe uma saída honrosa. Em seu túmulo, John Locke deve ter aplaudido o *scholar* brasileiro, por defender a todo custo a liberdade individual formal. As pegadas do liberalismo *tout court* praticadas no Brasil de 1824 a 1930 ainda não estão apagadas no solo pátrio, como se vê aqui.

Em "A desigualdade que anula a desigualdade, notas sobre a ação afirmativa no Brasil", Antônio Sérgio Alfredo Guimarães (1997) faz defesa da implementação das políticas públicas de ação afirmativa no Brasil. Para o autor:

Devemos reconhecer que, por um lado, temos sido incapazes de garantir o acesso universal à educação, à saúde, ao emprego e à habitação, e, por outro, que temos discriminado os negros, de modo que eles têm sido mais atingidos que os demais grupos raciais e étnicos no acesso a esses bens e direitos. As premissas dos argumentos a favor de uma ação afirmativa em relação aos negros são, para sermos acacianos:

1. a de que as desigualdades sociais têm um fundamento racial, ou seja, que a cor explica parte importante da variação encontrada nos níveis de renda, de educação, de saúde, de habitação, etc., dos brasileiros;

2. que a relação entre a cor e esses níveis não pode ser explicada biologicamente – pela inferioridade racial, por exemplo -, mas por causas históricas e sociais;

3. que essa constelação de condições históricas e sociais não pode ser revertida apenas pelas leis do mercado e por políticas públicas de cunho universalista. (Guimarães *apud* Souza, 1997, p. 235-236).

Na visão do autor, as desigualdades sociais no Brasil têm um ingrediente inequívoco racial, com peso relativo grande, explicado por razões históricas e sociais e esse quadro social não se alteraria apenas pelas "leis do mercado" ou por políticas públicas "de cunho universalista". O autor não necessariamente fala em "foco", na acepção que a palavra carrega para uma política pública, em tese, num franco tiroteio lógico com uma política pública universal. Ele aponta nuances nesse interstício:

Mas, voltemos ao plano normativo. Parece residir aí um equívoco que origina toda a falácia: a ação afirmativa não dispensa, mas, ao contrário, exige uma política universalista de equidade de oportunidades, pois, como já dissemos, a ação afirmativa só tem sentido quando limitada a um âmbito restrito: não se trata de privilegiar os negros em todos os âmbitos, mas apenas naqueles em que o seu acesso é comprovadamente inadequado. (Guimarães *apud* Souza, 1997, p. 236-237).

Ao firmar o pé na exigência de uma "política pública universalista de equidade de oportunidades", o autor expõe seu limite, caso ela não contemple a especificidade da questão racial, da exclusão social do negro, da negra. Nessa linha argumentativa, busca espantar os críticos da adoção de políticas públicas de ação afirmativa, como uma Lei de Cotas, desnaturalizando a ideia de que, de per si, uma política pública de cunho universal resolveria a questão da exclusão do negro, da negra, por exemplo, no acesso à universidade. Para Guimarães (1997), uma confusão entre esses dois planos normativos, o geral e o particular, numa política pública, manteria o impasse e reproduziria no tempo a exclusão social do negro de posições sociais na sociedade brasileira. É notória em sua exposição a caracterização da ação afirmativa como um princípio que deve estar presente nas políticas públicas, se o objetivo é superar as desigualdades sociais e raciais no Brasil. Esse princípio normativo das políticas públicas, para o autor, tem algumas dimensões relevantes, dentre as quais cabe destacar:

1. É o único princípio capaz de, no curto e médio prazos, possibilitar a "desracialização" de elites meritocráticas, sejam elas intelectuais ou econômicas.

2. O princípio da ação afirmativa só parece razoável, quando, além do respeito ao mérito e à igualdade formal entre os indivíduos, toleramos as diferenças entre eles. Ou seja, diferenças culturais, sociais e econômicas não podem servir para justificar desigualdades formais de direito entre as pessoas, porque a igualdade pressupõe a tolerância de diferenças. (Guimarães *apud* Souza, 1997, p. 237-239).

O autor sintetiza com acurácia importantes referenciais de crenças com potencial de mobilização para coalizões sociais, coalizões políticas a favor de uma Lei de Cotas, por exemplo. Em "Estado democrático de direito e discriminação positiva: um desafio para o Brasil", exposição-artigo de Marcelo Neves (1997), há um indicativo forte da aparição de uma forma para o conteúdo do debate em tela, que vai além das fronteiras do seminário e pode abarcar o caso brasileiro da luta pelo acesso à universidade. Forma no sentido abstrato, na direção do que apregoa o modelo de coalizão de defesa para uma política pública (ACF). A maneira como Neves (1997) aborda a temática oferece fortes indícios disso.

Vale resgatar as traduções de Gabriel Cohn, no ponto que explora em Simmel a forma, a configuração de grupos sociais, a partir da junção de indivíduos, a própria sociação, as interações entre indivíduos. Isso dialoga com a reflexão de Neves (1997) e extrapola a noção de que as políticas públicas depois de 1988 tratavam de apenas incluir os excluídos, pois outros arranjos políticos são possíveis entre excluídos e deles próprios podem brotar coalizões sociais e políticas por direitos, como o direito à universidade no Brasil. Cohn (1979) capta essa relação teórica em Simmel,

> O entendimento sociológico visa a captar o conceito fundamental de socialização [ou seja, da constituição de múltiplas formas através da interação] nos seus significados e formações particulares. Visa a analisar complexos fenômenos em seus fatores mínimos até o ponto de aproximar-se de regularidades indutíveis. Isso só pode ser feito mediante a construção auxiliar de linhas e figuras absolutas, por assim dizer. Estas só podem ser encontradas na vida social real como esboços e fragmentos, como realizações parciais que são constantemente interrompidas e modificadas. Em cada configuração sócio-histórica particular operam numerosas reciprocidades, provavelmente inumeráveis, entre os elementos [...] (Simmel *apud* Cohn, 1979, p. 43).

Com isso, pode-se ler na análise de Neves (1997) uma precisa relativização daquelas ideias sustentadas no debate, por exemplo, por Fábio Wanderley Reis, dentre outros, que insistiram na tecla de um universalismo erigido na forma indivíduo abstrato que amarraria uma igualdade também abstrata e formalista, como estratégia de negação das políticas de ações afirmativas, por conseguinte, de negação de uma potencial Lei de Cotas para o acesso à universidade no Brasil. Essa divisa, mais do que o fato de o Brasil não ser os Estados Unidos, dá forma preliminar para os elementos normativos que diferenciam as posições em contenda, na política e na sociedade brasileira.

É outro o indivíduo de que fala Neves (1997) em relação àquele de Reis (1997). E é no indivíduo que está o centro nevrálgico do modelo de coalizão de defesa utilizado neste estudo. Além de direitos políticos e civis, os direitos sociais também são de titularidade individual, informa Neves (1997),

> Nas últimas décadas, porém, a cidadania foi ampliada com a introdução das ações referentes a interesses coletivos e difusos. Trata-se de direitos concernentes a interesses de grupo determinado – "coletivos" – ou de grupo indeterminado de pessoas – "difusos" -, os chamados direitos de "terceira geração". A cidadania coletiva está se impondo diante da incapacidade dos indivíduos de enfrentar isoladamente o Estado e as grandes organizações privadas impessoais.

> Por fim, vem sendo introduzida, mais recentemente, a chamada "ação afirmativa", também chamada de "discriminação inversa", "afirmativa" ou 'positiva'. Discute-se se os direitos que decorrem dessa política de tratamento diferenciado de grupos sociais resultam incompatíveis com o modelo universalista e igualitário de cidadania, inerente ao Estado Democrático de Direito, por implicarem a noção de status e privilégio, ou se, ao contrário, a instituição de tais direitos servem exatamente para possibilitar uma maior realização do ideal de integração igual de indivíduos e grupos na sociedade. (Neves *apud* Souza, 1997, p. 254-255).

É patente que, assim como Bertúlio (1997), o autor apregoa uma igualdade material real para a sociedade brasileira. E o faz, consoante as reflexões de Lobato (2006) que enxerga o novo marco institucional para as políticas públicas no Brasil, na Constituição de 1988, fruto de gigantesca mobilização social, nos anos 1980, texto no qual se encontram os direitos sociais explicitamente, como o dos negros e negras, dos indígenas, e da importância da escola pública, ainda que alguns leiam isso como meras pedras em forma bruta a atrapalharem o caminho liberal no país.

Mesmo não se valendo do primoroso texto dos "preâmbulos" à Constituição de 1988, que abre a Carta Magna brasileira e explicita os direitos sociais logo de saída, na parte do artigo-exposição, em que Neves (1997) sintoniza o olhar na "Fundamentação jurídico-constitucional no Brasil", ele argumenta:

> Esse princípio encontra-se expresso no art. 5, *caput*, da Constituição Federal, ao prescrever que "todos são iguais perante a lei, sem distinção de qualquer natureza...." Com base em um tipo de interpretação literal desse dispositivo, afirma-se, de antemão, a inconstitucionalidade de qualquer lei ou ato normativo que venha a estabelecer discriminações positivas. Cabe advertir, inicialmente, que quando utilizo a expressão "discriminação positiva", "afirmativa" ou "inversa" não me refiro, de forma genérica, àquilo que, no contexto estadunidense, foi denominado vagamente "ação afirmativa". Na noção ampla de "ação afirmativa", pode-se incluir regulamentações e intervenções compensatórias que implicam direitos sociais clássicos a serem gozados por <u>todo indivíduo que se encontre na situação legal prevista abstratamente</u>, sem que se estabeleça qualquer vantagem competitiva direta para um grupo em relação a um mesmo benefício. O problema, no caso de discriminações positivas, é que se concedem vantagens competitivas a determinado grupo no que concerne ao acesso a benefícios e serviços específicos aspirados, da mesma maneira, por outros grupos que sofrem as desvantagens impostas. A discussão mais recente, no Brasil, diz respeito exatamente à introdução legislativa de vantagens competitivas a favor de determinados grupos, especialmente as discriminações positivas favoráveis aos setores étnico-raciais discriminados. E o debate sobre compatibilidade versus conformidade com o princípio da igualdade dirige-se exatamente às discriminações inversas. Contra a posição que sustenta a inconstitucionalidade de qualquer discriminação inversa em favor de grupos étnico-raciais, poder-se-ia argumentar que a própria Constituição Federal já estabelece formas de discriminação positiva, citando-se, por exemplo, o seu art. 37, inciso VII: "a lei reservará percentual de cargos e empregos públicos para as pessoas portadoras de deficiência e definirá os critérios de sua admissão". No mesmo sentido, caberia alusão ao art. 53, inciso I, do Ato das Disposições Constitucionais Transitórias, que assegura aos ex-combatentes "aproveitamento no serviço público, sem a exigência do concurso, com estabilidade". Nessa linha de raciocínio, a própria Constituição já conteria elementos que fundamentam implicitamente as discriminações inversas no plano da normatização jurídica infraconstitucional. (Neves *apud* Souza, 1997, p. 259-260).

Portanto, mais uma vez, há que apartar-se do espantalho estadunidense e da superficialidade da abordagem de uma suposta mimetização brasileira do caso estadunidense para as políticas de ação afirmativa no geral e, para o direito do negro, da negra, dos(as) indígenas e da escola pública à universidade no Brasil, em particular, como o é a Lei de Cotas, pois a sabedoria e a luta política próprias da história brasileira reconhecem, desde o ponto de vista da noção ampla de ação afirmativa, esse direito escrito na Constituição. O argumento do autor reforça a percepção teórica desta obra na direção da redução em política pública, como apregoada por Guerreiro Ramos (1956) para a sociologia.

Mas as nervuras e sinecuras do real, particularmente dos anos dourados neoliberais no Brasil dos 1990, deixaram quase como que letra morta conquistas sociais escritas na Constituição de 1988, à mercê do encontro perverso (Dagnino, 1990) da história do Brasil. Esse perverso talvez precise de maior formulação teórica. De fato, os anos 1990 são ilustres desconhecidos, em grande medida. Algo não casa na história do Brasil, no sentido de que o país sai de uma ditadura, tem uma efervescência democrática gigante e isso murcha de repente? Talvez, os anos 1990 possam ser apreendidos como o tempo do grande recuo, o que implica que os potenciais políticos dos anos 1980 não foram ainda explorados. Ou da grande dispersão das forças que se uniram contra a ditadura.

Por isso, no pós-1988, no jogo de vida e morte da Lei de Cotas, a disputa se instala em torno da ideia de igualdade. Esse ponto divide as posições e indica as formas preliminares normativas da disputa instalada na sociedade e no Estado brasileiro sobre a questão do direito de acesso à universidade para negros e negras, os(as) indígenas e a escola pública, como quer a Lei de Cotas. Aprofunda Neves:

> Não basta, porém, invocar a formulação teórica do princípio constitucional da igualdade, para que se justifique, do ponto de vista do direito constitucional positivo brasileiro, as discriminações afirmativas em favor de grupos étnico-raciais. Impõe-se uma argumentação que tenha como referência a própria ordem constitucional do Estado brasileiro. Nesse sentido, destaca-se a contribuição de Celso Antônio Bandeira de Mello a respeito do conteúdo jurídico do princípio da igualdade. Em uma perspectiva rigorosamente positivista, Bandeira de Mello em "Conteúdo jurídico do princípio da igualdade" enfatiza que o princípio constitucional da isonomia envolve discriminações legais de pessoas, coisas, fatos e situações. Discute, então, quando os discrimines se justificam sem que o princípio vetor seja deturpado. E aponta três exigências: a presença de traços diferenciais nas pessoas, coisas, situações ou fatos; "correlação lógica entre fator de discriminem e a desequiparação procedida, consonância da discriminação com os interesses e valores protegidos na Constituição". (Neves *apud* Souza, 1997, p. 262).

O autor, como se percebe, deixou pegadas analíticas para os passos que seriam dados futuramente por Jensen (2010) nessa questão, como já visto. A fortaleza analítica de Neves (1997) abre espaço para a presença dos(as) negros(as), dos(as) indígenas e, por que não o dizer, de modo franco, da escola pública e dos pobres ao abrigo de uma mesma Lei de Cotas para o acesso à universidade no Brasil, por exemplo. Ele reconhece que, apesar de Bandeira de Mello, na obra a que ele faz referência, não tratar diretamente da "discriminação positiva de grupos étnico-raciais", fica, porém, evidente que Bandeira de Mello dá argumentos fortes que torna compatível "tal espécie de *discríminen* com o princípio da isonomia". Desse modo, para Neves (1997), uma "interpretação literal do artigo 5, *caput*, da Constituição Federal", desloca-se para um outro campo.

Esse campo, nesse estudo, ganha forma e torna-se potencial elemento normativo preliminar para nuclear uma coalizão social contrária, por exemplo, à Lei de Cotas no Brasil. Ademais, o autor refina, de maneira crucial sua argumentação:

> Em primeiro lugar, cabe analisar se estão presentes os traços diferenciais que possam servir de fator de discriminação positiva em favor dos negros e dos índios no Brasil. Não só os traços pessoais, decorrentes das características étnico-raciais específicas, são aqui relevantes. É sobretudo a situação social, historicamente sedimentada, de discriminação negativa dos negros e índios que se apresenta exuberantemente como fator de discríminen legal à ordem jurídica brasileira. A postura de insensibilidade formalista às discriminações sociais contra os membros desses grupos étnico-raciais, principalmente na medida em que elas lhe impedem ou obstaculizam o exercício efetivo de direitos e o acesso aos benefícios do ordenamento jurídico em geral, resulta na inocuidade prática do princípio constitucional da isonomia em face do problema. E é exatamente pela presença da discriminação social negativa, implicando mesmo obstáculos reais ao exercício de direitos, que se justifica a discriminação jurídica afirmativa em favor de negros e índios no Brasil. Há, nesse caso, perfeita correlação lógica entre o fator de discrímen e a desequiparação a ser, por ventura, procedida. Dessa maneira, o princípio constitucional da igualdade apresenta-se sensível às diferenças presentes na realidade social e inseparável do princípio da proporcionalidade. (Neves *apud* Souza, 1997, p. 262-263).

É pela realidade brasileira da "discriminação social negativa" que o cobertor de uma política pública como a Lei de Cotas, pode, sim, como o visto, abranger negros(as), indígenas, a escola pública e os pobres, para garantir-lhes o direito social do acesso à universidade, o que, para este estudo, faz convergir alguns fatores daquilo que o autor nomina de "pluralidade e intersecção de mecanismos de discriminação social negativa no Brasil" (Neves *apud* Souza, 1997, p. 267, grifo nosso).

Mas *discríminen* e desequiparação legal, para o autor, devem estar em consonância com os interesses e valores protegidos pela Constituição. Afirma que:

> Cabe aqui argumentar "não apenas invocando a disposição constitucional contra o crime de racismo – art. 5, inciso XLII -, que evidentemente se dirige sobretudo à defesa dos grupos raciais socialmente discriminados, nem tão-só os dispositivos que se referem especificamente à proteção das culturas afro-brasileiras e indígenas – art. 215, e art. 216 – e à defesa dos índios – arts. 231-232. Antes de tudo, as discriminações legais positivas em favor da integração jurídica igualitária de negros e índios estão em consonância com os princípios fundamentais da Constituição, no que diz respeito aos objetivos fundamentais da República Federativa do Brasil estabelecidos nos incisos III e IV do seu art. 3:
>
> III – erradicar a pobreza e a marginalização e reduzir as desigualdades sociais e regionais;
>
> IV - promover o bem de todos, sem preconceitos de origem, raça, sexo, cor, idade e quaisquer outras formas de discriminação. (Neves *apud* Souza, 1997, p. 263).

O autor conclui, desde um ângulo normativo, pela necessidade de uma integração jurídica igualitária de todos ao Estado, em particular, e à sociedade, em geral, que amplie a cidadania no Brasil. E, para tanto, as discriminações positivas, na medida de suas proporções, para ele, seriam instrumentos legítimos.

Tateando possibilidades de implementação de políticas públicas com esse perfil no Brasil, o autor argumenta em favor da necessidade de se considerar as especificidades regionais e locais do federalismo brasileiro, seus traços demográficos e os distintos "contingentes étnico-raciais" nos estados. Como já comentara Hasenbalg (1997) de modo geral, Neves (1997) ainda destaca dois pontos no plano empírico:

1. Uma crítica à solução encontrada pelo PNDH 1996, no sentido de *determinar ao IBGE a adoção do critério de considerar os mulatos, os pardos e os pretos como integrantes do contingente da população negra*, por considerar esse ponto um elemento complicador para a adoção das políticas públicas pretendidas e por sua inocuidade.

2. O risco de se produzir meramente uma *legislação simbólica* para essas políticas públicas, saída que apenas ratificaria a *confirmação dos valores sociais de determinado grupo*, logo, o próprio status quo; o que implicaria em *compromissos dilatatórios*, ou seja, empurra-se adiante no tempo a solução do problema social e étnico-racial no Brasil, a troco de uma *legislação-álibi*.

Copo meio cheio, copo meio vazio, não tem jeito, o debate visto aponta para a ausência de outros debates relevantes (fazer o quê?), mas está em acordo com o institucionalismo histórico, com a opção teórica da tese. Contudo, isso não afugenta a crítica, como a de Milton Santos:

> Não sei por que vocês tiveram tanta esperança neste GTI[187]. O que eu vou dizer não tem nada de pessoal, por favor. Na primeira grande manifestação pública desse grupo for-

---

[187] Grupo de Trabalho Interministerial para a Valorização da População Negra.

mado por pessoas agradáveis, que a gente gosta de tomar café com elas -, o Presidente da República vem tranquilamente e diz, num discurso que não preparou (e um homem de Estado que vem falar de uma coletividade sem preparar o discurso não tem respeito por essa coletividade): "Virem-se. Espero que vocês tenham imaginação." Ora, o presidente foi lá dizer "não contem comigo, contem com vocês mesmos". E a prova está aí, faz dois anos. [...] Então, creio que falta seriedade, falta respeito à comunidade negra. Agora, eu não entendo por que vocês vão a essa reunião. Francamente, não entendo! Estou seguro de que os líderes e os intelectuais dos Estados Unidos não iriam. (Santos, 1998, p. 160).

O respeito, de que fala o professor Milton Santos, aponta em si para relevante ponto de crença da coalizão a favor da Lei de Cotas. Não avançaremos noutros comentários do autor. De qualquer modo, a lentidão como característica da política pública para mudança significativa se sobressai.

5.8 O REPERTÓRIO DAS CRENÇAS NAS COALIZÕES

Preliminarmente, desde um ponto de vista histórico e normativo, no campo das ideias, crenças e valores as referências até aqui vistas, *in totum*, neste capítulo, tendem a oferecer elementos objetivos para a conformação de duas coalizões sociais relativas à Lei de Cotas no Brasil. Não é essa, porém, aparentemente, a leitura de Grin (2010), ao menos no que ela extrai do seminário de Brasília (supracitado) promovido pela Presidência da República do Brasil, no governo de Fernando Henrique Cardoso:

Ao menos três distintas abordagens podem ser identificadas no seminário. A primeira [...] salienta o caráter moral e politicamente deficitário da sociedade brasileira relativo ao lugar desigual que o negro nela ocupa, resultado de persistente discriminação racial. Nessa abordagem a solução estaria em adotar o remédio – políticas de ação afirmativa – aplicados a outros contextos raciais, em particular o estadunidense. A segunda abordagem [...] aposta na alternativa liberal "universalista", uma vez que reconhece apenas no indivíduo a unidade moral e política a ser considerada, descartando, para todo efeito normativo, o *status* ontológico da raça. A terceira abordagem [...] postula o entendimento do caráter *sui generis* das relações e classificações raciais na sociedade brasileira, deslocando o foco da análise da "denúncia" para o entendimento e sistematização cultural de cosmologias raciais e nacionais. (Grin, 2010, p. 156).

Fica patente, se crenças informam a formação de coalizões em política pública, a sinalização da autora para a existência de três coalizões sobre o tema. Contudo, salienta a autora o caráter peculiar das postulações dos(as) expositores(as) naquele seminário — um tom, diga-se, diplomático — mas o que é um eixo de dissonância de sua própria taxonomia anterior. Isso não é sem razão de ser, pois, ao fim e ao cabo, ela carimba duas posições que a temática mobiliza, em sua leitura:

A fonte de enfrentamento da desigualdade deve ser orientada, para uns, pela racialização ou por políticas de ação afirmativa (premissa do *race- conscious*), e, para outros, pela desracialização ou alcance da democracia racial por meio de políticas de alcance universal (premissa do *color-blindness)*? (Grin, 2010, p. 165).

Desse modo, dado que a opção teórica desta investigação opera com a noção mais geral de coalizões, vê-se que, ainda que com nuances, a leitura final de Grin (2010), que patina num lugar-comum acadêmico por excelência, não revela argumentação robusta alguma para a hipótese de um centro gravitacional alternativo, uma terceira coalizão, que seja no tocante à Lei de Cotas no Brasil.

Duas outras movimentações sociais de envergadura surgiram na sociedade brasileira como propostas alternativas à Lei de Cotas: a institucionalização estatal ou privada de cursinhos pré-vestibulares como política pública e a concessão de bônus para egressos de escolas públicas, negros e indígenas em universidades públicas. Entretanto, essas opções não se transformaram em coalizões nacionais a ponto de filiação a um projeto de lei em nível nacional. Não arregimentaram força social suficiente para tanto.

No cargo de ministro da Educação nos dois governos de Fernando Henrique Cardoso (1994-2002), o ministro da Educação Paulo Renato Souza, com ampla concentração de poder no que tange ao subsistema de educação nacional em seu período de gestão, como o personagem bíblico Pedro, perdeu sua segunda oportunidade de alterar a política histórica de acesso à universidade no Brasil. A primeira ocorrera em 1986, quando alçado ao cargo de reitor da UNICAMP. Naquela ocasião, o desgarramento do vestibular da UNICAMP, antes atrelado à FUVEST, era uma janela de oportunidade para inovações. No entanto, o novo vestibular da UNICAMP, à cargo da COMVEST, nada de novo trouxe para a escola pública, negros e indígenas, a não ser o costumeiro silêncio das elites e um rebuscamento discursivo centrado na ideia de um cidadão crítico na redação que teria maior peso. Como uma espécie de agência, nos moldes da teoria das agências estadunidenses, a Comissão de vestibular da UNICAMP ocupou-se em acudir os milionários interesses da indústria do vestibular, caso dos cursinhos pré-vestibulares, como Anglo, Objetivo, Etapa etc., além dos gostos dos tradicionais colégios privados das elites brasileiras, onde as exceções, para variar, sustentavam as regras.

Isso é novo? Não. Clarice Lispector apresentou a desgraça da díade pré-vestibular e Sem Universidade, chamados de excedentes na história da educação concentradora brasileira. Ouçamos a voz de Clarice Lispector:

Carta ao Ministro da Educação

Em primeiro lugar queríamos saber se as verbas destinadas para a educação são distribuídas pelo senhor. Se não, essa carta deveria se dirigir ao Presidente da República. A este não me dirijo por uma espécie de pudor, enquanto sinto-me com mais direito de falar com o ministro da Educação por já ter sido estudante.

O senhor há de estranhar que uma simples escritora escreva sobre um assunto tão complexo como o de verbas para educação – o que no caso significa abrir vaga para os excedentes. Mão o problema é tão grave e por vezes patético que mesmo a mim, não tendo ainda filhos em idade universitária, me toca.

O MEC, visando evitar o problema do grande número de candidatos para poucas vagas, resolveu fazer constar nos editais de vestibular que os concursos seriam classificatórios, considerando aprovados apenas os primeiros colocados dentro do número de vagas existentes. Essa medida impede qualquer ação judicial por parte dos que não são aproveitados, não impedindo, no entanto, que os alunos tenham o impulso de ir às ruas reivindicar as vagas que lhe são negadas.

Senhor Ministro ou senhor Presidente: "excedentes" num país que ainda está em construção?! e que precisa com urgência de homens e mulheres que o construam? Só deixar entrar nas Faculdades os que tirarem melhores notas é fugir completamente ao problema. O senhor já foi estudante e sabe que nem sempre os alunos que tiraram as melhores notas terminam sendo os melhores profissionais, os mais capacitados para resolver na vida real os grandes problemas que existem. E nem sempre quem tira as melhores notas e ocupa uma vaga tem pleno direito a ela. Eu mesma fui universitária e no vestibular classificaram-me entre os primeiros candidatos. No entanto, por motivos que aqui não importam, nem sequer segui a profissão. Na verdade eu não tinha direito à vaga.

Não estou de modo algum entrando em seara alheia. Esta seara é de todos nós. E estou falando em nome de tantos que, simbolicamente, é como se o senhor chegasse à janela de seu gabinete de trabalho e visse embaixo uma multidão de rapazes e moças esperando seu veredicto.

Ser estudante é algo muito sério. É quando os ideais se formam, é quando mais se pensa num meio de ajudar o Brasil. Senhor ministro ou presidente da República, impedir que jovens entrem em universidade é crime. Perdoe a violência da palavra. Mas é a palavra certa.

Se a verba para universidades é curta, obrigando a diminuir o número de vagas, por que não submetem os estudantes, alguns meses antes do vestibular, a exames psicotécnicos, a testes vocacionais? Isso não só serviria de eliminatória para as faculdades, como ajudaria aos estudantes em caminho errado de vocação. Esta idéia partiu de uma estudante.

Se o senhor soubesse do sacrifício que na maioria das vezes a família inteira faz para que um rapaz realize o seu sonho, o de estudar. Se soubesse da profunda e muitas vezes irreparável desilusão quando entra a palavra 'excedente'. Falei como uma jovem que foi excedente, perguntei-lhe como se sentira. Respondeu que se sentira desorientada e vazia, enquanto ao seu lado rapazes e moças, ao se saberem excedentes, ali mesmo começaram a chorar. E nem poderiam sair à rua para uma passeata de protesto porque sabem que a polícia poderia espancá-los.

O senhor sabe o preço dos livros para pré-vestibulares? São caríssimos, comprados à custa de grandes dificuldades, pagos em prestações. Para no fim terem sido inúteis?

Que estas páginas simbolizem uma passeata de protesto de rapazes e moças. (Clarice Lispector, *Jornal do Brasil*, edição de 17/02/1968).

O pré-vestibular virou mania nacional para remediar a exclusão. Fez fortunas monstruosas e organizou o preço da educação superior no Brasil, como o termômetro mede a temperatura do corpo. Porém, surgiu a negação como no movimento da negritude em que a raça ganhou outro sentido. O cursinho popular é a negação, como evidenciou na história da educação brasileira o triângulo Salvador (Seminário Nacional de Universitários Negros), São João do Miriti (Pré-Vestibular para Negros e Carentes) e Campinas (Cursinho Popular do DCE-UNICAMP). Os arautos da coalizão contra a Lei de Cotas apropriaram-se do discurso do pré-vestibular como afirmação da ordem da exclusão da universidade no Brasil, casos de Eunice Duran, Yvonne Maggie e Jocimar Archângelo. Na direção da negação da ordem, os cursinhos populares espalhados pelo Brasil, pelos Novíssimos Movimentos Sociais.

Ponta de lança da coalizão a favor da Lei de Cotas, não pode pairar dúvida sobre de que lado da história penderam os cursinhos populares, à medida que os N*MS, pioneiros, são a expressão política legítima dos cursinhos populares no Brasil, no processo histórico da criação do sistema público de bolsas de estudos em instituições privadas (PROUNI) e da Lei de Cotas. Mas a coalizão contra a Lei de Cotas foi vitoriosa em apropriar-se da trajetória de luta dos cursinhos populares e projetá-la no território nacional como política pública de Estado. Um elo desse caso é Jocimar Archângelo. Na luta dura da criação do cursinho popular do DCE-UNICAMP, no ano de 1994, Jocimar Archângelo fez parte como membro do grupo de trabalho designado pela reitoria para a negociação em torno da proposta apresentada pelo DCE-UNICAMP. O cursinho do DCE-UNICAMP foi uma iniciativa inovadora e de sucesso com a primeira política de ação afirmativa da UNICAMP, que considerou o critério racial, por meio da foto, a presença da escola pública e contou com uma comissão de seleção formada pelos brilhantes estudantes negros da UNICAMP e que soube realizar o Primeiro Encontro Nacional de Cursinhos Populares. Mário Hondurenho, da Engenharia Elétrica, Maria, do Centro Acadêmico de enfermagem, Adriana Camargo, do Centro Acadêmico de Enfermagem,

Elias, da Química, Eduardo, da Computação, e os coordenadores do DCE-UNICAMP, Francelei Pereira e Marcela, junto com Marta, Siber, Abdala, Osmar, Xaxá, Seu Borgui, Seu Chico, Marcelo, Andréia, Roniclever, Júlio, Tatiana, Rita, Ana Raquel, Maurício, Leãozinho, Érica, Genésio, dentre muitos outros e outras semeadores de sonhos, fizeram parte do mutirão para pôr de pé o Cursinho Popular do DCE-UNICAMP.

O que aconteceu? Verticalmente a experiência do DCE-UNICAMP foi apropriada como política pública nacional na gestão de Paulo Renato no Ministério da Educação, por meio do programa Diversidade na Universidade, sob o comando do mesmo Jocimar Archângelo que era o presidente da Comissão do Vestibular da UNICAMP, à época da criação do Cursinho do DCE-UNICAMP. Eram os anos 1990 e suas terríveis ciladas, foi quando o estado resolveu fazer política de ONG para combater a exclusão da universidade.

Paradoxalmente nesse vetor vertical, uma das instituições que recebeu apoio estatal para montar o pré-vestibular foi um grupo da cidade de Ferraz de Vasconcelos (SP), grupo esse que daria origem, com apoio empresarial nacional e estrangeiro, à Universidade Zumbi dos Palmares, tempos depois. Universidade Zumbi dos Palmares, uma universidade negra inspirada nas universidades negras criadas no período da reconstrução, na segunda metade do século XIX nos EUA. Essa é uma trajetória importante de se considerar, da qual não nos ocuparemos nessa tese. No eixo horizontal, a experiência do DCE-UNICAMP, como percebeu Castro (2020), buscou organizar a luta pelo direito à universidade, criando cursinhos populares Brasil afora, como os da grande São Paulo (município de Jandira, por exemplo). Essa dimensão horizontal ganharia o Jornal Nacional, em 2005, paradoxalmente nessa matéria de dois minutos estão os rostos dos que lutaram pela criação do sistema público de bolsas de estudos em universidades particulares (PROUNI) e a Lei de Cotas, na coalizão a favor da Lei de Cotas, nos territórios da periferia[188].

Foi ao apagar das luzes de sua longa gestão na educação nacional no cargo mais elevado, Paulo Renato Souza, valendo-se de sua passagem anterior pelo BID, aglutina a ideia de "mérito" com a abjeta experiência brasileira presente no subsistema de educação desde os cursos de Direito de 1826, de Olinda e de São Paulo: o cursinho preparatório ou pré-vestibular institucionalizado. Desse modo, o Estado brasileiro assemelha-se a uma ONG ao fazer política de "foco" de ONG e tentar dar uma resposta do tipo "tapar o sol com a peneira" para a trágica exclusão da escola pública, dos negros, das negras, dos indígenas das principais universidades públicas, carreiras e cursos. Por tabela, o Estado livrava-se do problema, jogando a culpa nos próprios indivíduos sedentos do direito à universidade. Assim, inscreve-se na história do Brasil as marcas dessa coalizão que não vingou, cujo carro-chefe era o cursinho pré-vestibular institucionalizado, como fora em 1826, como se depreende:

> Enquanto não chegamos à eliminação das diferenças de qualidade entre escolas pública e escola privada, devem ser adotadas algumas ações afirmativas importantes que não colidem com o critério de mérito na seleção de alunos. O apoio público a cursos pré-vestibulares gratuitos dirigidos aos pobres, afrodescendentes e indígenas me parece, hoje, a mais oportuna. No final do ano passado, o Ministério da Educação assinou contrato com o BID num total de US$10 milhões, com esse propósito específico e foram também assinados os primeiros convênios de repasses a entidades não-governamentais e universidades que realizam esse trabalho. Esperamos que essa iniciativa não só tenha continuidade como seja o prenúncio de muitas outras nessa direção. O acesso ao ensino superior se baseia no critério de mérito. Adotar simplesmente o sistema de cotas significa mudá-lo radical-

---

[188] Ver www.msu.org.br.

mente. É o que queremos? É o único caminho que temos? Acho que não, especialmente porque há alternativas imediatas de ações afirmativas que me parecem qualitativamente superiores. (Souza, 2003, p. A2).

Em nível subnacional, o governador do estado de São Paulo Geraldo Alckmin seguiria o ensinamento do tempo da escravização negra de 1827, das arcadas: antigo professor de cursinho pré-vestibular privado no interior de São Paulo, ele posaria para foto dando aula de jaleco branco em cursinho estatal criado pela USP com cinco mil vagas para a Zona Leste de São Paulo. O anúncio saiu em primeira mão no jornal *O Estado de São Paulo*, da terça-feira, 20 de abril de 2004, com a manchete "USP criará cursinho como alternativa às cotas – Em julho, pré-vestibular começará com 5 mil vagas na zona leste":

As aulas do cursinho – chamado de Pró-Universitário – serão dadas por alunos da USP. Eles vão receber capacitação e bolsas em dinheiro. Os professores prepararão também o material didático que, segundo a pró-reitora de Graduação, Sonia Penin, proporcionará uma revisão das nove disciplinas do ensino médio. As aulas devem ser dadas em salas ociosas da rede estadual de ensino e estão marcadas para começar em 1 de julho. Segundo o reitor, a preferência pela zona leste está ligada à carência da região e ao conseqüente fracasso de seus moradores em vestibulares de universidades públicas. O financiamento será feito pela secretaria estadual de Educação, parceira da USP no projeto. É ela também que fará a seleção dos alunos que estudarão no cursinho, cujo método ainda não foi definido. Apesar de a USP já estar distribuindo panfletos com detalhes do projeto e logotipo do governo do Estado, a Assessoria de Imprensa da secretaria diz que o cursinho vai existir, mas sua organização ainda está em estudo. Não há, portanto, estimativa de quanto será investido (Cafardo, 2004).

Na campanha eleitoral de 2002, o antigo aluno do Anglo, José Serra, e, muito amigo dos donos desse negócio com forte presença no subsistema de educação nacional, já empunhara a bandeira dos cursinhos pré-vestibulares como se ainda vivêssemos no primeiro Império. Também em nível subnacional, a UNESP institucionalizaria cursinhos estatais em seus campi, mais tarde, o governo do Piauí teria iniciativas assemelhadas, o Espírito Santo, a Bahia e universidades isoladas pelo Brasil: era a força da tradição e do *status quo*. De tão arcaico, como política pública, a institucionalização de cursinhos pré-vestibulares não se mostrou uma ideia-força ou *leitimotiv* para conformar uma coalizão nacional alternativa.

Mesmo assim, defensores dessa ideia lutaram até as últimas consequências nessa fileira, como tática política de impedir a vitória da Lei de Cotas no Congresso Nacional, como se depreende desse episódio lapidar de 2010, que expõe de modo límpido a centralidade da defesa do cursinho no pensamento de Eunice Durhan,

O SENHOR MINISTRO RICARDO LEWANDOWSKI (PRESIDENTE E RELATOR) – Doutora Roberta, o texto da Professora Eunice é extremamente interessante, eu verifico que Vossa Excelência já ultrapassou em muito o tempo de 15 minutos. Eu pediria que, se fosse possível, Vossa Excelência lesse, talvez, os parágrafos finais do pronunciamento da Professora Eunice e, depois, nós faríamos chegar às mãos dos eminentes colegas o texto integral, e a transcrição, como todos os demais pronunciamentos, fará parte do processo como um anexo. Então, peço a Vossa Excelência a gentileza de passar para os parágrafos finais. A SENHORA ROBERTA FRAGOSO MENEZES KAUFMANN (PROCURADORA) - Com certeza. A Professora prossegue falando da necessidade – vou fazer um resumo então para poder compreender, porque eu não tenho como ler só o último parágrafo, senão acho que ninguém vai entender nada. O SENHOR MINISTRO RICARDO LEWANDOWSKI (PRESIDENTE E RELATOR) – Fica a seu critério. A SENHORA ROBERTA FRAGOSO

MENEZES KAUFMANN (PROCURADORA) - A ideia da Professora é que, em vez de cotas para universidade, haja ação afirmativa para negros antes das cotas na universidade. **Então, nesse sentido ela aponta o caminho de cursinhos pré-vestibulares para alunos carentes como a melhor forma de ação afirmativa do que efetivamente a política de cotas.** E, ao fim, ela diz que:*"Dificilmente um curso pré universitário gratuito poderá abrigar todos os interessados.* Então, a conclusão da Professora é: *"Finalmente, como estamos falando em ações afirmativas, há uma outra de máxima importância que consiste em despertar a universidade para o cumprimento de sua obrigação inadiável de formar futuros professores capacitados para combater o racismo em si próprios, na sala de aula e na escola. Esta questão precisa ser incluída no currículo dos cursos de pedagogia e nas licenciaturas. E não se trata apenas de um tratamento teórico e abstrato dos males do racismo. Trata-se de capacitar os professores para diagnosticar o racismo na prática da sala de aula, mostrar concretamente como combatê-lo e conscientizá-los da importância, para as crianças, do estímulo de um professor que acredita nelas e no seu potencial. Desta forma, a universidade contribuirá para sanar o mal pela raiz, isto é, no próprio ensino fundamental. **A conjunção destas duas ações afirmativas," – os cursinhos pré vestibulares para negros carentes – "uma na ponta e outra na base," – posteriormente com a inserção do racismo como uma disciplina de sala de aula, contra o racismo, claro – "fará mais para diminuir a desigualdade educacional no Brasil do que o sistema de quotas."* Obrigada. (Kaufmann, 2010, p. 191-193).

Resta evidente que Eunice Durhan, ao dourar a pílula do "cursinho pré-vestibular", esquece-se da existência da Lei 10.639/2003, que justamente trata do ensino de história da África na escola.

José Tadeu Jorge, reitor da Universidade Estadual de Campinas, UNICAMP, universidade com grande peso na pesquisa brasileira, de posição de destaque no subsistema de educação, repercute na disputa entre as coalizões em torno da Lei de Cotas, tanto na sociedade como no Parlamento. Ele tratou do tema da reforma universitária e da inclusão social (Jorge, 2005). Ademais, transparece que esse ator talvez falasse em nome do próprio sistema público paulista de universidades. Ele diz que "a segunda versão do documento representa um avanço em relação à primeira". Por quê? Porque "se livrou de ranços ideológicos como, por exemplo, o de tentar submeter as universidades a conselhos sociais com poder deliberativo". No entanto, isso revela no autor pistas do autoritarismo acadêmico presente dentro das estruturas universitárias de poder, dentro das instituições uma sintonia fina com o autoritarismo mais geral da sociedade brasileira, pois a participação da sociedade civil é interpretada como uma anormalidade, quando isso poderia ser interpretado de modo mais simples, sem os fantasmas dos *soviets* da Guerra Fria, como uma ampliação da força da própria instituição universitária pelo seu maior enraizamento com a sociedade brasileira real, o que poderia ser traduzido, por exemplo, numa maior participação da sociedade civil em órgãos como o conselho universitário e na maior publicidade das deliberações desses órgãos.

Infelizmente, nesse ponto dos Conselhos, o canto do reitor ultrapassa as fronteiras entre as coalizões, dando espaço para a força do contrato racial que originou o Brasil. O caso do sistema público de bolsas públicas em instituições provadas ilustra isso e é necessário se demorar — sem medo — sobre ele, sobre os dentes do PROUNI, pois é preciso descer até o município, no subsistema de educação.

Quanto à participação em política pública no Brasil, de modo analítico, um aspecto das comissões de acompanhamento de políticas públicas de ação afirmativa para o acesso à universidade no Brasil, pode ser vislumbrado por meio de um estudo de caso e seu processo social, em suas dimensões históricas, compreensiva e reflexiva, no que tange as relações raciais, de classe. Na literatura, essa temática aparece como *enforcement* em política pública[189], o cumprimento da lei, a vigilância, a execução da lei, o acompanhamento social, o controle social de uma lei envolvendo variados agentes. No dito popular brasileiro, isso se refere ao problema "da lei que pega", da "lei que não pega" e de como fazer a lei pegar.

A marginalização dos N*MS que propuseram o Conselho Nacional de Acompanhamento e Controle Social do PROUNI (CONAP) implicou em consequências para a comissão e para as políticas públicas, como o racismo institucional e a inexistência de indicadores? Outra consequência disso foi sua contribuição para a forma do poder que gera o desencanto com a democracia no Brasil? O que é o sistema público de bolsas de estudos em instituições privadas de educação superior?

Apesar de sua onipresença meio mágica, ordenando o social brasileiro quase como uma doxa, o que já atiça a reflexão, como sugere Bourdieu, é preciso ir além da propaganda do Estado, dos governos, da propaganda partidária, das mídias, pequenas ou grandes no caso PROUNI, Lei 1.096/2005. É preciso ir além da doxa.

> A social world is a universe of presuppositions: the games and the stakes it proposes, the hierarchies and the preferences it imposes, in short, the ensemble of tacit conditions of membership, what is taken for granted by those who belong to it and which is invested with value in the eyes of those who want to be of it, all of this rests at bottom upon the immediate agreement between the structures of the social world and the categories of perception which constitute the doxa or, as Husserl put it, the protodoxa, a perception of the social world as natural and taken for granted. (Bourdieu, 2013, p. 298).

O sistema público de bolsas de estudos em instituições privadas de ensino superior nasceu no município de São Paulo, fruto da luta dos movimentos sociais pelo acesso à universidade, que conseguiram aprovar na Câmara Municipal de São Paulo (então presidida pelo Vereador José Eduardo Martins Cardoso) a criação da Universidade Municipal de São Paulo, em 31/12/2001. Sim, na passagem do ano de 2001 para 2002!

Vetado pela então prefeita de São Paulo Marta Suplicy, a universidade nas periferias, essa pauta de grande apelo popular, foi proposta em assembleias gigantescas do orçamento participativo nas periferias, como em Cidade Dutra. Tinha como carro-chefe a transformação do Presídio do Carandiru em Universidade e a presença de universidades públicas nas periferias (Góis, 2002).

Isso, simbolicamente, colocava o dedo na ferida da violenta racialização no Brasil, da hierarquia de raça, classe e lugar nas fronteiras simbólicas entre elite e periferia, suas distâncias, na tensão estrutural e relacional entre quem vai pra cadeia e quem vai pra universidade. Essas dimensões do racismo no Brasil dialogam com os estudos de Guerreiro Ramos e Rufino (Guimarães, 2007).

A universidade para as maiorias sociais disputava espaço na pauta política, no campo da política, o que desafiava a administração municipal de São Paulo e o *status quo*.

No jogo entre cooptação do movimento popular e apropriação da pauta popular, a resposta da cúpula do poder executivo municipal, representada pela Chefia de Gabinete da prefeita, ocorreu em negociação direta com os N*MS.

O veto do executivo foi justificado por vícios de iniciativa da Lei e por outros problemas burocráticos, mas o executivo se comprometeu a criar uma comissão paritária para buscar soluções para o problema da exclusão da universidade no município mais populoso do país.

---

[189] Ver "The Distribution Politics of Enforcemet", de Alisha C. Holland, *American Journal of Political Science*, v. 59, n. 2, p. 357-371, abr. 2015; "Social Origins of Institutional Strenght: Pior Consultation Over Extraction of Hidrocarbons in Bolivia", de Túlia G. e Falletti (2019).

Assim, a Portaria 135/2002, assinada pela prefeita Marta Suplicy, publicada no Diário Oficial do Município, instituiu o "Grupo de Trabalho Sobre a Questão Universitária em São Paulo", com o objetivo de "criar propostas que viessem permitir a frequência de cidadãos e cidadãs nos cursos universitários". O GT formado pela Secretaria Municipal do Trabalho, pela Secretaria Municipal de Educação, pela Secretaria Municipal de Assistência Social, pela Secretaria Municipal de Juventude, de um lado, e, por outro lado, por representantes dos N*MS, que haviam feito a proposta da universidade para o município que tem o tamanho de muitos países.

Isso registra na história o encontro tenso entre a burocracia de Estado e os movimentos sociais, no pobre enraizamento social da democracia no Brasil. Foram realizados cinco grandes seminários nas cinco macrorregiões — centro, sul, leste, oeste, norte — da cidade, com ampla participação popular.

Ao fim e ao cabo, quatro propostas surgiram: a criação da universidade municipal, a criação de um sistema público de bolsas de estudos em instituições particulares via troca de impostos municipais por bolsas, o oferecimento de cursos técnicos e tecnológicos, o apoio aos cursinhos populares.

A proposta do sistema público de bolsas de estudos no âmbito do GT foi esmiuçada com uma consulta ao Secretário de Finanças, João Sayad, sobre o peso relativo do ISS (Imposto Sobre Serviços, exclusivamente municipal) das instituições privadas de educação superior do município no orçamento municipal e o seu significado em termos de bolsas de estudos.

Ao contrário do esquecimento disso em algumas narrativas, como Lopreato (2005), Catani e Gilioli (2005), que não enxergaram nem as ações afirmativas nem os novíssimos movimentos sociais na criação do sistema público de bolsas de estudos em instituições privadas, dentre outras narrativas assemelhadas, onde o povo é um mero detalhe e a história são narrativas quase a-históricas. E. P. Thompson ficaria alarmado: a política pública caiu do céu, dada pela mão de Deus?

O município de São Paulo concentrava o poderio econômico e político do sistema privado de ensino superior no Brasil, responsável por cerca de 90% da oferta de vagas disponíveis no ensino superior na cidade de São Paulo, em 2002.

Era um oligopólio ideal em termos econômicos, oligopólio no novo setor de serviços, que passa a dominar a economia brasileira, oligopólio com dimensão de cartel, porque era grande financiador privado de campanhas eleitorais e fornecedor de auditórios cordatos gigantes aos partidos políticos em períodos eleitorais, na ética do financiamento privado de campanhas eleitorais.

Dois recursos de poder, como sublinha Max Weber, que escalavam os novíssimos movimentos sociais pelo direito à universidade na rabeira hierárquica da interlocução política na lógica do poder político dominante no Brasil, seus interesses, suas limitações, suas misérias, ainda que as massas que giravam as catracas e faziam os lucros do oligopólio privado em São Paulo, de maioria negra (Hasenbalg, 1979), fossem originárias de amplas regiões de periferia.

O relatório descritivo da Secretaria de Finanças, uma planilha com os números foi encaminhada para a comissão. Já em fins daquele ano e no próximo, as primeiras bolsas de estudos seriam concedidas para funcionários públicos e parentes de funcionários públicos municipais, na métrica da política de foco, receituário neoliberal dominante no começo do novo milênio mundo afora, no quadro do "Capitalism, Alone" (Milanovic, 2019).

Essa situação histórica revela com objetividade o surgimento do sistema público de bolsas de estudos: da luta pelo direito à universidade de maiorias. Isso alimenta a reflexão sociológica.

O mecanismo e a relação causal para uma política pública ficam já explícitos, numa esguelha de raciocínio. No âmbito federal, os movimentos sociais pelo direito à universidade reforçaram essa proposta ao então candidato Lula, ainda em 2002. O que também foi feito via interlocução direta, com o Ministério da Educação, em 2004 e o então membro do chamado "núcleo duro do planalto", ministro Luiz Gushiken.

Os novíssimos movimentos sociais também entraram com ação no Ministério Público Federal, em 2004, pela regulamentação da Lei da Filantropia, reivindicando a transformação dos 20% não pagos de impostos pelas universidades filantrópicas em bolsas de estudos integrais (Custódio, 2014). Por exemplo, o Mackenzie em São Paulo era a maior universidade filantrópica do Brasil então e oferecia número irrisório de bolsas de estudos.

Em 2004, em reunião com o então Ministro da Educação Tarso Genro (Mena, 2004), os movimentos sociais pelo direito à universidade reivindicaram um mínimo de 100 mil bolsas de estudos integrais. A lei nacional atrasaria e seria reconfigurada pelas elites políticas brancas de plantão no Parlamento do país.

Contra o gosto de alguns, mas fiel ao seu estilo de pregação política, "a concertação social", inspirada na visão política de Hannah Arendt, o ministro da Educação Tarso Genro, reconheceria o protagonismo dos novíssimos movimentos sociais na criação do sistema público de bolsas de estudos, o "PROUNI", e, em 13 de janeiro de 2005, daria voz ao MSU e a EDUCAFRO na cerimônia de lançamento do PROUNI, ocorrida em pleno Palácio do Planalto, com a presença do Presidente da República e ampla cobertura de imprensa (Lôbo; Nunes, 2005). Na ocasião, o presidente da República e o ministro de Estado da Educação se comprometeram com a criação de uma comissão nacional de acompanhamento social da política pública, proposta pelos novíssimos movimentos sociais.

A lei tinha que mostrar seus dentes, afinal, tratava-se de recursos públicos e da maior política pública de ação afirmativa para o acesso de negros, pobres, escola pública, indígenas na universidade privada, a maior política de ação afirmativa até então realizada na história do Brasil.

Por que, no Brasil, teve tão baixa visibilidade pública a Comissão Nacional de Acompanhamento e Controle Social do PROUNI, a CONAP, do Ministério da Educação, de âmbito federal?

A hipótese desde aqui é que, ao longo do tempo, a comissão de acompanhamento e controle social do sistema público de bolsas, nomeado "PROUNI", não forneceu para a sociedade um conjunto de indicadores de fé pública, isso revela problemas da participação social em políticas públicas de ação afirmativa no Brasil, onde sobressaem o racismo institucional e o incentivo ao desenraizamento da democracia no solo da nação. Mostra o quanto a coalizão contra a Lei de Cotas tem ojeriza da participação popular no Brasil, mais, o quanto essa ojeriza atravessa as fronteiras porosas da coalizão a favor da Lei de Cotas e o quanto o filtro na representação política esmaga o espelho, herança maldita da colonização que tolhe o potencial cidadão das políticas públicas.

A perspectiva analítica, inserida nas circunstâncias da realidade brasileira e os seus constrangimentos aos agentes, no entanto, compartilha visão de Bergman e Luckmann sobre as instituições, a sua importância e a importância de sua não reificação, como no ponto onde sustentam que "[...] despite the objectivity that marks the social world in human experience, its does not thereby acquire an ontological status apart from the human activity that produced it" (Bergman; Luckman *apud* Martin; Dennis, 2010, p. 11).

A enorme crise política de 2005, crise do financiamento privado do sistema eleitoral, por conta de imbróglios graves do sistema político, gerou vagas cobiçadas pelos agentes políticos de plantão em posição nobre no campo político, em função de um alçapão previsível que engoliu quadros históricos da cúpula do poder político da coalizão dominante envolvidos no jogo sem luz do financiamento privado de eleições, um jogo estruturado no sistema político brasileiro, desde 1946, junto com a industrialização tardia do país.

Vertigens e ânsias agudas por virtuais posições de poder vagas de repente contaminaram os burocratas hierarquicamente descolados de processos sociais mais enraizados, porém em privilegiadas posições de comando burocrático em cargos de confiança.

A crise quase paralisou o país. Com isso, a comissão de acompanhamento e controle social do PROUNI só saiu em 2006. Elites de sindicatos e outras organizações partidárias, que eram contrárias ao PROUNI na origem, a dominariam, paradoxalmente, juntamente com uma elite burocrática pública do tipo gerencial de plantão e a representação do ensino privado nacional. Agora, numa perspectiva mais ampla e de fronteiras mais borradas: não mais municipal, mas nacional. No epicentro da política pública de educação superior, no Ministério da Educação do Brasil, dá-se o encontro entre os novíssimos movimentos sociais e as burocracias de vários tipos, essas fronteiras simbólicas carregavam novas tensões e o segredo de que falava Weber sobre a burocracia.

Ali, a burocracia vertical do meio sindical e seus agregados, a burocracia vertical do tipo técnica ideal do Ministério da Educação, a burocracia vertical dos agentes burocráticos de representação do ensino privado encontrariam os novíssimos movimentos sociais. As fronteiras simbólicas eram evidentes quase de per si. Os tempos diferentes de percepção da dor de exclusão da universidade no "capitalismo do tipo meritocrático" erigiam suas fronteiras políticas práticas em Brasília. Para a pressa, uma lentidão de doer os ossos, pois a fome de saber tem pressa e a bala costuma romper corpos negros nas periferias. A pressa relaciona-se com a morte e a dor para os "outros" sociais, para alguns das elites, é parte da paisagem, como a chuva.

Para a pressa dos novíssimos movimentos sociais em resolver as coisas herdadas de antanhos da escravização negra, indígena, na dimensão do enfrentamento do racismo estrutural brasileiro, da desigualdade, correspondia uma lentidão calculada do jogo burocrático de conciliação e seus métodos próprios de calcular o quantum de inclusão é o permitido no tempo.

No geral, de alterações incrementais mui lentas do status quo, medidas nos cadinhos burocráticos da conveniência no campo político e dos lucros políticos dos agentes em posição-chave do poder político.

Os novíssimos movimentos sociais tiveram a participação garantida na comissão proposta por eles mesmos, talvez para evitar disparate histórico, mas seu protagonismo foi limitado, marginalizado.

Suas representações não foram reconhecidas de per si, na portaria ministerial instituinte da CONAP. Eles ganharam inusitada e sutil representação, eles representavam agora toda a "sociedade civil", uma manobra de controle burocrático que não passou despercebida. A portaria que informa o poder do monopólio da violência simbólica do Estado, escrita pelo senhor Ministro de Estado, a de número 301, de 30 de janeiro de 2006, e a Portaria n.º 941, de 27 de abril de 2006, que fez as nomeações, desapareceram com os nomes dos novíssimos movimentos sociais, como outro episódio de "esquecimento" da história. Em disputa, os lucros do campo político. Pode o Estado desaparecer com a história?

A teoria social não pestaneja aqui: já é o exercício do monopólio da violência simbólica, pelo poder estatal de nomear, como sustenta a teoria social.

Por exemplo, a instituição de sistema de presidência na comissão, sem rodízio entre membros, fez com que houvesse um revezamento do poder na comissão apenas entre suas duas forças principais: o mundo da burocracia sindical, seus agregados e o mundo do *lobby* do ensino privado, sob a tutela da burocracia pública oficial. Foucault se remexeu no túmulo. Abdias do Nascimento esbravejou no além. Não adiantou.

A elite burocrática da classe operária da matriz industrial do combustível fóssil em ação, seus aliados, isso esmagaria os movimentos da periferia, em 2006, e depois. Antiga tensão teórica e prática não resolvida desde os primórdios dos partidos comunistas e de trabalhadores no Brasil: as cúpulas sindicais da classe engolem a raça. Indígenas não participariam da comissão. O tempo estático do etapismo prático sedento e cego pelo poder, ao gosto do marxismo vulgar, mesmo um naquinho dele, lógica de antanhos, ganha do tempo dinâmico da teoria social, da academia distante.

A interseccionalidade é miragem, a crítica e a própria teoria são perda de tempo, um pragmatismo de imitação domina a cena, as reuniões da CONAP, "veja bem", não podem ser gravadas, não podem ter suas íntegras transcritas e tornadas públicas. São os trágicos enredos das imitações nos países colonizados, onde no meio das desigualdades quem oferece um olho de vidro o faz posando como rei, como quem enxerga no escuro.

Ganham os arieis, esconjuram-se os calibãs feios, as bruxas medonhas. A vanguarda, marca do modernismo na cultura, foi pouco estudada em sua ação na política brasileira, onde reina esse teimoso costume opressor, a dominação da vanguarda branca, cuja senha de acesso pode ser "falar difícil", ter uma boa cor, uma boa estirpe, uma boa formação nalgum colégio de nome, ser membro de algum clube centenário branco, ou seja, a posse dos capitais simbólicos e dominar as ferramentas sutis do medo para cima dos "fracos", como numa república de bacharéis brancos ou branqueados (Guimarães, 2011).

Nunca os novíssimos movimentos sociais chegaram à presidência da comissão, de onde seriam escorraçados pelas duas forças políticas dominantes, paulatinamente, até o desligamento de suas participações, engendrado por essas mesmas forças e a burocracia pública de tutela do oitavo andar do Ministério da Educação, com base em razões burocráticas. A tutela burocrática de comissões de participação social em política pública é péssima tradição da política brasileira, da democracia brasileira, que parece ter medo arraigado de preto, de pobre, de indígenas, de movimentos sociais.

O jogo do um, do número um, como no monoteísmo de longa tradição, como na canção judaica que fala do um, depois do significado do número dois, do três, do quatro, ganha do múltiplo. E aqui talvez se esconda o espectro do dilema negro brasileiro, que não é localista, não é de uma casta, dado a lógica da escravização negra e a lógica da reprodução de sua herança. Não é apenas questão do credo, como Myrdal (1944) enxergou o caso estadunidense. Sem acompanhamento social? No *enforcement*?

No caso em análise aqui, não é uma questão da fé na propaganda do "universidade para todos", de um acreditar que automaticamente se supera o racismo, as desigualdades. Das trevas de Conrad partiram já os contornos das trevas no Brasil no século XXI,

> A conquista da terra, que significa sobretudo tirá-la daqueles que têm uma pele diferente ou o nariz ligeiramente mais achatado que o nosso, não é uma coisa bonita quando vista muito de perto. O que nos redime é somente a ideia. Uma ideia por trás dela; sem nenhum pretexto sentimental, apenas uma ideia; e uma crença desprendida na ideia – alguma coisa que criamos para que diante dela nos curvemos e lhe ofereçamos um sacrifício... (Conrad, [1902] 1919, p. 9).

A tutela implica controle estatal e não autonomia. Ao passo que, em paralelo, as chamadas agências, como a Agência Nacional de Telecomunicações (Anatel), caiam no controle graúdo dos oligopólios dos respectivos setores econômicos e os jogos entre agente-principal e captura. Ganhou aqui, vitória de Pirro, no caso da CONAP, o modelo antigo de comissões tuteladas, da propaganda de Estado e seus eleitos, herdada dos anos 1930, de trágicas consequências democráticas para o médio e longo prazo da história do Brasil. Por isso, há uma camada de sentido não à toa em 2013, dentre outras.

Pirro, sim, pois aponta para as trevas, passadas e vindouras, porque a conciliação tratou o outro social como o Lázaro de ocasião, já contente com a migalha feito "presente" que se "ganha" rastejando no chão do banquete dos ricos, como a pintura de Debret, um casal branco comendo numa mesa e crianças negras no chão, em Viagens Pitorescas ao Brasil, publicado nos anos 1830, na França, escancara as relações raciais na história do Brasil.

Não apenas nenhum negro tornou-se presidente da Conap, como ela mesma foi jogada na invisibilidade pública quase que *in totum*, seja pela assessoria de imprensa do Ministério da Educação — que depois de Tarso Genro, passou a ser coordenada por ex-jornalista da *Folha de São Paulo*, que comandou com mãos de ferro, burocraticamente, o vagão burocrático da comunicação, um departamento no prédio principal do MEC. O medo do preto que alimenta as hostes conservadoras de antanho, o racismo institucional, alimenta também o medo do medo do preto dos que gerenciam as conciliações. Entre crispar a conciliação ou não, o porrete sobra para o pobre, para o negro.

Assim, o primeiro quadro expressionista da primeira propaganda do "PROUNI", um cartaz de divulgação de fins de 2004, o quadro reatualizado, que lembrava "O quarto Estado", de Giuseppe Pelllizza (1868-1907), com brancos pobres, mulheres, negras e negros, crianças, expressando a conquista da vaga historicamente negada à universidade, juntos, de cabeça erguida numa praça pública com olhos abertos e braços abertos desapareceu do mapa oficial. Por que será?

O salão da conciliação muito cheio de si pode repentinamente ser traído pelos outros jogadores da conciliação. O povo pode abandonar ao Deus dará a propaganda da conciliação quando não sente que dela faz parte como protagonista, mas é mero objeto, receptáculo de suas migalhas que lhe caem ao chão. Por isso, a vitória de Pirro, faz sentido pensar o tiro pela culatra na democracia do Brasil dado em alguma escala pelas próprias armas da conciliação e suas armadilhas históricas, noutra escala estão os tiros dos inimigos da democracia, não desconsiderando o peso dessa artilharia, como a presença de um partido real militar na história do Brasil, ao menos desde o massacre de Canudos sobre a maioria do lugar.

A assessoria de comunicação retirou os novíssimos movimentos sociais da pauta, em prol de outra propaganda vertical de estado, personalizada, que lembra o velho estilo soviético, com elevados custos para a democracia brasileira no médio e no longo prazo, porque democracia não é uma planta artificial que se compra na internet, precisa de lugar, semente, sol e água para crescer, precisa de tempo, precisa ser cultivada de modo capilar no chão da nação, entre os seus, os simples de que fala o sociólogo José de Souza Martins, nos terreiros, nas ladeiras, no baixio, nos quilombos, nas aldeias, nas quebradas.

O problema democrático que assombra a cena merece realce: é que, nesse moto, a cidadania brasileira não constrói a política pública desde a luta social, mas ela é inventada de cima para baixo, em laboratório, por mentes brilhantes, como um sabonete. Logo, não tem nenhuma importância a participação na política pública, porque o povo não sabe da fórmula mágica do sabonete.

Isso enfraquece a democracia, porque enfraquece a mobilização popular, pela lógica da distância entre a ação dos agentes, seus sentidos, sua potência e a mistificação do benefício gerado pela propaganda. Os agentes reais não importam. Eles são jogados às margens do campo político, a distâncias calculadas, ainda que o poder político os procure na hora do voto, isso só na base de muita violência simbólica e real. Assim, o voto é carregado da própria violência simbólica, pode mudar de sentido também.

A cidadania é rebaixada a "beneficiários", um auditório passivo, de um lado do balcão. Não há história, nem tensão racial, nem tensão de classe. A cidadania vira freguesia. Alhures, o vulgo chefe das trevas pode elucubrar: caso mude os donos disso aí, quem tá de um lado do balcão será que não fica com a freguesia que tá do outro lado? A cidadania é o consumo de produtos prontos na prateleira política, o real se sublima como doxa ao gosto do poder de plantão, da narrativa do poder de plantão feita pela propaganda que dirá "ele deu isso para você", por isso "vote nele". A política vira uma competição de propaganda.

Não só no chão da cidade do palácio da prefeita, mas no chão da nação da esplanada dos Ministérios, dos palácios do governo federal, a democracia brasileira tinha problemas graves de cultura e enraizamento. Pois era guiada por ventos tortos seculares do medo do povo, medo do preto, medo dos novíssimos movimentos sociais, mesmo que eles não tivessem talvez nem 32 dentes, medo do poder simbólico.

A presença simples dos novíssimos movimentos sociais na comissão apavorava a conciliação burocrática dos agentes bem-posicionados no campo político, seus capitais, seus lucros e mais que tudo a gestão do presente e do futuro das desigualdades brasileiras. O apelo ao um é o apelo ao sim, o múltiplo traz o risco do não. Mas não é o não que inventa a política, a democracia?

Uma das lutas dos novíssimos movimentos sociais, no âmbito da comissão nacional de acompanhamento e controle social do PROUNI, foi pela existência de um conjunto de indicadores públicos e monitoráveis pela sociedade, transparentes, o que não foi efetivado pela CONAP até 2017, 11 anos após a existência da comissão. Naquele ano, porém, foi criada uma subcomissão de indicadores presidida pelos novíssimos movimentos sociais, depois de intenso trabalho, uma lista de indicadores foi proposta.

O veto aos indicadores embutia uma postulação: a não existência do racismo institucional nas instituições de ensino superior privadas. E, ao mesmo tempo, institucionalizava o racismo institucional no âmbito da CONAP, contraditoriamente, como discussão proibida. É no jogo dos indicadores propostos e não efetivados até aquela hora da história que mora parte da alma, do desconhecido racismo institucional nas instituições privadas de ensino superior, seus cursos e carreiras.

Os indicadores de per si amarram grande parte do debate da teoria das relações raciais no Brasil e sua importância, porque informam desse processo social em variadas dimensões. De certo modo, a existência da CONAP na história do Brasil, dos indicadores terem sido definidos finalmente em 2017, representa a vitória dos novíssimos movimentos sociais em sua luta, ainda que os novíssimos movimentos sociais ficassem com o cartão vermelho depois. De qualquer maneira, eles valeram do limão de suas presenças na CONAP para a luta pela limonada da Lei de Cotas no Parlamento nacional, à medida que era caro estar em Brasília e Brasília significava muito trabalho intenso e esperanças de vitória para os N*MS. Esse passo já informa a perplexidade e o paradoxo, não é preciso ir além.

Fica demonstrado, retirada do segredo, a inação por longo tempo, sustentado as hipóteses exploradas, como a da guerra, que continua no terreno da burocracia, pois como é possível se combater o racismo numa política pública sem indicadores e monitoramento contínuo da política? Resta demonstrado também a grande força inercial da dominação no Brasil, seu longo tempo, seus mil e um disfarces, seus modos aparentemente infinitos que constrangem a política pública e seu potencial de cidadania antirracista.

Os percalços de uma comissão de acompanhamento social no mundo privado talvez sirvam de algo para o mundo das universidades públicas. A democracia sem enraizamento, sem seiva, não se substitui pela propaganda. O Brasil não é mesmo para principiantes. Os indicadores precisam ser listados, porque falam por si só para sustentar a importância dessa reflexão e sua pertinácia para o antirracismo no Brasil. Não custa aqui explicitá-los, é um documento histórico antirracista.

Fica o convite para que a investigação própria em torno desses indicadores ocorra nalguma pesquisa vindoura.

Os indicadores

Os critérios para ingressar no sistema público de bolsas de estudo em instituições privadas (PROUNI) são: renda familiar per capita máxima de até 1,5 salários-mínimos, pertencimento a grupo étnico-racial, nota do ENEM, ter origem em escola pública, bolsa integral em escola privada, deficiência ou ser professor da escola pública. Todos os indicadores devem ser desagregados por faixa etária, deficiência, sexo, regiões e Unidade da Federação. Bases de dados institucionais, como o censo da educação superior, do ENEM, da PNAD, do IBGE e *surveys* próprios da comissão informam o levantamento dos dados, podendo ser requisitados ao INEP e outros órgãos públicos, se necessário.

Quadro 5 – Indicadores do potencial número de estudantes elegíveis ao PROUNI

Indicadores do potencial número de estudantes elegíveis ao PROUNI
– Renda familiar per capita dos estudantes egressos de escola pública por grupo étnico-racial (PNAD-Contínua), a partir dos 16 anos.
– Número de estudantes da escola pública com renda per capita de até 1,5 sm que fazem o ENEM por ano.
– Número de estudantes da escola pública com renda de até 1,5 sm que se candidatam ao ENEM por ano.

Fonte: elaborado pelo autor

Quadro 6 – Indicadores de critério de desempenho na prova

Indicadores de critério de desempenho na prova
– Nota do ENEM dos estudantes da escola pública e nota de corte para ingresso nas universidades.

Fonte: elaborado pelo autor

Quadro 7 – Indicadores de efetividade do PROUNI

Indicadores de efetividade do PROUNI
Número de ingressantes por meio do PROUNI sobre o número de concluintes por meio do PROUNI
1 Indicadores de renda dos concluintes.
1.1 Perfil de renda do grupo de renda familiar bruta per capita dividida em intervalos de 0,5 SM.
1.1.1 Massa de estudantes que fizeram ENEM.
1.1.2 Candidatos.
1.1.3 Ingressantes.
1.1.4 Concluintes.
1.1.5 Egresso – avaliar com indicador 21.
1.2 Comparar os levantamentos do item 1.1 e seus subitens com a distribuição da renda da população brasileira (dados do PNAD e do Censo Demográfico do IBGE) com mesmo padrão de intervalo utilizado pelo PROUNI
1.3 Comparar os levantamentos do item 1.1 e seus subitens com a distribuição da renda da população brasileira (dados do PNAD e do Censo Demográfico do IBGE) que tem pessoa matriculada no ensino superior com mesmo padrão de intervalo utilizado pelo PROUNI.
1.4 Comparar os subitens 1.1.3 e 1.1.4 com os dados do ENEM e do ENADE para os demais matriculados no nível superior (ENEM, ENADE, Sisprouni, Censo da Educação Superior).
1.5 Peso da renda do estudante no grupo familiar.
1.5.1 Massa de estudantes que fizeram ENEM.
1.5.2 Candidatos.
1.5.3 Ingressantes.
1.5.4 Concluintes.
1.5.5 Egressos – avaliar com indicador 21.
1.5.6 Efeito renda na vida do Prounista (alteração da renda em relação ao momento inicial de inscrição no ENEM).
2 Indicadores étnico-racial – transversal (públicos étnico-racial, deficiência, sexo e faixas etárias) e recorte em outros indicadores.
2.1 Perfil étnico-racial (brancos, pardo, preto, negro, indígenas [PPI], amarelo e não declarados).
2.1.1 Massa de estudantes que fizeram ENEM.
2.1.2 Candidatos.
2.1.3 Ingressante.
2.1.4 Ingressantes/candidatos.
2.1.5 Concluintes.
2.1.6 Concluintes/ingressantes.
2.1.7 Egressos.
2.2 Casos de discriminação em razão de perfil étnico-racial.
2.2.1 Negros (preto e pardo).
2.2.2 Indígenas.
2.3 Levantamento por pesquisa sobre "Existe racismo no Brasil?" "Você já cometeu ato de discriminação étnico-racial/racismo?" "Você já foi vítima de discriminação étnico-racial ou racismo?".
2.4 Número de denúncias de ocorrências de racismo por semestre (fonte DIPPES).

Indicadores de efetividade do PROUNI
Número de ingressantes por meio do PROUNI sobre o número de concluintes por meio do PROUNI

3 Origem escola pública/escola privada como bolsista integral (transversal públicos étnico-racial, deficiência e sexo).

3.1 Proporção de origem de escola pública por ingressantes e concluintes.

3.2 Proporção de origem de escola privada como bolsista integral por ingressantes e concluintes.

---

4 Origem do prounista (transversal públicos étnico-racial, deficiência, sexo e faixas etárias) capital ou interior por tamanho populacional dos municípios.

4.1 Por faixas de porte populacional (até 10.0000, entre 10.001 e 25.000, entre 25.001 e 50.000, entre 50.001 e 100.000, entre 100.001 e 200.000, entre 200.001 e 500.000, entre 500.001 e 1.000.000 e acima de 1.000.000).

4.2 Por regiões metropolitanas.

4.3 Por macrorregiões.

4.4 Predominância populacional entre rural e urbana na base de municípios (censo demográfico ou projeções mais atuais).

4.5 Distância do local de residência dos estudantes em relação ao local de oferta do curso através do CEP (CEP do Local de Residência X CEP da oferta do curso)

4.6 Indicador territorial de vulnerabilidade (baixo IDH, mapa da violência, condições de saúde)

4.7 Migração para estudar pelo PROUNI (município de residência X municípios do curso).

4.8 Percepção de necessidade de transporte público.

---

5 Se atuam como professores da rede pública por ingressantes e concluintes (transversal públicos étnico-racial, deficiência, sexo e faixas etárias)

5.1 Taxa de professores ingressantes no PROUNI

5.2 Taxa de professores concluintes

5.3 Taxa de propensão para atuarem como professores da EB (prounistas em cursos de licenciaturas que ainda não atuam como professores da EB)

5.4 Distribuição dos professores prounistas por curso.

5.5 Taxa efetiva de concluintes do PROUNI que atuam como professores da EB (marcação CPF concluintes PROUNI com CPF professores EB).

---

6 Ensino presencial e EaD (transversal públicos étnico-racial, deficiência, sexo e faixas etárias).

6.1 Taxa de ingressantes por ensino Presencial

6.2 Taxa de ingressantes por ensino EaD.

6.3 Taxa de concluintes por ensino presencial

6.4 Taxa de concluintes por ensino e EaD.

---

7 Estágio, iniciação científica e auxílios permanência (transversal públicos étnico-racial, deficiência, sexo e faixas etárias).

7.1 Taxa de prounistas estagiários (base censo superior).

7.2 Taxa de prounistas com Bolsa Permanência (base censo superior)

7.3 Taxa de prounistas com apoio alimentação (base censo superior).

7.4 Taxa de prounistas com apoio moradia (base censo superior).

7.5 Taxa de prounistas com apoio transporte (base censo superior).

7.6 Taxa de prounistas com monitoria/pesquisa/iniciação científica (base censo superior).

Indicadores de efetividade do PROUNI **Número de ingressantes por meio do PROUNI sobre o número de concluintes por meio do PROUNI**
8 Indicadores de oferta de Cursos 8.1 Por Grau Acadêmico (Bacharelado/Licenciatura/Tecnólogo) 8.2 Turno (matutino, vespertino, noturno, integral, não aplicável-EaD) 8.3 Modalidade (presencial e EaD) 8.4 Sistemas Seriais ou de Crédito.
9 Outros indicadores de perfil de ingressantes e concluintes. 9.1 Por grau acadêmico (bacharelado/licenciatura/tecnólogo). 9.2 Turno (matutino, vespertino, noturno, integral, não aplicável-EaD). 9.3 Modalidade (presencial e EaD). 9.4 Sistemas Seriais ou de Crédito.
10 Utilização de nome social em relação ao total de prounistas. 10.1 Ingressantes. 10.2 Concluintes.
11 Participação social. 11.1 Prounistas que integram ou já integraram COLAP (Comissão Local de Acompanhamento e Controle Social do PROUNI). 11.2 Prounistas que já participaram ou participam de atividade de representação estudantil. 11.3 Prounistas que já participaram ou participam de atividades de extensão.
12 Capital cultural (livros, computador, atividades, escolaridade dos pais, tipo de escola pública) indicador transversal públicos étnico-racial, deficiência, sexo e faixas etárias. 12.1.1 Escalas de porte classificatórias (1 para nada e 5 para tudo) de itens acessados pelos prounistas (ver variáveis disponíveis bases do ENEM e questionário socioecomômico do ENADE).
13 Percentual de prounistas sobre o total geral de alunos(as) por turmas e IES. Indicador transversal públicos étnico-racial, deficiência, sexo e faixas etárias.
14 Desempenho acadêmico do prounista (ENEM, ENADE). Transversal públicos étnico-racial, deficiência, sexo, faixas etárias e evasão.
15 Clima Educacional (participação de atividades extracurriculares, monitoria, racismo, intercâmbios, survey para aferir outras possibilidades complementares). Transversal públicos étnico-racial, deficiência, sexo, faixas etárias e evasão.
15.1 Indicador escalar de 1 a 5.
16 Dificuldades educacionais do aluno (a). Transversal públicos étnico-racial, deficiência, sexo, faixas etárias e evasão. 16.1 Prounistas que não atingiram 75% de aprovação nas disciplinas cursadas no semestre / pelo total de prounistas do curso. 16.2 Número de reincidentes no semestre/pelo total de prounistas do curso no semestre. 16.3 Número de reconsiderações por prounistas no período do curso/pelo número total de prounistas do curso. 16.4 *Survey* complementar com fatores correlatos que podem influenciar em dificuldades educacionais e levantamento das disciplinas com maiores dificuldades nos dois semestres iniciais.

Indicadores de efetividade do PROUNI **Número de ingressantes por meio do PROUNI sobre o número de concluintes por meio do PROUNI**
17 Concluintes (adesão carreira científica e profissional). Transversal. 17.1 Taxa de prounistas em cursos de pós-graduação. 17.2 Taxa de prounistas que concluíram cursos de pós-graduação. 17.3 Taxa de prounistas em cursos de especialização. 17.4 Taxa de prounistas que concluíram cursos de especialização. 17.5 Taxa de prounistas em cursos de mestrado. 17.6 Taxa de prounistas que concluíram cursos de mestrado. 17.7 Taxa de prounistas em cursos de doutorado. 17.8 Taxa de prounistas que concluíram cursos de doutorado.
18 Indicadores de entendimento de Evasão. Transversal. 18.1 Número de evasão de prounistas por semestre/pelo total de prounistas por curso e IES.
19 Indicadores de Discriminação (locais e tipos de ocorrências).
20 Interação com a produção e pesquisa científicas.
21 Ação social.
22 Relativos entre cursos e IES.
23 Volumes recursos públicos da isenção fiscal.
24 Marketing do PROUNI nas IES e no governo.
25 Percepção da CONAP entre comunidade acadêmica.
26 Fraudes mais comuns e formas de superação.
27 Gerar estudos e novos indicadores de cenários de oferta e de ocupação de bolsas parciais e integrais, com recorte entre obrigatórias e adicionais, por área de curso, por perfil de renda de quem ocupa etc.
28 Gerar estudos e novos indicadores em torno da dinâmica das listas de espera, como a quantidade de estudantes que manifestaram interesse em lista de espera, recorte por UF, por IES, recorte por nomenclatura de cursos nos últimos processos seletivos, fazendo TOP 20 em todos os cenários.
29 Saúde do Prounista.

Fonte: elaborado pelo autor com base no CONAP

É hora de voltar para o nível estadual do subsistema de educação. É hora de retomar a palavra do reitor da UNICAMP, cuja posição vista anteriormente, como no tema dos Conselhos, contrasta com a posição defendida pelos N*MS, como consta das leis propostas nas duas pedras para uma reforma universitária popular no Brasil, entregues ao MEC.

O reitor diz que "a nova versão do anteprojeto avança também ao definir a obrigatoriedade de um terço das vagas noturnas nas universidades públicas", em acordo com o que faz o sistema paulista há 15 anos, no que julga ser "um fator de inclusão dos mais eficazes" e avança ainda "ao preservar as prerrogativas dos Conselhos Estaduais de Educação como órgãos reguladores das universidades estaduais [no que evitaria] um centralismo perigoso".

Porém, são evidentes os centralismos antidemocráticos de muitos conselhos estaduais de educação, como o caso do Conselho Estadual de Educação de São Paulo, que vetou a criação da universidade pública no município de São Paulo, fruto da luta dos N*MS pela transformação do Carandiru em universidade e por universidades públicas na periferia da cidade que é maior que Paris. O veto no Conselho Estadual de Educação foi ratificado com base em parecer do pró-reitor de graduação da UNICAMP e com o voto do dono do Colégio Bandeirantes, destacado líder do Conselho Estadual de Educação, que têm evidentes problemas de centralização.

Jorge (2005) questiona no anteprojeto a discussão em torno do que seja o conceito de autonomia universitária, um tema caro das crenças mobilizadas pela coalizão contra a Lei de Cotas. Contudo, não expõe os termos do debate do que seja autonomia, toma como uma palavra de ordem, quase interditando a discussão de seu sentido, de sua limitação. De fato, a guarida constitucional da autonomia importa, contudo isso não autoriza a universidade a subir na torre de marfim à revelia do dinamismo social do Brasil. Se há privilégios brancos na universidade, por exemplo, eles devem ser contrastados com políticas públicas alternativas, o que tensiona a autonomia, qualifica-a, sem desaparecer com ela. Como o machado de Thor, a autonomia foi bradada aqui e acolá pela coalizão contra a Lei de Cotas para espantar com os raios e trovões dos argumentos de autoridade acadêmica a mudança estrutural em política pública perseguida pelos N*MS, pela coalizão a favor da Lei de Cotas.

O autor clama pela inclusão da pesquisa, conforme o famoso tripé dos três pontos no símbolo da UNICAMP, ao lado do ensino e da extensão, para que uma universidade seja reconhecida como tal, no que tem razão. Ele vê como demagógica a introdução do tema da eleição direta para reitor e vice-reitor em substituição ao sistema de consultas indicativas. Isso é coerente com sua posição contrária à democratização do poder dentro da universidade.

Para ele, "soa tímido" o artigo 57 do anteprojeto que define um mínimo de 5% da verba de custeio para bolsas, subsídios à alimentação, moradia, programas de inclusão etc. Na comparação desse item com a experiência da UNICAMP, isso é quase três vezes menos, pois na UNICAMP isso oscila em torno dos 13% dos recursos de custeio. Nesse ponto, com um argumento objetivo, o autor expõe limites do novo anteprojeto, o que pode ser a repercussão dos vetos do Ministério da Fazenda sobre o subsistema de educação ou revelar a baixa inovação em política pública presente no texto final do anteprojeto ou outra armadilha da linha de força lógica desse ponto no texto final do anteprojeto. Qual? Mais um passo no texto do autor será útil para que se estabeleçam as relações que expõe a armadilha.

> O avanço mais notável, entretanto, é o abandono do imediatismo das chamadas cotas étnicas em troca de políticas de ação afirmativa que levem em conta a inclusão dos estudantes oriundos da escola pública, onde seguramente estão os negros, os indígenas e os pobres de um modo geral. Diz o texto que isso se fará segundo cronogramas e metas fixados pelas universidades públicas, num prazo de dez anos, devendo-se alcançar nesse prazo "o atendimento pleno dos critérios de proporção de pelo menos 50%, em todos os turnos e em todos os cursos de graduação, de estudantes egressos integralmente do ensino médio público. (Jorge, 2005).

O ponto enfatizado anteriormente é a comemoração. O que se comemora? Comemora-se "o abandono do imediatismo das chamadas cotas étnicas", como atesta o imperativo "o avanço mais notável" (Jorge, 2005). O branquinho passado no anteprojeto da reforma universitária revela a vitória da coalizão contra a Lei de Cotas nesse *round* da disputa entre as coalizões no subsistema de educação, é o que expõe esse ator capital da coalizão contra a Lei de Cotas. Junto da posição de comemoração, o ator lança aos ventos as amarras discursivas artificiais: políticas de cotas *versus* políticas de ação afirmativa, escola pública *versus* negros, indígenas e pobres. Lança-as no tempo infinito no limite de dez anos para a frente, talvez, como se fez a política pública da abolição inconclusa: um tempo lento, um tempo gradual, um tempo seguro para a manutenção e a reprodução do *status quo* nas universidades públicas brasileiras. Pode ser lido também como dentro do tempo infinito da cota do privilégio branco na universidade brasileira.

A métrica política de dividir para imperar aliada ao fazer política pública em torno da margem, para a exceção que serve para sacralizar a regra, foi denunciada de maneira lapidar, primorosa por Abdias do Nascimento, no seu livro clássico *O Genocídio ou o Negro em Questão* (Nascimento, [1977] 2016). O artificialismo da amarra política se esconde na estratégia política da coalizão contra a Lei de Cotas de, a todo o custo, em todo o momento, buscar dividir a maioria para impor-se sobre ela. Essa foi a percepção sagaz de Abdias do Nascimento.

Se uma política pública não pode passar ao largo de seu financiamento, então a relação que leva a armadilha no anteprojeto final de reforma universitária salta aos olhos: se não há cotas, logo, não há necessidade de desenho da política pública para receber os pobres, os negros, as negras, os povos indígenas com dignidade e respeito cidadãos, com a dignidade que a cidadania requer num país campeão em desigualdades. Desse modo, a possibilidade histórica da mudança estrutural em política pública tem o sinal fechado pelas mãos da burocracia universitária brasileira e pelos gestores federais tolhidos em imaginação em política pública. O que seria o encontro da universidade brasileira com o seu povo? O que seria inovação em política pública nesse caso?

Há que se observar que o texto do reitor menciona os 13%, mas fala da alimentação, fala da moradia. São direitos básicos para um cotista: comer bem, morar bem, ter acesso a livros, ter acesso à família. Zelar pela moral do cotista é zelar pela moral da universidade pública que é a moral do país. Assim, a UNICAMP tem moradia, mas federais têm moradia? Como foi feita a moradia da UNI-CAMP? Nasceu dos colchões estendidos no ciclo básico pelos estudantes do meio popular que não tinham como sobreviver na UNICAMP e passaram a ocupar parte de um prédio da universidade como moradia. Mesmo nos filmes, como *Rede Social* (Finsher, 2010), que revela a história romanceada do dono do Facebook, a moradia estudantil digna é parte da paisagem social, parte da solução da ideia de universidade. Atílio, Luisa, Euler, Luís, Júlia, Antônio, Carlos Rosa, membros da Taba, foram atores que dormiram no chão do ciclo básico para que houvesse solução para o problema deixado pela ditadura militar na UNICAMP: criar universidade, sem criar moradia. A UFBA ficou espantada quando uma fila de cotistas com marmita surgiu na hora do almoço, conforme as crônicas do reitor Naomar Filho, da UFBA. O bandejão era falho. Não era necessário antes. Como foi criada a Moradia da UNICAMP? Com muita luta dos de baixo. Com um financiamento da Caixa Econômica Federal, com um belo desenho arquitetônico de Vila-Nova Artigas, com uma gestão paritária entre estudantes e reitoria. Paulo Renato Souza, então reitor, teve ousadia para amarrar essas possibilidades, respeitando a liderança dos estudantes, dialogando, inaugurando, mas sumindo com a história na narrativa oficial paradoxalmente, *modus operandis* usual das placas de inauguração que some com a história e repercutem no tempo infinito as misérias da democracia brasileira. Faz-se para, não se faz com.

Logo, a participação, o que Carvalho (1998, p. 53) chama de "espaços de gestão e decisão compartilhada", serve antes de tudo para qualificar a inovação em política pública. Mesmo com muitas empreiteiras, mesmo com muito petróleo à vista, mesmo com um Brasil por fazer, o mínimo de 5% não olhou para o mínimo de 13%, ou seja, não olhou o anteprojeto final da reforma universitária para as pedras da lei de uma reforma universitária popular deixada no MEC pelos N*MS, não juntou o lé com o cré, não juntou a moradia, o bandejão, a bolsa permanência, a viagem sagrada para a casa da família com o sonho da universidade adiado e readiado no tempo infinito da vigência da cota do privilégio branco na universidade brasileira. Não olhou, no sentido da inovação, para uma mudança estrutural em política pública, tampouco explorou possibilidades do regime de colaboração nesse item, como as heranças legadas às universidades em muitos municípios. No exemplo da moradia da UNICAMP, o exemplo da política pública requer diálogo institucional entre ministérios, dentro da federação. A minoria branca de sempre na universidade veio de colégios como Bandeirantes e outros colégios de elite branca, muitas vezes, tinha bom pasto e até casa de praia, ganhava um carro muitas vezes, já ao entrar na universidade. Para essa gente, qual o sentido de se preocupar com comer, morar, sobreviver e visitar a família com dignidade? Muitas vezes, a impressão que se tem é que, por trás da coalizão contra a Lei de Cotas, agem os próprios agentes do privilégio branco, quase que em nome próprio, ainda que haja exceções entre. Isso impacta na hora de formular a política pública?

É por isso que a retirada das cotas do anteprojeto é uma vitória comemorada pela coalizão contra a Lei de Cotas. A probabilidade de mudança estrutural na política pública de acesso à universidade no Brasil soa arriscado demais perante o conforto das posições do *status quo*. Sem cotas, sem gastos? Viva a desigualdade estrutural? Viva o racismo estrutural? Calados, muitas vezes pelo autoritarismo do mínimo fiscal neoliberal, gestores ilustrados nas melhores universidades deixaram de fazer outras perguntas a troco de dogmas, nada mais antiacadêmico. Por isso, nesse ponto do texto do reitor Tadeu Jorge, é preciso enxergar nitidamente essa armadilha que a retirada das cotas do anteprojeto e o mínimo de 5% para o custeio de moradia, bandejão etc. escondem. Novamente, uma armadilha que faz sombra grande para o racismo se sentar. Uma armadilha da vitória da coalizão contra a Lei de Cotas.

Outros argumentos, que estão dentro do universo das crenças da coalizão contra a Lei de Cotas, aparecem pincelados no texto do autor. Jorge (2005) menciona a necessidade de "ações concretas para melhorar o ensino médio e o ensino fundamental", ainda que reconheça "certa justiça" no critério da escola pública. Mas atira para matar, quase que sutil: "É possível encontrar formas de inclusão social sem depreciação da qualidade do ensino e do mérito acadêmico" (Jorge, 2005). Essa noção vaga da queda da qualidade, da falta de mérito apareceu primeiro na coalizão contra a Lei de Cotas para o caso do sistema público de bolsas em instituições privadas de educação superior: "o excluído é incompetente e deve ficar no seu lugar, porque entre a nossa gente, é como laranja podre na caixa", é isso que quer dizer, por hipótese, implicitamente. Essa noção que flerta com o medo e enxerga o perigo no outro racial, no outro social, desconsidera a inteligência do outro, sua capacidade intelectual igual, uma crença que é central para a coalizão a favor da Lei de Cotas. Ademais, aperta o gatilho da arma e dá os seus três tiros sem dó: perversão, futilidade e risco, como ensinou o amigo de Celso Furtado, Albert Hirschman (1989). Três balas do arsenal de 200 anos de retórica reacionária contra a mudança estrutural em política pública, o que é comum na história da América Latina.

Na verdade, como o ENEM como critério, outro item que aparece como proposta nas tábuas de pedra entregues ao MEC pelos N*MS, nada vem de graça, nenhuma vaga na universidade pública cai do céu, no caso da Lei de Cotas, instala-se a disputa, a concorrência, apenas altera-se radicalmente o *status* anterior do privilégio branco. Para combater o suposto demérito, Jorge (2005) assovia a sua própria música. "A UNICAMP começou a fazê-lo a partir de 2005 mediante um programa de ação afirmativa que não reproduz o sistema de reserva de vagas nem deixa de levar em conta a qualificação do estudante". A Lei de Cotas nunca advogou não levar em conta a qualificação do estudante. A música do bônus da UNICAMP ganhou o chão paulista, nas Fatecs e na USP, ela acrescia 30 pontos para a candidata que tivesse origem integral no ensino médio público e mais dez pontos às candidatas autodeclaradas negras ou indígenas.

Essa política pública age na margem da exceção para garantir a regra do privilégio branco. Mas, apesar dos editores do *Estadão*, jornal que foi parte da coalizão contra a Lei de Cotas, pincelarem esse ponto como o destaque central do texto "O programa de ação afirmativa da UNICAMP resultou acima do esperado", destacado em maiúsculas, os resultados não encantaram os ouvidos do subsistema de educação, tampouco sobreviveria na disputa como uma coalizão amarrada por essa proposta de política pública. Em um ano, de 2004 para 2005, o salto marginal da presença da escola pública foi de 6,1%, num patamar próximo a 35% do total, sendo para negros e indígenas um salto de 4,1%, num patamar próximo a 15% do total. A política não encantaria, por conta de seu voo de galinha nos resultados.

A força da coalizão contra a Lei de Cotas informa a força do veto das universidades, em sua maioria, como as públicas paulistas, à mudança significativa em política pública. No calor dos acontecimentos, isso não se traduz em uma coordenação formal da coalizão contra a Lei de Cotas, mas revela uma reação em cadeia, aqui e ali, na cena pública, uma coordenação informal. Assim, quinze dias depois da publicação do reitor da UNICAMP, um jornal (*Folha de São Paulo*), um pesquisador do Rio de Janeiro, uma professora universitária da USP, mais um cientista da biologia (implicitamente), em artigo de junho de 2005, dão o tom do canto dessa coalizão, num quarteto nada ocasional.

Lilia Moritz Schwarcz (USP), Chor Maio (IUPERJ, Fiocruz), explicitamente, porque assinam juntos o artigo, e Sérgio Pena (UFMG), implicitamente, porque é citado no documento de pesquisa, publicam um artigo no Jornal *Folha de São Paulo*, em 16/06/2005, sob o título "Pedagogia racial do MEC". O jornal dá o espaço e pincela o único ponto de destaque: "Raça é uma construção social, sim. É hora de lembrar de pesquisas que há décadas criticam o uso do conceito de raça" (Schwarcz; Maio, 2005).

À medida que Tarso Genro, ministro da Educação, e Matilde Ribeiro, ministra da SEPPIR, assinam o projeto de Lei de Cotas e ele é enviado ao Congresso Nacional, em 2004, à medida que a Lei 10.639/2003, que trata da história da África como obrigatoriedade no subsistema de educação, nas escolas e inicia a disputa de seu ciclo histórico inédito de implantação como política pública, a coalizão contra a Lei de Cotas reage violentamente, como é usual no Brasil, país onde para as balas contra os corpos negros nas periferias correspondem às balas nas suas academias ensimesmadas, muitas vezes. Assim, o dedo branco escolhe o título do artigo jornalístico com esmero. Uma primeira leitura apressada indica que o texto parece ir do nada a lugar nenhum, como as linhas de trem de Dom Pedro II, o herói escravista. Porém, assim como Jorge (2005), o texto busca branquear as políticas públicas, como a Lei de Cotas, ou seja, o branqueamento é o centro do ataque feroz e nessa dimensão expõe uma crença central da coalizão contra a Lei de Cotas.

Sem mencionar a racialização anterior na história que brota da colonização infinita, o artigo estaciona na história, nos anos 1930, na Europa, como se a Europa dos anos 1930 fosse suficiente como luz. Essa luz de fora pode cegar sobre o que se passa dentro, no entanto, sobre o que se passou na história também. Não se trata de fugir da importância do holocausto tomado como referência de racialização no artigo, mas no apagamento da colonização brasileira. A crítica é aberta ao censo escolar, ao quesito cor/raça, base qualitativa para a aplicação da política pública de cotas. O centro do ataque do artigo explora dois pontos cruciais para mudança significativa em política pública: a inovação e a conceituação.

Os autores dizem:

> Mas, neste ano, o censo inovou com a introdução do quesito 'cor/raça', que, na visão do ministério, representa um 'aperfeiçoamento', um 'avanço importante' [...] Não pretendemos negar a realidade das diferenças vigentes no país, mas causa espanto que em nenhum momento se defina o que vem a ser o quesito 'cor/raça'. [...] Ao contrário, esse 'novo conceito' (constituído por dois termos que não são sinônimos entre si) parece não merecer maiores definições. (Schwarcz; Maio, 2005, grifo nosso).

Fica patente nesses dois pontos, crítica a "inovação", crítica ao "novo conceito", a defesa da coalizão contra a Lei de Cotas, contra mudança substantiva significativa em política pública, o que camufla a defesa do *status quo*.

O artigo coloca na prateleira da coalizão contra a Lei de Cotas uma arma artificial que será utilizada em muitas ocasiões por seus membros como centro do ataque à coalizão contra a Lei de Cotas. A arma artificial é escolher uma imagem dentre muitas. Essa imagem se prestará à demonização da coalizão adversária, trabalho que é facilitado quando se tem treino na leitura de imagens, caso dos autores.

> O censo é apresentado por um desenho "politicamente correto" de quatro crianças, devidamente diferenciadas. São dois meninos e duas meninas: uma menina japonesa, um menino branco, um menino índio e, ao centro, uma menina negra. É a criança negra (que surge à frente das demais) que apresenta um detalhe revelador: é a única a segurar um livro com um título significativo - "História da África". (Schwarcz; Maio, 2005).

Essa elite intelectual branca busca operar demagogicamente com o dito de que uma imagem vale mais que mil palavras ou com a imagem como centro da demonização em política pública, a força da imagem como suficiente para derrubar uma mudança significativa em política pública, mais que isso, como necessária para convencer a opinião pública a fazer parte da coalizão contrária a Lei de Cotas. O estrago que uma posição como essa causa como centro de ideias, centro de crenças da coalizão contra a Lei de Cotas, envolve um misto de argumento de autoridade e da força da palavra escrita no papel, que o tempo não rasga, porque talvez elas tenham dominado algumas cabeças que caminhavam pela história de então. Quando se trata de imagem, carrega a transmissão do olhar, suas ilusões, sua doutrinação. Quem é o demônio na imagem?

Não é um demônio, surpreendentemente. É uma demônia. Uma menina negra. Sem comentários. Isso revela a extensão do raio da sombra para o racismo se sentar presente na academia brasileira de então, seus capitais mobilizados e esgrimados em suas principais posições no campo educacional *a la* Bourdieu ou no subsistema de educação intolerante com mudança significativa em política pública. Demétrio Magnoli, outro expoente da coalizão contra a Lei de Cotas, utilizar-se-ia dessa arma no Senado Federal, no primeiro semestre de 2009.

A biologia comparece como poderosa companhia, como no iluminismo, como no XIX, como no XX, dando roupagem ao argumento da coalizão contra a Lei de Cotas, roupagem atualizada, genômica, onde entra o cientista Sérgio Pena. Contudo, a construção social e a morte social real da raça é muito escandalosa. Indígenas e negros são mortos na guerra racial no Brasil desde a colonização infinita. Eis o ponto dos autores:

> É hora de lembrar de pesquisas que há décadas vêm criticando a utilização do conceito de raça. Envolvidos na luta anti-racista desde a segunda metade do século 20, como se pode verificar nos manifestos da Unesco, os geneticistas, com análises mais recentemente apoiadas em informações genômicas, têm fortalecido a visão de que os homens são todos iguais, ou melhor, "são igualmente diferentes", como diz Sérgio Pena. (Schwarcz; Maio, 2005).

A capciosidade da biologia em se atualizar tecnologicamente nunca deve ser desprezada em política pública, muito menos no tempo da inteligência artificial. Os autores enchem de vinho novo o odre velho da biologia, *data vênia* e para a perplexidade paralisam as relações analíticas simples sobre as condições raciais no Brasil.

Por fim, bradam aos ventos duas crenças que campeiam a coalizão contra a Lei de Cotas, uma que acusa os objetivos políticos do censo, portanto como se fosse desnecessário, argumento assemelhado ao usado pela ditadura militar para sumir com o quesito cor/raça, no censo de 1970. Outra que admite desigualdades e pobrezas existentes no Brasil, mas indaga: "Mas, em nome dessa evidência, vale a pena simplesmente racializar políticas públicas?" (Schwarz; Maio, 2005). Ora, nesse ponto, salta aos olhos a defesa do branqueamento por parte da coalizão contra a Lei de Cotas que não enxerga a racialização informada pela cota da branquitude na universidade brasileira desde suas origens, não enxerga os brancos e, ao atacar a pretensa racialização criada pelo censo escolar, não enxerga a exclusão de negros e indígenas no quadro da desigualdade brasileira. O que mais os expoentes da coalizão contra a Lei de Cotas não enxergaram? A cota mesma do privilégio branco nas universidades, nas escolas, alhures. Não enxergaram também o sonho da menina negra de estar na universidade. Com isso, a universidade brasileira em grande parte não enxergou seus dogmas de antanho, aliada que era e refém que era do *status quo*, contra a mudança significativa em política pública, contra a imaginação necessária para a boa pesquisa científica, contra o necessário entendimento crítico das experiências históricas. Dialogou assim com as trevas, com o obscurantismo, que se abrigava sob o grande guarda-chuva da coalizão contra a Lei de Cotas.

Virou as costas para a África, para a história da África, o que soa como sintoma do branqueamento na academia, dessa crença presente na coalizão contra a Lei de Cotas. Do que mais fala esse veto intelectual à menina negra? Fala do veto à mudança significativa em política pública. Ocorre que a própria menina negra é o verdadeiro teste da hipótese da mudança significativa em política pública, ou seja, a Lei de Cotas será uma mudança significativa em política pública se as meninas negras entrarem na universidade, incluírem isso em seus sonhos de meninas, porque viram esses exemplos de gente igual mais crescida por perto delas e acreditam nessa oportunidade. O teste da adesão do sonho e da oportunidade para o futuro das crianças negras é o teste do sentido histórico da mudança estrutural em política pública.

Depois do fracasso da experiência estatal de "cursinho pré-vestibular" liderada por Alckmin, no estado de São Paulo, que ficou refém do enorme poder de agência da FUVEST e seus milionários interesses, da rede de intrigas entre o privado e o público no subsistema de educação paulista, da evidente contradição no fato do estado de São Paulo dar a si próprio um atestado de não qualidade da educação pública, outra apressada saída apresentou-se, advinda da própria agência COMVES-

T-UNICAMP: a política de bônus. Isso colabora para retirar qualquer automatismo apriorístico sobre a conformação de apenas duas coalizões sociais no Congresso Nacional do Brasil, na disputa em torno da Lei de Cotas, como se lê:

> O debate sobre inclusão social no ensino superior tem trazido à tona polêmicas, controvérsias e mitos. As polêmicas são legítimas, as controvérsias se originam de tomadas de posições em relação ao tema mais candente do momento: como reduzir as enormes diferenças sociais, educacionais e de renda no País. O tema central tem sido a reserva de vagas ou, como se diz usualmente, cotas para certos grupos. Disso surgem alguns dos mitos mais persistentes. Dos grupos "anti-cotas" vem a afirmação de que inclusão social via ações no vestibular abaixam o nível acadêmico do corpo discente. Dos blocos "pró-cotas" surge a idéia de que estabelecer cotas é a única forma de ação para atacar o problema. Aqui mostraremos que ambos são falsos.

> Recentemente, um artigo de Sérgio José Custódio, coordenador nacional do Movimento dos Sem Universidade (MSU), tratou do tema cotas nesse espaço. A atuação do MSU pela expansão do sistema público de ensino superior tem todos os méritos e é, cremos, a posição correta em relação ao tema, no médio e longo prazo. Mas o momento do artigo do Sr. Custódio é o imediato, a questão da inclusão agora.

> O Sr. Custódio afirma, de forma categórica, que as cotas são a única forma de ação para inclusão nas universidades. Ele chegou a classificar quem se opõe às cotas como, genericamente, "neoescravocratas". Além disso, afirma, para apoiar suas teses, que a "Unicamp mesma já reconhece desempenho acadêmico superior das pessoas oriundas da escola pública". Ainda prega a implementação de políticas de cotas como a forma de encher "os lares, as ruas, as praças com camélias brancas. Façamos outra abolição já". A camélia branca era símbolo dos abolicionistas do século XIX. [...]. O programa foi muito bem sucedido já em 2005: aumentou significativamente a participação desses grupos, em particular nos cursos de maior demanda. Por exemplo, na Medicina (o curso mais concorrido da Unicamp), em que nunca mais do que 13 foram os aprovados da rede pública (de 110 vagas), houve 34 aprovados em 2005. Entre os calouros afrodescendentes e indígenas houve um crescimento de cerca de 50%. Na Medicina, foram 16 em 2005. O resultado acadêmico do primeiro semestre de 2005 confirmou. **A Unicamp rejeitou as cotas (havia essa proposta em debate no Conselho Universitário), optando por uma política de ação afirmativa para oriundos da rede pública, afrodescendentes e indígenas, que leva em conta o desempenho acadêmico como referência fundamental.** A Unicamp, através do seu programa de ação afirmativa, mostra à sociedade que o dilema cotas versus não-cotas é falso. A proposta da Unicamp revela que é possível compatibilizar qualificação acadêmica com inclusão social efetiva, o que derruba o outro mito: ampliar a inclusão social no corpo discente não reduz a qualificação do mesmo. Pelo contrário, no caso da Unicamp, este grupo está desempenhando tão bem ou melhor do que o seu complementar. (Tessler; Pedrosa, 2006).

Mesmo sem pão, nem rosas, que dirá camélias brancas, diversas outras tentativas de quebrar o poder de agência do vestibular enquanto garantidor da reprodução social nas principais carreiras e cursos das universidades públicas no geral, em particular das federais erguidas no subsistema de educação nacional do Brasil, constam na história recente: o sistema de acesso seriado da UNB e da Universidade Federal de Santa Maria, o chamado "argumento de inclusão" da Universidade Federal do Rio Grande do Norte, dentre outras iniciativas localizadas e demarcadas pela cerca da autonomia universitária. Contudo, essas alterações localizadas não ganharam o cenário macro nacional como política pública ou alternativa de. Por isso, não se conformaram coalizões alternativas. Tessler e Pedrosa (2006), no texto supracitado, antes de tudo, rejeitam a proposta da Lei de Cotas. E o fazem colocando na conta de decisão do Conselho Universitário da UNICAMP, ao gosto das elites paulistas e do Governo do Estado de São Paulo: um argumento de autoridade.

Em seguida, a USP faria coro. Na lógica da utilidade marginal da moda neoclássica em economia, a política de bônus da UNICAMP e da USP — universidades com grande peso relativo no subsistema nacional de educação, por conta da pós-graduação — não logrou alterar o perfil social das carreiras e cursos dessas instituições custeadas com o dinheiro público do ICMS, um imposto altamente regressivo. Mas fez o que pede a teoria da utilidade marginal: alterou marginalmente o perfil social dos ingressantes, minimamente, bem na margem. É o que se deduz a seguir:

> No ano em que a USP lançou um pacote para beneficiar alunos de escola pública (que inclui até bônus de 3% na nota do vestibular), foram os formados em rede privada que avançaram em participação entre os inscritos no processo seletivo. No exame, que tem a primeira fase hoje, 57,9% dos 142.656 candidatos são de colégio particular. No ano anterior foram 50,4%. A participação de escolas privadas é a maior desde 2000, quando a USP começou a adotar ações de inclusão social. A medida àquela época foi conceder 5000 isenções na taxa de inscrição no exame para estudantes da rede pública – número que está em 65 mil hoje. Para movimentos sociais, a queda de inscritos de escola pública mostra que o pacote de inclusão é insuficiente. "A USP quis apenas enrolar. E o povo cansou de ser enrolado", disse o coordenador da ONG Educafro, frei David Santos, que defende a reserva de vagas na USP a alunos "de escola pública, pobres, negros e indígenas". "Os pobres viram o bônus como esmola e não algo que pode mudar a realidade", diz Sérgio Custódio, que coordena o MSU (Movimento dos Sem Universidade). "A USP segue com medo de compartilhar a educação com as classes mais baixas". (Takahashi, 2006).

Assim como a via antiga da institucionalização de cursinhos preparatórios pré-vestibulares não conformou uma coalizão nacional, a via do bônus também não. Sem ser a imposição do óbvio pela história, outros projetos de lei — ainda que presentes no Congresso Nacional — para o acesso à universidade no Brasil, identicamente não conformaram coalizão nacional como propostas alternativas de política pública. Esse último argumento fica patente na leitura *in totum* da longa tramitação do PL 73/99, na Câmara dos Deputados, em que ao menos 20 outros projetos de leis, seja na Câmara ou no Senado, verificam-se. Contudo, sem lograrem êxito ou força política mínima necessária e suficiente para nuclear isoladamente ou mesmo em eventual combinação, em torno de si, coalizões sociais no âmbito do Congresso Nacional do Brasil.

Tudo indica que restaram duas coalizões apenas. Isso não se aparenta com dogmatismos ou fundamentalismos. Importa repisar outras possibilidades presentes no subsistema de educação brasileiro e apartar dessa investigação qualquer ranço fatalista:

> Além das 26 federais que já adotaram algum percentual de cotas, o mapa elaborado pela UERJ mostra também que quatro universidades federais – a Fluminense, a de Minas Gerais, a de Pernambuco e a do Rio Grande do Norte – preferiram adotar bônus no vestibular em vez de reserva de vagas. Nessas instituições, os estudantes beneficiados ganham pontos a mais no concurso, mas não há um percentual fixo de vagas a ser reservado. (Gois; Takahashi, 2008).

Duas posições presentes no nível subnacional, como o bônus, novamente demonstrado e uma variedade de percentuais de cotas, também presente no subsistema de educação não lograram êxito em consolidar-se como propostas capazes de originar coalizões sociais com algum peso relativo no cenário político nacional a ponto de disputar a agenda política brasileira no campo da educação, mesmo tendo ocorrido um largo espaço de tempo de disputa em torno da Lei de Cotas no Congresso Nacional.

Isso também se depreende do duro debate realizado no Senado Federal, em 2009, quando se cristaliza, de maneira contundente, o Comitê Brasileiro Pela Aprovação do PLC 180/08, forma que a coalizão social a favor da Lei de Cotas ganharia no Senado Federal. A situação política da proposta não era nada óbvia, pois, por um lado, a coalizão contrária à Lei de Cotas buscava derrubá-la e simultaneamente construir uma proposta alternativa, sob a liderança do então poderosíssimo senador Demóstenes Torres (DEM-GO), presidente da CCJ do Senado Federal na legislatura 2009/2010. Isso fica evidente na posição, àquela altura, relativamente "em cima do muro", do próprio senador Eduardo Suplicy (PT-SP), uma espécie de termômetro do Senado, diga-se; na avaliação da senadora Serys Shlessarenko (PT-MT), primeira relatora do PLC 180/08, no Senado Federal; na preocupação do senador Paulo Paim (PT-RS), como anota o *Jornal do Senado*:

> A senadora disse que, até agora, "houve apenas boatos" sobre a apresentação de um texto alternativo, mas sugeriu que as entidades interessadas na aprovação do seu relatório estejam preparadas para a luta, caso isso aconteça de fato.
>
> – A batalha é difícil porque é uma situação que mexe em nossas raízes e com os nossos preconceitos–opinou. Serys assinalou que, embora três projetos tenham sido apensados ao PLC 180, este ainda lhe parece a melhor solução para a questão das cotas. Ela também mencionou a resistência que o projeto vem encontrando por parte de alguns senadores, lembrando que um dos argumentos contrários à sua aprovação é o de que o projeto estaria legitimando o racismo no Brasil. Na avaliação da senadora, "o contrário, sim, legitima o racismo". [...] Paulo Paim (PT-RS) pediu aos representantes de todas as entidades presentes ontem que também compareçam à reunião da CCJ da próxima quarta-feira para "exercer pressão pela aprovação da proposta". Eduardo Suplicy (PT-SP) recordou que nas audiências públicas realizadas sobre o projeto "pessoas qualificadas, com pontos de vista diferentes, expuseram outras possibilidades para o sistema de cotas, de modo a contemplar a defasagem educacional de negros e indígenas". Ele disse que ainda irá refletir sobre o assunto antes de adotar uma posição. Os representantes das entidades presentes à reunião decidiram criar um comitê pela aprovação do projeto. O representante do Movimento dos Sem Universidade (MSU), Sérgio José Custódio, criticou a postura de senadores que, segundo ele, estariam promovendo um "branqueamento" da proposta tentando barrar a cota racial. (Senado Federal, 2009, p. 8).

Dito isso, a empreitada feita até aqui, na trilha de ideias, crenças, visões, valores sobre a temática de amplitude interdisciplinar, aponta, em variado aspecto, de modo forte, com grande probabilidade para a conformação de duas e só duas coalizões sociais em disputa no Brasil: uma favorável à Lei de Cotas, outra contrária. O que se assenta na longa duração da história da desigualdade racial no Brasil e suas heranças, que pode ser formulada como ciclos, referências gerais, nos quais conjunturas e políticas públicas enraizaram essas crenças e o embate entre elas informadas por um contexto geral.

Quadro 8 – Ciclos de referências históricas para crenças das coalizões

CICLO DOS 100 ANOS DA ABOLIÇÃO INCONCLUSA (em torno de 1988)
Processo de democratização e Constituinte
Constituição de 1988

Projetos de Lei para acesso à universidade, como o de Abdias do Nascimento
Crise do Projeto de Desenvolvimento Econômico da Industrialização Concentradora Complexa (1930-1980)
Fim da Ditadura Militar
Fim da Guerra-Fria (1946-1989)
Embate entre coalizões a favor e contra a Lei de Cotas e busca de mudança em política pública para acesso à universidade no Brasil
Guerra civil permanente contra negros indígenas nos territórios pretos e vermelhos

CICLO DOS 300 ANOS DA MORTE DE ZUMBI DOS PALMARES (em torno de 1995)
Dispersão das Forças Políticas que Derrotaram a Ditadura Militar
Consenso de Washington, Globalização Concentradora Complexa
Surgimento dos Novíssimos Movimentos Sociais, com pauta específica do direito à universidade para negros, indígenas, escola pública e pobres
Projetos de Lei para acesso à universidade, como de Antero Paes de Barros
Embate entre coalizões a favor e contra a Lei de Cotas e por mudança em política pública para acesso à universidade no Brasil
Guerra civil permanente contra negros indígenas nos territórios pretos e vermelhos

CICLO DOS 500 ANOS DA COLONIZAÇÃO (em torno de 2000)
Fórum Social Mundial – Por uma outra Globalização
Conferência de Durban
Acampamento dos Povos Indígenas em Brasília
Governos pós-globalização na América Latina
Nova divisão internacional do trabalho
Boom de Commodities, desindustrialização, ascensão dos serviços
Projetos de Lei para acesso à universidade, como de Nice Lobão, Luiz Inácio Lula da Silva
Embate entre coalizões a favor e contra a Lei de Cotas e luta por mudança em política pública para acesso à universidade no Brasil
Guerra civil permanente contra negros indígenas nos territórios pretos e vermelhos

CICLO DOS 120 ANOS DA ABOLIÇÃO INCONCLUSA (em torno de 2008)
Ascensão e consolidação do poder da China no mundo
Crise do capitalismo

Crise climática e de aquecimento global
Ascensão política de movimentos de extrema direita no mundo
Mudança global nos costumes
Fundamentalismo do consumo
Rearticulação das forças políticas que sustentaram a ditadura militar
Embate entre coalizões a favor e contra a Lei de Cotas e definição de mudança em política pública para acesso à universidade no Brasil
Guerra civil permanente contra negros indígenas nos territórios pretos e vermelhos

Fonte: elaborado pelo autor

Em síntese, a coalizão social favorável à Lei de Cotas no Brasil, com relação ao núcleo das crenças, ideias, valores, enfatiza o respeito, a liberdade, a igualdade racial, a igualdade substancial, a igualdade intelectual, a igualdade racial, a igualdade social, a igualdade econômica, a igualdade cultural, o direito, a justiça, a escola pública, a ascensão social, a soberania do Brasil.

Por outro lado, a coalizão social contrária à Lei de Cotas no Brasil tende a discordar dessas ideias, crenças e valores expressos de forma mais contundente na indiferença, na defesa de uma igualdade formal, na defesa de uma justiça formal, na rejeição da categoria raça (que surge como denegação), na defesa da cota histórica da branquitude, na defesa do *status quo* (que surge como denegação), na defesa da educação privada (que também aparece como denegação), na superioridade intelectual de "uns" (que surge no debate como denegação ou disfarçado como "mérito"), na autonomia meritocrática das universidades.

Gesto teórico suficiente para, em termos do núcleo profundo das crenças, conforme a redução em política pública, considerando o modelo ACF, mas alargando o repertório das crenças para o peso que o debate ganhou em vários subsistemas, dar passos adiante com os pés descalços na estrada não asfaltada dessa investigação social. Ilustram e dão o horizonte referencial para essas coalizões, de um lado, a matéria de jornal a seguir, que já indicia atores relevantes dessa coalizão, no geral, desprezados pela tradição acadêmica e política, de outro lado, uma capa de livro produzido dentro da universidade branca.

Imagem 4 – Matéria de jornal que expõe a luta dos N*MS pelo direito à universidade no Brasil

Fonte: jornal *O Estado de S. Paulo*, domingo, 4 abr. 2004, p. A11

Imagem 5 – Capa do livro *Divisões perigosas* contra as cotas raciais

Fonte: reprodução

Síntese das duas coalizões em função dos anéis de crença em políticas públicas:

Coalizão social contrária à Lei de Cotas

Núcleo central de crenças: indiferença e cadeia de crenças interligadas.

Nível secundário de crenças: cota do privilégio branco representado pela defesa da posição que beneficia exclusivamente elites sociais, marcadamente oriundas de colégios privados.

Nível terciário de crenças: a distinção.

Coalizão social a favor da Lei de Cotas

Núcleo central de crenças: respeito, liberdade e cadeia de crenças interligadas.

Nível secundário de crenças: igualdade racial, igualdade material, igualdade intelectual, defesa do direito da escola pública, defesa do direito do negro à universidade, defesa do direito do indígena à universidade, defesa do direito dos pobres à universidade.

Nível terciário de crenças: ascensão social e justiça distributiva.

Representações ilustrativas, sintéticas, das coalizões em torno da Lei de Cotas:

Quadro 9 – Coalizão social contrária à Lei de Cotas

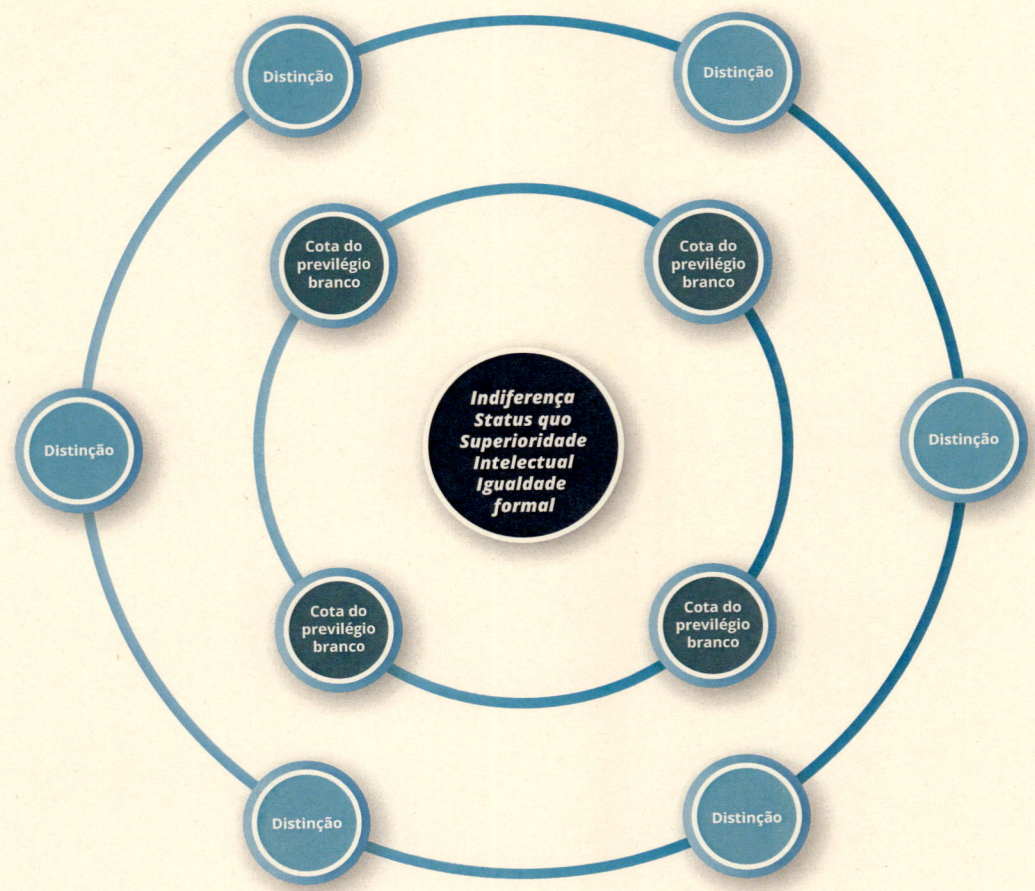

Fonte: o autor (2021)

Quadro 10 – Coalizão social favorável à Lei de Cotas

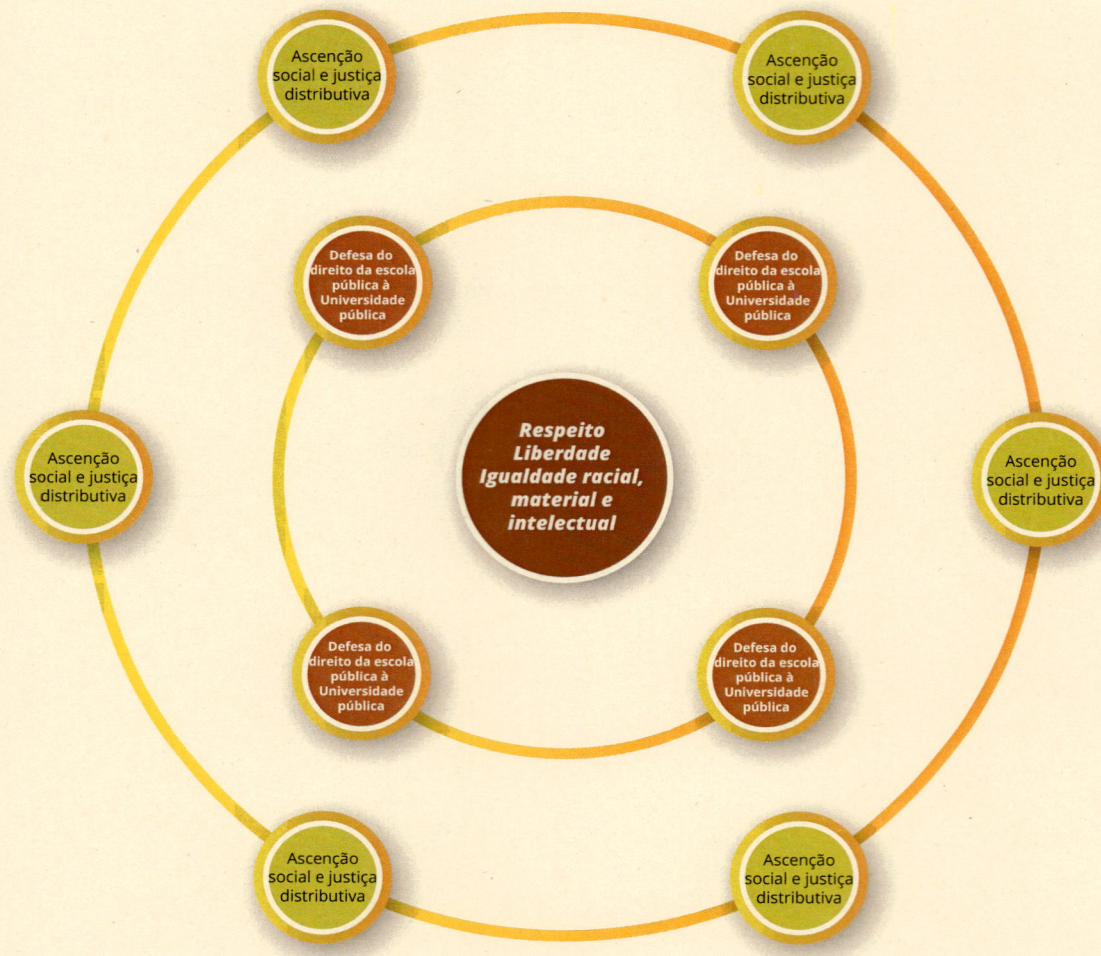

Fonte: o autor (2021)

ATORES NAS COALIZÕES

Este capítulo trata dos atores envolvidos na disputa política em torno da Lei de Cotas, no Congresso Nacional do Brasil. Para tanto, são apresentados: 1) movimentos sociais; 2) mídia; 3) pesquisas de opinião pública; 4) intelectuais; 5) setor da educação privada; 6) setor da educação pública; 7) partidos políticos.

6.1 OS MOVIMENTOS SOCIAIS

A literatura menciona de muitos modos os movimentos sociais, como em Maria da Glória Gohn (2006), Carlos Montaño e Maria Lúcia Duriguetto (2010) e Gabriel Feltran (2011). Gohn (2006) oferece um estudo do tipo repertório enciclopédico, um painel teórico e contemporâneo, em que ilustra variadas abordagens e a forte presença histórica dessa temática nas ciências humanas brasileiras, particularmente até os anos 1990, que expõe tipificações e especificidades. Montano e Duriguetto (2010) circulam entre estudos clássicos e um prisma atual dinâmico e sugerem uma forte disputa por hegemonia na sociedade civil brasileira que perpassa os movimentos sociais. Esses autores sustentam uma caracterização ilustrativa simples da composição do movimento social brasileiro, que seria formado pelo *Movimento Sindical* (sindicato de trabalhadores ou de empresários) e pelos *"Novos Movimentos Sociais"* (NMS), movimentos variados que emergiram nas décadas de 1960, 1970 e 1980, como aqueles ligados à luta pela terra, reforma agrária, moradia e reforma urbana, educação pública, saúde, direitos dos povos indígenas, do movimento negro, do movimento ambientalista, de igualdade sexual, dentre outros. Podem ser incluídos nessa designação também as organizações do chamado Terceiro Setor, que se multiplicaram nos anos 1990 e 2000, como Organizações Não Governamentais (ONGs), fundações empresariais, Organizações da Sociedade Civil de Interesse Público (OSCIPs) etc.

Já Feltran (2011) tece de baixo para cima, um novelo de tramas do ativismo dos movimentos sociais na sociedade civil e política brasileira atual a partir do Centro de Atendimento da Criança e Adolescente de Sapopemba (CEDECA), numa perspectiva etnográfica da realidade na periferia de São Paulo, mas com suficiente fôlego teórico e empírico para oferecer três registros relevantes sobre a sociedade civil brasileira atual: 1) O NÃO como fonte instauradora da disputa política pelos rumos de uma política pública; 2) A concertação como o centro, o lócus mesmo do poder, na definição de uma política pública; 3) A separação distintiva para os movimentos sociais brasileiros frente à nova realidade histórica dos anos 1990 e 2000, de intensa fragmentação. Por um lado, os movimentos sociais que buscaram uma ideia conformista, conservadora e mantenedora do *status quo*. Por outro lado, como o caso mostrado em sua pesquisa do CEDECA Sapopemba, os movimentos sociais que avançaram do quintal para a rua, para as praças públicas, para o Parlamento, com o objetivo de influenciar na definição das políticas públicas, de mudar o *status quo*. Não que esses dois córregos não se encontrem em muitos rios, ou seja, não são caminhos estreitamente separados, no sentido de estanques. Vale o mote: a realidade é mais imaginativa que as vãs teorias e muitas vezes a simples necessidade fala mais alto. De forma que não é impossível perceber metamorfoses, ou seja, organizações de cunho, a princípio, meramente assistenciais, que, em dada conjuntura, revelam-se mobilizadoras sociais ou, vice-versa, entidades historicamente marcadas por forte ativismo, que se veem paralisadas em termos de mobilização social, numa dada conjuntura.

Presença permanente no debate sobre ações afirmativas no Brasil, "o chamado terceiro setor" (que na vulgata não seria nem o Estado, nem a empresa privada) é amplíssimo. Aqui, o recorte utilizado retém-se sobre apenas um critério: financiamento ou capacidade de financiamento de atividades de grupos de interesse sobre a educação no Brasil. Assim, nessa definição restritiva, são entidades do chamado terceiro setor aquelas que efetivamente demonstram, em alguma medida, envergaduras financeiras próprias ou de grupos privados que lhe servem de esteio. Nesse recorte, mais se encaixariam as fundações com apoio de empresas privadas nacionais ou estrangeiras. A discussão é antiga e no limite remete à ideia primeira de filantropia.

Fernando de Azevedo (1976), ao mencionar a Faculdade de Medicina de São Paulo como exemplo, nos anos 1920, de adoção de práticas científicas salutares na educação superior, pouco fala do papel desempenhado pela Fundação Rockfeller nessa instituição. A revista *Anhembi*, desempenhou papel relevante na pesquisa de Florestan Fernandes e Roger Bastide sobre negros e brancos em São Paulo, nos anos 1950. A Fundação Ford auxiliou no financiamento do Centro Brasileiro de Análises e Planejamento (CEBRAP), sob o comando de Fernando Henrique Cardoso, que reuniu grande número de renomados pesquisadores em humanidades, como Francisco de Oliveira e Paul Singer na ocasião, sob a ditadura dos anos 1970. A empresa Coca-Cola, desde sua sede em Atlanta, Estados Unidos da América (EUA), a Universidade Paulista (UNIP), dentre outras empresas, ajudaram no financiamento da criação e no funcionamento da Universidade Zumbi dos Palmares, localizada na Barra Funda, em São Paulo, uma universidade privada negra. A visita de Hillary Clinton, chefe do Departamento de Estado dos Estados Unidos da América do Norte à Universidade Zumbi dos Palmares, quando de sua vinda ao Brasil no primeiro governo do presidente Barack Obama, dá o peso político dessa relação que, em tese, dada a presença do líder negro e pastor Jesse Jackson na instituição, em 2013, também ela guardaria laços políticos com o partido democrata americano.

Uma das grandes fundações globais, a Fundação Ford, de origem estadunidense, incentivou e financiou programa especial de pós-graduação para afrodescendentes no Brasil em parceria com a Fundação Carlos Chagas, dentre outras organizações, nos anos 1990 e 2000, além de variada gama de projetos e publicações nesse campo de interesse.

Desde essa prática institucional da Fundação Ford até ela ser tomada como bode expiatório para a crítica à coalizão social em favor das Cotas no Brasil, como em reiterados escritos de Demétrio Magnoli publicados na grande imprensa brasileira, como se a coalizão pró-cotas fosse caudatária da liderança exógena da Fundação Ford — cujos parceiros são explícitos no Brasil — vai a distância maior do que da Terra a Marte.

Bourdieu ([1993] 2011), ao publicar o resultado da pesquisa que rendeu o livro *A Miséria do Mundo*, como método, expõe claramente ao leitor o financiamento obtido de bancos franceses, interessados em entender a questão da pobreza na França no período. A Fundação Ford não teve presença empírica direta na arena do Congresso Nacional Brasileiro na peleja longa em torno da Lei de Cotas ali instalada.

6.1.1 O Terceiro Setor

O chamado Terceiro Setor — na leitura aqui feita — no Brasil tem grande referência atual nas fundações ligadas a grandes *players* no mercado brasileiro e internacional: Banco Itaú, Rede Globo, Grupo Gerdau, Vale do Rio Doce, dentre outros. Parcela majoritária desses atores reúnem-se em torno de uma coalizão onde a educação tem destaque, dado as demandas prementes desses próprios *players* com relação ao setor, numa chave de leitura marcada pela ideia de maior competitividade do Brasil, de modo genérico. É uma coalizão de grande visibilidade, conhecida como *Todos pela Educação*.

O advento do grupo *Todos pela Educação* revela alterações na atuação desses atores. No geral, eles tiveram forte crescimento nos anos 1990, ocupando espaços vazios preciosos, frutos do deslocamento e minimização do papel do Estado, da desmobilização liberal de sindicatos e movimentos sociais e consoante à aplicação da cartilha do Banco Mundial para minimizar impactos sociais nefastos das políticas neoliberais de Estado mínimo e da doença degenerada do "foco" em políticas públicas.

Um outro marco institucional para o setor surge nos anos 2000, quando tornou-se comum no presidencialismo de coalizão brasileiro a vinculação parlamentar das chamadas ONGs, numa relação direta do gabinete do parlamentar com a base social respectiva que o elegeu, via emenda parlamentar, veio por onde elas cresceram enormemente, com a reprodução dessa relação em nível subnacional. Cada parlamentar tem a "sua" ONG.

Num retrato dos anos 1990, por meio de densa pesquisa realizada em 2002, pode-se perceber a presença dessas organizações, como mostra a pesquisa "As Fundações privadas e as Associações sem Fins Lucrativos no Brasil", realizada pelo Instituto Brasileiro de Geografia e Estatística (IBGE), em parceria com o Instituto de Pesquisa Econômica Aplicada (IPEA), a Associação Brasileira de ONGs e o Grupo de Institutos, Fundações e Empresas (GIFE):

> Em 2002, havia 276 mil Fundações Privadas e Associações Sem Fins Lucrativos (Fasfil), o equivalente a 5% do total de 5,3 milhões de organizações públicas, privadas lucrativas e privadas não lucrativas que contavam do Cadastro Central de Empresas (Cempe) naquele ano. Do total, 44% das Fasfil encontram-se na Região Sudeste, e um terço concentra-se em apenas dois estados, São Paulo e Minas Gerais.

> As entidades são relativamente novas – 62% foram criadas a partir da década de 90 – e, em geral, pequenas. Apenas 1% das Fasfil tem mais de cem empregados e 77% delas não têm nenhum. No total, essas entidades empregam 1,5 milhão de trabalhadores, 56% deles na Região Sudeste, com rendimento médio de 4,5 salários mínimos. A pesquisa revela que 26% das Fasfil são organizações que cultivam crenças religiosas – incluindo templos, paróquias, pastorais etc. – 16% promovem o desenvolvimento e a defesa de direitos e outros 16% são organizações profissionais e patronais. Nessa categoria, 56% reúnem produtores rurais. Entidades dedicadas a ações culturais e recreativas representam 14% do total e as voltadas à assistência social, 12%. Atividades de educação ocupam 6% das entidades, de saúde, 1%, e de meio ambiente e habitação, menos de 1% cada. O número de Fasfil no País cresceu 157% de 1996 a 2002, bem acima do aumento de 66% do conjunto de organizações que compõem o Cempe. (Pardini, 2004, p. 68-69).

Para Ana Peliano, diretora de Estudos Sociais do IPEA, "a expansão revela o dinamismo na organização da sociedade e não um avanço do setor não-governamental sobre áreas de atuação do governo" (Pardini, 2004). De fato, a dinâmica e as interações da sociedade civil continuaram num crescendo bem mais complexo no Brasil atual, até mesmo por conta de ferramentas tecnológicas novas, como as redes sociais e a internet no geral, o que propiciou uma série enorme de inovações, além das normas institucionais das parcerias público-privadas, de *"endowment"*, dentre outras. Apenas esparsamente, pode-se dizer que esse ator, o chamado Terceiro Setor, somou forças a uma das duas coalizões principais em embate no Congresso Nacional em torno da Lei de Cotas. Sim, no caso de instituições patrocinadas pela Fundação Ford, os próprios estudos, como da série histórica da Fundação Carlos Chagas, tinham por tema, em alguns casos, a questão das ações afirmativas.

Num curto tempo, o *Todos Pela Educação* assumiu posições-chaves, à mercê de seu enorme poder de barganha, no subsistema de educação e em suas relações laterais: participando diretamente do Conselho Nacional de Educação (seu primeiro diretor executivo, Mozart Vianna, professor da UFPE, torna-se membro do CNE); com trânsito livre no gabinete do ministro da Educação, em Secretarias Estaduais de Educação e em Secretarias Municipais de Educação, no Congresso Nacional, uma enorme visibilidade na mídia brasileira, participação direta de suas grandes lideranças, como Jorge Gerdau, do Conselho de Desenvolvimento Econômico e Social, vulgo "Conselhão", de assessoramento direto à Presidência da República, participação do lançamento do Índice de Desenvolvimento da Educação Básica (IDEB).

Em termos históricos, de moto próprio, esse ator atualiza o ritual feito por parcela da intelectualidade e de industriais nacionais durante o governo Getúlio Vargas, cujo eixo da ação produtiva em direção à educação era a reivindicação da qualificação via ensino técnico numa ótica fordista de desenvolvimento de uma indústria nacional; assim também no governo JK e como *anel-burocrático--empresarial-centros de excelência* no período da ditadura militar, em que a pesquisa em setores-chaves, como a petroquímica, a indústria aeronáutica, atendia novas demandas produtivas para a educação brasileira. Num mundo perturbado pela globalização e suas assimetrias regionais, os interesses do setor produtivo em direção à educação renovam-se nos anos 2000.

A relevância desse ator para o processo político da Lei de Cotas está no perfil de sua atuação: neutralidade com simpatia discreta pela Lei de Cotas. Acontece que, por um lado, a não adesão desse ator à coalizão anticotas enfraqueceria sobremaneira aquela coalizão. Por outro lado, por se tratar de *players* do setor produtivo brasileiro com posições no mercado global, como nos Estados Unidos, na África, na Índia, no Oriente Médio, na América Latina, para eles, era extremamente inconveniente assumir uma posição contrária à diversidade étnico-racial no acesso à universidade no Brasil. Empresas, dentre outras, como Embraer, Odebrecht, Banco Itaú, Gerdau, a poderosíssima indústria do *Agrobusiness* brasileiro, como a da soja brasileira e mesmo empresas satélites que orbitam em torno desses setores, como a Fundação Getúlio Vargas, têm atuação direta no continente africano, na América Latina, portanto, não esposariam um discurso que de algum modo as associasse a qualquer espécie de negação da diversidade.

Os escritos da jornalista e colunista do jornal *O Globo*, Miriam Leitão, obviamente sem ser porta-voz oficial do pensamento desse campo produtivo e suas demandas em educação, mas cuja interface entre setor produtivo e educação ocupa em grande parte os seus textos, defendeu abertamente a política de cotas. Logo, o peso decisivo desse ator, o chamado Terceiro Setor, em termos empíricos, no longo processo em torno da Lei de Cotas no Congresso Nacional brasileiro, foi o de não ter atuado como um *veto player*. Pelo contrário, por exemplo, o então deputado Armando Monteiro Neto, que foi presidente da Confederação Nacional da Indústria (CNI), assinou o apoiamento ao PL 73/99 a pedido dos Novíssimos Movimentos Sociais no corpo a corpo decisivo com os deputados e deputadas Federais, no segundo semestre de 2008, na Câmara dos Deputados e depois não impôs óbices ao PLC 180/08, quando já senador da República, na Comissão de Constituição e Justiça do Senado Federal e no Plenário do Senado Federal.Assim, o Terceiro Setor, por conta dos interesses econômicos, explícitos ou velados, na direção do sistema mundial de poder (desde o Brasil), ou seja, na briga por espaço econômico no mundo globalizado, não cerrou fileiras com a coalizão anticotas no Congresso Nacional.

6.1.2 Os Novíssimos Movimentos Sociais Brasileiros

Esse termo que remete à literatura clássica dos Novos Movimentos Sociais (NMS) em humanidades (anteriormente referida), estudos que, na melhor tradição acadêmica brasileira, promoveram pesquisas inovadoras em humanidades. Foram também a matéria-prima para o aparecimento na cena acadêmica brasileira de pesquisadores como Eunice Durham. Um tanto tragicamente, ela viria a ser uma prócere liderança da coalizão anticotas no Congresso Nacional, após ter assumido posições de comando no Ministério da Educação, sob o governo do presidente Fernando Henrique Cardoso, e no Conselho Nacional de Educação, na cobiçada Câmara do Ensino Superior, sob o mesmo governo.

Novíssimos Movimentos Sociais (N*MS) é o avanço lógico dos Novos Movimentos Sociais (NMS), mas com um novo perfil e num novo tempo. Isso foi nomeado publicamente pelo então ministro da Educação Tarso Genro[190], por ocasião do ato público de entrega das primeiras bolsas do PROUNI no Estado do Rio Grande do Sul, na cidade de São Leopoldo, na grande Porto Alegre, em janeiro de 2005. Em função do protagonismo público evidente que tiveram na luta histórica pela conquista e implementação de um sistema público de bolsas de estudos em universidades particulares no Brasil, que garantisse a participação de negros e de negras, de indígenas, egressos da escola pública e pessoas de baixa renda, PROUNI, em sua fala na cerimônia, o ministro da Educação se referia explicitamente ao Movimento dos Sem Universidade (MSU) e ao Educação de Afrodescendentes (EDUCAFRO) como os Novíssimos Movimentos Sociais, daqui em diante, nomeados como N*MS.

Moehlecke (2004), Mena (2004), Castro (2005), Takahashi (2005), Faceira (2009) e Sodré (2015) reconhecem e referendam a luta histórica do MSU e EDUCAFRO pelo acesso às universidades por parte de negros e de negras, de indígenas, egressos da escola pública e pessoas de baixa renda. Com mais de um milhão de bolsas concedidas até o ano de 2013, o PROUNI consolidou-se como o maior programa de ações afirmativas ou política de cotas do mundo, o que referendou sobremaneira o MSU e a EDUCAFRO. Os N*MS caracterizam-se por forte atuação nas grandes periferias urbanas brasileiras em experiências de educação popular na base da sociedade, em territórios de maior vulnerabilidade social, como os cursinhos populares e por disputarem políticas públicas que garantam o direito à universidade no Brasil, dentre outras lutas, desde as conquistas das primeiras isenções de taxas dos vestibulares (ver anexo 10.6) até o combate contra o racismo no Brasil. Trata-se de movimentos difusos, ao contrário do perfil de categoria, seja sindical e mesmo estudantil ou ainda de movimentos com recorte de faixa etária. O nome MSU foi dado por Dom Pedro Casaldáliga, conhecido nos anos 1970 como o bispo do Araguaia, um símbolo na luta dos excluídos no Brasil:

> Tem a benção do bispo dom Pedro Casaldáliga, símbolo da dedicação aos excluídos. Foi dom Pedro quem deu, por acaso, a idéia do MSU, numa cerimônia na UNICAMP, quando foi homenageado com o título "honoris causa". Ele fica feliz ao saber do desdobramento de sua sugestão: "Uma benção do velho aos filhos que não conheço", diz ele aos estudantes do MSU. (Chaim, 2001).

---

[190] Conhecido leitor de Habermas, que tem variados escritos sobre a sociedade civil no Brasil, no geral, e sobre os NMS, em particular.

O surgimento do MSU certamente não vai alterar o "status quo", mas pode ter o mérito de pressionar governos não só a democratizar a universidade pública como também garantir que todas as faculdades autorizadas a funcionar ensinem de verdade. (Folha de São Paulo, 2001).

O MSU teve origem em São Paulo e foi organizado em vários pontos do Brasil, alçando voo nacional por intermédio dos ciclos do Fórum Social Mundial de 2001, 2002, em Porto Alegre, nas edições do Fórum Social Brasileiro, como em Belo Horizonte, em novembro de 2003, aglutinando redes de experiências de cursinhos populares ao longo dos anos 1990, o ativismo da Pastoral da Juventude do Meio Popular (PJMP), do movimento hip-hop e de militantes em defesa da educação pública. Já o EDUCAFRO é ligado aos Franciscanos, teve origem no Rio de Janeiro, derivado das experiências de "Pré-Vestibulares Para Negros e Carentes" (Custódio, 1999), na baixada fluminense, e tem também atuação em várias partes do Brasil. Ambos os movimentos tiveram grande sinergia nas lutas práticas e convergiram em várias agendas políticas do movimento negro, do movimento indígena, do movimento em defesa da educação pública. A experiência adquirida pelos N*MS na conquista do PROUNI os credenciaram como sujeitos políticos coletivos de proa na longa luta pela aprovação da Lei de Cotas no Congresso Nacional.

Como assim, pode-se perguntar? Ora, o sistema público de bolsas de estudos em instituições privadas (PROUNI) é filho legítimo dos N*MS. Conforme apregoa o modelo ACF para uma política pública, é preciso descer ao nível subnacional para compreendê-la. No caso da EDUCAFRO, decorre de sua ação histórica junto, particularmente, à PUC-RJ, num convênio bipartite que concedia um número restrito de bolsas de estudos naquela instituição, nascida no subsistema de educação nacional no primeiro longo Governo Vargas, aos negros e carentes, prática que depois a EDUCAFRO adotaria com outras instituições, como a Universidade São Francisco, em São Paulo (USF-SP). No caso do MSU, decorre da sua luta pela criação nacional de um sistema público de bolsas de estudos em universidades privadas (o PROUNI), por meio da regulamentação da Lei da Filantropia com contrapartida em bolsas de estudos integral. A lei concedia 20% de isenções sobre o faturamento de instituições filantrópicas de ensino superior, como o Mackenzie, a troco de variada gama de "serviços comunitários". Decorre ainda, como uma consequência direta da proposta do MSU apresentada à Comissão de Educação da Câmara Municipal de São Paulo (em abril de 2001), de criação da Universidade Popular do Município de São Paulo, proposta aprovada pela Câmara dos Vereadores de São Paulo, em 28 de dezembro de 2001.

O Movimento dos Sem Universidade (MSU) comemorou ontem a primeira vitória após uma série de manifestações em 2001. A Câmara Municipal aprovou, em segundo turno, a criação da Universidade Popular da Cidade e da Cidadania de São Paulo. "Esperamos a mesma sensibilidade do Executivo para que o projeto não fique na gaveta. A proposta é oferecer ao menos 20 mil vagas na universidade popular, mais que o dobro da USP atualmente". (Falcão, 2003).

Mesmo com manifestação em frente ao gabinete da prefeita não sairia do papel a universidade, por alegado erro de iniciativa, que deveria ter partido do executivo. Entretanto, o MSU insistiria na tecla. A prefeita de São Paulo Marta Suplicy, após várias negociações com o MSU, decide então criar, em maio, por meio da Portaria 135/2002, o Grupo de Trabalho sobre a Questão Universitária em São Paulo (ver anexo 10.5), com representação paritária do MSU e da Prefeitura do Município de São Paulo, representada pela Secretaria Municipal de Educação, Secretaria Municipal do Trabalho, Secretaria Municipal de Assistência Social e Coordenadoria da Juventude. Esse GT realizou cinco grandes audiências públicas/debates com a população, nas cinco macrorregiões da cidade, nos meses de junho e julho de 2002, além de realizar diversas reuniões, recolheu sugestões desde representantes de universidades privadas até dos movimentos populares e sistematizou propostas numa relação direta com a população. Basicamente, foram quatro as propostas finais: 1) A criação de universidades públicas, incluindo a área do Carandiru, em parceria entre o Município, o Estado e a União, conforme o regime de colaboração garantido pela Constituição Federal de 1988 e nas periferias: Zona Leste, Oeste, Norte e Sul; 2) A expansão dos cursos técnicos públicos nas periferias; 3) O apoio aos cursinhos populares; 4) A criação de um sistema municipal de bolsas de estudo em estabelecimentos privados de educação superior através da troca do ISS devido pelas instituições por bolsas de estudo. Relativamente ao volume potencial de bolsas de estudo, o GT encaminhou ofício solicitando o valor preciso do ISS cobrado pelo município às Instituições Privadas de Educação Superior para o secretário de Finanças Municipais de então, Sr. João Sayad, que respondeu ao ofício com o dimensionamento.

Parte dessas propostas se tornariam políticas públicas de fato, encaminhadas pela prefeitura de São Paulo. É o caso do apoio aos cursinhos populares efetivado em 2003 pela Secretaria do Trabalho, das primeiras bolsas de estudo públicas em universidades particulares. Com relação à criação de universidade pública, a começar pela Zona Leste, em Cidade Tiradentes, São Miguel Paulista e Itaquera, o caminho não foi pacífico e acabaria refém das engrenagens do subsistema nacional de educação: a parceria entre o município de São Paulo e a União seria feita. Em 2004, a universidade seria anunciada pela prefeita Marta Suplicy, o prédio e a placa de inauguração foram mostrados para a população em 2005. Em 2006, o Conselho Estadual de Educação (CEE) vetou o funcionamento da universidade. O MSU entrou com ação no Ministério Público. Na queda de braços, venceu o dualismo: a universidade virou curso técnico com a alteração do titular da prefeitura depois da eleição de José Serra como prefeito. Entretanto, novas universidades privadas surgiriam em regiões próximas sob aval do CEE.

O MSU também apresentaria propostas no Encontro de Educação realizado com o então candidato à Presidência da República Lula, na Casa de Portugal, em São Paulo, no segundo semestre de 2002, oportunidade em que teve direito à fala. Isso atesta de modo inexorável o nascimento do sistema público de bolsas de estudos em instituições privadas (PROUNI) no nível subnacional, mas muitos passos ainda seriam necessários. De igual modo, o protagonismo dos N*MS continuaria na luta pelo direito à universidade no Brasil. É o que se percebe em 2002, 2003, 2004, 2005... até 2012.

Imagem 6 – MSU em luta pela criação de um sistema público nacional de bolsas de estudos em instituições privadas

PANORÂMICA

Ciete Silvério/Folha Imagem

Movimento dos Sem-Universidade protesta em frente à Mackenzie

EDUCAÇÃO **Entidade faz protesto contra Mackenzie e entra na Justiça contra filantrópicas**

Cerca de cem integrantes do Movimento dos Sem-Universidade (MSU) fizeram um protesto ontem de manhã em frente à Universidade Presbiteriana Mackenzie. Eles questionaram o caráter filantrópico atribuído a certas instituições de ensino superior, adotando o slogan: "Filantropia ou Pilantropia?".

O movimento acusou as universidades filantrópicas, que têm isenção fiscal, de descumprirem a contrapartida de usar 20% das receitas em bolsas de estudo ou em assistência social.

O Mackenzie nega a acusação e afirma investir mais do que o determinado pela lei. A universidade informa que só em 2003 concedeu 15 mil bolsas.

O MSU entrou ontem com representação no Ministério Público contra universidades filantrópicas. O movimento solicitou ainda audiência com o ministro da Educação, Tarso Genro, e com a Comissão de Educação da Assembléia Legislativa de São Paulo. (DA REPORTAGEM LOCAL)

Legenda: MSU entra com ação no Ministério Público Federal, solicitando a obrigatoriedade de transformação dos impostos não pagos em bolsas de estudo: 20% do faturamento das filantrópicas como bolsas de estudos integrais.

Fonte: Jornal *Folha de S. Paulo*, p. C 6, 24 abr. 2004

Saviani (1988), ao falar do lugar da educação popular do começo dos anos 1960 no Brasil, como aparece no capítulo sobre o subsistema de educação brasileiro (Capítulo 3), via esses atores ocupar uma posição marginal dentro do subsistema de educação brasileiro, o que vale ainda hoje. Os N*MS são herdeiros vivos do Teatro Experimental do Negro (TEN), de Abdias do Nascimento, dos Centros de Cultura, de Paulo Freire, da luta dos excedentes, hoje com ênfase na luta pelo direito à universidade.

Imagem 7 – EDUCAFRO em ação

Fotos de Fábio Guimarães

Legenda: festa dos estudantes cotistas realizada no Teatro Caetano de Campos, no Rio de Janeiro, com a participação da EDUCAFRO. "Os cinco alunos que tiveram as notas mais altas, entre 8.2 e 9.4 foram chamados ao palco" no primeiro ano das cotas na UERJ.

Fonte: jornal *O Globo*, p. 16, 25 dez. 2003

Inexoravelmente, foi a luta pela criação do sistema público de bolsas de estudos em nível nacional, o PROUNI, que expôs ao Brasil o protagonismo dos N*MS. Isso foi visto por cerca de cinco mil pessoas presentes, no dia 3 de abril de 2004, no auditório Maria Lacerda de Moura, o maior do Fórum Mundial de Educação, realizado entre 1 e 4 de abril de 2004, no Anhembi, em São Paulo, e que contou com a participação de cerca de cem mil pessoas. É o que registra a história do Brasil:

> Após ouvir o apelo dos jovens do Movimento dos Sem Universidade, Tarso Genro prometeu marcar uma "reunião de trabalho" com seus integrantes e, ao iniciar seu discurso, dedicou a eles sua fala. [...] "Vou oferecer estas poucas palavras aos companheiros e companheiras que integram o Movimento dos Sem Universidade. É um movimento radicalmente democrático e que constitui um sujeito político fundamental para uma reforma que não só preserve, mas também qualifique o ensino superior, amplie e fortaleça a universidade pública e abra suas portas aos contingentes populares, que têm sido tradicionalmente excluídos do processo histórico brasileiro. (Siqueira, 2004, p. 2).

De fato, o MSU levanta a bandeira por uma "Reforma Universitária Popular", em 2003, em sua participação no Congresso Nacional no lançamento da Frente Nacional da Juventude, da proposta do Estatuto Nacional da Juventude. A proposta da reforma universitária popular buscava retomar o diálogo histórico interrompido com a bandeira do começo dos anos 1960, levantada pelo movimento popular: a reforma universitária.

Em 13 de janeiro de 2005, os holofotes da imprensa brasileira registraram a presença dos N*MS no ato de assinatura da sanção da criação do PROUNI, na cerimônia no palácio do planalto, onde o presidente Lula colocará o boné do MSU na cabeça e assumirá publicamente uma posição de defesa das cotas. A violenta interdição do processo político em curso no Brasil — o que cumpriria a sina do país, exposta de forma lapidar na tese de livre-docência de Saviani (1988) —, com o advento da crise do chamado presidencialismo de coalizão em 2005, jogaria muita poeira na agenda das políticas sociais no geral e no subsistema de educação, em particular, desde fevereiro de 2005, deixando-o novamente sob o sinal amarelo do sistema político.

Contudo, os N*MS não cegariam seus olhos pela poeira alta de então e se lançariam numa estratégia ousada: fazer valer para as universidades federais e escolas técnicas públicas os mesmos critérios de acesso do PROUNI, buscando angariar, para tanto, o máximo de apoios necessários no Congresso Nacional, numa articulação suprapartidária, pois "em crise a maioria do povo vive todo dia", dizia então o MSU.

6.2 O MOVIMENTO SINDICAL

O movimento sindical brasileiro se envolveu decisivamente na luta pela aprovação da Lei de Cotas. Esse ator se desdobra em várias frentes de atuação na questão, uma típica pauta que extrapola os horizontes de uma categoria particular de trabalhadores(as). Isso se deu dos seguintes modos:

1. por meio das secretarias de igualdade racial e combate ao racismo de inúmeros sindicatos;

2. por meio dos sindicatos ligados mais diretamente à educação, como é o caso da Federação das Associações de Servidores, de Sindicatos de Trabalhadores das Universidades Brasileiras (FASUBRA), que tem uma dedicação histórica na questão das cotas, pois muitos dos trabalhadores técnico-administrativos das universidades públicas não podem assistir à presença própria e nem de seus filhos e filhas ali como estudantes, dado a lógica de reprodução histórica das elites nas principais carreiras e cursos; da Confederação Nacional dos Trabalhadores em Educação (CNTE), que tem presença física nas escolas públicas brasileiras e de onde surgem variadas lideranças políticas presentes como deputados e deputadas no Parlamento, no momento mesmo de tramitação do PL 73/99; além de lideranças de professores universitários;

3. por meio da frente parlamentar sindical, que compõe um conjunto de variados parlamentares de variados partidos;

4. por meio da atuação pública via centrais sindicais, com grande visibilidade na sociedade brasileira e no Parlamento.

Tomado como cobertor para o mundo sindical, com o reconhecimento das Centrais Sindicais (antes organizações de cunho informal), aquelas centrais que possuem o índice de representatividade exigido pela Lei 11.648/2008 passaram a dividir 10% do total do imposto sindical pago pelos trabalhadores brasileiros. O controverso imposto sindical, que sustentava as centrais sindicais, foi criado no cenário de crescimento da presença dos trabalhadores urbanos na política nacional nos anos 1930. Foi Vargas quem o criou e a contribuição sindical equivale a um dia de salário, descontado de todos os trabalhadores com carteira assinada (filiados ou não a sindicatos). Num momento histórico em que alguns trabalhadores passaram a receber a alcunha estranha de "colaboradores" e a crítica sociológica expôs a existência de um "precariado" na sociedade, o reconhecimento legal das centrais sindicais representou uma inovação na democracia brasileira atual, justamente por fortalecer a voz dos sindicatos, a voz dos trabalhadores e trabalhadoras no cenário político nacional.

O quadro apresentado a seguir informa da potência política real que esse ator agregou à coalizão em favor da Lei de Cotas. Enquanto ator, o movimento sindical também teve papel na articulação política interna ao Parlamento, na relação com a Presidência da República com o Ministério da Educação, dentro do subsistema de educação em nível subnacional e com o conjunto dos movimentos sociais e, em muitos casos, participando diretamente da pressão popular sobre o Parlamento pela aprovação da Lei de Cotas.

Quadro 11 – Perfil do Movimento Sindical Brasileiro

Central	Número de Sindicatos afiliados	Número de trabalhadores Filiados	Presidente	Origem do Presidente	Vínculo Partidário	Imposto sindical em R$ milhões (2012)
CUT	2169	2,695 milhões	Vagner Freitas	Bancário de SP	PT	45,67
FORÇA SINDICAL	1680	1,046 milhão	Paulo Pereira da Silva	Metalúrgicos de SP	PDT	41,77
UGT	1044	848,9 mil	Ricardo Patah	Comerciários de SP	PSD/PPS	26,62
CTB	624	695 mil	Wagner Gomes	Metroviários de SP	PC do B	8,98
NCST	1039	611 mil	José Calixto Ramos	Metalúrgicos de Recife	PMDB	18,61
CGTB	281	226 mil	Ubiraci Dantas Oliveira	Metalúrgicos de SP	PPL	-
CSP	363	242,3 mil	Antonio Neto	Processamen-to de dados de SP	PMDB	-
CONLUTAS	85	177,5 mil	José Maria de Almeida	Metalúrgicos de Betim	PSTU/PSOL	-

Fonte: Ministério do Trabalho (MTE, 2012). Foram também utilizados os dados da matéria "Sindicatos se multiplicam e centrais redistribuem as forças partidárias", das jornalistas Fernanda Odilla e Claudia Rolli, publicadas no jornal *Folha de São Paulo*, em 15 maio 2013, B6

6.3 O MOVIMENTO NEGRO

Ao longo desta obra, a presença do movimento negro é praticamente constante, não poderia ser de outro modo. Oxalá, como ator, não custa repisar: o primeiro homem escravizado negro, a primeira mulher escravizada negra, que neste país pisou, na história do Brasil, indica o rumo por onde se iniciou a luta pelas cotas, pela dignidade humana. Para os efeitos desse passo nesta investigação, entretanto, cumpre destacar o papel objetivo assumido por esse ator mui relevante, por intermédio de:

1. Abdias do Nascimento e a apresentação do primeiro projeto de lei sobre cotas no Parlamento brasileiro (1983), conforme consta da introdução;

2. A ação da Coordenação Nacional das Entidades Negras (CONEN), organização plural e geral do movimento negro brasileiro, que demonstrou forte ativismo no processo político de luta pela aprovação da Lei de Cotas no Parlamento brasileiro;

3. A atuação da Frente Parlamentar Negra ou Frente da Promoção da Igualdade Racial, cuja bancada esteve presente em variados momentos de articulação e decisão em prol da Lei de Cotas;

4. A ação institucional da Secretaria Especial de Políticas da Promoção da Igualdade Racial (SEPPIR), por meio dos titulares desse Ministério, como a Ministra Matilde Ribeiro e Luiza Bairros, os ministros Edson Santos e Eloi Ferreira Araújo, no processo político no período de tramitação da Lei de Cotas no Congresso Nacional. As ações do Conselho Nacional de Promoção da Igualdade Racial (CNPIR) e, por fim, da assessoria parlamentar desse Ministério na Câmara e no Senado. A SEPPIR teve destacada ação, seja organizando seminários especiais, orquestrando articulações políticas para dentro do governo, seja na relação direta com o Parlamento e a sociedade, seja na interação com a coalizão social a favor da aprovação da Lei de Cotas. É importante complementar esse passo institucional, considerando o papel desempenhado de modo equivalente em nível subnacional por secretarias estaduais e municipais de promoção da igualdade racial e seus respectivos conselhos regionais, municipais e do Distrito Federal;

5. Fundação Cultural Palmares teve ação importante pela aprovação da Lei de Cotas no âmbito federal;

6. A ação institucional da Secretaria da Diversidade (SECADI), secretaria do MEC que trata da diversidade e sua respectiva Comissão de Diversidade Racial (CADARA) que se ocupa da educação de afro-brasileiros;

7. As iniciativas do grupo brasileiro de pesquisadores negros e pesquisadoras negras presentes em várias universidades;

8. A ação do movimento negro presente nas universidades, como o caso histórico do Seminário Nacional de Universitários Negros (SENUN), além de múltipla e variada gama de fóruns e grupos locais, regionais e nacionais, com forte ativismo contra o racismo e incidência política no subsistema de educação em favor da Lei de Cotas;

9. A Marcha Zumbi dos Palmares 300 anos contra o racismo, de 1995;

10. O dia 20 de novembro, como registro fundamental de comemoração e protesto nacional do movimento negro em todo o Brasil. Data na qual a luta pela aprovação da Lei de Cotas sempre foi uma pauta destacada e uma bandeira levantada em diversos lugares Brasil afora por milhares de mãos;

11. Grupo de advogados negros e advogadas negras, operadores e operadoras do direito, juristas e personalidades com forte atuação histórica em diversas organizações negras, seja por meio de ações no Ministério Público, em tribunais e fóruns, em procuradorias, desde o município até o STF, representando um campo fecundo de defesa da Lei de Cotas, seja em ações particulares ou gerais que ocorreriam em diversas instâncias à medida que a adoção de ações afirmativas despertava questionamentos de ordem legal, como o famigerado princípio da igualdade formal, como informa Bertúlio (1996);

12. A ação política de grupos e personalidades do mundo artístico negro, num leque amplo que vai do hip-hop dos Racionais MC's ao samba, da literatura de Cidade de Deus até o filme *Raça*, de variada gama de atores e atrizes negras em diversos palcos;

13. Por outro lado, parcela muito minoritária do movimento negro, que também se reivindicava como parte do movimento negro, atuou em outro time, na coalizão contrária à Lei de Cotas, principalmente por meio do destaque que lhes reservou a grande mídia e nas audiências públicas no Senado Federal e no STF. Cabe apontar, por esse ângulo, a atuação do chamado "Movimento Negro Socialista", do "Afrosol-Lux", do "Fórum Afro da Amazônia (FORAFRO)", da "ONG Nação Mestiça", do "Movimento Nação Mestiça".

6.4 O MOVIMENTO INDÍGENA

Foi um ator diretamente relevante, presente nos momentos decisivos de luta pela aprovação do PL de Cotas no Congresso Nacional, em plena parceria com os N*MS. Isso se traduz, de modo ilustrativo e empírico, pela ação da Coordenação dos Povos Indígenas da Amazônia Brasileira (COIAB), da Articulação dos Povos Indígenas Brasileiros (APIB), do Fórum de Educação Indígena, do Grupo de Estudantes Indígenas da UnB, em variada gama de agendas no processo político em torno da Lei de Cotas e mesmo por ações isoladas de reconhecidas lideranças indígenas:

1. Participação na criação, em nível subnacional, como no Mato Grosso do Sul, de cotas para indígenas em universidades públicas;

2. Participação na Conferência Nacional de Educação Básica em 2008;

3. Participação no Seminário "200 anos de Ensino Superior no Brasil", em 2008;

4. Participação no Manifesto entregue ao Sr. Ministro da Justiça e ao Supremo Tribunal Federal em 2008;

5. Participação na coleta de assinaturas de parlamentares em favor do PL 73/99 na Câmara dos Deputados em 2008;

6. Participação no acordo político feito pelos N*MS na Comissão de Legislação Participativa em 19 de novembro de 2008;

7. Participação ativa nos debates em torno da Lei de Cotas ocorridos no Fórum Social Mundial e no Fórum Mundial de Educação, em Belém do Pará, no começo de 2009;

8. Deliberação a favor da Lei de Cotas na Assembleia do Acampamento Indígena "Terra Livre", em Brasília, em 2009;

9. Participação em audiências públicas na Câmara e no Senado Federal sobre a Lei de Cotas;

10. Participação na Conferência Nacional de Educação, em 2010;

11. Forte presença na coalizão a favor da Lei de Cotas;

12. Lideranças indígenas Kaingang no Congresso Nacional;

13. Pesquisadores e pesquisadoras indígenas;

14. Parcela de antropólogos a favor da Lei de Cotas;

15. Parcela de antropólogos contra a Lei de Cotas;

16. Entidades de assessoria para assuntos indígenas, como a Conselho Indigenista Missionário (CIMI), vinculado à igreja católica, com forte atuação pela aprovação da Lei de Cotas;

17. Entidades de assessoria para assuntos indígenas vinculados à igreja protestante, como os batistas, os luteranos, com forte atuação a favor da Lei de Cotas.

6.5 O MOVIMENTO ESTUDANTIL

O movimento estudantil brasileiro, no limite analítico, tende a muitas clivagens, sem prejuízo de outras leituras, ou seja, é composto por muitos subgrupos, por exemplo, as executivas de cursos, empresas juniores, grupos culturais, grêmios estudantis, centros acadêmicos, diretórios centrais de estudantes e entidades gerais. Pelo perfil mesmo do estudante do ensino superior público federal, no geral, nas principais carreiras e cursos, formado por pessoas brancas, oriundas das escolas privadas e com razoável renda per capita familiar, refletia na atuação conformista de grande parte de seus representantes.

Os estudos da Associação Nacional dos Dirigentes de Instituições Federais de Ensino Superior (ANDIFES) realizados duas vezes, como arma de combate contra a Lei de Cotas e divulgado para a grande mídia às vésperas das votações decisivas da Lei de Cotas no Senado Federal, em 2012, afirmava que "as cotas eram um tiro no escuro". Dentre outras variáveis, o estudo feito com estudantes universitários das universidades federais brasileiras indicava que só 5% dos estudantes universitários participavam do movimento estudantil.

Mesmo assim, como uma parcela minoritária de estudantes de universidades participam do chamado movimento estudantil, isso implica, por tabela, numa avaliação analítica, em certo grau bastante otimista, de que uma maioria relativa dentro do próprio movimento estudantil se posicionou a favor da Lei de Cotas.

6.6 MÍDIAS

O Brasil é formado por poucos jornais impressos de alcance nacional, de influência nacional. De fato, seja pelo seu poderio econômico, seja pela dinâmica da imprensa brasileira, cabe aqui destacar que poucos foram os jornais que priorizaram em suas pautas a cobertura da Lei de Cotas em sua tramitação no Congresso Nacional: *Folha de São Paulo, O Globo, O Estado de São Paulo, Correio Brasiliense* e *O Estado de Minas*. No geral, as respectivas equipes desses jornais achavam-se pautadas de antemão para a temática, seja por suas sucursais de Brasília, seja por suas chefias de redação, seja pelos grupos de reportagens que fazem a cobertura permanente do Congresso Nacional, atuando no chão do congresso, nas salas de imprensa, nos corredores e gabinetes, nos salões. Não é de se desprezar as coberturas feitas por jornais estaduais relevantes em seus respectivos estados, que muitas vezes também se fazem presentes em Brasília, cujo tratamento da matéria, com certeza ocorreu, porém não será esgotado no alcance dessa investigação. Há também as agências de notícias[191].

Sobre a força desses atores, informa Sallum Jr., ao analisar a crise política no Congresso Nacional, em 1992,

> Em meio ao conjunto dos atores, os meios de comunicação de massa tiveram um papel central na derrocada do governo Collor. Nem sempre se enfatiza suficientemente que esses meios, embora ocupando posição relativamente autônoma em relação ao campo político-institucional, fazem parte do cotidiano da vida política nas sociedades modernas. Ter sua opinião ou suas ações divulgadas para um público abrangente – de centenas de milhares a milhões de cidadãos – é uma parte das práticas usuais daqueles que disputam o poder político e/ou procuram influenciar aqueles que o fazem. A disputa se dá não apenas pela divulgação dos feitos e opiniões, mas também e principalmente pela sua divulgação sob uma perspectiva favorável, relevante para a conquista e manutenção do poder político. Os meios de comunicação de massa são, pois, centrais na arena de influência, onde junto com atores políticos procuram conformar as "preferências" dos agentes sociais. Embora nas situações políticas "normais" o conjunto dos meios de comunicação reproduza de forma geral a perspectiva dominante no Estado, a competição pelo público – os meios de comunicação são em geral empresas capitalistas – pode levá-los frequentemente a contratá-la, ainda mais nas crises políticas. Foi o que aconteceu ao longo dos meses, de maio em diante, quando a autoridade do presidente da República foi posta em xeque. Com efeito, os meios de comunicação de massa foram atores cruciais no processo de desagregação da autoridade presidencial. [...] A cobertura que os meios de comunicação de massa fizeram dos acontecimentos ajudou a reverter o peso político de atores e instituições – usualmente subalternas, como o Congresso Nacional – durante a luta contra o governo Collor. Abriram também espaço para que intelectuais e ativistas ligados às organizações do MEP interviessem no debate contribuindo para moldar a "opinião pública", em geral contra o presidente da República. A dinâmica da disputa política foi deslocando progressivamente a posição dos meios de comunicação, jornais, revistas e redes de televisão, que foram saindo da órbita governamental e se aproximando da oposição. Em suma, os meios de comunicação de massa não somente relataram os acontecimentos; atuaram decisivamente no processo, investigando e contribuindo para reverter as relações de força política até a destituição do presidente. A atuação foi decisiva em moldar tanto a opinião dos atores na arena institucional – políticos e outros agentes do Estado – como as preferências dos que atuaram na arena coercitiva.
>
> Esta atuação da mídia ocorreu em graus variáveis de sintonia com a coalizão de centro-esquerda, tanto no que diz respeito à troca de informações como à ação concertada. Tratava-se de relações em vários níveis, vinculando os parlamentares aos jornalistas e às cúpulas das organizações de comunicação. Esta menção diferenciada às organizações e seus dirigentes é necessária. A dimensão empresarial destas organizações não é desprezível – elas vivem de publicidade. (Sallum Júnior, 2015, p. 258-259).

É importante registrar que como grandes empresas nacionais os principais jornais aglutinam interesses os mais variados. Por exemplo, o jornal *Folha de São Paulo* faz parte de um dos principais conglomerados de comunicação do país, com um faturamento de R$ 2,7 bilhões, em 2010, atingindo um lucro de R$600 milhões naquele ano, gerando 9 mil empregos diretos e 7 mil empregos indiretos. Em 2010, a circulação diária média da *Folha* foi de 294.298 exemplares, 24,6% superior

---

[191] E jornais de vasta tiragem e distribuição gratuita, com poder de mercado razoável e uma função explícita de *merchandising* de mão em mão nos grandes centros urbanos brasileiros, caso dos jornais *Metrto* e *Destak*, por exemplo, nos quais uma grande quantidade de propaganda é recheada por pinceladas de notícias ligeiramente feitas, miríade de imagens, textos curtíssimos, mas massivamente acessíveis.

ao *O Estado de São Paulo* e 12,2% superior ao *O Globo*. *O Correio Brasiliense* e *O Estado de Minas*, nos rastros deixados do primeiro império midiático brasileiro, os *Diários Associados* têm alcance mais acanhado, porém têm posição regional relevante para o assunto em tela em particular e para a política nacional no geral.

Nesta obra, para efeito ilustrativo, identifica-se no mercado de mídia brasileira que, além da *Folha*, esse grupo publicava o jornal *Agora São Paulo* e tinha participação de 50% no jornal *Valor Econômico*, em parceria com outro gigante das comunicações brasileiras, as Organizações Globo, que detêm o controle de canais de TV aberta e retransmissoras regionais, TV a cabo, revistas semanais e outras publicações, emissoras de rádio, editora, produtora de filmes, o portal G1, dentre outros, com capital aberto no mercado mundial de ações. A *Folha* publica seu jornal na internet e tem 17 milhões de visitantes únicos e 173 milhões de páginas vistas por mês em 2010, números que cresceram bastante recentemente em função do avanço das tecnologias digitais.

As seguintes empresas faziam parte, em 2010, do conglomerado Folha: 1) Empresa Folha da Manhã (100% de capital da Folha, reúne os jornais *Folha de São Paulo*, *Agora* e outras unidades de negócios); 2) UOL (maior empresa brasileira de conteúdos e serviços da internet, com 4,326 bilhões de páginas vistas por mês em 2010, a Folha detém 59% do capital, João Alves de Queiroz Filho e outros detêm 25% e 16% do capital estão no mercado aberto; 3) *Jornal Valor Econômico* (54.598 exemplares de circulação diária em dezembro de 2010, com 50% de capital da Folha e 50% das Organizações Globo; 4) Plural Indústria Gráfica (maior gráfica com rotativas offset da Américas do Sul, com 51% de capital da Folha e 49% da Quad/Graphics dos EUA; 5) São Paulo Distribuição e Logística (SPDL que distribui jornais em 87 municípios brasileiros em 2010, 50% do capital é da Folha e 50% do Grupo Estado); 6) Datafolha (é um dos principais institutos de pesquisa do país) interesses que perpassam jornais de dimensão nacional no Brasil, como a questão dos anunciantes, do perfil dos leitores, da estratégia empresarial, do posicionamento político, dos interesses comerciais, dentre outros.

Por outro lado, como na história recente do capitalismo narrada por Polany, esses grupos de mídia podem se juntar por interesses afinados como um cartel de fato ou mesmo como garantia do oligopólio no mercado. Por exemplo, variados críticos da mídia brasileira tradicional, por intermédio de exaustiva análise dos posicionamentos dos diversos veículos sobre uma temática dada, percebem convergência de abordagens e às vezes quase 100% de semelhança na cobertura jornalística. Pelo menos um caso de ação conjunta foi percebido quando veio ao conhecimento público a existência do Instituto Millenium, que atuaria como um *think-thank pró oligopólio* da mídia no Brasil.

Contudo, impõe-se, para efeito desta investigação sobre a Lei de Cotas, no tocante à mídia (jornais, revistas, rádios, tvs etc.), certos critérios e nuances. Dizia Chateaubriand, outrora rei das mídias na história do século XX no Brasil "Quer ter opinião, pois tenha um jornal". Nesse terreno minado, esta investigação considerará três tipos de posicionamentos sobre a Lei de Cotas expressos nas páginas dos jornais sobremaneira ou em revistas e outras mídias, noutros casos. Trata-se da *opinião dos editoriais, dos colunistas e de eventuais autores* que tiveram seus textos sobre a temática publicados nos jornais.

Nos anos 2000, o setor de educação privada, da creche à pós-graduação, é forte anunciante nos grandes jornais brasileiros que, no geral, têm na classe média tradicional o grosso dos seus leitores. Esses anúncios ocorrem de vários modos (diretamente ou indiretamente) e perpassam as várias mídias comerciais. Em sua maior parte, surgem em páginas inteiras dos jornais como "informes publicitários", noutras vezes, como *merchandisings* via cadernos especiais disso e daquilo, como no caderno "guia da pós-graduação", com 40 páginas, publicado na *Folha de São Paulo*, em 30 de janeiro de 2011, ou em matérias especiais sobre educação. Em certas situações, aparecem indiretamente em espaços franqueados para a opinião de "especialistas" eleitos a dedo e "estudos de avaliação e ranqueamento da educação", em que, na maioria dos casos, com raras exceções, faz-se o ritual laudatório do ensino privado e simultaneamente o ritual condenatório do ensino público, que, no geral, não é anunciante, a não ser nos gastos publicitários governamentais do setor. Mas, isoladamente, nenhuma escola pública ou mesmo uma universidade pública são anunciantes de jornais. Por tabela, ainda, não financiam campanhas eleitorais, ou seja, no cruel mundo real, têm lados descobertos.

No campo da mídia brasileira, aparece outro jogador de destaque na história da disputa pela aprovação ou não da Lei de Cotas no Congresso Nacional: o Grupo Abril, com sede em um prédio na cidade de São Paulo, ao lado da estação de trem de Pinheiros. Assim como os *Diários Associados* e a revista *Cruzeiro* eram associados ao nome de Assis Chateaubriand; o Grupo Folha e empresas à família Frias Filho; o Grupo Estado e empresas à família Mesquita; a TV Globo e empresas são ligadas à família Marinho; a TV Bandeirantes e empresas à família Saad; a TV Record e empresas à família Edir Macedo; a TV SBT e empresas à família Sílvio Santos. Uma associação lógica equivalente se impõe: a *Revista Veja*, uma joia da coroa do Grupo Abril, assim como o grupo, associa-se na história brasileira ao nome de Roberto Civita ou à família Civita.

Ainda que esse quadro breve possa gerar "vivas" para o deleite teórico de apressados, rápidos em apertar os gatilhos dos argumentos de uma teoria das elites ou efeito-clube estadunidense, há deveras variada complexidade nesse universo, como aquela que fizera fama na ciência política ali parida, ainda que os *mores* da política nacional repitam, desde a Primeira República até hoje, o ritual de aperto de mãos, sorrisos, fotos e liberação de vultosos recursos públicos de publicidade estatal para esses veículos de comunicação de massa, outrora e agora, maiorais no mercado de comunicação no Brasil, apesar de na forma esse conjunto hoje se assemelhar a um cartel que teria na Associação Brasileira das Empresas de Rádio e Televisão (ABERT), dentre outros órgãos de representação.

A óbvia concentração de mercado e de poder cruzado é evidente, aqui não avançaremos nisso, entretanto. A alta temperatura da competição entre o universo do papel e o universo digital, com suas mil e uma inovações, além de levar à bancarrota uma série de jornais impressos famosos mundo afora ou trocar outros de donos, como na compra nos EUA do jornal *Washington Post* pelo grupo Amazom.com, no Brasil, por exemplo, levou à morte o *Jornal da Tarde*, um famoso e influente jornal impresso que pertencia ao Grupo Estado. Mais uma nota de falecimento vale para o *Jornal do Brasil*, que foi por muito tempo uma potência jornalística, particularmente no estado do Rio de Janeiro e ali, celeiro da política de cotas no começo dos anos 2000, ele cumprira papel relevante como ator visível no debate. O *Jornal do Brasil* ressuscitaria apenas na internet.

A mídia tradicional mantém enorme poder de influência nas pautas e agendas presentes no Congresso Nacional. Por exemplo, o Jornal Nacional, levado ao ar seis de sete dias na semana, às 20h30, na TV aberta nacional, pela Rede Globo de Televisão (por muito tempo, o principal ponta--de-lança de comunicação que influenciava fortemente na formação da opinião pública no Brasil), mesmo perdendo audiência, de cerca de 75% nos anos 1980/1990 para menos de 50% nos anos 2010, isso ainda é uma baita audiência, o que o torna um grande ator que soma no campo da mídia tradicional como ator/agente relevante na disputa em torno da Lei de Cotas no Congresso Nacional. A característica central desse ator é sua verticalidade e não se pode subestimar outra característica: sua capacidade de adaptação e competição no novo cenário tecnológico das redes sociais e do vasto mundo digital em que a internet é a grande força de comunicação de massa.

Importa sim, conforme o modelo ACF, seguir com o andor. Assim, a revista *Veja* e o Grupo Abril atuaram explicitamente como relevantes atores no processo político da Lei de Cotas no Congresso Nacional. O conjunto das empresas desse grupo tem receita líquida de R$ 4 bilhões ao ano (ano referência de 2012). Parte é mídia, em que é a maior empresa de comunicação segmentada do país, com dezenas de revistas, mídias eletrônicas digitais, como a Elemidia, a empresa de marketing Alphabase e a mostra de decoração Casa Cor, com faturamento de R$ 2 bilhões em 2012; outra parcela é distribuição, em que uma *holding* de logística reúne marcas para entregas e encomendas no território nacional, como Dinap, Entrega Fácil, Total Express, FC e Treelog, cujo faturamento atinge um R$ 1 bilhão; parte é educação, que concentra as editoras de livros didáticos Ática e Scipione, e sete (7), ao menos, redes de ensino ou sistemas de ensino, como SER Educacional e o famigerado ANGLO, que desde sempre foi contra a Lei de Cotas, talvez por coerência de sua defesa da parte do leão, símbolo vulgar e ostentatório dessa marca nas suas campanhas publicitárias. Com isso, o Grupo Abril transmutava-se no sétimo maior grupo de ensino do mundo, valendo no universo de cassino *on-line* das bolsas mundiais U$ 1,7 bilhão, valor de face de 2013 e com faturamento de R$ 884 milhões em 2012; a outra parte, "*last but not least*", também tem dimensão superlativa, pois tratava-se da maior empresa de impressão da América Latina, com 52.500 metros quadrados de área ocupada por máquinas e armazenamento de materiais. É o que fornece de dados inequívocos, apropriados de modo literal e com pitadas críticas, a edição 1043 da *Revista Exame*, em suas páginas 42 e 43 (Lahóz, 2013).

Imagem 8 – Exemplo da relação entre mídia e educação enquanto negócio

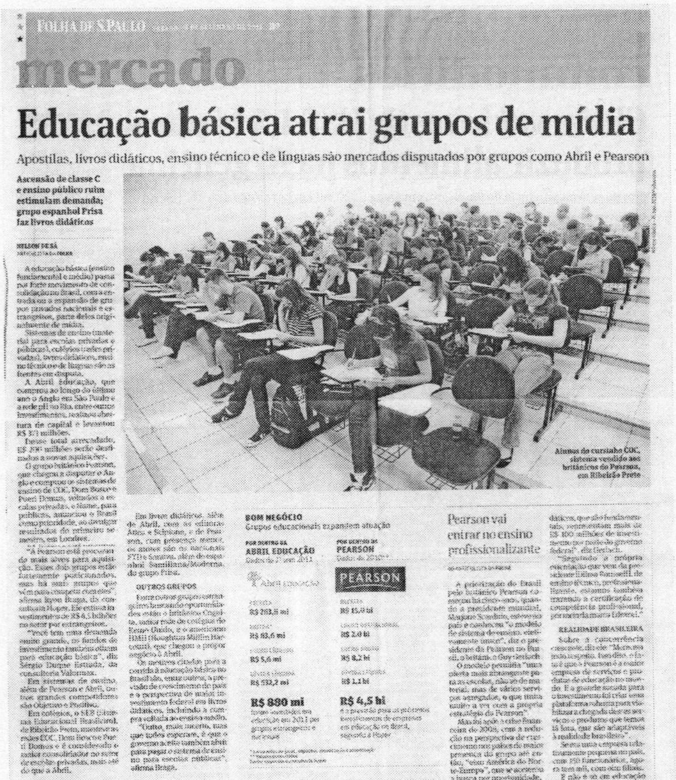
FOLHA DE S.PAULO

mercado

Educação básica atrai grupos de mídia

Apostilas, livros didáticos, ensino técnico e de línguas são mercados disputados por grupos como Abril e Pearson

Ascensão de classe C e ensino público ruim estimulam demanda; grupo espanhol Prisa faz livros didáticos

NELSON DE SÁ

BOM NEGÓCIO

ABRIL EDUCAÇÃO

PEARSON

R$ 880 mi

R$ 4,5 bi

Pearson vai entrar no ensino profissionalizante

Abril tem R$ 200 milhões para aquisições no setor

Fonte: *Folha de S. Paulo*, 1 set. 2011

Em 2018, a família dos Civita vendeu 100% das ações do Grupo Abril[192]. A trajetória do Grupo Abril revela o Brasil:

O negócio da família Civita Trajetória do Grupo Abril

Maio de 1950 – Victor Civita (foto) funda a Editora Abril. A primeira revista é a edição em português do "Pato Donald", da Disney. No mesmo ano, a gráfica da empresa começa a funcionar.

Agosto de 1960 – Criada a revista "Quatro Rodas", para fãs de automóveis. O título dá origem a novas publicações, como o "Guia Quatro Rodas".

Outubro de 1961 – É lançada a revista "Claudia", primeira publicação brasileira destinada ao público feminino.

Outubro de 1963 – Começa a circular "Contigo", de fotonovela. Foi a primeira revista do país a ultrapassar a marca de 500 mil exemplares vendidos.

1965 – A Abril ingressa no mercado de enciclopédias vendidas em fascículos, que se mostraria muito rentável. A primeira publicação é "A Bíblia Mais Bela do Mundo".

Abril de 1966 – A revista "Realidade" vende, na semana de estreia, 275 mil exemplares. De reportagem investigativa, duraria até 1976.

Setembro de 1968 – Antecedida por uma campanha publicitária de US$1,9 milhão é lançada a revista "Veja", um projeto de Roberto Civita (foto) e que se tornou o principal título da Abril.

Agosto de 1990 – Morre Victor Civita, o empresário que em oito anos, antes de chamar o filho Roberto para trabalhar na Abril, já havia construído uma editora de revistas infantis e fotonovelas, uma indústria gráfica e uma distribuidora, sólidas e em fase de expansão.

Junho de 1991 – O grupo ingressa no mercado de televisão paga, com a TVA (Televisão Abril). A operação é encerrada em 2012.

Abril de 1996 – Lançado o Bol, portal de internet e provedor de acesso gratuito. Em setembro, o negócio foi fundido ao UOL, do Grupo Folha. A Abril deixou o negócio nos anos 2000.

Maio de 2006 – O grupo sul-americano Naspers compra 30% da Abril, por US$ 422 milhões. Em junho de 2014, o Naspers anuncia baixa contábil de US$ 113,5 milhões relativa ao negócio.

Maio de 2013 – Morre Roberto Civita, aos 76 anos, Giancarlo Civita (foto) assume o comando do grupo.

Fevereiro de 2015 – O fundo de investimentos Tarpon assume o controle da Abril Educação com 40, 64% de participação. Um ano antes, o fundo já havia comprado 19,91%. As duas operações somaram R$1,3 bilhão.

Junho de 2018 – A Abril anuncia que vai deixar de publicar os quadrinhos da Disney.

Julho de 2018 – A família Civita deixa o comando executivo da Abril, com a saída de Giancarlo Civita. Marcos Haaland (foto), da consultoria Alvarez & Marsal assume a presidência, com a missão de reestruturar o grupo.

Agosto de 2018 – Com dívida de R$1,6 bilhão, o Grupo Abril entra em recuperação judicial.

Dezembro de 2018 – Fabio Carvalho, da Legion Holdings, compra 100% da Abril. (Tahuata, 2018, p. B-6, grifo nosso).

---

[192] Jornal *Valor Econômico*, 21, 22 e 23 de dezembro de 2018, p. B-6.

Se a *Revista Realidade* teve em Sérgio de Souza um repórter que cobriu com pioneirismo, para o Brasil, o Movimento dos Direitos Civis nos EUA, nos anos 1960, por outro lado, o período de tramitação da Lei de Cota de 2005 a 2012 coincide com a presença do Grupo Naspers no Conselho de Administração do Grupo Abril. Esse ator, a *Revista Veja*, foi 100% das vezes contra a Lei de Cotas no período. Em 2014, o Naspers abandonaria sua posição nos negócios do Grupo Abril. Esse grupo sul-africano foi uma das principais bases de sustentação do regime racista, o Apartheid. Esse grupo de mídia foi fundado em 1915. Assim, indiretamente, pode-se dizer que um ator invisível no cenário político brasileiro, um ator internacional, o Grupo Naspers atuou fortemente como parte da coalizão contra a Lei de Cotas.

A expressão comum no Brasil "setores da Mídia" indica justamente a necessidade de maior acurácia e de não se fazer tábula rasa ou raciocínios maniqueístas simplistas sobre o comportamento desses agentes, desse ator chamado Mídia. Assim, a própria concorrência intercapitalista por posições nesse mercado pode levar veículos de mídia diferentes a abordagens distintas sobre uma temática, como a Lei de Cotas, por exemplo. Nessa linha de raciocínio, revistas semanais, como *Isto É* e *Carta Capital*, não têm visões equivalentes às revistas semanais ligadas ao grupo Globo ou Abril. Revistas mais independentes, como *Caros Amigos*, apresentam, por seu turno, outra leitura. É o caso também do *Jornal Brasil de Fato*, assumidamente de esquerda e que está semanalmente nas bancas Brasil afora.

Outro ponto de peso analítico são as estratégias editoriais, utilizadas, no geral, para garantir uma amplitude ou uma pretensa neutralidade dos grandes veículos sobre temas reputados polêmicos. Por conta disso e não só, colunistas avulsos em grandes veículos da mídia tradicional, não raro, apresentaram posições divergentes com a linha editorial central dos veículos. Isso se percebeu na disputa pela Lei de Cotas, com alguns casos favoráveis: Élio Gáspari (colunista do *Jornal O Globo* e do *Jornal Folha de São Paulo*), Miriam Leitão (colunista do *Jornal O Globo*), por exemplo. Por outro lado, um coro de vozes estridentes ecoava sempre as posições das linhas editoriais contrárias à Lei de Cotas, levando-o ao limite extremo. Demasiado dizer que um caso sintomático basta para ilustrar isso: Demétrio Magnoli, figura onipresente na mídia tradicional como ator relevante contra a Lei de Cotas. Para o fito desta obra, colunistas avulsos favoráveis à Lei de Cotas, ainda que presentes na grande mídia tradicional majoritária e dominante amplamente no mercado de mídia brasileiro, medido pelos índices de audiência, dado sua condição particular de minoritários, os colunistas favoráveis à Lei de Cotas, somar-se-ão a setores de novas mídias a quem se aglutinam como forças minoritárias no cenário geral.

Não obstante esses *insights* sobre a mídia tradicional no Brasil como ator relevante para o processo político da disputa da Lei de Cotas no Congresso Nacional, não se pode encará-la como um ator estático, mas extremamente dinâmico, podendo inclusive mudar de posição ou amortecer a ênfase numa dada posição anteriormente assumida. Se o *Jornal O Globo*, em editorial, pediu desculpas por seu apoio à ditadura civil militar no Brasil, a ascensão social, que se via, de amplas camadas de trabalhadores das classes C, D e E no Brasil, impôs a relativização do papel de muitos veículos sobre a Lei de Cotas.

De qualquer modo, a história da mídia tradicional no Brasil é de forte relação comercial com o governo, com os mores empresariais e principais marcas de produtos no mercado de anunciantes, o perfil de assinantes, de forma que esse ponto, muitas vezes, indica os gostos e apetites prediletos desse ator relevante no cenário brasileiro. No embate a respeito do posicionamento sobre as cotas, destaca-se o importante papel da mídia como porta-voz da coalizão contra a rede pública e contra os negros, como ilustrado na Imagem 9, apresentada a seguir.

Imagem 9 – Manchete do jornal *O Estado de São Paulo* – "Aluno branco de escola privada tem nota 21% maior que negro da rede pública"

Fonte: jornal *O Estado de S. Paulo,* de 12 ago. 2012, p. A-23

Nota-se que, a despeito da informação ser pinçada do meio de vários dados produzidos pelo INEP sobre o ENEM 2010, o destaque de página dado por um importante jornal impresso do país revela apenas a face que reforça o discurso da suposta queda na qualidade do ensino com a entrada destes estudantes oriundos da escola pública em geral e dos negros em especial, por meio das cotas, sem considerar outros elementos para a análise. Repetem argumento usado contra a aprovação de um sistema público de bolsas em instituições privadas, o PROUNI.

O texto da matéria aponta uma diferença de 17% entre o desempenho da escola pública e o da escola particular, no exame do ENEM, em 2010, e conclui: "Como a maioria das federais adota o ENEM como critério de seleção, o levantamento indica um cenário aproximado sob a nova Lei de Cotas". Esse posicionamento de dar como certa a queda da qualidade das universidades federais é de uma grande perversidade, pois desconsidera o contexto de aprendizado nas salas de aula da escola pública e credita apenas ao estudante uma deficiência de aprendizado, como se, ao inserir o estudante da escola pública num ambiente com melhores recursos, professores mais preparados e com colegas vindos de outra classe social e capazes de trocar experiências, ele fosse incapaz de absorver o conteúdo da matéria e de recuperar a defasagem de aprendizado. Nesse sentido, o jornal se "esquece" que os estudantes são dotados de capacidade intelectual inerente às pessoas humanas e dá como certa uma catástrofe.

Os registros empíricos mais clamorosos do posicionamento de um veículo da mídia tradicional, como os chamados "jornalões", são seus editoriais, eles expressam a posição oficial do veículo sobre um dado assunto. O tema por excelência explorado pelos editoriais, manchetes, chamadas de matérias, itens sob o controle dos conselhos editoriais dos veículos, sem dúvida alguma — em todo o período do processo de disputa em torno da Lei de Cotas no Congresso Nacional —, foi a questão racial. Essa foi a isca ou o pomo de discórdia para alavancar a opinião pública contra a Lei de Cotas. Por exemplo, nos dias que se seguiram à aprovação da Lei de Cotas na CCJC da Câmara dos Deputados, no começo de fevereiro de 2006, o jornal *O Globo* estampou matéria de capa explorando a chave "Cota Racial", sendo seguido, à noite, por manchete com igual estridência no Jornal Nacional. Em função desse apelo, as cartas dos leitores nos dias seguintes, ecoavam a mesma linha, em que as exceções confirmam a regra, ou seja, o tom era de campanha urdida contra a Lei de Cotas.

Aqui, apenas à guisa de ilustração, destacamos dois posicionamentos:

1. O Editorial da *Folha de S. Paulo*, de 27 de abril de 2009, período no qual uma acirrada disputa em torno da Lei de Cotas ocorria no Senado Federal, em que a coalizão social contra a Lei de Cotas, liderada pelo senador Demóstenes Torres, do partido DEMOCRATAS de Goiás (DEM-GO), e presidente da CCJ agia duramente contra o andamento da Lei de Cotas no Senado. Diz o editorial da *Folha de São Paulo*: **Tribunais da raça** - *Critérios raciais para ampliar acesso a escolas públicas produzem situações absurdas e devem ser abandonadas* (FOLHA DE S. PAULO, 2009).

2. A chamada de capa da *Revista Veja*, de 29 de agosto de 2012, tinha endereço certo: buscava tensionar a opinião pública brasileira contra a sanção da Lei de Cotas pela presidente Dilma Rousseff, valendo-se de imagem de foto editada de uma manifestação organizada por alunos de uma escola particular de Brasília, menos de 20, diga-se, realizada na praça dos Três Poderes. Dizia a chamada de capa: *UNIVERSIDADES - Por que a nova lei de cotas vai fazer o país andar para trás* (Revista Veja, 2012).

No miolo da revista, na página 70, outra foto ampliada da mesma "manifestação" que ilude, mas tem apenas rostos brancos e sorridentes, traz em letras garrafais a legenda "O GRANDE ERRO DAS COTAS", com um texto de tomada de posição da revista sobre a questão encabeçando a matéria que não é assinada: *A partir da semana que vem, dependendo de decisão da presidente Dilma Rousseff, uma em cada duas vagas nas universidades federais estará reservada para egressos do ensino público, negros, índios e pardos. É uma forma equivocada de corrigir distorções* (Revista Veja, 2012).

Em todo o curso do processo político longo de disputa em torno da Lei de Cotas no Congresso Nacional, a *Revista Veja* cerrou fileiras ao lado da coalizão social contra a Lei de Cotas, inclusive com generosos espaços para o líder político dessa coalizão, o presidente da CCJ, senador Demóstenes Torres (DEM-GO). Um simples escrutínio em suas edições da revista no período atesta isso e o mais.

Já a *Revista Carta Capital*, em pelo menos três ocasiões, cerrou fileiras com a coalizão social a favor da Lei de Cotas: em 2006, quando denunciou a contradição do posicionamento do PSDB e do PFL em relação às Cotas, pois ambos os partidos haviam assinado um pedido de urgência para o PL de Cotas na Câmara dos Deputados e depois entraram com recurso contra o projeto aprovado na CCJ, em fevereiro de 2006; na cobertura das cotas no Senado Federal e ao expor, ampliando o foco da fotografia editada da *Revista Veja* — da matéria supracitada —, o vazio da Praça dos Três Poderes na pretensa "manifestação contra a sanção da Lei de Cotas" que, na verdade, não passava de meia dúzia de gatos pingados, defendendo o "mérito" e não as cotas, ao mesmo tempo em que empunhavam cartazes com erros crassos de português.

6.7 PESQUISAS DE OPINIÃO PÚBLICA

Basicamente, no curso histórico da disputa em torno da Lei de Cotas, duas pesquisas levadas a cabo pelo Instituto DataFolha, ligado ao Grupo Folha de São Paulo, repercutiram fortemente no debate nacional que perpassou o enfrentamento entre as coalizões. Uma primeira, feita em 1995, cujo resultado revelou o racismo presente no Brasil e deu pistas de sua sinuosidade: a maioria absoluta dos brasileiros e brasileiras admitia a existência de racismo no Brasil, mas quase ninguém se admitia racista (*Folha de S. Paulo*, de 25 de junho de 1995). Outra realizada em 2006 que revelou o apoio de 65% da sociedade brasileira a favor da política de cotas com critérios raciais para o acesso à universidade no Brasil (*Folha de S. Paulo*, de 23 de julho de 2006).

6.8 INTELECTUAIS

Miceli (2012), Bobbio (1997) e Hobsbawm (2013) conformam uma ínfima parte dos estudos existentes sobre os intelectuais e seu papel. Na verdade, o conjunto dos escritos sobre o tema equivale a uma cadeia do Himalaia inteira. Soa como um inventário, por exemplo, as obras de Wilson Martins (1978).

Necessariamente, numa realidade empírica como a do Brasil, onde apenas 18% em idade de, estavam nas universidades em 2013, fixarmo-nos exclusivamente nas figuras dos intelectuais, em sentido restrito, significa correr o risco de tomar a opinião de elites apenas. Por isso, além das opiniões dos intelectuais em sentido restrito, esta obra considerará a dimensão ampliada do intelectual. A primeira se revela nos posicionamentos de um grupo de intelectuais em prol da coalizão social a favor da Lei de Cotas e de outro grupo de intelectuais em prol da coalizão social contrária à Lei de Cotas. Já em sua dimensão ampliada, os intelectuais são os próprios movimentos sociais, como os Novíssimos Movimentos Sociais, caso do MSU e da EDUCAFRO, com seus informes populares, seus manifestos e proclamas populares, seus escritos e boletins próprios, cujo objetivo é disseminar na base da sociedade, dentre os excluídos da universidade, uma opinião, no fito de fortalecer suas posições políticas e da coalizão social a favor da Lei de Cotas.

Os manifestos dos intelectuais restritos ocorreram em função da tensão de posições sobre a Lei de Cotas instalada na sociedade brasileira fruto da vitória obtida pelo MSU, pela EDUCAFRO, pelos N*MS, enfim, pela coalizão social a favor da Lei de Cotas na Câmara dos Deputados, mais especificamente, em caráter terminativo, na Comissão de Constituição, Justiça e Cidadania da Câmara dos Deputados, da aprovação do PL de Cotas, no início de fevereiro de 2006. Ultrapassagem que era um verdadeiro tabu instalado e intransponível no Parlamento brasileiro havia anos.

Tal fato gerou violenta reação da coalizão social contrária à Lei de Cotas no Brasil e isso se expressou, dentre outras formas, também via divulgação de um manifesto. Em seguida, outro manifesto partiu da coalizão social a favor da Lei de Cotas no Brasil. O *Caderno +Mais!*, editado pelo *Jornal Folha de São Paulo* à época, deu destaque e repercutiu esse debate, presente no Parlamento e na sociedade brasileira, em edição especial, cuja capa tinha uma foto, em grande medida reducionista da questão, que mostra uma queda de braço entre um braço negro e um braço branco, como se vê a seguir.

Imagem 10 – Chamada de capa do *Caderno +Mais!* do jornal *Folha de São Paulo* traz artigos de intelectuais contra e a favor das cotas

Fonte: *Folha de S. Paulo*, 9 jun. 2006, capa do Caderno +Mais!

De um lado, como parte da coalizão social contra a Lei de Cotas, o professor e antropólogo da UNICAMP, Peter Fry, inglês, um dos signatários do manifesto contra as cotas e autor do livro *A Persistência da Raça* (Fry, 2005):

FOLHA: O fato de a questão estar sendo politizada é ruim?

FRY: Não, acho absolutamente positivo. Senão esses manifestos seriam votados no Congresso sem nenhum debate. O Senado (diga-se, não foi o Senado, foi a Câmara) aprovou tudo sem nenhuma discussão. Acho mais importante para o destino do Brasil debater essa questão do que debater a venda de armas, por exemplo.

FOLHA: O que você acha dos dois projetos de leis em discussão?

FRY: Tudo o que penso está no manifesto. Acho que está bem redigido. A grande discussão é sobre o que se deve fazer. Acho que os ativistas negros têm toda a razão de se preocupar com a questão do racismo. As desigualdades são um assunto muito grave. Se nós tivermos muita sorte nessa discussão, poderemos até provocar uma discussão mais séria sobre a desigualdade em todos os seus sentidos, e não apenas a questão da cor. É muito difícil falar criticamente sobre cotas, porque logo surgem acusações de racismo e privilégios. Esse é um argumento muito perigoso. Significa simplificar o assunto, e acaba sendo uma forma de calar posições contrárias. (*Folha de S. Paulo*, Caderno +MAIS!, 9 jul. 2006, p. 4).

De outro, como parte da coalizão social brasileira a favor da Lei de Cotas, o historiador Luiz Felipe de Alencastro, professor titular de História do Brasil na Universidade de Paris-Sorbonne e autor do livro *O Trato dos Viventes*:

FOLHA: A adoção do sistema de cotas não introduz um conflito e uma tensão que não existem atualmente?

ALENCASTRO: A tensão existe o tempo todo. Se você pegar as vítimas da polícia nos ataques recentes em São Paulo [15/5], eram jovens e negros. O conflito existe o tempo todo e está feito. A ideia de que se vai criar um conflito onde não existe é a mesma ideia de quando ocorreu a introdução do voto feminino, o voto das mulheres iria dividir as famílias. A tensão existe, está lá. Os signatários do manifesto contra as cotas passam a vida viajando para os Estados Unidos, onde encontram negros o tempo todo na sala de aula, que não estão nas salas de aulas deles, numa população negra que é muito maior. Acho que a divisão já existe, está escrita em nossa sociedade.

FOLHA: Essa divisão que o sr. citou é entre brancos e negros ou entre elite e marginalizados?

ALENCASTRO: Ela é a reprodução do sistema. A Igreja Católica está há 500 anos no Brasil evangelizando todo mundo, todos são filhos de Deus. Mas aí você vai olhar o número de padres e só tem mil padres negros para 12 mil padres brasileiros. No comando do Exército e do Itamaraty isso se reproduz e já causou problemas nas representações brasileiras na África. Sobre o argumento de que isso é imitar coisas americanas, não há só defeitos nos EUA. Que eu saiba o *habeas corpus* e o federalismo não são heranças nem do direito português nem dos costumes tupiniquins. Foram copiados diretamente do sistema americano e funcionam muito bem no Brasil. Além disso, o Brasil e os EUA são as únicas sociedades em que a escravidão esteve embutida na organização do Estado Nacional, são os únicos países que modernizaram a escravidão colonial (*Folha de S. Paulo*, Caderno +Mais!, 9 jul. 2006, p. 4).

O "MAIS" arrolou os argumentos presentes nos manifestos dos intelectuais restritos de modo sintético. No manifesto da coalizão social contra as cotas, assinado por 114 intelectuais e artistas, destaca-se:

1. Se os projetos forem aprovados, a nação brasileira passará a definir os direitos das pessoas com base na tonalidade da sua pele, pela "raça". A história já condenou dolorosamente essas tentativas.

2. A análise de que as políticas se justificariam por corrigirem um mal maior não é realista nem sustentável, e teme-se as possíveis consequências das cotas raciais.

3. A adoção de identidades raciais não deve ser imposta e regulada pelo Estado.

4. Políticas dirigidas a grupos "raciais" estanques em nome da justiça social não eliminam o racismo e podem até mesmo introduzir o efeito contrário, dando respaldo legal ao conceito de raça e possibilitando o acirramento do conflito e da intolerância.

5. O principal caminho para o combate à exclusão é a construção de serviços públicos universais de qualidade nos setores de educação, saúde e Previdência, em especial a criação de empregos.

6. A invenção de raças oficiais tem tudo para semear esse perigoso tipo de racismo, como demonstra a história, e bloquear o caminho para a resolução real dos problemas de desigualdade.

7. Busca-se um Brasil no qual ninguém seja discriminado pela cor, sexo, vida íntima e religião; onde todos tenham acesso a todos os serviços públicos.

8. Almeja-se que seja valorizada a diversidade como processo integrante do caminho de toda a humanidade.

9. Essas metas só serão alcançadas pelo esforço comum de cidadãos de todos os tons de pele contra privilégios odiosos que limitam o princípio republicano da igualdade política e jurídica. (Strecker, 2006, p. 4).

Já na coalizão social a favor das cotas, do manifesto dos intelectuais restritos, o jornal destacou outro conjunto de argumentos:

1. Foi a constatação da exclusão dos jovens negros e indígenas das universidades que impulsionou a atual luta pelas cotas.

2. É uma resposta do Estado brasileiro aos instrumentos jurídicos internacionais a que aderiu, como o Plano de Ação de Durban, que corrobora a adoção de ações afirmativas como mecanismo importante na construção da igualdade racial. Há uma expectativa internacional de que o Brasil implemente políticas de ações afirmativas.

3. Os mecanismos de exclusão racial embutidos no universalismo do Estado republicano levarão o país a atravessar todo o século 21 como um dos sistemas universitários mais segregados do planeta – étnica e racialmente.

4. Estaremos condenando mais uma geração inteira de secundaristas negros a ficar fora das universidades.

5. Para que as universidades públicas cumpram sua função republicana em uma sociedade multiétnica e multirracial, deverão refletir as porcentagens de brancos, negros e indígenas do país.

6. Estudos permitem afirmar com segurança que o rendimento acadêmico dos cotistas é, em geral, igual ou superior ao rendimento dos alunos que entraram pelo sistema universal.

7. A prática das cotas tem contribuído para combater o clima de impunidade diante da discriminação racial no meio universitário.

8. As cotas incidiriam em apenas 2% do total de ingressos no ensino superior.

9. A igualdade universal dentro da República não é um princípio vazio, e sim uma meta a ser alcançada. As ações afirmativas são a figura jurídica criada pela ONU para alcançar essa meta. (Strecker, 2006, p. 5).

Parcela desses posicionamentos alimentaram, respectivamente, as coalizões contrárias e a favor da Lei de Cotas. Dois episódios marcantes revelam a dimensão ampliada do intelectual, presente nos N*MS, por exemplo, caso do MSU e da EDUCAFRO. Em São Paulo, na Faculdade de Direito da USP, uma chapa que ganhou a eleição do Centro Acadêmico afamado no Brasil, lançou um jornal que, dentre outras coisas, dizia que "os africanos deveriam voltar para a África". A reação do MSU foi promover um enterro da intolerância num caixão colocado na porta de entrada daquela famosa faculdade de direito, ato político e manifesto popular transmitido ao vivo pelo Jornal SPTV, segunda edição da Rede Globo de Televisão.

No Rio de Janeiro, incomodados com a presença de estudantes negros, negras, na PUC-RJ, um grupo de estudantes que vencera as eleições do diretório acadêmico também lança um jornal com várias situações de cunho racista. A EDUCAFRO reagiu duramente denunciando o racismo. Essa questão foi debatida no livro *Raça* (Grin, 2010), porém conturbado pela estratégia de escrita da autora, que lastreou sua análise nas repercussões de "cartas de leitores", publicadas no jornal *O Globo*, como uma reação ao noticiário sobre o ocorrido na PUC-RJ divulgado em matérias no jornal.

Ora, as cartas dos leitores passam por um filtro para publicação e o universo dos leitores do jornal *O Globo* tem um perfil social mais de classe média do que popular.

Nos dois casos, de modo sinuoso, a questão das cotas estava presente. Não é mistério de onde partiu o ataque contra as cotas e de que sinuosidades valeram-se. Assim como o exemplo de Milton Santos, o Brasil no século XXI possui esmerado conjunto de pesquisadores negros e negras, mas bem longe da quantidade potencial necessária. De igual modo, assim como Daniel Munduruku, os povos indígenas brasileiros têm suas referências intelectuais, fermento que também precisa crescer. Seja com manifestos, como se viu, uma das principais ferramentas de ação destes atores, os intelectuais participaram direta ou indiretamente do longo percurso pela aprovação da Lei de Cotas no Congresso Nacional. É de se indagar: no Brasil, um país com 18% do povo (entre 16 e 24 anos) na universidade, em 2013, para onde pendeu mais a balança dos intelectuais?

6.9 SETOR DA EDUCAÇÃO PRIVADA

A presença do setor privado no subsistema de educação brasileiro é fortíssima, a ponto de abocanhar as vagas nas principais carreiras e cursos de renomadas universidades públicas brasileiras: trata-se da "parte do Leão" ou da "cota do privilégio", que conduz e reproduz no tempo uma elite econômica, no geral, branca e rica, nas vagas mais disputadas das universidades públicas. Essa cota do privilégio informa historicamente no Brasil o racismo, o preconceito, a distinção social, o que é visto no chamado "trote" em muitas universidades brasileiras, algo que se repete por anos a fio, geração após geração, como identificou o estudo inovador de Antônio Ribeiro Almeida Júnior,

> A cultura trotista está indissoluvelmente associada à manutenção e reprodução de hierarquias sociais. A entrada na universidade é uma forma segura de elevar o status social do aluno, principalmente em escolas muito tradicionais e em carreiras financeiramente compensadoras. Geralmente, a participação em um grupo trotista é outra forma de se tentar obter elevação de status.

> A distinção social permeia todos os processos aqui descritos. A produção e reprodução do pensamento socialmente hierarquizante é essencial para a manutenção de uma sociedade de classes, como a capitalista. A naturalização dos processos hierárquicos é indispensável para a continuidade da desigualdade no mundo do trabalho. O título universitário confere uma aura de autoridade e de mérito, legitimando desigualdades de poder e de renda. (Almeida Júnior, 2016, p. 234).

O "trote" pode ser tomado como reflexo objetivo da força do setor privado em dominar as principais vagas e carreiras nas universidades públicas no curso dos anos 1960, 1970, até as primeiras décadas do século XXI. Esse setor tem conexões com o sistema político, tais como a existência de uma bancada do ensino privado no Parlamento brasileiro e seu papel de fiel financiador de campanhas eleitorais. Ele desfruta de prestígio social e status, conforme a categoria distinção de Bourdieu. O Setor Privado detém posições relevantes no subsistema de educação, por exemplo, tem representantes no Conselho Nacional de Educação (CNE) e nos Conselhos Estaduais de Educação (CEE), como é o caso do Colégio Bandeirantes, em São Paulo, que tem representação no CEE-SP.

O Setor Privado se organizou no subsistema de educação brasileiro como forte grupo de pressão, por intermédio de sindicatos regionais e nacionais, associações etc., como a ABMES, o SEMESP, por exemplo. Nesse sentido fazem *lobby*, no sentido americano da expressão: frequentam os gabinetes do Ministério da Educação, de parlamentares e outros ministérios, a Presidência da República e a Casa Civil. Promovem encontros, reuniões, almoços, jantares e festas em Brasília, em São Paulo e em outros pontos chaves de definição mercadológica. O setor do ensino privado entrou com ação no STF contra a constitucionalidade do PROUNI, num primeiro momento, em 2004, depois valeu-se disso para aumentar seu poder de barganha no Parlamento e no governo, emplacando grande parte de suas reivindicações no desenho final do PROUNI aprovado no Parlamento.

Com relação à Lei de Cotas, posicionou-se contrariamente, como se depreende:

> A Constituição fala que todo cidadão tem direito de igualdade de condições de acesso a concursos públicos e vestibulares. Tenho certeza que isso vai desencadear Brasil afora uma série de ações. Eu tinha muita esperança de que a lei não seria sancionada, porque houve a repercussão muito negativa, inclusive por parte dos reitores. Cria-se com essa situação uma divisão social perigosa. Não temos nada contra o cunho social da lei, a forma de fazer é que questionamos. Poderiam ser criadas mais vagas nas universidades para esse público, sem tirar as outras – Emírio Barbini, Presidente do Sindicato das Escolas Particulares de Minas Gerais, SINEP. (Oliveira, 2012).

Parte interessada diretamente na não aprovação da Lei de Cotas, o setor da educação privada representa o elo lógico, muitas vezes escondido, camuflado ou mesmo presente como denegação, na coalizão social contra a lei de cotas no Congresso Nacional, por isso, é um ator relevante, pois ofereceu a base material para a defesa do status quo presente na coalizão social contra a Lei de Cotas e seus próceres, trate-se de políticos ou não. Esse setor passa por um ciclo de financeirização e verticalização gigantesco, consoante às regras de disputa do mercado mundial de capitais. Analistas econômicos informam e medem o tamanho da educação no setor de serviços brasileiro e mundial. No caso brasileiro, a concentração de marcas presentes no mercado financeiro e que gerenciam produtos educacionais variados da creche à pós-graduação impõe lógicas novas no setor da educação privada, que tende a consolidar oligopólios, ou seja, cinco ou seis marcas sobreviverão à infernal onda de fusões e aquisições em curso hoje no Brasil, como já ocorreu com a indústria alimentícia e a indústria de autopeças brasileiras nos anos 1990.

Dada essa força econômica gigantesca, as possibilidades de se colocar coleiras nesse leão solto no mercado brasileiro de educação parecem remotas, tornando um mercado altamente desregulamentado, pois, sem legislação para tanto, um mundo ideal do laissez-faire. Internacionalização, diversificação e financeirização generalizada compõem o enredo desafiador do setor privado hoje. Aparece no setor também um outro movimento, estilo "gourmet", uma distinção presente na educação superior brasileira no caso dos cursos de economia e direito implantados pela Fundação Getúlio Vargas e na criação da FACAMP por famosos professores do Instituto de Economia da UNICAMP, da criação do INSPER por meninos prodígios que ocuparam altas posições de poder na Esplanada dos Ministérios.

Os episódios de *merchandising* a seguir dão um tom do setor.

Imagem 11 – Exemplos de propaganda de página inteira em jornais de grande circulação do setor privado da educação

Fonte: jornal *Folha de S. Paulo*, 2013

Imagem 12 – Valores das mensalidades escolares dos principais colégios paulistanos, em 2011 e 2012, evidenciando reajuste acima da inflação – matéria publicada no jornal *O Estado de São Paulo*, em 13/11/2011

CONFIRA OS AUMENTOS

EM REAIS

COLÉGIO	MENSALIDADE 2011 9º ANO	2012 9º ANO	REAJUSTE (EM PORCENTAGEM)
Sion	950,00	1.135,00	19,5
Porto Seguro	1.650,00	1.900,00	15,1
Albert Sabin	1.244,00	1.393,00	11,9
Carlitos*	2.084,00	2.334,00	11,9
Dante Alighieri	1.608,00	1.782,00	10,8
Móbile	1.890,00	2.090,00	10,6
Pio XII	1.385,00	1.530,00	10,5
São Domingos*	937,55	1.033,31	10,2
Elvira Brandão	1.345,00	1.480,00	10,0
Bandeirantes	1.939,00	2.133,00	10,0
Stockler	2.000,00	2.200,00	10,0
Ítaca	1.322,00	1.455,00	10,0
Rio Branco	1.618,00	1.779,00	9,9
Renovação	688,05	755,48	9,8
Vera Cruz	1.906,00	2.092,00	9,7
Oswald de Andrade	1.705,00	1.870,00	9,7
Objetivo (9 unidades)**	1.480,16	1.620,78	9,5
Objetivo (2 unidades)***	1.184,50	1.297,03	9,5
Magno	1.647,00	1.799,00	9,2
Escola Suíço Brasileira****	2.500,00	2.725,00	9,0
São Luís	1.610,00	1.752,00	8,8
Vértice*****	2.095,00	2.273,07	8,5
Santa Maria	1.143,00	1.240,00	8,5
Santo Américo (integral)	2.392,00	2.536,00	6,0

*Escola com período semi-integral **Granja Viana, Paulista, Integrado, Paz, Teodoro, Luis Goes, Vergueiro, Alphaville e Morumbi. Preços para o período da manhã; *** Marquês e Cantareira; ****Escola internacional com período semi-integral *****Estimativa

INFOGRÁFICO/AE

Fonte: matéria "Escolas privadas voltam a reajustar as mensalidades acima da inflação" publicada no jornal *O Estado de S. Paulo*, em 13 de novembro de 2011, p. A24

Apesar do esforço desse ator, meio que invisível aparentemente, o setor do ensino privado conseguiu retardar ao máximo o advento da Lei de Cotas no Congresso Nacional brasileiro, à mercê de sua forte posição dentro da coalizão social contra a Lei de Cotas no Brasil.

Importa destacar que políticas como a criação do sistema público de bolsas de estudos em instituições privadas, o PROUNI, também tiveram resistência do setor dominante do ensino privado no momento inicial. Mas ganhos nesse jogo, no FIES, ganhos de *market share*, "o poderoso cavallero Don Dinero" do financiamento de eleições pelo ensino privado, o reconhecimento de novos cursos, a relativa desregulação para os setores financeirizados da educação em avassalador processo de internacionalização no Brasil sem regulamentação, o acesso aos novos mercados em função de crescimento da renda e ascensão social no Brasil, como o de EaD, arrefeceram, em certa medida, um ímpeto de combate direto por parte do setor privado contra a Lei de Cotas, inclusive a descrença de que ela seria mesmo aprovada contribuiu para tanto.

6.10 SETOR DA EDUCAÇÃO PÚBLICA

Apesar de enfrentar enormes desafios, parte deles ilustrado a seguir, o setor da educação pública foi um grande ator visível com sua força máxima na coalizão social a favor da Lei de Cotas, o que aparece transversalmente nesta obra em vários pontos. Há que se destacar que, no Brasil, 88% das matrículas no ensino médio estão concentradas na escola pública, no período de tramitação da Lei de Cotas no Parlamento. Assim, a presença ativa e altiva desse setor na coalizão social a favor da Lei de Cotas indicava a defesa da própria escola pública brasileira. Esse ator se fez presente em vários momentos decisivos: nos debates da comissão de educação e cultura na Câmara, nos debates nas demais comissões e no plenário, em audiências públicas e seminários, na articulação política, nas conferências, nas mobilizações.

Destaca-se também no setor o apoio em nível subnacional e nacional dos professores da rede pública, dos estudantes, das famílias, dos profissionais da educação, dos trabalhadores das universidades, de parcela dos professores universitários, dos sindicatos locais, regionais e confederações, o conjunto das universidades públicas que adotaram as cotas. Importante papel foi também desempenhado pela Campanha Nacional em Defesa da Educação, presente em audiências públicas e articulações políticas no âmbito do Congresso Nacional e na mobilização social em vários fóruns e redes sociais.

Esse ator, que indiretamente representa a escola pública, que congrega ONGs, o MST, sindicatos de professores, o CONSED, a UNDIME, dentre outras organizações da sociedade civil, agregou muita força à coalizão social a favor da Lei de Cotas no Brasil. Parte maiúscula, cerca de dois terços das universidades federais, conforme avaliação do então reitor da UFBA, professor Naomar de Almeida Filho, em 2006, o que publicamente era representado pela ANDIFES, sempre se posicionou contra a Lei de Cotas, um revés para a coalizão a favor da lei de cotas.

Isso é uma prova objetiva que, assim como no caso do SUS e dos médicos estrangeiros, setores da intelectualidade posicionam-se como parte do problema e não como parte da solução. Isso ocorreu com parte do setor público, particularmente representado pela ANDIFES. Esse modo de encarar a Lei de Cotas, que jogou a ANDIFES no colo da coalizão social contra a Lei de Cotas no Brasil, informa da inércia histórica presente no modelo de universidade implantado no Brasil, desde os anos 1920, ou seja, por junção de cursos, onde o poder dos cursos tradicionais e mais concorridos é muito grande dentro da universidade, caso do Direito, da Medicina e das Engenharias. Por isso, foi mais confortável para a ANDIFES a defesa do *status quo*.

Assim, majoritariamente o setor da educação pública se posicionou favoravelmente, somando forças com a coalizão social a favor da Lei de Cotas no Brasil, já parte minoritária, como a ANDIFES, jogou no outro time. O que elucidaria esse comportamento dessa associação? Um argumento é a história da universidade no Brasil e sua configuração social: na maioria dos casos, as universidades brasileiras mais antigas conformaram-se como mera junção de cursos e faculdades isoladas, como as tradicionais Medicina, Engenharia e Direito, com incrustada postura burocrática. No que adere outro argumento,

> Uma burocracia, uma vez plenamente realizada, pertence aos complexos sociais mais dificilmente destrutíveis. A burocratização é o meio específico por excelência para transformar uma "ação comunitária" (consensual) numa "ação associativa" racionalmente ordenada.

Como instrumento da transformação em "relações associativas" das relações de dominação, ela era e continua sendo, por isso, um meio de poder de primeira categoria para aquele que dispõe do aparato burocrático, pois, com possibilidade de restos iguais, uma "ação associativa", ordenada e dirigida de forma planejada, é superior a toda "ação de massas" ou "comunitária" contrária. (Weber, [1922] 2009, p. 222).

Imagem 13 – Raio-X do IDEB/2012, realizado pelo jornal *Folha de São Paulo*

Fonte: jornal *Folha de S. Paulo*, em 2 de outubro de 2012 – Caderno Cotidiano, p. C8

Imagem 14 – UFs brasileiras não garantem piso salarial a professores da rede pública de ensino

Fonte: jornal *Folha de S. Paulo*, em 5 de março de 2012, Caderno Cotidiano, p. C8

Quadro 12 – Síntese dos atores nas Coalizões a favor e contra a Lei de Cotas, no curso cotidiano de sua tramitação dentro do Parlamento Brasileiro

Ator	Coalizão a FAVOR da Lei de Cotas	Coalizão CONTRA a Lei de Cotas
Terceiro Setor	majoritariamente	menor parte
N*MS	majoritariamente	- - - - -
Movimento Sindical	majoritariamente	- - - - -
Movimento Negro	majoritariamente	menor parte
Movimento Indígena	majoritariamente	- - - - -
Movimento Estudantil	relativamente	relativamente
Mídias	menor parte	majoritariamente
Pesquisa de opinião pública	majoritariamente	menor parte
Intelectuais	menor parte	majoritariamente
Setor da Educação Privada	menor parte	majoritariamente
Setor da Educação Pública	majoritariamente	menor parte
Partidos Políticos*	majoritariamente	menor parte

Legenda: esta pesquisa não identificou movimentos nesse sentido.
*O sentido desse posicionamento será analisado nas arenas do Congresso Nacional, nos Capítulos 7 e 8.
Fonte: o autor (2021)

A redução em política pública, esforço teórico que se persegue nesta obra, abriga a possibilidade analítica do estudo das coalizões sociais a partir de um enraizamento intenso com o problema, em função da necessidade social e da ação política na direção da mudança em política pública. O modelo ACF fala em atores principais em coalizões, como membros centrais e consistentes em sua atuação na questão em disputa numa política pública (Jenkins-Smith *et al.*, 2018, p. 150), no caso, no inteiro curso da tramitação da Lei de Cotas no Congresso Nacional Brasileiro.

Esta obra considera os Novíssimos Movimentos Sociais como atores principais da coalizão a favor da Lei de Cotas em atuação no cotidiano do Congresso Nacional, entre os anos 2004 e 2012, o que surge na análise da arena mesma do Congresso Nacional.

REFERÊNCIAS

ABICALIL, Carlos. **Substituto do relator**. Brasília: Câmara dos Deputados, Comissão de Educação e Cultura, 21 set. 2005.

ABRANCHES, Sérgio Henrique Hudson de. Presidencialismo de Coalizão: o dilema institucional brasileiro. **Dados** – Revista de Ciências Sociais, Rio de Janeiro, v. 31, n. 1, p. 5-34, 1988.

ACEMOGLU, Daron; ROBINSON, James A. Why did the west extend the franchise? Democracy, inequality, and growth in historical perspective. **The Quartely Journal of Economics**, p. 1167-1199, Nov. 2000.

ACEMOGLU, Daron; ROBINSON, James A. The rise and decline of general laws of capitalism. **Journal of Economic Perspectives**, v. 29, n. 1, p. 3-28, 2015.

AGÊNCIA BRASIL. **Comissão de Educação aprova cotas em universidades públicas**. Brasília, 1 jul. 2008. http://www.seppir.gov.br/noticias/ultimas_noticias/2008/07/cotas_comissao_senado. Acesso em: 10 jul. 2013.

ALBERTI, Verena; PEREIRA, Amilcar Araujo. **Histórias do movimento negro no Brasil**: depoimentos ao CPDOC. Rio de Janeiro: Pallas; CPDOC-FGV, 2007.

ALBERTO, Luiz. **Voto do relator**. Brasília: Câmara dos Deputados, CCJC, 18 jan. 2006.

ALBUQUERQUE, Wlamira R. de. **O jogo da dissimulação**: abolição e cidadania negra no Brasil. São Paulo: Companhia das Letras, 2009.

ALENCASTRO, Luis Felipe. **O trato dos viventes**: formação do Brasil no Atlântico Sul. São Paulo: Companhia das Letras, 2000.

ALMEIDA, Alexandre de. **Música Skinhead White Power brasileira**: guia de referência. 2017. Tese (Doutorado em História Social) – Faculdade de Filosofia, Letras e Ciências Humanas, Universidade de São Paulo, São Paulo, 2017.

ALMEIDA JÚNIOR, Antônio Ribeiro. **Anatomia do trote universitário**. São Paulo: Hucitec Editora, 2016.

ALMEIDA, José Ricardo Pires de. [1889]. **Instrução pública no Brasil (1500-1889)**: História e Legislação. Tradução de Antonio Chizzotti. Edição Crítica de Maria do Carmo Guedes. São Paulo: Editora da PUC-SP/INEP, 2000.

ALMEIDA, Sílvio. **Folha de São Paulo**, Caderno Ilustríssima, 13 set. 2020.

ALMEIDA, Sílvio Luiz de. **Racismo Estrutural**. São Paulo: Editora Jandaíra, 2019.

ALMEIDA, Wilson Mesquita de. **Prouni e o ensino superior lucrativo de São Paulo**. São Paulo: Musa Editora, 2014.

ALONSO, Angela. O abolicionismo como movimento social. **Novos Estudos**, CEBRAP, n. 100, p. 115-127, 2014.

ALONSO, Angela. **Flores, votos e balas**: o movimento abolicionista brasileiro (1868-88). São Paulo: Companhia das Letras, 2016.

ALVES, Ormuzd. Protesto. **Jornal Folha de São Paulo**, São Paulo, p. C6, 20 dez. 2001.

AMERICAN ANTHROPOLOGICAL ASSOCIATION. Statement on Human Rights. **American Antropo-logist**, Estados Unidos da América do Norte, v. 29, n. 4, 1947.

ANDERSON, Benedict. **Comunidades imaginadas**. São Paulo: Companhia das Letras, 2008.

ANDERSON, Perry. **Afinidades seletivas**. São Paulo: Boitempo editorial, 2002.

ANGELL, Norman. [1910]. **A grande ilusão.** Brasília: Editora da UnB, 2002.

APPADURAI, Arjun. **O medo ao pequeno número**: ensaio sobre a geografia da raiva. Tradução de Ana Goldberger. São Paulo: Editora Iluminuras, 2009.

ARAGÃO, Murillo de. **Grupos de pressão no congresso nacional**. São Paulo: Editora Maltese, 1994.

ARAÚJO Ana Valéria (org.). **Povos Indígenas e a Lei dos "Brancos"**: o direito à diferença. Brasília: MEC, SECAD: LACED/Museu Nacional, 2006.

ARAÚJO FREIRE, Ana Maria. **Paulo Freire**: uma história de vida. Indaiatuba: Villa das Letras, 2006.

ARRETCHE, Marta. **Democracia, federalismo e centralização no Brasil**. São Paulo: FGV Editora, 2012.

ARRETCHE, Marta. Federalism, bicameralism and institutional change: exploring correlations and mecha-nisms. **Brazilian Political Science Review**, v. 4, n. 2, p. 10-31, 2010.

ARRUDA, Roldão. Intelectuais fazem livro contra política de cotas. **O Estado de São Paulo**, São Paulo, A13, 6 maio 2007.

ASSANGE, Julian *et al.* **Cypherpunks**: liberdade e o futuro da internet. São Paulo: Boitempo, 2013.

ASSEMBLEIA LEGISLATIVA DO MATO GROSSO DO SUL. **Aprovado o projeto de cotas para índios na UEMS.** Assessoria de imprensa, Campo Grande, 10 dez. 2002a. Disponível em http://www.al.ms.gov.br/Noticias/45762/aprovado-o-projeto-de-cotas-para-indios-na-uems. Acesso em: 1 nov. 2018.

ASSEMBLEIA LEGISLATIVA DO MATO GROSSO DO SUL. **Cotas para negros é aprovada em primeira votação.** Assessoria de imprensa, Campo Grande, 10 dez. 2002b. Disponível em http://www.al.ms.gov.br/Noticias/45763/cota-para-negros-e-aprovado-em-1-veja-projeto, acessado em 1 nov. 2018.

AZEVEDO, Célia Marinho. **Onda Negra, Medo Branco**. Rio de Janeiro: Paz e Terra, 1987.

AZEVEDO, Fernando de. **A transmissão da cultura**. São Paulo: Melhoramentos, 1976.

AZEVEDO, Fernando de *et al.* [1959]. **Manifesto dos educadores**: mais uma vez convocados, manifesto ao povo e ao governo. Brasília: Ministério da Educação: Fundação Joaquim Nabuco, 2010. p. 67-99.

AZEVEDO, Fernando de *et al.* [1932]. **O manifesto dos pioneiros da educação nova (1932)**: a reconstrução educacional no Brasil, ao povo e ao governo. Brasília: Ministério da Educação: Fundação Joaquim Nabuco, 2010. p. 32-66.

AZOLA, Fabiano André Atenas. **A Guerra dita Justa que nunca acabou**: uma contra-história Krenak. 2021. Dissertação (Mestrado) – Faculdade de Filosofia, Ciências Humanas e Letras, FFLCH-USP, São Paulo, Universidade de São Paulo, 2021.

BACHRACH, Peter; BARATZ, Morton S. Two faces of power. **The American Political Science Review**, v. 56, ISSUE 4, p. 947-952, Dec. 1962.

BARBOSA, Andrea. Fotografia, narrativa e experiência. *In:* BARBOSA, Andrea *et al.* **A experiência da imagem na etnografia**. São Paulo: Fapesp/Terceiro Nome, 2016.

BARBOSA, Márcio (org.) **Frente Negra Brasileira:** depoimentos. São Paulo: Quilombhoje, 1998.

BARBUJANI, Guido. **A invenção das raças:** existem mesmo raças humanas? Diversidade e preconceito racial. São Paulo: Editora Contexto, 2007.

BARROS, Ricardo Paes de; HENRIQUES, Ricardo; MENDONÇA, Rosane. Desigualdade no Brasil: retrato de uma estabilidade inaceitável. **Revista Brasileira de Ciências Sociais**, v. 15, n. 42, p. 123-142, fev. 2000.

BASTIDE, Roger. **Brasil terra de contrastes.** São Paulo: Difusão Européia do Livro, 1959.

BASTIDE, Roger; FERNANDES, Florestan. **Brancos e negros em São Paulo**. São Paulo: Global, 2008.

BENDIX, Reinhard. [1964]. **Construção nacional e cidadania**: estudos de nossa ordem social em mudança. São Paulo: Editora da Universidade de São Paulo (EDUSP), 1996.

BENTO, Maria Aparecida da Silva. **Pactos narcísicos no racismo**: branquitude e poder nas organizações empresariais e no poder público. 2002. 176 f. Tese (Doutorado em Psicologia Escolar e do Desenvolvimento Humano) – Instituto de Psicologia, Universidade de São Paulo, 2002.

BERLORGEY, Jean-Michel. **Lutter contre les discriminations:** strategies institutionnelles et normatives. Paris: Éditions de la Maison des sciences de l'homme, 2001.

BERNARDES, Cristiane. Cotas nas universidades. **Jornal da Câmara**, Brasília, p. 5, 26 abr. 2006.

BERNARDI, Iara. **Voto da relatora**. Brasília: Câmara dos Deputados. Comissão de Constituição, Justiça e Cidadania, 8 fev. 2006.

BERNHAGEN, Patrick. Who Gets What in British Politics – and How? An analysis of media reports on lobbying around government policies, 2001-2007. **Political Studies**, v. 60, p. 557-577, 2012.

BERTÚLIO, Dora Lúcia de Lima. **Direito e relações raciais**. Florianópolis: Editora da Universidade Federal de Santa Catarina, 1989.

BERTÚLIO, Dora Lúcia de Lima. Enfrentamento do racismo em um projeto democrático. *In*: SOUZA, Jessé (org.). **Brasília:** Paralelo 15 editores e Secretaria dos Direitos da Cidadania do Ministério da Justiça, 1997. p. 189-208.

BEVERWIJK, Jasmim Mathea Rachel. **The Genesis of a system**: coalition formation in Mozambican higher education, 1993-2003. Czech Republic: Unitisk, 2005.

BILDEN, Rûdiger. [1931]. **Relações raciais na América Latina com especial referência ao desenvolvimento de uma cultura nativa.** Texto apresentado na mesa-redonda sobre as relações latino-americanas no Institute of Public Affairs, University of Virgínia, em 1/7/1931. Tradução de Sônia Midori. Virgínia: Universidade de Virgínia: Albert and Shirley Small Collections Library, 2012. p. 383-392.

BINDER, Sarah. The Disfunctional Congress. **Annual Review of Political Science**, 18, p. 85-101, 2015.

BITTAR, Mariluce; CORDEIRO, Maria José de Jesus; AlMEIDA, Carina Elisabeth Maciel de. Política de cotas para negros na Universidade Estadual do Mato Grosso do Sul – um estudo sobre os fatores da permanência. **Série-Estudos** – Periódico do Mestrado em Educação da UCDB, Campo Grande, n. 24, p, 143-156, jul./dez. 2007.

BLOCH, Marc. **Os reis taumaturgos**. São Paulo: Companhia das Letras, 2005.

BOAL, Augusto. [1974]. **Teatro do oprimido**. Rio de Janeiro: Civilização Brasileira, 1991.

BOBBIO, Norberto. **Direita e esquerda**: razões e significados de uma distinção política. São Paulo: Editora Unesp, 1995.

BOBBIO, Norberto. **Direito e Estado no pensamento de Emanuel Kant**. Brasília: Editora da UnB, 1984.

BOBBIO, Norberto. **Igualdade e liberdade**. Rio de Janeiro: Ediouro, 2002.

BOBBIO, Norberto. **Os intelectuais e o poder**: dúvidas e opções dos homens de cultura na sociedade contemporânea. Tradução de Marco Aurélio Nogueira. São Paulo: Editora da Universidade Estadual Paulista, 1997.

BORANG, Frida; EISING, Rainer; KLUVER, Heike; MAHONEY, Christine; NAURIN, Daniel; RASH, Dammel; ROZBICKA, Patrycja. Identify frames: A comparison of research methods. **Revista Interest Groups & Advocacy**, Macmillan Publishers Ltd., v. 3, p. 188-201, 2014.

BORGES, Edson. História, estrutura social de privilégios e ações afirmativas no Brasil. *In*: CHAVES, Rita; SECCO, Carmem; MACÊDO, Tania (org.). **Brasil/África como se o mar fosse mentira**. São Paulo: Editora UNESP; Luanda, Angola: Cha de Caxinde, 2006. p. 179-216.

BORRILO, Daniel (org.). **Lutter contre les discrimination**s. Paris: Éditions La Découverte, 2003.

BOURDIEU, Pierre. **A distinção**. São Paulo: Edusp: Zouk, 2007.

BOURDIEU, Pierre. **A economia das trocas simbólicas**. Introdução, organização e seleção de Sérgio Miceli. São Paulo: Perspectiva, 2005.

BOURDIEU, Pierre [1993]. **A miséria do mundo**. 8. ed. Petrópolis: Editora Vozes, 2011.

BOURDIEU, Pierre. **A produção da crença**: contribuição para uma economia dos bens simbólicos. Porto Alegre: Editora Zouk, 2001.

BOURDIEU, Pierre. **Homo Academicus**. 2. ed. Florianópolis: Editora UFSC, 2013.

BOURDIEU, Pierre. [1989]. **O poder simbólico**. Rio de Janeiro: Editora Bertrand Brasil, 1998.

BOURDIEU, Pierre; PASSERON, Jean-Claude. **A Reprodução**. Petrópolis: Editora Vozes, 2004.

BOWEN, William G.; BOK, Derek. **O curso do rio**. Tradução de Vera Ribeiro. Rio de Janeiro: Editora Garamond, 2004.

BOWLES, Samuel. **Microeconomics**: behavior, institutions and evolution. Princeton University Press, 2004.

BRADLEY, David; HUBER, Evelyne; MOLLER, Stephane; NIELSEN, François; STEPHENS, John D. Distributions and redistributions in postindustrial democracies. **World Politics**, v. 55, n. 2, p. 193-228, Jan. 2003.

BRANDÃO, Gildo Marçal. Linhagens do pensamento político brasileiro. **Dados** – Revista de Ciências Sociais, Rio de Janeiro, v. 42, n. 2, p. 231-269, 2005.

BRASIL, Kátia. 500 estudantes fazem protesto em audiência do MEC em Manaus. **Jornal Folha de São Paulo**, São Paulo, p. C5, 24 jun. 2004.

BRESSER-PEREIRA, Luis Carlos. O colonialismo cultural, **Folha de São Paulo**, A12, São Paulo, 1 ago. 2011.

BRITO, Tatiana Alves. **A pauta da educação no Senado Federal.** Brasília: Instituto Israel Pinheiro: Campanha Nacional pelo Direito à Educação, 23 set. 2013.

BRONDI, Paulo de Tharso. Escravidão. Painel do Leitor. **Folha de S. Paulo,** 11 abr. 2010.

BURKE, Edmund. [1790]. **Reflexões sobre a revolução em França.** Tradução de Renato de Assumpção Faria, Denis Fontes de Souza Pinto e Carmen Lídia Richter Ribeiro. Brasília: Editora da Universidade de Brasília, UnB, 1982.

BURKE, Peter. **Testemunha ocular**: o uso de imagens como evidência histórica. São Paulo: Editora da Unesp, 2017.

CAFARDO, Renata. USP criará cursinho como alternativa às cotas. **Jornal O Estado de São Paulo**, São Paulo, p. A12, terça-feira, 20 abr. 2004.

CÂMARA DOS DEPUTADOS. **Acesso e permanência no ensino superior:** cotas raciais e étnicas. Brasília: Coordenação de Publicações. Série Ação Parlamentar, n. 282, 2004.

CÂMARA DOS DEPUTADOS. **Constituição 20 anos:** Estado, democracia e participação popular. Brasília: Comissão de Legislação Participativa, Edições Câmara, 2009.

CÂMARA DOS DEPUTADOS. **Diário da Câmara dos Deputados do Brasil**. Brasília: sexta-feira, 21 nov. 2008.

CÂMARA DOS DEPUTADOS. **Diário da Câmara dos Deputados do Brasil**. Brasília: p. 25965-25968, quarta-feira, 11 jun. 2008.

CÂMARA DOS DEPUTADOS. **Tramitação integral do Projeto de Lei 73/99**. Disponível em: www.camara.gov.br. Acesso em: 17 abr. 2013.

CAMBIO NEGRO. **Sub-raça**. 1994.

CAMPOS, Luiz Augusto; GOMES, Ingrid. Relações raciais no Brasil contemporâneo: uma análise preliminar da produção em artigos acadêmicos dos últimos vinte anos (1994-2013). **Revista Sinais Sociais**, Rio de Janeiro, v. 11, n. 32, 2016.

CANDAU, Vera Maria Ferrão. Direitos humanos, educação e interculturalidade: as tensões entre igualdade e diferença. **Revista Brasileira de Educação**, Rio de Janeiro, v. 13, n. 37, 2008.

CANDAU, Vera Maria Ferrão *et al.* **Somos todos iguais?** Escola, discriminação e educação em direitos humanos. 2. ed. Rio de Janeiro: Lamparina Editora, 2012.

CAPOCCIA, Giovanni. Critical Junctures and Institutional Change. *In:* MAHONEY, J.; THELEN, K. **Advances in Comparative Historical Analysis in the Social Sciences**. Cambridge: Cambridge University Press, 2015.

CARDOSO, Fernando Henrique. Pronunciamento do Presidente da República na abertura do seminário "Multiculturalismo e Racismo". *In*: SOUZA, Jessé (org.). **Brasília:** Paralelo 15 editores e Secretaria dos Direitos da Cidadania do Ministério da Justiça, 1997. p. 13-17.

CARDOSO, Marcos Antônio. **Pronunciamento**. Notas taquigráficas da Audiência pública ação afirmativa. Brasília: STF, 2010. p. 289-297. Disponível em http://www.stf.jus.br/arquivo/cms/processoAudienciaPublicaAcaoAfirmativa/anexo/Notas_Taquigraficas_Audiencia_Publica.pdf. Acesso em: 12 jul. 2017.

CARDOSO DE OLIVEIRA, Luiz Roberto. Ação afirmativa e equidade. *In*: SOUZA, Jessé (org.). **Multiculturalismo e Racismo**: uma comparação Brasil – Estados Unidos. Brasília: Paralelo 15 editores e Secretaria dos Direitos da Cidadania do Ministério da Justiça, 1997. p. 145-156.

CARNEIRO, Márcia Regina da Silva Ramos. **Do sigma ao sigma** – entre a anta, a águia, o leão e o galo – a construção de memórias integralistas. Tese (Doutorado) –Universidade Federal Fluminense, Niterói.

CARNEIRO, Maria Luiza Tucci. **Preconceito Racial no Brasil Colônia.** São Paulo, Editora Brasiliense, 1983.

CARNEIRO, Aparecida Sueli. **A construção do outro como não-ser como fundamento do ser**. 2005. Tese (Doutorado) – Faculdade de Educação, Universidade de São Paulo, São Paulo, 2005.

CARNEIRO, Aparecida Sueli. **Pronunciamento**. Notas taquigráficas da Audiência pública ação afirmativa. Brasília: STF, 2010. p. 297-305, disponível em http://www.stf.jus.br/arquivo/cms/processoAudienciaPublicaAcaoAfirmativa/anexo/Notas_Taquigraficas_Audiencia_Publica.pdf. Acesso em: 12 jul. 2017.

CARNEIRO DA CUNHA, Manuela. **Cultura com aspas**. São Paulo: Cosac Naify, 2009.

CARNEIRO DA CUNHA, Manuela. **Índios no Brasil**: história, direitos e cidadania. São Paulo: Claroenigma, 2012a.

CARNEIRO DA CUNHA, Manuela. **Negros, Estrangeiros:** os escravos libertos e sua volta à África. 2. ed. São Paulo: Companhia das Letras, 2012b.

CARNEIRO, Sueli. Alianças possíveis e impossíveis entre brancos e negros para equidade racial. *In:* SEMINÁRIO INSTITUTO IBIRAPITANGA/UOL, 27 out. 2020. 2020. (debate entre Sueli Carneiro, Ana Paula Lisboa e Lia Varner Schucman).

CARRUTHERS, Mary. [1998]. **A técnica do pensamento**. Campinas: Editora Unicamp, 2011.

CARTA da comunidade Guarani-Kaiowá de Pyelito Kue/Mbarakay-Iguatemi-MS para o Governo e Justiça do Brasil. **Blog APIB**, [*s. l*], 11 out. 2012. Disponível em: http://blogapib.blogspot.com/2012/10/carta-da-comunidade-guarani-kaiowa-de.html. Acesso em: 26 fev. 2018.

CARVALHO, Edgard de Assis. Complexidade. *In*: GIOVANNI, Geraldo Di; NOGUEIRA, Marco Aurélio (org.). **Dicionário de Políticas Públicas**. São Paulo: Editora da Unesp, 2018.

CARVALHO, Maria do Carmo A. Participação Social no Brasil Hoje. **Pólis Papers**, São Paulo, n. 98, p. 7-59, 1998.

CASCUDO, Luís da Câmara. **Jangada**. Rio de Janeiro: Letras e Artes, 1964.

CASTELLS, Manuel. **O poder da identidade**. Tradução de Klauss Brandini Gerhardt. São Paulo: Paz e Terra, 2000.

CASTRO, Cloves Alexandre. **Cursinhos alternativos e populares**: geografia das lutas. Curitiba: Editora Appris, 2019.

CAVALLI-SFORZA, Luigi Luca. **Genes, povos e línguas**. Companhia das Letras: São Paulo, 2003.

CERTEAU, Michel de. [1990]. **A invenção do cotidiano**: artes de fazer. Tradução de Ephraim Ferreira Alves. 19. ed. Petrópolis: Vozes, 2012.

CÉSAIRE, Aimé. [1955]. **Discurso Sobre o Colonialismo**. São Paulo: Veneta, 2020.

CHAIM, Célia. Organização luta por acesso à escola pública. **Jornal Folha de São Paulo**, São Paulo, p. C3, 23 jul. 2001.

CHALHOUB, Sidney. **A força da escravidão**: ilegalidade e costume no Brasil oitocentista. São Paulo: Companhia das Letras, 2012.

CHASTINET, Antonio. Movimento pede a criação da Universidade Popular da Cidade. São Paulo: **Jornal Diário de São Paulo,** p. A5, 10 jan. 2002.

CHAUÍ, Marilena; FRANCO, Maria Sylvia de Carvalho. [1978]. **Ideologia e mobilização popular**. Rio de Janeiro: Paz e Terra, 1985.

CHAVES, Rita; SECCO, Carmem; MACÊDO, Tania (org.). **Brasil/África como se o mar fosse mentira**. São Paulo: Editora UNESP: Luanda, Angola: Cha de Caxinde, 2006.

CHEN, P. Advocating online censorship. **Australian Journal of Public Administration**, Sidney, Austrália, v. 62, n. 2, p. 41-64, 2003.

CHIAVENATTO, Júlio José. **O negro no Brasil**: da senzala à Guerra do Paraguai. 3. ed. São Paulo: Brasiliense, 1986.

CHOR MAIO, Marcos. O Projeto Unesco e a agenda das ciências sociais no Brasil nos anos 40 e 50. **Revista Brasileira de Ciências Sociais**, São Paulo, v. 14, n. 41, 1999.

CLARK, William Roberts; GOLDER, Matt. Rehabilitating Duverger's Theory: Testing the Mechanical and Strategic Modifying Effects of Electoral Laws. **Comparative Political Studies**, v. 39, n. 6, p. 679-708, Aug. 2006.

CLAUSEWITZ, Carl Von. [1832]. **Vom Krieg (On War)**. Tradução de Michael Howard e Peter Paret. Londres: Oxford University Press, 2007.

COHEN, Michael D.; MARCH, James G.; OLSEN, Johan P. A garbage can model of organizational choice. **Administrative Science Quartely**, Johnson Graduate Schools of Management, Cornell University, v. 17, n. 1, p. 1-25, 1972.

COHN, Gabriel. **Crítica e resignação**: fundamentos da sociologia de Max Weber. São Paulo: T. A. Queiroz, 1979.

COLANDER, C. David; SU, Huei-chun. **How Economics Should Be Done**: Essays on the Art and Craft of Economics. Northampton: Edward Elgar Publishing, 2018.

COLISTETE, Renato Perim. **O atraso em meio à riqueza**: uma História Econômica da Educação Primária em São Paulo, 1835 a 1820. Tese (Doutorado em Livre-Docência) – FEA, Universidade de São Paulo, 2016.

CONSTANTINO, Luciana. Acordo prevê cotas nas federais em seis anos. **Jornal Folha de São Paulo**, São Paulo, 16 fev. 2006. Disponível em: http://www1.folha.uol.com.br/fsp/cotidian/ff1602200616.htm. Acesso em: 10 jul. 2013.

CONSTANTINO, Luciana. Tarso quer cotas nas particulares. **Folha de São Paulo**, Brasília, caderno cotidiano, p. C7, 6 abr. 2004.

CONSTITUIÇÃO DA REPÚBLICA FEDERATIVA DO BRASIL. **Edição administrativa do SENADO FEDERAL.** Brasília: Gráfica do Senado, 2015.

CONTROLADORIA GERAL DA UNIÃO. Disponível em: www.portaldatransparencia.gov.br. Acesso em: 20 fev. 2012.

COSTA, Hilton; PINHEL, André; SILVEIRA, Marcos Silva da. **Uma década de políticas afirmativas**: panorama, argumentos e resultados. Ponta Grossa: Editora da Universidade Estadual de Ponta Grossa, 2012.

COSTA E SILVA, Alberta da. **Imagens da África**: da antiguidade ao século XIX. São Paulo: Penguin & Companhia das Letras, 2012.

COUTINHO, Luciano. Ecossistemas de inovação. **Jornal Valor Econômico**, p. A13, 5 jul. 2018.

COUTO, Mia. Entrevista. **O Estado de São Paulo**, São Paulo, D4, 7 ago. 2011.

COUTO, Cláudio Gonçalves. Onde está o fascismo? **Jornal Valor Econômico**, p. A6, São Paulo, 6/07 e 08/01/2018.

CRUZ, Priscila. A decisão pela educação. **O Estado de São Paulo**, São Paulo, A2, 12 dez. 2011.

CUNHA, Célio da. **Educação e autoritarismo no Estado Novo**. São Paulo: Cortez: Autores Associados, 1981.

CUNHA, Euclides da. [1902]. **Os Sertões (Campanha de Canudos)**. São Paulo: Ateliê Editorial, 2001.

CUNHA, Luiz Antônio. **A universidade temporã**. São Paulo: Editora Unesp, 2007. v. I.

CUNHA, Luiz Antônio. **A universidade crítica**. São Paulo: Editora Unesp, 2007. v. II.

CUNHA, Luiz Antônio. **A universidade reformanda**. São Paulo: Editora Unesp, 2007. v. III.

CUNHA, Olívia Gomes da Silva; GOMES, Flávio dos Santos. **Quase-cidadão**: histórias e antropologias da pós-emancipação no Brasil. Rio de Janeiro: FGV Editora, 2007.

CURTIN, Philip D. **The Atlantic Slave Trade A Census.** Madison: The University of Wisconsin Press, 1969.

CURY, Carlos Roberto Jamil. **Ideologia e educação brasileira.** São Paulo: Cortez e Moraes, 1978.

CURSINHO Popular do MSU no JN. [*S. l.: s. n.*], 2011. 1 vídeo (2 min.). Disponível em: https://www.youtube.com/watch?v=HzZ91f3bDLA.

CUSTÓDIO, Sérgio José. **Cursinhos populares**: democratização do acesso à universidade e inclusão social. Campinas: Centro de Documentação do Instituto de Economia da Unicamp (CEDOC-IE), 1999.

CUSTÓDIO, Sérgio José. Camélias por uma nova abolição. **Jornal Correio Popular**, Campinas, 2005.

CUSTÓDIO, Sérgio José. A emergência do neobranqueamento no Senado Federal. **Congresso em Foco,** Brasília, 2009. Disponível em: www.congressoemfoco.com.br.

CUSTÓDIO, Sérgio José. Eu acuso: os ovos da serpente. **Jornal Brasil de Fato**, São Paulo, 22 jun. 2013. Disponível em: www.brasildefato.com.br.

DAGNINO, Evelina. **Sociedade civil e espaços públicos no Brasil**. São Paulo: Paz e Terra, 2002.

DAGNINO, Evelina. **Os anos 90**: política e sociedade no Brasil. São Paulo: Brasiliense, 2004.

DAHL, Robert Alan. **Who governs?** New Haven and London: Yale University Press, 1961.

D'AVILA, Jerry. **Diploma de brancura:** política social e racial no Brasil 1917-1945. São Paulo: Editora Unesp, 2005.

D'AVILA, Jerry. O último colonialista. **Revista de História da Biblioteca Nacional**, Rio de Janeiro, ano 9, n. 99, p. 48-51, 2013.

DAMATTA, Roberto. Notas sobre o racismo à brasileira. *In*: SOUZA, Jessé (org.). Brasília: Paralelo 15 editores e Secretaria dos Direitos da Cidadania do Ministério da Justiça, 1997. p. 69-74.

DAVIS, David Brion. [1966]. **O problema da escravidão na cultura ocidental**. Tradução de Wanda Caldeira Brant. Rio de Janeiro: Civilização Brasileira, 2001.

DE DECCA, Edgar. **1930 o silêncio dos vencidos**. São Paulo: Editora Brasiliense, 1986.

DELPHINO, Plínio. Protestos marcam os dez anos do massacre do Carandiru. **Jornal Diário de São Paulo**, p. A7, 2 out. 2002.

DELPHINO, Plínio. Jovens do Movimento dos Sem Universidade foram à Casa de Detenção para lembrar a chacina. **Jornal Diário de São Paulo,** p. A6, 3 out. 2002.

DIAS, Carlos Alberto da Costa. **Pronunciamento**. Notas taquigráficas da Audiência pública ação afirmativa. Brasília: STF, 2010. p. 306-310. Disponível em: http://www.stf.jus.br/arquivo/cms/processoAudienciaPublicaAcaoAfirmativa/anexo/Notas_Taquigraficas_Audiencia_Publica.pdf. Acesso em: 12 jul. 2017.

DIATKINE, Manuel. **Racismo, antirracismo, nação**. Estudo sobre a obra de Pierre-André Taguieff. 2017. Tese (Doutorado em História Social) – Universidade de São Paulo, São Paulo, 2017.

DIETRICH, Ana Maria. **Nazismo tropical?** O partido nazista no Brasil. São Paulo: Todas as Musas, 2012.

DOBRY, Michel. **Sociologie des crises politiques:** la dynamique des mobilisations multisectorielles. Paris: Presses de Sciences Po (P.F.N.S.P.), 2009.

DODD, Nigel. **The social life of money**. Princeton: Princeton University Press, 2014.

DOWNS, Anthony. **An Economic Theory of Democracy**. New York: Harper, 1957.

DREIFUSS, René. **1964**: a conquista do Estado. Petrópolis: Vozes, 1987.

DU BOIS, W. E. B. [1903]. **As almas do povo negro**. São Paulo: Veneta, 2021.

DUARTE, Eduardo de Assis. **Machado de Assis afro-descendente**. Rio de Janeiro/Belo Horizonte: Pallas/Crisálida, 2007.

DURHAM, Eunice Ribeiro. Intelectuais lançam manifesto contra as cotas. **O Globo**, Rio de Janeiro, 30 jun. 2006.

DYE, Thomas R. Mapeamento dos modelos de análise de políticas públicas. *In*: HEIDEMANN, Francisco G.; SALM, José Francisco (org.). **Políticas públicas e desenvolvimento**. Brasília: Editora UNB, 2010. p. 99-132.

EASTON, David. An approach to the Analysis of Political Systems. **World Politics**, Johns Hopkins University Press, v. 9, n. 3, p. 383-400, Apr. 1957.

ECO, Umberto. [1977]. **Como se faz uma tese**. 13. ed. Barcarena: Editorial Presença, 2007.

EDWARDS, Elizabeth. Rastreando a fotografia. *In*: BARBOSA *et al*. **A experiência da imagem na etnografia**. São Paulo: Fapesp/Terceiro Nome, 2016.

ELIAS, Norbert. [1939]. **O processo civilizador**. Tradução de Ruy Jungmann. Rio de Janeiro: Jorge Zahar Editor, 1993. 2 v.

ELIAS, Norbert; SCOTSON, John L. **Os estabelecidos e os outsiders.** Tradução de Vera Riberio. Rio de Janeiro: Zahar, 2000.

ELIAS, Norbert. [1989]. **Os alemães.** Editado por Michael Schroter. Tradução de Álvaro Cabral. Revisão técnica de Andrea Daher. Rio de Janeiro: Zahar, 1997.

ESPING-ANDERSEN, Gosta. **Politics against markets**: The Social Democratic Road to Power. Princeton: Princeton University, 1985.

ESPING-ANDERSEN, Gosta. As três economias políticas dos Welfare State. **Revista Lua Nova**, São Paulo, n. 24, set. 1991.

ETZIONI, Amitai. Mixed-scanning: a third approach to decision-making. **Public Administration Review**, EUA, v. 27, n. 5, p. 385-392, dez. 1967.

FACEIRA, Lobelia da Silva. **O Prouni como política pública em suas instâncias macro-estruturais, meso-institucionais e micro-sociais**: pesquisa sobre a sua implementação pelo MEC e por duas universidades na região metropolitana do Rio de Janeiro. 2009. Tese (Doutorado) – Pontifícia Universidade Católica, Rio de Janeiro, 2009.

FAGUNDES, Célio dos Santos. **O mito da "Terra Sem Mal" e as narrativas acerca da remoção dos índios Guarani de Itaporanga no início do século XX**. 2020. Tese (Doutorado em História) – Universidade Estadual de Ponta Grossa, Ponta Grossa, 2020.

FALCÃO, Jaqueline. Número de aprovados é motivo de protesto: prédio da universidade sofre invasão. **Jornal Diário de São Paulo**, São Paulo, p. A9, 20 dez. 2001.

FALCÃO, Jaqueline. Universidade Popular espera pela prefeita. **Jornal Diário de São Paulo**, São Paulo, p. A3, 29 dez. 2001.

FALLETTI, Túlia G. Social Origins of Institutional Strength: Prior Consultation Over Extraction of Hidrocarbons in Bolivia. *In*: BRINKS, Daniel; LEVITSKY, Steven; MURILLO, Maria. **Understanding Institutions Weakness**: power and design in Latin America institutions. Cambridge University Press, 2019.

FASSIN, Éric. Penser la discrimination positive. *In*: BORRILO, Daniel (org.). Paris: Éditios La Découverte, 2003. p. 55-68.

FÁVERO, Maria de Lourdes de A. **Universidade do Brasil**: guia dos dispositivos legais. Rio de Janeiro: Editora UFRJ/INEP, 2000. 2 v.

FELINTO, Marilene. [1982]. **As mulheres de Tijucopapo**. São Paulo: Ubu, 2021.

FELINTO, Marilene. "África renasce e nos motiva", diz ministro. **Jornal Brasil de Fato**, São Paulo, p. 12, 12-18 jun. 2003.

FERGUSON, Charles. Inside Job (Trabalho Interno). Documentário. EUA, 2010. 1 vídeo (120 min.).

FERGUSON, Charles. Silêncio ensurdecedor - A corrupção acadêmica e a crise financeira. Tradução de Clara Allain. **Folha de São Paulo**, Ilustríssima, p. 6, São Paulo, 27 maio 2012.

FERNANDES, Florestan. [1964]. **A integração do negro na sociedade de classes**. 5. ed. São Paulo: Editora Globo, 2008.

FERNANDES, Florestan. [1972]. **O negro no mundo dos brancos**. 2. ed. São Paulo: Global Editora, 2007.

FERNANDES, Maria Cristina. Quando tirarem Demóstenes da sala. **Valor Econômico**, [s. l.], 30 mar. 2012. Disponível em: https://valor.globo.com/politica/coluna/quando-tirarem-demostenes-da-sala.ghtml. Acesso em: 5 set. 2022.

FERRAZ, Esther de Figueiredo. **Educação**: trabalho/escola. São Paulo: Pioneira, 1984.

FERREIRA, Lígia Fonseca. **Lições de resistência**. Artigos de Luiz Gama na imprensa de São Paulo e do Rio de Janeiro. São Paulo: Edições Sesc, 2020.

FIGUEIREDO, Angelina; LIMONGI, Fernando. As bases institucionais do presidencialismo de coalizão. **Revista Lua Nova**, São Paulo, n. 44, p. 81-106, 1998.

FIGUEIREDO, Angelina; **Executivo e legislativo na nova ordem constitucional**. Rio de Janeiro: FGV, 1999.

FILHO, Alberto Venancio. **Das arcadas ao bacharelismo**. 2. ed. São Paulo: Editora Perspectiva, 1982.

FIORI, J. L. Maria da Conceição Tavares e a hegemonia americana. **Revista Lua Nova**, São Paulo, v. 50, 2000. Disponível em: www.scielo.br/pdf/ln/n50/a11n50.pdf. Acesso em: 18 mar. 2011.

FIRBANI, Adelmir. **Mato, palhoça e pilão**: o quilombo, da escravidão às comunidades remanescentes (1532-2994). São Paulo: Editora Expressão Popular, 2005.

FONSECA, Annibal Freire da. Do Poder Executivo na Republica Brazileira. **Imprensa Nacional**, Rio de Janeiro, 1916.

FRANCO, Maria Sylvia de Carvalho. [1964]. **Homens livres na ordem escravocrata**. São Paulo: Editora UNESP, 1997.

FRASER, Nancy; HONNETH, Axel. **Redistribution or Recognition.** Verso, Nova York, 2003.

FREIRE, Paulo. **Pedagogia da autonomia**: saberes necessários à prática educativa. 11. ed. São Paulo: Paz e Terra, 1999.

FREIRE, Paulo. [1959]. **Educação e atualidade brasileira**. São Paulo: Cortez Editora, 2001.

FREITAS, Décio. [1973]. **Palmares**: a guerra dos escravos. Rio de Janeiro: Graal, Quinta edição, 1990.

FREITAS, Décio. **Insurreições escravas**. Porto Alegre: Editora Movimento, 1976.

FREITAS, Décio. [1980]. **O escravismo brasileiro.** Porto Alegre: Mercado Aberto, Segunda Edição, 1982.

FREYRE, Gilberto. [1933]. **Casa-Grande & Senzala**. Rio de Janeiro: José Olympio Editora, 25 edição, 1987.

FREYRE, Gilberto. [1951]. **Sobrados e Mucambos**. São Paulo: Global Editora, 2003.

FREYRE, Gilberto. [1953]. **Ordem e Progresso**. Rio de Janeiro: Record, 2000.

FRY, Peter. **A persistência da raça**: ensaios antropológicos sobre o Brasil e a África austral. Rio de Janeiro: Civilização Brasileira, 2005.

FRY, Peter; MAGGIE, Yvonne; CHOR MAIO, Marcos; MONTEIRO, Simone; VENTURA SANTOS, Ricardo (org.). **Divisões perigosas**: políticas raciais no Brasil contemporâneo. Rio de Janeiro: Civilização Brasileira, 2007.

FRYE, Northrop. [1986]. **Sobre Shakespeare.** São Paulo: Edusp, 2011.

FURTADO, Celso. **A fantasia Organizada**. Rio de Janeiro: Paz e Terra, 1985.

FURTADO, Celso. [1959]. **Formação Econômica do Brasil**. Edição comemorativa dos 50 anos. São Paulo: Companhia das Letras, 2009.

FURTADO, Celso. **O plano trienal e o ministério do planejamento**. Rio de Janeiro: Editora Contraponto e Arquivos Celso Furtado, 2011.

FURTADO, Celso. **Subdesenvolvimento e estagnação na América Latina**. Rio de Janeiro: Civilização Brasileira, 1968.

GADOTTI, Moacir. Fórum Mundial de Educação e reinvenção da cidadania. **EccoS Revista Científica**, São Paulo, v. 6, n. 1, p. 103-117, jun. 2004.

GALILEI, Galileu. [1623]. **Il Saggiatore.** São Paulo: Abril Cultural, 1978.

GAMA, Luiz. Jornal Radical Paulistano, 30 de setembro de 1869. *In*: FERREIRA (org.). 2020.

GANNETT, Robert T. The Shifting Puzzles of Tocqueville's The Old Regime and the Revolution. *In*: WELCH, Cheryl B. **The Cambridge Company to Tocqueville**. Cambridge: Cambridge University Press, 2006. p. 188-215.

GASPAR, Lúcia; BARBOSA, Virgínia. **Ações afirmativas e política de cotas no Brasil:** uma bibliografia. Recife: Fundação Joaquim Nabuco, 2013. Disponível em http://www.fundaj.gov.br/images/documentos/acoes_afirmativas_e_politicas_de_cotas_brasil.pdf. Acesso em: 12 mar. 2018.

GATTAZ, André; MEIHY, José Carlos Sebe Bom; SEAWRIGHT, Leandro (org.). **História Oral**: a democracia das vozes. São Paulo: Editora Pontocom, 2019.

GENRO, Tarso. Discurso de abertura do Fórum Mundial de Educação. **Folha Dirigida**, p. 2, 3 abr. 2004.

GERALDO, Endrica. A "Lei de Cotas" de 1934: controle de estrangeiros no Brasil. **Cadernos AEL**, v. 15, n. 27, p. 174-207.

GERTZ, René. **O fascismo no sul do Brasil**: germanismo, nazismo, integralismo. Porto Alegre: Editora Mercado Aberto, 1987.

GIL, Fernando. **Tratado da evidência**. Lisboa: Imprensa Nacional: Casa da Moeda, 1996.

GINZBURG, Carlo. Sinais: raízes de um paradigma indiciário. *In*: GINZBURG, Carlo. **Mitos, emblemas, sinais**. São Paulo: Companhia das Letras, 1999.

GOHN, Maria da Glória. **Teoria dos movimentos sociais**: paradigmas clássicos e contemporâneos. 5. ed. São Paulo: Edições Loyola, 2006.

GOIS, Antônio; TAKAHASHI, Fábio. Com lei dos 50%, reserva de vagas triplicará nas federais. **Jornal Folha de São Paulo**, São Paulo e Rio de Janeiro, p. C1-C2, 22 ago. 2008.

GOMES, Flávio. **Palmares.** São Paulo: Editora Contexto, 2005.

GOMES, Flávio dos Santos. **A hidra e os pântanos**: mocambos, quilombos e comunidades de fugitivos no Brasil (séculos XVII-XIX). São Paulo: Editora Unesp: Polis, 2005.

GOMES, Flávio dos Santos. [1995]. **Histórias de quilombolas**: mocambos e comunidades de senzalas no Rio de Janeiro, século XIX. São Paulo: Companhia das Letras, 2006.

GONÇALVES, Marco Antonio. Imagem e Experiência. *In:* BARBOSA *et al.* **A experiência da imagem na etnografia**. São Paulo: Fapesp/Terceiro Nome, 2016.

GORENDER, Jacob. **A escravidão reabilitada**. São Paulo: Editora Àtica, 1990.

GRAHAM, Richard. **Escravidão, reforma e imperialismo**. São Paulo: Editora perspectiva, 1979.

GRANDI Celito de; MACHADO, Letícia Coimbra. **Jornal Zero Hora**, 2 set. 2012.

GRIN, Monica. **"Raça"**: debate público no Brasil. Rio de Janeiro: Mauad Editores Ltda e Fundação Carlos Chagas Filho de Amparo à Pesquisa no Estado do Rio de Janeiro (FAPERJ), 2010.

GUERRA, Lenin Cavalcanti Brito. **O processo de formulação do Programa Universidade Para Todos**: atores, coalizões e interesses. Natal: Editora do IFRN, 2016.

GUERRA SEM FIM - Resistência e Luta do Povo Krenak (Endless War - 2016). [*S. l.: s. n.*], 2019. 1 vídeo (29 min.). Disponível em: https://www.youtube.com/watch?v=DfkGVfkJpAM.

GUERROS, Nehemias. **Advocacia e o poder legislativo**. Rio de Janeiro: Freitas Bastos, 1959.

GUIMARÃES, Antonio Sérgio Alfredo. A desigualdade que anula a desigualdade: notas sobre a ação afirmativa no Brasil. *In*: SOUZA, Jessé (org.). **Brasília**: Paralelo 15 editores e Secretaria dos Direitos da Cidadania do Ministério da Justiça, 1997. p. 233-242.

GUIMARÃES, Antonio Sérgio Alfredo. **Racismo e anti-racismo no Brasil**. 3. ed. São Paulo: Editora 34, 2009.

GUIMARÃES, Antonio Sérgio Alfredo. A recepção de Fanon no Brasil e a identidade negra. *In*: ALMEIDA, Júlia; MIGLIEVICH-RIBEIRO, Adelia; GOMES, Heloisa Toller. **Crítica pós-colonial**: panorama de leituras contemporâneas. Rio de Janeiro: 7 Letras e Faperj, 2013. 401p. p. 33-54.

GUMBRECHT, Hans Ulrich. **Depois de 1945**: latência como origem do presente. Tradução de Ana Isabel Soares. São Paulo: Editora Unesp, 2012.

GUSMÃO, Luís de. **O fetichismo do conceito**: limites do conhecimento teórico na investigação social. Rio de Janeiro: Topbooks, 2012.

HACKER, Jacob S.; PIERSON, Paul. Winner-Take-All Politics: Public Policy, Political Organization, and the Precipitous Rises of Top Incomes in the United States. **Revista Politics & Society**, v. 38, n. 2, p. 152-204, 2010.

HASENBALG, Carlos. O contexto das desigualdades raciais. *In*: SOUZA, Jessé (org.). **Brasília**: Paralelo 15 editores e Secretaria dos Direitos da Cidadania do Ministério da Justiça, 1997. p. 63-68.

HECLO, Hugh. [1978]. Issue networks and the executive establishment. *In*: MACCOOL, Daniel C. **Public policy theories, models and concepts**: an anthology. Nova Jersey: Prentice Hall, 1995. p. 268-287.

HENRY, Adam. "Power, Ideology, and Policy Network Cohesion in Regional Planning. **Policy Studies Journal**, v. 39, n. 3, p. 361-383, 2011.

HENRIQUES, Ricardo. **Desigualdade racial no Brasil**: evolução das condições de vida na década de 90. Texto para Discussão número 807. Rio de Janeiro: IPEA, 2001.

HIRSCHMAN, Albert O. **A retórica da intransigência**: perversidade, futilidade, ameaça. São Paulo: Companhia das Letras, 1992.

HIRSCHMAN, Albert O. Duzentos anos de retórica reacionária: o caso do efeito perverso. **Revista Novos Estudos Cebrap**, São Paulo, n. 23, p. 102-119, 1989.

HOBSBAWM, Eric. **A era dos extremos**. São Paulo: Companhia da Letras, 2000.

HOBSBAWM, Eric. **Tempos fraturados.** São Paulo: Companhia das Letras, 2013.

HOFBAUER, Andreas. **Uma história de branqueamento ou o negro em questão**. São Paulo: Editora Unesp, 2006.

HOLLAND, Alisha C. The Distributive Politcs of Enforcement. **American Journal of Political Science**, v. 59, n. 2, p. 357-371, Apr. 2015.

HOLANDA, Sérgio Buarque de. [1936]. **Raízes do Brasil.** São Paulo: Companhia das Letras, 2006. Edição comemorativa de 70 anos.

HOLLANDA, Ricardo. Um labirinto como o de Creta. **Jornal Correio Braziliense**, Brasília, Política, p. 2, 24 ago. 1987.

HORNE, Gerald. **O sul mais distante**: os Estados Unidos, o Brasil e o tráfico de escravos africanos. São Paulo: Companhia das Letras, 2010.

HUBER, Evelyne; NIELSEN, François; PRIBBLE, Jane; STEPHENS, John D. Politics and inequality in Latin America and the Caribbean. **American Sociological Review**, v. 71, p. 943-963, Dec. 2006.

HUBER, Evelyne; STEPHENS, John D. **Democracy and the Left**: social policy and inequality in Latin America. Chicago: The University of Chicago Press, 2013.

HUME, David. **Investigação sobre o entendimento humano e sobre os princípios da moral**. São Paulo: Editora da Unesp, 2003.

HUME, David. **Investigação acerca do entendimento humano**. Tradução de Anoar Aiex. São Paulo: Editora Nova Cultural Ltda., 1999.

IANNI, Octavio. **As metamorfoses do escravo**: apogeu e crise da escravatura no Brasil meridional. São Paulo: Difusão Européia do Livro, 1962.

IANNI, Octavio. **Raças e classes no Brasil**. 2. ed. Rio de Janeiro: Civilização Brasileira, 1972.

IANNI, Octavio. **Escravidão e Racismo**. São Paulo: Hucitec, 1978.

IANNI, Octavio. A Sociologia e o mundo moderno. **Tempo Social**: Revista de Sociologia da USP, São Paulo, v. 1, n. 1, p. 7-27, 1. sem. 1989.

IANNI, Octavio. **Pensamento social brasileiro**. Edusc/Anpocs, 2004.

IMMERGUT, Ellen M. O núcleo teórico do novo institucionalismo. *In*: SARAIVA, Enrique; FERRAREZI, Elisabete. **Políticas públicas**. Brasília: ENAP, 2007. v. I. p. 155-195.

IMMERGUT, Ellen M. [1992]. As regras do jogo: a lógica da política de saúde na França, na Suíça e na Suécia. **Revista Brasileira de Ciências Sociais**, v. 30, n. 11, p. 139-163, 1996.

JASMIN, Marcelo. As armadilhas da história universal. *In*: NOVAES, Adauto (org.). **A invenção das crenças**. São Paulo: Edições SESC SP, 2011. p. 377-403.

JENKINS-SMITH, Hank; CLAIR, Gilbert St.; WOODS, Brian. Explaining Change in Policy Subsystems: Analysis of Coalition Stability and Defection over Time. **American Journal of Political Science**, v. 35, p. 851-872, nov. 1991.

JENKINS-SMITH, H. C.; NOHRSTEDT, D. WEIBLE, C. M.; INGOLD, K. The advocacy coalition framework: An overview of the research program. *In*: SABATIER, P.; WEIBLE, C. (ed.). **Theories of the policy process**. New York: Routledge, 2018. p. 135-171.

JENSEN, Geziela. **Política de cotas raciais em universidades brasileiras**. Curitiba: Juruá Editora, 2010.

JESUS, Carolina Maria de. 1993.

JERONIMO, Josie. **Poder, sexo e corrupção:** como um doleiro e cinco beldades ambiciosas se juntaram a prefeitos e parlamentares para desviar recursos dos fundos de pensão. **Revista IstoÉ**, São Paulo, n. 2289, ano 37, 2 out. 2013.

JORNAL O Estado de S. Paulo, São Paulo, 7 set. 2013.

JORGE, Tadeu José. Reforma Universitária e inclusão social. **Jornal O Estado de São Paulo**, São Paulo, p. A2, 4 jun. 2005.

JORGE E COSTA, Beatriz de Mendonça. **Prouni e o fenômeno da apropriação**. 2014. Dissertação (Especialização em Direito Legislativo) – Instituto Legislativo Brasileiro, Senado Federal, Brasília, 2014.

JOZINO, Josmar. Fechamento da Casa de Detenção acaba em tumulto: manifestantes reivindicaram a criação de uma universidade popular no local e a condenaram a construção de presídio em São Bernardo do Campo. **Jornal Diário de São Paulo**, p. A7, 16 set. 2002.

JÚNIOR, J. F.; ZONINSEIN, J. **Ação afirmativa e universidade**. Brasília: Editora UNB, 2006.

KAMEL, Ali. **Não somos racistas:** uma reação aos que querem nos transformar numa nação bicolor. Rio de Janeiro: Editora Nova Fronteira, 2006.

KAMEL, Ali. UnB: pardos só se forem negros. **Jornal O Globo**, Rio de Janeiro, 20 mar. 2004.

KAUFMANN, Roberta Fragoso Menezes. **Pronunciamento**. Notas taquigráficas da Audiência pública ação afirmativa. Brasília: STF, 2010. p. 191-193, disponível em http://www.stf.jus.br/arquivo/cms/processoAudienciaPublicaAcaoAfirmativa/anexo/Notas_Taquigraficas_Audiencia_Publica.pdf. Acesso em: 12 jul. 2017.

KEHL, Maria Rita; PEREIRA DE SOUZA, Paulo Fernando. Infelicidades ordinárias: a ineficiência do Estado perante a barbárie. **Folha de São Paulo**, Caderno Ilustríssima, 3. São Paulo, 19 maio 2013.

KEYNES, John Maynard. [1936]. **A teoria geral do emprego, do juro e da moeda.** Tradução de Mário R. da Cruz. Revisão técnica de Cláudio Roberto Contador. São Paulo: Editora Nova Cultural Ltda, 1996.

KINGDON, John W. **Agendas, alternatives and public policies**. Michigan: Addison-Wesley Educational Publishers Inc., 1995.

KLEIN, Herbert S. A demografia do tráfico atlântico de escravos para o Brasil. **Revista Estudos Econômicos,** São Paulo, v. 2, n. 17, p. 129-149, 1987, FEA-USP.

KLEIN, Herbert S.; VINSON III, Ben. **A escravidão Africana na América Latina e Caribe**. Brasília: Editora UnB, Brasília: 2015.

KNIGHT, J. **Institutions and Social Conflict**. Cambridge: Cambridge University Press, 1992.

KOBAYASHI, ELIZA; ONISHI, LUCIANA. Universidade no Carandiru. **Jornal do Campus**, São Paulo, p. 5, 1-15 out. 2001.

KRAUS, Luis S. Clarão sobre os pesadelos da história. Entrevista de Michael Löwy. **O Estado de São Paulo**, São Paulo, S6, 10 nov. 2012.

KRAMNICK, Isaac. Apresentação: Nova York e "Publius". *In*: MADISON, James; HAMILTON, Alexander; JAY, John. **Os Artigos Federalistas 1787-1788**. Edição integral. Tradução de Maria Luiza X. de A. Borges. Rio de Janeiro: Editora Nova Fronteira, 1993.

LAHÓZ, André. O Brasil com que ele sonhou. **Revista Exame**, São Paulo, ano 47, ed. 1043, n. 11, p. 36-46, 12 jun. 2013.

LARSEN, J. B.; VRANGBAECK, K.; TRAULSEN, J. M. Advocacy Coalitions and Pharmacy Policy in Denmark. **Social Science and Medicine**, Dinamarca, v. 63, n. 1, p. 212-224, 2006.

LASSWELL, Harold; ABRAHAM, Kaplan. **Power and Society**. New Haven, CT: Yale University Press, 1950.

LAVALLE, Gurza Adrian. Cidadania, igualdade e diferença. **Revista Lua Nova**, São Paulo, n. 59, p. 75-93, 2003.

LAVALLE, Gurza Adrian. **O estatuto político da sociedade civil**: evidências da Cidade do México e de São Paulo. Textos para Discussão CEPAL-IPEA, 28. Brasília, 2011.

LASSWELL, Harold; KAPLAN, Abraham. **Power and Society**. New Haven: Yale University Press, 1950.

LE GOFF, J. **Os intelectuais na idade média**. Rio de Janeiro: José Olympio, 2006.

LESSA, Renato. Crença, descrença de si, evidência. *In*: NOVAES, Adauto (org.). **A invenção das crenças**. São Paulo: Edições SESCSP, 2011a.

LESSA, Renato. Da interpretação à ciência: por uma história filosófica do conhecimento político no Brasil. **Revista Lua Nova**, São Paulo, v. 82, p. 17-60, 2011b.

LÉVI-STRAUSS, Claude. **Raça e história**. Tradução de Inácia Canelas. Lisboa: Editora Presença, 2006.

LÉVI-STRAUSS, Claude. **Tristes Trópicos**. São Paulo: Anhembi, 1957.

LEWIS, Arthur W. Economic development with unlimited suplies of labour. **The Manchester School**, v. 22, issue 2, p. 139-91, 1954.

LÍDER indígena Ailton Krenak, no TVE Entrevista Especial com Bob Fernandes. Disponível em: https://www.youtube.com/watch?v=M1BASpTu9Qs. [S. l.: s. n.], 2020. 1 vídeo (55 min.).

LIJPHART, Arend. **Modelos de democracia**: desempenho e padrões de governo em 36 países. Rio de Janeiro: Civilização Brasileira, 2011.

LIMONGI, Fernando. A Democracia no Brasil. Presidencialismo, coalizão partidária e processo decisório. **Novos Estudos**, São Paulo: CEBRAP, Centro Brasileiro de Análise e Planejamento, n. 76, p. 17-41, nov. 2006.

LINDBLOM, Charles E. The science of muddling through. **Public Administration Review**, EUA, v. 19, p. 79-88, 1959.

LIVINGSTON, W. S. A note on the nature of federalism. **Political Science Quarterly**, n. 67, p. 81-95, 1952.

LO PUMO, Caetano Cuervo. **Pronunciamento**. Notas taquigráficas da Audiência pública ação afirmativa. Brasília: STF, 2010. p. 98-108. Disponível em http://www.stf.jus.br/arquivo/cms/processoAudienciaPublicaAcaoAfirmativa/anexo/Notas_Taquigraficas_Audiencia_Publica.pdf. Acesso em: 12 jul. 2017.

LOBATO, Lenaura. Algumas considerações sobre a representação de interesses no processo de formulação de políticas públicas. *In*: SARAVIA, E.; FERRAREZI, F.. **Políticas públicas**. Brasília: ENAP, 2006. v. 1.

LOPES, Iriny. **Voto da relatora**. Brasília: Câmara dos Deputados, Comissão de Direitos Humanos e Minorias, 14 nov. 2005.

LOUREIRO, Maria Rita; OLIVIERI, Cecília; MARTES, Ana Cristina Braga. Burocratas, partidos e grupos de interesse: o debate sobre política e burocracia no Brasil. *In*: LOUREIRO, Maria Rita; ABRUCIO, Fernando Luiz; PACHECO, Regina Silva. **Burocracia e política no Brasil**. São Paulo: FGV Editora, 2010. p 73-108.

LOWI, Theodore J. American Business, Public Policy, Case-Studies, and Political Theory. **World Politics**, Cambridge University Press, v. 16, n. 4, p. 677-715, July1964.

LOWI, Theodore J. Four systems of policy, politics, and choice. **Public administration review**, Universidade de Chicago, v. 32, n. 4, p. 298-310, jul./ago. 1972.

LUCENA, E. Cifras & Letras – Crítica Política Econômica. **Folha de São Paulo**, São Paulo, 12 mar. 2011.

LUKES, Steven. **Power**: a radical view. Nova York: New York University Press, 1974.

LUKES, Steven. **Power**: a radical view. 2nd. ed. New York: Palgrave Macmillan, 2005.

LUSTOSA, Isabel. As Ciências do Homem num mundo globalizado. **O Estado de São Paulo**, A2, 15 maio 2013.

LYNCH, Christian Edward Cyril. Cartografia do pensamento político brasileiro: conceito, história e abordagens. **Revista Brasileira de Ciência Política**, Brasília, UnB, n. 19, p. 75-119, 2016.

MA, Janaina; LEMOS, Marco Aurélio Cirilo; VIEIRA, Diogo Mota. How is the Advocacy Coalition Framework Doing? Some Issues since the 2014 Agenda. **Revista Brasileira de Ciência Política**, Brasília, n. 32, p. 7-42, maio/ago. 2020.

MACEDO *et al.* **O Estado de São Paulo**, São Paulo, 16 jun. 2016. Disponível em: http://politica.estadao. com.br/blogs/fausto-macedo/delator-diz-que-propina-para-eleicoes-vem-desde-1946-como-era-o-mun- do-naquele-ano/. Acesso em: 2 out. 2016.

MACHADO, Maria Helena Pereira Toledo. [1994]. **O Plano e o Pânico**: OS Movimentos Sociais na Década da Abolição. São Paulo: Edusp, 2010.

MACIEL, Marco. Joaquim Nabuco e a inclusão social. *In*: SOUZA, Jesse (org.). Brasília: Paralelo 15 editores e Secretaria dos Direitos da Cidadania do Ministério da Justiça, 1997. p. 19-21.

MAGALHÃES, Paulo. **Projeto de Lei nº 3.582, de 2004**: Declaração de voto do deputado Paulo Magalhães. Comissão especial destinada a proferir parecer ao Projeto de Lei nº 3.582, de 2004, que... Brasília: Câmara dos Deputados, 2004. 5p.

MAGGIE, Yvone. **Divisões perigosas**: políticas raciais no Brasil contemporâneo. Rio de Janeiro: Civilização Brasileira, 2007.

MAGGIE, Yvonne; REZENDE, Claudia Barcellos (org.). **Raça como retórica**: a construção da diferença. Rio de Janeiro: Civilização Brasileira, 2001.

MAGNOLI, Demétrio. **Uma gota de sangue**. São Paulo: Editora Contexto, 2010.

MAIA, Michelle Pascoal. **Políticas Públicas e Educação**: uma avaliação do Programa Universidade Para Todos (PROUNI) em Natal – RN. Tese (Doutorado em Ciências Sociais) – Programa de Pós-Graduação em Ciências Sociais, Universidade Federal do Rio Grande do Norte, Natal, 2017.

MAISONNAVE, Fabiano; MENA, Fernanda. 'Não existe democracia para indígenas do Brasil', diz líder Munduruku Alessandra Korap: expoente do protagonismo feminino nas aldeias, ela luta contra o garimpo, grilagem e megaprojetos na divisa de Pará e Mato Grosso. **Jornal Folha de São Paulo**, Edição Impressa, São Paulo, entrevista da Segunda-Feira, 29 mar. 2021.

MANCUSO, Wagner Pralon; GOZETTO, Andréa Cristina Oliveira. **Lobby e Políticas Públicas.** São Paulo: Editora FGV, 2018.

MANIFESTAÇÃO marca encontro sobre política de cotas. **Universia Brasil**, [*s. l.*], 26 abr. 2006. Disponível em: http://noticias.universia.com.br/destaque/noticia/2006/04/26/442962/manifestao-marca-encontro- -politica-cotas.pdf. Acesso em: 10 jan. 2013.

MANN, Michael. The Autonomous Power of the State. **Archives Europénnes de Sociologie**, v. 25, p. 185-213, 1984.

MANN, Michael. **Fascistas**. São Paulo: Record, 2008.

MARCH, James G.; OLSEN, Johan P. Neo-institucionalismo: atores organizacionais na vida política. **Revista de sociologia e política**, Curitiba, v. 16, n. 31, nov. 2008.

MARCÍLIO, Maria Luiza. **História da Escola em São Paulo e no Brasil**. São Paulo: Instituto Braudel: Imprensa Oficial do Estado de São Paulo, 2005.

MARSHALL, Thomas Humphrey. [1949]. **Cidadania, classe social e status**. Rio de Janeiro: Editora Zahar, 1967.

MARSIGLIA, Ivan. A volta do rei zulu. **O Estado de São Paulo**, São Paulo, J2, 12 fev. 12.

MARQUES, Astolfo. **O 13 de maio e outras estórias do pós-abolição**. Organização de Matheus Gato. São Paulo: Fósforo, 2021.

MARQUES, Eduardo. **Redes sociais no Brasil**. Belo Horizonte: Editora Fino Traço, 2012.

MARQUES, Eduardo. **Redes sociais, instituições e atores políticos no governo da cidade de São Paulo**. São Paulo: Annablume: Fapesp, 2003.

MARQUES, Eduardo; FARIA, Carlos Aurélio Pimenta de. **A política pública como campo multidisciplinar.** Rio de Janeiro, São Paulo: Editora da Fiocruz: Editora Unesp, 2013.

MARQUES, Eduardo; TORRES, Eduardo (org.). **São Paulo**: segregação, pobreza e desigualdades sociais. São Paulo: Editora SENAC, 2005.

MARTINS, Estevão de Rezende. Direitos humanos em perspectiva histórica: elementos de uma teoria multiculturalista comparada. *In*: SOUZA, Jessé (org.). **Brasília**: Paralelo 15 editores e Secretaria dos Direitos da Cidadania do Ministério da Justiça, 1997. p. 171-188.

MARTINS, José de Souza. **Sociologia da Fotografia e da Imagem**. São Paulo: Editora Contexto, 2008.

MARTINS, Paulo de Sena. **O financiamento da educação básica por meio de fundos contábeis:** estratégia política para a equidade, a autonomia e o regime de colaboração entre os entes federados. 2009. Tese (Doutorado) – Universidade de Brasília (UnB), Brasília, 2009.

MARTINS, Paulo de Sena. **Atores sociais e políticas públicas educacionais no Congresso Nacional**. Brasília: Instituto Israel Pinheiro: Campanha Nacional pelo Direito à Educação, 23 set. 2013.

MARTINS, Rodrigo. # Diálogo de Surdos. **Carta Capital**, São Paulo, ano XIX, n. 768, 2 out. 2013.

MARTINS, Wilson. **História da inteligência brasileira**. São Paulo: Cultrix: Edusp, 1978. 6 v.

MARTUSCELLI, Danilo Enrico. **Crises políticas e capitalismo neoliberal no Brasil**. São Paulo: Editora CRV, 2015.

MARX, Karl. **O 18 Brumário**. Rio de Janeiro: Editora Paz e Terra, 1977.

MARX, Karl. **O Capital, crítica da economia política**. Tradução de Regis Barbosa e R. Kothe. São Paulo: Editora Nova Cultural Ltda., 1996.

MAZMANIAN, Daniel; SABATIER, Paul. **Implementation and Public Policy**. Lanham: University Press of America, 1983.

MELLO E SOUZA, Laura. Introdução à edição brasileira. *In*: BRAUDEL, FERNAND. **O modelo italiano**. São Paulo: Companhia das Letras, 2007.

MELTZER, Allan H.; RICHARD, Scott F. A Rational Theory of the Size of Government, **Journal of Political Economy**, v. 89, Oct. 1981.

MERLEAU-PONTY, Maurice. **O visível e o invisível**. São Paulo: Editora Perspectiva, 2000.

MICELI, Sergio. **Intelectuais à Brasileira**. São Paulo: Companhia das Letras, 2012.

MILANOVIC, Branko. **Capitalism, alone**: the future of the system that rules the world. Harvard University Press, 2019.

MILANI, Carlos R. S. O princípio da participação social na gestão de políticas públicas locais: uma análise de experiências latino-americanas e européias. **Revista de administração pública,** Rio de Janeiro, v. 42, n. 3, maio/jun. 2008.

MILLS, Charles Wade. **The Racial Contract**. Ithaca: Cornell University Press, 1997.

MILLS, Charles. [1957]. **A Elite do Poder**. Rio de Janeiro: Zahar Editora, 1981.

MILTON Nascimento e Criolo feat. Amaro Freitas – Cais. [*S. l.: s. n.*], 2020a. 1 vídeo (8 min.). Disponível em: https://youtu.be/OY_JspW87jE. Acesso em: 21 maio 2020.

MILTON Nascimento e Criolo feat. Amaro Freitas - Não Existe Amor em SP. [*S. l.: s. n.*], 2020b. 1 vídeo (6 min.). Disponível em: https://youtu.be/vwjVbpKlTUc. Acesso em: 21 maio 2020.

MINELLA, Ary César. **Banqueiros**: organização e poder político no Brasil. São Paulo: Editora Espaço e Tempo: Anpocs, 1988.

MINISTÉRIO DA EDUCAÇÃO. **Diretrizes curriculares nacionais da educação básica**. Brasília: MEC, SEB, DICEI, 2013.

MOEHLECKE, Sabrina. **Fronteiras da igualdade no ensino superior**: excelência e justiça social. 2004. Tese (Doutorado) – FE/Universidade de São Paulo, São Paulo, 2004.

MOEHLECKE, Sabrina. **Propostas de ação afirmativa no Brasil**: o acesso da população negra ao ensino superior. 2004. Tese (Mestrado) – FE/Universidade de São Paulo, São Paulo, 2000.

MOEHLECKE, Sabrina. Ação afirmativa: história e debate no Brasil. **Cadernos de pesquisa**, São Paulo, Fundação Carlos Chagas, n. 117, p. 197-217, nov. 2002.

MONTAÑO, Carlos; DURIGUETTO, Maria Lúcia. **Estado, classe e movimento social**. 3. ed. São Paulo: Editora Cortez, 2010.

MORAES, Alana; GUTIÉRREZ, Bernardo; PARRA, Henrique; ALBUQUERQUE, Hugo; TIBLE, Jean; SCHAVELZON, Salvador (org.). **JUNHO**: potência das ruas e das redes. São Paulo: Fundação Friedrich Ebert Stiftung, 2014.

MOREIRA, Claudia Regina Baukat Silveira. **Um olhar sobre o muro**: avaliação do programa Universidade para Todos (Prouni). 2017. 320 f. Tese (Doutorado em Educação) – Programa de Pós-Graduação em Educação, Universidade Federal do Paraná, Curitiba, 2017.

MOREIRA JÚNIOR, Carlos. Cotas. **Jornal Folha de São Paulo**, Painel do Leitor, São Paulo, p. A3, 27 mar. 2005.

MOURA, Christian. **TEN**: A criação, conceituação e trajetória do Teatro Experimental do Negro. 2008. Tese (Mestrado) – Instituto de Artes, Universidade Estadual Paulista (UNESP), São Paulo, 2008.

MOURA, Clóvis. [1981]. **Os quilombos e a rebelião negra**. São Paulo: Editora Brasiliense, 1986. (Coleção Tudo é História).

MOURA, Clóvis. **O negro**: de bom escravo a mau cidadão? Rio de Janeiro: Editora Conquista, 1977.

MOURA E SOUZA, Marcos de. Brasileiro sofre de exclusão universitária. **O Estado de S. Paulo**, São Paulo, 9 jan. 2004.

MOURA E SOUZA, Marcos de; WEBER, Demétrio. Universidades vão a Justiça por filantrópicas. **O Estado de S. Paulo**, São Paulo, 9 abr. 2004.

NASCIMENTO, Abdias do. **O genocídio do negro brasileiro**: processo de um racismo mascarado. Rio de Janeiro: Editora Paz e Terra, 1978.

NASCIMENTO, Abdias do. **O negro revoltado.** Rio de Janeiro: Edições GRD, 1968.

NASCIMENTO, Abdias do. **O quilombismo**: documentos de uma militância pan-africana. Petrópolis: Editora Vozes, 1980.

NASCIMENTO, Abdias do. **Sitiado em Lagos**: autodefesa de um negro acossado pelo racismo. Rio de Janeiro: Nova Fronteira, 1981.

NASCIMENTO, Abdias do. Teatro Experimental do Negro: trajetórias e reflexões. **Estudos Avançados**, São Paulo, v. 18, n. 50, p. 209-224, 2004.

NASCIMENTO, Álvaro Pereira do. Um reduto negro: cor e cidadania na Armada (1870-1910). *In*: CUNHA; GOMES. Rio de Janeiro: FGV Editora, 2007. p. 241-282.

NERY, Flávia. **Audiência pública debate cotas nas universidades**. Brasília: Portal do MEC, Brasília, 25 abr. 2006. Disponível em: http://portal.mec.gov.br/index.php?option=com_content&task=view&id=6075. Acesso em: 10 jul. 2013.

NETO, Lira. **Getúlio**: dos anos de formação à conquista do poder. São Paulo: Companhia das Letras, 2012.

NETO, Lira. **Getúlio 1930-1945**: do governo provisório à ditadura do Estado Novo. São Paulo: Companhia das Letras, 2013.

NEVES, Marcelo. Estado democrático de direito e discriminação positiva: um desafio para o Brasil. *In*: SOUZA, Jessé (org.). Brasília: Paralelo 15 editores e Secretaria dos Direitos da Cidadania do Ministério da Justiça, 1997. p. 253-264.

NIEMEYER PROPÕE MAIS UM ESPELHO D¿ÁGUA NO CONGRESSO Fonte: Agência Senado. **Agência Senado**, [*s. l.*], 4 mar. 1999. Disponível em: https://www12.senado.leg.br/noticias/materias/1999/03/04/niemeyer-propoe-mais-um-espelho-dagua-no-congresso.

NOBRE, Marcos. **Choque de democracia**: razões da revolta. São Paulo: Companhia das Letras, 26 jun. 2013.

NOGUEIRA, Jaana Flávia Fernandes. **Reforma da educação superior no governo Lula**: debate sobre ampliação e democratização do acesso. 2008. 197 f. Dissertação (Mestrado em Educação) – Universidade de Brasília, Brasília, 2008.

NORONHA, Ibsen. **Pronunciamento**. Notas taquigráficas da Audiência pública ação afirmativa. Brasília: STF, 2010. p. 193-203. Disponível em: http://www.stf.jus.br/arquivo/cms/processoAudienciaPublicaAcaoAfirmativa/anexo/Notas_Taquigraficas_Audiencia_Publica.pdf. Acesso em: 12 jul. 2017.

NOVAIS, Fernando A. [1974]. **Estrutura e Dinâmica do Antigo Sistema Colonia (Séculos XVI-XVIII)**. 7. ed. Campinas: Instituto de Economia da Unicamp, 2007.

NUNES, Poliana. CCJ do Senado Aprova Cotas. **Jornal Correio Braziliense**, 8 jun. 2012.

O BRASIL com que ele sonhou. **Revista Exame**, São Paulo: Edição

O GRANDE erro das cotas. **Revista Veja**, São Paulo, edição 2284, ano 45, n. 35, p. 70-72, 29 ago. 2012.

OGLIARI, Elder. Estatuto de novo partido político, criado por grupo de jovens e estudantes, foi publicado ontem. **O Estado de São Paulo**, São Paulo, A10, 14 nov. 2012.

OIT (ORGANIZAÇÃO INTERNACIONAL DO TRABALHO). Estudo diz que crise elevou desigualdade nos países mais ricos. **Folha de São Paulo**, São Paulo, A19, 4 jun. 2013.

OLIVEIRA, Francisco de. Entre São Bernardo e a avenida Paulista? **Jornal Folha de São Paulo**, São Paulo, p. A11, 29 dez. 2002.

OLIVEIRA, Iolanda. **Desigualdades raciais**: construções da infância e da juventude. Niterói: Intertexto, 2000.

OLIVEIRA, Jéssica Carolina de. **(DES)Caminhos das Jornadas Meridionais**: representações indígenas e estratégias de mediação cultural no contexto indigenista em meados do século XIX. 2018. Dissertação (Mestrado em História, Cultura e Identidades) – Universidade Estadual de Ponta Grossa, Ponta Grossa, 2018.

OLIVEIRA, Junia. Reserva de cotas já este ano. **Jornal O Estado de Minas**, Belo Horizonte, p. 27, 30 ago. 2012.

OLIVEIRA, Maria Inês Côrtes de. **O liberto**: o seu mundo e os outros (Salvador, 1790/1890). 1979. Dissertação (Mestrado em Ciências Sociais) – Universidade Federal da Bahia, Salvador, 1979.

OLIVEIRA, Rosimar de Fátima. **O papel do poder legislativo na formulação das políticas educacionais**. 2005. Tese (Doutorado) – Faculdade de Educação, USP, São Paulo, 2005.

PADILHA, José. **Segredos da tribo**. Documentário. Brasil, 2012.

PAIVA, Eduardo França; IVO, Isnara Pereira; MARTINS, Ilton César (org.). **Escravidão, mestiçagens, populações e identidades culturais**. São Paulo: Annablume, 2010.

PALLARES-BURKE, Maria Lúcia Garcia. **O triunfo do fracasso**: Rüdiger Bilden, o amigo esquecido de Gilberto Freyre. São Paulo: Editora Unesp, 2012.

PARAGUASSÚ, Lisandra; ARRUDA, Roldão. Grupo de senadores quer tirar o critério racial de cotas. **O Estado de São Paulo**, São Paulo, A6, 19 mar. 2009.

PARDINI, FLÁVIA. As fundações privadas e as associações sem fins lucrativos no Brasil. **Revista Carta Capital**, São Paulo, ano XI, n. 321, p. 68-69, 15 nov. 2004.

PAXTON, Robert O. **A anatomia do fascismo**. Tradução de Patrícia Zimbes e Paula Zimbes. São Paulo: Editora Paz e Terra, 2007.

PAZ, Octavio. **El laberinto de la soledad e Postdata.** Tradução de Eliane Zagury "O labirinto da solidão e post-scriptum" – México, Fondo de Cultura Economica, 1959/1969. Editora Paz e Terra, São Paulo, 1984.

PENA, Sérgio Danilo Junho. **Pronunciamento**. Notas taquigráficas da Audiência pública ação afirmativa. Brasília: STF, 2010. p. 156-165. Disponível em: http://www.stf.jus.br/arquivo/cms/processoAudienciaPublicaAcaoAfirmativa/anexo/Notas_Taquigraficas_Audiencia_Publica.pdf. Acesso em: 12 jul. 2017.

PENTEADO, Gilmar. Câmara aprova 40% dos projetos em 1 dia. **Jornal Folha de São Paulo**, São Paulo, p. C3, 29 nov. 2001.

PEREIRA, Wagner Pinheiro. **O império das imagens de Hitler**: o projeto de expansão internacional do modelo de cinema nazi-fascista na Europa e na América Latina (1933-1955). 2008. Tese (Doutorado) – FFLCH, Universidade de São Paulo, São Paulo, 2008.

PEREIRA DE SOUZA, Paulo Nathanael. **Estrutura e funcionamento do ensino superior brasileiro**. São Paulo: Pioneira, 1991.

PIERSON, Paul. Coping with Permanent Austerity: Welfare State Restructuring in Affluent Democracies. *In*: **The New Politics of the Welfare State**. New York: Oxford University Press, 2009. p. 410-456.

PIGLIA, Ricardo. Sarmiento Escritor. *In*: SARMIENTO, Domingo Faustino. **Facundo, ou civilização e barbárie**. Cosac Naify, 2010.

PIKETTY, Thomas. **O capital no século XXI**. Tradução de Monica Baumgarten de Bolle. Rio de Janeiro: Intrínseca, 2014.

POLIAKOV, Léon. **O mito ariano**. Tradução de Luiz João Gaio. São Paulo: Editora Perspectiva: Editora da Universidade de São Paulo, 1971.

POULANTZAS, Nicolas. **Poder político e classes sociais**. São Paulo: Martins Fontes, 1986.

POVOS indígenas e a ditadura militar | Sala de Notícias - Canal Futura. [*S. l.: s. n.*], 2015. 1 vídeo (15 min.). Disponível em: https://www.youtube.com/watch?v=VeMlSgnVDZ4.

PRADO JUNIOR, Caio Prado. [1942]. **Formação do Brasil Contemporâneo**. 5. ed. São Paulo: Editora Brasiliense, 1957.

PRESSMAN, Jeffrey L.; AARON, B. Wildavsky. **Implementation**. Berkeley: University of California Press, 1973 e Mazmanian, Daniel, and Paul Sabatier. Implementation and Public Policy. Lanham, MD: University Press of America, 1983.

PRESSMAN, Jeffrey L.; WILDAVSKY, Aaron B. **Implementation**. Berkeley: University of California Press, 1973.

PRZEWORSKI, Adam. **Capitalismo e social-democracia**. São Paulo: Companhia das Letras, 1989.

PRZEWORSKI, Adam; WALLERSTEIN, Michael. Structural Dependence of the State on Capital. **The American Political Science Review**, v. 82, n. 1, p. 11-29, 1988.

QUEIROZ, Sueli Robles Reis de. **Escravidão negra em São Paulo**: um estudo das tensões provocadas pelo escravismo no século XIX. Rio de Janeiro: Livraria José Olympio, 1977.

QUEIROZ, Sueli Robles Reis de. Rebeldia escrava e historiografia. **Revista Estudos Econômicos**, São Paulo, v. 17, número especial, p. 7-35, 1987.

RANCIÈRE, Jacques. **O desentendimento**. São Paulo: Editora 34, 1996.

RAWLS, John. **Uma teoria da justiça**. Tradução de Almiro Pisetta e Lenita Maria Rímoli Esteves. São Paulo: Martins Fontes, 2002.

REIS, Andressa Merces Barbosa dos. **Zumbi**: historiografia e imagens. 2004. Dissertação (Mestrado) – Unesp, Franca, 2004.

REIS, João José. [1986]. **Rebelião escrava no Brasil**: a história do levante dos Malês em 1835. Edição revista e ampliada. São Paulo: Companhia das letras, 2003.

REIS, João José. **Ganhadores: a greve negra de 1857 na Bahia**. São Paulo: Companhia das Letras, 2019.

RELAÇÃO das Guerras Feitas aos Palmares de Pernambuco No Tempo do Governador D. Pedro de Almeida, de 1675 a 1678, **Revista Trimensal do Instituto Historico, Geographico e Ethnografico do Brasil**, Tomo XXII, 1859.

RIBEIRO, Darcy. **O povo brasileiro**: a formação e o sentido do Brasil. 2. ed. São Paulo: Companhia das Letras, 1997.

RIBEIRO, Esmeralda; BARBOSA, Márcio; FÁTIMA, Sônia. **Frente negra Brasileira**: depoimentos. São Paulo: Quilombhoje: Ministério da Cultura, 1998.

RIBEIRO, João Luiz. **No meio das galinhas as baratas não têm razão**: a Lei de 10 de junho de 1835: os escravos e a pena de morte no Império do Brasil (1822-1889). Rio de Janeiro: Renovar, 2005.

RIKER, William H. **The Development of American Federalism**. Norwell: Kluwer Academic Publishers, 1987.

RIOS, Flavia; LIMA, Márcia (Org.). **Lélia Gonzales**. Por Um Feminismo Afro Latino Americano. Rio de Janeiro: Zahar, 2020.

RIPLEY, Randall B. [1985]. Stages of the policy process. *In*: MACCOOL, Daniel C. **Public policy theories, models and concepts**: an anthology. Nova Jersey: Prentice Hall, 1995.

ROCHA, 2006, p. 147.

ROMER, Thomas. Individual Welfare, Majority Voting, and the Properties of a Linear Income Tax. **Journal of Public Economics**, v. 14, May 1975.

ROTTA, Vera. Acordo sobre cotas na graduação é só um passo para recuperar atraso. **CartaMaior**, Brasília, 17 fev. 2006. Disponível em: http://www.cartamaior.com.br/?/Editoria/Educacao/Acordo-sobre-cotas-na--graduacao-e-so-um-passo-para-recuperar-atraso/13/9434. Acesso em: 10 jul. 2013.

RUESCHEMEYER, Dietrich *et al.* Capitalist development & Democracy. **Contemporary Sociology**, v. 72, n. 3, p. 243-248, jan. 1992.

SABATIER, Paul A. (org.). **Theories of the policy process**. Cambridge: Westview Press, 2007.

SABATIER, P. A.; JENKINS-SMITH, H. C. Evaluating the advocacy coalition framework. **Journal of public policy**, Cambridge University Press, v. 14, n. 2, p. 175-203, Apr./Jun. 1994.

SABATIER, P. A.; JENKINS-SMITH, H. C. **Policy change and learning**: an advocacy coalition approach. Boulder: Westview Press, Inc., 1993.

SABATIER, Paul A.; WEIBLE, Christopher M. The advocacy coalition framework: innovations and clarifications. *In*: SABATIER, Paul A. **Theories of the policy process**. Cambridge: Westview press, 2007. p. 189-220.

SACRAMENTO, Ivete Alves. **Resolução número 196 de 2002 do Conselho Universitário da UNEB.** Salvador: Uneb, 2002. Disponível em http://www.uneb.br/files/2016/07/196-consu-cotasafro.pdf. Acesso em: 1 nov. 2018.

SAFATLE, Vladimir. **O circuito dos afetos**: corpos políticos, desamparo e o fim do indivíduo. São Paulo: Autêntica, 2016.

SALLUM JUNIOR, Brasilio. **O impeachment de Fernando Collor**: sociologia de uma crise. São Paulo: Editora 34, 2015.

SALOMÃO, Waly. [1972]. Apontamentos do Pav Dois. *In:* **Me segura que eu vou dar um troço**. Companhia das Letras, 2016.

SALOMON, Marta. Lula adia o universidade para todos. **Folha de S. Paulo**, São Paulo, p. C6, 14 abr. 2004.

SAMPAIO, Gabriela Thomazinho Clementino; OLIVEIRA, Romualdo Portela de. Dimensões da desigualdade educacional no Brasil. **Revista Brasileira de Política e Administração da Educação**, v. 31, n. 3, p. 511-530, set./dez. 2015.

SANTANA, Bianca. **Continuo preta**: a vida de Sueli Carneiro. São Paulo: Companhia das Letras, 2021.

SANTANA, Pedro Abelardo de. **Os Índios em Sergipe Oitocentista**: Catequese, civilização e alienação de terras. 2015. Tese (Doutorado) – Faculdade de Filosofia e Ciências Humanas, Universidade Federal da Bahia, Salvador, 2015.

SANTIAGO, Silvano. **As raízes e o labirinto da América Latina**. Rio de Janeiro: Editora Rocco, 2006.

SANTOS, Fábio Pereira. **Coalizões de interesses e a configuração política da agricultura familiar no Brasil**. 2011. Tese (Doutorado) – Fundação Getúlio Vargas, São Paulo, 2011.

SANTOS, Gislene Aparecida dos. **A invenção do ser negro**: um percurso das ideias que naturalizaram a inferioridade dos negros. São Paulo: Pallas, 2020.

SANTOS, Hélio. Desafios para a construção da democracia no Brasil. *In*: SOUZA, Jessé (org.). **Brasília**: Paralelo 15 editores e Secretaria dos Direitos da Cidadania do Ministério da Justiça, 1997. p. 209-219.

SANTOS, Ivair Augusto Alves dos. **O movimento negro e o Estado (1983-1987)**. São Paulo: CONE: Imprensa Oficial, 2006.

SANTOS, Luiz Alberto dos. **Regulamentação das atividades de lobby e seu impacto sobre as relações entre políticos, burocratas e grupos de interesse no ciclo de políticas públicas** – análise comparativa dos Estados Unidos e do Brasil. 2007. Tese (Doutorado em Ciências Sociais) – Instituto de Ciências Sociais, Universidade de Brasília, Brasília, 2007.

SANTOS, Mário Augusto. **Associação comercial da Bahia na Primeira República**: um grupo de pressão. Salvador: ACB, 1991.

SANTOS, Milton. **Por uma geografia nova**. São Paulo: Edusp, 2002.

SANTOS, Renato Emerson; LOBATO, Fátima. **Ações afirmativas**: políticas públicas contra as desigualdades raciais. Rio de Janeiro: LPP/UERJ, 2003.

SANTOS, Vanderley Guilherme dos. **Cidadania e justiça**: a política social na ordem brasileira. Rio de Janeiro: Editora Campos, 1979.

SARAIVA, Luiz Alex Silva; NUNES, Adriana de Souza. A efetividade de programas sociais de acesso à educação superior: o caso do PROUNI. **Revista de administração pública**, Rio de Janeiro, v. 45, n. 4, ago. 2011.

SARMENTO, Alexsandra Loiola. **O Purgatório da Divina Comédia Vertido em Leite Derramado**. Tese. 2015.

SARTORI, Giovanni. **A teoria da democracia revisitada**. São Paulo: Editora Ática, 1994.

SARTRE, Jean-Paul. **Reflexões sobre o racismo**. Tradução de J. Guinsburg. São Paulo: Difusão Européia do Livro, 1968.

SAVIANI, Demerval. **Política e educação no Brasil**. 2. ed. São Paulo: Cortez Editora, 1988.

SCHEFFER, Rafael da Cunha. **Comércio de Escravos do Sul para o Sudeste (1850-1888)**. 2012. Tese (Doutorado em História) – Universidade de Campinas, Campinas, 2012.

SCHIMMITTER, Phillippe. **Interest conflict and political change in Brazil.** Tese de doutorado. Stanford University, 1971.

SCOKPOL, Theda. **Bringing the state back in.** COMPLETAR CITAÇÃO DE FONTE.

SCOKPOL, Theda. **Protecting soldiers and mothers.** Completar citação da fonte.

SCOKPOL, Theda. **The Politics of Social Policy in the USA.** Completar citação da fonte.

SCHUMPETER, Joseph A. **History of economic analysis.** Nova York: Oxford University Press, 1954.

SCHOLOZMAN, Kay; LEHMAN, Jones; PHILIP, Edward; You, Hye Young; BRUCH, Tracy; VERBA, Sidney; BRASY, Henry E. **Perspectives on Politcs.** Londres: Cambridge University Press, v. 13, Issue 4, p. 1017-1029, Dec. 2015.

SCHWARCZ, Lilia Moritz. As teorias raciais, uma construção histórica de finais do século XIX: o contexto brasileiro. *In*: SCHWARCZ, L. M.; QUEIROZ, R. S. (org.). **Raça e Diversidade**. São Paulo: Edusp, 1996. p. 147-185.

SCHWARCZ, Lilia Moritz; MAIO, Marcos Chor. A pedagogia racial do MEC. **Jornal Folha de São Paulo**, São Paulo, p. 2, 16 maio 2005.

SEM UNIVERSIDADE. **Folha de S. Paulo**, São Paulo: Editorial, p. A2, 25 jul. 2002.

SEN, Amartya. **Desenvolvimento como liberdade**. São Paulo: Companhia da Letras, 1999.

SEN, Amartya. **A ideia de justiça**. São Paulo: Companhia das Letras, 2012.

SENADO FEDERAL. Cota racial em universidade divide senadores. **Jornal do Senado**, Brasília, ano XV, n. 2.982, p. 4-5, 19 mar. 2009a.

SENADO FEDERAL. Serys manterá critério racial sobre cotas. **Jornal do Senado**, Brasília, p. 8, 24 abr. 2009b.

SENADO FEDERAL. **A abolição no parlamento**: 65 anos de lutas (1823-1888). 2. ed. Brasília: Secretaria Especial de Editoração e Publicações do Senado Federal, 2012. 2v.

SENRA, Ricardo. Meu pai foi um dos únicos pretos na escola de Medicina, 32 anos depois minha formatura foi igual. **BBC Brasil**, Londres, 9 set. 2020. Disponível em https://www.bbc.com/portuguese/geral-54082443.

SÉRGIO DE LIMA, Renato; RATTON, José Luiz (org.). **As ciências sociais e os pioneiros nos estudos sobre crime, violência e direitos humanos no Brasil**. São Paulo: Urbânia-Anpocs, 2012.

SILVA, André Luiz Nunes da. **Ações afirmativas e cotas raciais na universidade**: uma via de promoção da igualdade material. 2008. Dissertação (Mestrado em Direito) – Programa de Pós-Graduação em Direito, Universidade Federal do Paraná, Curitiba, 2008.

SILVA, Antonio Marcelo Jackson F. Crise partidária e labirinto político no Brasil Império. **Histórica –** Revista Eletrônica do Arquivo Público do Estado de São Paulo, São Paulo, n. 30, matéria 2, 2008. Disponível em http://www.historica.arquivoestado.sp.gov.br/materias/anteriores/edicao30/materia02/. Acesso em: 2 mar. 2021.

SILVA, Denise Ferreira da. Ninguém: direito, racialidade e violência. **Revista Meritum,** Belo Horizonte, v. 9, n. 1, p. 67-117, jan./jul. 2014.

SILVA, Valdélio Santos. Ações afirmativas na UNEB: memórias de um acontecimento histórico. **Revista Mujimbo**, Salvador, v. 1. n. 1, jul. 2010. Disponível em http://flacso.redelivre.org.br/files/2013/02/907.pdf. Acesso em: 27 out. 2018.

SILVA, Graziela Moraes; PAIXÃO, Marcelo. New perspectives on Brazilian ethnoracial relations. *In*: TELLES, Edward; THE Project on Ethnicity and Race in Latin America (PERLA). **Pigmentocracies**: ethnicity, race, and color in Latin America. Chapel Hill: The University of North Carolina Press, 2014.

SIMMEL, George. **Questões fundamentais da sociologia**. Tradução de Pedro Caldas. Rio de Janeiro: Jorge Zahar Editora, 2006.

SIMMEL, George. **Conflict & The Web of Group-Affiliation**. Tradução do alemão ao inglês: Reinhard Bendix. Londres: The Free Press of Glencoe, Collier-Macmillan, 1955.

SINGER, André. A história e seus ardis, Caderno Ilustríssima. **Folha de São Paulo**, São Paulo, 19 set. 2010.

SINGER, André. Raízes sociais e ideológicas do Lulismo. **Revista Novos Estudos**, São Paulo, CEBRAP, p. 83-102, nov. 2009.

SIQUEIRA, Maria Cristina. O futuro da educação em debate. **Jornal Folha Dirigida**, Caderno de Educação, São Paulo, p. 2, 12-18 abr. 2004.

SKIDMORE, Thomas E. [1993]. **Preto no branco**: raça e nacionalidade no pensamento brasileiro. Tradução de Donaldson M. Garshagen. São Paulo: Companhia das Letras, 2012.

SKOCPOL, Theda. **Protecting soldiers and mothers**: the political origins of social policy in the United States. Harvard University Press, 1992.

SOARES, Cecília C. Moreira. **Mulher negra na Bahia do século XIX**. Salvador: EDUNEB, 2007.

SOARES, Sergei Suarez Dillon. O ritmo na queda da desigualdade no Brasil é aceitável? **Revista de Economia Política**, v. 30, n. 3 (119), p. 364-380, jul./set. 2010.

SODRÉ, Muniz. **Reinventando a educação**: diversidade, descolonização e redes. 2. ed. Petrópolis: Vozes, 2012.

SOUZA, Bárbara. Cristovam quer análise séria do sistema: Ministro da Educação reiterou que pretende pôr fim a discriminação e "mudar a cor" do aluno. **Jornal O Estado de São Paulo**, São Paulo, p. A12, 16 out. 2003.

SOUZA, Celina. O estado da arte da pesquisa em políticas públicas *In*: HOCHMAN, Gilberto; ARRETCHE, Marta; MARQUES, Eduardo. **Políticas públicas no Brasil**. Rio de Janeiro: Editora FIOCRUZ, 2007.

SOUZA, Jessé. Multiculturalismo, racismo e democracia: por que comparar Brasil e Estados Unidos? *In*: SOUZA, Jessé (org.). **Brasília**: Paralelo 15 editores e Secretaria dos Direitos da Cidadania do Ministério da Justiça, 1997. p. 23-35.

SOUZA, Jessé (org.). **Multiculturalismo e racismo**: uma comparação Brasil – EUA. Brasília: Paralelo 15 editores e Secretaria dos Direitos da Cidadania do Ministério da Justiça, 1997.

SOUZA, Paulo Renato. Igualdade de oportunidades no ensino superior. **Jornal O Estado de São Paulo**, São Paulo, edição de domingo, p. A2, 29 jun. 2003.

SOUZA E SILVA, Jailson. **"Por que uns e não outros?"**: caminhada de jovens pobres para a universidade. Rio de Janeiro: Editora 7 Letras, 2004.

SPOSITO, Fernanda. Liberdade para os índios no Império do Brasil: A revogação das guerras justas em 1831. **Revista Almack**, Guarulhos, n. 01, p. 52-65, 1. sem. 2011.

STEIL, Carlos Alberto (org.). **Cotas raciais na universidade**: um debate. Porto Alegre: Editora UFRGS, 2006.

STRECKER, Marcos. A cor da igualdade. **Jornal Folha de São Paulo**, caderno MAIS!, São Paulo, p. 4-5, 9 jul. 2006.

STRUCK, Jean-Philip. Polícia prende dois suspeitos de praticar racismo na internet – Segundo investigação, eles planejavam fazer um massacre durante festa na Universidade de BrasíliPresos, segundo a Polícia Federal, faziam apologia à violência e discriminação contra mulheres, negros e gays. **Folha de São Paulo**, São Paulo, C10, 22 mar. 2012.

SUBIRATS, J.; KNOEPFEL, P.; LARRUE, C.; VARONE, F. **Análisis y gestión de políticas públicas**. Barcelona, Espanha: Editora Ariel, 2008.

SUGIYAMA, Natasha Borges. Theories of Policy Diffusion: Social Sector Reform in Brazil. **Comparative Political Studies**, p. 193-216, v. 41, n. 2, Feb. 2008.

TAGUIEFF, Pierre-André (org.). **Face au racisme**: les moyens d'agir. Paris: Édition La Découverte, 1991. v. 1.

TAGUIEFF, Pierre-André. **Face au racisme**: analyses, hipothèses, perspectives. Paris: Édition la Découverte, 1991. v. 2

TAKAHASHI, Fábio. Fuvest cria bônus, mas não atrai mais alunos carentes. **Jornal Folha de São Paulo**, São Paulo, edição de domingo, p. C1, 26 nov. 2006.

TAKAHASHI, Fábio. Entidades rejeitam novo modelo de cotas para universidades. **Jornal Folha de São Paulo**, São Paulo, p. C.11, 01 jun. 2005.

TEIXEIRA, Anísio Spínola. **Ensino superior no Brasil**: análise e interpretação de sua evolução até 1969. Apresentação Hélgio Trindade. Prefácio Luiz Vianna Filho. Rio de Janeiro: Editora da UFRJ, 2005.

TEIXEIRA, Anísio Spínola. [1957]. **Educação não é privilégio**. 6. ed. Rio de Janeiro: Editora da UFRJ, 1999.

TEIXEIRA, Luana. **Comércio interprovincial de escravos em Alagoas no Segundo Reinado**. 2016. Tese (Doutorado em História) – Universidade Federal de Pernambuco, Recife, 2016.

TEIXEIRA, Sônia Maria Fleury. Política social e democracia: reflexões sobre o legado da seguridade social. **Caderno de Saúde Pública**, Rio de Janeiro, v. 1, n. 4, p. 400-417, dez. 1985.

TERENA, Marcos. O movimento indígena como voz de resistência. São Paulo: Editora Perseu Abramo. *In*: VENTURI, Gustavo; BOKANY, Vilma (org.). **Indígenas no Brasil**: demandas dos povos e percepções da opinião pública. 2013. p. 49-64.

TESSLER, Leandro R.; PEDROSA, RENATO H. L. Escravocratas e Camélias. **Jornal Correio Popular**, Campinas, A2, 3 jan. 2006.

THEODORO, Mário; JACCOUD, Luciana; OSÓRIO, Rafael Guerreiro; SOARES, Sergei (org.). **As políticas públicas e a desigualdade racial 120 anos após a abolição**". Brasília: IPEA, 2020.

TILLY, Charles. Social Movements, 1768-2004. **Paradigm Publishers**, Colorado, USA, 2004.

TILLY, Charles. **Coerção, capital e estados europeus 990-1992**. São Paulo: Edusp, 1996.

TOBNER, Odile. **Du racisme français**: quatre siècles de négrophobie. Paris: Éditions des Arènes, 2007.

TORRES, Demóstenes. **Pronunciamento**. Notas taquigráficas da Audiência pública ação afirmativa. Brasília: STF, 2010. p. 117-132, disponível em http://www.stf.jus.br/arquivo/cms/processoAudienciaPublicaAcaoAfirmativa/anexo/Notas_Taquigraficas_Audiencia_Publica.pdf. Acesso em: 12 jul. 2017.

TRIBUNAIS da raça. **Folha de S. Paulo**, São Paulo: Editorial, p. A2, 27 abr. 2009.

TRINDADE, Hélgio. **Integralismo.** Rio de Janeiro: Difel, 1974.

TRUE, James L.; JONES, Bryan D.; BAUMGARTNER, Frank R. **Puctuated-Equilibrium Theory**: explaining stability and change in public policymaking. 2007.

TSEBELIS, G. Processo decisório em sistemas políticos: *veto players* no presidencialismo, parlamentarismo, multicameralismo e pluripartidarismo. Tradução Vera Pereira. Revisão Técnica de Fernando Limongi. **Britisb Journal of Political Science**, Londres, v. 25, p. 289-325, 1995.

VALE, Antônio Marques do. **O ISEB, os intelectuais e a diferença**: um diálogo teimoso na educação. São Paulo: Editora Unesp, 2006.

VATEY, Jean Louis. Precursor del anticolonialismo em America Latina. **Revista de Estudos Latinoamericanos**, Buenos Aires, v. 15, n. 55, enero-marzo 2017.

VEGA, David. **Cadarços Brancos**. São Paulo: Editora Giostri, 2010.

VENTURI, Gustavo; BOKANY, Vilma (org.). **Indígenas no Brasil:** demandas dos povos e percepções da opinião pública. São Paulo: Editora Perseu Abramo e Instituto Rosa Luxemburg Stiftung, 2013.

VERNANT, Jean-Pierre. **Entre mito & política**. São Paulo: Edusp, 2002.

VIEIRA JÚNIOR, Itamar. **Torto arado**. São Paulo: Todavia, 2019.

VOGT, Carlos. O papel estratégico das cotas. **Folha de São Paulo**, Tendências/Debates, São Paulo, p. A3, 7 mar. 2003.

WEBER, Max. [1904]. A "objetividade" do conhecimento nas ciências sociais. *In*: COHN, Gabriel (org.). **Max Weber**: sociologia. São Paulo: Ática, 1982. (Grandes Cientistas Sociais 13). p. 79-127.

WEBER, Max. [1922]. **Economia e Sociedade (Wirtshchaft und Gesellshaft: Grundiss der verstechenden Soziologie)**. Tradução de Regis Barbosa e Karen Elsabe Barbosa. Revisão técnica de Gabriel Cohn. Brasília: Editora Universidade de Brasília, 2009. v. I.

WEBER, Max. **Economia e Sociedade**. Tradução de Regis Barbosa e Karen Elsabe Barbosa, revisão técnica de Gabriel Cohn. Brasília: Editora Universidade de Brasília, 2009. v. II.

WERTHEIN, Jorge. Cotas, sim o não? **Jorge Werthein**, [*s. l*], 2012. Disponível em: http://jorgewerthein. blogspot.com/2012/08/cotas-sim-o-nao.html. Acesso em: 10 ago. 2022.

WHITAKER, Francisco; LUCAS COELHO, João Gilberto; MICHILES, Carlos; VIEIRA FILHO, Emmanuel Gonçalves; MOURA da VEIGA, Maria da Glória; SANTOS PRADO, Regina de Paula. **Cidadão constituinte**: a saga das emendas populares. Rio de Janeiro: Paz e Terra, 1989.

WINTER, Sorec C. Implementation perspectives: status and reconsideration. *In*: PETERS, Guy; PIERRE, Jon. **Handbook of Public Administration**. Sage Publications, 2002. Reprinted 2005.

YOUNG, Iris Marion. **Inclusion and Democracy**. Nova York: Oxford University Press, 2010.

ZAFONTE, M.; SABATIER, Paul A. Short-term versus long-term coalitions in the policy process. **Policy Studies Journal**, Davis, California, UCLA, v. 32, n. 1, p. 75-107, 2004.

ZANINI, Fabio. Alemanha prepara reconhecimento do genocídio africano que foi precursor do nazismo. **Jornal Folha de São Paulo**, caderno Mundo, 20 maio 2021. Disponível em: https://www1.folha.uol.com. br/mundo/2021/05/alemanha-prepara-reconhecimento-de-genocidio-africano-que-foi-precursor-do-nazismo.shtml?origin=folha.

ZINET, Caio. A face sedutora do império: em 51 anos de Brasil, a Fundação Ford se articula com organismos internacionais e interesses estadunidenses para atuar no país. **Revista Caros Amigos**, São Paulo, ano XVI, n. 191, p. 10-14, 2013.

ANEXOS

ANEXO A

Lei 12.711, de 29 de agosto de 2012

> Dispõe sobre o ingresso nas universidades federais e nas instituições federais de ensino técnico de nível médio e dá outras providências.

A PRESIDENTA DA REPÚBLICA

Faço saber que o Congresso Nacional decreta e eu sanciono a seguinte Lei:

Art. 1º As instituições federais de educação superior vinculadas ao Ministério da Educação reservarão, em cada concurso seletivo para ingresso nos cursos de graduação, por curso e turno, no mínimo 50% (cinquenta por cento) de suas vagas para estudantes que tenham cursado integralmente o ensino médio em escolas públicas.

Parágrafo único. No preenchimento das vagas de que trata o caput deste artigo, 50% (cinquenta por cento) deverão ser reservados aos estudantes oriundos de famílias com renda igual ou inferior a 1,5 salário-mínimo (um salário-mínimo e meio) per capita.

Art. 2º (VETADO).

Art. 3º Em cada instituição federal de ensino superior, as vagas de que trata o art. 1º desta Lei serão preenchidas, por curso e turno, por autodeclarados pretos, pardos e indígenas e por pessoas com deficiência, nos termos da legislação, em proporção ao total de vagas no mínimo igual à proporção respectiva de pretos, pardos, indígenas e pessoas com deficiência na população da unidade da Federação onde está instalada a instituição, segundo o último censo da Fundação Instituto Brasileiro de Geografia e Estatística - IBGE. ("Caput" do artigo com redação dada pela Lei nº 13.409, de 28/12/2016)

Parágrafo único. No caso de não preenchimento das vagas segundo os critérios estabelecidos no caput deste artigo, aquelas remanescentes deverão ser completadas por estudantes que tenham cursado integralmente o ensino médio em escolas públicas.

Art. 4º As instituições federais de ensino técnico de nível médio reservarão, em cada concurso seletivo para ingresso em cada curso, por turno, no mínimo 50% (cinquenta por cento) de suas vagas para estudantes que cursaram integralmente o ensino fundamental em escolas públicas.

Parágrafo único. No preenchimento das vagas de que trata o caput deste artigo, 50% (cinquenta por cento) deverão ser reservados aos estudantes oriundos de famílias com renda igual ou inferior a 1,5 salário-mínimo (um salário-mínimo e meio) per capita.

Art. 5º Em cada instituição federal de ensino técnico de nível médio, as vagas de que trata o art. 4º desta Lei serão preenchidas, por curso e turno, por autodeclarados pretos, pardos e indígenas e por pessoas com deficiência, nos termos da legislação, em proporção ao total de vagas no mínimo igual à proporção respectiva de pretos, pardos, indígenas e pessoas com deficiência na população da unidade da Federação onde está instalada a instituição, segundo o último censo do IBGE. ("Caput" do artigo com redação dada pela Lei nº 13.409, de 28/12/2016)

Parágrafo único. No caso de não preenchimento das vagas segundo os critérios estabelecidos no caput deste artigo, aquelas remanescentes deverão ser preenchidas por estudantes que tenham cursado integralmente o ensino fundamental em escola pública.

Art. 6º O Ministério da Educação e a Secretaria Especial de Políticas de Promoção da Igualdade Racial, da Presidência da República, serão responsáveis pelo acompanhamento e avaliação do programa de que trata esta Lei, ouvida a Fundação Nacional do Índio (Funai).

Art. 7º No prazo de dez anos a contar da data de publicação desta Lei, será promovida a revisão do programa especial para o acesso às instituições de educação superior de estudantes pretos, pardos e indígenas e de pessoas com deficiência, bem como daqueles que tenham cursado integralmente o ensino médio em escolas públicas. (Artigo com redação dada pela Lei nº 13.409, de 28/12/2016)

Art. 8º As instituições de que trata o art. 1º desta Lei deverão implementar, no mínimo, 25% (vinte e cinco por cento) da reserva de vagas prevista nesta Lei, a cada ano, e terão o prazo máximo de 4 (quatro) anos, a partir da data de sua publicação, para o cumprimento integral do disposto nesta Lei.

Art. 9º Esta Lei entra em vigor na data de sua publicação.

Brasília, 29 de agosto de 2012; 191º da Independência e 124º da República.

DILMA ROUSSEFF
Aloizio Mercadante
Miriam Belchior
Luís Inácio Lucena Adams
Luiza Helena de Bairros
Gilberto Carvalho

ANEXO B

Projeto de Lei da Câmara dos Deputados n. 180/08, PLC 180/2008

Art. 1 As instituições federais de educação superior vinculadas ao Ministério da Educação reservarão em cada concurso seletivo para ingresso nos cursos de graduação, por curso e por turno, no mínimo 50% (cinqüenta por cento) de suas vagas para estudantes que tenham cursado integralmente o ensino médio em escolas públicas.

Parágrafo único. No preenchimento das vagas de que trata o caput deste artigo, 50% (cinqüenta por cento) deverão ser reservados aos estudantes oriundos de famílias com renda igual ou inferior a 1,5 salário mínimo per capita.

Art. 2 As universidades públicas deverão selecionar os aluno advindos do ensino médio em escolas públicas tendo como base o Coeficiente de Rendimento – CR, obtido por meio de média aritmética das notas ou menções obtidas no período, considerando-se o currículo comum a ser estabelecido pelo Ministério de Educação e Desporto.

Parágrafo único. As instituições privadas de ensino superior poderão adotar o procedimento descrito no caput deste artigo em seus exames de ingresso.

Art. 3 Em cada instituição federal de ensino superior, as vagas de que trata o art. 1 desta Lei serão preenchidas, por curso e por turno, por autodeclarados negros, pardos e indígenas, no mínimo igual à proporção de negros, pardos e indígenas na população da unidade da Federação onde está instalada a instituição, segundo o último censo da Fundação Instituto Brasileiro de Geografia e Estatística – IBGE.

Parágrafo único. No caso de não-preenchimento das vagas segundo os critérios estabelecidos no caput deste artigo, aquelas remanescentes deverão ser completadas por estudantes que tenham cursado integralmente o ensino médio em escolas públicas.

Art. 4 As instituições federais de ensino técnico de nível médio reservarão em cada concurso seletivo para ingresso de cada curso, por turno, no mínimo 50% (cinqüenta por cento) de suas vagas para estudantes que cursaram integralmente o ensino fundamental em escolas públicas.

Parágrafo único. No preenchimento das vagas de que trata o caput deste artigo, 50% (cinqüenta por cento) deverão se reservados aos estudantes oriundos de famílias com renda igual ou inferior a 1,5 salário mínimo per capita.

Art. 5 Em cada instituição federal de ensino técnico de nível médio, as vagas de que trata o art. 4 desta lei serão preenchidas, por curso e por turno, por autodeclarados negros, pardos e indígenas, no mínimo igual à proporção de negros, pardos e indígenas na população da unidade da Federação onde está instalada a instituição, segundo o último censo da Fundação Instituto Brasileiro de Geografia e Estatística – IBGE.

Parágrafo Único. No caso de não preenchimento das vagas segundo os critérios estabelecidos no caput deste artigo, aquelas remanescentes deverão ser preenchidas por estudantes que tenham cursado integralmente o ensino fundamental em escola pública.

Art. 6 O Ministério da Educação e a Secretaria Especial de Políticas de Promoção da Igualdade Racial da Presidência da República serão responsáveis pelo acompanhamento e avaliação do programa de que trata esta lei, ouvida a Fundação Nacional do índio – FUNAI.

Art. 7 O Poder Executivo promoverá, no prazo de 10 (dez) anos, a contar da publicação desta Lei, a revisão do programa especial para o acesso de estudantes negros, pardos e indígenas, em como daqueles que tenham cursado integralmente o ensino médio em escolas públicas, nas instituições de educação superior.

Art. 8 As instituições de que trata o art. 1 desta Lei deverão implementar, no mínimo, 25% (vinte e cinco por cento) da reserva de vagas prevista nesta Lei, a cada ano, e terão o prazo máximo de 4 (quatro anos), a partir da data de sua publicação, para o cumprimento integral do disposto nesta Lei.

Art. 9 Esta lei entra em vigor na data de sua publicação.

Sala das Sessões, 20 de novembro de 2008. – Fernando Coruja, Relator.

O SR. PRESIDENTE (Arlindo Chinaglia) – Aqueles que forem pela aprovação permaneçam como se acham. (Pausa.) APROVADA. A matéria retorna ao Senado Federal. (Palmas.) (CÂMARA DOS DEPUTADOS: 2008: 52943/52944)

ANEXO C

Tramitação integral do PL 73/1999

Situação: Transformado na Lei Ordinária 12711/2012

Identificação da Proposição (As informações anteriores a 2001, ano de implantação do sistema e-Câmara, podem estar incompletas.)

Autor Apresentação Nice Lobão - PFL/MA 24/02/1999

Ementa Dispõe sobre o ingresso nas universidades federais e estaduais e dá outras providências.

Explicação da Ementa Reserva cinqüenta por cento das vagas para serem preenchidas mediante seleção de alunos nos cursos de ensino médio - cota universitária. Indexação Obrigatoriedade, universidade pública, universidade federal, destinação, reserva, cota, vaga, processo seletivo, estudante, ensino médio, opção, universidade particular, aplicação, critérios, ação afirmativa.

Informações de Tramitação

Forma de apreciação Proposição Sujeita à Apreciação do Plenário

Regime de tramitação Prioridade

Despacho atual:

Data	Despacho
04/09/2008	Deferido o REQ 3135/08, conforme despacho do seguinte teor: "Defiro. Apense-se o PL 73/99 ao PL 3913/08 (SF). Oficie-se e, após, publique-se DCD de 05/09/08 PÁG 41137 COL 02.

Última Ação Legislativa

Data	Ação
29/08/2012	Mesa Diretora da Câmara dos Deputados (MESA)
	Transformado na Lei Ordinária nº 12.711/2012. DOU 30/08/12 PÁG 01 COL 03.
	Vetado parcialmente. Razões do veto (MSC 385/12-PE): DOU 30/08/12 PÁG 03 COL 03. 11/09/2012.
11/09/2012	Mesa Diretora da Câmara dos Deputados (MESA)
	Recebimento do Ofício nº 419/12(CN) comunicando veto parcial e solicitando indicação de membros para integrar a Comissão Mista incumbida de relatar o(s) veto(s).

Documentos Anexos e Referenciados Avulsos Legislação Citada Mensagens, Ofícios e Requerimentos (8) Destaques (0) Histórico de Pareceres, Substitutivos e Votos (11) Relatório de conferência de assinaturas Emendas (0) Recursos (1) Histórico de despachos (5) Redação Final

Tramitação

Data	Andamento
24/02/1999	PLENÁRIO (PLEN) APRESENTAÇÃO DO PROJETO
24/02/1999	Plenário (PLEN) APRESENTAÇÃO DO PROJETO PELA DEP NICE LOBÃO. Inteiro teor
16/03/1999	Plenário (PLEN) LEITURA E PUBLICAÇÃO DA MATERIA. DCD 16 03 99 PAG 9546 COL 02. Inteiro teor
30/03/1999	Mesa Diretora (MESA) DESPACHO INICIAL A CECD E CCJR (ARTIGO 54 DO RI) - ARTIGO 24, II.
05/04/1999	COORDENAÇÃO DE COMISSÕES PERMANENTES (CCP) ENCAMINHADO A COMISSÃO DE EDUCAÇÃO, CULTURA E DESPORTO.
08/04/1999	Comissão de Educação e de Cultura (CEC) RELATOR GASTÃO VIEIRA. PRAZO PARA APRESENTAÇÃO DE EMENDAS: 05 SESSÕES.
20/04/1999	Comissão de Educação e de Cultura (CEC) NÃO FORAM APRESENTADAS EMENDAS.
03/05/1999	Comissão de Educação e de Cultura (CEC) DEVOLVIDO PELO RELATOR, DEP GASTÃO VIEIRA, SEM PARECER. AGUARDANDO REDISTRIBUIÇÃO.
06/05/1999	Comissão de Educação e de Cultura (CEC) REDISTRIBUIDO A RELATORA, DEP CELCITA PINHEIRO.
01/06/1999	Comissão de Educação e de Cultura (CEC) PARECER CONTRÁRIO DA RELATORA, DEP CELCITA PINHEIRO.
17/08/1999	Comissão de Educação e de Cultura (CEC) REDISTRIBUIDO AO RELATOR, DEP PEDRO WILSON.
23/09/1999	Mesa Diretora (MESA) Apense-se a este o PL 1.447/1999.
14/02/2000	Mesa Diretora (MESA) Apense-se a este o PL 2.069/1999.
18/02/2000	Comissão de Educação e de Cultura (CEC) PARECER CONTRARIO DO RELATOR, DEP PEDRO WILSON, A ESTE E AO PL. 2069/99, APENSADO, E FAVORAVEL AO PL. 1447/99, APENSADO, COM SUBSTITUTIVO.
23/03/2000	Comissão de Educação e de Cultura (CEC) REDISTRIBUÍDO AO RELATOR, DEP BONIFÁCIO DE ANDRADA.

16/05/2000	Mesa Diretora (MESA) OF P-94/00, DA CECD, SOLICITANDO A DESAPENSAÇÃO DOS PL. 1447/99 E PL. 2069/99 DESTE, APENSANDO-OS AO PL. 1643/99.
02/06/2000	Mesa Diretora (MESA) DEFERIDO OF P-94/00, DA CECD, SOLICITANDO A DESAPENSAÇÃO DOS PL. 1447/99 E PL. 2069/99 DESTE, E APENSANDO OS PL. 1447/99 E PL. 2069/99 AO PL. 1643/99.DCD 03 06 00 PAG 29900 COL 01. Inteiro teor
04/10/2000	Comissão de Educação e de Cultura (CEC) REDISTRIBUIDO AO RELATOR, DEP PROFESSOR LUIZINHO. PARECER RELATOR, DEP PROFESSOR LUIZINHO, PELA APROVAÇÃO, COM SUBSTITUTIVO.
04/12/2000	Comissão de Educação e de Cultura (CEC) Aberto prazo para recebimento ao substitutivo, por cinco sessões.
11/12/2000	Comissão de Educação e de Cultura (CEC) Encerrado o prazo, foi recebida 01 emenda ao substitutivo
13/12/2000	Mesa Diretora (MESA) OF P-685/00, DA CECD, SOLICITANDO A APENSAÇÃO DESTE AO PL. 1643/99.
12/02/2001	Mesa Diretora (MESA) DEFERIDO OF P-685/00, DA CECD, SOLICITANDO A APENSAÇÃO DESTE AO PL. 1643/99.
02/06/2004	Plenário (PLEN) Apresentação do Requerimento pela Dep. Nice Lobão Inteiro teor
23/06/2004	Mesa Diretora (MESA) Deferido o REQ 1910/2004 solicitando a desapensação do PL 73/1999 do PL 1643/1999 e a apensação do PL 3627/2004 ao PL 73/1999. Inteiro teor
23/06/2004	Comissão de Educação e de Cultura (CEC) Desapensado do PL 1643/1999.
30/06/2004	Plenário (PLEN) Apresentação do Requerimento pela Comissão de Direitos Humanos e Minorias Inteiro teor
15/07/2004	Mesa Diretora (MESA) Deferido Requerimento nº 1989/04, da CDH, revendo o despacho aposto a este Projeto, para incluir esta Comissão. Inteiro teor Às Comissões de Educação e Cultura; Direitos Humanos e Minorias e Constituição e Justiça e de Cidadania (Art. 54 RICD) Inteiro teor
14/03/2005	COORDENAÇÃO DE COMISSÕES PERMANENTES (CCP) Encaminhado à republicação, em virtude de apensação.

18/03/2005	Comissão de Educação e de Cultura (CEC)
	Designado Relator, Dep. Carlos Abicalil (PT-MT)
22/03/2005	Comissão de Educação e de Cultura (CEC)
	Abertura de Prazo para Emendas ao Projeto a partir de 23/03/2005
31/03/2005	Comissão de Educação e de Cultura (CEC)
	Encerrado o prazo para emendas. Não foram apresentadas emendas.
03/06/2005	Mesa Diretora (MESA)
	Deferido Requerimento nº 2737/05, do Dep. Murilo Zaauith, solicitando a apensação do PL 615/03 a este.
	DCD 04 06 05 PÁG 23360 COL 01. Inteiro teor
06/06/2005	Mesa Diretora (MESA)
	Apense-se a este o PL-615/2003. Inteiro teor
11/08/2005	Comissão de Educação e de Cultura (CEC)
	Parecer do Relator, Dep. Carlos Abicalil (PT-MT), pela aprovação deste, do PL 615/2003, do PL 1313/2003, e do PL 3627/2004, apensados, com substitutivo. Inteiro teor
12/08/2005	Comissão de Educação e de Cultura (CEC)
	Abertura de Prazo para Emendas ao Substitutivo a partir de 15/08/2005
19/08/2005	Comissão de Educação e de Cultura (CEC)
	Encerrado o prazo para emendas. Foi apresentada uma emenda ao substitutivo. Emendas ao Substitutivo
14/09/2005	Comissão de Educação e de Cultura (CEC)
	Parecer favorável à emenda apresentada ao Substitutivo do Relator, Dep. Carlos Abicalil (PT-MT). Inteiro teor
21/09/2005	Comissão de Educação e de Cultura (CEC)
	Complementação de Voto apresentada pelo Dep. Carlos Abicalil (PT-MT).
21/09/2005	Comissão de Educação e de Cultura (CEC) - 10:00 Reunião Deliberativa Ordinária
	Aprovado por Unanimidade o Parecer do Relator, deputado Carlos Abicalil, com Complementação de Voto, pela aprovação deste, da Emenda ao Substitutivo nº 1 - CEDC, dos PL's 615/03, 1.313/03 e 3627/04, apensados, com substitutivo.
27/09/2005	Comissão de Direitos Humanos e Minorias (CDHM)
	Recebimento pela CDHM, com as proposições PL-615/2003, PL-3627/2004, PL-1313/2003 apensadas.
28/09/2005	Comissão de Direitos Humanos e Minorias (CDHM)
	Designada Relatora, Dep. Iriny Lopes (PT-ES)
29/09/2005	Comissão de Direitos Humanos e Minorias (CDHM)

	Prazo para Emendas ao Projeto (5 sessões ordinárias a partir de 30/09/2005)
03/10/2005	COORDENAÇÃO DE COMISSÕES PERMANENTES (CCP)
	Encaminhada à publicação. Parecer da Comissão de Educação e Cultura publicado no DCD de 04/10/05 PÁG 48280 COL 02, Letra A. Inteiro teor
07/10/2005	Comissão de Direitos Humanos e Minorias (CDHM)
	Encerrado o prazo para emendas ao projeto. Não foram apresentadas emendas.
17/11/2005	Comissão de Direitos Humanos e Minorias (CDHM)
	Parecer da Relatora, Dep. Iriny Lopes (PT-ES), pela aprovação deste, do PL 3627/2004, do PL 615/2003, e do PL 1313/2003, apensados, na forma do Substitutivo aprovado pela Comissão de Educação e Cultura, e pela rejeição das Emendas 1/2004, 2/2004, 3/2004, 4/2004, 5/2004, 6/2004, 7/2004, 8/2004, 9/2004 e 10/2004 ao PL 3627/2004. Inteiro teor
18/11/2005	Comissão de Direitos Humanos e Minorias (CDHM)
	Prazo para Emendas ao Substitutivo (5 sessões ordinárias a partir de 21/11/2005)
29/11/2005	Comissão de Direitos Humanos e Minorias (CDHM)
	Encerrado o prazo para emendas ao substitutivo. Não foram apresentadas emendas ao substitutivo. Emendas ao Substitutivo
14/12/2005	Comissão de Direitos Humanos e Minorias (CDHM) - 14:00 Reunião Deliberativa Ordinária
	Aprovado por Unanimidade o Parecer
20/12/2005	Constituição e Justiça e de Cidadania (CCJC)
	Recebimento pela CCJC, com as proposições PL-615/2003, PL-3627/2004, PL-1313/2003 apensadas.
21/12/2005	Constituição e Justiça e de Cidadania (CCJC)
	Designada Relatora, Dep. Iara Bernardi (PT-SP)
17/01/2006	Constituição e Justiça e de Cidadania (CCJC)
	Devolvida sem Manifestação.
18/01/2006	Constituição e Justiça e de Cidadania (CCJC)
	Designado Relator, Dep. Luiz Alberto (PT-BA)
	Parecer do Relator, Dep. Luiz Alberto (PT-BA), pela constitucionalidade, juridicidade e técnica legislativa deste, do Substitutivo da Comissão de Educação e Cultura, das Emendas de nºs 01 a 10 da Comissão de Direitos Humanos e Minorias ao PL 3627/2004, do PL 3627/2004, do PL 615/2003 e do PL 1313/2003, apensados. Inteiro teor
24/01/2006	Constituição e Justiça e de Cidadania (CCJC)
	Prazo para Emendas ao Projeto (5 sessões ordinárias a partir de 25/01/2006)
	Designada Relatora, Dep. Iara Bernardi (PT-SP)

01/02/2006   Constituição e Justiça e de Cidadania (CCJC)

Encerrado o prazo para emendas ao projeto. Não foram apresentadas emendas.

07/02/2006   Constituição e Justiça e de Cidadania (CCJC)

Parecer da Relatora, Dep. Iara Bernardi (PT-SP), pela constitucionalidade, juridicidade e técnica legislativa deste, do Substitutivo da Comissão de Educação e Cultura, com subemendas, das Emendas de nºs 01 a 10 da Comissão de Direitos Humanos e Minorias ao PL 3627/2004, do PL 615/2003 e do PL 1313/2003, apensados. Inteiro teor

08/02/2006   Constituição e Justiça e de Cidadania (CCJC) - 10:00 Reunião Deliberativa Ordinária

Aprovado por Unanimidade o Parecer

13/02/2006   COORDENAÇÃO DE COMISSÕES PERMANENTES (CCP)

Encaminhada à publicação. Parecer da Comissão de Constituição e Justiça e de Cidadania publicado no DCD de 14/02/06, PÁG 8033 COL 01 - Letra B.

14/02/2006   Mesa Diretora (MESA)

Prazo para apresentação de recurso, nos termos do § 1º do art. 58 combinado com o § 2º do art. 132 do RICD (5 sessões ordinárias a partir de 14/02/2006)

14/02/2006   Plenário (PLEN)

Apresentação do REC 265/2006, pelo Dep. Alberto Goldman e outros, contra a apreciação conclusiva do PL 73/99, que "dispõe sobre o ingresso nas universidades federais e estaduais e dá outras providências".

23/02/2006   Mesa Diretora (MESA)

Encerramento automático do Prazo de Recurso. Foi apresentado um recurso.

21/03/2006   COORDENAÇÃO DE COMISSÕES PERMANENTES (CCP)

Encaminhado à republicação em virtude de alteração do regime de apreciação, tendo em vista a aprovação do recurso nº 265/06.

21/03/2006   Plenário (PLEN)

Apresentação da REQ 3780/2006, pelo Dep. Miro Teixeira e outros, que "requer regime de urgência na apreciação do Projeto de Lei nº 73-A/99" Inteiro teor

Aprovado o Recurso nº 265/06, contra apreciação conclusiva de comissão (Art. 58, § 1º, RICD).

DCD 22/03/06 PÁG 13754 COL 01.

04/04/2006   Comissão de Educação e de Cultura (CEC)

Apresentação do REQ 242/2006 CEC, pela Dep. Neyde Aparecida, que "requer a realização de Seminário conjunto com a Comissão de Direitos Humanos, para discutir a proposta de cotas no ensino superior, matéria objeto do Projeto de Lei 73/99." Inteiro teor

12/04/2006	Comissão de Educação e de Cultura (CEC)
	Aprovado requerimento n. 242/2006 da Sra. Neyde Aparecida que requer a realização de Seminário conjunto com a Comissão de Direitos Humanos, para discutir a proposta de cotas no ensino superior, matéria objeto do Projeto de Lei 73/99.
02/10/2006	COORDENAÇÃO DE COMISSÕES PERMANENTES (CCP)
	Encaminhado à republicação. **PL 73-B/1999.
13/02/2007	Mesa Diretora (MESA)
	Apresentação do REQUERIMENTO N.º 234, DE 2007, pelo Deputado(a) Nice Lobão, que solicita o desarquivamento de proposição. Inteiro teor
10/04/2007	Mesa Diretora (MESA)
	INDEFIRO a solicitação de desarquivamento desta proposição, conforme despacho exarado no REQ-234/2007.
	DCD 11 04 07 PAG 15318 COL 01 Inteiro teor
18/05/2007	Mesa Diretora (MESA)
	Apresentação do REQ 1009/07, da Comissão de Educação e Cultura que requer a apensação dos Projetos de Lei n°s 373/03 e 2934/04 ao Projeto de Lei nº 73/99. Inteiro teor
18/05/2007	Plenário (PLEN)
	Apresentação do Requerimento. Inteiro teor
28/05/2007	Mesa Diretora (MESA)
	Deferido o REQ 1009/07, nos termos do seguinte despacho: "DEFIRO. Apensem-se o PL 373/2003 e seu apensado, PL 2.923/2004, ao PL 73/1999, nos termos do art. 142 do Regimento Interno. Oficie-se ao Requerente e, após, publique-se."
	DCD 29 05 07 PAG 26919 COL 02 Inteiro teor
28/06/2007	Mesa Diretora (MESA)
	Apense-se a este o PL-1330/2007. Inteiro teor
04/07/2007	Plenário (PLEN)
	Apresentação do Requerimento n. 1285/2007, pelo Deputado Henrique Fontana, que solicita regime de urgëncia na apreciação do Projeto de Lei n. 73-A, de 1999.
	DCD de 05/07/07 PÁG 34392 COL 01. Inteiro teor
23/08/2007	Mesa Diretora (MESA)
	Apense-se a este o PL-1736/2007. Inteiro teor
30/08/2007	Mesa Diretora (MESA)
	Apense-se a este o PL-14/2007. Inteiro teor

13/09/2007   Plenário (PLEN)

Apresentação do Requerimento nº 1666/2007, pelo Deputado Henrique Eduardo Alves, que requer urgência para o PL 73/1999. Inteiro teor

16/05/2008   COORDENAÇÃO DE COMISSÕES PERMANENTES (CCP)

Letra "B" encaminhada à republicação em virtude de novas apensações.

20/05/2008   Plenário (PLEN) - 14:00 Sessão - Deliberativa

Discussão em turno único. Matéria não apreciada por acordo dos Srs. Líderes.

03/09/2008   Plenário (PLEN)

Apresentação do Requerimento n° 3135, de 2008, pelo Deputado Carlos Abicalil (PT-MT), que solicita apensação do PL 3913/2008 ao PL 73/1999.

04/09/2008   Mesa Diretora (MESA)

Deferido o REQ 3135/08, conforme despacho do seguinte teor: "Defiro. Apense-se o PL 73/99 ao PL 3913/08 (SF). Oficie-se e, após, publique-se. DCD de 05/09/08 PÁG 41137 COL 02. Inteiro teor

20/11/2008   Plenário (PLEN)

Discussão em turno único (Sessão Extraordinária - 9:00).

Retirado o Requerimento do Dep. Emanuel Fernandes, na qualidade de Líder do PSDB, que solicita o adiamento da votação por duas sessões.

Discutiram a Matéria: Dep. Rodrigo Rollemberg (PSB-DF) e Dep. Gerson Peres (PP-PA).

Encerrada a discussão.

O projeto foi emendado. Foram apresentadas as Emendas de Plenário de nºs. 1 e 2.

Designado Relator, Dep. Luiz Couto (PT-PB), para proferir o parecer às Emendas de Plenário pela Comissão de Educação e Cultura.

Parecer às Emendas de Plenário proferido pelo Relator, Dep. Luiz Couto (PT-PB), pela Comissão de Educação e Cultura, que conclui pela rejeição da Emenda de Plenário nº 1 e pela aprovação da Emenda de Plenário nº 2, na forma de Submenda Substitutiva. Inteiro teor

Designado Relator, Dep. Colbert Martins (PMDB-BA), para proferir o parecer às Emendas de Plenário pela Comissão de Direitos Humanos e Minorias.

Parecer às Emendas de Plenário proferido pelo Relator, Dep. Colbert Martins (PMDB-BA), pela Comissão de Direitos Humanos e Minorias, que conclui pela aprovação da Emenda de Plenário nº 2. Inteiro teor

Designado Relator, Dep. Fernando Coruja (PPS-SC), para proferir o parecer pela Comissão de Constituição e Justiça e de Cidadania.

Parecer às Emendas de Plenário proferido pelo Relator, Dep. Fernando Coruja (PPS-SC), pela Comissão de Constituição e Justiça e de Cidadania, que conclui pela constitucionalidade, juridicidade e técnica legislativa das

Emendas de Plenário de nºs 1 e 2 e da Subemenda Substitutiva oferecida pelo Relatora da Comissão de Educação e Cultura. Inteiro teor

Votação em turno único.

Encaminhou a Votação o Dep. José Carlos Aleluia (DEM-BA).

Aprovado o Requerimento do Dep. Lincoln Portela, na qualidade de Líder do PR, que solicita destaque de preferência para votação do PL 73/99, apensado, sobre o PL 3.913/08, principal.

Aprovado o Substitutivo adotado pela Comissão de Educação e Cultura.

Em conseqüência ficam prejudicadas a proposição inicial, os Projetos de Lei de nºs. 73/99, 373/03, 615/03, 1.313/03, 2.923/04, 3.627/04, 14/07, 1.330/07 e 1.736/07, apensados, e as emendas apresentadas ao Projeto de Lei nº 3.627/04, apensado.

Rejeitada a Emenda de Plenário nº 1, com pareceres contrários.

Aprovada a Subemenda Substitutiva oferecida pelo Relator da Comissão de Educação e Cultura à Emenda de Plenário nº 2. Inteiro teor

Em conseqüência, fica prejudicada a Emenda de Plenário nº 2.

Votação da Redação Final.

Aprovadas as 2 Subemendas de Redação adotadas pela Comissão de Constituição e Justiça e de Cidadania ao Substitutivo da Comissão de Educação e Cultura.

Aprovada a Emenda de Redação oferecida pelo Dep. Luiz Couto (PT-PB), Relator da Comissão de Educação e Cultura. Inteiro teor

Aprovada a Redação Final assinada pelo Relator, Dep. Fernando Coruja (PPS-SC). Inteiro teor

A Matéria vai ao Senado Federal (PL 73-C/99). DCD 21 11 08 PAG 52943 COL 02. Inteiro teor

20/11/2008	Mesa Diretora (MESA)

Desapensação automática deste do PL 3.913/08, em face da declaração de prejudicialidade do último, decorrente da aprovação, em Plenário, do Substitutivo da Comissão de Educação e Cultura (PL 73/99).

Desapensação automática dos Projetos de Lei de nºs. 373/03, 615/03, 3.627/04, 14/07, 1.330/07 e 1.736/07, apensados, em face da declaração de prejudicialidades dos mesmos, decorrente da aprovação, em Plenário, do Substitutivo da Comissão de Educação e Cultura (PL 73/99).

25/11/2008	Mesa Diretora (MESA)

Remessa ao Senado Federal por meio do Ofício nº 678/08/PS-GSE.

10/08/2012	Mesa Diretora (MESA)

Recebimento do Ofício nº 1.694/2012(SF) comunicando remessa à sanção.

29/08/2012	Mesa Diretora (MESA)

Transformado na Lei Ordinária nº 12.711/2012.

DOU 30/08/12 PÁG 01 COL 03. Vetado parcialmente. Razões do veto (MSC 385/12-PE): DOU 30/08/12 PÁG 03 COL 03.

11/09/2012   Mesa Diretora (MESA)

Recebimento do Ofício nº 419/12(CN) comunicando veto parcial e solicitando indicação de membros para integrar a Comissão Mista incumbida de relatar o(s) veto(s).

(CÂMARA DOS DEPUTADOS, 2013)

ANEXO D

Tramitação integral do PL 3627/04

Situação: Arquivada na Mesa Diretora da Câmara dos Deputados (MESA)

Origem: MSC 233/2004

Identificação da Proposição

Autor Poder Executivo

Apresentação 20/05/2004

Ementa Institui Sistema Especial de Reserva de Vagas para estudantes egressos de escolas públicas, em especial negros e indígenas, nas instituições públicas federais de educação superior e dá outras providências.

Forma de Apreciação Proposição Sujeita à Apreciação do Plenário

Regime de Tramitação Urgência art. 155 RICD

Despacho atual:

Data	Despacho
23/06/2004	Apense-se ao PL-73/1999. Deferido Requerimento nº 1910/04, da Dep Nice Lobão, revendo o despacho aposto a este projeto, solicitando a apensação deste ao PL 73/99.
	DCD 24 06 04 PÁG 29560 COL 01.

Tramitação

Data	Andamento
20/05/2004	PLENÁRIO (PLEN)
	Apresentação do Projeto de Lei pelo Poder Executivo Inteiro teor
28/05/2004	Mesa Diretora da Câmara dos Deputados (MESA)
	Às Comissões de Direitos Humanos e Minorias; Educação e Cultura e Constituição e Justiça e de Cidadania (Art. 54 RICD) - Art. 24, II Inteiro teor
01/06/2024	Comissão de Direitos Humanos e Minorias (CDHM)
	Recebimento pela CDHM.
01/06/2024	COORDENAÇÃO DE COMISSÕES PERMANENTES (CCP)
	Encaminhada à publicação. Publicação Inicial no DCD 02 06 04 PÁG 25601 COL 02. Inteiro teor
09/06/2024	Comissão de Direitos Humanos e Minorias (CDHM)
	Designado Relator, Dep. Miro Teixeira (PPS-RJ)
11/06/2024	Comissão de Direitos Humanos e Minorias (CDHM)
	Abertura de Prazo para Emendas ao Projeto a partir de 14/06/2004

18/06/2004   Comissão de Direitos Humanos e Minorias (CDHM)

Encerrado o prazo para emendas. Foram apresentadas 10 emendas.

23/06/2004   Mesa Diretora da Câmara dos Deputados (MESA)

Apense-se ao PL-73/1999. Deferido Requerimento nº 1910/04, da Dep Nice Lobão, revendo o despacho aposto a este projeto, solicitando a apensação deste ao PL 73/99.

DCD 24 06 04 PÁG 29560 COL 01. Inteiro teor

19/10/2004   PLENÁRIO (PLEN)

Apresentação do Requerimento nº 2.210/04, pela Comissão de Educação e Cultura e outros, solicitando a desapensação do Pl. 3627/04 do PL. 73/99.

11/11/2004   PLENÁRIO (PLEN)

Indeferido o Requerimento nº 2.210/04, da Comissão de Educação e Cultura e outros, solicitando a desapensação do Pl. 3627/04 do PL.73/99.

09/12/2004   PLENÁRIO (PLEN)

Apresentação da REQ 2364/2004, que "requer, nos termos do art. 155 do RICD, urgência para o Projeto de Lei nº 3.627/04." Inteiro teor

Apresentação do Requerimento pelo Líderes e outros que solicita urgência para apreciação deste projeto.

11/03/2005   PLENÁRIO (PLEN)

Apresentação do Requerimento de Desapensação, REQ 2595/2005, pela Comissão de Educação e Cultura Inteiro teor

29/03/2005   Mesa Diretora da Câmara dos Deputados (MESA)

Indeferido Requerimento nº 2595/05 da CEC, que solicitava a desapensação deste do PL 73/99, tendo em vista o fato da apensação ter obedecido aos critérios regimentais pertinentes.

12/04/2005   PLENÁRIO (PLEN)

Apresentação do Requerimento pelo Deputado Murilo Zauith (PFL-MS).

03/06/2005   PLENÁRIO (PLEN)

Deferido o Requerimento nº 2.737/05, do deputado Murilo Zauith, solicitando a apensação do PL 615/03 ao PL. 73/99.

20/01/2006   PLENÁRIO (PLEN)

Apresentação da REQ 3577/2006, pela Dep. Luciana Genro, que "requer urgência para apreciação do PL 3.627/04" Inteiro teor

13/02/2007   Mesa Diretora da Câmara dos Deputados (MESA)

Apresentação do REQUERIMENTO N.º 234, DE 2007, pelo Deputado(a) Nice Lobão, que solicita o desarquivamento de proposição. Inteiro teor

10/04/2007   Mesa Diretora da Câmara dos Deputados (MESA)

INDEFIRO a solicitação de desarquivamento desta proposição, conforme despacho exarado no REQ-234/2007.

DCD 11 04 07 PAG 15318 COL 01 Inteiro teor

20/11/2008   PLENÁRIO (PLEN)

Aprovado requerimento do Líderes que requer, nos termos do art. 155 do RICD, urgência para o Projeto de Lei nº 3.627/04. DCD 21 11 08 PAG 52917 COL 02.

20/11/2008   Mesa Diretora da Câmara dos Deputados (MESA)

Desapensação automática deste do PL 73/99, em face da declaração de prejudicialidade deste, decorrente da aprovação, em Plenário, do Substitutivo da Comissão de Educação e Cultura.

20/11/2008   PLENÁRIO (PLEN)

Declarado prejudicado, face a aprovação, em Plenário, do Substitutivo da Comissão de Educação e Cultura (PL 73/99).

18/02/2009   COORDENAÇÃO DE COMISSÕES PERMANENTES (CCP)

Ao Arquivo, Memorando n.º 27/09 - COPER Inteiro teor

ANEXO E

Recurso 265/2006, protocolado na Mesa da Câmara em 14/02/2006

(Dos Srs. Alberto Goldman, Rodrigo Maia, José Carlos Aleluia e Outros) Contra a apreciação conclusiva do PL 73/99, que "dispõe sobre o ingresso nas universidades federais e estaduais e dá outras providências".

Senhor Presidente, Os Deputados abaixo assinados, com fundamento artigo 58, § 2º, inciso I da Constituição Federal c/c o artigo 132, § 2º c/c do Regimento Interno da Câmara dos Deputados, recorrem ao Plenário contra apreciação conclusiva do Projeto de Lei nº 73, de 1999, que "dispõe sobre o ingresso nas universidades federais e estaduais e dá outras providências" (Apensados: PL 3627/2004 e PL 615/2003 (Apensado: PL 1313/2003)).

JUSTIFICAÇÃO

A proposta estabelece que 50% das vagas das universidades públicas federais será reservada para estudantes que cursaram todo o ensino médio na rede pública. E parte destas vagas vai para alunos que se declararem negros ou indígenas, de acordo com proporção destas populações em cada estado, segundo dados do IBGE. O Projeto e seus apensos foram aprovados pela Comissão de Educação e Cultura, nos termos do Substitutivo , pela Comissão de Direitos Humanos e Minorias, nos termos do Substitutivo aprovado ela Comissão de Educação, e pela Comissão de Constituição e Justiça e de Cidadania, nos termos do art. 54 do RICD. Considerando tratar-se de matéria de grande complexidade e impacto sobre a sociedade, a mesma merece ser legitimada pela maioria da composição plenária desta Casa. Sala das Sessões , em fevereiro de 2006.

Deputado Alberto Goldman
Líder do PSDB

Deputado Rodrigo Maia
Líder do PFL

Deputado José Carlos Aleluia
Líder da Minoria

ANEXO F

Portaria 135, de 15 de maio de 2002

MARTA SUPLICY, Prefeita do Município de São Paulo, usando das atribuições que lhe são conferidas por lei,

CONSIDERANDO a existência na cidade de São Paulo de estudantes que concluíram o segundo grau do ensino médio, que não encontraram vagas nas universidades públicas para prosseguirem sua formação profissional;

CONSIDERANDO o fato de muitas famílias não possuírem condições financeiras para custear os estudos universitários nas instituições de direito privado;

CONSIDERANDO que o direito à educação não se esgota na conclusão do ensino médio, sendo considerado um dos direitos humanos de segunda geração, e consequentemente uma obrigação do Estado;

CONSIDERANDO o interesse da Municipalidade de São Paulo em ter uma política voltada para o gozo pleno desse direito por todos os cidadãos e cidadãs que o queiram, independentemente das outras esferas de governo;

CONSIDERANDO que política consistente de combate ao desemprego passa pela adoção de medidas que visem a formação de mão-de-obra especializada, adequada às novas exigências do mercado de trabalho, o que também acontece nas universidades;

CONSIDERANDO a existência de setores organizados da sociedade civil que vêm desenvolvendo debate público sobre o assunto em tela.

DETERMINA:

1 - Fica criado o Grupo de Trabalho sobre a Questão Universitária em São Paulo, que tem como objetivo refletir, estudar e apresentar estudos à Administração Municipal, que visem permitir à Municipalidade de São Paulo apresentar propostas à sociedade civil e aos demais entes políticos, que ponham fim à existência de cidadãos e cidadãs impossibilitados de freqüentar os cursos universitários pretendidos nesta cidade.

2 - O referido Grupo de Trabalho será composto pelos seguintes representantes:

Secretaria Municipal de Educação: NILTON CESAR ALVES

Secretaria do Desenvolvimento, Trabalho e Solidariedade: MARINILZES MORADILLO MELLO

Secretaria Municipal de Assistência Social: JOSÉ PAULO CORREIA DE MENEZES

Movimento dos Sem Universidade: ALBINA CUSMANICH AYALA; CARLOS ALBERTO DA SILVA; JOSÉ RAIMUNDO PEIXOTO PEREIRA; SÉRGIO JOSÉ CUSTÓDIO

3 - A presidência do Grupo caberá ao Coordenador da Juventude de São Paulo, que tomará todas as medidas necessárias à sua imediata implementação.

4 - O prazo para a conclusão dos trabalhos e apresentação de relatório final à Prefeita Municipal será de 90 dias a partir da instalação dos trabalhos.

PREFEITURA DO MUNICÍPIO DE SÃO PAULO, aos 15 de maio de 2002, 449º da fundação de São Paulo.

MARTA SUPLICY, Prefeita

ANEXO F

Portaria do Ministério da Educação sobre Isenções

Portaria nº 2938, de 22 de setembro de 2004

O MINISTRO DE ESTADO DA EDUCAÇÃO, no uso de suas atribuições e considerando o caráter universalista das Instituições Federais de Ensino Superior e suas contribuições já demonstradas no processo de democratização do acesso ao ensino superior, bem como a necessidade de reafirmar e aprofundar políticas afirmativas de inclusão social, resolve Nº 2938 - Art. 1º Instituir, no âmbito do Ministério da Educação, Grupo Executivo com a finalidade de apontar mecanismos para a isenção da taxa de inscrição nos processos seletivos de ingresso nas Instituições Federais de Ensino Superior aos alunos que comprovarem ter cursado integralmente o Ensino Médio em Instituições Públicas. Art. 2º O Grupo Executivo terá a seguinte composição: Maria Eunice de Andrade Araujo que o coordenará; Gilberto Aquino Benetti, representante da Secretaria Executiva do Conselho Nacional de Educação - CNE; Martha de Freitas Xavier, representante da Secretaria de Ensino Superior - SESu; Rogério Calderon, representante da Secretaria de Educação Continuada, Alfabetização e Diversidade - SECAD; Lúcio José Botelho, representante da Associação Nacional dos Dirigentes das Instituições Federais de Ensino Superior - ANDIFES; Naomar de Almeida Filho, representante da ANDIFES; Sérgio José Custódio, representante da Coordenação Nacional do Movimento Sem Universidade - MSU; e Frei David Raimundo dos Santos, representante da EDUCAFRO. Art. 3º No prazo de sessenta dias, o Grupo Executivo deverá apresentar ao Ministério da Educação sugestões de sistemáticas e de critérios para a isenção de taxas nos processos seletivos, incluindo uma breve descrição das políticas de acesso atualmente já adotadas pelas Instituições, e um estudo da repercussão financeira, para efeito de futura compensação na distribuição de recursos, da adoção de critérios para isenção nos processos seletivos de ingresso com inscrições no ano de 2005 a alunos que comprovarem ter cursado integralmente o Ensino Médio em Instituições Públicas. Art. 4º Esta Portaria entra em vigor na data de sua publicação.

(DOU de 23/09/2004 – Seção II – p.7)

GABINETE DO MINISTRO

DESPACHOS DO MINISTRO

Em 22 de setembro de 2004

- A tramitação do PLC 180/08 no Senado Federal está em www.senado.gov.br
- A festa pela aprovação da Lei de Cotas, conquistada pelos N*MS, no Palácio do Planalto nunca aconteceu!